公共生活的世界

哲学与公共事务研究（中）

政治学卷

THE WORLD OF PUBLIC LIFE

陈振明 著

中国社会科学出版社

目　　录

政治学

◇ I　政治学研究的范围 ◇

1-1　中国政治学必须着重解决的三大问题 …………………（477）
1-2　传统的政治研究及其转型 ………………………………（481）
1-3　现代西方政治科学的兴起 ………………………………（494）
1-4　当代西方政治学的学科视野 ……………………………（509）
1-5　当代西方政治学的新知识图景
　　　——学科、流派与主题 …………………………………（512）
1-6　什么是政治与政治学 ……………………………………（525）
1-7　"政治参与"概念辨析 ……………………………………（539）
1-8　当代西方社会科学发展的整体化趋势 …………………（551）
1-9　马克思主义与当代社会科学的发展 ……………………（568）
1-10　马克思主义政治学的形成、主题与特征 ………………（577）
1-11　世纪之交的国外马克思主义和社会主义研究 …………（586）

◇ II　"西方马克思主义"的政治理论 ◇

2-1　为什么要研究"西方马克思主义"的社会政治理论 …………（601）
2-2　"西方马克思主义"的由来、发展与特征 ………………（610）
2-3　"西方马克思主义"的当代资本主义社会理论 …………（620）

2-4 "西方马克思主义"论当代资本主义的发展趋势与特征……（631）
2-5 "西方马克思主义"论当代西方社会变革……………………（641）
2-6 "西方马克思主义"视野中的科学技术与生产力
　　——以哈贝马斯为例 …………………………………（648）
2-7 "西方马克思主义"论科学技术与生产关系………………（655）
2-8 "西方马克思主义"的意识形态概念…………………………（665）
2-9 "西方马克思主义"如何看待科学技术与意识形态关系……（679）
2-10 "西方马克思主义"的生态危机理论 ………………………（686）
2-11 "西方马克思主义"社会主义观的形成与主题………………（699）
2-12 "西方马克思主义"的"新"社会主义理论述评……………（711）
2-13 "西方马克思主义"对十月革命道路的批判…………………（718）
2-14 "西方马克思主义"眼中的苏联模式…………………………（724）
2-15 "西方马克思主义"的现代乌托邦理论………………………（734）
2-16 "西方马克思主义"对"苏联马克思主义"的批判…………（747）
2-17 "西方马克思主义"对历史唯物主义的"重建"……………（758）
2-18 "西方马克思主义"的马克思主义归属问题…………………（770）

◇ Ⅲ　"新政治经济学" ◇

3-1 政治经济学的复兴
　　——西方"新政治经济学"的兴起与意义 …………………（779）
3-2 公共选择理论的起源与流派 …………………………………（801）
3-3 公共选择理论与当代政治学研究 ……………………………（813）
3-4 政治与经济的整合研究
　　——公共选择的方法论及其启示 ……………………………（818）
3-5 非市场缺陷的政治经济学分析
　　——评公共选择和政策分析学者的政府失败论 ……………（834）
3-6 现代政府扩张的内在根源与治理对策
　　——评公共选择学派的政府增长论 …………………………（853）

Ⅳ 权力制约与廉政建设

4-1 国外腐败理论研究的进展 …………………………………（863）
4-2 转轨时期腐败与反腐败问题的再认识 ……………………（875）
4-3 政府干预与寻租行为 ………………………………………（883）
4-4 防止权力的滥用
　　——国外廉政立法的特点与我国廉政立法的框架构想 …（890）
4-5 发达资本主义国家的政府监督制度 ………………………（898）
4-6 行政权力、市场体制与腐败治理
　　——理论与实践的反思 …………………………………（920）
4-7 完善我国公务员制度廉政机制的思考 ……………………（930）
4-8 以体制创新抑制腐败
　　——转轨时期特区廉政建设的新思路 …………………（940）

政治学

I 政治学研究的范围

1−1

中国政治学必须着重解决的三大问题[*]

在走过了十几年不平坦的发展历程之后，中国政治学已得到了全面恢复，并取得了长足的发展。但是，毋庸讳言，中国政治学发展中仍然存在一些深层次的或基础性的问题没有解决：政治学的科学化（学术性）程度不高，方法论的研究滞后，学科的基础不牢；对中国及国外的现实政治问题的研究不深，尤其是经验性研究和对策性研究做得不够，理论与实践之间明显脱节，学科的应用性不强；对于当代国外政治学发展的新趋势、新成就的跟踪研究做得不够，未能充分注意到跨学科或交叉学科研究的重要性，政治学学科的知识以及专业设置的更新滞后。这些问题严重地制约着我国政治学的进一步发展。与经济学、法学和社会学这几大社会科学学科相比，政治学的发展显得缓慢，它对于我国改革开放和经济建设所发挥的作用也相对逊色。为了迎接21世纪世界全球化、信息化、市场化和科技杂交化时代的挑战以及适应我国市场经济发展和政治体制改革深化的迫切需要，促进中国政治学的繁荣和发展，我们目前必须着重解决如下三大问题。

一、加强对政治学方法论的研究，提高政治学的科学化水平

从科学哲学的角度看，研究方法是否完善或成熟是决定一个学科是否成熟、科学化水平高低的最重要的标准之一。美国之所以成为20世纪世界政治学研究的中心，政治学在美国之所以能够与经济学、社会学并驾齐驱，成

---

[*] 原载《政治学研究》1998年第1期（原标题为《科学化、现实性与跨学科研究：21世纪中国政治学必须着重解决的三大问题》）。

为社会科学的三大主要领域之一，与美国政治学界历来重视方法论研究，更新研究方法、途径，引进新的分析方法及技术有直接的关系。尤其是20世纪20、30年代兴起的行为主义革命，对于调查统计、经验研究、实证分析的重视以及系统分析方法的引入等，使美国政治学的科学化程度大大增强（当然，行为主义革命有其自身的局限性）。相形之下，直到最近为止，对政治学研究方法论的探索，新的分析方法的引进，一直没有受到我国政治学界应有的重视，这是造成我国政治学的科学化或学术化水平不高的一个深层次的原因。

面向21世纪的中国政治学要有大发展，首先必须在方法论研究上下大功夫，由此推动我国政治学的科学化、学术化水平的迅速提高。我们应该在坚持马克思主义政治学的基本方法，保持已经形成的某些有中国特色的研究方法的基础上，从下列几个方面展开对政治学研究方法论的全面深入的研究：

第一，政治学研究方法论基础问题的探索。其中一个最重要的问题是关于政治学研究及其理论中的主观性与客观性、真理因素与价值因素、科学与意识形态以及规范研究（价值分析）与实证研究（事实分析）等方面的关系问题。政治学所研究的是政治现象及其过程，它是社会意识形态的重要组成部分，具有明显的阶级性、主观性，价值因素在其中起着重要作用。同时，政治学又是一门经验社会科学，它以对政治事实的观察、归纳和分析为基础，它必须具有客观性、真理性及科学性。因此，政治学中的这几个方面的关系就构成政治学研究方法论中的最重要的基础问题，中国政治学要进一步科学化，必须对这个问题进行认真研究。

第二，政治学的研究方法及分析技术的探索。这包括从问题或假说的提出到理论的形成、检验和发展的整个研究过程所使用的基本方法及技术。当务之急是要加强经验研究或实证分析方法及技术的研究与引进，把定量分析方法及技术放在突出的位置，借鉴并应用当代科学方法论（如系统分析）和数学、统计学、经济学等学科所发展起来的、行之有效的定量分析方法以及计算机技术，奠定经验研究方法论基础，这是提高政治学的科学化、学术化水平的基本保证。

第三，加强对国外政治学研究途径的比较研究。国外尤其是西方政治学在长期的发展过程中，形成了各种不同的研究途径。研究途径的不同，政治学的视野自然不同，所形成的理论也就相异。通过对国外政治学研究途径的比较研究，可以丰富我国政治学研究方法论，拓宽研究视野。

二、展开对政治实践问题的调研,增强政治学的现实性和生命力

社会科学的一个基本功能是解决社会问题,政治学也不例外,它应对社会政治问题的解决有所贡献。政治学的理论来源于政治实践,又为现实政治实践服务,只有坚定面向政治实践,为实际政治问题的解决提供学术思想和对策措施,政治学的发展才具有生机和活力。不能说以往我国政治学不研究实际政治问题,但是,这种研究在深度和广度上都是不够的,研究的方式方法也是有缺陷的。具体表现为:宏观研究多,微观研究少;规范研究多,实证研究少;理论研究多,应用研究少。面向21世纪的中国政治学应全面展开对我国及当代世界实际政治问题的研究,尤其是实证、量化和对策方面的研究,增强政治学的现实性和应用性。

随着我国市场经济体制的建立以及政治体制改革的深化,有大量实际的政治问题需要学者和官员去认真研究,并提出解决的办法。同时,随着苏东解体及冷战的结束,全球化、信息化和市场化时代的来临,也出现了大量新的国际政治问题(如新的世界政治格局的形成,民族国家的作用,主权概念的变化,非政府组织的作用等)需要加以认真研究。我国必须改变以往对政治问题研究的那种抽象的、往往是纸上谈兵的方式,要重视调查研究,应用经验研究或实证分析的方法及技术,形成可供检验的经验理论,提出具有可操作性的解决问题的对策,使政治理论研究与政治实践真正结合,发挥政治学研究对我国改革开放和社会主义民主政治建设的应有作用,增强中国政治学的现实性和生命力。

三、跟踪国外政治学发展的新趋势,提倡采用跨学科的研究方法

面向21世纪的中国政治学应该处理好本土化和国际化的关系问题,既要注意本土化,突出中国特色;又要注意国际化,遵守学科的统一规范。为此,中国政治学必须及时跟踪国外政治学发展的动态及趋势,借鉴当代国外政治学研究的新成果。这首先要求我们及时跟踪研究当代国外尤其是西方政治学出现的新思潮、新学派、新分支的发展情况,批判吸取其合理的理论成分。例如,当前我们应该加强对理性选择主义(公共选择理论)、新制度主

义(新制度学派)、后行为主义、西方马克思主义、民主社会主义、女权主义、新自由主义、新保守主义、后现代主义、民族主义、社群主义、女权主义、政策分析(政策科学)、(新)政治经济学、国际政治经济学、科技政治学、地缘政治学等流派和分支的跟踪研究。

更重要的是,我们必须对当代科学技术以及社会科学发展的杂交化趋势加以高度的重视,加强跨学科、交叉学科的研究,这是面向21世纪的中国政治学能否取得重大突破的又一关键之点。在世纪之交,科学技术以及社会科学在经历了长期的分化和专门化及初步的融合之后,开始了大跨步向整体化、综合化、杂交化的趋势发展,传统的学科界限逐步淡化乃至最终消失,社会科学杂交化的分支学科的比重越来越大。当代政治学的大量新学科、分支及流派都是跨学科研究的产物,如上述的政策分析、科技政治学、国际政治经济学、公共选择理论、新制度学派等;政治学与社会科学的其他学科杂交还产生了诸如政治社会学、政治人类学、政治地理学、政治的经济学一类的新分支。而从实践的角度看,当代的社会问题越来越复杂多变,牵涉到政治、经济、文化等各种因素,很难简单地划分为政治的、经济的、文化的问题,也难以在单一的社会科学学科的框架中得到解决,必须靠跨学科的知识来解决。因此,面向21世纪的中国政治学应该加强跨学科或交叉学科的研究,尤其是注重政治和经济的整合研究。跨世纪的中国政治学者必须具有更宽广的研究视野以及综合性的知识结构,可以说,在当代,"纯"政治学的研究已不复存在。

总之,中国政治学的发展正处于一个重要的转折点。尽管目前中国政治学的发展仍存在诸多不尽人意之处,但是许多有识之士已看到这一点,并正在努力加以完善,这正是中国政治学进一步繁荣发展的希望之所在。

1-2

传统的政治研究及其转型*

政治学是伴随人类社会生活尤其是政治实践的发展而进化的。迄今为止，人类政治思想已经历了几千年的演变，可以粗略地将这一演变过程划分为三个阶段：一是古代政治研究传统的形成；二是近代政治研究的转型；三是现代政治科学的兴起。而马克思主义政治学的出现是人类政治思想史上的一场真正的革命。本文探讨从古代到近代政治研究的起源和演化及其思想遗产。

一、政治研究的起源

现代政治（科）学研究诞生于19世纪末20世纪初。然而，作为人类古老的知识领域之一，政治（学）研究源远流长，它的历史与国家的历史一样悠久。因为自从有了阶级和国家，就有了阶级统治和政治管理，也就需要对这一类现象加以研究，并提供政治相关知识。

政治学既然以人类社会的政治生活、政治现象和政治实践作为研究对象，尤其是涉及国家（政府）、阶级、权力、政策和管理一类的主题，那么它的渊源就可以追溯到人类文明之初特别是阶级和国家产生之后。可以说，随着东西方奴隶制国家及其法律、政治制度的形成，就出现了政治研究，开始了政治思想以及政治学的发展史。

政治研究及政治思想的产生和发展，以政治实践的发展及政治制度的变迁作为前提。古代东方四大文明古国（古中国、古埃及、古巴比伦和古印度）在古代公社基础上发展出东方专制制度，即奴隶制国家。恩格斯说："古代的公社，在它继续存在的地方，在数千年中曾经是从印度到俄国的最

---

* 本文曾收入作者主编的《政治学：概念、理论和方法》（中国社会科学出版社2004年第2版）的第2章。

野蛮的国家形式即东方专制制度的基础。"① 马克思则认为，在古代东方的条件下，政府机关划分为三个主要部门：军事部门——掌管掠夺邻国人民的事务；财政部门——掌管掠夺本国人民的事务；公共工程部门——掌管工程建筑和与农业有关的事务；所有这一切，造成了一种独特的国家形式，即有一个庞大中央管理机构的东方专制制度。发源于大河流域的古代文明之所以形成专制帝国，一个重要的原因是控制和疏导河水的"公共工程"的兴办。作为统治的思想基础或意识形态之一的政治研究及政治思想也就因为统治和管理的需要而产生。古代东方文明古国出现了政治学的萌芽，"思想家"们提出国家与法的起源与本质、权力的来源及基础、国家之间的关系、战争与和平、理想社会以及其他政治关系问题。

在古埃及，公元前4000—前3000年，产生了以法老为首、实行中央集权的官僚君主政体的最古老的奴隶占有制国家，进而出现了政治研究及政治思想。例如，在《黑拉克列欧城王对自己儿子的教训》（大约写于公元前2100年）中涉及如何用恐怖手段对付奴隶和穷人，统治者在困难时应如何进行统治与管理的告诫，其中包含了国家政权及统治的论述。古巴比伦的政治思想突出地表现在巴比伦王汉谟拉比的《法典》（公元前21世纪）。《汉谟拉比法典》将汉谟拉比称为众王之王、众神之神，其权力是无限的，并详细地规定了保护奴隶主和私有财产的刑法制度。

在古印度，公元前16世纪产生了奴隶制国家。古印度政治思想的重要特点是为种姓制度进行辩护（种姓是一些具有不同权力、义务及社会责任的自由民社会集团），这些政治思想集中体现在婆罗门教和佛教的宗教政治思想体系中，也反映在《政事论》等的世俗文献上。《摩奴法典》是婆罗门教政治思想体系的重要文献，它宣扬婆罗门高于其他种姓的思想，婆罗门享有一切特权，并受强有力的刑法的保护；这部法典将社会、政治上的不平等，国家以及专制王权神圣化。《政事论》（相传为公元前4世纪的大臣桥底利耶所作）则是一篇专门讨论国家管理问题的文献，它以古印度丰富的政治思想和行政管理经验作为依据，对国王如何治理国家提出了一系列的忠告，涉及国家权力的集中，国王对整个奴隶社会的绝对领导以及如何利用惩罚权力来镇压骚乱等问题。

总之，政治思想及政治研究源远流长，古代东方各文明古国产生了丰富的政治思想，为人类留下了宝贵的政治研究遗产。

---

① 《马克思恩格斯全集》（第20卷），人民出版社1971年版，第197页。

二、古代政治研究传统的形成

所谓研究传统是指一个学科或研究领域的研究组织、理论体系、主题范围、研究方法以及理论体系的构成方式，它决定了该学科的学者们提出问题、分析问题和理论论证的方式。在古希腊以及中国的春秋战国时期形成了古代的政治（学）研究传统，这一传统的一个基本特点是政治思想与道德哲学或伦理学密切相关，人们研究政治问题是为了追求理想的生活，达到"正义"或"至善"的境界。

西方的政治研究传统是由古希腊的圣哲们所奠定的。萨拜因（G. H. Sabine）在其《政治学说史》（1937初版，1973第4版）中说过，政治学说作为对政治问题的专门的调查研究基本上一直是哲学家的领域，例如柏拉图、亚里士多德、圣·奥古斯丁、托马斯·阿奎那、霍布斯、洛克、卢梭、黑格尔和马克思不仅是西方政治思想史上的伟大人物，也是西方理性传统历史中的伟大人物。[①] 古希腊产生了较为系统、全面的政治思想——西方政治（学）的研究传统即源于此。以城邦（国家）的兴衰为中心，政治学作为一种提供城邦管理相关知识的专门学问而出现。就其背景上说，古希腊出现了许多小的、独立的城邦，而不是东方大一统的帝国；尽管其中的不少城邦是专制政体，但倾向于多样化和实验，尤其是雅典的市民文化的政治历史和发展，这导致公元前4、公元前5世纪西方政治研究传统的形成。因为城邦之间的差异促使人们提出问题，并提供了可以观察和理解的大量可供比较的经历；雅典在民主制下所进行的实验开创了政治生活的新纪元，而普遍高水平的文化为思想提供了有利的环境。[②]

古希腊时期出现了一大批在政治研究上卓有成就的哲学家及学派，如梭伦、赫拉克利特、毕达哥拉斯学派、德谟克利特、诡辩学派、苏格拉底、柏拉图和亚里士多德。其中尤以柏拉图和亚里士多德的政治研究成就最大，他们奠定了西方政治研究传统及方法倾向的基础——以柏拉图为代表的哲学思辨方法和以亚里士多德为代表的实证比较方法。尽管柏拉图和亚里士多德共

---

① George H. Sabine, *A History of Political Theory* (fourth edition, Revised by Thomas L. Thorson), Hinsdale, Illinois: Dryden Press, 1973, p. 4.

② 参看［美］格林斯坦、波尔斯比主编《政治学手册精选》（上册），商务印书馆1996年版，第6—7、10—11页。

同奠定了西方政治研究传统的基础,但两人的思想模式各有特点:"柏拉图带有较多的哲学色彩、怀疑论和理想主义,亚里士多德较为现实、科学和敏感。"(D. 沃尔多语)。柏拉图的《理想国》、亚里士多德的《政治学》所讨论的中心主题是城邦政治,主导范式是伦理世界观,他们把国家(城邦)存在的目的说成是追求至善,实现正义。

柏拉图提出了正义、政治美德、各种政体和它们的变体的命题,这些命题作为政治理论一直延续到19世纪甚至直到今天。他关于政治稳定和政治最优化的理论那时就已预见到了现代对民主制度变迁和巩固的思考,这些理论后来在亚里士多德和波里比阿(Polybius)的著作中被修改并做了详细的说明。在自己的第一本政治著作《理想国》中,柏拉图提出了建立在知识和真理基础上的理想政体模式,这种政体模式以美德为统治的标准。在柏拉图那里,理想国是处于彼岸的精神王国在变化无常的尘世投下的影子,它有着由哲学家、军人、工匠和农民所组成的等级结构,每个等级各司其职,正义就实现了。正如马克思所说:"在柏拉图的理想国中,分工被说成是国家的构成原则,就这一点说,他的理想国只是埃及种姓制度在雅典的理想化。"① 柏拉图还依据美德的次序提出了另外四种相关的政体或政制——克里特政体、寡头政体、民主政体和僭主政体。②

在亚里士多德看来,人是天生的政治动物,人类自然是趋向于城邦生活的动物,个人只有在城邦中才能过善的生活。亚里士多德的政治理论以柏拉图对政体的六分法为基础,又从现实的观点出发,认为实际上只有四种重要的政体类型:寡头政体和民主政体,大部分希腊城邦将被归入这两类中;"政治"或"宪制"或"混合"政府是寡头政体与民主政体的混合,是最好的可实现的政府形式(因为它使美德与稳定得到了统一);另外再加上一种最坏的形式——僭主政体。亚里士多德提出了一整套命题和假说——如怎样使政体稳定、什么导致政体变革、政体发展次序、教育方式等——所有这些命题和假说都要求有研究计划和仔细的数量分析。亚里士多德的方法的一个重要部分就是对样本进行不偏不倚的分类,并在分类时对引起这一类的原因和它将要带来的后果做出假设,而不对样本之间的关系进行系统检验。

中国古代的政治研究萌发于夏、商、西周时期。当时的政治思想基本上是一种神权政治观,它的一个基本内容是从神、天意、巫术的角度来论证统

---

① 《马克思恩格斯全集》(第23卷),人民出版社1972年版,第405—406页。
② 参见柏拉图《理想国》,郭斌和张竹明译,商务印书馆1986年版,第313页。

治的合理性。春秋战国时期，随着奴隶制生产关系的解体以及激烈的社会变革，政治研究及政治思想逐步摆脱神权政治观的束缚，转向对人事的研究，即对现实社会政治实践的研究，出现了"百花齐放、百家争鸣"的局面，形成了堪称一流的中国古代政治研究传统，与古希腊的政治研究成就交相辉映。诸子百家（儒家、法家、道家、墨家、名家、兵家、阴阳家、纵横家等）都各具有丰富的政治思想，其中尤以儒家（孔子、子思、孟子是主要代表人物）、法家（以商鞅、韩非为代表）的政治思想成就最大。研究的主题涉及政治哲学——仁、礼、法、道、势等范畴以及天与人、义与利、君与臣、君与民等方面的关系；理想社会——如孔子的"天下归仁"的"有道"之世，孟子的丰衣足食的"王道"世界，墨子的"兼爱"与"尚同"社会，老子的"小国寡民"的社会，韩非的"法治"社会等；治国方略——关于政治统治和社会管理的法规、政策、战略与策略；以及权力的获得、保持和运用等。与古希腊时代的政治研究相似，春秋战国时期所形成的中国古代政治研究传统主要是政治伦理及政治哲学方面，强调的是对"至善"、理想社会、正义的生活的追求；尽管其中不乏经验研究的基础，但基本上属于思辨研究。

  古罗马时代尽管没有出现伟大的政治理论家，没有形成在后来具有重大影响的政治哲学，但是罗马人把古希腊的政治理论加以应用，其实际成就也深刻地影响了当代西方的政治思想。这不仅表现在罗马人扩展了实际的政治范围——从城邦国家扩张为地域辽阔的帝国，并创立了较为完善的法律制度，而且表现在罗马人以这样或那样的方式将古希腊的政治研究传统带进中世纪，进而流传到现代世界；他们还为现代政治研究贡献了个性意识、个人尊严、"自然状态"与自然法、人生平等观念等。

  随着亚历山大大帝的征服、希腊文化和东方文化的融合，斯多葛学派的两种观点（普遍人性的观点和建立在自然法基础上的世界秩序的观点）逐渐取得了权威地位。这些观点大约在公元前3世纪最早由斯多葛学派的哲学家克利西波斯提出。这两个观点完全成形则是在帕内耶提阿和波里比阿的著作中完成的，这两个公元前2世纪的斯多葛派哲学家在此后的一个世纪把它们传给了罗马共和国的知识分子精英。帕内耶提阿发展了晚期斯多葛主义的哲学和伦理学内容，波里比阿则用柏拉图和亚里士多德的观点来解释罗马历史和它的政治制度。

  在古希腊时代与我国春秋战国时代所形成的古代政治研究传统在人类政治（学）研究及政治知识的发展过程中占有重要的地位，有着不可估量的意义。这不仅在于这一传统是人类对政治生活或政治实践的认识由自发上升为自觉，标志着政治学研究的真正开端；而且在于这一传统为后来的政治学研究奠定了基础，指明了方向并确立了相关主题。古代的圣哲们所确立的这一传统在后来的近2500年的政治学研究中常新不衰，他们所提出的问题被后人以这样或那样的方式一再提出并加以不断研究，他们所使用的政治范畴仍然通用，所示范的思维方式及方法仍然有追随者和拥护者。可以说，古代政治研究传统及其思想成就构成人类政治思想及政治文化的一个不可或缺的有机组成部分。

德怀特·沃尔多在《政治学：传统、学科、专业、科学、事业》一文中谈及了古希腊圣哲们奠定了西方政治研究传统的四个理由：第一，希腊人创立了政治事物，即描绘了政治这种东西，把它同个人存在和集体存在的其他方面区分开来；第二，希腊人在活动的意义上创立了政治学，意识到它本身是活动，是致力于研究政治事物的活动；第三，希腊人造成对单个政体（国家或城邦）两重性中固有问题的持久意识尤其是公民与政体关系问题的意识；第四，希腊人首先认真地表达了政治学研究中主要的、令人迷惑不解的一再出现的问题，即"既然"和"应然"（事实与价值）的关系。从此，他们开辟的解决实际的和伦理的东西之间关系的道路，即使没有为以后的政治研究提供一条可以被接受的路线，也提供了一个起点。[①] 这有助于我们进一步把握古代政治研究传统在人类政治学发展过程中的地位与作用。

三、近代政治研究的转型

（一）中世纪政治知识的缓慢演化

中世纪（公元5—15世纪）是西方政治研究及政治思想缓慢演化的时期。欧洲中世纪的主要社会背景是：在生产关系上，西欧封建社会所实行的是领主占有制的土地所有制；在政治上，缺乏强有力的中央政府，王权虚弱、地方割据是其突出特征；在意识形态上，基督教会居于统治地位，而基督教神学相应地成为居于统治地位的思想；在阶级关系上，以农民及市民阶级反对封建领主和僧侣阶级的斗争作为主要内容。在这些社会条件中，基督教的兴起以及神学世界观的支配地位，对这一时期的政治研究及政治思想产

---

① [美] 格林斯坦、波尔斯比主编：《政治学手册精选》（上册），商务印书馆1996年版，第11—12页。

生了至关重要的影响，有如萨拜因在《政治学说史》一书中所说，基督教会的兴起及其对精神领域所拥有的控制权是"西欧历史上的政治学和政治哲学两方面最富于革命性的事件"。

中世纪的政治研究主要采取了神学政治论的形式，政治学实际上是隶属于神学体系的一个科目；《圣经》是政治研究的出发点，信仰的绝对权威，是判断真理的唯一标准。从圣·奥古斯丁的教父哲学到托马斯·阿奎那的经院哲学，都未超越神学的范围。这一时期政治研究的中心主题是教会与国家、教权与王权的关系，而中世纪神学政治研究由古希腊罗马时代所继承下来的个人与社会、国家权力、理性与信仰等成为近代西方政治研究进一步讨论的问题。例如，圣·奥古斯丁在《上帝之城》中提出了"双国（上帝之国和地上之国）"理论，为基督教会的统治提供论证，奠定了基督神学政治论的基础；他深入探讨了两种权力的论战，使有关的思想传统保留下来并发扬光大，并证明存在着一个超出政府权力之外的人类经验领域。

封建主义的生产关系及政治制度的现实也给中世纪的政治研究打上了深深的烙印。王权的虚弱和地方的割据促进了对政府体制和政治权力问题的研究，这种研究带有更多的世俗化和经验研究的色彩。沃尔多在《政治学：传统、学科、专业、科学、事业》一文中指出：一些对政治权力实行限制或分权的现代政府体制，例如宪法、代议制、司法独立，都受惠于中世纪封建体制和封建思想的演进。[①]

由此可见，中世纪政治研究及政治思想的基本特征是：第一，神学政治论成为居于统治地位的政治思想（它是基督教神学在政治上的表现），而神学异端往往采取反对教会统治的形式；第二，教会与国家、教权与王权的关系是政治研究的中心主题，世俗权力来自于上帝，即君权神授是主导性的观点；第三，中世纪的政治研究继承并发扬了古希腊罗马时代的某些经验研究的传统及世俗政治观念，这深深地影响了近现代西方的政治学研究。因此，中世纪并不是政治研究及政治思想的中断、空白时期，而是政治知识的缓慢演化时期。否则，文艺复兴及近代政治研究的繁荣就成为无源之水，成为不可思议的事情了。

在中国也经历了漫长的封建社会（从秦始皇统一中国到清王朝灭亡的两千余年），从秦汉到明代中叶，是中国政治研究的缓慢发展时期。在这一

---

① ［美］格林斯坦、波尔斯比主编：《政治学手册精选》（上册），商务印书馆1996年版，第13—14页。

历史时期，封建主义的经济基础及其上层建筑牢固地统治着社会的经济、政治、文化各个方面，社会政治生活被局限在封建君主专制主义中央集权的总体框架中，政治研究在某些方面对以往的政治研究成果加以改造，并没有大的进展。秦汉时期政治研究的主题是对于中央集权国家的合理性及其运作原则的研究，出现了以儒、法、道三家为主的各学派的融合过程。董仲舒提出了"罢黜百家、独尊儒术"的主张，实际上建立起以儒为主，融合道、法等家学说的封建专制主义的政治思想体系及神学政治论，其影响一直持续到封建社会末期。魏晋时期，封建社会政治动荡，董仲舒"天人合一"的神学政治论受到批判，政治研究中的自然主义倾向抬头，政治被当作自然变化的结果，而理想的政治是"自然无为"。隋唐时期，中国的封建大一统的政治格局重新确立和加强，社会空前繁荣，经过改造了的以儒学为主体的政治思想体系重新占据支配地位，王通的儒、佛、道"三教合一"论，韩愈的"道统"论，柳宗元的政治改革论在这一时期具有重要影响。宋、元至明代中期，随着专制主义中央集权的进一步强化和宋明理学的兴起，儒家政治思想的垄断地位进一步巩固，政治研究的伦理取向更加强化。以朱熹为代表的宋明理学所包含的内圣外王的政治学说——从格物致知、诚意正心，到修身、齐家、治国平天下，占有突出的地位。①

总之，从秦汉至明代中叶的中国封建社会的早、中期政治研究及政治思想，既与西欧中世纪的政治研究及政治思想有着某些相同或相似的倾向，但也带有自身的特点。例如，神学政治论的色彩较为淡薄，注重世事、侧重伦理；以论证大一统的中央集权制及帝王统治的合理性作为中心主题，统治术（权力的运用）、治国方略的研究占有突出的地位等。

（二）近代政治研究的繁荣

近代（从文艺复兴开始至19世纪中期）是西方政治（学）研究的转型时期。随着资本主义的生产关系、市场经济的产生和发展，资产阶级（市民阶级）的兴起和壮大，资产阶级国家政权的建立和巩固，西方政治研究逐步摆脱了神学政治论的束缚，转入对现实政治问题尤其是人性、国家、主权、政体、权力等问题的实证研究，经验研究逐步取代伦理研究而成为政治学的主要研究方式，为现代政治科学的诞生奠定了坚实的基础。近代西方政

---

① 参见张友渔等"政治学"词条，载《中国大百科全书·政治学卷》，中国大百科全书出版社1992年版，第8页。

治（学）研究空前繁荣，各种政治思想学派层出不穷，并产生一大批西方政治学的经典，如马基雅维利的《君主论》、布丹的《论共和国》、斯宾诺莎的《神学政治论》、霍布斯的《利维坦》、洛克的《政府论》、卢梭的《社会契约论》、密尔的《代议制政府》等。下面我们简要介绍近代西方政治研究的发展及其成就。

1. 文艺复兴时期的西方政治研究

文艺复兴时期的政治思想家为近现代政治学研究的发展做出了开创性的贡献。意大利的马基雅维利、法国的布丹、荷兰的格劳秀斯等人摆脱了神学世界观的束缚，使政治研究世俗化。他们从人出发，用人的眼光去观察、解释社会政治问题，以理性和社会经验为依据，提出政治问题；权力代替神而成为国家与法律的基础，人的权利也开始受到应有的重视。文艺复兴时期政治研究的成就突出地表现在国家、主权、自然法等主题上。

国家及主权问题在文艺复兴时期的政治思想家的著作中占有核心的地位。英国学者昆廷·斯金纳在《现代政治思想的基础》一书中揭示了从文艺复兴到近代早期的现代国家概念形成的历史过程，他认为从13世纪下半叶到16世纪末这一时期，清晰的现代国家概念的主要内容逐渐完备，其决定性的转折是从统治者要维护其国家——这不过是意味着维护他自己的地位——的思想过渡到这样一种意识，即存在着一种独立的司法和立宪秩序即国家秩序，对此统治者有义务去维护。这个转变的结果之一是国家的权力而不是个人的权力被设想为政府的基础。于是国家获得了它的现代的含义——它是其领土内司法和立法权力的唯一渊源，是其人民矢志忠诚的唯一正当的目标。"到16世纪末，至少在英国和法国，我们发现 State 和 L'Etat（国家）这些词首次在它们的现代意义上被使用了。"①

尼科洛·马基雅维利的《君主论》《李维史论》等著作的主题是国家、政府和权力问题。《君主论》开宗明义："从古至今，统治人类的一切国家，不是共和国就是君主国。"这一论断对于西方政治思想史具有十分重要的意义。因为它不仅明确谈到"国家"这个在他之后将成为政治研究核心的术语，而且把政府形式归纳减至两种：君主国与共和国。让·布丹在《国家论六卷》这本被认为可以与亚里士多德的《政治学》媲美的著作中，着重探讨国家尤其是主权概念，认为政治学的起点既不是君主，也不是公民，而

---

① ［英］昆廷·斯金纳：《现代政治思想的基础》，中共中央党校出版社1989年版，（序言）第2页。

是国家,而国家的根本特征就是主权——它是保障国家内聚力和国家独立的前提;但是必须把作为主权的"国家"同具体实施这一权力的"政府"区别开来。布丹由于探讨"主权"概念而在西方政治思想史上占有突出的一席之地,有人称他率先进行了"政治科学"的研究。

2. 17、18 世纪的西方政治思想

17、18 世纪是西欧资产阶级革命的时代,这对政治研究及政治思想产生了极大的影响,使之具有进步性、革命性和批判性的特征。这一时期西方政治研究的成就突出地表现在 17 世纪英国革命时期的政治思想和 18 世纪法国启蒙运动的政治思想两个方面上。

17 世纪的英国革命是人类历史上首次具有世界意义的资产阶级政治革命,它经历了半个世纪,始于 1640 年,中经 1648 年的革命与反革命、复辟与反复辟的生死搏斗,直到 1688 年的"光荣革命"才宣告完成,资产阶级最终确立起政治统治地位。这一时期英国政治研究的中心主题是财产权、国家、政府及政治制度和自由思想。霍布斯和洛克是这一时期政治思想家的杰出代表。霍布斯在他的《利维坦》、《论公民》、《论人》和《论物体》等著作中探讨了国家的起源及本质(自然法学说与契约论)、国家主权与政体、臣民自由等政治问题。洛克在其《政府论》、《人类理智论》和《论宗教宽容》等著作中提出了天赋人权论、政府起源论、分权论等著名的政治学说。此外,荷兰的斯宾诺莎在他的《神学政治论》等著作中所提出的人民权力理论在近代西方政治思想史上也有一定的影响。

1789 年法国爆发了资产阶级革命,而启蒙运动则为这场革命做了思想上的准备。启蒙时期法国政治思想的主流是自由平等观念,启蒙学者围绕自由平等核心而展开各自的政治思想。伏尔泰、孟德斯鸠、"百科全书派"都主张人生而平等自由、人的天赋能力平等、法律面前人人平等;梅叶等空想社会主义者也提出自己的平等概念,认为真正的平等是财产公有的实现。在启蒙思想家中要算孟德斯鸠和卢梭的政治思想最为突出。孟德斯鸠的论法的精神、政体的分类及原则、政治自由论和三权分立说,卢梭的平等理论及人类不平等的起源说、社会契约论和人民主权思想等,在近代西方政治研究及政治思想史上占有重要的一席之地。

3. 19 世纪的西方政治理论

19 世纪是自由资本主义发展时期,资产阶级的政治统治在英法等国牢固确立,因而资产阶级的政治研究及政治思想也发生了质的变化。总的趋势是由进步走向反动,由批判走向辩护,即由批判旧制度、论证新制度转向为现存的制度辩护，注重现实政治问题的研究及解决。这种转变的突出表现是政治思想从探讨国家"应当怎样"转变为说明国家实际上是怎样。英国的功利主义及自由主义的政治思想和法国的实证主义政治学说最明显地体现了这一时期西方政治研究的这些特点。

19世纪英国的政治理论以功利主义及自由主义作为基础。边沁等人所提出的功利主义政治学说否定了以往的自然法和社会契约论，将是否增进个人利益作为判断政治制度及法律的价值标准，主张私有财产不可侵犯，要求国家对经济社会实行有限或最低限度的干预，形成了国家是必要的罪恶的消极国家理论；密尔则提出自由主义思想及代议制政府论，他将政治自由扩展到经济和社会自由，要求划清个人权利与社会权利的界限，反对政府对私人生活领域的干预。因此，以功利主义为基础，从政府不干预个人的社会生活为核心的自由主义成为19世纪英国政治思想的主流；与自由主义一起出现的还有保守主义，它以性恶论为基础，主张维护现存秩序或制度，向后看，推崇过去的时尚和道德观念。此外，也出现了另一些在近代西方政治思想史上有一定影响的政治学说，如斯宾塞的社会有机体论和欧文的空想社会主义理论。

与当时的社会现实——大革命建立起资产阶级的政治统治，但社会处于激烈动荡之中，阶级矛盾完全尖锐对立，无产阶级与资产阶级的斗争日益突出——相适应，19世纪法国出现了两种有影响的、对立的政治思想：一种是以孔德为代表的实证主义的社会政治思想，它与英国的功利主义政治思想一样，对革命时期进步政治思想如社会契约论加以批判，为资产阶级的政治统治辩护（孔德的社会政治理论的一个著名论点是社会发展的三阶段说——神学阶段、形而上学阶段和科学阶段）；另一种是以圣西门和傅立叶为代表的空想社会主义政治思想，它是无产阶级不成熟的阶级意识，成为马克思主义的科学社会主义理论的一个基本来源。

在德国，18世纪末19世纪初的社会背景是国家在政治上长期分割，直到1871年才由普鲁士王国以铁血方式基本得以统一，经济发展也比较缓慢。这一时期德国政治思想的最集中的表现是德国古典哲学中的政治哲学及法哲学，康德、费希特、谢林和黑格尔等将法国启蒙学者的激进的自由、平等、人格等思想加以德国式的改造和发展。其中，康德的国家学说，黑格尔的法哲学、国家与市民社会、君主立宪与民族主义的理论的影响最大。而19世纪中后期，在德国则产生了马克思主义的政治学说，即科学社会主义理论。

而在中国，从明代中叶到清末是社会剧变时期。这一时期的中国政治研究也出现了转变的迹象。例如，李贽等人对儒家及其政治学说的垄断地位提出挑战，黄宗羲等人对君主专制进行无情批判，王夫之、顾炎武等人对君主专制持否定态度，传统的民本思想得到了张扬。但是总的来说，这一时期的政治研究未能超出传统的政治研究的束缚，儒家政治学说的统治地位并未根本动摇。中国政治研究的突破性进展，是19世纪中后期，在先进的中国人接受西方进步思想，反对封建统治和外来侵略的斗争中开始取得的。①

（三）近代政治研究"范式"的特征

我们将近代看作政治（学）研究的转型时期（即由传统的政治研究向现代政治科学的过渡时期）是有充分理由的。近代政治研究的"范式"有其自身明显的特征，使它既区别于古代的政治研究传统，又有别于现代的政治科学研究。

首先，国家、主权、自由、平等、法及人性一类的主题处于近代政治研究的核心地位，与古代政治研究相比，近代政治研究的主题及范围已发生了明显变化。从文艺复兴到19世纪中期，适应于资产阶级在政治和经济等方面成长特别是夺取政权和巩固政权的需要，资产阶级政治思想的中心任务是要提出一整套新的理论学说，重新认识和说明政治生活及政治关系的本质尤其是国家和政府现象。这一时期出现的杰出政治思想家如马基雅维利、布丹、格劳秀斯、斯宾诺莎、孟德斯鸠、卢梭以及后来的潘恩、杰斐逊等人都以现实的政治生活及政治实践作为政治研究的对象，从理性和经验出发，用现实的人的眼光而不是神的眼光观察政治世界，摆脱了神学政治观的束缚。因此，人性论成了近代政治思想的一个理论基础；商品经济和资产主义生产关系的发展以及资产阶级的成长壮大，使自由、平等、人权以及私有财产神圣不可侵犯一类的价值成为资产阶级的奋斗目标和反对封建主义及宗教神学的思想武器，因而也就成为这一时期政治研究的焦点；人们批判封建专制，论证新的政治制度的必要性和合理性，尤其是证明政府基于人民的同一观念。这一时期的国家、政府与主权问题在政治研究中居于核心地位，而自然法、社会契约论、分权与制衡理论成为近代政治研究的最重要的遗产之一。

其次，经验、实证研究逐步成长，渐成气候，改变了以往规范、伦理研究一统天下的局面，这种方法论上的变化，是近代政治研究转型的最重要理

---

① 参见张友渔等"政治学"词条，载《中国大百科全书·政治学卷》，中国大百科全书出版社1992年版，第8页。

由。应该说，在近代，许多政治思想家基本上还是沿袭了古代的规范研究传统的，关心的是"应该"的问题，即注重政治伦理问题的研究，他们采用演绎方法，从一个普遍的前提推导出特定的结论。例如在霍布斯和洛克的著作中便具有这种方法论特点，他们都关心政治义务的性质，尽管对社会契约的性质、政府的"适当"形式、政治义务的性质等的看法不同，但这些结论是建立在他们对人性的假定的基础之上，从人性的假定中推导出来的。但是，随着政治研究的眼光由天国转向现实以及实验自然科学及其方法论的发展，以观察、归纳、描述为基础经验、实证的研究迅速成长。马基雅维利之所以被誉为近现代政治研究之父，是因为他所做的经验分析工作。他试图解释当时的政府形式和制度的实际运作；他的政治研究是高度实用性和工具性的，他的政治理论是以经验方法和细致的观察作为基础的（他基于佛罗伦萨的政治制度和政治过程的观察向美第奇统治家族提出了如何充分利用和扩展权力的告诫）。我们从孔德的实证主义政治学、英国的功利主义及自由主义的政治思想中也同样可以看到政治研究中的经验实证方法的倾向。

再次，近代的政治研究并未形成一个独立的学科领域，它是人文社会知识或道德哲学的知识总体的一个方面。19世纪后半期以前，政治学、经济学、社会学、法学、史学这些学科尚未分化，它们是以道德哲学的方式存在于哲学的母体之中（这也就是为什么古代、近代的著名政治思想家都是哲学家的缘故）。的确，如前所述，近代政治研究形成了大量现代政治学的基本主题，如国家、政府、主权、自由、平等、人权等，但这些主题的研究很少是在我们今天所说的政治学的特定学科框架中进行的，而是与其他人文社会知识研究合为一体的。德国19世纪中后期有一门显学——"国家学"，它往往被人们当作现代政治学的前身或近现代政治学的德国版本。然而，实际上，它并不是"纯"政治学研究，而是包含了现代政治学、社会学、法理学、财政学和经济史等方面的研究，相当于当时英法流行的"政治经济学"。

最后，在近代政治研究中，法学世界观或法理研究途径有着重要影响。按照有的学者的说法，这种法学世界观的主要原则是相信国家和法律高于一切，现存的一切政治、经济和社会的关系都是以权利为根据而由国家和法律所确立或批准的，它与宣扬世俗社会关系尤其是王权由上帝赋予的神学世界观是截然对立的。因此，这一时期国家、法律在政治研究中居于核心地位。

1-3

现代西方政治科学的兴起[*]

政治学是一个以人类社会的政治现象、政治关系或政治实践作为研究对象的学科领域,它涉及国家(政府)、权力、政策、统治、管理一类的主题。在当代西方,政治学与经济学、社会学一起并称社会科学的三大学科。如同社会科学的其他学科一样,西方政治学(Political science)作为一个独立的学科,形成于19世纪末20世纪初。在经历了百余年的发展与演变的历程(经过了确立独立的学科框架、学科的分化及初步整合、整体化和杂交化趋势出现三个阶段)之后,世纪之交的西方政治学已呈现出了新的发展态势。本文将简要回顾20世纪西方政治学的发展,着重评析第二次世界大战后及世纪之交西方政治学发展的状况、成就及最新趋势,以便为面向21世纪的中国政治学发展提供参照与借鉴。

一、政治科学的诞生及其专业化

19世纪末20世纪初,在经历了2000多年的孕育和发展之后,伴随着近现代社会科学分化的一般趋势,西方政治研究向政治科学转变,即政治学形成了自己相对独立的研究框架,并与其他社会科学学科(经济学、社会学、人类学、史学等)区别开来。

1880年,美国哥伦比亚大学创立了政治学院,这被人们当作政治科学兴起的象征性标志。在19世纪80年代到20世纪20年代这一时期,西方政治研究的范围、方法与目标发生了根本性的转变。近代政治学的经验、实证

---

[*] 原载《厦门大学学报》(哲学社会科学版)1999年第1期,中国人民大学复印报刊资料《政治学》1999年第3期转载,《高校文科学报文摘》1999年第3期摘要(收入本书时标题和内容均有改动)。

的研究为现代政治科学的突破奠定了方法论的基础。到了19世纪末，人们普遍相信，一旦描述了在一个政治制度中决定着权力分配的那些法律，就获得了关于政治机构如何运转的准确的理解；学者们设想，在宪法与法律所规定的各种政治机构，官员的权利及特权与他们在岗位上的实际行动方式有着紧密的联系。因而，描述性、经验的研究取代了规范的、思辨的研究。在现代政治学形成时期，学者们一般都注重于描述当时的政治制度与过程，把重点放在依法构成的政府上，并以法律文件及宪法规定作为主要的资料基础，注重对这些情报资料的收集和描述。他们将制度、结构和法律看作政治领域的最重要的独立变量，而将人性视为常量，认为政治制度是支配和影响人类行为的因素，而非人类行为影响政治制度。正是这个原因，这一时期往往被人们称为现代西方政治学发展的形式主义、制度或法理研究的阶段。

政治学作为一个独立学科首先出现在美国。如果说，19世纪以前政治研究的中心是在西欧的话，那么从19世纪末开始，这种重心已经转移到北美了。美国政治学研究无疑是继承了从古希腊开始的欧洲研究传统的。可以说，美国政治学的早期发展受到了欧洲的极大影响，政治科学的奠基者们正是从欧洲政治研究的理论和方法论的成果出发，来建构政治学的研究框架以及为政治学划界的。德国的国家学以"国家"概念为中心，注重主权以及体现国家意志和最高权力的法律等方面的问题；国家、主权、法和历史处于西欧政治研究的一般方法的中心；英国19世纪的政治研究具有经验主义、实证主义的传统与倾向。这些对美国政治科学家界定政治学的范围和方法有着重要影响。伴随着西方社会科学分化的浪潮，政治学在美国确立了它的研究对象、范围及方法。政治学逐步将自己限定于国家、政府、权力一类问题的研究上，而与定位于市场研究、与定位于市民社会研究的社会学相对照。而在方法论上，经验、实证分析的方法取代以往的思辨演绎方法而成为政治学研究的主导性方法。

现代政治学与近代政治研究的区别首先表现在方法论上。19世纪中后期工业化和科学技术进步特别是实验自然科学的成熟，成为近现代社会科学及其方法论形成和发展的主要推动力。科学主义的日益盛行，使得人们普遍相信经验自然科学的方法同样适应于社会领域的研究，人文社会知识同样可以科学化。19世纪末期，美国政治学界的杰出人物如柏吉斯（John W. Burgess）相信自然科学的经验、实证方法可以用于政治领域的研究。他们认为政治体制的演变及其运行有其规律性，一套精细的分析方法可以揭示出这种规律性。这套分析方法也就是历史—比较方法，它强调历史文献的搜集、整理和评论。柏吉斯等人用这种实证的分析方法取代近代政治研究的思辨、演绎方法。不久之后，这种注重历史文献、囿于文件和纪录而忽视政治现实的历史—比较方法便受到人们的怀疑和批评。进入 20 世纪，美国政治学界的顶尖人物伍德罗·威尔逊（Woodrow Wilson）、弗兰克·J. 古德诺（Frank J. Goodrow）和阿瑟·本特利（Arthur Bently）等人主张用"现实主义"取代历史—比较方法，主张政治学必须研究现实政治生活。威尔逊号召政治研究走向社会，深入民众，去大街、办公室和议会大厦；古德诺强调政治学应研究"整个现实国家有关的领域"；本特利则认为，政治学应研究政治集团及其活动。现实主义研究方式的出现标志着西方传统政治研究向现代政治学研究的转变。

现代政治学与传统政治研究的另一个区别在于学科的制度化方面。学科的制度化（或学科的社会建制）是指一个学科或研究领域在学术团体、专业杂志、书籍出版、基金资助渠道、教育培训、职业化以及图书馆新的收藏目录的确定等方面的建设，特别是大学相关专业教育的发展（专业、系科设置以及研究生教育的发展等）。与政治学从人文社会知识或道德哲学的分离相一致，19 世纪末 20 世纪初，政治学逐步在美国大学及研究所扎根，成为大学专业教育和学术研究的重要组成部分。1880 年，在柏吉斯的倡导下，哥伦比亚大学创立了政治学院；1886 年，该校创办了《政治学导刊》。约翰·霍普金斯大学的政治学的研究与教学起步也很早，亚当斯在这所大学首先提出历史学和政治学方面先进的教学和研究计划，并于 1877 年成立"历史和政治学会"。密歇根大学、宾夕法尼亚大学、芝加哥大学、威斯康星大学、哈佛大学也属于第一批兴起政治学的教学和研究的大学之列。这些学校都培养研究生，开始授予博士和硕士学位。到第一次世界大战期间，政治学成为各大学广泛讲授的科目，政治学作为一项培养研究生层次的事业，也在 20 多个的主要大学中扎根。到 1920 年，全美大学兴办的政治学系已近 50 个。另外，值得一提的是，1903 年，全美权威性学术组织"美国政治学会"成立，1906 年，学会出版著名杂志《美国政治学评论》，这是政治学成熟的另一个重要标志。总之，到了 20 年代初，政治学与经济学、社会学等学科一样，已经制度化而且成为美国大学教育及学术研究体制中的一个有机组成部分。

从 20 世纪 20 年代初到 90 年代末的 80 年发展历程里，美国政治学出现了三次大的学科运动，每一次运动都使政治学得到迅速发展。有如阿尔蒙德所说:"在20世纪的发展曲线图上,我们会看到三个上升的标志。第一个标志是战争年代(1920—1940)的芝加哥学派,他们提出了系统的经验主义研究纲领,强调用心理学和社会学解释政治,并验证了定量化方法的价值。第二个标志较第一个更引人注目,它发生在第二次世界大战后的几十年。'行为主义'政治科学此间得以向全世界传播,传统的分支学科有了很多提高,并出现了学科的专业化('专业化'是在这种意义上来讲的,即成立了成员众多、精英荟萃、等级制度不明显的研究室;成立了许多协会和专家社团,出版相关刊物,等等)。第三个标志是演绎、数学方法和理性选择/个人主义方法论者的经济模型被引入政治学。"①

在20世纪20—40年代,出现了一场提倡科学主义的"新政治科学运动",它主张用社会学、心理学和统计学的方法来研究政治问题,排除妨碍政治分析的价值判断,使政治研究科学化。这场运动的倡导者是当时美国政治学界的头面人物梅里安(Charles E. Merriam)。这一时期梅里安所在的芝加哥大学在继哥伦比亚大学之后,成为美国政治学的另一个学术中心,形成了以梅里安为首的所谓的"芝加哥学派"(The Chicago School),其主要代表人物有戈斯耐尔、拉斯韦尔、莱特、怀特、凯伊、杜鲁门以及新秀西蒙、阿尔蒙德、亨廷顿、伊斯顿等人。

19世纪末20世纪初,"科学的"政治学研究观念已有重要的内容。像孔德、密尔、托克威尔、马克思、斯宾塞、韦伯、涂尔干、帕累托以及其他一些欧洲学者发展了政治社会学、人类学和心理学,并将政治学研究带入一个自觉运用解释方法的阶段。美国的大学也已经开始采用经验主义的方法来研究政府和政治过程,但如前所述,他们主要的政治学研究方法仍然是法律、哲学和历史的方法。芝加哥大学政治科学学院的重要作用就在于它用具体的经验主义研究证明了这样一个观点:通过跨学科研究途径、定量化方法和有组织的研究,政治知识的真正增加是有可能的。梅里安1920年创立的、部分由他自己的学生任教的政治科学学院,在研究政治事件和制度创新时,在经验主义研究的严密性和推理能力方面取得了巨大进步。

芝加哥学派的兴盛持续到30年代末,直到芝加哥大学行政当局开始对经验主义研究方法加以批判为止。其时,芝加哥学派的主要代表人物或辞职或退休(拉斯韦尔和戈斯耐尔辞了职,梅里安退休),这使政治科学系的运

---

① Robert E. Goodin, Hans-Dieter Klingemann, *A New Handbook of Political Science*. Oxford University Press, 1996, p.50.

作几乎陷于停顿。然而，芝加哥学派已经培育出相当多的人才，为它在全国的发展打下了一个良好的基础。拉斯韦尔继续在耶鲁大学开展他的工作，并且启发了达尔（Robert A. Dahl）、林德布洛姆（Charles E. Lindblom）等人对耶鲁大学政治科学系进行改革；凯伊（V. O. Key, Jr.）在哈佛大学培养了几届对于用经验主义和定量方法研究政党、选举和民意感兴趣的学生。杜鲁门（David Truman）等人对利益集团的研究也结出了丰硕的成果；普里切特（Herman Pritchett）在芝加哥大学继续他公共法律方面富有创意的工作；福克斯（William T. R. Fox）等人则将芝加哥大学的国际关系和比较政治带到了耶鲁、普林斯顿、哥伦比亚、斯坦福、麻省理工等大学和兰德公司。

二、政治学中的"行为主义革命"

第二次世界大战后，美国政治学发生了一场所谓的"行为主义革命"，行为主义政治学成为美国甚至整个西方政治学的主导范式。这是一场旷日持久的政治学运动，发端于20世纪初的政治学的"现实主义"的研究方式，孕育于20世纪20—40年代政治学中的"科学主义"运动，兴盛于50—60年代，并持续到70—80年代的"后行为主义"时期。

20世纪20—40年代既是美国政治学学科框架的逐步完善和学科制度化建设进一步发展时期，也是行为主义研究方法的酝酿时期。第一次世界大战前后，现实主义的方法取代历史—比较方法（"现实主义"）而成为"当代各派政治理论的共同发源"①，这可以说是科学主义及行为主义研究方式的开端。紧接着，出现了提倡科学主义的"新政治科学运动"，它主张用社会学、心理学和统计学的方法来研究政治问题，排除妨碍政治分析的价值判断，使政治研究科学化。这场运动的倡导者是当时美国政治学界的头面人物查尔斯·E. 梅里安。他在1921年发表的《政治学研究的现状》一文以及1925年出版的《政治学的新方面》一书中提出了"新政治科学"的概念，主张运用科学方法研究政治过程，将政治行为作为调查研究的基本对象，重视在政治分析中理论与经验研究中必然形成的相互关系。他特别强调应用心理学、社会学和统计学的概念和方法，以解决政治学中积累起来且日益增多的事实材料。他认为，政治学的发展在19世纪上半期经历了一个先验演绎的阶段，下半期又经历了一个历史—比较方法的阶段。尽管在20世纪初已

---

① 王沪宁：《比较政治分析》，上海人民出版社1987年版，第302页。

经出现涉及观察和测量的归纳科学的发展,但政治学要取得进一步的突破,必须对政治和政治行为进行更具理论性和以心理学为基础的更深入研究。"新政治科学运动"为第二次世界大战后行为主义政治学的兴起开辟了道路。

20世纪50—60年代,行为主义政治学崛起,并在美国政治学研究中居于主导地位。何谓行为主义?按照罗伯特·达尔的说法,政治学中的行为主义与人的实际行为以及他们赋予其行为的意义有关,行为主义用观察到的行为来解释政治现象。德怀特·沃尔多称:行为主义运动可以解释为重新进行努力和加强努力来认真对待政治学中的"科学",使政治学成为一门真实的或真正的科学。戴维·伊斯顿认为,行为主义的核心信条是按照自然科学的方法论及模式来发展政治学。他在《政治分析的框架》(1965)一书中将行为主义政治学的基本信念概括为如下几条:(1)政治学最终可有望成为一门科学,它可以进行预测和解释,其目标是建立系统的、经验的理论;(2)社会科学研究应以理论定向,理论与资料之间必须有密切的相互作用;(3)政治分析必须将事实问题与价值问题区别开来;(4)社会科学的各学科从根本上是一致的,科际合作或跨学科对各学科都是有益的;(5)政治学者对方法论应该更加自觉、熟练和精通;(6)政治分析应以个人、团体的行为作为焦点,而不是以政治制度作为焦点。

20世纪80年代末,伊斯顿来中国社会科学院作了题为"美国的政治学:过去和现在"的学术报告,将行为主义政治学的要点归结为:第一,行为主义认为在人的行为中存在着可以发现的一致性;第二,这些一致性可以被经验主义的实验所证实;第三,行为主义对获得和进行分析的方法有更严格的要求;第四,行为主义运动使自己在理论上比过去更多地注意精细化;第五,行为主义者一般认为,研究者和社会的价值标准基本上可以排除在探究的过程之外;第六,行为主义意味着把新发现的重点放在基础或纯粹理论上,而不是放在应用研究上。①

行为主义政治学的兴起有其特定的历史背景。首先是由第二次世界大战后科技革命的展开以及政治学发展本身的内在逻辑所决定的。第二次世界大战后,科学技术革命推动了自然科学、技术和人文社会科学的迅速发展,自然科学以及社会科学的某些学科(经济学、心理学等)更严格的资料收集和方法所取得的成就尤其是建立可检验的经验理论的成就,对政治学研究产

---

① 单天伦主编:《当代美国社会科学》,社会科学文献出版社1993年版,第5—6页。

生了强烈的示范效应;而传统政治学的历史描述和印象主义的分析、常识性的研究似乎走到尽头。不断发展的大规模的工业化社会及其出现的大量复杂的社会政治问题已难以用这种方式来加以研究及解决;在对政治体制、机构及过程的认识中,大量的现象和问题悬而未决,难以用不精确、不可靠的理论来加以解释。因此,人们迫切希望将政治学研究或政治分析由常识变成科学。其次,行为主义的兴起与当时美国特定的社会条件有关。第二次世界大战后,出现美苏冷战的局面,并爆发了朝鲜战争,当时的参议员约瑟夫·麦卡锡掀起了后来称为"麦卡锡主义"的思想及政治上的恐怖主义时期,旨在迫害自由和进步的思想,这促使政治学及社会科学其他学科的学者更倾向于进行价值中立、客观的科学或学术研究;战后西方社会经济的持续发展和"繁荣"以及20世纪50年代和60年代初流行的保守主义,导致了所谓的"意识形态终结论"的流行。这形成了有利于行为主义政治学发展的文化氛围。

行为主义政治学作为20世纪50—60年代美国政治学发展的主导性潮流,有其成功和合理之处,在当代西方政治学的发展过程中占有重要的一席之地。

第一,行为主义使政治学的研究方法及分析技术的探索成为自觉,并提供了一系列政治研究或分析的有用的方法和技术。在行为主义兴起以前,哪怕是在主张"现实主义"研究方式的政治学者那里,并没有多少专门的方法可以用来研究资料或进行分析,方法,需要专门的注意力或技巧的领域被看作是不成问题的,结果,没有严格的专门的方法可以用来检验所获得的资料以及所得出结论的可靠性程度。行为主义主张将经验科学的方法用于政治问题的研究,特别重视经验研究和定量分析方法的应用,力求使政治研究科学化;他们提供了政治研究的"工具箱",其中观察、访问、实验、模拟、模型、统计分析、系统分析等成为基本的工具。

第二,行为主义将政治学研究的重心由法规、制度的静态研究转向政治制度的运作或政治过程、政治行为的动态研究,并力求建立起可检验的经验理论。行为主义者相信通过运用科学方法论进行经验研究可以使政治学成为一门能够做出解释和预言的科学。基于这种认识,行为主义政治学的主要代表人物纷纷建构各种理论体系,如伊斯顿的政治系统论、阿尔蒙德的结构—功能论、多伊奇的政治沟通论、西蒙的行政决策论、亨廷顿的政治发展论。不管这些理论本身有何缺陷,它们在当代西方政治学的发展中都产生了重要的影响。

第三，行为主义者强调社会科学各学科本质上的一致性，重视跨学科的研究，顺应了当代科技以及社会科学发展的交叉、综合和整体化的发展趋势。行为主义政治学自觉地吸取了当代科技的成果特别是心理学、社会学、经济学、人类学、统计学、系统分析等学科的概念、理论和方法，扩展了政治学的研究视野，丰富了政治学的理论内容。行为主义者深知人与社会之间不可分割的联系，试图在研究人类的政治行为的基础上来获得关于人类行为的一般规律（规则性）的认识。这在某种程度上突破了传统政治学研究的狭窄的眼界。

然而，行为主义政治学具有其内在的理论及方法论的局限性。例如，它的实证主义的研究方式，过分推崇经验自然科学的研究方法及模式；事实问题与价值问题的分离（政治研究的价值中立性）；注重学术研究而忽视现实社会问题研究；偏重于微观、中层理论的建构而忽视宏观理论研究的倾向；等等。这使它受到了来自于各个方面的强烈批评。

首先是来自于传统政治理论家（包括规范理论家和批判理论家）的批评。这些传统主义者坚持政治理论或政治哲学的研究传统，反对政治研究的科学化。他们认为，就科学一词的严格意义而言，政治学不可能像行为主义者所主张那样成为一门科学，因为政治学的研究对象与自然科学的研究对象不同，它涉及人类行为；与自然现象及过程不同，人类行为十分复杂，没有规律性，缺乏稳定性，牵涉到太多的偶然性和变量；人类行为以及政治行为是独一无二且不能重复的，不能做实验，科学方法不能处理无穷的偶然性，因而寻找行为的规律性是徒劳无功的。传统主义者进而认为，量化和严格的分析更不适用于政治学，政治学既缺乏精确的概念，也没有合适的计量方法。在他们看来，社会科学及政治学不能把价值、情感和意识形态一类的东西与经验事实分开，社会科学家以行动定向，他们应扮演人道主义者、批评家和改革者的角色，并应致力于宏观社会政治理论的探索。

其次是来自于科学哲学和科学方法论的挑战，特别是托马斯·库恩在《科学革命的结构》这一著名论著中对实证主义研究方式的致命性打击。他提出一种历史主义的新科学发展观，认为科学研究基本上是一种非理性的过程，科学的发展并不是一种渐进的、量的积累过程，而是表现为一种渐进中断或科学革命，即新的"范式"取代旧的"范式"的过程，科学的历史表现为从一种决定研究的范式向另一种范式的随机性转变。他强调科学的发展，理论的建立、检验、发展及接受为历史、社会、文化因素所制约，摆脱价值、意识形态、个人偏好的所谓纯客观的研究是不存在的。

这就动摇了行为主义政治学的哲学及方法论基础——实证主义的价值中立性的基础。

最后是来自于行为主义政治学内部尤其是达尔、尤劳、伊斯顿等人的批评。例如，达尔在《政治学中的行为方法》（1961年）一文中尖锐地批评行为主义的事实与价值分离的观点，指出行为主义难以运用历史知识和想象力去做预测。

20世纪60年代的美国社会状况则提供了对行为主义的批判及随之兴起的后行为主义"新革命"的有利条件。当时的种族冲突及民权运动、城市骚乱、反文化运动、环境的恶化、政治领袖的相继遇刺、贫困和社会不平等、越南战争等引起了政治学家及其他社会科学家对自身社会责任感的反省，对价值中立、纯客观研究产生了深深的怀疑。对行为主义的批判及后行为主义的出现正是以这种社会背景作为基础的。正如伊斯顿所说："在最广泛的意义上，后行为主义代表了现代世界对迅速失去控制的工业化、种族和性别的歧视、世界性的贫困和核战争危险的觉醒。"

伊斯顿是这场所谓的后行为主义"新革命"的发起者。他在1969年9月担任美国政治学会会长的就职演说"新的革命"中说："美国政治学正在发生一场新的革命。……它的口号是关联与行动，它的批评对象是学科、专业和大学。"[1] 他说，前一场革命——行为主义革命还没有完成，就被政治时代日益增长的社会政治危机所抛弃了。他指出，行为主义注重方法而忽视内容，注重事实而忽视价值等方面的缺陷引发了政治学研究的危机，呼吁政治学者关注迫切社会问题的研究，关注人类价值，谋求社会福利，用知识促进社会改革，以科学方法为手段建设理想社会。这篇文章产生了广泛的影响，被称为后行为主义"新革命"的一份迟到的宣言。

后行为主义的核心信条是"关联与行动"（relevance & action）。根据伊斯顿在《政治系统》第二版（1971）中的概括，后行为主义的基本主张是：（1）实质重于技术，即与当代迫切社会问题发生关联并加以研究，重于成熟的分析技术本身；（2）行为主义蕴含着经验保守主义的意识形态，它局限于事实的描述与分析，妨碍它自身从最广泛的脉络上去了解这些事实；（3）行为研究与现实脱节，其核心是抽象分析，后行为主义关注在危机时刻满足人类的真正需要；（4）研究价值并加以建设性的发展，是政治研究

---

[1] David Easton, "The New Revolution in Political Science", *American Political Science Review* LXIII, 1969, p. 1051.

不可或缺的组成部分；（5）政治学者作为全体知识分子的组成部分，必须履行或承担保护人文价值的义务或责任；（6）拥有知识等于负有行动的责任，而行动也就是去改造社会；（7）知识分子不能对各种政治斗争置之不理，政治学者的政治化是不可避免之事。①

后行为主义的"新革命"实际上是美国政治学中的一场改革运动，它的兴起标志着行为主义政治学的衰落。因为它抛弃了行为主义的基本信条，由强调政治学的科学化、实证化和精确化转向"关联与行动"。它抛弃了行为主义的"科学主义狂热"，主张实质重于技术，含糊优于没有什么意义的精确性；它反对排除价值，否认规范作用的纯描述性研究，主张关注人类价值，重新引入价值及规范研究；反对政治学为学术而学术，提倡研究紧迫的社会问题，政治学研究为社会改革、公民福利和人类目标的实现服务；它批评行为主义政治学局限于细小问题的研究，主张重建宏观的社会政治理论。后行为主义的"新革命"导致了传统的政治理论或政治哲学的复兴，也促使政策科学或政策分析异军突起、身价百倍，乃至有不少学者主张用政策科学来取代政治学的研究。20世纪70年代以后，西方政治学呈现出一幅更加丰富多彩的知识图景。

应该说，行为主义及后行为主义政治学仅是20世纪50年代至70年代初西方政治学的一种思潮（也许是居支配地位的思潮，起码在美国是如此），它不是西方政治学研究的全部。联邦德国学者克劳斯·冯·柏伊姆在《当代政治理论》（初版于1972年）一书着眼于欧洲及北美的情况，对第二次世界大战后西方政治学的发展及图景作了更全面的概括，认为"在当代的政治科学中，存在着三种相互竞争的元理论的基本观点：（1）本体—规范的理论；（2）经验—分析的理论；（3）辩证—批判的理论。这三种理论中的每一种理论都是以政治的——政治科学的核心概念——不同的基本概念和不同定义作为出发点"②。这三种元理论也就是二战后到70年代西方政治学的三种模式、三种思潮。行为主义政治学可以归入经验—分析理论之中（另一个典型是英国波普尔的批判理性主义）；这种理论以实证主义作为哲学基础，主张事实与价值分离，追求政治学的科学化。

本体—规范的理论则沿袭从古希腊开始到中世纪及近代的政治理论传

---

① David Easton, *The Political System*: *An Inquiry into the State of Political Science*, 2nd. ed., New York: Alfred A. Kropt, 1971, pp. 322–327.

② ［德］克劳斯·冯·柏伊斯：《当代政治理论》，商务印书馆1990年版，第10页。

统。它反对实证主义及行为主义的拒斥形而上学（本体论）及排除价值因素的纯科学研究，自觉以本体论作为理论基础，主张规范研究；尽管它并不否定经验研究的作用，但反对用定量分析来处理政治问题，更多地要求从个别情况或典型事例入手作政治研究。它要求知识与行动、理论与实践的统一。本体—规范的理论即使在行为主义政治学兴盛的时候，仍有其广泛的影响力。如柏伊斯所说："规范的政治理论存在于所有重要的国家之中，甚至存在于大不列颠这个据说由于它的经验主义传统并不怎么喜欢规范主义的国家中。在美国，那些最著名的规范理论家都是从流亡者的队伍中产生的，例如，A. 阿伦特、L. 斯特劳斯、E. 费格林、H. 斯彼欧；有的则同欧洲的思想传统保持密切的联系，例如 D. 哲敏诺。"①

辩证—批判的政治理论的渊源则是古代的辩证哲学，其直接的先导或理论基础是德国古典哲学（唯心主义辩证法）和马克思主义的辩证法。这种理论也就是我们通常所讲的"西方马克思主义"或"新马克思主义"的社会政治理论。这种理论在欧洲尤其是德国、意大利、法国、英国、美国等地都有广泛的影响。"第二次世界大战之后，在马克思主义的理论中，凡是在早期马克思的人道主义观点被发现的地方，法兰克福学派的批判理论就能找到它的形形色色的孪生姐妹。"② 其主要代表人物及流派有卢卡奇、卢森堡、科尔施，以霍克海默、阿多尔诺、马尔库塞、弗罗姆、哈贝马斯等人为代表的法兰克福学派，以列斐伏尔、梅洛-庞蒂、萨特等人为代表的"存在主义的马克思主义"，以阿尔都塞、普兰查斯等人为代表的"结构主义的马克思主义"，以萨格勒布等人为代表的实践派的马克思主义等。这种辩证—批判理论的原则是：以政治和社会的历史性作为出发点，强调理论与实践的统一，并把批判社会当作首要任务；以辩证法当作基本方法，强调社会"政治事实"与历史"总体性"的联系，重视矛盾与历史分析；拒绝按照自然科学的模式来塑造社会科学和经验分析方法；反对社会科学的片面专业化，主张建立宏观的社会政治理论。③

---

① ［德］克劳斯·冯·柏伊斯：《当代政治理论》，商务印书馆 1990 年版，第 14 页。
② 同上书，第 42 页。
③ 关于辩证—批判的理论，详见陈振明《"新马克思主义"》（厦门大学出版社 1992 年版）、《法兰克福学派与科学技术哲学》（中国人民大学出版社 1992 年版）和《"西方马克思主义"的社会政治理论》（中国人民大学出版社 1997 年版）。

三、西方政治学发展的新趋势

进入20世纪70年代，随着西方国家政治、经济环境的变化，西方社会科学乃至整个科学技术界出现了一个基本或一般的发展趋势，即跨学科、交叉研究以及杂交化、整体化发展趋势的不断加强。处于这种大趋势之下，20世纪最后25年，西方政治学研究出现了一系列的新变化，呈现出新的知识格局：政治学日益与其他人文社会科学学科及自然科学学科相互交叉融合，研究方法、途径以及知识的产生方式得到更新；政治学的研究范围不断拓宽、主题日趋多样、理论内容更加丰富；政治学的现实性增强，日益与解决当代人类社会重大的、紧迫的社会政治问题密切相关。由此形成了大量的新学科（分支）、新思潮、新流派，如政策科学（政策分析）、（新）政治经济学、国际政治经济学、科学技术政治学、地缘政治学、环境政治学，以及公共选择理论、新制度学派、新自由主义、新保守主义、社群主义、女权主义、"新马克思主义"（"生态马克思主义""分析的马克思主义""市场社会主义"）等。世纪之交西方政治学的新发展趋势及特征可以概括为如下几个方面。

一是跨学科研究尤其是政治学与经济学的整合研究成为世纪之交西方政治学发展的一个基本趋势。应该说，学科的分化与学科的综合一直是现代社会科学发展中的两种平行力量，社会科学的各种学科的概念、理论和方法是相互渗透、相互借用的，跨学科、综合化的趋势在20世纪60年代末以前就存在的。不过学科的融合是初步的，在分化与综合两种力量中，以分化为主。60年代末70年代初，情形发生了改变，跨学科、交叉研究成为社会科学研究的主导趋势，而在这种跨学科研究中，要算政治学与经济学的整合研究最为突出。这一趋势的出现导致了政治经济学这一在20世纪初、中期衰落了的学科的复兴，并导致国际政治经济学这一新分支的诞生。

（新）政治经济学是当代西方政治学的一个新分支，是跨学科研究尤其是政治学和经济学整合研究的结果。美国著名政治学家戴维·伊斯顿在题为《美国的政治学：过去和现在》的学术报告中将政治与经济的整合研究当作当代美国政治学发展的四大趋势之一；我国政治学者王沪宁在《比较政治分析》一书中认为，到了20世纪80年代，西方政治学已从政治社会学转向政治经济学，政治经济学成为现在政治研究中的时髦方法。美国学者福格森（Thomas Ferguson）和罗杰斯（Joel Rogers）在其主编的《政治经济学》

(1984年)一书的前言中写道:"在专业性政治科学的最新发展中,再没有什么事件比政治经济学的出现并迅速成长为一个独立的研究领域更引人注目了。……这个领域目前正在成为政治学系或研究所的重要课程内容之一,……它所产生的论著已经跨越且侵入传统上被认为是政治理论、比较政治、国际关系、行政学,尤其是美国政治等研究领域。"①

(新)政治经济学正处于成长过程中,其体系结构尚未成型和统一,西方学者对于它的对象、范围、研究主题的界定也不一致。例如,布坎南(James Buchanan)认为,新政治经济学可以称之为"政治学的经济学"或"政治学的经济理论",它的内容包括以下六个方面:(1)公共选择;(2)产权经济学;(3)法和经济学或法律的经济分析;(4)规制的政治经济学;(5)新制度经济学;(6)新经济史学。《新政治经济学》杂志在其1996年创刊号上的社论中,则把新政治经济学的内容界定为四个方面:(1)比较政治经济学;(2)环境的政治经济学;(3)发展的政治经济学;(4)国际政治经济学。②

国际政治经济学既是新政治经济学的组成部分,又是一个影响在迅速扩大的相对独立的分支学科。它也是政治学与经济学杂交的产物。从20世纪初开始,伴随社会科学的分化,经济学形成了它特有的以市场为研究对象的学科框架,以全面分析和理解市场及其相互间的影响和作用构成了大部分经济学家的工作;另一部分人则把研究的重点转移到与经济无关的政治生活上,与政治学家合流。研究领域的这种分化造成了学科的空白。有如国际政治经济学的主要代表人物的R.吉尔平(R. Gilpin)在《国际关系的政治经济学》(1987年)一书中所指出的,这就产生将国家政治与市场经济两个范畴重新结合在一起的必要性。A.肖恩菲尔德在这方面的贡献尤为突出,他指出了学科相互渗透的发展趋势和政府干预经济管理的趋势,研究了政府的政治、文化和社会政策对经济和民主的作用,并制定了一个新的政治经济学的研究纲领,以此作为经济学与政治学之间的桥梁。国际政治经济学以国家与市场(或权力与财富)之间的关系作为研究主题,它以应用理性行为模式来解释国家行为。然而,与(新)政治经济学的其他分支及流派不同,

---

① Thomas Ferguson and Joel Rogers eds., *The Political Economy: Reading in the Politics and Economics of American Public Policy*, New York: M. E. Sharpe, 1984, p.7.

② 参见方福前《公共选择理论:政治的经济学》(中国人民大学出版社2000年版)及其相关的论文。

它主要着眼于国际政治—经济关系领域；更重要的是它不以单一主权国家为焦点，而是以跨国或全球为视野。按照吉尔平和华勒斯坦（后者为世界体系论的创立者）的观点，国际政治经济学所涉及的主要问题是跨国市场经济和竞争国家系统之间的关系，核心则是世界体系中的经济和政治秩序应如何创造和维持。在国际政治经济学学者看来，了解世界经济的性质对于理解国家的性质是至关重要的，这个学科不是把国际经济当作一种交换领域，而是当作一种由跨国公司所控制的全球商业系统，它是由公司、贸易协会和政府等体制机构相互联结的多维系统。① 此外，政治学与社会科学及自然科学的其他学科杂交还产生了诸如政治社会学、政治人类学、政治心理学、政治地理学（地缘政治学）、生态政治学、科技政治学、分析政治学（计量政治学）等一类的分支学科。

二是政治学日益关注现实紧迫的社会政治问题的研究。它的现实性不断加强，并反映出当代社会科学的知识产生方式由以学科为中心向以问题为中心转变。这直接导致了以解决现实社会政治问题为导向的分支学科的兴起。政治学与社会科学的其他学科一样，其基本功能是社会政治问题的解决。但是，西方政治学尤其是美国的政治学在相当长的时间里，由于行为主义及实证主义研究方式的盛行，只注重政治研究的科学化，忽视了对人类社会发展基本问题的研究，只注重细小、局部问题的研究，忽视重大、紧迫问题的研究；只关心事实分析而排除价值研究。因而政治学理论与实践脱节，政治学不能履行好它解决政治问题的功能。20世纪60年代末70年代初出现的"后行为主义革命"在相当程度是为了克服政治学发展的这种偏差。后行为主义政治学者提出"关联与行动"的口号，要求政治学研究价值问题，关心社会政治问题的解决和端正人类社会的发展方向，从而导致政治学向政策科学的转向，也推动了其他关注西方现实社会政治问题的学科及流派（如环境政治学、科技政治学、地缘政治学、女权主义政治学等）的发展。

以政策科学（公共政策分析）为例。作为一个跨学科、综合性的新研究领域，政策科学或政策分析的出现被人们誉为当代西方政治学的一次"最重大的突破"，是当代西方社会科学发展过程中的一次"科学革命"。政策科学或社会科学尤其是政治学中的政策研究方向的想法始于20世纪50年代初拉斯韦尔的思考以及思想库的政策分析实践。到了60年代末70年代

---

① 关于新政治经济学及国际政治经济学，可参看陈振明等著《政治的经济学分析：新政治经济学导论》，中国人民大学出版社2003年版。

初,这种新的研究方向或研究途径迅速发展并制度化,成为当代西方政治科学的基本领域之一。[①]

三是以国家为分析单元或焦点向跨国或全球的视野发展,这推动了一些立足于全球的新学科领域(如世界城市研究、全球制度经济学等)的发展。按照华勒斯坦(I. Wallerstein)在《开放社会科学》中的说法,20 世纪 60 年代末以前,西方社会科学特别是政治学、经济学和社会学这三门以探求普遍规律为目标的学科基本上是以国家作为焦点分析框架和视野的。即使是国际政治(国际关系)也是以主权国家作为立足点,即从一个主权国家的角度看它与其他主权国家的关系,相应的政策称为对外政策或外交政策,目的是研究各国彼此之间所采取的政策,而不是跨国结构所出现的种种新特征。随着全球化、信息化、经济与政治的一体化趋势的出现,从 70 年代开始,这种以国家为焦点的倾向受到怀疑和削弱,而跨国或全球化的视野开始出现。一些新学科领域,如世界城市研究、全球制度经济学、世界体系分析、文明研究、跨国地区研究(东亚、欧盟等)以及国际政治经济学都以独有的方式向以国家为中心的理论前提提出挑战。

四是政治理论或政治哲学的复兴,并重新成为政治学的核心领域之一。在西方尤其是美国,行为主义政治学的兴起曾一度使政治理论或政治哲学这一政治学的最古老的分支受到了冷落。而 20 世纪 50—60 年代西方资本主义世界经济的持续发展与"繁荣",自由—保守主义的资产阶级意识形态居于支配地位,加上社会科学研究的片面的学术化、科学化倾向,导致了"意识形态终结论"横行。进入 70 年代,西方资本主义经济发展的停滞和各种矛盾的加剧尤其是滞胀现象、生态危机、社会政治危机的出现,实证主义的研究方式以及行为主义政治学的衰落,政治学研究重新理论化,政治学者也"重新"政治化;政治学日益关注现实政治问题的研究,并以价值定向,从而促使政治理论或政治哲学的复兴。到了 80 年代,它重新确立了作为政治学的几大主要领域之一的地位。

---

① 关于这个领域,可参看陈振明《政策科学的研究纲领》(《中国社会科学》1997 年第 4 期)、《是政策科学还是政策分析?》(《政治学研究》1996 年第 4 期)、《美国政策科学的形成、发展及最新趋势》(《国外社会科学》1995 年第 11 期)、《公共政策分析》(中国人民大学出版社 2002 年版),以及作者主编的《政策科学》(中国人民大学出版社 1998 年第 1 版,2003 年第 2 版)。

1-4

当代西方政治学的学科视野[*]

　　政治学是一个以人类社会的政治现象、政治关系或政治实践作为研究对象的学科领域，它涉及国家（政府）、权力、政策、统治、管理一类的主题。现代政治学者给政治学（politics）或政治科学（political science）下了大量的定义。常见的关于政治学的界定有国家研究、决策研究、价值的权威性分配研究、权力研究、政府管理研究、理想生活研究等。几个有影响的定义是："国家这种特有的现象构成政治学研究的主题，因此，政治学是一门研究国家现象的科学"（伽纳：《政治科学和政府》）；"政治学涉及的是政府的政策制定与执行的研究"（兰尼：《政治学》）；"政治学所研究的是权力的形成和分配问题；或者是对谁得到什么，何时得到和如何得到问题的研究"（拉斯韦尔：《权力与社会》《政治学》）；"政治学乃是研究一个社会中价值的权威性分配"（戴维·伊斯顿：《政治系统论》、《政治生活的系统分析》和《政治分析框架》）；政治可以定义为"社会权力的有限制的运用"，而政治学则是对这一"限制的性质和来源"以及在这一限制范围内"运用社会权力的技巧"的研究（国际政治学学会组织编写，古丁和克林格曼主编：《政治学新手册》）。我们在《政治学：概念、理论和方法》（中国社会科学出版社1999年版）一书中给政治和政治学下了如下定义：政治学以人类社会生活中的政治现象、政治关系、政治过程或人类的政治实践作为研究对象，而政治就其本质而言是特定的主体（个人、团体或组织）为实现既定的目标，通过支配、影响、获取和运用公共权力而做出公共决策以及分配社会价值和利益的过程。因此，政治学可以进一步界定为一门研究政治主体尤其是国家或政府如何凭借公共权力而做出公共决策和分配社会价值的社会科学学科，它的目的是提供政治领域的知识。

---

　　* 原载《东南学术》2004年第2期（这是作者为本期当代西方政治学"专题研讨"所写的导语）。

作为一个相对独立学科，现代政治学或政治科学形成于19世纪末20世纪初。经过百余年的发展，在当代西方，政治学与经济学、社会学一起构成社会科学的三大学科；政治学自身也分化出一系列的分支学科，它包含着众多的主题领域，这些分支学科或主题领域也大都得到长足的发展。在50年代以前，人们一般将政治学划分为政治理论、比较政治、本国政治和国际政治四个主题领域；现在人们往往把政治学的主题领域划分为政治理论、本国政治、比较政治、政治制度、政治行为、公共政策（政策科学）、公共行政、国际政治（国际关系）、（新）政治经济学和政治学方法论等基本分支。此外，当代政治学与社会科学及自然科学的其他学科杂交还产生了诸如政治社会学、政治人类学、政治心理学、政治地理学（地缘政治学）、生态政治学（绿色政治学或环境政治学）、科学技术政治学、分析政治学（计量政治学）等一类的分支学科（在我国，科学社会主义、国际共产主义运动、马克思主义理论教育、思想政治教育、中外政治制度等领域或专业也往往被归入政治学一级学科之中）。

改革开放以后，我国政治学得到了恢复，并已取得了长足的发展。政治学的学术研究、理论应用和人才培养都取得了显著成就，它与经济学、法学、社会学等学科并驾齐驱，成为我国社会科学的教学与研究的一个支柱。但是，目前中国政治学发展中仍然存在一些深层次的或基础性的问题没有解决，特别是政治学的学科学分化程度不高，研究方法尤其是经验研究方法不成熟，学科的基础不牢，政治学学科的知识创新以及课程设置的更新滞后的问题相当突出。

因此，中国政治学发展的一个当务之急是必须加强对政治学的各个分支学科的深入研究，促进政治学的学科学分化。特别是加强对几个长期以来没有得到我国政治学界的应有重视、未能充分发展起来的分支学科（如政治哲学、比较政治、政治学方法论、政治经济学）的研究，并加强对政治学的其他新分支学科的研究，其意义不可低估。例如，加强政治学方法论研究在我国政治学的发展中具有特别重要的意义。研究方法是否完善或成熟是决定一个学科是否成熟、科学化水平高低的最重要的标准之一。美国之所以成为本世纪世界政治学研究的中心，政治学在美国发展的比较好，这与美国政治学界历来重视方法论研究，更新研究方法、途径，引进新的分析方法及技术有直接的关系。相比之下，迄今为止，对政治学研究方法论的探索，新的分析方法的引进，一直没有受到我国政治学界的应有重视，这是造成我国政治学的科学化或学术化水平不高的一个深层次的原因。21世纪中国政治学要有大发展，首先必须在方法论研究上下大功夫，进行政治学研究方法论基础问题和政治学的研究方法及分析技术的探索。这包括从问题或假说的提出到理论的形成、检验和发展的整个研究过程所使用的基本方法及技术。尤其是要加强经验研究或实证分析方法及技术的研究与引进，把定量分析方法及技术放在突出的位置，借鉴并应用当代科学方法论和数学、统计学、经济学等学科所发展起来的、行之有效的定量分析方法以及计算机技术，奠定经验研究方法论基础，这是提高政治学的科学化、学术化水平的基本保证。

近几年，为了加强对政治学的各个分支学科的研究，促进政治学的学科学分化，我们厦门大学公共事务学院（政治学与行政学系）注意跟踪当代西方政治学的学科（分支）、思潮（流派）和主题的发展前沿。本专栏收录对当代西方政治学的学科分支研究的四篇论文。《西方政治科学的兴起与学科分化》一文概述西方政治科学的形成、发展和演变以及政治学的学科分化问题，它为后面几篇文章讨论相关学科分支提供铺垫。《西方政治哲学的范围、主题与演革》、《西方政治学方法论的过去、现在和未来》、《西方绿色政治学：范式变化与理论前景》和《西方国际关系学科的形成、发展与走向》四篇文章则分别论述西方的政治哲学、政治学方法论、绿色政治学（生态政治学）和国际关系（国际政治）这四个政治学的重要分支学科的形成、发展与走向以及主题和范式特征。作者希冀这一专题讨论能起到抛砖引玉、促进对政治学各分支学科的进一步研究的作用。

1-5

当代西方政治学的新知识图景

——学科、流派与主题①

进入20世纪70年代,随着全球化、信息化和知识经济时代的来临以及西方国家的政治、经济环境的变化,西方社会科学乃至整个科学技术出现了一个基本或一般的发展趋势,即跨学科、交叉研究以及杂交化、整体化发展趋势的不断加强。处于这种大趋势之下,20世纪最后25年,西方政治学研究出现了一系列的新变化,呈现出新的知识格局:政治学日益与其他人文社会科学学科及自然科学学科相互交叉融合,研究方法、途径以及知识的产生方式得到更新;政治学的研究范围不断拓宽、主题日趋多样、理论内容更加丰富;政治学的现实性增强,日益与解决当代人类社会重大的、紧迫的社会政治问题密切相关。由此形成了大量的新学科(分支)、新思潮、新流派。国际政治学学会(The International Political Science Association, IPSA)主席(1991—1994)卡罗尔·佩特曼(Carole Pateman)在《政治学新手册》的在"前言"中谈到当代政治学的新发展时说:"过去二十年(指1975—1995年)中取得的学术成就也给政治学研究带来了很多新的理论框架和方法。譬如说,一些学者在研究中运用非常专业和复杂的数学模型,另一些学者则使用后现代主义的研究方法,还有一些学者大力提倡新制度主义,而女权主义的影响也日益加强。政治学的变化还体现在其他方面。随着民主化浪潮的推进,政治学在很多国家得到了建立和加强,使得它比以往任何时候都要普及。"② 下面,我们从学科(分支)、思潮(流派)和主题(理论)三个方

---

① 原载《教学与研究》2004年第1期,《新华文摘》2004年第8期,中国人民大学报刊复印资料《政治学》2004年第4期全文转载(内容有改动)。

② Robert E. Goodin, Hans-Dieter Klingemann, *A New Handbook of Political Science*, Oxford University Press, 1996, p. 11.

面来描述当代西方政治学的知识图景及发展趋势,以便为当前我国政治学的教学与研究提供参考与借鉴。

一、当代西方政治学的学科分支

现代政治学在其发展的不同阶段,主题及范围是不断变化的。在第二次世界大战以前,人们一般将政治学划分为政治理论、比较政治、本国政治和国际政治四个主题领域;在1948年国际政治学会成立大会上,学者们将政治学划分为政治理论;政治制度;政党、舆论和政治团体;国际政治四大领域。《大英百科全书》(第15版)则将政治理论、政治机构、政治过程、国际关系作为政治学的四个基本分支。

1973年美国政治学会将政治学划分为下列的八大领域或分支:外国、国际政治制度和行为;国际法、组织与政治;方法论;政治稳定、不稳定和变迁;政治理论;公共政策的形成和内容;公共行政;美国政治制度、程序和行为。

1983年,一本在美国有一定影响的由路迪(C. C. Rodee)、克里斯托尔(C. Q. Christol)和安德森(T. J. Anderson)等人所著的《政治学导论》(*Introduction to Political Science*, McGraw – Hill Inc.)将政治学的主题划分为如下12个方面,即政治哲学;司法与法律过程;执行过程;行政组织与行为;立法政治;政党和利益团体;投票和民意;政治社会化和政治文化;比较政治;政治发展;国际政治;组织政治理论和方法论。

1996年由国际政治学会组织编写出版的《政治学新手册》将政治学划分为政治制度、政治行为、比较政治、国际关系、政治理论、公共政策和公共行政、政治经济学、政治学方法论八个基本分支。该书是围绕分支学科来组织全书的,编者认为,该书所围绕的分支学科代表了构成当今政治科学的主要内容。

我们可以将当代西方政治学的基本主题领域划分为如下分支,即政治理论、本国政治、比较政治、公共政策(政策科学)、公共行政、国际政治(国际关系)、(新)政治经济学、政治学方法论以及政治制度和政治行为。此外,政治学与社会科学及自然科学的其他学科杂交还产生了诸如政治社会学、政治人类学、政治心理学、政治地理学(地缘政治学)、生态政治学、科学技术政治学、分析政治学(计量政治学)等一类的分支学科。下面简要介绍其中的几个主要的分支学科。

1. 政治理论

作为政治学研究的一个最古老的领域,政治理论(政治哲学)是"系统地反映政府的性质和目的的理论学说,它既涉及对现存政治制度认识,又涉及到有关如何改变这些制度的观点"①;或者说,政治理论是"探讨评价、解释和预见政治现象的思想体系","进行有关政治观念、价值、概念及政治行为的解释和预见的研究"②。政治理论的内容十分广泛,难以详细列举。有学者划分三种类型的政治理论:(1)作为政治思想史的政治理论——分析经典政治思想家本身的著述,弄清其理论及观点;(2)作为概念说明的政治理论——对各种政治范畴如国家、政府、阶级、自由、民主和正义等的说明;(3)作为模式建构的政治理论——将理论看作建筑政治过程的方式或模式,如伊斯顿的政治系统论。也有学者将政治理论分为政治哲学和经验理论两部分:前者注重价值、规范、分析的和历史的及思辨关系的研究;后者从事描述、解释和预见的研究,并力图通过抽象模式和可证实的科学假设把知识整理、综合和积累起来。在政治学行为主义横行的时代,政治理论尤其是政治哲学一度衰落。在当代,政治理论及政治哲学得到了复兴,重新在政治学中占有重要的一席之地。

2. 本国政治

这是指一个具体区域(一个国家或地区)的政治学,立足于对本国或本地的政治实践、政治制度、政治过程、政治传统与现实的研究。它所分析的是一个区域(国家或地区)的政体和政治,强调这个国家或地区的政体及政治特征,着重对某一受特定的历史和文化制约的区域所实际存在的政府与政治过程加以研究,本国(地)政治的名称如"中国政治""美国政治""英国政治""德国政治""日本政治"以及"北美政治""欧洲政治""东亚政治""东南亚政治""南亚政治"等。在我国,作为政治学领域之一的中国政治主要是对中国政治的历史与现实、政治制度与政治过程的研究,涉及中国政治史、中国政治制度史、政治文化传统、当代中国政治、政治体制、政党制度、干部人事、中央地方关系、民族、外交、国防以及政治过程、政治发展等方面的内容。

---

① [英]戴维·米勒、韦农·波格丹诺:《布莱克维尔政治学百科全书》,邓正来译,中国政法大学出版社1992年版,第577页。

② [美]杰克·普拉纳等:《政治学分析词典》,中国社会科学出版社1986年版,第121页。

3. 比较政治

比较政治研究有着深远的历史渊源。亚里士多德是其先驱，而西塞罗、马基雅维利、霍布斯、布丹、孟德斯鸠、黑格尔和马克思这方面也有丰富的思想。但是，它作为政治学的一个独立分支则是第二次世界大战后的事。第二次世界大战后，随着帝国的衰落、第三世界的崛起，政治学者把注意力从地位稳固的旧国家转向新国家，这成为比较政治学兴盛的一个契机。比较政治学不仅研究本国以外的其他国家或政府的机构和职能，注意它们的立法、行政与司法部门以及政党和利益团体的活动（这是"比较政府"的研究主题），而且研究更广泛的政治活动，包括政府及其他与全国政治没有直接联系的组织如部落、社区、工会等的活动。比较政治学的内容十分庞杂。按照罗纳德·H.奇尔科特在《比较政治学理论》（新版）中的说法，自1953年以来，比较政治研究领域的主要理论思潮集中于如下五个主题：国家理论、文化理论、发展理论、阶级理论和政治经济的理论。

4. 公共政策

公共政策研究又称政策科学、政策分析。政策科学或社会科学尤其是政治学中的政策研究方向的想法始于20世纪50年代初拉斯韦尔的思考以及思想库的政策分析实践。到了60年代末70年代初，这种新的研究方向或途径迅速发展并制度化，成为当代西方政治科学的基本领域之一。政策科学将科学知识尤其是社会科学知识与公共决策过程密切联系起来，提倡以问题为中心，而不是以学科为中心的知识产生方式；政策科学的倡导者们力图克服政治学及其他社会科学将理论与实践相脱离，片面强调学术研究的局限性，提出一门能把各种知识和方法直接运用于解决社会政治问题的新学科或新的研究方式。政策科学是一门实践取向的学科，它是适应人类利用已有知识和方法去改进政策制定系统，提高政策质量的需要而产生的。政策科学的研究对象是政策实践或实际的政策过程（Y. 德洛尔说政策科学的核心是把政策制定作为研究和改革的对象；S. S. 那格尔则将政策科学界定为"为解决各种具体社会问题而对不同公共政策的性质、原因和效果的研究"），它的目的和功能是提供政策相关知识，为政策实践服务。因此，政策科学不是纯理论科学或基础研究，而是一门应用性很强的学科，可以说体现理论与实践的高度统一，它既来源于实践，又在实践中得以应用和发展。

5. 公共行政

公共行政学或公共管理学作为政治学的一个分支，可以说是与现代政治学的形成与发展同步。这个领域的思想基础是由威尔逊和韦伯等人奠定的。

早期的公共行政学者包括威尔逊、古德诺设想将政治与行政分开（二分法），认为政治涉及政策与法律的制定，而行政则是政策和法律的执行。后者便构成公共行政学的研究对象。公共行政学的另一个理论来源是20世纪20年代的科学管理学派的思想，它把科学管理的原理、方法及技术应用于公共部门尤其是政府管理之中，并利用和发挥了法约尔等人的管理职能和原则；40—60年代出现的对传统公共行政学的批评，该学科处于转变之中——转向对行政行为尤其是决策行为及价值问题的研究；70年代以后，公共行政学日益与经济学、管理学和政策分析融合，形成了公共管理学新潮。可以把公共行政学（公共管理学）一般地定义为对公共部门尤其是政府组织的管理活动及其规律性的研究，或定义为研究公共部门如何有效地提供公共物品及公共服务的一个学科。

6. 国际政治

国际政治（又称国际关系、国际事务、世界政治等）作为政治学的一个独立学科，形成于两次世界大战之间，其渊源则可以追溯到古希腊时代的柏拉图、亚里士多德和修昔底德，中经中世纪和文艺复兴，再到近现代的漫长演化（尤其是布丹的主权论、霍布斯的自然状态说、康德的永久和平论、卢梭的势力均衡论、黑格尔的国家学说、克劳维茨的战争论、霍布森的帝国主义论以及马克思的有关思想对现代国际政治学的诞生产生了重要影响）。第二次世界大战后，国际政治的研究才日益繁荣起来。由于受到战时和冷战中美国所扮演的重要角色的刺激，耶鲁大学、普林斯顿大学、哥伦比亚大学、麻省理工学院和哈佛大学等的研究院培育了对国际关系的研究，在20世纪50年代和60年代，这一研究迅速扩展到美国中部和西部的大学中。关于国际政治的研究对象及范围，学者们的争论较大。有几种代表性的观点：一是认为国际政治的对象是国家外交和国家间的斗争，即主要是对外交政策的研究；二是认为国际政治研究的是国家间的关系史，即国际政治＝国际关系史；三是认为国际政治的对象是国家的对外政治行为（如结盟、外交、战争、威胁和制裁一类的行为），是国家间政治与国际法及国际行为主体的世界政治的总和。

7. 政治经济学

政治经济学是当代政治学的一个新分支，是政治学和经济学的整合研究的结果。大多数研究者认为，新政治经济学主要研究社会与个人、政治学和经济学、国家与市场这三方面的关系，并在此基础上研究政策选择、发展、环境、经济转轨、国际组织、经济一体化和国际关系等问题。莱尔

（D. Lal）和迈因特（H. Myint）认为，新政治经济学的要旨是把经济学原理应用于以前被看作是政治科学所研究的领域，它包括三个方面的内容：（1）社会选择，这是规范经济学的一部分；（2）公共选择，这是实证经济学的一部分；（3）制度和组织经济学，包括产权理论、交易费用理论和委托—代理理论。布坎南认为，新政治经济学可以称之为"政治学的经济学"或"政治学的经济理论"，它的内容包括以下六个方面：（1）公共选择；（2）产权经济学；（3）法和经济学或法律的经济分析；（4）规制的政治经济学；（5）新制度经济学；（6）新经济史学。新政治经济学的代表人物安德鲁·盖保尔则在题为《新政治经济学》的论文中，对新政治经济学产生的原因及其内容作了系统的阐述，认为新政治经济学的主要内容包括四个方面：（1）国际政治经济学；（2）国家理论；（3）比较政府—产业关系；（4）公共选择。而《新政治经济学》杂志在其1996年创刊号上的社论中，则把新政治经济学的内容界定为四个方面：（1）比较政治经济学；（2）环境的政治经济学；（3）发展的政治经济学；（4）国际政治经济学。

8. 政治学研究方法

这是专门发展并提供政治研究及政治分析的方法、手段、技术或工具的政治学分支领域。方法及方法论在现代政治学尤其是政治科学范式中占有重要的一席之地。现代政治学与传统政治学的一个主要差别正是在研究方法及技术方面。传统政治学未把方法论当作问题，即对方法问题并不是自觉的。现代政治学以自然科学为榜样，力求使政治研究成为一门探索普遍规律的经验科学。因此，它对研究方法及分析技术有着自觉的要求，尤其是它试图将自然科学及社会科学其他学科的行之有效的方法和技术引入政治研究，使政治研究科学化。政治学既要有理论，也要有方法。理论指的是有系统的关联的整套概括（陈述或命题）；方法是指研究中使用的并用来检查、测试和评价理论的手段、工具或途径；方法论是观察、组织和形成研究及检验成果的一系列方法、程序、方式的总和。现代政治学有自己的一系列研究方法和技术所构成的"工具箱"，有不同层次、种类的方法、途径及分析技术。

应当指出，上述关于政治学的主题领域或分支学科的划分带有主观随意性成分，仅仅是为了组织和传授政治学知识的方便而已。各个领域或分支之间并没有一条非此即彼的清晰的分界线。特别是随着当代科学技术以及社会科学的综合、杂交及整体化趋势的出现，政治学的各分支学科以及政治学与其他社会科学学科之间的界限日益模糊，政治学的各分支学科之间日益交叉、融合和一体化。

二、当代西方政治学的思潮及流派

在当代西方政治学的知识图景中,各种思潮交错,流派林立,既有传统的得到了发展更新的思潮或流派,也有适应新形势而产生或复活的新思潮或流派;或者说,既有老学派的新发展与变种,也有新思潮及流派的兴起。在这种思潮及流派的丛林中,较有影响力的有新自由主义、新保守主义、后行为主义、理性选择主义(公共选择理论)、新制度主义(新制度学派)、后现代主义、民主社会主义、社群主义、多元主义、民族主义、女权主义,还有作为"新马克思主义"思潮组成部分的批判理论、生态学马克思主义、分析马克思主义、市场社会主义等流派。这些主要的思潮或流派既相互交锋,又相互融合,构成了当代西方政治学理论的一个复杂多变的画面。

古丁(Robert E. Goodin)和克林格曼(Hans - Dieter Klingemann)在《政治学新手册》第一章("政治科学的学科概述")中谈到20世纪以来西方政治学发展的"三次革命":先是行为主义革命,后是理性选择主义革命,再到目前的新制度主义革命。他们说,看一下《政治学新手册》最广泛被引用的书目,就会发现行为主义革命的经典作品——坎贝尔等人合著的《美国选民》(American Voter);阿尔蒙德和维巴的《公民文化》(Civic Culture);利普塞特和罗坎的《政党系统和选民联盟》(Party Systems and Voter Alignments)——虽然排名靠后,却仍赫然在目。统揽前三名的是随后发生的理性选择主义革命的三部经典作品:唐斯(或译道恩斯)的《民主的经济理论》(Economic Theory of Democracy)、奥尔森的《集体行动的逻辑》(Logic of Collective Action)和最近加入这一行列的奥斯特罗姆的《治理共有物品》(Governing the Commons)。理性选择主义革命虽然没有能完全排挤掉行为主义的正统观念,但却非常成功地取得了与后者同等的支配地位。继续观察这些被引用的书目,我们会看到另一场革命正在发生的证据:"新制度学派"(new institutionalism)运动。这场运动部分是与理性选择运动结盟的——这个同盟以"最经常被引用的书"中的《治理共有物品》和诺思的《制度、制度变迁和经济绩效》(Institutions, Intitutional Change and Economic Performance)为代表。在一些作者眼中,新制度主义是以决然的、社会学的、反理性选择的角色出现的。这种观点以"最经常被引用的书"中所列的奥尔森的《重新发现制度》(Rediscovering Institutions)和斯科波尔的《国家与社会革命》(States and Social Revolutions)为代表。既承认它是以上两种观点的一种，同时又承认两种观点都对——正是我们前文所提到的新制度主义具有为复合研究方案提供整合理论框架能力的原因。①

古丁和克林格曼还指出，与25年前（20世纪70年代初）相比，现在政治学中最引人注意的是后现代主义者和女权主义者的声音。这不仅是因为现在有很多描写女性在政坛上扮演重要角色的作品，更主要的是因为女性在政治理论、国际关系和公共政策方面所发出的与众不同的声音。相对来说，后现代主义的进步较小，部分原因是它的主要规范被披上了一层很高的理论外衣，政治理论家自然会对它们感兴趣。进一步来说，这些理论也给研究被称为"新政治运动"（new political movements）和旧国际政治秩序解体的学者以巨大的启发，成为他们洞察力的源泉。在任何过去有清晰的结构而现在却没有（或者只存在一些不连续的结构）的地方，后结构理论（post-structural theoretical）都能对产生这一现象的原因和过程提供精辟的论述。不论当代政治科学是否完全是后现代的，但在很大程度上肯定是后实证主义的，它的确已经吸取了很多解释学批判的经验教训。政治生活的许多主观方面，如政治行为者的内心思想活动、意义、信仰、意图和价值观等——都是政治分析的要点。②

后行为主义前面已有此论及，这里着重介绍理性选择主义和新制度主义这两个流派。

1. 理性选择学派

理性选择学派（Rational Choice），又被称为"公共选择理论""集体选择理论""形式理论"和"实证理论"等，它从经济学角度来研究政治科学。尽管一些政治学家如赫林（Pendleton Herring）和凯（V. O. Key, Jr.）等人在政治学中早就使用了经济学上的术语，但是，最先使用经济学模型和方法对诸如选举、委员会和立法团体中的投票行为、利益集团理论等政治问题进行分析的是经济学家如阿罗（Kenneth Arrow）、唐斯（Anthony Downs）、布莱克（Duncan Black）、布坎南（James Buchanan）、塔洛克（Gordon Tullock）、奥尔森（Mancur Olson）等人。该学派将政治科学建立在经济学普遍公理和假设的基础上，从而使统一的、积累的政治科学理论——作为一个统一的、正式的社会科学理论的一部分——的前景得到了维系。它的基本

---

① Robert E. Goodin, Hans-Dieter Klingemann, *A New Handbook of Political Science*, Oxford University Press, 1996, pp. 24-25.

② Ibid., pp. 22-23.

前提是"经济人"假设——认为人类是理性的、特别是短视的、物质上的自我利益最大化者。它的提倡者认为从这些理论前提出发便可能获得关于人类任何活动领域——从买什么和该为它付多少钱、投谁的票、决定与谁结婚、养几个孩子到政党应当怎样谈判和结成联盟、国家应当如何磋商和形成同盟等的假设。这种理论是精致的、逻辑一致的和数学的,它更偏好于用实验方法而不是观察和归纳来检验假设的真实性。

理性选择学派(公共选择理论)是一个政治学和经济学交叉研究而产生的流派或理论,更准确地说,是一个用经济学方法来研究政治学主题的跨学科学派。按照奠基者之一的布坎南的观点:"公共选择是政治上的观点,它从经济学家的工具和方法大量应用于集体或非市场决策而产生";"它是观察政治制度的不同方法";它"把四分之一的世纪以来人们用来调查市场缺陷和市场失灵的方法同样应用于国家和公共经济的一切部门"。或用另一个公共选择学者缪勒的话来说,公共选择理论可以定义为非市场决策的研究,或简单地定义为将经济学应用到政治科学。公共选择的主题与政治学的主题是相同的,涉及国家理论、投票规则、投票者行为、政党政治、官僚机构等。由此可见,公共选择理论就是应用经济学的理论和方法来研究政府—政治行为与过程的一个跨经济学、政治学的新领域。公共选择学者通过对其涉及的各个主题的研究,形成了种种理论,如非市场决策(公共决策)论、代议民主制经济论、国家理论、利益集团理论、寻租理论、官僚机构经济论、政府扩张论、政府失灵论、俱乐部理论、财政联邦制理论、立宪经济论等。这大大丰富了当代政治学的研究内容。

2. 新制度主义

20世纪70年代以来,新制度主义或新制度学派(New Institutionalism)在社会科学(先是在经济学中)中重新兴起。新制度主义不仅利用正统经济理论,分析了制度的构成和运行,更重要的是,它力图证明:除了天赋要素、技术和偏好,制度是经济理论的第四大柱石,制度对经济行为的影响的分析应属于经济学的核心地位。新制度学派研究的主要领域涉及制度理论、国家理论、产权理论、意识形态理论等方面的内容。在经济学领域,新制度主义的代表人物主要有科斯、阿尔钦、登姆塞茨、诺斯、舒尔茨、威廉姆森等。

在经济学领域首先兴起新制度主义,迅速扩展到政治学和社会学等领域。1984年两位美国政治学家詹姆斯·马奇和约翰·奥尔森在《美国政治科学评论》上发表了一篇重要论文《新制度主义:政治生活中的组织因素》。该文针对当代西方政治学主流,提出新制度主义政治学的如下主要论点:恢复国家在政治学研究中的中心地位,强调国家和政治机构的自主性,以及政治和社会有机体之间的相互依存和相互影响;政治制度和政治组织是影响历史进程的重要力量,因此,政治制度和政治组织是政治分析的出发点;人的行为是由规则驱动的行为而非由自利的偏好推动的行为,要理解个人行为就必须研究制度结构、组织模式、文化和社会范式;历史过程本身并不存在某种唯一的、最优的结局,历史发展存在着多种多样的可能性,应当注意历史无效性的一面;政治是一种教育活动,是发现、阐述和表达意义的场所,通过参与政治活动个人得以完善自身并推进公共福利,因而与政治结果相比,政治过程更应占有核心地位。

历史制度主义是新制度主义政治学的一个影响日益增强的新流派(人们往往将理性选择学派归入新制度主义思潮之中,当作新制度主义政治学的一个基本流派)。斯科波尔(Theda Skocpol)、西伦(Kathleen Thelen)和斯坦莫(Sven Steinmo)等人是历史制度主义的倡导者。他们强调政治制度在政治生活中的重要作用,认为"在广泛意义上,历史制度主义代表了这样一种企图,即阐明政治斗争是如何受到它所得以在其中展开的制度背景的调节和塑造的"[1]。霍尔(Peter Hall)和泰勒(Rosemary Taylor)概括了历史制度主义的如下四个基本特征:(1)倾向于在广泛意义上来界定制度与个人行为之间的关系;(2)强调在制度运作和产生过程中权力的非对称性;(3)在分析制度的建立和演化过程中强调路径依赖和意外后果;(4)特别关注用其它因素(尤其是能够产生某种政治后果的因素)来整合制度分析。[2]皮尔逊(Paul Pierson)和斯科波尔则从方法论角度指出了历史制度主义三个主要特征,即集中关注那些重大的结果或令人迷惑的事件;突出事件的背景与变量的序列;追寻历史进程,以便对事件和行为做出解释。[3]

---

[1] Sven Stionmo, Kathleen Thelen, and Frank Longstreth (eds.), *Structuring Politics: Historical Institutionalism in Comparative Analysis*, Cambridge, Cambridge University Press, 1992, p. 2.

[2] Peter A Hall, and Rosemary C. R. Taylor, *Political Science and the Three New Institutionalisms*, *Political Studies* (1996), XLIV, p. 938.

[3] Paul Pierson and Theda Skocpol, *Historical Institutionalism in Contemporary Political Science*, Paper Prepared for Presentation at American Political Science Association Meetings, Washington, D. C., August 30th, – September 2nd, 2000.

三、当代西方政治学的研究主题

西方政治学的研究主题一直处于不断变化之中。德怀特·沃尔多在《政治学：传统、学科、专业、科学、事业》一文中谈到20世纪70年代以前西方政治学的研究主题的变化。他说："较早的一代人有见识地谈到制衡、出生地决定国籍、剥夺性立法、经纪功能、配额制度、集团投票、解决的权力、比例代表制、压力集团、主权、二元联邦制、游说、罢免和公民投票、POSDCORB、准司法机构、一致的多数、法庭、泰勒主义、自然状态、单项否决、一致统治、自然法。20世纪70年代初年青一代的政治学家用轻快的语气讲出了这样一些奇异的短语：边界维持、交易、认识的不一致、社会的权力结构、冲突的解决、概念框架、交错的压力、决策、机能失调、因素分析、反馈、福特兰语言、博弈理论、格特曼量表、自动平衡、输入—输出、相互影响、模式、多重复归、多变量分析、非参数的、付清、交易流动模式、角色、模拟、政治系统分析、T测验、单位记录仪、变异、当然还有政治社会化。"①

20世纪70年代以来，当代西方政治学又有一系列主题创新，并形成许多新理论。现在，政治学研究不再固守原来的"政治领域"（国家、权力、政治系统及过程、政治行为等），而是侵入原本属于社会科学其他学科的"领地"，几乎涉及社会生活的方方面面，主题日益多样化。它涉及以前政治学中所没有出现的大量新主题，例如（公共物品、公共选择、理性人、产权、交易成本、交换范式、集体行动、制度变迁、政府失败、全球化、现代性、文明冲突、第三条道路等），并提出了相应的理论。同时，对政治学所涉及的传统主题（如国家、政府、政党、阶级、主权、意识形态、民主、自由、平等、正义、人权）或加以深化、拓展和完善，或做出新的解释，赋予其新的内涵。下面的这些主题及理论是必须加以认真探讨的：国家、政府、政党、阶级、革命、团体、权力、主权、精英、意识形态、民主、自由、平等、正义、人权、官僚制（科层制）、合法化、腐败、治理、政治系统、政治参与、政治沟通、政治文化、政治发展、国家利益、制度设计、全球化、现代性、文明冲突、第三条道路等。

---

① ［美］格林斯坦、波尔斯比主编：《政治学手册精选》（上卷），商务印书馆1996年版，第90—91页。

I 政治学研究的范围

古丁和克林格曼在《政治学新手册》第一章("政治科学的学科概述")中论及当代西方(尤其是美国)政治学最经常出现的若干主题。首先,在1970—1995的四分之一世纪中,"政治是限制(有限制的政治)"一直是政治科学反复出现的议题,而制度因素在政治生活中的重要作用被大量探讨。"新制度主义"的兴起重新使人们意识到历史和事实、规则和政体都是政治生活中的限制力量。现在这些制度主义者的观点在政治科学的几个分支学科都存在,并且是政治科学的中心。

其次,另一个在当代政治学中反复出现的议题是,人们越来越相信思想会产生后果。这一点不断地出现在对公共政策的讨论中。用新的角度看老问题、发现新的工作方法、发现新的工作:作为公共问题,这些都是政治活动的精华所在。同样的事情在各国都发生着:民主思想和如何使某种特定政体民主化的思想的广泛传播,无疑是最近世界上不少戏剧性政治发展的主要原因。

再次,在当代政治学中,事实与价值间的差别正在消融(这使得价值分析与规范理论复兴)。有无数理论上的理由可以否定这一差别的存在;但只要还能找出二者的差别,就会有道德上的理由坚持价值高于事实,坚持"政治科学应有一个目的"。但最终最有说服力的却是对政治代理人自己也是有价值观的行为者这一点的认同。他们是价值观和行为的统一,偶尔也被人说服(甚至偶尔被理论界的政治哲学家说服)接受其他更好的价值观。

最后,当代政治学家们越来越想采用可以系统讲述结构、过程和结果关系的复合研究方案。为达此目的,他们需要一个可以驾驭和整合各种层次分析的理论框架,理性选择分析和新制度主义因具有这一能力而成为政治科学家们的首选;反过来,这也基本解释了为何它们在当代政治科学界日程表上占据显著位置。同时,那些复合研究方案要求对结构、过程和结果加以"规范的"评估,这样便使得他们将规范政治哲学以一种前代政治学家们所不敢想象的方式引入到他们的研究方案中来。[1]

总之,当代西方政治学已呈现出新的知识图景和发展趋势。中国政治学的发展必须大胆借鉴古往今来的一切政治文明研究的优秀成果,包括当代西方政治学研究的新成果。这首先要求我们及时跟踪国外政治学发展的动态及

---

[1] Robert E. Goodin, Hans-Dieter Klingemann, *A New Handbook of Political Science*, Oxford University Press, 1996, pp. 17-20.

趋势，认真研究当代国外尤其是西方政治学出现的新学科、新思潮（新流派）、新主题、新理论和新方法的发展情况，批判借鉴其新的理论和方法论成果，开阔中国政治学研究的视野，丰富它的理论内容，推动我国政治学的教学与研究的进一步发展。

1-6

什么是政治与政治学*

政治是人类社会生活的一个基本领域,而政治知识是人类社会知识的有机组成部分。政治科学(political science)或政治学(politics)作为现代社会科学的一个正式学科,形成于19世纪末20世纪初。在这一时期,西方政治学形成了相对独立的学科框架,完成了由传统政治研究向现代政治科学的转变。在当代,政治学与经济学、社会学并列,构成社会科学的三大学科。这三个学科的分工是:经济学研究市场和财富,政治学研究国家和权力,而社会学研究市民社会。政治学可以一般地定义为研究人类社会生活中的政治现象、政治过程、政治关系以及政治实践的学科,它要揭示政治现象、过程的本质或规律性,提供政治相关知识。然而,对于什么是政治,它的本质、范围及边界何在,它与经济等社会现象的关系如何这样一些问题,人们并没有一致的看法。这直接影响到人们对政治学的对象、性质、范围的理解及界定。因此,为了更好地把握政治学的学科内涵,有必要先谈谈什么是政治这个问题。

一、对政治概念的不同理解

从词源上看,"政治"这一概念无论是在西方,还是我国,都有相当长的历史渊源。据学者考证,英文的politics(政治)是由希腊文"πόλις"("波里")演化而来的。该词最早出现在《荷马史诗》中,意为城堡或卫城——人们商议公务的场所。后来人们将卫城及周边地区称为"波里",它涉及土地、人民及其政治生活而被赋予"邦"或"国"的意义。英语将

---

* 本文的主要内容曾收入作者主编的《政治学:概念、理论和方法》(中国社会科学出版社2004年第2版)一书的绪论中(原为作者所承担的"高等学校优秀青年教师教学科研奖励计划"项目——"政治学前沿研究"的前期成果之一)。

"πόλis"直译为"城邦"(city state),意译为"政治"(politics),因此,"politics"一词一开始就具有城邦(国家)中的统治、管理、参与斗争一类的公共生活总和的内涵。中国古代先秦诸子也使用过"政治"一词,如"道洽政治,泽润生民"(《尚书·毕命》),"掌其政治禁令"(《周礼·地官·遂人》),但更经常是将"政"与"治"分开使用。"政"指的是国家的权力、制度、秩序和法令,如"启以夏政,而作禹型"(《左传·昭公六年》);"礼乐刑政,其极一也"(《礼记·乐记》)。"治"主要有两种含义:一是指管理和教化人民,如"安上治民,莫善于礼"(《礼记·经解》);二是指社会安定、秩序良好的状况,如"天下兼相爱则治,交相恶则乱"(《墨子·兼爱上》),毛泽东所说的"天下大乱达到天下大治"中的"治"也是这一含义。近代学者将"政"和"治"合用,构成"政治"一词,并将英文"politics"对应译为"政治"①。

政治作为一种复杂的社会现象,具有丰富的内涵,可以从不同的侧面、角度来理解。古今中外的政治学者、政治家、哲学家对它下过各种不同的定义。我们来看看若干有代表性和影响力的观点。

(1)政治是对理想生活的追求。这是对政治之本质的理解的古老观点,它将政治看作是对善、正义、自由、秩序、安全、幸福一类的价值或理想生活目标的追求。对于古代圣哲柏拉图、亚里士多德和孔夫子来说,政治即是对正义及良善生活的追求。柏拉图宣称,政治的本质在于公正(正义),"理想国"即是正义或公正之国;亚里士多德说城邦(政治)的目标是追求至善,实现正义;孔夫子及儒家的"政治"概念指的也是"正"或"善"的生活,曰:"政者,正也"(《论语·颜渊》),"其身正,不令而行,其身不正,虽令不从"(《论语·子路》)。对于近代学者霍布斯而言,政治即是人的安全和社会有秩序,如果听任人们各行其是,人类将返回野蛮的自然状态;对于边沁及其他功利主义者而言,政治乃是根据理性的计算去实现最大多数人的最大幸福。在当代仍然有学者从对理想生活追求的角度来看待政治的本质,如说政治的本质及目的是"扫除人类自由发展的最大障碍"(Christian Bay语)。

(2)政治是一种超越的力量。在古代和中世纪,政治往往被视为一种超越自然与社会的力量。中国古代史上一直有"君权神授"的思想传统,

---

① 参见李景鹏"政治"词条,《中国大百科全书·政治学卷》,中国大百科全书出版社1992年版,第481—482页。

如《礼记·表记》曰："殷人尊神，率民以事神"；《诗经》曰："文王在上，于昭于天"。董仲舒明确提出"君权神授"的口号，宣称"天子受命于天，天下受命于天子"（《春秋繁露·为人者天》）。在欧洲中世纪，"神学政治论"是一种主导性观点，政治被归结为一种超自然，超尘世的上帝的力量。神学政治论的集大成者托马斯·阿奎那说，国王是上帝的仆人，一切权力源自神；宗教改革领袖马丁·路德也主张国家神权说，认为君主的权力直接来自上帝，臣民应服从君主。

（3）政治是人际关系中的权力现象。将政治看作是权力的获得、保持和运用的观点自古有之，如中国古代的法家就持这种看法。在韩非子那里，政治的主要内容是法、术、势，核心是权力的追求和运用。在近现代，从马基雅维利开始，权力说成为一种具有广泛影响的观点。马基雅维利说，政治是夺取权力、掌握权力的必要方法的总和，政治的目的不过是夺取并保持权力；马克斯·韦伯认为，政治是指分享权力或力求影响权力的分配；拉斯韦尔断言：政治涉及的是权力的形成和分配。在权力论者看来，X 对 Y 有权力是指：①X 能用某种方法支配 Y 做某事；②这件事更多的是因为 X 的喜好；③如有选择，Y 宁可不做这件事。

（4）政治是一种公共决策及价值的权威性分配过程。这是一种在当代西方政治学界十分流行的观点（尽管其渊源可以追溯到古代和近现代，如近代德国的铁血宰相俾斯麦早就说过：政治是当政者运筹帷幄的活动）。艾萨克认为，政治主要是一种决定"谁能得什么"的活动；在伊斯顿看来，凡是涉及公共决策以及社会价值的权威性分配的行为都是属于政治的领域；奥斯汀·兰尼则说，政治是指政府的政策制定过程，或者说是团体的决策与实现的过程。在我国颇有影响的两本工具书——《布莱克维尔政治学百科全书》和《政治分析词典》，也是从决策或政策的制定和执行的角度来给政治下定义的。

（5）政治就是国家的活动。国家作为一种特殊的人类组织，是由人民、领土、主权和政府四种因素所构成的集合体。它对内依法行使对其人民、领土的统治或管辖权，对外与其他国家发生外交关系而行使主权。在传统政治学中，国家或政府是核心的主题。国家的活动或以国家为中心的活动即是政治，而政治学即是研究国家的科学，这种观点在相当长的时间里是政治学中的主导观点。在当代，持这种观点的，也仍大有人在。在我国，有一部分政治学教科书是按国家理论的框架来编写的。

（6）政治是对社会公共事务的管理。这种观点与上一种观点有联系，但不尽相同。孙中山先生关于"政治"的定义可以说最有影响:"政就是众人之事,治就是管理,管理众人之事就是政治。"在西方,不少政治学者也持这种看法,政治因此往往被人们看作一种"governing"(治理)或"administration"(管理)的活动,即以政府为中心的事务或对社会公共事务管理的活动。在英国,"政治是对人的集体生活的管理","是参加社会的全面管理的过程"的看法颇为流行。

(7) 政治是利益团体之间的互动过程。这是第二次世界大战后尤其是20世纪50、60年代在美国政治学界十分流行的,甚至是居主导地位的一种观点(阿瑟·F. 本特利是先驱者,D. B. 杜鲁门、罗伯特·达尔、G. 麦康乃尔、西奥多·J. 洛威是这种观点的主要代表人物)。它认为,利益集团的相互作用和争夺构成政治生活的主要内容。利益集团是由某些具有共同的立场、观点和利益的个人所构成的集合体,它向其他团体表明自己的主张,并向政府反映它的利益和要求,以影响甚至左右公共政策。这样,利益集团的活动便具有政治的性质,而政治就被当作各种利益团体之间的斗争,政治系统通过各种手段来处理各种利益团体之间的关系。

(8) 政治是各阶级之间的斗争。这是马克思主义经典作家关于"政治"的基本定义。在阶级社会中,政治斗争是以阶级斗争作为其基本内容及主要形式的。因此,政治可以界定为各阶级之间的斗争以及本阶级内部事务的处理或者权力斗争。马克思、恩格斯说:"一切阶级斗争都是政治斗争";列宁则说:"政治就是各阶级之间的斗争";"什么是政治?①无产阶级对它的群众;②无产阶级对农民;③无产阶级(和农民)对资产阶级"。20世纪80年代,中国政治学界曾对"政治"概念进行了讨论,大多数学者都主张阶级斗争说,只是表述或侧重点有所不同而已。

(9) 政治是社会权力的有限制的运用。1996年国际政治学会编写出版了《政治学新手册》一书。该书主编古丁(Robert E. Goodin)和克林格曼(Hans–Dieter Klingemann)在第一章("政治学的学科概述")中提出了关于"政治"的一个新定义,认为政治可以定义为"社会权力的有限制的运用"(constrained use of social power)(而这些限制性因素包括制度、惯例、程序、规则或政体、社会经济条件和认知因素等),并认为在1970—1995的25年中,政治是限制(有限制的政治)一直是政治科学反复出现的议题。正是政治舞台上的演员受到的限制和由此而引发的与它们周旋的策略才是我们所要研究的政治的要素。对这些限制的分析——它们从哪里来,怎样运作，政客又怎么在这些限制内发挥作用——才是政治研究的核心。①

二、政治的性质

上面我们列举了各种关于政治的有影响的界定，即理想生活说、超越说、权力说、决策论、国家论、管理论、团体论、阶级斗争论以及社会权力有限运用论。那么，究竟应当如何来看待政治的内涵及特征呢？

我们认为，作为人类社会生活或社会关系的一个领域，政治是指参与公共生活的个人、团体或组织为现实既定的目标，通过支配、影响、获取和运用公共权力，而做出公共决策以及分配社会价值或利益的过程。让我们对这一定义略加说明。

首先，政治是人类社会生活及社会关系的一个基本领域。人类赖以生存和发展的前提是群居和协作，人之所以为人，首要的是由他的社会属性所决定的。在任何社会形态中，每个人都必定与他人、社会结成各种各样的关系。人们要进行物质资料的生产和再生产就要形成相应的劳动关系、生产关系；要进行产品的流通和交换就会构成经济关系；要进行精神交往就会形成文化关系；而要参与公共生活就会形成政治关系。因此，马克思说："人的本质不是单个人所固有的抽象物，在其现实性上，它是一切社会关系的总和"②；而"人们的政治关系同人们在其中相处的一切关系一样自然也是社会的、公共的关系"③。

政治关系是人类社会关系的一个基本形式，而人在其本性上是"政治人"。在社会生活中，每个社会成员都会扮演特定的公共角色，占据一定的地位，在价值或利益分配中享有应得的份额。简言之，发生一定的政治关系。亚里士多德在《政治学》中明确指出："人天生是政治动物"，认为人的本性具有社会性、合作性，他们能透过政治来达到更完善的生活；在亚里士多德看来，在城邦（国家）生活中，每个人的公共生活是彼此息息相关的，因此，人是无法摆脱政治关系或不受政治影响的。在现代社会生活中，人更是"政治人"，政治伴随着每个社会成员从摇篮到坟墓的一生。有如美

---

① Robert E. Goodin, Hans - Dieter Klingemann, *A New Handbook of Political Science*, Oxford University Press, 1996, pp. 7 - 9.

② 《马克思恩格斯选集》第1卷，人民出版社1995年版，第60页。

③ 同上书，第173页。

国政治科学家罗伯特·达尔所说:"无论一个人是否喜欢,实际上都不能完全置身于某种政治体系之外。一位公民,在一个国家、市镇、学校、教会、商行、工会、俱乐部、政党、公民社团以及许多其他组织的治理部门中,处处都会碰到政治。"①

其次,政治具有特定的主体,即参与公共生活的个人、团体和组织(我们称之为政治主体或政治共同体)。在政治生活领域中,特定的个人、团体或组织之间总是发生彼此关联和相互作用。通常政治主体或政治行动者涉及国家、政府、政党、利益团体(压力集团)、阶级和公民。在这些政治主体中,国家、政府是最重要的主体,是政治过程的核心(也正因为国家、政府这种特殊地位,人们才会把政治看作是国家的活动或政府对公共事务的管理)。但是,国家、政府并非政治主体的全部,政党、利益团体、阶级和公民也都是政治主体的重要构成因素。在当代西方政治学的发展中,戴维·伊斯顿曾主张用"政治系统"或"政治体系"(political system)概念来取代国家(state)概念而作为政治学的分析框架,政治系统(政治体系)被他界定为"从事权威性的决策来分配各种价值的集合体",大到全球性的政治组织(如联合国),小到社区中的管理小组(如公寓管理委员会),都可以称为政治系统或体系。按照伊斯顿、达尔等人的观点,政治不仅存在于政府、政党一类的公共组织之中,不仅表现为公共组织之间为影响或支配公共决策及价值分配而产生的竞争与合作活动,而且也存在于私人企业、劳工组织、教会和大学一类的私人组织之中,私人组织内的行为(如大学社团中的行为或社区中的行为)都是政治行为。在当代西方政治学中,前者一般称为公共性政治,后者称为私人性政治、附属政治、组织内政治。在这里,我们不主张把私人组织内的行为或活动纳入政治的范围,只有这些私人组织以利益团体或压力团体面目出现参与公共生活,从而影响公共决策及公共管理的活动,才属于政治活动。

再次,政治是由一系列的行为或活动所构成的过程。这一过程表现为凭借公共权力,进行公共决策以及对社会的价值作权威性分配的一系列的功能活动环节。政治现象与权力问题密切相关,政治活动尤其是政策的制定和执行在某种意义上说的确是追求和运用权力的活动,因而上述的政治"权力说"是有一定根据的,从亚里士多德、马基雅维利到韦伯和拉斯韦尔都强调了政治与权力的联系。但是权力的建立与运用本身并不是目的,而是一种

---

① [美]罗伯特·达尔:《现代政治分析》,上海译文出版社1987年版,第5页。

手段，是为公共决策和价值分配服务的手段。从动态过程看，政治是由公共决策、公共管理以及政治参与、政治沟通、政治协调与控制等功能活动所构成的；或者从决策的焦点看，政治就是公共政策的制定与执行的过程。而按伊斯顿的说法，公共政策涉及的是"对全社会的价值作权威性的分配"，政治因此也被拉斯韦尔界定为"谁将得到什么，什么时候得到及如何得到"的活动。不过，这里的"价值分配"不同于经济领域的价值分配，它是享有公共权力的权威者所做出的强制性决定，以国家或政府的强制力作为后盾；而经济领域的价值分配可以通过市场的力量，通过自愿交换过程来实现。在大多数社会中，拥有公共权力去做出公共决策的核心主体是国家或政府这种权威机构。因此，政治的主要内容与功能就是政治主体尤其是国家或政府所进行的公共决策以及对价值作权威性分配的一系列活动。

最后，政治活动或政治行为具有特定的目标。人既是社会动物，又具有各自的欲望、要求和利益，他们总是追求自身利益的最大化。在资源稀缺、价值有限的条件下，人类总处于既需要合作又需要竞争的两难之中，于是政治应运而生。几乎在所有的政治体系之中都存在冲突，每一个人、团体或组织为了追求各自的目标和利益，不可避免地要与其他的个人、团体或组织发生矛盾和冲突，为达成各目的目标及满足各自的要求而斗争。这种既冲突、竞争又合作的相互作用也是政治现象的突出特征。各种政治主体（个人、团体或组织）的政治活动、政治行为或政治斗争都有特定的目标导向。如对一个统治阶级来说，它在特定时期的基本政治目标可能是加强对被统治阶级的控制，维护社会稳定，进行社会经济建设。而就终极意义上说，人类社会追求民主、自由、平等、公正、解放一类的普遍价值目标。亚里士多德、孔夫子等古代圣哲将政治看作对理想生活的追求在今天仍然具有其合理性和现实意义。

三、政治与经济的关系

从功能的角度看，人类社会生活呈现不同的方面或维度，如经济的、政治的、法律的、宗教的、道德的等方面。政治及政治关系只是社会生活及社会关系的一个基本方面，它与其他社会生活及社会关系领域发生密切的联系和相互作用，由此构成复杂多变的社会生活及社会关系的总体画面。在这里，我们仅着重探讨政治与经济的关系，原因不只是受篇幅所限，更主要在于政治与经济关系是一种居于首位的关系，在当代其地位极为突出。

政治与经济作为人类社会生活或社会关系的两个基本领域或方面,具有其各自的规定性特征及范围。政治以国家或政府为焦点,涉及政治权力或公共权力的运作以及社会价值的权威性分配一类的现象,是一种公共生活的领域;经济以市场和财富作为焦点,涉及资源的配置,商品的生产、交换、流通一类的现象,是一种人类的日常生活领域。政治和经济无论从其主体、过程,还是所遵循的原则和目的等方面都存在着差别。例如,就主体而言,经济主体的主要构成因素是厂商和顾客(即作为消费者的个人),政治的主体是国家、政府、政党、利益团体和公民;就过程看,经济过程以市场供求关系为机制,通过货币中介实现产品交换及经济效益;政治过程则通过诸如民主一类的机制,通过选举或投票来决定公共物品的供求,来实现政治目的及社会效益。就采取的原则及行为方式来说,经济或市场过程采取的是自愿交换原则,不带有强制性;而政治过程通用的是少数服从多数原则,做出的决策带有强制性。就目的看,经济的目的是资源的优化利用;政治的目的是资源汲取的最大化。有如一位经济学家所说:"经济所关心的是手中的资源的有效利用,而政治关心的是资源的增加。"(Bertrand de Jouvenel 语)

然而,政治和经济并不是彼此分割、相互独立、互不联系的,相反,它们是相互依赖、相互联系和相互作用的。在当代,这种情况更加突出,政治经济相互联结,日益一体化以至于其中的界线日益模糊。其一,政治与经济有某些共同的基础。这两个领域的基本活动者是作为成员的个人,而所有的个人,按照经济学的观点,不管它是经济领域上的顾客,还是政治领域的选民,其行为动机都是一样的,即按"理性人"或"经济人"行事——追求自身利益的最大化或以最小的成本换取最大的收益。既然人类的行为模式不因社会生活领域的不同而改变,那么,你就不可能指望一个在经济领域中的"自利"的行为者,一旦进入政治领域马上就变成"利他"的行为者。

其二,政治和经济仅是人类总体社会生活的两个侧面而已,它们之间存在着密切的相互联系和相互作用。按马克思主义的观点,经济是整个社会的基础,是政治存在和发展的基础;政治是经济的反映,是经济的集中体现。一方面,政治发展尤其是政治制度、政治体制的变更有其经济根源,最终是由经济(生产力)的发展水平所决定;有什么样的经济基础及生产力发展水平,就有由它所决定并建立在其上的生产关系、上层建筑及政治制度。另一方面,政治对于经济具有相对的独立性,极大地影响或制约(并在一定的条件下决定)经济的发展。恩格斯在谈到国家权力(政治)对经济的反作用时指出:"国家权力对于经济的反作用可以有三种:它可以沿着同一方向起作用,在这种情况下就会发展得比较快;它可以沿着相反方向起作用,在这种情况下,像现在每个大民族的情况那样,它经过一定的时期都要崩溃;或者是它可以阻止经济发展沿着既定的方向走,而给它规定另外的方向,这种情况归根到底还是归结为前两种情况中的一种。但是很明显,在第二和第三种情况下,政治权力会给经济发展带来巨大的损害,并造成人力和物力的大量浪费。"①

其三,就当代各国的现实看,随着政府的全面干预经济及社会生活,公共权力日益介入经济事务,公共政策成为经济发展的一种重要因素,政府与市场及社会发生日益紧密的相互作用,纯粹的政治现象或纯粹的经济现象已不存在。例如,两种制度性安排——政治体制与经济体制日益相互制约、相互影响,有如一位西方经济学家所说:"政治体制已变成一种经济化的过程,且是一种权威与权力的系统;而经济体制已变成一种权力系统,且是一种经济化过程。"② 正因为当代政治体制与经济体制之间的相互渗透和相互制约,决定了经济体制改革与政治体制改革必须同步进行。邓小平同志说得好:"我们现在的经济体制改革进行得基本顺利。但是,随着改革的发展,不可避免地会遇到障碍……重要的是政治体制不适应经济体制改革的要求";"不改革政治体制,就不能保障经济体制改革的成果,不能使经济体制改革继续前进,就会阻碍生产力的发展,阻碍四个现代化的实现"。③ 政治和经济的日益紧密相互作用也表现在政治周期和经济周期的关系上,即政府的政策或政治的变动引起经济上的周期性波动,产生所谓的"政治经济周期"。就连经济问题或经济危机也不是纯粹的经济现象,而在很大程度上渗入政治的成分,如当代西方国家所出现的以低增长、高通货膨胀、高失业率为特征的"滞胀"现象,并不是纯粹的经济危机,而是政治的因素——政府的过度干预或干预不当的后果。

当代政治与经济日益密切的相互联结和相互作用,使得用单一学科——纯经济学或纯政治学的框架及方法去分析和解决社会问题显示出越来越大的局限性。因此,如何用跨学科的方法尤其是政治经济整合的途径去分析同一社会现象(问题)的政治与经济及其他的层面,就成为当代社会科学发展

---

① 《马克思恩格斯选集》第 4 卷,人民出版社 1995 年版,第 701 页。

② John E. Elliott, *The Institutionalist School of Political Economy. In David Whynes (ed.), What is Political Economy?* Oxford: Basil Blackwell, 1984, pp. 59–89.

③ 《邓小平文选》第 3 卷,人民出版社 1993 年版,第 176 页。

所面临的一个重要任务。有如当代西方经济学的新制度学派的代表人物道格拉斯·C.诺思（Douglas C. North）所言，我们必须在更大程度上实现政治与经济的整合。

四、什么是政治学

由于人们对于什么是政治的理解不同，因而对什么是政治学的界定也就自然不同。现代政治学者给政治学下了大量的定义，但没有一个得到人们的普遍同意。伊斯顿在谈到这一点时讲："如果有一件事情能够区别西方的政治学的话，那就是政治学还没有就如何在最广泛的范围内描述它的研究对象达成一致意见。"①

常见的关于政治学的界定有国家研究、决策研究、价值的权威性分配研究、权力研究、政府管理研究、理想生活研究等。让我们先看看西方学者的若干有代表性的定义：

伽纳（J. W. Garner）：国家这种特有的现象构成政治学研究的主题，因此，政治学是一门研究国家现象的科学（《政治科学和政府》）。

兰尼（A. Ranney）：政治学涉及的是政府的政策制定与执行的研究（《政治学》）。

拉斯韦尔（Harold D. Lasswell）等：政治学所研究的是权力的形成和分配问题；或者是对谁得到什么，何时得到和如何得到问题的研究（《权力与社会》《政治学》）。

戴维·伊斯顿（David Easton）：政治学乃是研究一个社会中价值的权威性分配；或者说，政治学研究的是社会的决策是如何做出的，以及如何被绝大多数人认为是在绝大部分时间内具有约束力的（《政治系统论》《政治生活的系统分析》《政治分析框架》《政治科学》《美国政治学：过去和现在》）。

《简明牛津英语词典》：政治学是一门关于政府的科学和艺术，是处理国家的形式、组织和管理（或其中的一个方面）以及处理调节与其他国家关系的科学。

《布莱克维尔政治学百科全书》（米诺、波格丹诺主编）：政治科学作为

---

① ［美］维·伊斯顿：《美国政治学：过去和现在》，单天伦主编《当代美国社会科学》，社会科学文献出版社1993年版，第1页。

一门学科,力图系统地描述、分析和解释政府机构和公开政治生活的运作,加之所有那些有助于确定合法权威所做出的具有约束力的分配方案或决策的社会活动和互动关系;以及那些展示有关这些机构、决策和分配的各种论点的价值观、人性观和各种描述性理论。

《政治学分析辞典》(杰克·普拉纳等著):政治科学是关于政府和政治系统的研究,是研究公共政策的形成和实施的科学,而公共政策对一个社会来说是具有权威性的或有约束力的决定。

《政治学新手册》(古丁和克林格曼主编):政治可以定义为"社会权力的有限制的运用",而政治学则是对这一"限制的性质和来源"以及在这一限制范围内"运用社会权力的技巧"的研究。[1]

我们再看看当代国内学者的有关定义。20世纪80年代,中国政治学界对政治学的对象有过热烈的讨论,形成了五种有代表性的观点:一是政治学以国家、政府的具体机构以及实行革命与专政的理论、策略为对象;二是研究国家为主体的政治关系、政治形式、政治活动及其发展规律;三是研究国家(国家的一般理论、国家的政治制度、国家的活动)以及国家有关的一切政治力量、政治活动和政治关系;四是研究以国家政治权力为中心的一切政治关系的总和;五是举凡一切政治现象都是政治学的研究对象。[2]

20世纪90年代以来,人们对政治学的对象继续进行讨论,提出了一些新的看法。《中国大百科全书·政治学卷》对政治学作了广义和狭义的两种界定:就狭义而言,国家的活动、形式和关系及其发展规律是政治学的研究对象;就广义而言,在一定经济基础之上的社会公共权力的活动形式和关系及其发展规律,是政治学的研究对象。[3]

《政治学概论》(王惠岩主编):政治活动的核心是国家政权问题,政治学应抓住政治中最本质、最主要和最根本的问题,即国家政权问题作为主要的研究对象,但是,政治学研究的对象又不仅仅局限于国家问题。

《政治学基础》(王浦劬主编):政治本质上是人们在一定经济基础上,围绕特定利益,借助社会公共权力来规定和实现特定权利的一种社会关系。

---

[1] Robert E. Goodin, Hans-Dieter Klingemann, *A New Handbook of Political Science*, Oxford University Press, 1996, p.7.

[2] 参见张友渔等"政治学"词条,《中国大百科全书·政治学卷》,中国大百科全书出版社1992年版,第1页。

[3] 同上。

因此，政治学是研究这种特定的社会关系，即政治关系及其发展规律的科学。

《政治学原理》（杨光斌主编）：政治学是研究公共权力的形式及其运作规律的科学。

《政治科学原理》（施雪华主编）：政治学是研究公共权力主体对社会资源的强制性分配及由此达成的相互关系的发生、发展规律的科学。

综上所述，我们认为，政治学以人类社会生活中的政治现象、政治关系、政治过程或人类的政治实践作为研究对象，而政治就其本质而言是特定的主体（个人、团体或组织）为实现既定的目标，通过支配、影响、获取和运用公共权力而做出公共决策以及分配社会价值和利益的过程。因此，政治学可以进一步界定为一门研究政治主体尤其是国家或政府如何凭借公共权力而做出公共决策和分配社会价值的社会科学学科，它的目的是提供政治领域的知识。

政治学的核心主题是政治主体及其行为和价值观。政治主体也可以称为政治体系或政治共同体，是指参与政治活动的个人、团体或组织，它是政治行为或政治活动的载体。政治主体的主要构成因素有国家、政府、公民、政党、利益团体等。古往今来，最重要的政治主体总是国家和政府这种权威性机构；利益团体及政党是近现代形成的两种重要主体（在某种意义上，政党也是一种利益团体，是组织得最好的利益团体），它们之间的相互作用和相互斗争构成现代政治生活的基本内容；而作为个人的公民是一种最广泛的主体，或者说是政治主体的基本构成因素或细胞。

政治主体总会采取各种政治活动或政治行为；或者说，政治系统的运行总是表现为一个过程，即由一系列功能活动环节所构成的政治过程。政治行为表现为公共权力的获取、巩固和运用的过程；权力构成政治过程的核心，是它将各种政治主体联系起来，发生相互作用。从决策和管理的焦点看，政治行为表现为由公共政策的制定与执行、公共管理或政治管理以及政治参与、政治沟通功能活动环节所构成的过程。

政治主体所采取的政治行为或活动，或政治系统的运行总是朝向特定的价值目标，自由、平等、公正、民主、秩序一类的价值历来被人们当作人类的政治理想。而政治价值观本身属于政治文化及意识形态的范畴。政治文化既是政治生活的主观方面，又构成政治主体或政治系统运行的环境，它包含着丰富的内容，如政治意识、政治情感、政治心理、政治理论及意识形态、政治理想及政治价值观等。意识形态是政治文化的一个重要方面，是反映特定阶级、阶层尤其是统治阶级利益的思想体系。这个问题在近现代的政治生活中的作用十分突出，政治价值观尤其是民主、自由、公正、平等一类的价值是政治文化及意识形态的核心内容。

五、为什么要研究政治学

既然人类是政治动物，政治是无法回避的，那么政治学也就是现代人必备的知识，学习和研究政治学具有理论与实践上的意义。有如达尔在《现代政治分析框架》（1965）一书中所说：政治分析帮助一个人了解他所生活的世界，帮助他在面临各种可能的选择途径时，能做出明智的选择，并且帮助他影响政治体系中的各种变革，而这种变革正是政治体系的重要特征。

政治学研究的理由是多方面的。沃尔多在《政治学：传统、学科、专业、科学、事业》一文中认为，政治学不是简单的、唯一的，它在与其所处的环境或一系列变化着的环境的复杂关系中，汇集了各种兴趣和活动。政治有如下五个维度：（1）作为传统的政治学；（2）作为学科的政治学；（3）作为专业的政治学；（4）作为科学的政治学；（5）作为事业的政治学。因而，政治学研究也就具有多方面的理由。奥斯汀·兰尼简要地将政治学研究的理由归纳为三个方面：纯科学的理由、职业的理由、政治的理由。借用他的三分法框架，我们简述学习与研究政治学的基本理由，即学习与研究政治学的现实意义。

1. 科学的理由

在人类的经验中，由政治所表达的关心和活动的范围十分重要。自文明之始，政治就是人类的经验和知识的一个重要方面，政治学的任务是要尽可能多地提供并传播这方面的知识、技能和智慧。政治学作为一门科学，涉及的是人类社会生活中的政治领域方面的知识，对于政治现象、政治过程及其规律性的探索，可以增进人类对政治生活的了解，增加科学知识。在世界各地自古至今都有一大批为科学而科学（或为知识而知识）的纯学术研究者。因此，单纯为了解社会政治生活的秘密，为扩展人类的科学知识而做政治学研究，为了求知，我们可以学习和研究政治学。顺便说，许多政治知识业已变成政治传统，学习和掌握这些知识，可以更好地继承和发扬这些传统。

2. 职业的理由

"科学重在求知，职业重在讲授"。政治学本身是一个专业或职业领域，政治学的知识和技能是一种稀缺资源，拥有这种知识和技能，可以成为专家或有特长者，能够从事某些需要这些知识与技能的职业。按照沃尔多等人的说法，专业或职业领域的最一般的属性是：（1）它拥有一种知识整体，那些掌握它的人声称具有异乎寻常的知识；（2）对于知识整体的反复灌输来自持续的研究和专业的社会化；（3）实践者或就业者对知识的整体进行总体的监督，帮助并监督对新的专业人员的训练，明确表达和执行专业行为规范（这往往通过专业或职业协会的形式来实现）；（4）在某种意义上说，专业是公共性的，公共性既授予特权又加上了责任。因此，学习和研究政治学，掌握这一专业知识技能，可以成为需要这种知识和技能的职业成员，获得谋生的手段。社会上的某些职业岗位如政治学的教师和研究人员、政府工作人员、非营利组织就需要这种专业人才。

3. 政治的理由

政治学研究的是国家、政府、权力和政策一类的主题。掌握了政治学的知识等于了解政治过程尤其是权力运行的秘密，增加政治的技能和才干。这有助于那些有志成为政治家或政府官员的人实现他的目标；可以帮助已成为政治家或官员者去了解政治问题的性质，更好地制定与执行政策，处理好公共管理事务，解决各种政治冲突。即使是一般的公众，了解政治过程的实质及权力运作，可以提高自身的政治素质，更好地参与政治生活，维护自身的政治利益。这就是学习和研究这一学科的政治上的理由。

"政治参与"概念辨析*

政治参与（political participation）是政治民主化和现代化的重要内容，"在有关政治的理论研究和经验研究中，参与都是一个核心的概念。"① 近年来，政治参与及公民有序的政治参与问题，已经成为国内学界及政界广泛关注的一个重要课题。然而，对于"政治参与"这一概念本身的内涵和外延，学界却一直存在诸多争议，其定义目前也莫衷一是。正如诺曼·H. 尼、西德尼·伏巴所言：政治参与像有些术语一样，"由于意思实在太多，最终反倒失去它们的有效性"②。政治参与的研究必须从厘清相关的概念开始，或者说，对"政治参与"概念进行明晰的界定是进一步研究的基础。因此，对于"政治参与"这一概念的辨析就显得很有必要。

一、"政治参与"的不同界定

公民参与政治的行为和传统自古有之。然而，"政治参与"却是现代政治学的一个术语。关于这一概念，当代的政治学家下过了不少的定义。帕特里克·J. 孔奇在专门研究了政治参与的诸多界定之后，提出争论所集中的六个主要问题。③

（1）积极与消极形成的比较：应当从行为上来解释政治参与吗？——

---

* 原载《东南学术》2008年第4期（李东云为本文的合作者，收入本书时为各节加了标题）。
① [英] 戴维·米勒、韦农·波格丹诺：《布莱克维尔政治学百科全书》，邓正来译，中国政法大学出版社1992年版，第563页。
② [美] 诺曼·H. 尼、西德尼·伏巴：《政治参与》，见格林斯坦、波尔斯比《政治学手册精选》，商务印书馆1996年版，第290页。
③ [美] 帕特里克·J. 孔奇：《政治参与概念如何形成定义》，王胜明、范云萍译，《国外政治学》1989年第4期。

如选举、政党竞选，还是也包括其被动形成爱国主义感情，对政治问题的敏感性等。

（2）过分的与不过分的行为之比较：政治参与包括非暴力反抗及政治暴力活动，还是限制在"比较常规"的行动上？

（3）结构性与非结构性目的的比较：政治参与的定义中是否包括要改变或维护政府形式而做出的努力，还是仅限于改变或维护政府权力和（或）其决策的努力呢？

（4）政府的与非政府的目标的比较：政治参与应局限于符合政府权威、政策和（或）制度的行为？还是也应包括政府范围之外的现象？

（5）动员的与自愿的行为的比较：由政府赞助和引导的提高福利的行为应被称为政治参与吗？或这个概念仅应限制在公民为谋求其利益所发起的行为？

（6）预期的与预料之外的结果的比较：对政府未意料到的结果的行为能否解释为政治参与？

针对这六个方面的问题，孔奇认为，首先必须从政治参与概念中删去政治态度和情感。虽然这一看法尚未得到普遍认同，"但在文献中已出现某种共识：真正同态度和情感有关的是政治文化和政治社会化，而不是政治参与"[①]。同时，还应该排除政治认识，因为对政治进程的认识无论在心理上还是表面上，并不意味着就卷入到该进程中，认识顶多是政治参与的先决条件。

当然，也有部分学者主张上述态度、情感、认知等主观成分应该归入政治参与范畴，"有些社会科学家主要感兴趣的是，个人特定的人格倾向是如何转变为政治信念和政治行动的，以及为什么会发生这种转变"[②]。如阿尔蒙德和伏巴认为，参与的定义也包括对参与的态度——一个人的效益感，或一个人的公民规范；[③] 巴恩斯将公民阅读政治文章、了解政治知识视为政治参与；斯通也将"追踪报纸和电视报道"列为间接的政治参与。[④]

---

① ［美］帕特里克·J. 孔奇：《政治参与概念如何形成定义》，王胜明、范云萍译，《国外政治学》1989年第4期。

② ［美］安东尼·M. 奥勒姆：《政治社会学导论——对政治实体的社会剖析》，浙江人民出版社1989年版，第338页。

③ ［美］诺曼·H. 尼、西德尼·伏巴：《政治参与》，见格林斯坦、波尔斯比《政治学手册精选》，商务印书馆1996年版，第292页。

④ 杨光斌：《政治学导论》，中国人民大学出版社2000年版，第231页。

孔奇指出，参与行为中被视为非法、非常规或非正统的"寻衅行为"应限于暴力行为。应当把政治参与看成是反对或支持国家结构、权威和（或）关于公益分配的决策的活动。这些结构、权威和（或）决策在范围和地域上既可是全国的，也可是地方的。另一方面，如果参与活动并不涉及全国的或地方的国家结构、权威和（或）有关公益的分配决策，就不是政治参与。比如像参加邻里计划，加入邻里协会这样的团体行为，在孔奇看来或许只能算是"社会参与"，而不属于政治参与的范畴。

另外，孔奇所理解的政治参与，无论它是由政府主持的，还是由人民发起的，都包含在内，并不在两者间加以划分。孔奇还认为，应当把结果和意图从政治参与的定义中分离出来；政治参与应限制在行动本身，而不应该包括个别参加者的意图，或他们行动的结果。

最终，孔奇给出的政治参与的定义是："政治参与可以解释为全国或地方、个人或集体支持或反对国家结构、权威和（或）有关公益分配决策的行动。"① 对于这个概念，孔奇强调了以下三方面：第一，行动既可是口头的，也可是书面的；第二，它可以是暴力的，或非暴力的；第三，它可以是剧烈的行动。

与孔奇较为接近的另一个影响较大的定义是亨廷顿和纳尔逊在《难以抉择——发展中国家的政治参与》一书中给出的：政治参与就是"平民试图影响政府决策的活动"②。在亨廷顿和纳尔逊所提出的几个要点中，关于政治参与主体的问题，是孔奇提出的"六问题"所忽视的一个重要方面。

亨廷顿和纳尔逊将政治参与主体限定为"平民"，排除了职业政治人士。在亨廷顿和纳尔逊看来，政治参与指的是充当平民角色的那些人的活动，不包括作为角色行为的政府官员、政党骨干、政治候选人和职业院外活动分子的活动。但是必须指出，若参与活动并非一个政治职业者的职业角色范围，则该活动也应视为政治参与。比如，美国一名高级文官在政府机构中制定政策的活动并非政治参与，而其在选举中的投票活动或在市镇会议上的演讲活动则属于政治参与范畴。

将参与主体作狭义理解似乎是大多数学者的倾向。我国大部分学者都倾

---

① ［美］帕特里克·J. 孔奇：《政治参与概念如何形成定义》，王胜明、范云萍译，《国外政治学》1989 年第 4 期。

② ［美］塞缪尔·P. 亨廷顿、琼·纳尔逊：《难以抉择——发展中国家的政治参与》，汪晓寿、吴志华、项继权译，华夏出版社 1989 年版，第 5 页。

向于将参与主体限定为"普通公民"。例如,"政治参与是普通公民通过各种合法方式参加政治生活,并影响政治体系的构成、运行方式、运行规则和政策过程的行为"①;"所谓政治参与,就是普通公民通过各种合法途径影响政府决策与公共管理的行动"②;"普通公民通过一定的方式去直接或间接地影响政府的决定或与政府活动相关的公共政治生活的政治行为"③。此外,国外学者如尼和伏巴也将政治参与主体限定为"平民"④;蒲岛郁夫亦认为政治参与是"普通公民的活动"⑤。

当然,也有学者主张更为宽泛的界定。比如,戴维·米勒和韦农·波格丹诺认为,"无论他是当选的政治家,政府官员或是普通公民,只要他是在政治制度内以任何方式参加政策的形成过程"⑥。

在政治参与的内涵方面,亨廷顿和纳尔逊还重点讨论了以下几点:

1. 政治参与是实际行动而不包括心理和态度,也就是排除了诸如有关政治的知识、政治兴趣、政治能力和功效感以及对政治相关性的认识等主观成分。他们将客观的政治活动和主观的政治态度看作是两个分离的变量,对二者的研究也需用十分不同的方法。

2. 政治参与仅指试图影响政府决策的活动。这类活动的目标指向公共当局,因为公共当局通常被认为对于社会价值的权威性分配,拥有合法的最终决定权。若指向的是没有政府参与的社会中各团体之间的资源分配,尽管这也属于西方通常意义上的政治概念,但并不属于政治参与范畴。

3. 亨廷顿和纳尔逊在定义中并未区分参与活动的合法性与非法性,而是涵盖了无论根据政治系统的既定准则是否合法的所有活动。因此,在一些国家被视为非法的抗议、暴乱、示威游行,乃至企图影响公共当局的叛乱行为,都被纳入了政治参与的视野。

4. 政治参与包括试图影响政府的所有活动,而不管这些活动是否产生实际效果。

---

① 王浦劬:《政治学基础》,北京大学出版社1995年版,第207页。
② 陈振明:《政治学》,中国社会科学出版社2004年版,第324页。
③ 杨光斌:《政治学导论》,中国人民大学出版社2000年版,第231页。
④ [美]诺曼·H.尼、西德尼·伏巴:《政治参与》,见格林斯坦、波尔斯比《政治学手册精选》,商务印书馆1996年版,第290页。
⑤ [日]蒲岛郁夫:《政治参与》,解莉莉译,经济日报出版社1989年版,第4页。
⑥ [英]戴维·米勒、韦农·波格丹诺:《布莱克维尔政治学百科全书》,邓正来译,中国政法大学出版社1992年版,第563页。

5. 政治参与包括行动者本人自发的参与和行动者受他人策动而发生的参与两类行为；亨廷顿和纳尔逊将前者称为"自动参与"，后者称为"动员参与"。本文亦借用这一称谓来区别两类不同性质的参与活动。

亨廷顿和纳尔逊强调，将动员参与包含在内的原因主要有四点：（1）现实中的动员参与和自动参与之间的界限，并不像理论上那么容易分辨。与其在界限不甚分明的二者之间人为地划出一条分界，不如把这两种参与都纳入研究范围。（2）所有政治系统的政治参与，实际上都是动员和自动参与的混合。如果把注意力局限于自动参与，就容易错误地认为政治参与是民主政治特有的现象。（3）从动态关系上来看，自动参与和动员参与皆有可能相互转化。（4）动员参与和自动参与都能为领导人提供机会或构成约束，两种参与都对政治系统产生重大影响。

尼和伏巴在《政治参与》一文中所下的定义，对政治参与的范畴提出了一些不同看法。尼和伏巴认为，政治参与是"平民或多或少以影响政府人员的选择及（或）他们采取的行动为直接目的而进行的合法活动"[①]。

首先，尼和伏巴将行动目的视为界定政治参与行为的重要因素，政治参与必须以影响政府人员的选择及（或）他们为"直接目的"。这就不同于孔奇所主张的将行为意图排除在外。

其次，尼和伏巴明确提出政治参与概念不应包括受政府动员的"礼仪性"或"支持性"参与，"公民'参加'这类参与的方式是通过参加游行、在发展项目中努力工作、参加政府组织的青年团体，或参加礼仪性选举的投票来表示对政府的支持"[②]，而这并不在尼和伏巴所讨论的范畴之内。

支持这一观点的还有迈伦·维纳，他强调了参与的自愿性质，"奉政府之命而参加组织或参加群众集会……"，如那种公民对候选人没有选择余地的选举投票，"应排除在外"。[③]

再次，在参与手段方面，尼和伏巴明确排除了非法的途径，将政治参与界定为"合法活动"。他们指出："我们关心的是'体系内部'的活动——影响政治的合法手段。这样，名目繁多的一大批行为——骚乱、暗杀和所有

---

① ［美］诺曼·H. 尼、西德尼·伏巴：《政治参与》，见格林斯坦、波尔斯比《政治学手册精选》，商务印书馆1996年版，第290页。

② 同上书，第291—292页。

③ 转引自［美］塞缪尔·P. 亨廷顿、琼·纳尔逊：《难以抉择——发展中国家的政治参与》，汪晓寿、吴志华、项继权译，华夏出版社1989年版，第8页。

其他类型的公民暴力——就不在我们注意的范围之内了,而老百姓是可能试图通过这些手段来影响政府的。"……"合法活动在渊源和影响力方面有其独特之处,值得加以专门研究。"①

最后,戴维·米勒和韦农·波格丹诺也持这一观点,他们强调政治参与的手段必须"在政治制度内"。②

二、"政治参与"的内涵及特征

参照以上学者的看法,并结合当前我国的政治实践,笔者认为,我国的政治参与的概念分析需要着重考虑以下四个方面的问题:(1)参与主体——是否包括职业政治人士?(2)参与性质——是否包括动员参与?(3)参与手段——是否包括非法手段?(4)参与行为——是否包括政治心理和态度?

其中的每个问题的肯定和否定回答都可作为一把标尺上广义和狭义的两极。参照孔奇提出的下定义时所需同时满足的概括性和精确性两种对抗的要求("概括性"指"这个概念必须宽到足以包括各种文化背景中的一系列行为","精确性"指"定义必须限制在一定范围内,也就是说,为了增强解释的力量,必须排除某些行为"③),需要在这四个问题上选取适当的尺度来构成一个恰当的定义。

这四个问题都取肯定回答时,就构成了政治参与的广义概念,满足概括性要求;而都取否定回答时,则构成狭义概念,满足精确性要求。正如孔奇所言,一味追求精确性,会导致对政治参与这个词定义的过分狭窄,只反映有限的行动范围,就倾向于武断地把这个词限制在符合某个人眼前的研究兴趣的行为上。另一方面,若只追求概括性,则倾向于扩展这一概念。因此,我们所需提出的恰当定义,是要寻找两个极端之间的中间领域。

综上所述,笔者将政治参与定义为:公民试图影响政府决策的非职业行为。

---

① [美]诺曼·H.尼、西德尼·伏巴:《政治参与》,见格林斯坦、波尔斯比《政治学手册精选》,商务印书馆1996年版,第292—293页。

② [英]戴维·米勒、韦农·波格丹诺:《布莱克维尔政治学百科全书》,邓正来译,中国政法大学出版社1992年版,第563页。

③ [美]帕特里克·J.孔奇:《政治参与概念如何形成定义》,王胜明、范云萍译,《国外政治学》1989年第4期。

这一定义强调"政治参与"概念的如下几个内涵：

第一，政治参与的主体是全体公民。笔者认为政治参与概念在主体上不应排除政治家、官僚及政府公务人员，因为他们在从事本职工作以外，还可通过其他多种非职业渠道来影响政府决策。比如，在我国各级人大代表的选举过程中，只要是符合法定条件的中国公民，都享有选举权，可依法参加各级选举，而不受其本身是否从事政治或行政职业的限制。因此，即便是为满足概念的精确性要求，需要在一定程度上缩小参与行为的范围，也不适宜从主体上来进行限制，如亨廷顿和纳尔逊、尼和伏巴等学者将主体规定为"平民"，这样容易导致误解原意和对研究对象的不恰当缩小。

但同时，笔者仍然赞同政治参与应排除政治家、官僚及政府公务人员作为职业所进行的活动这一看法。亨廷顿在对定义的说明中也强调，政治参与要排除的是官僚、政治家和院外活动家作为职业进行的活动。"我们确定的政治参与概念，不包括作为角色行为的政府官员、政党骨干、政治候选人和职业院外活动分子的活动。"① 杨光斌在《政治学导论》中也强调，并不是职业政治人士的所有政治活动都被排除在政治参与之外，如他们的投票行动就属于政治参与，而他们制定政策的活动则属于政治管理。

所以，笔者做了一个表述上的修正，把对主体的限制（"平民"或"普通公民"）转化为对参与行为本身的限制（"非职业行为"），以更好地达成概括性与精确性的平衡。

第二，该定义没有区分动员参与和自动参与两种类型，而是将它们都涵盖在政治参与范畴之内。这样做的理由与上文中亨廷顿和纳尔逊提出的四点原因大致相同。然而对于我国而言，还有一个原因值得强调，那就是我国以往计划体制下存在广泛而大规模的政治动员型参与，值得加以专门研究；同时，我国长期以来形成的政治动员传统和政府强大的政治动员能力，也是今天推进社会经济发展和现代化建设过程中政府持有的一项重要资源和特别优势。因此，我国政治参与研究应该对动员参与给予相应的重视，而不能将其排除在外，否则就会失去相当大的本土特色和价值。

第三，政治参与包括合法的和非法的行为，或者说包括制度内和制度外的参与途径。参与行为的合法性在跨国比较研究中存在明显的国别差异，一定国别和历史时期下可能是"非法的""非常规的"或"非正统的"活动

---

① ［美］塞缪尔·P.亨廷顿、琼·纳尔逊：《难以抉择——发展中国家的政治参与》，汪晓寿、吴志华、项继权译，华夏出版社1989年版，第5页。

（如示威和罢工），在另一个国家或者另一个历史时期下可能就是合法的。因此，若排除非法的或制度外的参与行为，就会牺牲研究的完整性，而且严重妨碍跨国的比较研究。

我国正处于社会转型时期，如何将体制外的参与活动内化到体制内途径，使政治参与进一步规范化、制度化，尽可能降低暴力和无序参与发生的可能性，正是目前政治参与研究的重要课题；若将非法或制度外的参与活动排除在外，就等于无视政治参与途径不断转化、扩充的动态变化，易于导致研究的僵化和脱离实际。

第四，政治参与研究应该关注实际行为，而不包括政治心理、态度、认知和知识等主观因素。其理由跟上文所阐述过的亨廷顿和纳尔逊的看法相同，若不排除一系列主观因素，会导致研究的无限扩大，将妨害定义的精确性和研究的相对集中性。

进一步来说，政治参与的定义范围应限制在行动本身。定义中所关注的行为并不涉及导致这些行为的意图因素或这些行为所产生的或将会产生的实际效果；也就是说，只要是符合上述条件的参与行为，无论其意图何在或对政治系统是否产生实际影响，都应属于概念范畴。"意图可以解释人们参与的原因（而不是解释什么是政治参与），而结果（无论是预料到，还是未料到的）解释政治参与的结局（也不是解释其性质）。个别参与者的目的和他们行动的结果是以经验为根据的问题，不应当把它们放在这个概念的定义中加以解释。"①

另外，值得一提的还有政治参与的指向问题。孔奇、亨廷顿和纳尔逊、尼和伏巴等多数学者皆认为政治参与所指向的是政府及其决策，或者说是公共当局对社会价值的权威性分配。而有部分学者，如布什和塞莱格森则持更广义的理解，将没有政府参与的社会其他团体的价值分配等参与活动也归入政治参与范畴。由于西方国家传统上存在将政治视为"众人之事"的广义理解，"我们通常所说的政治，以及社会中各团体之间的资源分配，有许多可能在没有政府参与的情况下发生"②。因此，西方普遍存在政治参与是否单纯指向政府范畴的争论。

---

① [美] 帕特里克·J. 孔奇：《政治参与概念如何形成定义》，王胜明、范云萍译，《国外政治学》1989 年第 4 期。

② [美] 塞缪尔·P. 亨廷顿、琼·纳尔逊：《难以抉择——发展中国家的政治参与》，汪晓寿、吴志华、项继权译，华夏出版社 1989 年版，第 5—6 页。

对于我国而言，由于政策一般被习惯地理解为政府政策或公共政策，所以对于政治参与须指向政府活动范畴这一点基本上存在共识。在这种情况下，可以说我国政治参与的总量，在一定程度上取决于政府活动的范围。

三、政治参与的类型

上面我们主要从内涵方面对政治参与概念做出界定。而从外延方面看，政治参与所涉及的行为是多种多样的。可以根据不同的标准，对政治参与行为做出不同的分类。大致有如下不同的类型：

1. 个别参与和组织参与

以参与主体的特征为依据，可以将政治参与划分为个别参与（个人参与）和组织参与（团体参与）。个别参与是指"公民以个体的身份进行政治参与的活动"；而组织参与是指"与他人合作以特定的团体形式参与政治的活动"[①]。

公民参与各类政治选举是个别参与中最主要和常见的形式。政治投票是公民参与人数最多的政治活动，但投票不是也不应该成为公民表达政治意愿的唯一途径，公民一般还可以通过投书信访、行政听证、与公职人员接触、捐赠政治资金等多种形式进行个别参与。

组织参与主要包括政党、政治性社团和基层自治等形式。组织参与"在引导其成员关心政治、动员其成员参与政治活动、培养其成员的政治参与热情、控制政治活动渠道等方面具有优势。……在现代社会，各种政治团体在政治过程中的作用胜于公民个体。在当代政治生活中，影响政治过程最重要的行为者通常是政党和政治性团体。作为政治团体的成员，不管其是否参与了影响政府的活动，加入该组织本身即是一种政治参与行为"[②]。在西方国家，政党以参与政治为主要目的，代表特定的阶级和阶层；政党为取得政权和维护政权进行活动，在不控制政权的情况下，也竭力推荐本阶级或阶层的成员介入政治过程，对执政党形成了显著的压力。

2. 主动参与、被动参与以及消极参与

以参与者的主观态度为依据，可以将政治参与划分为主动参与（自主参与、自动参与）、被动参与（动员参与）以及消极参与。主动参与是"在

[①] 王邦佐：《新政治学概要》，复旦大学出版社1998年版，第247页。

[②] 同上。

自愿基础上影响政府的活动";而被动参与则"并非出于参与者的自愿,是通过他人引导、劝说、威胁等方式产生的影响政府的活动"①。两者的根本差别在于参与主体本身是否具有影响政府的意图,前者的行为主体具有明确的行为意图,后者的行为主体可能不理解或不明确自己的行为意图。

有学者认为,自动参与是公民在争取、实现和维护自己利益的过程中,意识到参与的必要性而主动地参与政治过程。虽然在这种参与中,参与的形式因人因事因时因地而异,但体现出突出的"我要参与"的自主性。动员参与是公民在尚未产生自主参与要求的情况下,在其他政治组织的号召和鼓动下,被动地参与政治过程。这样的参与不仅具有被动参与的特点,而且参与过程的发展也往往由号召和发动政治参与的政治组织来把握。②

虽然如诺曼·H. 尼和西德尼·伏巴、迈伦·维纳等部分国外学者主张将动员参与排除在政治参与范畴之外,但大部分国内学者根据我国国情,都将动员参与列入政治参与研究的视野之中。另外,还有学者提出了"消极参与"概念。如《政治科学原理》一书中,将政治参与划分为自动参与、动员参与和消极参与三种形式,其中"消极参与"是指"公民出于自觉或是不自觉的原因而对政治问题漠不关心或对政治采取消极行为",并认为在现实政治生活中,这三种政治参与往往会在一定条件下互相转换。③

3. 直接参与和间接参与

以参与者是否通过中间环节来影响政治过程为依据,可以将政治参与划分为直接参与和间接参与。这是公民或公民团体参与国家管理的两种基本形式。直接参与是"参与者不通过任何中介直接介入政治过程的行为",包括参与选举,通过集会、游说等途径直接发表政见,对国家法律的创制、复决以及对一些重大问题的全民公决,与政府公职人员或政治家个别接触,基层自治等;间接参与则是"参与者通过一定的中介才能影响政治过程的行为",在现代社会中,随着国家规模的扩大和政治事务的日益专业化,公民的政治参与主要还是以间接参与方式进行,其中最为常见的间接参与方式有:④

——通过代表中介参与。公民通过自己的代表和代议机关参与国务政

---

① 王邦佐:《新政治学概要》,复旦大学出版社1998年版,第247页。
② 周平:《论政治参与》,《云南大学人文社会科学学报》1999年第4期。
③ 邓元时、李国安:《政治科学原理》,重庆大学出版社2003年版,第278页。
④ 李爱华:《现代政治学》,北京师范大学出版社2001年版,第314页。

事,是间接参与的最基本形式。

——理论宣传。理论对政治实践具有指导作用,它虽然不像提意见或施加压力的作用那么明显,但潜移默化的力量不可低估。因而理论的宣传,虽非以直接影响政府的决策为目的,但通过人们思想观念的转变和更新对政府决策起到一种长期的、根本的影响作用。

——舆论参与。舆论工具被称为"第四种权力"。在现代社会,随着电视、广播、报刊、互联网等各种传播媒介的发达,社会舆论对政府决策过程的影响越来越明显。公众通过传媒发表的意见和建议,无论是否针对政府,一旦形成社会舆论便自然会对政府产生压力,对政府决策产生影响。

4. 合法参与和非法参与

以政治参与和既定的政治法律规范的关系为依据,可以将政治参与分为合法的政治参与(制度化政治参与)和非法的政治参与(非制度化政治参与)。

公民在既定法律规范内展开的政治参与活动就是合法的(制度化的)政治参与;超越了既定的政治法律规范的政治参与行为,如政变、暗杀、政治骚乱、暴力反抗等,就是非法的(非制度化的)政治参与。非法参与按表现形式和性质严重程度可大致分为以下几种情况:一是不合作;二是骚乱;三是暴力;四是革命。还有学者提出了"制度边缘化参与"概念,特指那些合理但不合法,或合理但目前暂时不合法以后有可能被纳入合法范围的参与行为。①

5. 常态参与和非常态参与

以参与是不是在正常的情况下进行,可以将政治参与划分为"常态参与"和"非常态参与"。有学者认为,在正常情况下,多数公民或公民团体以常规的渠道、方式参与国家的政治生活,但当国内外出现政治危机或重大变故,在政治条件受到限制、剥夺或按照常规渠道无法实现预期政治目标时,参与主体可能转向以非常规的方式参与政治,即非常态参与。以非常态方法参与的行为者通常出于强烈的政治动因,在一般参与方式无法达到目标的情况下,会以请愿、游行示威甚至政治暴力等形式实现更换政界官员、影响政府决策、改变政治制度等政治目的。②

除了上述五种划分方式外,还有别的划分方式。例如,以参与的历时类

---

① 邓元时、李国安:《政治科学原理》,重庆大学出版社 2003 年版,第 279 页。

② 王邦佐:《新政治学概要》,复旦大学出版社 1998 年版,第 249 页。

型与不同的社会性质,将政治参与划分为资本主义国家的政治参与和社会主义国家的政治参与;以参与的实际效果为标准,将政治参与划分为有效的参与和无效的参与;以参与的方式为标准,将政治参与划分为和平的参与和暴力的参与。

总之,政治参与是民主制度不可或缺的组成部分,也是实现民主的重要途径。在现代国家政治生活中,作为实现公民政治权利的主要途径,政治参与对于整个政治—社会系统的良性运转发挥着不可替代的作用,这主要表现在:一是促进公民的政治学习和政治素质的培养;二是推进公共决策的民主化、科学化;三是提升政治系统的合法性,增强国家的政治能力;四是监督政治系统的运转,防止政治权力的腐化。当然,政治参与在发挥积极作用的同时,若未能得到有效的规范,或者与政治体制不相适应,也有可能带来负面影响。例如,政治参与在一定时期的迅速扩大若超过该政治系统的内聚功能和承受能力,就会使得大量非制度化的参与蔓延,容易导致对民主体制的破坏,甚至引发骚乱。又如,政治的剧烈转型或动荡时期易于发生的参与"爆炸",这种参与的极端和盲目扩大,会大大削弱政府权威,导致"无政府主义"泛滥,最终对经济发展和社会稳定造成破坏。因此,不断提高政治参与的制度化水平,引导公民积极有序的政治参与,使政治参与规模与政治系统相适应,是当代每个国家民主建设中必须认真探索并加以努力解决的问题。

当代西方社会科学发展的
整体化趋势*

当代西方社会科学在经历了长期的专业化分化和初步的交叉、融合之后，已大踏步地向杂交、综合和整体化的方向发展。传统的学科界限已经模糊，交叉、横断、边缘性的学科分支、研究领域和理论流派大量出现，社会科学的研究方法、知识的产生途径以及理论的应用方式得到了更新。简言之，跨学科交叉研究以及杂交化和整体化已成为当代西方社会科学发展的最基本的趋势。在人类即将迈向 21 世纪的时候，对当代西方社会科学发展的基本趋势的表现、成就和问题作简要的回顾、检讨与展望；对于我们跟踪国外社会科学的新发展及新成就，加强跨学科研究，更新我国 21 世纪社会科学各学科的研究方法，推动我国社会科学的研究与教学体制的改革，促进我国社会科学事业的全面发展，具有重要的意义。

一、近现代社会科学的形成与分化

科学技术的发展经历了一个由整体化（古代）到专业化（近现代）再回到整体化（当代）的发展过程。近代各门实验科学在分化出来以前，是以自然哲学这一整体化的形式存在于哲学的母体之中的；而近现代各门经验社会科学在分化出来以前，则以道德哲学或人文知识的方式存在于哲学的母体之中。可以说，在文艺复兴以前，自然科学和社会科学的知识，其研究与教学事业是整体化的。

自文艺复兴开始，物理学、化学、生物学等各门实验自然科学纷纷从自然哲学的母体中分离出来，成为独立的学科领域。从 16 世纪开始，人文社

---

* 原载《学术月刊》1999 年第 11 期。

会研究也试图以某种方式获得经验确证，从而发展出系统的世俗知识，即开始了社会研究的科学化的努力。但是，近代的经典科学观的一个基本前提是笛卡儿的二元论，即物质与意识、人与自然、物理世界与社会及精神世界的分离。科学文化与人文文化这两种文化从一开始就出现了分界。这一点我们可以从 1663 年托马斯·胡克为英国皇家学会草拟的章程宗旨中得到清楚的证明。胡克写道：皇家学会要"通过实验手段增进关于自然万物的知识，完善一切手工工艺、制造方法和机械技术，改进各种机器和发明"，学会"无涉于神学、形而上学、伦理学、政治学、语法学、修辞学或逻辑学"。

到了 18 世纪末 19 世纪初，各门实验自然科学以及数学已经成熟，并且占据了人类知识领域中至高无上的地位。自然科学家并不把人文社会知识当作科学，而社会科学家则以自然科学为榜样，为社会知识的科学化（科学的客观性、可证实性、定量化、形式化和精确化等）而努力。

进入 19 世纪，随着西方工业化、城市化、大学改革和经验研究的成长，社会科学知识的产生逐步变成一种相对自主的、由自己特殊的程序或方法所指导的活动，并逐步建立在系统的经验数据的基础上。在 19 世纪，社会科学作为了解和控制日益复杂的社会的手段成长起来，先是以统计学和人口统计学的形式，后以经济学、社会学、政治学、人类学等形式确立起来。这一时期社会科学新的且最重要的东西，是理解社会及其问题的程序或方法从根本上发生了变化，即想象的、神秘的、天启的东西让位给科学。这反映了经验的、定量的以及形式化科学方法的成长。这种方法论上的变化，并不仅是经验科学发展对经验主义认识论原则的承诺，以及社会研究模仿自然科学尤其是物理学研究方式的结果，也是人类社会由农业文明向工业文明转变的必然结果。因为社会科学的最终目标是社会问题的解决，工业化、城市化以及劳动分工的细化带来了更复杂的社会问题及管理问题，国家或政府需要更多、更精确可靠的知识和信息来制定与执行政策和管理社会。因此，新方法的应用不只是为了获得关于社会的客观知识或科学真理，更重要的是统治者要利用这种知识来控制和管理社会。此外，18 世纪末 19 世纪初欧美大学的复兴与改造也是近现代社会科学形成的一个重要原因。经过改造的大学成为知识创造的主要场所，神学院或被取消，或缩小为一个系；医学院和法学院仍有其重要地位，但局限于特定的专业或职业训练；哲学学院以及分离出的自然科学和人文社会科学各系科成了知识产生的主要场所。

19 世纪 50 年代到 20 世纪 20 年代（有的学者界定为 1850—1914 年），社会科学的各个主要学科（史学、经济学、政治学、社会学、人类学等）

先后形成了现代社会科学独立的研究框架,并加以制度化,尤其是在大学扎了根。这种进程主要发生在英国、法国、德国、奥地利、意大利和美国,因而我们今天所看到的西方社会科学的大部分经典也就是在这些国家出现的。当然,这并不是说在16世纪后半期到19世纪上半期,人文社会研究没有涉及现代社会科学的主题。相反,有不少现代社会科学的核心问题,如国家与法、政治制度、经济政策、社会政策、国际关系、权力问题等已得到了相当充分的研究,人们不仅能在早些时候的马基雅维利、布丹、格劳秀斯、配第、重农主义者和启蒙学者的著作中,而且能在19世纪上半期的托克维尔、赫尔德、基佐、费希特、马尔萨斯、李嘉图等人的著作中看到大量的社会科学主题的论述,只不过这些论述很少是在我们今天所说的特定的学科框架中来进行的。

还是让我们简要地叙述一下社会科学的各个主要学科是如何形成的吧。据说史学是一门在西方最早制度化的社会科学(在我国,人们更多地把史学当作人文科学看待,在西方也有不少学者反对把史学列入社会科学领域之中)。实际上,史学是人类知识最古老的分支之一,在世界各地尤其是各文明发祥地,遗留下大量的历史典籍,它们所记载的多是民族或国家的过去,尤其是帝王将相的生平活动。19世纪后半期所形成的新史学之所以被看作社会科学,就在于它遵循经验科学的传统或要求,提出用历史的事实来说明理论,或者说从历史事件或现象中概括、归纳出说明历史过程及其内在联系的理论,并用这些事件或事实来检验这种理论。新史学要求经验理论说明各种历史现象的相互关系以及历史过程的规律性,反对旧史学的那种讲述故事的研究方式。

经济学是另一个出现较早的社会科学学科。尽管"经济学"这一名称是19世纪才出现的,但是,经济研究及经济理论在近代成就卓著。在16—18世纪已经出现了政治经济学、统计学、财政学和国家学这样一些学科名称;重农主义、重商主义、古典政治经济学理论都是现代经济学诞生之前所取得的丰硕成果。应该说,这一时期出现的经济研究与政治研究是密不可分的,"政治经济学""国家学""财政学"这些名称本身就说明了这一点。现代经济学的出现,使政治经济学这种政治与经济的整合研究逐步消失。因为经济学家强调经济行为反映的是个体行为,而不是各种制度,进而又假定了自由放任或自由主义原则;经济学的普遍化假定使经济研究直接面向现实,因而经济史研究被挤到了角落的位置(后面我们将看到,在当代社会科学的整体化发展趋势中,政治经济学和经济史的研究复活了)。

社会学的兴起几乎与经济学同步。美国著名社会学家拉尔夫·H. 特纳在《寻求认同的美国社会学》（载于《当代美国社会科学》）一文中认为，社会学作为一个研究领域的想法出现于动荡的 19 世纪中叶的欧洲。当时，传统的社会在一片革命、反革命和国际战争嘈杂纷乱中瓦解；作为对现实的反应，法国哲学家奥古斯特·孔德提出社会学应作为一门科学来研究人类社会的相互关系，并提出采用现有科学的实证方法；而另一些学者（包括赫伯特·斯宾塞、乔格·齐美尔、埃米尔·杜克海姆、卡尔·马克思和卡尔·曼海姆等）则奠定了现代社会学的基础。他们与孔德一样，力图将不带偏见的学术性理想，与解决时代主要社会问题的原则这一目的相结合。[①] 不过孔德所提倡的社会学与今天的社会学不同，它是一门实证的、综合的、统一的社会科学，是各学科的皇后（社会学在 19 世纪后半期发展起来之后，如何看待它的研究对象及其与其他社会科学学科的关系，一直是有争论的问题；到了当代，主流观点主张它落脚于市民社会或狭义社会问题，即与政治、经济和文化问题相对的社会问题的研究）。

政治学作为现代社会科学的一个正式学科，比经济学和社会学要晚一些（据说迟缓出现的一个原因是法学院不愿放弃对国家及政治领域的垄断）。它的兴起也许可以将哥伦比亚大学设立政治学院（1880 年）作为标志。在此之前，政治学的研究已具备了坚实的基础。近代民族国家的生成是政治研究发展的一个强大的推动力。美国政治学家、行政学家 D. 沃尔多在《政治学的发展》一文中曾这样来描述近代政治研究的进展：近代政治研究可以划分为三个范畴，即建立国家体系；改变与改善国家体系；寻求毁灭或超越国家体系。第一个范畴以马基雅维利、布丹、霍布斯为代表；第二个范畴以洛克、边沁、密尔为代表；第三个范畴以马克思、巴枯宁及克鲁泡特金为代表。此外，孟德斯鸠、托克维尔等人也有重要的影响。[②]

这一时期政治研究的中心主题是国家、主权、权力、法律及历史。在第二次世界大战后美国行为主义政治学兴起以前，政治学的研究重心是政治哲学尤其是国家理论，它直接继承了古希腊至近、现代欧洲的政治研究遗产。政治学作为独立学科的出现，一方面促进了经济学的成长，另一方面却加速了政治经济学的衰落。因为在人们看来，国家（政治）和市场（经济）是

---

① 参看单天伦主编《当代美国社会科学》，社会科学文献出版社 1993 年版，第 23 页。
② 参看 Fred I. Greenstein、Nelson W. Polsby 主编《政治学：范围与理论》，台湾幼狮文化出版事业公司 1984 年版，第 15—20 页。

按照不同的逻辑运转的，必须对两者加以分别的研究（"国家学"在19世纪中后期的德国是一个兴旺发达的学科，它往往被人们当作现代政治学前身或近现代政治学的德国版本。实际上它并不是"纯"政治学研究，而是包含了当代政治学、经济学、社会学、法理学和经济史等方面的研究，相当于当时英法流行的"政治经济学"）。

人类学作为社会科学的一个独立学科，其形成有独特性。按照华勒斯坦在《开放社会科学》一书中的说法，现代世界体系的建立涉及欧洲人与世界其他民族的相遇以及对这些民族的征服。在欧洲人眼里，有两类截然不同的民族和社会结构。落后民族生活在相对较小的群体中，没有文字与大范围的文教，技术、军事、经济落后，用来描述这些民族的一般术语是"部落"（tribes）、"种群"等。对这些民族的研究构成一个新学科领域，即人类学。它主要从探险、旅游和殖民地机构官员的活动开始，随后在大学里作为一个学科而被制度化，不过它与其他社会科学的分支是隔绝的。尽管人类学家也研究人类的普遍自然史，但其更多地研究特定的民族，成为人种学家（西方各国人类学研究的重心与其所征服的国家或地区密切相关，英国人类学的重点是东非和南非，法国的重点是西非，美国的重点是美洲印第安人和关岛）。在西方尤其英美的大学中，人类学早已成为社会科学的一个重要领域。与研究落后民族的人类学相对，在近现代西方曾流行一门对其他高级文明国尤其是中国、印度和伊斯兰世界的研究学科，即东方学。在近代，这些地区衰落，相继成为西方的殖民地或半殖民地。东方研究原本发端于教会，最初是作为福音传道的辅助手段而获得存在，后来逐步世俗化，并在大学中制度化而成为一个社会研究领域。

此外，还有几个在现代没有被当作社会科学主要学科的领域：（1）法学。法律现象显然是社会政治生活的重要组成部分，因而法学无疑应是社会科学的一个基本分支。然而在现代，法学没有被人们当作社会科学学科看待。原因在于：一方面，在近现代社会科学形成与分化以前，大学早就设有法学院，且势力强大，其任务是培养职业法官或律师；另一方面，法律条文太规范化了，缺乏经验研究的根基，其规则也不是科学的规则，背景过于个别或特殊化，因而受到注重经验研究、探求普遍规律的社会科学家们的怀疑。（2）地理学。19世纪末期，地理学首先在德国的大学中得到重建，获得新生。它实际上跨自然科学与社会科学两大领域：人文地理属于社会科学；自然地理属于自然科学。（3）心理学。它本来是哲学尤其是认识论的组成部分，较早从哲学母体中分离出来，并在近现代以新学科的形式出现。

它主要被人们当作自然科学及医学的一个分支（实验心理学尤其如此）；只有社会心理学才作为社会科学的一个分支在社会研究中幸存下来。

在两次世界大战之间，已形成独立研究框架或范式的社会科学各主要学科继续发展。社会科学家们继续对这些学科领域进行界定，为本学科"划界"，确定本学科的研究对象及范围，说明它与相邻学科之间的关系（尤其是差别）。同时，社会科学学科的制度化建设进一步得到加强。所谓的学科制度化建设，是指一个学科或研究领域的学术团体、专业杂志、书籍出版、基金资助渠道、教育培训、职业化以及图书馆新收藏目录的确定等方面的建设，其中尤以大学的教学发展（专业、系、所、学院的设置）为要。19世纪后半期开始的社会科学学科的制度化历程大概是：首先是各主要的社会科学学科在大学里站稳脚跟——先设立讲座或教席职位，进而成立系、所或学院，开设系列专业课程，授予专业学位，学生获得职业资格；伴随着教学制度化的是学科研究的制度化——成立地区性或全国性的学会，定期或不定期地召开专题研讨会，出版发行专业期刊与书籍，获得各种基金来源的资助，图书馆对本学科领域论著收藏的制度化，等等。

总之，1850—1945年近一个世纪的发展中，社会科学的各个研究领域逐渐从道德哲学以及人文社会知识的总体中分离出来，有的学科成熟了，成为当代社会科学的主要学科（如经济学、政治学、社会学、人类学）；有的边缘化了（如史学、地理学和心理学）；有的则衰落了（如国家学、东方学等）。这近百年的社会科学建立学科的过程可以说是一个不断减少学科数量、以便能划分成若干学科门类以及彼此严格"划界"的过程，最后只剩下今天我们所熟知、并在世界被广泛承认的若干学科门类——经济学、政治学、社会学、人类学（也许还有史学和法学以及社会心理学）等。于是，人类的科学知识形成了这样一个三分格局：在一端是数学和各门实验自然科学尤其是物理学、化学和生物学；另一端则是人文科学尤其是哲学、文学、艺术；介于这两者之间的，是社会科学特别是经济学、政治学和社会学。社会科学之所以获得这种中介地位，是因为它们具有如下几个基本的特征：第一，它们的目标是获得制约人类行为或某一社会生活领域的一般法则或规律性；第二，力图把握各种必须当作个案来加以研究的现象（而非个别事实）；第三，强调必须将人类社会的现实分割成若干不同的部分来分别加以研究；第四，主张采取科学方法及程序，为科学的客观性和严格性而努力；第五，偏爱通过系统的研究方法获得证据，以控制条件下的观察，而不以普通的文献资料为主。

二、当代社会科学发展的杂交化、整体化趋势

如果说，第二次世界大战以前社会科学的形成与分化的一般趋势是各个社会科学研究领域逐渐形成自身的学术框架，并严格与其他学科划界且学科数量不断减少的话，那么，第二次世界大战后则是相反的趋势占上风，即跨学科、交叉研究以及学科的杂交化、整体化趋势的出现和不断加强。

按照华勒斯坦在《开放社会科学》中的说法，19 世纪末 20 世纪初，社会科学的学科系统分化形成了三条明确的分界线：（1）对现代文明世界的研究（史学和社会学、经济学、政治学）与对非现代世界的研究（人类学、东方学）之间的分界线；（2）在对现代世界的研究方面，过去（史学）与现在（社会学、经济学和政治学这三门研究普遍规律的社会科学学科）之间存在着一条分界线；（3）在探求普遍规律为宗旨的社会科学内部，对市场的研究（经济学）、对国家的研究（政治学）与对市民社会的研究（社会学）之间的分界线。第二次世界大战后，由于世界政治格局的变化、社会经济（生产力）的发展、人口增长、人类活动范围的扩大、社会问题的日益复杂化、大学的扩展以及社会科学研究人员的大量增加等因素的推动，这三条分界线面临严峻的挑战。

尽管战后社会科学的学科分化仍在继续，但新学科、新知识系统分支以及新思潮，更多地是以学科的交叉融合的方式出现的，社会科学的杂交化、整体化趋势不断加强。尤其是 20 世纪六七十年代，跨学科交叉研究得到了迅速发展。在西方特别是美国，各种跨学科研究机构纷纷成立，跨学科的研究文献大大增加，并涌现大量的交叉、横断和边缘性学科。在这个时期，美国的各大学纷纷成立跨学科研究中心，兴起跨学科研究，各种不同的组织机构尤其是各种基金会也都热心支持跨学科研究。因此，六七十年代被人们称为"跨学科研究的时代"。进入 80 年代，跨学科交叉研究蓬勃发展，社会科学以及科学技术的杂交整体化趋势更加强劲，传统的各社会科学学科的边界日益模糊，难以清晰界定。80 年代以后，跨学科交叉研究发展的一个重要标志是，跨学科研究体制的国际化：1980 年"跨学科研究国际协会"成立，到 1986 年已召开了四次国际大会；联合国教科文组织 1986 年召开了首次跨学科会议，主题是"科学与知识的边界"，1991 年 12 月在巴黎召开第二次会议，主题是"科学的传统——面向 21 世纪的跨学科展望"（会后发表了《巴黎宣言》）。

顺便说，我国在 20 世纪 80 年代初兴起了一个"交叉科学热"。1985 年 5 月，在著名科学家钱学森、钱三强和钱伟长的倡议下，召开了全国的交叉科学讨论会。钱三强在会上提出了"迎接交叉科学的新时代"的激动人心的口号，认为"在某种意义上，本世纪末到下个世纪初将是一个交叉科学的时代"①。钱学森也认为，"交叉科学是一个非常有前途、非常广阔而又重要的科学领域，开始时可能不被人所理解，或者有人不赞成，但终究会兴旺起来"②。

所谓的跨学科或交叉学科研究（或多学科研究、超学科研究），按照 G. 伯杰在《跨学科：大学的教学和科研问题》中的说法，是指两个或两个以上的不同学科之间的紧密或明显的相互作用，包括从简单的交换学术思想，直到全面交流全部学术观点、方法、程序、认识、术语以及各种资料。也有人认为，跨学科或交叉学科研究是对于典型学科之间的问题的研究。这种跨学科或交叉学科的研究方式，导致了传统的社会科学各学科的融合和重组，产生了一系列新的综合性知识分支，推动了当代社会科学的杂交、整体化趋势的形成与发展。

第二次世界大战后，社会科学的各个主要学科尤其是经济学、政治学和社会学，越来越多地采用了科学方法尤其是定量分析方法及数学模型，结果它们研究问题的途径、方法论以及问题切入点的各自的独特性被削弱了；实证主义研究方式的局限性日益暴露而引起各学科学者的批判。尽管从组织方式上看，这些社会科学主要学科之间仍然存在很大差别，但研究的主题与方法日益重合。"这些学科多方面的重合产生出双重的后果：一方面，无论是依据研究的对象还是依据处理数据的方法，要想为这几门学科找到明确的分界线都越来越困难；另一方面，由于可接受的研究对象有了范围上的扩大，每一门学科也变得越来越不纯粹了。这样便导致了对这些学科的统一性和学术前提的合法性的不容忽视的内在质疑，而在以前，每一学科正是借此而为自身的独立存在权利进行辩护的。"③ 战后特别是 60 年代末 70 年代初，出现了一大批跨学科交叉研究的综合性新学科领域，其中涉及面较广、较成熟，且有相当影响力的新学科，有未来研究、科学技术与社会研究、政策科学或政策分析、管理科学、区域研究、文化研究、现代化与发展研究等领

---

① 钱三强：《迎接交叉科学的时代》，《光明日报》1985 年 5 月 17 日。
② 钱学森：《交叉科学：理论与研究展望》，《光明日报》1985 年 5 月 17 日。
③ [美] 华勒斯坦等：《开放社会科学》，生活·读书·新知三联书店 1997 年版，第 50 页。

域。兹举几例：

（1）未来研究。这是一个在60年代末70年代初开始兴起的典型的跨学科、综合性研究领域，以对事物的未来进行研究和预测为主题，开展研究未来的各种活动，有自己的跨学科体系和分支，涉及经济、社会、科技、军事和全球问题等领域，特别是在粮食和人口、资源及能源、城市和交通运输、自动化、信息化、空间开发、教育、环境、科学技术的社会作用、全球问题的研究等方面，成就卓著。未来研究通常包括未来学、预测学和分布在各个领域的跨学科分支（如社会预测学、经济预测学、军事未来学、人口预测学）所组成的学科领域。跨学科性是未来研究的最根本的特征，甚至可以说，没有跨学科性，便没有现代的未来研究。这种跨学科的特征，在研究内容、研究主题和研究方法上都得到充分的体现：它涉及的课题及研究内容大多是总体的、复杂的、多系统的问题；它的研究以问题为核心，需要依靠跨学科、多学科的专家智慧来解决；从研究方法及分析技术体系看，它基本上采用跨学科和多学科的研究方法和手段。①

（2）政策科学（政策分析或政策研究）。这是第二次世界大战后开始出现，60年代末70年代初异军突起的又一个跨学科综合性的新研究领域。它的诞生，是由社会科学家与科技专家联合、致力于解决人类面临的日益复杂问题的需要所推动的。政策科学不是现有的某一社会科学学科的更新，而是一个全新的跨学科研究领域，具有综合、交叉的特点。它的产生和发展需要以大量的知识和分析为基础，几乎是迄今为止人类所创造的科学知识和方法都可以运用于政策研究之中。政策科学正是在吸收其他学科尤其是政治学、经济学、社会学、管理学、心理学、统计学、运筹学、系统分析以及哲学和数学等学科的知识和方法的基础上，形成和发展起来的。戴维·伊斯顿在载于《当代美国社会科学》的《美国的政治学：过去和现在》一文中这样描述政策分析或政策科学发展："在研究解决（环境污染、种族的和社会的和性别的平等、战争）这些紧迫的社会问题的过程中，这个时期（即60年代末70年代初）政治学与其他社会科学相结合，对知识的应用投入了巨大的力量。我们在迅速和广泛发展的所谓政策分析运动中，亲眼看到这一点。不夸张地说，数百个学会建立起来了，不仅是为了理解政策的形成和贯彻方式，而且为了系统阐述帮助解决目前所有紧迫的社会问题的政策选择……这样，政策研究重新唤醒了早些时候各门社会科学一体化的希望，至少在知识

---

① 参看金吾伦主编《跨学科研究引论》，中央编译出版社1997年版，第307—308页。

的应用上如此。"①

（3）区域研究（或地区研究）。这也是一个跨学科或多学科的研究领域，第二次世界大战前已经出现，第二次世界大战后迅速发展，起先出现在美国，随后扩展到西欧各国、日本、澳大利亚以及世界其他地方。区域研究的对象、范围是"区域"。即被假定在文化、历史和语言等方面具有某种一致性的地区；研究者来自社会科学的各个学科以及人文科学的各学科，也有少量自然科学家，他们从不同的角度来研究某个地区的历史与现状、政治、经济、文化及科技等方面。区域研究是美国大学的科研及教学的重要组成部分。几乎所有研究性的大学都设有各种区域研究所（中心），主要涉及的"地区"有：东亚（中国或日本）、东南亚、南亚、欧洲（或西欧）、苏联（俄罗斯）、东欧、中欧、拉美、中东、非洲等。区域研究所（或中心）的人员大多来自于其他学科，也有少量的专职研究人员及职员。这个领域之所以首先在西方尤其在美国兴起，有其政治原因及动机。随着战后美国在全球范围内领导作用的加强，需要了解世界其他地区的政治、经济形势及历史，需要对某一地区有"专门知识"的专家，为政府制定及执行相关政策（尤其是外交和国防方面的政策）服务。区域研究的目的正是要培养这一类专家。

那么，当代西方社会科学的跨学科交叉研究是通过什么样的途径实现的？或者说，其杂交化及整体化的方式是什么？应该说，途径或方式是多种多样的，主要有研究方法的移植、模仿和渗透；研究主题或对象领域的交叉、重合和融合；概念、假定和理论的相互借用等方式。

首先，方法论的成熟程度及独特性是一个学科"范式"或"研究纲领"中最基本的构成因素之一。当代西方社会科学的跨学科交叉研究以及杂交化和整体化趋势，第一是通过方法论上的移植、模仿和渗透来实现的。经济学、政治学和社会学这几个以探求普遍规律为目标的社会科学主要学科，从一开始就以自然科学特别是物理学为榜样，继承经验自然科学的传统，追求知识的客观性、可证实性以及解释和预言。在其形成和发展历程中，各个社会科学学科普遍地应用自然科学及数学的方法，如观察、实验、归纳、类比、概括、模型化等。随着战后科技革命的展开以及科学方法论的进展，各门社会科学学科纷纷借助于系统分析、控制论、运筹学、数理统计、计算机模拟、博弈论等当代科学方法论及分析技术。而且各门社会科学在模仿、移

---

① 单天伦主编：《当代美国社会科学》，社会科学文献出版社1993年版，第13页。

植或利用自然科学和数学的一般方法论及分析技术的过程中,也相互学习和相互借鉴,一旦一种新方法被某门社会科学所应用并取得成功,其他社会科学学科就会跟上效仿。根据美国学者 P. 戴辛在《社会科学的发展模式》(1971 年)一书中的说法,社会科学的方法可以归纳为四类,即实验法、调查法、参与观察法和形式化方法。实验法最早被心理学家所采用,后广泛应用于社会心理学,而其他社会科学学科后来也普遍采用这种方法;调查法是政治学、社会学、心理学和经济学(尤其是市场研究)共同使用的方法;形式化方法最初产生于经济学,后来被广泛地运用于社会学、政治学和心理学(经济学在这方面对许多社会科学产生了示范效应);参与观察最初来自人类学,目前在社会学、政治学、组织理论等领域中有大量的运用。自然科学和数学方法的应用以及各社会学学科方法的相互借鉴,一方面使社会科学学科的科学化、形式化的程度日益增强,另一方面使它们各自方法论和切入问题角度的独特性削弱,学科的差距缩小,逐步靠拢或趋同。

其次,研究主题、对象范围的交叉、重合或融合。社会科学的基本功能是社会问题的解决,当代社会科学各学科的学者日益关注当代复杂多变的社会问题的解决,逐步由以学科为方向,转移到以问题为方向的研究途径或知识产生方法。这在客观上推动了各学科的研究主题或对象范围的交叉、重合或融合。早在 20 世纪 50 年代,社会学就将"政治社会学"和"经济社会学"列为它的两个重要的、常规的分支领域;政治学家日益将它的研究范围扩展到国家、政府、政党这些正式的政治体制之外,把原来属于社会学研究主题的非正式组织或体制及过程,如利益团体(压力集团)、社区、抗议运动等纳入自己的视野,并日益关注经济过程及其与政治过程的相互作用。当代经济学家也同样关注经济与政治的整合研究,这导致了 19 世纪末 20 世纪初衰落了的政治经济学传统的复兴,即所谓"新政治经济学"的出现及其在经济理论研究中地位的日渐显赫。用经济学的假设、理论和方法("经济学途径")来研究传统的政治学主题(国家、政府、阶级、利益团体及权力关系等),在当代是一种时髦的做法,在这方面,当代西方经济学思潮中的公共选择理论及新制度学派是典型。此外,当代经济学家也十分注重经济史的研究,日益介入传统史学的领域,现在,经济史研究已是经济学的一个重要分支领域。这种研究主题、对象范围的交叉、重合或融合,进一步使当代社会科学各学科的研究越来越不纯粹,学科的边界越来越模糊。于是,出现了这样一种状况:"对历史的关注并不是那群被称为历史学家的人的专利,而是所有社会科学家的义务。对社会学方法的运用也不是那群被称为社会学家的人的专利,而是所有社会科学家的义务。同样,经济学问题也不只是经济学家才有权研究。事实上,经济问题对一切社会科学分析都是极其重要的。我们也没有绝对的把握说,专业历史学家对历史解释、社会学家对社会问题、经济学家对经济波动就一定比其他社会科学家知道得多。"①

最后,概念、理论的相互借用。这是社会科学的跨学科交叉研究及杂交化、整体化的又一途径或方式。概念的提出、应用和传播是一个学科概念发展的三个基本阶段,概念在各学科的交叉、杂交中起着中介或桥梁的联系作用。列宁说过,概念或范畴是人类认识之网的"网结"。每个学科的新概念都有可能对其他学科的发展产生影响,因为人们可以借助这些新概念来观察世界,进一步加深或拓展对因果关系的认识。曾有学者做过统计研究,认为在社会科学的各学科中,政治学引进、借鉴其他学科概念的数量最多,从其他学科那里借用的概念分别是:社会学概念 22 种;人类学和经济学的概念各 12 种,心理学和法学概念各 9 种,新闻学概念 5 种,生物学、数学、社会心理学、统计学和神学概念各 2—3 种;"纯"政治学概念只有 9 种。有一种说法,认为 20 世纪 30 年代政治学开始借用一部分法学理论;50 年代吸收社会学、史学理论以及少量哲学理论;70 年代引进领域扩展到心理学及数学理论;80 年代以后日益转向经济学理论。D. E. 梅亨利在《比较政治学研究生核心课程的调查总结及分析》(1988 年)一文中对美国 32 所大学所设立的比较政治学专业研究生课程进行了归纳和分析,整理出一份核心课程表,共 21 门课,其中有 15 门课属于交叉研究或杂交领域,包括发展研究(发展经济学)、政治文化(政治人类学)、精英理论(政治社会学)、依附理论(国际政治经济学)、团体理论(社会学分支)、功能主义(比较人类学)、系统论(生物学)、阶级理论(社会分层)等。而按照拉尔夫·H. 特纳在《寻求认同的美国社会学》一文中的说法,社会学在其发展历程中(尤其是 50 年代以前),与人类学关系密切,社会学家往往吸收人类学的经验,借用人类学的概念。早期社会学家从人类学那里借用了"文化"概念,40 年代后期到 50 年代,从人类学的结构功能主义借用"结构—功能"概念;随着 70、80 年代对功能主义的反叛及一股上升的社会结构解释文化的趋势的出现,社会学日益转向政治学、经济学等学科,从这些学科中借用概念、理论及模式。对社会结构兴趣的加深,使社会学家的注意力重新引向长期被忽视的政治学的"权力"与"冲突"概念,这两个概念成为 60 年代及

---

① [美] 华勒斯坦等:《开放社会科学》,生活·读书·新知三联书店 1997 年版,第 106 页。

随后突起的政治社会学的中心议题。与此同时，社会学家频繁地转向经济学，以寻找组织和个人决策模式，70—80年代，这种模式在社会学中发生了前所未有的扩散，以至于"合理性""自利"一类的概念在社会学中也流行开来。①

理论的相互借用，也促使了社会科学各学科的交叉、融合。根据M.因特里加托在《行为科学间的相互依赖》中对社会科学理论相互借用方面的分析，经济学把竞争理论、结构模式、效益理论和决策理论分别输出给政治学、社会学和心理学；经济学、社会学分别把政治学的组织理论、权力理论以及权力均衡论引入各自的学科之中；社会学的科层制理论、社会体系论和混沌学说，分别被经济学、政治学和心理学所吸收。每一学科为解决本学科的问题及促进本学科的发展而引进、借鉴其他学科的理论。

三、评价与启示

综上所述，从第二次世界大战结束到今天，在经历了半个世纪孕育之后，当代西方社会科学的跨学科交叉研究以及杂交化、整体化的趋势已清晰可辨。正如华勒斯坦等人所说："多学科的发展趋势也已十分明朗，不管人们对此怎样评价，它对学科的组织形式所产生的后果似乎是显而易见的。1850—1945年期间，用以给社会科学知识活动归类的名称一直都在不断地减少，最后只剩下寥寥几个公认的学科名称。然而，1945年以后却出现了一个反向的曲线运动，新名称层出不穷，并且都获得了适当的制度化基础：大学里新的研究规划甚至新建的系，新的学术团体，新创办的期刊，以及图书馆制定的新的分类目录。"②

当代西方社会科学发展中的这种跨学科交叉研究以及杂交化、整体化基本趋势出现，其积极作用就在于：

第一，它融合了不同学科的"范式"（尤其是研究方法及程序、研究主题、基本假定、概念、理论等），加强了各学科之间的交流，打破了以往专业化垄断现象，拓展了研究范围及研究主题，采用了新的研究方法或转换了研究视角，形成大量交叉性、综合性、横断性和边缘性的新学科，极大地增加了社会科学的知识内容。

---

① 参看单天伦主编《当代美国社会科学》，社会科学文献出版社1993年版，第27—28页。
② [美]华勒斯坦等：《开放社会科学》，生活·读书·新知三联书店1997年版，第51页。

第二，它用"以问题为中心"的新知识产生途径（方式），取代旧的"以学科为中心"的知识产生途径（方式）。传统的社会科学，各学科所采用的基本上是一种"以学科为中心"的知识产生途径，它们彼此划界，严格限定研究的范围，在本身的学术框架内活动，并产生关于界定为本学科问题研究的知识。当代社会科学创造了"以问题为中心"的知识产生途径，它从各学科不同的侧面或视角展开对同一问题的研究，从而促进了社会科学不同领域学者的交流与合作，大大拓展或加深了对相关问题的了解。

第三，与这种"以问题为中心"的知识产生途径密切联系，当代社会科学知识的实践性、应用性或解决社会问题的能力大大增强。尽管传统的社会科学各学科也宣称要解决社会问题，但是，它们所追求的是可以证实的经验理论，基本上属于学术研究，而不以帮助政府提出解决实际社会问题的政策方案为己任。当代社会科学仍然遵循科学的传统，为社会知识的客观性而努力，但它更关注当代人类以及各国或地区所面临的复杂社会问题的解决，为社会知识日益增加的应用性而奋斗，它把端正人类社会的发展方向、解决社会问题、促进社会经济发展视为天职。

第四，推动了大学以及思想库的社会科学的教学、研究与应用体制的改革与创新。学科的制度化或社会建制，本身就是当代社会科学跨学科交叉研究及整体化趋势的一个重要内容，随着各种交叉、综合性新学科的出现，西方各主要大学及时调整社会科学的教学与研究体制，创建从事这些新学科领域的教学与研究的系、所、学院。特别值得一提的是，各种跨学科研究中心或研究所的创立，以及注重知识应用的思想库的兴起，对于打破传统的社会科学各系、所、学院的僵化体制以及彼此之间的封闭、分割状态，形成灵活的体制，对于加强各学科知识和人员的交流，增加社会科学知识对解决社会问题的应用，增强其生机活力，起到了积极的促进作用。

然而必须指出，当代西方社会科学在跨学科交叉研究以及杂交化、整体化过程中，仍存在不少问题，或者说遇到了一些障碍。

一是整体化与专业化的关系问题。当代社会科学各学科的界限已经模糊，学科分类已难以做到清晰。但是迄今为止，社会科学内容的专业分工仍然存在，社会科学教学、研究及应用的体制，仍然以传统的学科分割作为基础（按经济学、政治学、社会学等设立系、所或学院，仍然是大学最基本的社会科学教学与研究的建制）。而且在可以预见的未来，这种以传统学科为基础的专业分工将继续存在。学科的确可以起到锻炼头脑、疏导学术能量以及便于知识归类的作用。因此，如何处理整体化与专业化的关系，就成为

21世纪西方乃至全球社会科学发展的一个重大问题。

二是同行专家的评价与认可问题。由于大量的交叉性、综合性、横断性、边缘性学科的出现，使得从事这些领域研究的学者尤其是先驱者的学术成就的承认，成为问题。按照以往的传统，研究成果只能在本学科的专业刊物上发表，其他方面的成果不论多么优秀，只要在其他刊物上发表，往往被视为异端，不被当作本学科、专业的成果。美国学者J. 科尔和S. 科尔在《科学界的社会分层》（1972年）一书中曾指出，科学家的专业身份与科学成果的认可之间存在着一定的"马太效应"，不能达到一视同仁的"普遍主义"原则。这就抑制了人们从事跨学科交叉研究方面的热情与积极性，妨碍科学的杂交化、整体化趋势的迅速发展。

三是跨学科交叉研究中不同学科的交流问题。这是跨学科交叉研究中深层次的方法论基础问题。著名科学家、哲学家托马斯·库恩认为，相互竞争或对立的科学理论之间是不可通约的，不同学科共同体所使用的语言也是不可翻译的。既然如此，在跨学科交叉研究中，社会科学的不同学科如何做到充分完全的交流，各学科的概念、理论和方法如何真正得以融会贯通，就成了一个值得深思的方法论基础问题。

对于跨学科交叉研究中遇到的这些问题，国外学者做了不少研究。他们认为，在学科与跨学科研究之间，形成某些难以解决的"悖论"。美国学者J. T. 克莱因在《跨学科的历史、理论和实践》中指出：学科的局限，与跨学科研究为打破这种局限，必然出现"悖论"；法国学者J. P. 雷斯韦伯在《跨学科方法》一书中认为，跨学科方法反对学科的垄断，打破了科学的传统的统一体系，动摇了以分化为主旨的科学体系，但同时又在进行新的分化，跨学科研究出现了一种悖论。

如何解决跨学科研究中遇到的这些问题？1991年联合国教科文组织发起并召开的第二次国际跨学科会议所发表的《巴黎宣言》提出了这样的思路：跨学科研究并不寻求建立科学与传统之间的结合，而是探求使两者相互作用的方法，使两者在高度差异的基础上统一；日益显著的专业化趋势已把科学与文化分离了，跨学科性在承认专业化价值的同时，力求通过重新创立文化的统一和重新发现生活的内在意义而超越这一价值。的确，面对社会科学的杂交化整体化不断加强、而传统的学科专业分工依然起作用这两者并存的局面，正确的做法应该是，在承认专业分工的差别的基础上，注重跨学科交叉研究，加速各学科的融合与统一。

当代西方社会科学的跨学科交叉研究及整体化趋势，对于当前我国社会科学的发展，尤其是社会科学的教学与研究体制的改革与创新，具有重要的借鉴与启迪意义。改革开放以后，我国的社会科学领域（包括经济学、社会学、政治学、法学等）研究与教学得到了恢复与发展，学术研究、学科建设和理论应用都取得举世瞩目的成就，与国外的交流与合作不断加强，我国社会科学的研究与教学日益与发达国家同步、接轨；社会科学的跨学科交叉研究及整体化也在逐步成长壮大，涌现出大量交叉、综合、边缘、横断学科，科学技术与社会研究、管理科学、未来研究、政策分析、区域研究等已成为当代社会科学研究的生力军。

但是，毋庸讳言，我国社会科学的研究与教学中一直存在着一些障碍性的因素，妨碍或制约社会科学的研究与教学的进一步发展与突破。这些问题或障碍主要有：一是体制僵化、臃肿、缺乏活力。各系、所、学院（研究院）一直沿用传统的社会科学的专业分工设置，这些研究与教学单位彼此分割，相互封闭，自成一统，没有足够的联系沟通的机制与渠道。二是社会科学的学科、专业的划分过细、过杂，学科专业设置老化，教学内容也相对陈旧；各学科之间没有充分的交流与融合，跟不上当代社会科学的杂交化、整体化趋势发展的步伐。三是社会科学研究及教学，与社会实践、社会需要脱节，一方面，不少社会科学工作者仍然习惯于在大学或研究所的"象牙塔"做"纯"学术研究，不愿意或无力从事现实社会问题的研究与解决；而另一方面，政府、企业和社会仍然不懂得充分利用社会科学的研究成果来为决策与管理服务，学界与政界、企业界及社会之间，并未真正形成中介或桥梁。

面向21世纪的中国社会科学必须克服这些困难和障碍。一种可供参考的思路是，跟踪、研究当代国外社会科学中的跨学科交叉研究以及杂交化整体化的发展趋势，借鉴其成功和合理之处。例如，大力发展交叉、综合性新学科，加大应用性研究的比例；加强社会科学各学科之间的合作与交流，设立大量的跨学科研究中心或研究所，创建关注社科知识应用的思想库；调整社会科学的学科、专业及课程设置，扩大一级学科的比例，减少二级学科（专业）的数量；更新或充实社会科学各学科专业的课程内容，增加按一级学科设立课程的比重，引入综合、交叉、前沿的学科知识及方法论；等等。

应该说，近几年来我国高校和社会科学院系统的研究及教学体制改革，基本上顺应了当代社会科学发展的这种杂交化和整体化的潮流。一些大学和社会科学院（如北京大学、中国社会科学院）加大了跨学科交叉研究的力度，成立了不少旨在促进学科交叉融合和知识应用的研究中心或研究所

(如国情研究中心、政策研究中心、市场经济研究中心、科学技术与社会研究中心等);国家教育主管部门近期对大学教育的学科专业进行了大幅度的调整,本科生专业由原来的500多个压缩合并为250个;研究生专业(二级学科)由654个压缩合并为381个;相应增加了一级学科的数量,由原来的72个增加到88个;各种社科研究基金大大增加了对交叉性、综合性、前沿性学科以及应用性课题研究的资助;等等。简言之,当代社会科学的杂交化和整体化趋势正在悄悄地改变着我国社会科学研究、教学及应用的格局。

1-9

马克思主义与当代社会科学的发展[*]

马克思主义理论的诞生和发展对当代社会科学产生了巨大的影响,产生了以马克思主义基本原理为指导的经济学、政治学、社会学、史学、法学等学科。从问题到方法,深入了解马克思主义对当代社会科学研究的影响,正确把握马克思主义与当代社会科学各学科之间的关系,强化马克思主义对当代中国社会科学研究的指导作用,既有助于推进当代社会科学的发展,又有助于丰富和发展马克思主义理论。

一、马克思主义与当代经济学研究

马克思主义经济学的主要研究对象是资本主义生产方式,核心思想是劳动价值论和剩余价值理论,主要研究方法是唯物辩证法。马克思主义经济学的基本观点和研究方法,伴随20世纪以来世界政治格局的重大改变和资本主义世界的一系列新变化,广泛传播到世界各地,激发了一系列的论战,产生理性选择马克思主义、数理马克思经济学等诸多流派,成为当代经济学的主要理论来源之一。

20世纪30年代前后,在世界性的经济危机背景下,马克思主义经济学的劳动价值论、剩余价值理论、危机理论成为欧美经济学界讨论的热点。40年代中后期,马克思主义经济学与凯恩斯主义的比较与沟通引起一些学者的兴趣。50年代,巴兰等学者关于不发达国家经济增长问题的

---

[*] 本文为陈振明主笔的2010年度省委宣传部重大课题"马克思主义与当代社会科学"研究报告摘要,曾作为"导言"收入陈振明等主编的《马克思主义与当代社会科学(论文集)》(中国社会科学出版社2014年版)一书中。

探讨，拓宽了马克思主义的研究领域。60年代，马克思主义经济学得到空前广泛的传播和发展，产生垄断资本理论、晚期资本主义理论等。70年代之后，滞胀问题让学者们在凯恩斯经济学之外寻找宏观经济学的基础，引起马克思主义经济学的复兴，博弈论和数学化建模的西方主流经济学方法和研究框架被西方马克思主义经济学家大量借鉴和运用，马克思主义经济学和非马克思主义经济学走向融合。2008年的金融危机，再次掀起《资本论》研究的热潮。

中国特色社会主义经济理论是马克思主义经济学与中国实际相结合的产物，它是对马克思主义的社会主义经济思想的继承、发展与创新，是中国目前的主流经济学。它的实质在于，如何在经济文化相对落后的社会主义国家进行经济建设。十一届三中全会以来，中国经济体制改革的战略目标就是逐步摆脱苏联经济模式的束缚，从教条主义的阴影下走出来，实现从社会主义计划经济向社会主义市场经济的转型。现在的问题在于，如何深化推进中国特色社会主义经济理论研究，强化它对当代中国经济现象的解释力和引导力，克服国内部分马克思主义经济学家对西方经济学的过分依赖，过分热衷数学化和建模方法的现象。

二、马克思主义与当代政治学研究

马克思主义政治学的经典文献有：《共产党宣言》《路易·波拿巴的雾月十八日》《社会主义从空想到科学的发展》《家庭、私有制和国家的起源》《国家与革命》等，这些文献立足于历史唯物主义的基本立场，主要围绕资本主义批判、无产阶级的历史使命、人类解放的主题展开，涉及的话题有国家、革命、阶级、意识形态、文化批判、危机理论、社会变革等。它与自由主义的根本不同在于，超出启蒙运动以来政治解放的旨趣，追求人类解放。马克思主义政治学的基本立场和基本观点深刻影响了当代政治学的研究范式和主题。法国著名政治学家莫·迪韦尔热认为，目前所使用的所有理论模式，不管人们是否意识到这一点，都是根据同马克思主义相比较而确定其意义的，马克思主义几乎已成为占统治地位的学说。

20世纪中叶以来，马克思主义对西方政治学新兴学科的影响主要体现在：主导了比较政治学的两次研究范式的转型，马克思被称为"比较政治学的先驱者"（奇尔科特）；直接促成了迄今热度不减的政治社会学的形成与发展，确立了它的理论预设、基本主题和研究视角，马克思被视为"政治社会学之父"(奥勒姆);深刻影响了新政治经济学的理论模式与主要流派,自身就是新政治经济学的四大主要流派之一的国际政治经济学的主要分支。另外,它也左右了近几十年兴起的生态政治学与女权主义政治学的基本价值主张与学术关怀。

马克思主义的政治学是中国政治的核心内容。它传入中国之初,就影响了一批马克思主义学者,诞生了许多具有影响力的政治学著作。《中国大百科全书·政治学》中确定了我国政治学研究的七个领域,"政治理论、中国政治、比较政治、公共政策、公共行政、国际政治、政治学方法论"。每一个研究领域都包含了丰富的马克思主义政治学内容。但整体而言,我国的政治学研究比较滞后,存在照搬西方政治学的现象,马克思主义政治学中国化的程度不够,政治学理论不能很好地解答中国特色社会主义政治实践的热点难点问题。

三、马克思主义与当代社会学研究

马克思与涂尔干、韦伯是公认的社会学理论的三大奠基人,他们确立了西方社会学的研究范式和问题框架。在研究偏好上,不同于涂尔干的实证主义和韦伯的解释主义,马克思代表一种批判主义;在研究起点上,不同于涂尔干的整体主义和韦伯的个体主义,马克思从"现实的个人"出发,既反对把人淹没在社会结构之中,也反对把人仅视为心理学意义上的人。现实的个人不是抽象的存在,而是历史的、现实的、实践的、社会的、经验的存在。马克思主义的社会学包括社会生产理论、社会结构理论、社会冲突理论、社会发展理论等。

马克思主义对当代社会学的影响在 20 世纪日益凸显。十月革命之后,苏联提升了马克思主义社会学的地位和影响力,但却把它实证化了。西方马克思主义者卢卡奇、葛兰西彰显了马克思的人道主义方面,分别探讨了阶级意识、市民社会、文化领导权等问题。法兰克福学派的社会批判理论在西方产生广泛而深远的影响,马尔库塞的《单向度的人》批判资本主义社会结构和物化的社会关系。列斐伏尔和哈维把研究视域扩展到空间问题,深入探讨了城市社会学等。当代具有国际性学术地位的其他一些社会学家,比如布迪厄、吉登斯、鲍曼等,虽然站在不同于马克思主义的理论立场,但也受到马克思主义的启发和滋养。

中国的社会学研究是马克思主义社会学的坚持和发展,也是马克思主义中国化的表现。我国主流社会学坚持从整体性的角度理解物质生产、精神生产和人口生产的关系，坚持经济基础与上层建筑的辩证关系，坚持经济发展在社会发展中的中心地位。鉴于中国的社会主义性质，中国的社会学从批判性研究转向建设性研究。同时，立足中国的乡土文化和传统社会结构特质转型，中国社会学开展农村、生育政策、婚姻与家庭、女性、网络、社会心理等诸多问题的研究。现在的问题在于，如何运用马克思主义的立场观点与当代西方社会学展开建设性的对话，夯实社会运行与发展理论，进而破解中国特色社会主义的民生难题，为促进人的全面发展和共产主义的实现做出应有的贡献。

四、马克思主义与当代史学研究

唯物史观是马克思一生的两大理论贡献之一。它否弃了形形色色的唯心主义历史观，包括理性主义的历史观、宗教史观、英雄史观、宿命论的历史观、虚无主义的历史观等，乃是唯物主义在历史领域的贯彻。从唯物史观出发，历史学不是抽象思辨的理论，也不是琐碎历史材料的堆积，而是一门"历史科学"，具有实证科学的意味。在马克思看来，历史不过是追求自己目的的人的活动而已。探讨人的活动的现实前提、状况、规律、本质，探讨人的活动的动机背后的物质动因，而不是仅停留于历史事件的表面原因和历史人物的主观动机，这是历史研究的支点。

英国马克思主义史学继承和发展马克思主义的理论与方法，在第二次世界大战之后日益成为受人瞩目的学派，20世纪80年代以来渐渐衰落，它的代表人物有希尔、霍布斯鲍姆、汤普森等。它与法国的年鉴学派、美国社会科学历史学派是公认的当代西方史学三大派别。不同于传统史学注重统治阶级和精英阶层的分析和研究，英国马克思主义史学注重底层民众的生产和生活，主张自下而上的历史研究，强调下层阶级对历史发展的参与和意义；重视阶级和生产方式概念，突破了苏联简单化、教条化的马克思主义史学研究方式；从整体的角度研究历史和社会，预设历史是有内在规律的过程。在英国之外的其他西方国家，都有马克思主义史学研究的学者和派别，那些非马克思主义史学派别的学者也往往受到马克思主义史学的影响，比如，后现代史学观反对宏大叙事和经济决定论，常常是把马克思主义作为假设的论战对手展开自身的研究。

当代中国史学的主流是运用唯物史观指导研究中国历史。我国的传统史学研究源远流长，但多是帝王将相的历史，采取人物研究或者按年记事的方式，预设历史循环论，缺少对历史的内在发展脉络的科学把握。20 世纪以来，马克思主义传入中国，影响了中国的史学研究，史学家们开始从生产方式的角度进行历史分期，从大历史的角度评价历史人物与历史事件，认识到人民群众的历史地位和作用，讨论历史规律和历史动力等问题。不足之处在于，国内史学研究中的教条化、政治化、简单化现象依然存在，比如把马克思的五种社会形态学说视为普遍适用的公式简单套用。

五、马克思主义与当代法学研究

马克思的法学思想有一个形成、发展和成熟的过程。马克思出身于律师家庭，一度考虑以律师为终身职业，后来的学术兴趣转向历史与哲学。他曾接受黑格尔的理性主义法学观，但在林木盗窃案的问题上陷入理论困境，随后逐渐改变了看法，认为是市民社会决定国家和法，而不是相反。随着唯物史观的确立，他对法的产生和本质有了更加深入的了解，认为法是经济利益的表达和维护，它受经济状况和经济规律的制约，比如，私法离不开私有制的产生和发展水平。

马克思主义对当代西方法学的影响表现在两个方面。一是通过国外马克思主义者的研究深化了马克思主义法学。比如，葛兰西论及法律问题，阿尔都塞把法律视为意识形态国家机器，哈贝马斯探讨合法性、法律、法制、民主的关系。他们既批判资产阶级法学，又批判苏联的马克思主义法学，反对把经济和法的关系简单化，反对单纯强调法的阶级功能，关注法的自治性和自主性。二是通过非马克思主义者的马克思主义法学思想研究传播和扩大了它的影响力。比如，柯林斯的《马克思主义与法》、凯恩与亨特的《马克思恩格斯论法》、太渥的《法律自然主义：一种马克思主义法理学》、凯尔森的《共产主义的法律理论》等。

法的理论与实践具有悠久的历史，马克思主义法学进入中国是 20 世纪以来的事情。新中国成立之际，马克思主义法学确立了它在中国法学和法制建设中的主导地位。伴随改革开放以来中国民主、法制和宪政建设的实践，中国特色社会主义法学体系迅速发展，法理学、法哲学、法律思想史、民事法学、行政诉讼法学、刑事诉讼法学、民事诉讼法学、国际知识产权法学等 60 多个分支学科枝繁叶茂，它们既反映马克思主义法学基本精神，坚持辩证唯物主义和历史唯物主义的基本立场认识法的本质和规律，批判资产阶级

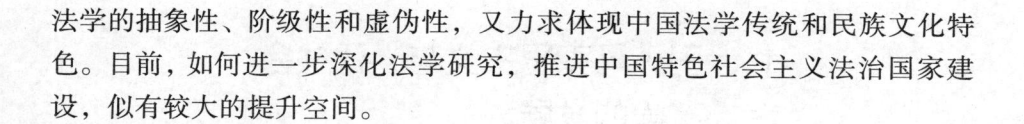

法学的抽象性、阶级性和虚伪性，又力求体现中国法学传统和民族文化特色。目前，如何进一步深化法学研究，推进中国特色社会主义法治国家建设，似有较大的提升空间。

六、马克思主义与当代社会科学研究方法

方法和方法论是科研工作的必备工具。马克思主义是世界观和方法论的辩证统一。马克思主义的方法主要指的是唯物辩证法，它在形式逻辑之外还坚持辩证逻辑，强调从抽象到具体的方法、历史与逻辑相统一的方法等。《资本论》就是运用辩证逻辑的典范。唯物辩证法强调事物的普遍联系，强调从发展的眼光看世界，具有整体性的特点，这与黑格尔的唯心辩证法有相似之处。二者的根本区别在于，唯心辩证法具有思辨的色彩，事物之间的联系和运动是主观的抽象设定，而不是客观事实的描述，唯物辩证法则从材料本身出发探求它的本质及其规律。卢卡奇认为，马克思主义问题中的正统仅仅是指方法，辩证的马克思主义是正确的研究方法。此说法虽然不无偏颇，却也从一个侧面反映了方法论在马克思主义中的重要性。

20世纪以来的西方主要社会科学研究方法有唯物辩证法、现象学方法、结构主义方法、解释学方法、实证分析方法等。唯物辩证法渗透到了经济学、史学、社会学、政治学、法学等诸多学科，进一步形成各个学科的特殊研究方法。另外，现象学的马克思主义、结构主义的马克思主义、分析马克思主义、存在主义的马克思主义等流派把马克思主义方法论与其他社会科学方法进行融合，形成一些颇具特色的研究方法。

马克思主义方法论对当代中国社会科学研究具有指导作用。早在20世纪30年代，中国就形成唯物辩证法热。毛泽东的阶级分析方法及其提出的"去粗取精，去伪存真，由此及彼，由表及里"的认识方法是对马克思主义方法论的继承和发展。目前，以实践为基础的研究方法、社会系统研究方法、社会矛盾研究方法、社会过程研究方法、社会主体研究方法、社会认知和评价方法等渗透到各个人文社会科学学科，唯物辩证法已经成为各门社会科学中占据支配地位的研究方法。随着国家给高校文科硕士生开设《马克思主义与社会科学方法论》选修课，给理工科硕士生开设《自然辩证法概论》选修课等，中国今后的科研工作者必将更加重视马克思主义方法论的研究和应用。

七、国外马克思主义与当代社会科学的发展

国外马克思主义是一个地域性概念。它在内涵上指国外出于各种目的对马克思主义的研究，在外延上则主要包括西方共产党的理论与实践、西方马克思主义、西方左派学者对马克思主义的研究以及西方"马克思学"四个部分，其他如非洲马克思主义、南美洲的马克思主义、日本马克思主义等也应在国外马克思主义之列。

国外马克思主义影响当代社会科学发展的主要表现有三点。其一，突破近代壁垒森严的学科体系划分，强化问题意识，激发交叉学科的涌现。国外马克思主义者大多能够突破学科体系的局限，从实际出发，综合运用各个学科的相关理论探求时代问题的解决途径，从而突破了按学科研究问题的局限。其二，国外马克思主义者（苏联马克思主义除外）往往不拘泥于经典作家的现成结论，能够根据时代的新变化和新特征，力争从马克思主义的基本原理和立场出发，寻求新问题和新解答，其强烈的时代意识导致诸多新学科的出现。比如，伴随生态问题和女性问题的凸显，他们挖掘马克思主义的理论资源，创造性地提出生态学马克思主义和女性主义的马克思主义等。其三，国外马克思主义者以开放的心胸对待西方其他学术流派的学术成果，彼此吸收对方的合理成分，使得马克思主义保持旺盛的生命力的同时，也极大地丰富和繁荣了当代西方社会科学。另外，马克思主义的人文诉求和现实关怀也对当代社会科学家们的价值追求和社会理想起到引导的作用。毫不夸张地说，没有了马克思主义，当代西方社会科学的发展将要逊色和迟缓很多。近几十年来，国外马克思主义思潮及其相关社会科学急速且广泛地传入中国，直接影响着当代中国社会科学的发展走向。

不足之处在于，国外马克思主义的部分流派公开或隐蔽地放弃马克思主义的基本立场、基本观点和基本方法。比如，后马克思主义、西方"马克思学"中的部分理论家在理论上并不认同马克思主义，甚至是为了反对马克思主义而研究马克思主义的。诸多深受马克思主义影响而形成的交叉学科虽有马克思主义的成分，但并不一定全然是马克思主义性质的，因而需要我们在引进和吸收的时候仔细甄别。

八、发展趋势

马克思主义对当代社会科学的发展产生了且继续产生着重要的影响。胡锦涛同志在主持中共中央政治局第十三次集体学习时强调指出，哲学社会科学的发展水平，体现着一个国家和民族的思维能力、精神状况和文明素质。广大哲学社会科学工作者要刻苦学习马克思主义理论，坚持把马克思主义的立场、观点、方法贯穿到哲学社会科学工作中，用发展着的马克思主义指导哲学社会科学研究，同时为丰富和发展马克思主义理论做出贡献。

其一，马克思主义必将继续推进西方社会科学的发展和繁荣。它将在以下两个方面继续影响当代西方社会科学：一是将随着实践的发展继续促成新的学术流派的诞生，开拓新的社会科学分支学科；二是会继续造就一批声誉卓著的国际著名学者。从最初的卢卡奇、葛兰西和科尔施起，到列菲弗尔、布洛赫、本雅明、霍克海默、萨特、梅洛-庞蒂、弗洛姆、戈德曼、德拉—沃尔佩、阿尔都塞、马尔库塞、阿多诺等，再到哈贝马斯、奥菲、波洛克、施密特、曼德尔、阿尔都塞、普兰查斯、科恩、罗默、奥康纳等，这些学者在哲学、经济学、政治学、社会学、美学等社会科学领域都有杰出的贡献。随着马克思主义的发展，新的国际性马克思主义学者将会继续产生，他们定会促进并推动西方社会科学的发展和繁荣。

其二，马克思主义必将进一步巩固它在我国社会科学发展中的指导地位。马克思主义曾是中国人民和历史的选择。当前，从国际形势看，世界正处于大发展大调整大变革时期；从国内形势看，我国仍处于大有作为的重要战略机遇期。要想抓住机遇，顺利推进中国特色社会主义伟大事业，实现中华民族伟大复兴，必须进一步认识和巩固马克思主义在我国哲学社会科学发展中的重要性，下大力气用马克思主义最新成果武装全党。中国共产党显然认识到了这一点，并已经有切实的举措。有理由相信，马克思主义将长期指导当代中国社会科学的繁荣发展。

总之，马克思主义提供了科学的世界观和方法论，它与当代社会科学的发展紧密相连，对当代社会科学的发展有重要的影响。第一，马克思主义科学地阐明了自然界、人类社会和思维发展的普遍规律，是人类认识世界和改造世界最锐利的思想武器。马克思主义是当代社会科学沿着正确方向发展的根本保证。马克思主义的基本原理是指导当代社会科学繁荣发展的理论基础。第二，善于吸收当代社会科学各学科领域的重大理论成果，切实推进马克思主义理论创新与发展。马克思主义作为一门科学，不可能穷尽所有的社会科学领域。坚持马克思主义内在地包含发展马克思主义的要求。马克思主义的科学理论之所以有着经久不衰的生命力，就在于其方法论的开放性和创新性。马克思主义理论本身就是在广泛吸收人类优秀文化遗产的基础上产生的，也必将在积极总结当代社会科学各学科领域的新成就中创新和发展。

马克思主义政治学的形成、主题与特征[*]

一、马克思主义政治学的产生和发展

马克思主义理论是一个完整、系统的科学体系,其中的哲学、政治经济学和科学社会主义各个部分是有机地结合在一起的。它可以从今天社会科学的各个学科如哲学、经济学、政治学、社会学和史学等视角来加以研究。马克思主义虽然没有独立的、纯粹的政治学学科框架,但是,可以说,科学社会主义就是马克思主义的政治学理论。与近现代所有其他西方政治思想不同,马克思主义的政治学(即科学社会主义理论)揭示了社会关系及政治关系的本质,揭示人类社会及政治领域的发展规律,并为人类的解放指明了方向,实现了人类政治思想史上的一次真正的革命。

马克思主义政治学或说科学社会主义的政治学说形成于19世纪40年代,它是人类社会发展特别是资本主义社会发展的必然产物。近代的工业革命(蒸汽革命)极大地促进了资本主义经济及生产力的迅速发展,并引起资本主义的生产关系、社会结构及阶级关系的变化。资本主义大工业以及生产方式的发展,使资本主义社会内部所固有的矛盾——生产的社会化与资本主义私人占有之间的矛盾日益激化,经济危机加剧,无产阶级与资产阶级这两大阶级的矛盾和斗争日益尖锐。无产阶级作为新生产力的代表,是资本主

---

[*] 本文是陈振明所承担的"政治学教学内容研究"(厦门大学面向21世纪教改项目·1998)课题的一篇文献综述,收入作者主编的《政治学:概念、理论和方法》(中国社会科学出版社1999年第一版)的绪论之中。

义的掘墓人和未来社会的主人；而无产阶级反对资产阶级的斗争需要正确的理论作为指导。以无产阶级作为历史依托、并为无产阶级革命实践提供思想武器的科学社会政治学说正是在这种历史条件下诞生的。

马克思主义政治学是对人类全部文化成果或精华的吸收与改造，特别是对资产阶级文明成果和科学的批判改造。马克思、恩格斯经历了由唯心主义向唯物主义、由革命民主主义向共产主义的立场转变。他们深刻地研究了德国古典哲学、英国的政治经济学、西欧的空想社会主义思想以及法国大革命时期启蒙学者的政治思想；他们积极参加无产阶级革命实践，实现了社会主义思想与工人运动相结合。在谈及科学社会主义的思想来源时，列宁说："由于古典经济学家发现了价值规律和社会划分为阶级这一基本现象创立了这门科学，由于18世纪的启蒙学者同前者一起用反封建主义反僧侣主义的斗争进一步丰富了这门科学，由于19世纪初的历史学家和哲学家们（尽管他们抱有反动观点）进一步阐明了阶级斗争的问题，发展了辩证法，并把它运用或开始用于社会生活，从而把这门科学推向前进，马克思主义正是在这条道路上又向前跨出了几大步，所以它是欧洲整个历史科学、经济科学和哲学科学的最高发展，这是合乎逻辑的结论。"①

马克思主义政治学以剩余价值学说和唯物史观作为基础，它与马克思主义的哲学、政治经济学理论之间有着不可分割的内在联系。正如恩格斯所说，唯物史观和剩余价值学说是完成社会主义从空想到科学发展的两个伟大的发现。这两大发现，一方面使马克思主义的政治学获得了科学的基础，指出了人类社会发展的一般规律；另一方面揭示了资本主义的生产关系、阶级关系以及国家的本质，得出了资本主义必然灭亡和共产主义必然胜利的结论，为无产阶级革命指明了方向及道路。

马克思、恩格斯写下了大量论及科学社会主义政治学说的著作，包含着丰富的政治思想内容。他们早期的著作《1844年经济学—哲学手稿》《黑格尔法哲学批判》《论犹太人问题》和《英国工人阶级状况》等论及异化、人道主义、国家与法、阶级与阶级斗争、人类解放等方面的问题。尽管这些早期著作中的思想仍未最终摆脱费尔巴哈等人抽象的人道主义的影响，但这些思想中包含着许多天才的成分。《德意志意识形态》和《共产党宣言》是马克思主义及其政治学说成熟的两本代表作。前一本书论及经济基础与上层建筑的关系，并奠定了现代意识形态理论的基础；后一本书运用唯物史观分析

---

① 《列宁全集》（第25卷），人民出版社1988年第2版，第51页。

了阶级与阶级斗争、国家、政党、革命、民主、民族、战略与策略等问题，标志着马克思主义政治学的诞生。成熟时期及晚期的马克思、恩格斯写下了《1848年至1880年的法兰西阶级斗争》《路易·波拿巴的雾月十八日》《法兰西内战》《哥达纲领批判》等著作，对阶级和阶级斗争，无产阶级革命和无产阶级专政、政治权力、权威与国家等问题做了深刻分析。晚期的《家庭、私有制和国家的起源》《资本论》等著作在马克思主义政治学发展中占有重要地位。马克思的《资本论》建立起政治经济学的完整理论体系，它以政治学与经济学统一的视角分析了整个资本主义生产关系及政治制度的产生、发展和衰亡的过程，涉及大量政治学主题；恩格斯在《家庭、私有制和国家的起源》及关于历史唯物主义的通信中，用唯物史观阐述摩尔根的《古代社会》一书的研究成果，总结他和马克思过去对国家问题的全部论述，探讨了国家的起源、本质、职能和发展趋势等问题，是马克思主义国家理论的经典之作。

列宁主义是俄国的马克思主义。列宁在垄断资本主义或帝国主义时代丰富和发展了马克思主义的政治学理论。他写了大量的政治著作，如《国家与革命》《帝国主义论》《社会民主党在民主革命中的两种策略》《无产阶级革命和叛徒考茨基》《共产主义运动中的"左派"幼稚病》《怎么办》《进一步，退两步》《苏维埃政权当前的任务》《无产阶级专政时代的经济与政治》等，列宁不仅科学地分析了时代的特征以及帝国主义的特点，提出一系列无产阶级革命的理论尤其是资本主义不发达国家的无产阶级革命理论以及一国胜利说，而且探讨了关于社会主义国家的一系列政治问题如国家管理、政权与政党建设、民主与法制、民族和阶级等重大问题，丰富了马克思主义政治学的理论内容。

毛泽东思想和邓小平理论是马列主义与中国具体国情相结合的产物，是当代中国的马克思主义。以毛泽东、邓小平等人为代表的中国共产党人，在长期的革命和建设实践中，创造性地发展了马克思主义，为马克思主义政治学的发展做出了巨大贡献。毛泽东同志所写的大量政治著作如《新民主主义论》《中国革命和中国共产党》《论联合政府》《论人民民主专政》《关于正确处理人民内部矛盾的问题》等，论及了新民主主义革命和社会主义革命与建设中的重大政治问题，包括阶级、国家、革命、政党、政策、人民民主专政、统一战线、群众路线、民主集中制等主题，具有丰富的理论内容。

邓小平同志在新的历史时期，根据世界政治—经济格局和中国现实的社会政治状况，提出了具有中国特色的社会主义理论即邓小平理论。根据江泽民同志在党的十四大政治报告中的概括，这一理论的主要内容是：在社会主义的发展道路问题上，强调走自己的路，以实践作为检验真理的唯一标准，解放思想，实事求是，尊重群众的首创精神，建设有中国特色的社会主义；在社会主义的发展阶段问题上，做出我国还处在社会主义初级阶段的科学论断，强调一切方针政策必须以这个基本国情为依据；在社会主义的根本任务问题上，指出社会主义的本质是解放生产力，发展生产力，消灭剥削，消除两极分化，最终达到共同富裕；在社会主义发展动力问题上，强调改革也是一场革命，也是解放生产力，是现代化的必由之路，并提出了经济体制改革和政治体制改革的目标；在社会主义建设的外部条件问题上，提出和平与发展是当代世界的两大主题，必须坚持独立自主的和平外交政策，强调实行对外开放，吸收和利用国外的先进文明成果；在社会主义建设的政治保障问题上，强调必须坚持"四项基本原则"；在社会主义建设的战略步骤上，提出基本实现现代化分三步走；在社会主义的领导力量和依靠力量问题上，强调共产党是社会主义事业的领导核心，党必须加强自身建设，必须依靠广大工人、农民、知识分子，依靠各族人民的团结和最广泛的统一战线；在祖国统一问题上，提出"一个国家，两种制度"的创造性构想。

此外，必须指出的是，作为当代国外马克思主义研究的一支重要力量，"西方马克思主义"或"新马克思主义"思潮既是当代西方政治思想的组成部分，又与马克思主义发生了千丝万缕的知识关系（它自称以马克思主义定向，并贴上了"当代马克思主义""发达资本主义国家的马克思主义"的标签）。尽管它的社会政治理论从总体上看是非马克思主义的，但是在某些方面坚持了马克思主义的立场、观点和方法，拓展了马克思主义的研究视野，提出了某些有益的理论观点和值得进一步研究的问题，尤其是在国家、阶级、危机、革命、意识形态、人类解放、科学技术与政治等问题上有不少新见，值得我们认真加以研究。

二、马克思主义政治学的主题

马克思主义政治学的主题及基本原理如何概括？这不是一个简单的问题。《中国大百科全书·政治学卷》的"政治学"词条将马克思主义政治学的基本原理概括为六个方面：（1）关于政治关系的性质；（2）关于阶级的观点；（3）关于国家的观点；（4）关于政治体制的观点；（5）关于未来社会的观点；（6）关于社会革命的观点。《政治的逻辑：马克思主义政治学原理》（王沪宁主编）则认为马克思主义政治学涉及政治关系、阶级、国家、未来社会和革命五个方面，并细化为 15 个基本观点：政治是经济的集中表现；政治是各阶级之间的斗争；国家是阶级统治的工具；国家是从社会分化出来的管理机构；政治权力是阶级统治的权力；国家属性决定政治形式；政治民主是阶级统治；政治党派划分基于阶级划分；政治是一门科学和艺术；民族问题是社会革命总问题的一部分；社会存在决定社会政治意识形态；社会发展促进政治发展；革命是历史的火车头；时代特征决定国际关系总格局；人类社会必将要向共产主义过渡。① 《社会主义政治学说史》（蓝英主编）将科学社会主义政治学说概括为七个方面的重点，包括阶级观、国家观、民主观、革命观、政党观以及无产阶级国际主义和国际政治观，其中又以国家观和革命观为核心，也就是在无产阶级领导下夺取政权、巩固政权，建设和完善社会主义政治体制和实现共产主义、解放全人类的远大理想的学说，这就是构成社会主义政治学说的基本内容和范围。②

的确，马克思主义政治学理论的主题涉及面广、内容十分丰富，可以从不同的视角、侧面做出概括，但要列举无遗，并完全避免交叉是相当困难的。我们将马克思主义政治学的基本原理划分为如下主题：国家理论、阶级理论、革命理论、民主理论、解放理论、政党理论、意识形态理论、政策与策略理论以及作为理论基础或元理论的唯物史观和剩余价值学说。

1. 国家理论。国家问题是马克思主义政治学说的核心主题。马克思主义经典作家在关于国家的起源、本质，国家的结构与职能，国家的演变与消亡，国体与政体，以及国家与社会、无产阶级国家与资产阶级国家的关系等方面做出了深刻的论述，形成了系统的国家理论。最著名的观点有：国家是阶级矛盾不可调和的产物；国家是从社会中分离出来的管理机构；国家是阶级统治的工具；国家必将随阶级的消亡而消亡；等等。

2. 阶级理论。阶级问题与国家问题密切相关。马克思、恩格斯、列宁、毛泽东和邓小平论及阶级、阶级关系、阶级结构和阶级斗争尤其是无产阶级和资产阶级之间的斗争、社会主义时期阶级关系的变化与特点等方面的问题。按照他们的观点，生产力与生产关系、经济基础与上层建筑的关系构成一切社会形态的基本矛盾，而在阶级社会中，这一基本矛盾集中地表现为阶

---

① 王沪宁主编：《政治的逻辑：马克思主义政治学原理》，上海人民出版社 1994 年版，第 10—14 页。

② 蓝英主编：《社会主义政治学说史》（上编），上海人民出版社 1992 年版，第 4—6 页。

级矛盾和阶级斗争；阶级的根源是私有制，它在私有制基础上形成，并随私有制的消灭而消亡；从原始社会解体以来的一切社会历史都是阶级斗争的历史，阶级斗争是推动历史发展的动力；一切阶级斗争都是政治斗争，无产阶级反对资产阶级的斗争必然发展为无产阶级革命，而无产阶级是最革命、最有远大前途的阶级，是新生产力的代表、革命的主体。

3. 革命理论。革命理论可以说是马克思主义政治学的精髓。马克思主义经典作家论及无产阶级革命的动因、条件，革命的途径和阶段，革命的战略和策略以及革命的目标，尤其是阐明了社会主义革命与民族民主革命、革命的主观条件与客观条件、暴力革命与非暴力革命、革命与改良等方面的关系以及社会主义社会中不断革命等问题。按照他们的观点，革命是历史的火车头，是推翻旧政权和旧关系的政治行为；革命是社会基本矛盾尤其是生产力与生产关系的矛盾所引起的；而社会主义必须经过革命来实现，其主体则是作为资本主义社会掘墓人的无产阶级。

4. 解放理论。马克思主义经典作家认为，人类解放是人类最崇高的理想，这种理想只有到共产主义社会才能真正得以实现；共产主义社会是人类社会发展的内在必然要求，它通过革命推翻旧的生产关系和旧制度，消灭私有制来实现自由人的联合体和人的自由解放；而从资本主义到共产主义的发展过程中必须经历一个过渡阶段，即社会主义或共产主义的低级阶段，在这一过渡时期必须实行无产阶级专政和社会主义民主，实行生产资料公有制和按劳分配，大力发展生产力，并进行其他社会生活及人自身的变革，为共产主义创造必要的条件。

5. 民主理论。在马克思主义经典作家那里，民主首先是一种国家制度。《共产党宣言》明确指出，无产阶级实现解放的先决条件就是"要使无产阶级上升为统治阶级，争得民主"，过去的运动是少数人的或为少数人谋利益的运动，无产阶级的运动是绝大多数人的、为大多数人谋利益的独立运动。马克思主义经典作家划分了两种类型的民主——无产阶级民主与资产阶级民主，说明它们之间的本质区别；他们认为民主是历史、阶级的范畴，无产阶级在夺取政权，建立了无产阶级专政国家之后，必须改造资产阶级民主，发展社会主义民主，因为"不实现民主，社会主义就不能实现"（列宁语）；他们论及了社会主义民主政治的一系列问题，如直接民主与间接民主及社会主义自治，废除特权和反对官僚主义，民主与集中，人民主权和自由平等观念，等等。

6. 政党理论。马克思主义政治学说的革命性和实践性，使得它把无产阶级政党理论作为其基本组成部分。马克思主义经典作家论及无产阶级政党的性质以及它与其他一切类型的政党特别是资产阶级政党的区别（这种性质及区别就在于它的先进性和群众性特点）；无产阶级政党在无产阶级革命和社会主义革命与建设中的核心领导作用；无产阶级政党的组织体制与纪律尤其是民主集中制的组织原则；社会主义时期党的建设、党政、党群关系，以及共产党与其他民主党派的关系等问题。

7. 意识形态理论。马克思主义的意识形态理论在现代政治学理论中占有重要的一席之地。马克思、恩格斯是现代意识形态理论的奠基人，他们在《德意志意识形态》等著作中揭示了意识形态的含义、特征与功能，指出意识形态是自觉的阶级意识的集中体系，是反映阶级利益的思想体现，具有一定的虚幻，歪曲成分；列宁则提出"科学的意识形态"概念，认为马克思主义就是这种科学的意识形态，并高度重视无产阶级成熟的意识形态对无产阶级革命取得胜利的极端重要性；毛泽东、邓小平特别论及社会主义条件下意识形态斗争的特点及开展意识形态斗争的必要性问题。

8. 政策与策略理论。科学社会主义政治学说中包含着丰富的政策与策略的理论内容。马克思主义经典作家高度重视政策与策略在无产阶级革命事业中的极端重要性，他们的不少著作是专门讲这一主题的。马克思、恩格斯和列宁明确阐述了政策和策略的含义，提出了无产阶级的政策与策略的基本思想，将政策和策略视为无产阶级政党的行动准则，并提出了无产阶级制定政策和策略的基本依据和原则，以及政策的坚定性与灵活性的统一。在毛泽东思想和邓小平理论中，政策问题占有相当重要的地位，毛泽东的名言是"政策和策略是党的生命"，他论及了党和国家政策制定的原则与依据，阐明总路线、总政策和具体政策之间的关系以及政策的原则性与灵活性的关系；邓小平则高度重视实事求是、调查研究在政策制定与执行中的作用，强调政策的连续性和稳定性及成配套、形成体系，并突出政策检验的实践（生产力）标准。

三、马克思主义政治学的特征

马克思主义政治学的形成与发展，实现了人类政治思想史上一次真正的革命。与以往的其他政治理论和当代的资产阶级政治学说不同，马克思主义政治学揭示了人类政治生活、政治关系、政治现象的本质。它从人类社会的基本矛盾即生产力与生产关系、经济基础与上层筑的矛盾运动入手，研究政治生活及政治问题，开创了科学认识政治生活本质的可能性，揭示了政治现象背后的规律性，指明了人类解放之路，并成为无产阶级革命实践的指导思想。马克思主义政治学具有如下几个基本特征。

1. 科学性与批判性的统一

马克思主义政治学是科学性与批判性（革命性）的统一。说它是科学的，是因为它建立在唯物史观和剩余价值学说的基础之上，是人类社会政治发展规律的正确认识，它从对现实社会政治生活的观察、分析而形成可检验的理论，提供了科学的、实证的知识；说它是批判的，是因为它以辩证法作为根本方法，不承认任何一成不变的东西，弘扬辩证法的革命批判精神，对旧制度尤其是资本主义制度及一切不合理的东西加以无情的批判，并强调对现实的改造，公开宣布推翻旧制度，消灭私有制，实现人类解放。

2. 理论性与实践性的统一

马克思主义政治学的又一个基本特点是理论与实践的高度统一。马克思主义经典作家以及毛泽东、邓小平是现实政治实践的参加者及领导者，科学社会主义政治学说是无产阶级革命实践的产物，是这种实践的提炼和总结；它并非是纯学术研究，它的学术结构与政治实践密切结合。反过来，它指导无产阶级革命实践，是无产阶级革命实践的强大思想武器；并进一步在这种实践中加以检验和发展。这正是马克思主义政治学强大的生产力所在，也是它区别于资产阶级政治学说及以往一切政治思想的一个重要特点。

3. 阶级性和全人类性的统一

一方面，科学社会主义的政治学说本身是无产阶级自觉的阶级意识的体现，它并不掩盖其政治学说的阶级性或理论的阶级取向，公开宣布以无产阶级作为历史依托，为无产阶级及其政党的政治实践服务；另一方面，马克思主义的政治学以全人类文化成果为基础，它的理论体系同人类的根本利益和要求直接联系起来，反映人类的根本利益而且与整个社会进步相一致，它把政治研究与全人类的解放事业有机地统一起来，指明人类解放之路，为人类解放事业服务——这就是它的全人类性。

4. 继承性和创新性的统一

如前所述，马克思主义政治学说是在继承和吸取人类文化思想成果尤其是欧洲思想的基础上形成和发展起来的，它并没有离开人类文明的康庄大道。然而，它并不是机械地、无保留地、无批判地采用前人的成果尤其是资产阶级的思想成果,而是采取辩证的否定、批判和扬弃的态度,在对社会政治现实的深刻研究基础上,利用一切优秀的文化遗产,形成全新的政治思想体系;它本身也不是僵化的、封闭的体系及教条,而是具有高度的开放性和发展性。

世纪之交的国外马克思主义和社会主义研究*

苏东剧变是 20 世纪后半期最重大的历史事件之一。如果说俄国十月革命开创了世界社会主义运动的新纪元的话，那么，苏东剧变则使世界社会主义运动遭受了严重挫折。这一事变究竟对国外马克思主义和社会主义的研究产生了什么影响，当前国外马克思主义和社会主义的研究状况如何，应该怎样看待 21 世纪马克思主义的现实性和社会主义的未来以及相应学科的发展前景？这是人们关注的热点问题。本文将依据有关资料，对苏东剧变后国外马克思主义和社会主义的研究现状、趋势及前景作简要的综述及分析。

一、国外马克思主义和社会主义研究的现状

马克思、恩格斯逝世后，国外马克思主义和社会主义的研究出现了分化，呈现一源多流的情况。可以粗略地将 20 世纪国外马克思主义和社会主义的研究划分为三大流派或三大思潮：苏联东欧的马克思主义和社会主义研究（"苏联马克思主义"）、西方国家的马克思主义和社会主义研究（"西方马克思主义"或"新马克思主义"）、发展中国家（不包括中国）的马克思主义和社会主义研究（"第三世界的马克思主义"或"第三世界的社会主义"）。

马克思主义和社会主义既是一种理论或思潮，又是一种实践（运动）和制度。理论来源于实践，是对实践的反思，因而马克思主义和社会主义理论研究往往受现实马克思主义尤其是社会主义实践运动的制约或影响。东欧

---

* 原载《高校社科研究与理论教学》1996（7、8），并收入陈学明主编《苏东剧变之后的国外马克思主义研究的趋向》（中国人民大学出版社 2000 年版）一书之中。

剧变、苏联解体使世界社会主义运动遭受严重挫折，对国外的马克思主义和社会主义研究产生较大影响。苏东剧变之后，世界上的共产党数量由 180 多个减少到 130 多个，党员人数减少 3000 万，社会主义国家由十几个减少为几个；它使西方国家中共产党的力量和影响急剧下降，英国、丹麦、芬兰、意大利、瑞典等国的共产党放弃了共产党的名称，荷兰共产党宣布自行解散；仍高举共产主义旗帜的西方国家共产党（法国共产党、西班牙共产党、葡萄牙共产党、美国共产党等）或者党员人数锐减，或者由于思想混乱而出现组织危机；由共产党领导的工会、妇女、和平等社会主义运动或者宣布脱离共产党，或者同共产党拉开距离，如拥有 350 万会员的意大利总工会，宣布要由以左翼政党为中心，变成民主的、以改良主义为基础的工会。第三世界标榜社会主义的国家（即按苏联模式搞建设的民族独立国家），如刚果、安哥拉、莫桑比克、贝宁、埃塞俄比亚、索马里、几内亚比绍、佛得角等国公开宣布改搞私有化、多党制和议会制。①

苏东剧变给各国马克思主义和社会主义的研究带来不同的冲击和影响。在一些坚持马克思主义和走社会主义道路的国家（如越南和古巴），共产党人及学者结合本国的社会主义实践，继续研究马克思主义和社会主义。这些国家大多向中国学习，实行改革开放以完善社会主义制度。例如，越共七大提出以经济建设为中心，坚持五项原则（党的领导、社会主义方向、马列主义和胡志明思想、无产阶级专政、爱国主义和国际主义相结合），深化改革开放、建设有越南特色的社会主义总路线，并按照社会主义方向建设起配套的国家管理下的市场经济。在原苏东地区（现称中欧）以及西方国家，共产党纷纷改名社会党、民主党或工党，放弃了马克思主义，从科学社会主义转向社会民主主义或民主社会主义（俄共三大虽然表示坚持社会主义，但放弃了马克思主义的许多基本观点）。在这些国家，马克思主义和社会主义的研究（尤其是作为政治和意识形态需要的研究）可以说陷入困境。而在第三世界原标榜社会主义的国家除了少数认为苏共已背叛社会主义，准备重新探索社会主义道路外，大部分已放弃了马克思主义和社会主义。②

苏东剧变后，国外尤其是西方和原苏东地区的马克思主义和社会主义的

---

① 参见江流、徐崇温主编《20—21 世纪：社会主义的回顾与瞻望》，中国社会科学出版社 1995 年版，第 13—14 页。

② 参见中国社会科学院马列所《苏东剧变后国外社会主义研究现状与前景》，1995 年 12 月广州"当代世界社会主义问题研讨会"材料之一。

研究出现了如下的一些新情况及新特点。

其一,作为政治和意识形态需要的马克思主义和社会主义的研究大大削弱了,而从学术的角度对马克思主义和社会主义的研究并未受太大影响。苏东剧变以前,国外马克思主义和社会主义研究的一支重要力量是党内的研究,特别是由各国共产党所支持的研究。苏东剧变后,这种情况出现了很大的改变,许多学者脱离了党组织或政治团体,成为独立的马克思主义研究者,在大学或研究所进行马克思主义和社会主义的理论研究。他们参与政治生活和对社会进行干预的方式发生变化,不再以政治家或党的理论家的身份干预政治生活,而是以学者的身份介入政治生活,对现实问题和社会变革的关注仍然是他们研究的焦点。

其二,国外的马克思主义和社会主义的研究者更加注重对现实问题的研究,研究领域在扩展,问题的研究在深化。如前所述,西方国家的马克思主义和社会主义研究一直没有中断,并保持着它的影响,在学术界占有重要的一席之地。例如,美国学者奥尔曼写过一本名为《左派学院》的三卷本的书,专门介绍马克思主义在美国的人文社会科学各主要学科领域中的影响。第二次世界大战后,西方的马克思主义及社会主义研究逐步摆脱以往的学究气,加强对现实问题的研究,特别是当代资本主义的批判和西方社会变革前景的研究。苏东剧变后,这种趋向进一步增强。马克思主义和社会主义研究者的研究视野进一步拓宽,对现实问题的研究有所深化,特别是加强对西方大众所共同关注的生态及社会问题的研究,出现与西方新社会运动结合的趋向。重视对苏东剧变原因的研究,以及对社会主义的其他一系列重大问题的研究。

其三,出现跨学科、整体研究的趋向。现在西方的马克思主义和社会主义的研究者注重对马克思主义和社会主义理论的跨学科、整体的研究,尤其是对政治学、经济学、社会学、生态学等学科的跨学科研究。他们发表在著名的马克思主义研究杂志(如英国的《新左派评论》、德国的《论据》、意大利的《马克思主义批判》等)的论著也表明他们是以整体研究作为特征的。①

从马克思主义研究的角度看,目前在国外尤其是西方有一些比较有影响的流派,其中相当的部分是在70、80年代形成并在90年代之后进一步发展

---

① 参见周穗明、李其庆《当代世界马克思主义研究的新动向——"95巴黎国际马克思大会"综述》,《马克思主义与现实》1995年第4期。

的。奥尔曼教授1994年11月来中国社会科学院马列所作学术报告，介绍西方的马克思主义研究的现状和趋势，认为目前西方的马克思主义研究的基本流派或修正学派有十个，即分析学派的马克思主义、解构的马克思主义、文化马克思主义、社会运动的马克思主义、女权主义的马克思主义、马克思主义解放神学、乌托邦的马克思主义、市场马克思主义、世界体系的资本主义和管理学派的马克思主义。他还介绍说，西方现有20—30个马克思主义研究机构，出版物约200种，发行量最大的是《新左派评论》，约15000册；社会主义的杂志和马克思主义的杂志有区别，社会主义杂志发行量更大，如《民主》发行11万份。①

可以说，目前在西方的马克思主义及社会主义研究中较有影响和潜力的流派有四个。

一是分析学派的马克思主义。这个学派80年代起源于英国，流行于英美，目前已扩展到欧洲大陆。法国的《当代马克思》杂志1990年第一期专门介绍这个学派，在欧洲大陆现在已有分析学派的马克思主义者出现（如比利时鲁汶大学的蓬·帕里斯自称欧洲最大的分析学派马克思主义者）。这个流派的最显著特征是用分析哲学的方法尤其是语言分析方法来研究马克思主义，主张重新解读马克思主义原著，使马克思主义更加准确、科学，自称"没有垃圾的马克思主义"，涉及的主要是历史唯物主义、阶级斗争的资本主义经济分析的经验理论，以及正义、异化、剥削一类的规范理论问题。据说，经他们修改后的马克思主义读起来非常清晰，但已看不到多少马克思主义了。

二是生态学马克思主义及生态社会主义。这个流派在70年代由北美形成后影响迅速扩大，80年代以后在德国和西欧出现了类似倾向的生态社会主义，现在已风靡欧洲。德国绿党公开打出"生态社会主义"的旗号，澳大利亚共产党也提出"红绿联盟"的纲领；共产党人、社会民主党人从最初对生态社会主义的拒斥，转向谋求联盟，绿党中的左派基本上由那些脱离各种共产主义团体后进入绿党的人所组成，"从红到绿"反映了欧洲部分人从传统社会主义转向生态社会主义的过程。生态社会主义主张一种以人为尺度、以人为中心的新价值观，反对资本对劳动的剥削，并在关于民族国家、裁军、妇女、南北关系和国际新秩序等问题上形成自己的理论。由于当代资本主义所带来的全球生态问题日趋严重，新技术革命的纵深发展展示了全球

---

① 参见《伯特·奥尔曼谈西方十大马克思主义流派》，《马克思主义研究》1995年第1期。

化图景，使人类不得不从工业文明转向生态文明，所以这个流派还有进一步发展的余地。

三是后结构主义的马克思主义（结构主义的马克思主义以及马克思主义独立学派）。按照奥尔曼的说法，解构的马克思主义（其代表人物是雅克·德里昂和米切尔·富科）与分析学派的马克思主义相反，目的是要使马克思主义更加可疑和模糊。该学派主要研究社会生活中潜在的权力结构并揭示这种权力关系，它在文学作品、女权运动、社会学、文学等领域有一定影响。马克思主义独立学派（又称批评学派）的主要代表人物是法国政治、经济、社会哲学研究中心主任乔治·拉比卡教授，它是在巴黎第十大学围绕研究中心和《当代马克思》杂志而形成的一个马克思主义研究团体。该学派主张用开放和批判的方法来研究马克思主义，宣称这种方法来自于马克思的革命方法即辩证法，既不同于结构主义的方法和精神分析方法，也不同于分析哲学的方法。其影响正在扩大。

四是市场社会主义。这是一种关于社会主义经济体制或模式的理论，形成于 20 世纪六七十年代的苏联东欧国家和西方的英、美、法等国。80 年代出现了一些颇有影响的分支如英国的市场社会主义学派、苏联的西伯利亚学派、美国分析学派的马克思主义的市场社会主义理论（以罗默为代表）。随着苏联社会主义模式的破产以及各国以市场为取向的改革的展开，市场社会主义日益引起人们的兴趣，苏东剧变后欧洲左翼理论家更热衷于这种理论的研究。如果说 80 年代以前的市场社会主义理论的焦点是在公有制条件下如何利用市场来合理配置资源的话，那么，它现在则致力于证明公有制和市场的有机结合能同时达到公平与效率。

二、研究的若干热点问题及观点

苏东剧变后，国外马克思主义和社会主义（尤其是后者）的研究出现了若干热点问题，并形成各种观点。现摘要综述如下：

1. 对苏联蜕变原因的分析及对苏联社会主义模式的批判

为什么苏东共产党政权会垮台，为什么苏联社会主义制度在经历了 70 余年的风风雨雨后还会迅速瓦解，应该如何看待苏联模式？这是苏东剧变后人们自然会提出并要加以研究的问题。

在关于苏联蜕变的分析中形成了各种观点：一种观点认为苏东剧变是戈尔巴乔夫等人背叛马克思主义和社会主义的结果，昂纳克（原德国统一社会领导人)、利加乔夫(原苏共著名政治家)、安德烈耶娃(全联盟布尔什维克共产党领导人)、恩格尔(德国马克思—列宁主义领导人)、金日成、金正日、卡斯特罗以及巴西共产党、印共(马列)和俄共都持这种观点。另一种观点是将苏东剧变的责任归咎于斯大林及斯大林主义,认为苏东垮台是斯大林主义酿下的苦酒,斯大林主义早就种下苏联社会主义制度灭亡的祸根,持这种观点的是原苏东地区的改革派以及西方共产党中对苏东改革的同情者。第三种观点把苏东垮台的原因归咎于列宁,认为正是列宁所领导的十月革命的先天不足,才导致苏联社会主义制度的最终失败,持这种观点的是部分"西方马克思主义者"以及一些具有社会民主党倾向的"马克思主义者"。甚至还有人把苏东剧变的根源追溯到马克思,说是马克思提出了共产主义这种永远实现不了的"乌托邦",才有苏联的这种失败的共产主义实践。①

与此密切相关的是对苏联社会主义模式的评价问题,对此有三种观点:基本肯定、全面否定和中间观点。第一种观点认为苏联模式是基本正确的,它为世界社会主义运动做出榜样并提供经验,前述将苏东蜕变归咎于戈尔巴乔夫等人的背叛者一般持这种观点,他们并不把苏联模式归结为斯大林主义。第二种观点全面否定苏联模式,将苏联社会主义制度称为斯大林主义、极权主义、国家社会主义,认为它根本不是马克思主义所设想的社会主义,因而不是马克思主义的社会主义理想的实现,而是一种建立在军事官僚和警察恐怖活动基础上的极权主义国家。社会民主党人、持有社会民主党倾向的学者、"西方马克思主义者"一般持这种观点。第三种观点可以看作中间观点,认为苏联模式在相当长的历史时期中曾经取得成功,但是由于未能根据情况的变化自我调整,已不适应于当代发展需要,因而必须加以改革,科济列夫(原苏联学者)、维尔德茨(罗马尼亚社会主义劳动党主席)、久加诺夫(俄共领导人)就持这种观点。②

2. 对十月革命道路的评价及对实现社会主义道路的思考

这个问题可以说是国际共产主义运动中长期争论的问题,苏东剧变后,它再度成为热点。十月革命期间,列宁主义者与社会民主主义者(第二国

---

① 参见陈学明《评国外马克思主义对苏东剧变原因的探讨和对社会主义历史命运的分析》,1994年10月无锡"国外马克思主义理论研讨会"论文。

② 参见中国社会科学院马列所《苏东剧变后国外社会主义研究现状与前景》,1995年12月广州"当代世界社会主义问题研讨会"材料之一。

际的修正主义者)就围绕实现社会主义的道路问题进行了激烈的争论。十月革命的胜利用事实批驳了相反的意见,但社会民主主义者并没有放弃其立场观点;一些"西方马克思主义者"也批评十月革命道路(葛兰西和普兰查斯认为它不适应于西方社会主义变革)。苏东剧变后,社会民主党人认为苏东剧变已证明十月革命道路的破产,而最终证明了他们的改良主义道路——通过和平的、改良的、民主的或议会的、渐进的道路走向社会主义——的正确性。一些西方学者以及马克思主义和社会主义的研究者,如英国学者莱克拉奥、法国学者埃伦斯坦,也认为十月革命道路已被证明是失败的。当然,在国外仍然有一部分共产党人或社会主义者坚持认为十月革命道路的正确性,例如,安德烈耶娃称自己的党为布尔什维克党,目标是重新进行十月革命,恢复苏联。希腊共产党、美国共产党也是肯定十月革命道路的。在新的形势下究竟应当通过何种道路或途径实现社会主义(包括在原苏东地区重建社会主义以及在西方实现社会主义变革),这是许多国外马克思主义者和社会主义者正在思考和探索的问题。

3. 关于社会主义的本质特征及基本原则问题

苏东社会主义制度崩溃之后,国外关于社会主义的本质特征及基本原则的讨论再度热门,有两种对立的观点:一种是坚持科学社会主义的基本原理,把坚持公有制和消灭剥削作为社会主义的本质特征。越南、古巴、朝鲜的共产党人认为,社会主义的本质特征是共产党的领导、公有制、按劳分配;俄罗斯联邦共产党在新党章中明文规定反对私有制,要在消灭剥削的基础上达到平等,实现公正和自由。一些西方学者也持这种观点,奥尔曼认为社会主义的本质特征是公有制、政治民主、社会平等和消除异化;沙夫认为,公有制和消灭剥削是社会主义最本质的东西,自由、平等、博爱、互助等只是从属的内容。鉴于计划经济的失败,许多国外的马克思主义和社会主义研究者主张放弃计划体制,实行市场经济,建立以公有制为主的混合经济。另一种是放弃或反对科学社会主义的基本原则,把所谓的全人类价值(自由、民主、平等、博爱、互助等)作为社会主义的本质特征,持这种观点的人主要有民主党人和转向社会民主主义的原共产党人、"西方马克思主义者"以及少数共产党人。例如,社会民主党人宣称社会主义的基本价值或本质规定是自由、公正和互助;戈尔巴乔夫说社会主义就是自由、民主和人权。持这种观点者把社会主义的宗旨与实现这些宗旨的社会形式或制度分离,淡化意识形态的阶级性质,把抽象的伦理原则和价值目标当作社会主义的本质特征。这些人一般都主张以私有制为基础,建立各种市场经济(如

"民主市场经济""福利市场经济""社会市场经济"等)。

4. 关于社会主义的"新模式"问题

实行指令式计划经济被认为是苏联模式社会主义失败的一个基本原因。因此,苏东剧变后人们对社会主义的新模式尤其是对社会主义和市场的关系作了较多的思考。法国的《当代马克思》杂志1993年第14期以"社会主义新模式"为总标题发表了英、美、法等国学者论述社会主义问题的五篇论文,这可以看作国外马克思主义和社会主义研究者对这个问题观点的缩影。这五篇论文提出五种社会主义的"新"模式:

(1) 市场社会主义模式。这是约翰·罗默提出的一种建立生产资料公有制与市场机制相结合的社会主义模式,其要点是建立某种形式的公有制(即"证券经济"),将全国所有国有企业的资产以证券形式平等地分配给所有成年居民;企业利润平等分配,即劳动者凭证券可以获得自己企业和其他企业的红利;计划体制通过差别利率对投资进行社会管理。

(2) 资本监督模式。这是美国社会学家弗雷德·布洛克提出的建立剥夺金融资本权力的社会主义模式。其要点是对资本主义金融制度进行结构性改革,通过立法来监督资本的不合理流动,削弱资本对劳动的剥削,通过银行的国有化或准国有化,建立彼此独立、互相竞争的关系;企业则由政治权力来协调股东、企业人员、用户三方的共同利益;以此促进向民主和集体方面转变。

(3) 经济民主模式。这是美国哲学家戴维·施韦卡特提出的一种社会主义模式。其要点是政治上实行代议制,经济上实行全面的社会监督。这种模式的三个基本特征是企业自治(企业由劳动者自己管理),市场经济(市场是达到某种社会目的的工具),对新投资的民主的、社会的监督。

(4) 市场社会化模式。这是英国经济学家迪安·艾尔逊提出的社会主义模式,要点是通过建立公共信息渠道,打破资本对信息的垄断,实现市场(首先是信息)的社会化,削弱资本对劳动的剥削,最终导致资本市场的取消,从而为社会主义创造条件。

(5) 企业自治模式。这是法国学者托尼·安德烈与马克·费雷提出的社会主义模式,其要点是取消资本市场,自治企业通过自治银行向公共投资基金借贷资本,而公共投资基金以企业利息为基础;这种模式或通过要求保留产品市场或使用间接计划,目的是兼顾民主、平等和效率。[①]

---

① 参见《西方学者论"社会主义新模式"》,《马克思主义研究》1995年第1期。

显然,这些社会主义"新模式"试图将马克思主义与当代西方经济理论尤其是新古典学派理论加以结合,寻求一种既不同于"现实社会主义"(苏联模式),又不同于资本主义的新社会主义模式,它们自认为既符合当代实际,又符合社会主义目标。

此外,苏东剧变后,国外马克思主义和社会主义研究者还十分重视对21世纪社会主义前景问题的研究。我们放在下面第三部分与21世纪国外马克思主义和社会主义研究展望一起来谈。

三、21世纪国外马克思主义和社会主义研究的前景

21世纪国外马克思主义和社会主义学科的前景如何,这在相当程度上取决于21世纪社会主义运动的前途和命运。那么,人们现在是如何看待这个问题的呢?

苏东剧变之后,世界上各种政治力量和思潮都在预测21世纪社会主义的前途和命运。资产阶级及其代言人将苏东剧变看作共产主义或社会主义失败、资本主义胜利的标志,断言21世纪将是一个由资本主义一统天下的新世界,社会主义及马克思主义将不再与人类社会有任何关系。如弗朗西斯·福山的《历史的终结和最后人类》、布热津斯基的《大失败:20世纪共产主义的兴亡》以及《失去控制:21世纪前夕的全球混乱》就宣传这种观点。原苏联东欧的共产党人则相信21世纪社会主义将复兴,苏共第29大(1993年3月)宣称重新夺取政权,在俄罗斯恢复苏维埃政权,期盼"隧道的尽头是社会主义的复兴";1993年10月,在莫斯科举行了国际学者争取民主和社会主义协会会议,俄罗斯学者布兹加林教授所作的报告的题目就是《21世纪:社会主义的复兴》。"欧洲左翼"尤其是西欧社会民主党人和原苏东国家的一些由共产党转向社会民主主义者也认为只有社会主义才能解决资本主义社会的矛盾,21世纪社会主义将再度复兴。他们在1990年创办《未来的社会主义》国际论坛,发表《纲领性声明》,宣称"欧洲左翼"尽管有着不同的政治立场观点,"但是有一个基本的要求促使我们联合起来,按社会主义塑造社会是我们努力的目标"[①]。

[①] [俄]戈尔巴乔夫、[德]勃兰特等:《未来的社会主义》,中央编译出版社1994年版,第6页。

西方的传统左派和新左派也对社会主义的未来充满期望和信心。例如，美国纽约的《每月评论》1990年出版了《从左派的观点看社会主义的未来》文集，认为不能将苏联模式的失败看作社会主义难以实行的证据，只要存在着剥削者和被剥削者，社会主义和共产主义的乌托邦就不会消失；英国《新左派评论》1991年出版了《倒塌之后——共产主义的失败和社会主义的未来》文集，认为共产主义和社会民主主义两者在把国家和集权化的官僚政治当作进步的关键性杠杆方面投入过多，未来的社会主义必须更深地打破地方根源并具有更广阔的国际地平线见解。"西方马克思主义者"也展望21世纪的社会主义未来，如前面提及的法国马克思主义批评学派在《当代马克思》1993年第14期专论社会主义的新模式；"分析学派的马克思主义"代表人物罗默1994年出版专著《社会主义的未来》，认为社会主义不是死了，而是需要现代化，而市场社会主义是这种现代化的一个重要内容。可以说，对于21世纪社会主义的未来展望成为目前国外马克思主义和社会主义研究的一个最热门的问题，它成为许多国际研讨会以及许多论著的主题。人们对社会主义的未来如此感兴趣这件事本身就表明，社会主义及马克思主义并不像一些资产阶级政客和学者所鼓吹的那样已经终结了，相反，它仍然是21世纪人类社会发展所面临的一个重大现实问题。①

21世纪马克思主义仍将保持它的强大生命力，社会主义将得到复兴和发展，因而马克思主义和社会主义研究的前景仍然是光明的。这种判断的依据是多方面的：

其一，苏东剧变只是世界社会主义运动长河中的一个曲折，它只是一种变了味的社会主义模式（苏联模式）的失败，而不证明社会主义的失败和马克思主义的"死亡"。资产阶级政客及其代言人鼓吹苏东剧变证明资本主义的胜利、社会主义的失败，证明马克思主义和科学社会主义的不符合实际及"临床死亡"。但事实并非如此。正如一些国外的马克思主义和社会主义的研究者所指出的，苏东剧变及随之而来的全球社会主义国家的解体，是实行变了种的社会主义的结果（布兹加林的说法）；社会主义的危机根源不在于传统的社会主义理论有什么重大缺陷，而在于社会主义者的实践脱离了社会主义理论，这种危机实际上是社会主义者们的实践危机（芒德尔的说法）。因此，21世纪马克思主义和社会主义研究者所面临的一项紧迫任务，

---

① 参见江流、徐崇温主编《20—21世纪：社会主义的回顾与瞻望》，中国社会科学出版社1995年版，第31—33页。

是回顾总结20世纪世界社会主义运动的经验教训尤其是苏东剧变的深刻教训，寻求马克思主义和社会主义理论的发展与创新，以此推动社会主义运动的复兴。

其二，社会主义是作为资本主义矫正物而出现的，社会主义所追求的平等、公正、自由是人类的崇高理想，它将激励人们继续为之奋斗和探索。苏东剧变不是社会主义的失败，更不是资本主义的胜利，冷战结束资本主义也没有捞到多少好处，资本主义固有的基本矛盾及一系列社会问题并没有因此消除，相反在加剧或恶化，新的工业革命尤其是信息革命将会引发和推动新的社会变革。因此，人们必定要寻求新的生存方式，利用各种手段和方法去解决种种矛盾和困难，这将导致社会主义在21世纪的复兴和发展，从而激发社会主义和马克思主义理论的探索和革新。

其三，在21世纪，一个强大、繁荣、进步的社会主义现代化中国的崛起将促进或带动世界社会主义及马克思主义的理论和实践的发展。中国改革开放和经济建设的成功将使社会主义赢得与资本主义相比较的优势，证明社会主义的优越性和马克思主义的生命力。正如邓小平同志所指出的，一个繁荣富强的社会主义现代化中国的出现"能够更好地显示社会主义制度优于资本主义制度，就为世界四分之一的人口指出了奋斗方向，更加证明马克思主义的正确性"[1]。具有中国特色的社会主义道路的探索将成为各国社会主义道路探索的一个榜样。就连布热津斯基在《失去控制》一书中也不得不对中国的成就刮目相看，并认为中国很可能被许多发展中国家尤其是原苏联各共和国的人民看成是一个越来越有吸引力的替代选择模式。同时，在经历苏东剧变曲折之后，各国的社会主义者从中经受锻炼，吸取教训，正力图从低谷走出，使社会主义向更健康的方向发展。

那么，在21世纪初，国外马克思主义和社会主义研究前景如何？这是一个很难回答的问题。不过从目前的研究状况及趋势，可以提出如下几点猜测：

首先，从研究流派的角度看，现有的几种较有影响的流派（分析学派的马克思主义、后结构主义的马克思主义尤其是马克思主义独立学派、生态学的马克思主义及生态社会主义、市场社会主义）还有相当的潜力，可能在未来有进一步发展的余地；同时，作为社会主义运动的一个改良主义派别，民主社会主义在21世纪可能还有较大的影响甚至可能扩张。许多欧洲

---

[1] 《邓小平文选》第3卷，人民出版社1993年版，第195—196页。

"左翼"人士认为,民主社会主义已在全球扩张,它可能成为未来世界社会主义运动的主流。因而它对社会主义研究的影响不容忽视,必须加以认真地对待。另外,随着对现代社会问题的研究尤其是对当代资本主义的批判,对社会主义道路、途径、模式的探索,有可能出现一些新流派。

其次,从研究主题的角度看,下列问题在未来将可能得到进一步深入和充分的研究:20世纪世界社会主义运动的总结与回顾(包括对苏东剧变原因的进一步探索),20世纪马克思主义的历史发展,21世纪马克思主义和社会主义理论的创新,当代资本主义社会批判,科学技术对现代社会发展的影响,社会主义的本质及基本特征,社会主义的发展道路以及未来社会主义的主体问题,社会主义的新模式,以及马克思主义和社会主义的其他基本问题。

最后,从理论研究与实践运动关系的角度看,国外的马克思主义和社会主义研究将有可能寻求新的历史依托,即寻求与社会主义政党或团体以及西方新社会主义运动的某种结合,并导致政治和意识形态方面研究的复兴。

总之,苏东剧变后,国外的马克思主义和社会主义研究受到了一定的冲击,政治上或意识形态上的研究陷入困境。但并不像一些资产阶级学者所断言的,马克思主义已经死亡,社会主义已经失败,马克思主义和社会主义面临真正的危机。真实的情况是,国外的马克思主义和社会主义研究尤其是学术方面的研究并未中断,这种研究的主题范围在扩展,某些方面的研究在深化,国外的马克思主义和社会主义者正在为马克思主义和社会主义理论的革新、为社会主义的复兴作准备。可以预见,马克思主义和社会主义的研究在21世纪的前途是光明的,但道路不会一帆风顺。我们应该对国外的马克思主义和社会主义的研究的新动向、新趋势、新理论加以密切注意,这对于我们坚持和发展马克思主义及科学社会主义理论,探索具有中国特色的社会主义发展道路,以及对于我国的马克思主义和社会主义学科的发展,都是十分有益的。

II "西方马克思主义"的政治理论

2-1

为什么要研究"西方马克思主义"的社会政治理论[*]

"西方马克思主义"的社会政治理论有着丰富的内容,其中精华和糟粕并存,新见和谬误杂陈。在我国改革开放不断深入,社会主义的各项事业迅速发展的今天,应当加强对"西方马克思主义"的社会政治理论的研究,这对于我们重新认识当代资本主义,探索具有中国特色的社会主义发展道路,坚持和发展马克思主义特别是历史唯物主义,了解和把握当代西方社会思潮以及当代西方社会科学的某些发展趋势,无疑具有一定的理论与实践意义。

一、对当代资本主义的再认识

"西方马克思主义"的当代资本主义社会理论是以其对当代资本主义社会的观察体验为立足点的。与马克思所处的自由资本主义时代相比,当代资本主义社会的政治、经济和文化及阶级关系等方面都发生了重大变化,特别是第二次世界大战后兴起的新技术革命对资本主义社会的政治、经济和文化结构产生了重大影响,当代资本主义出现了一系列的新变化和新特征。"西方马克思主义"进行了这方面的探索,形成了较系统的理论,提出了一些可供借鉴的见解或值得认真讨论的问题,有助于我们全面、正确地认识当代资本主义社会。

例如,在当代资本主义的新发展及其危机趋势问题上,"西方马克思主义"较全面、有根据地概括了第二次世界大战以后当代资本主义的新发展、新趋势,特别是将科学技术成为第一生产力和国家日益干预经济生活看作当

---

[*] 原载《马克思主义与现实》1996年第1期(发表时因篇幅关系被删去第4部分,现补上)。

代资本主义的两大历史趋势，较全面地分析了当代资本主义的危机及其表现形式，不仅肯定当代资本主义中经济危机仍然存在，而且揭示了当代资本主义的政治、文化和生态系统方面的危机形式，他们正确地断言，当代资本主义是一个陷入全面危机的社会、单面的或畸形的社会。

又如，在科学技术的社会功能及政治效应问题上，"西方马克思主义"注意到了科技革命的巨大社会功能及政治效应，看到当代科学技术及应用日益相互渗透、联结，科学技术成为第一生产力的事实，在一定程度上揭露了当代资本主义社会中科学技术异化以及由此带来的消极现象，特别是指出了在该社会中科学技术成为新的控制形式、意识形态和统治工具这一点，并揭示出晚期资本主义统治方式不同于自由资本主义统治方式的某些特点。

再如，在国家问题上，"西方马克思主义"对当代资本主义国家的某些新特征和新变化，对现代资本主义国家的本质、职能、结构和类型进行了一定程度的分析，形成了较系统的国家理论。他们的某些看法，如当代资本主义国家社会职能尤其是经济职能大大加强，现代资本主义国家的结构，法西斯主义或极权主义国家的起源与实质，福利国家批判等，是有可供借鉴之处的；他们所提出的一些问题，如作为上层建筑的国家与经济基础的关系，当代资本主义国家对经济的日益干预以及这种干预所引起的意识形态危机，当代资本主义的所谓民主国家为什么会偏袒资产阶级利益以及国家的自主性等，是值得我们进一步讨论的。在阶级问题上，他们对当代资本主义国家的阶级关系、阶级结构的新变化和新特点进行了一定程度的分析，如注意到了白领阶层的迅速扩大，工人阶级生活水平的相对提高对工人阶级革命意志的影响，当代资本主义社会阶级对立的新形式等。这对我们研究当代资本主义社会的阶级关系及结构有一定的参考价值。

另一方面，"西方马克思主义"的当代资本主义理论有致命的弱点，分析这些缺陷及失足的原因，也可以为我们认识当代资本主义提供有益的教训。例如，尽管"西方马克思主义"的奠基人及20世纪60年代末以后的一些后起的西方马克思主义者对当代资本主义的政治经济制度作了一定程度的分析，但是，总的来说，他们社会批判的重点并不是它的政治经济制度，而是该社会的科学技术、思想文化及社会心理。这既是"西方马克思主义"对当代资本主义批判的独特性和力量之所在，又是这一批判的失足和虚弱之处。这种虚弱性就在于，他们并未在总体上把握当代资本主义社会及其本质，而是因这个社会出现的新发展、新变化和新特点而断定其社会性质改变了，资本主义的基本矛盾不存在了，社会主义和资本主义趋同了；他们不把对当代资本主义社会的政治经济制度的批判放在首位,反而用对这一社会的思想文化及科学技术批判来取代政治经济学批判;他们对时代所提出的某些重大的且往往对马克思主义的发展带有挑战性的政治、经济问题并未加以认真研究,反而借口当代资本主义性质的改变而否定马克思主义的资本主义理论。从"西方马克思主义"的这些失足之处,我们可以吸取教训,避免重蹈覆辙,陷入对资本主义认识的误区。

二、探索具有中国特色的社会主义发展道路

"西方马克思主义"既批判当代资本主义社会,又批判苏联模式(即苏联社会主义社会),并在这两种批判的基础上探索西方社会主义变革及"新社会主义"(第三条道路)问题,形成了较系统的社会主义观。尽管"西方马克思主义"的社会主义观在总体上是不正确的,但他们的确看到了苏联模式的种种弊端,提出了在西方实现社会主义的某些合理设想。因此,联系当代资本主义发展的现实,总结世界社会主义运动的经验教训,特别是苏联、东欧社会主义国家垮台的沉痛教训,深入研究"西方马克思主义"的社会主义理论,有助于我们更好地探索社会主义发展的规律性,坚定不移地走社会主义道路,建设有中国特色的社会主义。

在对苏联模式的批判方面,西方马克思主义者认为十月革命道路是俄国特定历史条件的产物,不适应当代发达资本主义社会;他们将苏联的现实与马克思的理论加以比较,"发现"苏联的现实与马克思所设想的社会主义社会不相符合,苏联社会并不是社会主义的实现;他们批评苏联模式的设计过于狭隘,认为在这种模式中,只强调政治上的夺权,经济上改变所有制的性质,片面强调经济方面的革命,忽视思想领域和心理领域的革命;强调人消极服从纪律,忽视人的创造性以及人的自由解放;他们抨击苏联的无产阶级专政,认为它是一种极权主义、官僚主义的制度,而且在苏联出现了一个官僚主义者阶层或阶级。他们还将苏联的马克思主义看作是一种为现实辩护的、丧失了革命批判性的意识形态。因此,西方马克思主义者将苏联和西方社会当作发达工业社会的两个变种来加以批判,甚至将苏维埃国家与法西斯主义国家相提并论。显然,"西方马克思主义"对苏联模式的批判是有重大失误的,他们贬低或否认十月革命所取得的宝贵经验及这些经验在西方革命中的普遍性,抹杀社会主义和资本主义两种制度的根本区别,否定列宁、斯大林等人建立和领导的苏联是社会主义制度;彻底否定了苏联的无产阶级国

家政权,错误地将它与法西斯主义相提并论;没有正确看待苏联社会主义模式所取得的成就及经验;等等。

但是,"西方马克思主义"对苏联模式的批判包含一些合理的、值得借鉴的因素,如揭露、批判斯大林时期的苏联及共产国际将十月革命的经验绝对化,强制推行一种革命模式的做法及其危害;指出了列宁之后的苏联的政治经济和文化体制的高度集中、集权、党政不分的本质特征以及片面强调计划,忽视市场和价值规律作用给社会经济发展带来的严重后果;在一定程度上批判了苏联的官僚主义以及片面强调改变所有制、发展生产力而忽视精神文明和民主政治建设,片面强调纪律、集中而忽视自由和民主等方面的弊端。西方马克思主义者还提出了一些值得认真讨论的问题,如在社会主义条件下,如何处理好公有制(国有化)与人民当家做主、专政与民主、计划与市场、集权与分权、党与政、领袖与群众、社会解放与个人解放等方面的关系问题,以及如何看待社会主义的本质和探索符合各国实际的社会主义发展模式问题。所有这些,对于我们更好地把握社会主义的本质,探索具有中国特色的社会主义发展道路,不断完善社会主义制度,特别是对于我们总结当代社会主义运动的历史经验,吸取苏联、东欧演变的深刻教训,理解改革开放和市场经济建设的必然性和必要性,坚定不移地实行改革开放的方针,深入进行经济体制和政治体制改革,加快我国市场经济建设步伐,无疑具有借鉴意义。

"西方马克思主义"还探讨了当代西方社会变革的途径、道路和策略,西方革命的主体与动力,"新社会主义"的特征与蓝图以及科学社会主义的基本原理在当代的适应性问题等,形成了所谓的"新社会主义"或第三条道路的理论。这是一种不同于资本主义和社会主义的第三种选择,要点是选择适应于当代西方社会的变革途径和革命新策略,依靠革命的新主体,建立一种"新的社会主义"或"人道主义的社会主义"。显然,在"第三条道路"理论方面,"西方马克思主义"错误地估计了当代资本主义社会阶级关系的变化及特点,并在此基础上提出了一系列不切实际的、近乎乌托邦的理论,否定了马克思主义关于无产阶级革命和科学社会主义学说。但是,他们的理论中也有某些合理因素,如提出根据当代资本主义社会发展的特点而制定革命的新策略,关于西方革命的主体及革命斗争的方式变化问题,思想文化革命、意识革命及掌握这方面领导权的重要性问题,社会主义是人的全面解放和全面发展问题,西方社会主义革命的长期性和复杂性问题等,都有可供参考之处。这有助于我们把握当代世界社会主义运动的发展及其规律性,了解西方社会主义变革的长期性、曲折性，坚定社会主义最终必定战胜资本主义的信念，从世界视野中看走有中国特色的社会主义发展道路的必要性和正确性。

三、坚持和发展马克思主义

西方马克思主义者的社会政治理论的归宿是历史唯物主义的"重建"，他们的一个共同口号是""重建'马克思主义"，使马克思主义现代化，他们的理论也往往被贴上"发达资本主义社会的马克思主义"的标签。如前所述，"西方马克思主义"与马克思主义的关系如何，它的各种流派及代表人物的理论中的马克思主义成分的比重有多大，这是一个复杂的、难以用三言两语说清楚的问题。但是，可以说，"西方马克思主义"的理论与经典马克思主义是存在着很大距离的，与其说是马克思主义的，倒不如说是非马克思主义的。"西方马克思主义"制造马克思与恩格斯、列宁的对立以及青年马克思与老年马克思的对立，反对把马克思主义划分为哲学、政治经济学和科学社会主义三个组成部分，将马克思主义仅归结为一种历史观即历史唯物主义，排除了历史唯物主义的本体论基础，进而将历史唯物主义归结为（自由）资本主义的社会学说，而不是人类社会一般发展规律的学说。他们鼓吹马克思主义"过时论"，认为马克思主义的一系列基本原理如劳动价值论、经济危机理论、历史决定论、生产力与生产关系、经济基础与上层建筑关系理论、阶级及阶级斗争理论、国家学说、科学技术社会功能学说、无产阶级革命和社会主义理论都"过时"或"失效"了，必须加以"重建"，用他们的"新"理论来取而代之。很显然，"西方马克思主义"对马克思主义尤其是历史唯物主义的"重建"总体上是错误的、不可取的。但是，尽管如此，研究"西方马克思主义"的社会政治理论特别是他们对历史唯物主义的"重建"，仍然具有重要的借鉴意义，有助于我们更全面、深入地理解和掌握马克思主义，辨别真假马克思主义，坚持和发展马克思主义。这可以从三个方面加以说明：

其一，"西方马克思主义"在其社会政治理论特别是重建历史唯物主义中所提出和研究的许多问题，并不是马克思主义或历史唯物主义的枝节问题，而是涉及马克思主义的本质或基础问题。例如，马克思主义究竟是一种世界观、本体论，抑或仅仅是一种历史观？在马克思主义那里，人与自然、自然观与历史观究竟处于什么样的关系？马克思本人思想发展的过程是连续的，还是断裂的？他的早期思想与后期思想的关系如何？马克思与恩格斯、列宁及其后的所谓"正统马克思主义"存在着什么样的区别与联系？马克思主义是一种科学理论，还是一种批判方法？应当如何结合当代资本主义的发展丰富马克思主义？如此等等。西方马克思主义者提出并在一定程度上探索了这些问题。尽管他们给出的答案未必是正确的，但毕竟是在当代资本主义"发展"马克思主义的一种尝试；他们所提出的这些问题也是我们今天坚持和发展马克思主义所不能回避的重大问题，他们的解答也具有参考价值。

其二，"西方马克思主义"将马克思主义（历史唯物主义）当作社会发展研究的基本理论，当作一种分析现实社会生活的理论框架，将历史唯物主义视为一个开放、发展的体系，要求用当代社会科学、人文科学的成果和当代西方各种社会政治学说的理论因素来丰富和充实历史唯物主义，并展开了对历史唯物主义的多视角的研究，提出了历史唯物主义研究的某些新课题（如对社会文化、社会心理、个人意识、交往行为与理解行为等的研究）；同时"西方马克思主义"在探索马克思主义理论的过程中，往往能够采取比较严肃认真的科学研究态度来对待马克思主义，认真研究马克思主义经典作家的著作，探讨马克思主义的实质。这种态度使他们往往能得出一些合理或可取的见解。例如，卢卡奇关于物化和阶级意识的分析、关于马克思主义自然观和历史观相统一的观点；科尔施、葛兰西及卢卡奇等人对第二国际修正主义及其机械论的批判，强调意识能动性的观点；法兰克福学派对当代资本主义文化及意识形态的批判，尤其是对工具理性和实证主义的批判；萨特等人对当代资本主义社会中人的异化的批判；阿尔都塞的科学与意识形态关系理论；普兰查斯的国家和阶级学说等；都包含有某些正确的理论成分。对这些合理因素的提炼，是我们坚持和发展马克思主义所应做的一件工作。

其三，"西方马克思主义""重建"马克思主义（历史唯物主义）的尝试为我们提供了深刻的教训。为什么"西方马克思主义"往往从"发展"马克思主义的主观愿望出发，最终得出非马克思主义的、甚至是反马克思主义的结论？他们失足在哪里以及是如何失足的？通过对这些问题的分析，可以使我们吸取"西方马克思主义"的教训，在马克思主义研究中少走弯路，避免在理论上重蹈覆辙。在这一点上，可以将卢卡奇作为一个典型来加以解剖。作为一个共产党人，青年卢卡奇的《历史和阶级意识》的写作愿望是为了将当时的革命实践经验提升为理论，探讨马克思主义的本质。他的确在某些方面是从马克思主义的立场出发的，他用了许多马克思主义的命题，然而却赋予这些马克思主义命题以非马克思主义尤其是黑格尔主义的内容,对马克思主义做出了非马克思主义的解释,最终在客观上开创了"西方马克思主义"的理论传统。卢卡奇后来对《历史和阶级意识》的错误的认识和自我批评以及某些方面的克服,向马克思主义的回归,也同样具有启发意义。

四、把握当代西方社会思潮以及当代西方社会科学的某些发展趋势

马克思主义在过去一百多年的历史发展中,一方面与各国革命实践、历史条件及文化传统相结合,产生出各国无产阶级政党用以指导本国的革命和建设的各种形式的马克思主义;另一方面,它与各种西方社会思潮及其主要流派相结合,产生出种种的马克思主义研究的学术流派。"西方马克思主义"大体上可以看作当代马克思主义与西方社会思潮的一种"对话"。"西方马克思主义者"将马克思主义与当代西方资产阶级社会思潮的主要流派相结合,从而形成种种形态的"西方马克思主义"。或者说,"西方马克思主义"本身构成当代西方社会思潮的一个极为重要的组成部分,不研究"西方马克思主义",也就不能全面把握当代西方社会思潮。

西方有人用"马克思(主义)和……"的结合来描述"西方马克思主义"的各种流派,这有一定道理。马克思与黑格尔和韦伯等人的结合,产生了青年卢卡奇的学说;马克思与韦伯、弗洛伊德等人的结合产生了法兰克福学派的社会批判理论,法兰克福学派不仅是"西方马克思主义"思潮的中坚力量,也是一种极有影响的人本主义哲学;马克思与海德格尔、胡塞尔和萨特的结合或马克思主义与存在主义的结合产生了"存在主义的马克思主义"这个"西方马克思主义"的重要流派;马克思主义与结构主义特别是结构语言学的结合产生了"结构主义的马克思主义"(以阿尔都塞为代表,后结构主义者 M. 傅科、J. 德里达、J. 拉康等人有时也名列其中);马克思主义与实证主义特别是新实证主义(逻辑实证主义)的结合产生了"新实证主义的马克思主义",代表人物除了德拉—沃尔佩和科莱蒂之外,科拉科夫斯基的"实证社会主义"有时也被当作新实证主义与马克思主义结合的一种新类型;马克思主义和分析哲学的结合产生了"分析的马克思主义",这个学派从 G. A. 柯恩的《卡尔·马克思的历史理论》(1978 年)一书开始发端,试图用分析哲学的方法使马克思主义(历史唯物主义)精

确化。此外,"西方马克思主义"与当代西方科学哲学尤其是历史主义学派发生了某种联系(据说库恩的历史主义观点吸收了霍克海默的批判理论因素);它通过哈贝马斯而与解释学发生了关系;通过莱易斯和阿格尔等人而与生态主义发生联系;如此等等。

由此可见,"西方马克思主义"与当代西方主要社会思潮发生着一定的知识关系,与之相互作用的既有当代西方人本主义思潮的主要流派,也有科学主义思潮的各种主要流派。在与当代西方各种思潮的结合过程中,"西方马克思主义者"往往将马克思主义与当代西方的各种思想流派的基本观点加以比较,试图找出这些流派思想观点中"好的方面"和"坏的方面",将"好的方面"补充到马克思主义中去。当他们这样做的时候,往往能看到当代西方思想流派的某些合理之处和荒谬之处,结合某些马克思主义的思想因素而提出力图超越这些流派的理论。因此,通过对"西方马克思主义"的社会政治理论的研究,尤其是通过剖析它对马克思主义与当代西方社会思潮的比较和融合,可以加深我们对当代西方社会思潮的本质的认识。

同时,"西方马克思主义"不仅仅是一种哲学社会思潮,它在当代西方社会科学中也做出了一定的贡献。当代社会科学的各个领域包括社会学、政治学、经济学、哲学、历史学、心理学、人类学、文学艺术等都或多或少地渗透着"西方马克思主义"影响的因素。美国学者奥尔曼(B. Ollman)和维诺夫(E. Vernoff)20世纪80年代主编了三卷本的《左派学院:美国校园中的马克思主义学术研究》,由各学科学者分别介绍了社会学、经济学、政治学、哲学、心理学、史学、人类学、文学、艺术史、古典主义、教育学、地理学、生物学和法学等14个学科以及女权运动、种族问题、社会犯罪等方面中马克思主义(实际上是"西方马克思主义")的研究情况。因此,研究"西方马克思主义"的社会政治理论,有助于我们了解当代社会科学的某些发展趋势、困难和前景。

例如,在社会学领域,"西方马克思主义"有着重要的影响。卢卡奇的物化—异化理论是社会学中人所共知的论题;法兰克福学派的社会批判理论是当代西方社会学的一大流派,它对实证科学、社会科学的片面专门化和社会学经验研究加以批判,主张从各个学科的角度综合研究当代资本主义社会,把握这一社会的"总体性";霍克海默批判实证科学和工具理性;马尔库塞分析发达工业社会的意识形态;哈贝马斯分析当代资本主义的发展趋势及危机形式;奥菲研究晚期资本主义社会中的政治权力与干预性的国家机构;由此形成了法兰克福学派的宏观社会学理论,又称社会学中的辩证学派或批判学派。"结构主义的马克思主义"的社会理论在当代西方社会学也占有一席之地,特别是阿尔都塞试图解释人际关系背后的逻辑,他将社会形态看作一个由三个层级结构——经济、政治和意识形态——所组成的结构复杂的整体,这三个层级结构彼此相互发生作用,它们各拥有独立发展的韵律和持续性。阿尔都塞的目的是反对"庸俗马克思主义"将上层建筑和经济基础相结合的观点。北美的"新马克思主义"的发展社会学(依附理论、世界体系论等)在当代社会学中也颇有影响。

又如,在政治学领域,"西方马克思主义"的影响巨大。"西方马克思主义"的社会政治理论属于辩证—批评理论的范畴,它与本体—规范理论、经验—分析理论一起构成当代西方政治学的三大思潮或元理论。"西方马克思主义"的代表人物为当代西方政治哲学(或宏观政治理论)的发展做出重要贡献(这一点往往为人们所忽视)。卢卡奇的阶级意识理论和组织方法论,科尔施关于意识形态斗争的重要性观点,葛兰西的"领导权"、知识分子及革命的战略和策略理论,马尔库塞的争取社会主义革命的新战略——总体革命论等在当代政治理论的发展中都占有一席之地。特别是20世纪60年代末以后,"西方马克思主义"加强了对阶级和国家问题的研究,出现了种种理论。例如在国家研究方面,有米利班德的"工具主义"国家论,普兰查斯的"结构主义"国家论,奥菲的"矛盾的国家职能"论,奥康纳的"财政危机"国家论,等等。这些学说加深了对国家内部结构和职能的认识,在国家理论问题上有所突破和创新,在当代政治学发展中产生了较大影响。

总之,"西方马克思主义"在当代西方社会科学领域的影响是广泛的。因此,为了更好地了解当代西方社会科学的理论成就、局限性及发展趋势,不能不重视对"西方马克思主义"的社会政治理论的研究。

2-2

"西方马克思主义"的
由来、发展与特征*

"西方马克思主义"（Western Marxism）或"新马克思主义"（Neo-Marxism）是一种具有世界性影响的思潮，是20世纪马克思主义思想研究的一支不可忽视的力量，它在当代西方学术界占有重要的一席之地。作为一种自称以马克思主义研究为方向的思潮，"西方马克思主义"理论视野宽阔，几乎涉及当代人文、社会科学的各个主要领域。它不仅关心纯哲学问题，更关注社会政治理论问题。"西方马克思主义"是20世纪20年代初期由匈牙利、德国、意大利等国的共产党人对马列主义的某些观点及苏联和共产国际的政策及策略提出批评而兴起，继而在20年代中期以后，由西方学者加以理论的展开而逐步成长为一种广泛的世界性思潮。"西方马克思主义"的概念有特定的内涵，"西方马克思主义"思潮有一些基本流派及主要的代表人物，有其形成和发展过程以及某些共同的理论倾向或基本特征。

一、"西方马克思主义"的概念

"西方马克思主义"和"新马克思主义"是两个相近、但又有所区别的概念。在国内外学术界，人们有时将它们当作同义词来加以使用，有时则当作两个不同的概念。因此，为了更好地了解"西方马克思主义"的形成、发展与特征，更好地明确"西方马克思主义"的社会政治理论的研究范围，有必要先对"西方马克思主义"概念的源流作一简要的考察。

从现有的文献看，最早提出"西方马克思主义"概念的不是别人，正

---

* 原载《理论学习月刊》1996年第4期，中国人民大学复印报刊资料《马克思主义列宁主义研究》1996年第6期转载（这里删去了正标题"一种具有世界性影响的当代社会思潮"）。

II "西方马克思主义"的政治理论

是作为"西方马克思主义"奠基人之一的卡尔·科尔施（Karl Korsch）。他在1930年所写的《关于"马克思主义和哲学"问题的现状》一文中首次使用了这一概念。他在该文中两次提到"西方马克思主义"，并将"西方马克思主义"与"正统马克思主义"或"苏联马克思主义"明确地对立起来。他说，围绕《关于"马克思主义和哲学"问题的现状》一文，"一场有关现代马克思主义的一般状况的基本争论已经开始"，争论的双方分别是"以考茨基的旧马克思主义正统派和新的俄国的'列宁主义'正统派的联盟为一方，而以当代无产阶级运动中所有批判的、进步的理论趋向为一方"①。前者是"新老正统派的马克思主义"（主要是列宁主义或苏联马克思主义），后者是"西方马克思主义""西欧马克思主义"或"西方共产主义"。这两种马克思主义在思想路线上是根本对立的："西方马克思主义"强调马克思主义哲学的黑格尔思想的渊源性、辩证法的革命批判性和主观意识革命或总体性革命的重要性；而正统马克思列宁主义则使马克思主义实证主义化、自然主义化，使辩证法变成了旧的形而上学本体论，忽视了意识的能动创造作用。

1955年，"存在主义的马克思主义"主要代表人物之一的梅洛-庞蒂（Maurice Merleau-Ponty）写了一本名为《辩证法的历险》的书，其中有一章专门讨论"西方马克思主义"。他明确地将卢卡奇和科尔施称为"西方马克思主义"的奠基人，将卢卡奇的《历史和阶级意识》称为"西方共产主义的圣经"②；认为此书与科尔施的《马克思主义和哲学》"复活了革命的青春和马克思主义的青春"③。他把"西方马克思主义"的基本理论内容及特征归结为如下四个方面：（1）突出主体能动作用的主体客体辩证法及其与恩格斯的自然辩证法的对立；（2）为意识和意识形态恢复地位的"意识形态理论"；（3）把阶级意识等同于实践的"实践哲学"；（4）注重偶然性的"历史相对主义"④。他认为，"西方马克思主义"与列宁主义是根本对立的，因为列宁主义在哲学上是一种独断论、形而上学、机械唯物主义和自然主义，在政治上则是一种极权主义。"西方马克思主义"正是在与列宁主义的激烈对抗中产生的，没有对列宁主义的批判就不能形成"西方马克思主

---

① [德] 卡尔·科尔施：《马克思主义和哲学》，重庆出版社1989年版，第57页。
② [法] 梅洛-庞蒂：《辩证法的历险》，伦敦出版社1974年英文版，第7页。
③ 同上书，第58页。
④ 同上书，第31—57页。

义"的思想体系。尽管卢卡奇本人对梅洛-庞蒂所确认的"西方马克思主义"思潮的存在并把他奉为这一思潮的开山鼻祖一再提出抗议,说这是一种阴谋和伪造,但是"西方马克思主义"的概念由于梅洛-庞蒂的这本书而逐步流行起来。

英国新左派理论家佩里·安德森(Perry Anderson)在《西方马克思主义探讨》一书中对"西方马克思主义"概念作了较详细的分析,并从形式的转移和主题的创新等方面去规定"西方马克思主义"的基本特征。他认为,"西方马克思主义尽管存在种种的分歧和对立,却仍然构成一种具有共同学术传统的理论"①。他将卢卡奇、科尔施、葛兰西、本雅明、霍克海默、德拉—沃尔佩、马尔库塞、列斐伏尔、阿多尔诺、萨特、戈德曼、阿尔都塞、科莱蒂等人都列入"西方马克思主义"的名单里。安德森指出:"西方马克思主义始终有它的独特性,使它作为一个完整的传统且具有明确的定义和区分的界线。西方马克思主义首要的最根本的特点就是:它在结构上与政治实践相脱离。"②这种脱离产生了它的另一个特点,即"越来越不把经济或政治结构作为其理论上关注的中心问题,它的整个重心从根本上转向哲学"③。他又指出:在西方马克思主义者那里,马克思主义理论同群众实践之间相互统一的破裂,造成了两者之间应有的联系纽带不可避免地转向另一轴心,由于缺乏一个革命的阶级运动的磁极,整个西方马克思主义的传统指针不断摆向当代资产阶级文化;马克思主义理论同无产阶级实践的关系,却微妙地被马克思主义同资产阶级理论之间的一种新的关系所取代。

"生态学的马克思主义"的代表人物本·阿格尔(Ben Agger)则扩大了"西方马克思主义"的概念,他在《西方马克思主义概论》一书中消除了"西方马克思主义"概念的地域上的含义。他认为,"西方马克思主义"是与传统的马克思主义有别的,具有特定意识形态特征的马克思主义,任何一种马克思主义流派,不管它来自于何方(东方或西方),只要具有这些意识形态的特征,都可以包括在"西方马克思主义"这一名称之下来加以研究。他说:"在1920年后的一段时期,西方马克思主义者置身于第二国际的科学的马克思主义和苏联控制的第三国际意识形态的马克思主义之间。他们

---

① [英]佩里·安德森:《西方马克思主义探讨》,台湾光大文化股份有限公司1990年版,第3页。
② 同上书,第36页。
③ 同上书,第61页。

II "西方马克思主义"的政治理论

试图捍卫民主社会主义运动和拯救马克思的辩证法;他们认为,这种辩证法既保持了理论分析的客观——科学性,又保持了它的主观——哲学性。"①阿格尔把东欧"人道主义的马克思主义"(东欧"新马克思主义"或"东欧修正主义")、北美的马克思主义和一些并不以马克思主义者自居的理论家(如"现象学的马克思主义者"恩卓·佩奇、保罗·比康等)列入"西方马克思主义"的范畴之中。该书用大量篇幅摘录了30多位"西方马克思主义"代表人物的典型言论。阿格尔的"西方马克思主义"概念接近于后来许多学者所使用的"新马克思主义"的概念。

许多学者则使用"新马克思主义"概念,并将它等同于"西方马克思主义"概念,两者交替使用。如戈尔曼(Robert A. Gorman)在《新马克思主义》一书,霍布斯(E. Hobbes)在《马克思主义史》一书中就采用了这种用法。他们强调,凡是超越第二国际的科学社会主义、第三国际的列宁主义及第四国际的托洛茨基主义的新马克思主义理论,不管它出现在东方,还是出现在西方,均可称之为"西方马克思主义"。戈尔曼在他主编的《新马克思主义传记词典》中介绍的"新马克思主义者"竟达205位之多。他声称这份人物名单"是经过和世界上每一地区的马克思主义者们长时间的反复磋商之后产生的",而且他们仅仅是一些有代表性的人物而已。因此,入选者的数目可以很容易成倍地增加,就看从哪里画线。很明显,戈尔曼等人的"新马克思主义"是一个包容十分广泛的概念,它所包括的人物对马克思主义的态度很不相同,有些人甚至与马克思主义没有多少共同之处。

此外,"西方马克思主义"有时也被人们当作一个单纯的地域性概念,即把它理解为西方或西欧的马克思主义。例如南斯拉夫学者A. 格尔科奇科夫在1983年10月举行的世界社会主义国际研讨会上提出将马克思主义划分为"东方马克思主义""西方马克思主义"和"第三世界马克思主义"。"东方马克思主义"即是指原苏联、东欧和中国等社会主义国家的马克思主义;"西方马克思主义"指欧美发达资本主义国家中的马克思主义;"第三世界马克思主义"指亚非拉发展中国家流行的马克思主义。

显然,对"西方马克思主义"概念存在着不同的理解,对它的内涵及外延的规定差距甚大。科尔施、梅洛-庞蒂及安德森的"西方马克思主义"概念是原初意义上的、较为严格的概念,它既包含地域上的内涵,即主要起

---

① [加]本·阿格尔:《西方马克思主义概论》,中国人民大学出版社1991年版,第180—181页。

源和发展于西方,又强调它的思想路线上的内涵,即与第二国际的修正主义和列宁主义的对立这一基本特征。阿格尔、戈尔曼等人则扩大了"西方马克思主义"概念的外延,将它等同于"新马克思主义",既消除了它的地域上的内涵,又消除了它与列宁主义对立的突出特征。而将"西方马克思主义"当作单纯的地域概念,则使这一概念失去了它的特定的含义。因此,我们倾向于从科尔施、梅洛-庞蒂等人的较严格的意义上来理解"西方马克思主义"概念,把它理解为包括一些特定的代表人物及流派的一种思潮(下面将对此展开讨论);而将"新马克思主义"理解为一个上位概念,在外延上既包括"西方马克思主义",也包括东欧"人道主义的马克思主义"以及"西方马克思学"等。当然,对于"西方马克思主义"思潮究竟包含哪些流派和人物,在国内外学术界也存在很大的争议,甚至许多被列入"西方马克思主义"名单的人物也不承认自己是"西方马克思主义者"。

二、"西方马克思主义"的演变

迄今为止,"西方马克思主义"已有70余年的历史,它经历了从形成、发展到鼎盛及解体的演变过程。在这一过程中产生了一批有影响的代表人物及流派。

"西方马克思主义"形成于20世纪20年代初期,它的诞生以1923年卢卡奇(George Lukacs)的《历史和阶级意识》、科尔施的《马克思主义和哲学》的问世为标志。因此,卢卡奇、科尔施(还有葛兰西)相应地被推崇为"西方马克思主义"的奠基人。

青年卢卡奇的《历史和阶级意识》一书的主题是马克思主义辩证法的极端重要性,强调通过对黑格尔辩证法和方法论的革新和扩展来恢复马克思主义理论的革命批判性。围绕这一中心,卢卡奇对马克思主义哲学的一系列基础问题进行探讨并做出新的解释。他以黑格尔主义的精神来更新马克思主义的辩证法,并将总体性范畴放在辩证法的中心地位,又将总体性解释为主体与客体的相互作用,进而考察实践概念。他断言,在马克思那里,"自然只是一个社会范畴",辩证法只是主体与客体的相互作用,而马克思主义则仅仅是一种社会历史理论(历史唯物主义)。由此他批评自然辩证法和反映论;他力图体现理论与实践相结合的原则,考察物化和阶级意识问题,强调主观意识(无产阶级意识)在创造历史中的巨大作用。

科尔施的《关于"马克思主义和哲学"问题的现状》一文显示出了与

《历史和阶级意识》一书相似的理论倾向，它的主题是"马克思主义与哲学"的关系以及理论与实践的关系。科尔施宣称此文的任务是进一步发展马克思主义，其方法是利用黑格尔和马克思分析历史时所采用的辩证观点来分析整个上层建筑问题，以便达到马克思主义关于理论和实践相互关系的原则性和明确性。他认为必须既反对脱离实践的理论——"正统的马克思主义"，又反对脱离理论的实践——修正主义。科尔施宣称马克思主义与黑格尔主义是同一个东西，主张通过黑格尔哲学来恢复马克思主义的哲学意识，给马克思主义重新确定方向。他也特别强调总体性观点和主观意识的创造作用，反对唯物主义反映论。

葛兰西（Antonio Gramsci）的观点更复杂一些。尽管他的不少观点与卢卡奇和科尔施的观点有较大的差别，但他的基本思想倾向与他们有一致之处。这也正是他被推崇为"西方马克思主义"奠基人之一的主要原因。葛兰西也对马克思主义做出独特的解释，认为马克思主义哲学既不是唯物主义一元论，也不是唯心主义一元论，而是"实践一元论"或"实践哲学"；他将实践理解为物质和精神、人和自然的统一体，主张用"合理的辩证法"概念取代"唯物辩证法"概念。他不同意卢卡奇和科尔施对恩格斯的自然辩证法的批评，但并不反对他们将辩证法局限于历史领域的观点。葛兰西还强调理论与实践的统一性，强调主观意识的能动作用，特别是意识形态方面在无产阶级革命斗争中的重大意义，批判第二国际的机械论和宿命论观点。

由此可见，卢卡奇、科尔施等人对马克思主义做出了一种既不同于恩格斯、列宁等人所阐释的辩证唯物主义和历史唯物主义，又不同于以伯恩斯坦等人为代表的第二国际修正主义观点的解释，开创了"西方马克思主义"的基本传统，确立了"西方马克思主义"重新发现和设计马克思主义的基本方向。

20世纪20年代中期以后，"西方马克思主义"在德国、法国和意大利等国传播，并与这些国家的社会文化传统尤其是流行的哲学思潮相结合，出现了包括法兰克福学派、"存在主义的马克思主义""结构主义的马克思主义""新实证主义的马克思主义"等在内的"西方马克思主义"的基本流派，从而使"西方马克思主义"逐步成为一种世界性思潮。

从20世纪60年代末开始，特别是从70年代起，"西方马克思主义"的发展进入一个新的阶段。一方面，通过60年代末"新左派"及学生造反运动，特别是法国的"五月风暴"，"西方马克思主义"思潮尤其是法兰克福学派和"存在主义的马克思主义"声名大振，但也立即走下坡路，尽管他们的理论在某些方面得到修正和补充，但大势已去。另一方面，20世纪70年代之后，"西方马克思主义"的重心转变，在英美及其他北美国家，出现了不少"西方马克思主义"的新的流派及代表人物，研究的主题、范围也发生了变化。

首先，先前出现的"西方马克思主义"的基本流派的一些代表人物和后起之秀，通过分析资本主义发展的现实以及总结"新左派"造反运动的经验教训，修正或推进各自所属流派的理论。法兰克福学派的主要代表人物之一的马尔库塞，在"五月风暴"之后对发达资本主义社会加以重新分析，修正他的发达工业社会理论及政治策略；法兰克福学派新一代的主要代表人物哈贝马斯在60年代末之后则力图用语言学去补充和修正早期的批判理论，实现批判理论由意识哲学到语言哲学的转向，并加强了对晚期资本主义社会的研究；列斐伏尔则通过对发生在他身边的"五月风暴"的分析和反思，进一步扩展了的"异化—日常生活批判理论"，特别致力于国家理论的研究，将这方面的研究与异化理论的研究并列，作为恢复马克思主义思想整体性的两条主线。沿着"存在主义的马克思主义"传统，高兹（A. Gorz）把"存在主义的马克思主义"与生态运动、后工业社会理论结合起来，提出了"政治生态学""后工业社会主义"等理论，为"存在主义的马克思主义"在七八十年代在法国的发展开辟了新的活动领域。沿着"结构主义的马克思主义"的方向，普兰查斯（N. Poulantzas）则以提供"结构主义的马克思主义"的阶级理论和国家学说而闻名于世。

其次，从20世纪70年代开始，"西方马克思主义"研究的重心由德国、法国和意大利转向英美及其他北美国家，研究主题则由哲学文化转向经济、社会和政治制度领域，并日益与西方新社会运动结合起来。这一时期出现了一些颇有影响的"西方马克思主义"的新流派。在英美，出现了以柯亨（Gerald Allan Cohen）、埃尔斯特（JohnElster）、罗默（John E. Roemer）等人为代表的"分析的马克思主义"学派。在北美，则出现了以莱易斯（William Leiss）、阿格尔为代表的"生态学马克思主义"，它及时地将生态问题和生态运动纳入自己的理论视野；出现了以伊曼纽尔·华勒斯坦（Immanul Wallerstein）的"世界体系论"等为代表的"新马克思主义"发展理论和以米利班德（Ralph Miliband）、奥德纳（James R. O'Connor）等人为代表的"新马克思主义"的国家理论。此外，在意大利出现了丁伯纳罗（Sebastiano Timpanaro）为代表的"唯物主义的马克思主义"；在法国80年代以来则有以乔治·拉比卡为代表的所谓的"马克思主义批评学派"。

值得一提的是从20世纪50年代中后期到60年代末形成的东欧"新马克思主义"思潮。该思潮包括东德布洛赫（Ernst Bloch）的"乌托邦主义的马克思主义"，以彼德洛维奇（Gajo Petrovic）、马尔科维奇（Mihilo Markovic）、弗兰尼茨基（Predrag Vranicki）等人为代表的南斯拉夫"实践派"，以科拉科夫斯基（Leszek Kolakowski）、沙夫（Adam Schaff）等人为代表的"波兰哲学人文学派"，以科西克（Karel Kosik）、李希塔等人为代表的"捷克存在人类学派"，以黑格杜斯赫勒（Agnes Heller）等人为代表的匈牙利"布达佩斯学派"等。东欧"新马克思主义"不仅是在与苏联"正统的马克思主义"的冲突中发展起来的，也是在"西方马克思主义"的影响下成长起来的。因此，就其理论倾向来说，是与"西方马克思主义"特别是"人道主义的马克思主义"（"批判的马克思主义"）相一致的。东欧"新马克思主义"致力于苏联东欧社会主义模式的批判，重视对社会主义问题、异化问题和实践问题的研究。

三、"西方马克思主义"的基本特征

"西方马克思主义"人物及流派众多，观点繁杂，其内部也存在着种种对立、分歧。但是，他们有一些共同的或相似的理论倾向，形成某些共同的学术传统。或者说，"西方马克思主义"思潮有某些共同的基本理论特征。可以概括为如下几个方面：

第一，主张"革新"或"重建"马克思主义，使马克思主义"现代化"。"西方马克思主义者"在"回到（青年）马克思"的口号下，要求"重新发现马克思"，通过马克思本人的著作特别是早期的著作来"革新"或"重建"马克思主义，使马克思主义"现代化"。一方面，他们认为，当代资本主义较之于马克思所处的自由资本主义时代已发生了根本的变化，出现新趋势和新特点；而马克思主义主要是一种19世纪的社会理论即自由资本主义时代的理论，它的许多原理所赖以成立的现实基础消失了，不能解答现时代提出的各种问题，因而过时了，必须加以修正、补充和发展，以适应于当代的社会现实。另一方面，"西方马克思主义者"认为，由于马克思的理论已被恩格斯及其后的"正统的马克思主义者"所歪曲，已变得面目全非，所以需要正本清源，恢复马克思主义的本来面目，建立一种"马克思的马克思主义"来与恩格斯及其后的"正统马克思主义"相对立。

第二，逐步脱离无产阶级革命实践，将马克思主义当作学术研究的对象。马克思主义的最基本原则之一是理论与实践相统一,马克思主义本身是工人运动的产物,反过来成为无产阶级实践的强大思想武器,这正是马克思主义的生命力之所在。但是,"西方马克思主义者"却逐步违反了马克思主义的这一基本原则,将理论与实践相脱离,使马克思主义理论研究局限于学术研究的圈子里。这就是安德森所讲的,西方马克思主义的首要的最根本的特点是,它在学术结构上与政治实践相脱离。"西方马克思主义"的这种学院式特征并不是一开始就出现的,它的奠基人卢卡奇、科尔施和葛兰西都是无产阶级革命实践的积极参与者,他们都力图贯彻理论与实践相统一的原则。只是到了20世纪30年代后,"西方马克思主义者"才开始脱离无产阶级革命实践,将马克思主义主要当作学术研究的对象,这种变化最初是从法兰克福学派那里表现出来的。霍克海默在30年代初创立批判理论时就明显地脱离工人运动,法兰克福学派之后的"西方马克思主义"的代表人物正是沿着一条离开无产阶级革命实践的曲折道路而前进的。

应当指出,我们在这里所讲的"西方马克思主义"将理论与实践相脱离,具有学院式特征,主要是从它与无产阶级革命实践的关系而言的,并不是说他们不关心现实问题,相反在他们的理论中,可以看到他们所探讨的许多论题是当代社会的紧迫问题,也提出了一些解决这些问题的方案。

第三,在马克思主义"开放性"的旗号下,主张用资产阶级思想文化来"补充"马克思主义。"西方马克思主义者"认为,革新或重建马克思主义的一个有效的途径,是实现马克思主义的开放性,即马克思主义向各种学术思潮开放,吸收资产阶级的思想文化成果来"补充""修正"或"发展"马克思主义。这包括两个方面的内容:一是到马克思主义以前的哲学中寻根探源,续马克思主义的家谱,即利用马克思主义以前的哲学体系来对马克思主义做出新解释,以构成自己的理论体系。"批判的马克思主义者"主要从黑格尔主义哲学中寻找根据,主张通过黑格尔哲学来恢复马克思主义(辩证法)的革命批判性;"科学的马克思主义者"则从其他方面寻根(如休谟、康德、斯宾诺莎等被认为是马克思的先驱),以恢复马克思主义的科学性。二是主张吸收当代资产阶级思想文化因素补充马克思主义,特别是将马克思主义与当代资产阶级哲学思潮相融合。"西方马克思主义"的各种基本流派基本上是将马克思主义研究与当代各种资产阶级哲学流派混合的产物,它的奠基人的思想也深受资产阶级哲学、文化的影响。如卢卡奇的思想便深受韦伯、齐美尔、伏尔泰等人观点的影响,葛兰西的思想也受到克罗齐观点的深刻影响。

第四，否认马克思主义是批判性和科学性的统一，各执一端，相互否定。马克思主义是批判性和科学性的统一，它既是科学的，又是批判的。然而"西方马克思主义者"在"革新"或"重建"马克思主义的过程中，却往往只强调一方面而否定另一方面。"批判的马克思主义者"只接受马克思对当时社会的批判及其表现出来的批判方法，宣称要恢复马克思主义的革命批判精神，反对将马克思主义当作一个科学的理论体系。在他们看来，实证知识是从属于现有社会结构的思想上的附属品，对现实的批判非但无益反而有害。"科学的马克思主义者"则只强调马克思对当代社会结构和社会过程的实证科学知识的贡献，只承认马克思主义的科学性，而忽视马克思主义的革命批判性。他们赞赏马克思对现代社会科学所做出的重大贡献，却不了解马克思主义的观点与孔德、穆勒、李嘉图等古典社会科学家以及现代实证主义者的观点有着根本的区别，即马克思对现存的理论和现实的存在形式始终作了彻底的批判。

"西方马克思主义"的当代资本主义社会理论*

"西方马克思主义"的社会政治理论特别是当代资本主义理论,乃是"西方马克思主义者"对当代资本主义社会发展反思的结果。从一开始,"西方马克思主义者"就强调要认识现时代,解决时代提出的迫切问题。因此,时代的发展及主要社会事件,成为他们对当代资本主义研究的现实基础。

一、"西方马克思主义"当代资本主义理论的形成与发展

随着当代资本主义的发展变化,"西方马克思主义者"研究的视角、主题及重点有所变化。我们可以大致将其当代资本主义社会理论的形成、发展分成几个阶段。

1. 第一阶段(20 世纪 20 年代):对 20 世纪早期历史的反思

在这一时期,"西方马克思主义"的早期代表人物着重研究早期垄断资本主义社会,并反思 20 世纪初期的主要历史事件。理论的主题是,早期垄断资本主义不同于自由资本主义的特点,这个社会变革的可能性,以及阶级、阶级意识和阶级斗争问题。

这个时期的社会历史背景是:第一次世界大战给欧洲的政治、经济和文化带来了灾难性的后果,加深了资本主义社会的各种矛盾,从而引起欧洲革命。俄国十月革命开辟了无产阶级革命斗争的新纪元。此后几年,在德国、奥地利、意大利等国先后爆发了革命起义,但到 1922 年都相继失败了。在

---

* 原载《厦门大学学报》1995 年第 2 期(中国人民大学复印报刊资料《社会主义研究》1995 年第 8 期转载)。

20世纪20年代初,资本主义进入相对稳定的发展时期。而苏联作为第一个社会主义国家,受到资本主义的重重包围,处境艰难,正致力于巩固和发展新生的苏维埃政权;共产国际着手总结革命经验,积聚力量,准备迎接新的战斗。"西方马克思主义"正是在这样的背景下产生的。

作为"西方马克思主义"的奠基人,卢卡奇、科尔施以及葛兰西这一时期理论探索的主要着眼点是当时变化着的资本主义社会的政治、经济和文化条件,尤其是资本主义的物化结构与阶级意识问题;并总结欧洲革命失败的经验教训,探讨复兴革命的道路。法兰克福学派的早期代表人物霍克海默和阿多尔诺等人也对早期垄断资本主义社会进行分析。他们认为,在这个社会中存在着超越阶级体制的潜在性,而关于社会主义即将到来的理论有其合理性。但是,革命不会自动产生,有毁灭革命希望的种种力量和机构存在。

2. 第二阶段(20世纪30年代初至40年代中期):对法西斯主义或极权主义国家的批判

在这个时期,"西方马克思主义者"集中批判作为垄断资本主义产物的法西斯主义或极权主义国家,特别是分析法西斯主义产生的社会心理根源,中心理论主题则是德国及其他西方资本主义社会的技术、经济与国家的关系。

1929年秋,西方资本主义世界爆发了有史以来最严重的经济危机,并由此导致了一系列的政治危机和文化及精神危机,世界在动荡、分化,法西斯主义的势力迅速在德国、意大利等国崛起。历史本身提出了一个严肃而重大的课题:为什么会出现法西斯主义、极权主义?必须回答现代资本主义发展中的这一问题,以便防止法西斯主义或极权主义的东山再起。这构成了这一时期的"西方马克思主义"特别是法兰克福学派的当代资本主义研究的中心主题。

法兰克福学派将法西斯主义看作资本主义发展的必然产物。自由资本主义的崩溃被认为是使法西斯主义成为可能的条件,法西斯主义的产生与资本主义发展的内在动力相联系。对这两者是如何确切地联系在一起的问题的探索,使得法兰克福学派在很大程度上转向对资本主义发展以及变化着的资本对政体关系问题的分析。"西方马克思主义者"在对法西斯主义、极权主义的批判中,不仅分析其产生的社会、经济和阶级根源,更着重于分析它的社会心理根源。

3. 第三阶段(20世纪40年代中后期至60年代末期):对科学技术及当代资本主义的全面批判

在这一时期,随着新科技革命的展开以及随之而来的资本主义社会经济的迅速发展,"西方马克思主义"对当代资本主义的研究的重点转入对当代资本主义或晚期资本主义社会的全面分析和批判,特别是集中在对该社会的科学技术和文化的分析批判上,从而形成了较系统的当代资本主义理论(或"晚期资本主义理论""发达工业社会理论")。

第二次世界大战前后尤其是 20 世纪 50 年代以后,西方资本主义社会经历了一场以电子技术为基础的新科技革命,这场革命造成了哈贝马斯所说的"科学与技术日益相互依赖而成为第一位生产力"的历史趋势。新科技革命对各主要的资本主义国家的政治、经济和文化产生了重大的影响。这成为"西方马克思主义"的当代资本主义理论进一步发展的客观基础,向"西方马克思主义者"提出了一系列新的研究课题。

正是在这种背景下,"西方马克思主义者"对当代资本主义社会进行了全面的、系统的分析批判,并把焦点对准当代资本主义社会的科学技术和文化。最引人注目的是法兰克福学派和"存在主义的马克思主义"的观点。这一时期涉及的主要课题有:当代或晚期资本主义社会的发展及其危机趋势;科学技术的社会功能及政治效应;当代资本主义变化着的政治、经济和文化结构;当代资本主义社会的阶级和阶级关系;当代资本主义社会的文化、意识形态批判;马克思的资本主义社会理论在当代的适应性;等等。尽管在这个时期,资本主义社会的政治、经济结构仍然是"西方马克思主义者"理论研究的一个方面,但是这种分析并不占主导地位。"西方马克思主义者"日益用对当代资本主义社会的科学技术和文化的批判取代对它的政治、经济制度的批判;他们日益离开马克思主义的政治经济学批判方法,转而求助于当代资产阶级的社会政治理论(如马克斯·韦伯的社会政治理论)。

4. 第四阶段(20 世纪 60 年代以后):当代资本主义理论的修正、扩展和深化

从 20 世纪 60 年代末开始,随着"西方马克思主义"思潮由顶峰走向解体,它的当代资本主义社会的理论在某些方面得到修正、扩充或深化。这一时期的理论焦点是阶级和国家问题。

20 世纪 60 年代,西方资本主义国家的"新左派"及青年学生的造反运动蓬勃发展,特别是 1968 年出现了法国的"五月风暴"。这实际上是一场与资本主义社会发展新阶段相联结的新型抗议运动,它为接踵而来的生态运动、女权运动、争取参与民主运动等扫清了道路。同时,在西方资本主义社会,科技革命向纵深发展,科学技术的消极效应更加明显尤其是生态危机加深;资本主义的各种矛盾仍在发展,尤其是资本主义国家与第三世界发展中

国家之间的矛盾在加剧。这些构成"西方马克思主义"的当代资本主义理论在60年代末以后发展的背景。

这一时期"西方马克思主义"各主要流派的某些代表人物及后起之秀，通过分析这一时期资本主义发展的现实情况以及总结"新左派"及学生造反运动的经验教训，推进他们的当代资本主义社会的理论。这主要表现在下列几个方面：

一是修正已有的理论，如马尔库塞在"五月风暴"以后对发达资本主义社会进行重新分析，修正他在《单向度的人》（1964年）一书所提出的发达工业社会理论。

二是加强了对阶级和国家理论的研究，这是以前被"西方马克思主义者"所忽视的问题。20世纪60年代末以后，"西方马克思主义者"关于国家和阶级理论的著述大量出现，这些著述者中有列斐伏尔、奥菲、普兰查斯、米利班德、奥康纳等人。

三是加强了对发达资本主义国家和发展中国家关系的研究，形成"西方马克思主义"或"新马克思主义"的发展社会学理论，这主要是北美的"新马克思主义者"所做的工作，例如美国的华勒斯坦提出了所谓的"依赖发展理论"。

四是深化科学技术社会政治效应的研究，特别是科学技术对环境的影响及生态问题研究，出现了以莱易斯和阿格尔等人为代表的"生态学马克思主义"。按照阿格尔的说法，"生态学马克思主义包含了两种分析观点：一方面它认为资本主义商品生产的扩张主义的动力导致资源不断减少和大气受污染的环境问题；另一方面它力图评价现代的统治形式——人类在这种统治形式中从感情上依附于商品的异化消费，力图摆脱独裁主义的协调和异化劳动的负担"[①]。

二、"西方马克思主义"当代资本主义理论的基本观点

"西方马克思主义"的当代资本主义社会理论涉及面很广，内容也相当丰富，我们将它归结为如下的基本论题及观点。

[①] ［加拿大］本·阿格尔：《西方马克思主义概论》，中国人民大学出版社1991年版，第420页。

1. 当代资本主义的新发展及其危机趋势

与早期资本主义（自由资本主义时代）相比，当代资本主义（垄断资本主义时代）出现了哪些新发展、新变化和新特点？它的一般危机趋势以及变革前景如何？这是"西方马克思主义"的当代资本主义社会理论的立足点。通过对这些问题的分析，"西方马克思主义"形成了有关当代资本主义新发展的理论尤其是危机理论。

"西方马克思主义者"用了不少概念来表示当代资本主义社会，例如："垄断资本主义"（基希海默等）、"国家资本主义"（波洛克）、"后竞争资本主义"或"后市场社会"（阿多尔诺）、"晚期资本主义社会"或"有组织的资本主义"（哈贝马斯）、"发达工业社会"（马尔库塞）、"有机资本主义"（列斐伏尔）等。这些概念的含义不尽相同，有时指19世纪末20世纪初以来的现代资本主义，有时则指第二次世界大战以后的当代资本主义。在他们眼里，当代资本主义社会出现的新变化及特征主要有：科学技术成为主要的生产力和独立的剩余价值来源；资本主义的经济结构及所有制关系已经改变；国家职能及政治—行政结构发生变化；资本主义危机的形式及重点已转移；生产社会化和私人占有之间的矛盾不再是当代资本主义的基本矛盾，无产阶级和资产阶级的矛盾不再是社会的主要矛盾；统治的权力正逐步由资本家转向技术专家，统治的方式从经济剥削和人身摧残转向思想意识方面的奴役；技术统治论的意识形态取代等价交换的意识形态而变成为当代资本主义社会合理性辩护的工具；如此等等。20世纪60年代以后的"西方马克思主义者"（如哈贝马斯、米利班德、奥康纳、"生态学马克思主义者"等）特别着力于研究当代资本主义社会的危机问题，这是他们理论中的一个颇有"创见"和"特色"的方面。哈贝马斯、米利班德主要讨论合法化危机；奥康纳则着眼于财政危机；"生态学的马克思主义者"莱易斯、阿格尔等人则主要讨论生态危机。此外，他们还讨论了当代资本主义社会变革的可能性问题。

2. 科学技术的社会功能及政治效应

对当代科学技术的批判，对科学技术社会功能及政治效应的分析构成"西方马克思主义"的当代资本主义社会理论的极为重要的组成部分。因为在"西方马克思主义者"眼里，当代资本主义社会是在科技进步基础上形成的发达工业社会，如何看待当代科学技术，"成了理解一切社会问题的关键"[①]。而且在20世纪四五十年代以后，"西方马克思主义者"日益用对科

---

① ［德］哈贝马斯：《走向一个合理的社会》，波士顿灯塔出版社1971年英文版，第100页。

学技术和文化的批判来取代对当代资本主义政治经济制度的批判。他们将科学技术进步当作当代资本主义社会发展的基础来加以研究，当作该社会的新的控制形式和矛盾异化的根源来加以批判。他们的主要着眼点是当代科学技术社会功能及政治效应的消极方面，中心主题是当代科学技术如何造就当代资本主义的单面、畸形社会，科学技术如何蜕变为新的控制形式。"西方马克思主义者"围绕科学技术与生产力、科学技术与生产关系及社会制度、科学技术与政治统治、科学技术与合理性、科学技术与意识形态、科学技术与生态环境、科学技术与人类未来等方面的关系展开对科学技术社会功能及政治效应的论述，从而形成较系统的科学技术社会学及科学技术政治学理论。在这一理论中，有如下几个独特而有影响的论点：第一，当代科学技术成为第一生产力，成为一种独立的变数和独立的剩余价值来源；第二，科学技术改变了资本主义的所有制关系，创造了一个使社会主义和资本主义两种制度逐渐趋同或融合的（后）工业社会；第三，科学技术是意识形态，它取代以往的政治权力而成为一种新的控制形式；第四，当代科学技术是当代社会全面异化的万恶之源，因而它在现有形态上不是一种革命或解放的力量。

3. 现代国家的本质、职能及类型

"西方马克思主义者"对现代国家（主要是资本主义国家）的本质、职能及类型进行剖析，并由此形成了"西方马克思主义"的国家学说。"西方马克思主义者"历来认为，马克思主义缺乏一套完整系统的国家理论，因此，必须加以补充。"西方马克思主义"的奠基人科尔施和葛兰西着力于重新界定国家机器的范围，并把各种意识形态工具和文化手段视为国家机器的主要成分；重新界定作为上层建筑的国家与经济基础的关系。

法兰克福学派则把现代社会和现代国家当作同一个事物的两个方面来加以考察。早在20世纪30年代，法兰克福学派的理论家们通过对法西斯主义的批判就已注意到现代国家问题。霍克海默、波洛克等人研究了以法西斯主义为代表的极权主义国家或独裁国家问题；马尔库塞则以美国为蓝本，剖析当代资本主义福利国家；哈贝马斯和他的学生奥菲则对当代资本主义国家的性质、职能、结构、活动特点、合法性及其危机等问题进行了较全面的分析；列斐伏尔也致力于国家问题的研究特别是对国家的消亡问题的分析。从60年代中后期开始，他们加强了对国家问题的研究，特别着力于对垄断资本主义社会中日益体现出来的国家对经济的干预与这种干预所引起的与意识形态之间的矛盾的研究，形成了种种的国家学说。

哈佛大学政治学家斯科玻尔将这一时期的"西方马克思主义"的国家理论分为三派，即法人自由说、政治功能说和阶级斗争说。他们在国家学说方面涉及的主要论题有：当代资本主义国家的本质以及它是不是资产阶级统治的工具问题；当代资本主义国家的结构与职能问题，尤其是国家日益干预经济生活的实质问题；作为上层建筑的国家与经济基础的关系问题；由于官员激增，行政管理范围扩大，国家干预加深，引起国家权力的膨胀，国家能否摆脱资产阶级的控制而成为自主的问题；当代资本主义国家的合法性及其危机问题；等等。

4. 阶级、阶级结构及阶级意识

对当代资本主义社会中的阶级、阶级结构及阶级意识的分析是"西方马克思主义"的当代资本主义社会理论的一个有机组成部分。卢卡奇、科尔施及葛兰西从一开始就重视对当代资本主义社会的阶级关系和阶级斗争的分析，但是他们的阶级理论最有特色的方面则是阶级意识理论，强调阶级意识研究构成了整个"西方马克思主义"思潮发展的一个传统。许多后起的"西方马克思主义者"认为，由于当代资本主义社会已发生了重大变化，作为马克思主义阶级理论基础的剩余价值学说已经失去根据，更由于当代资本主义社会的阶级结构的改变，马克思主义的阶级和阶级斗争学说已经过时了。因此，他们鼓吹阶级融合论和阶级斗争调和论。马尔库塞认为，在当代发达工业社会，尽管无产阶级和资产阶级仍然是基本阶级，但是，资本主义的发展已改变了这两大阶级的结构和作用，即它们不再以历史转变的动因出现，一种维护和改变现存制度的共同兴趣，把从前敌对的阶级联合起来，质变的概念让位给进化的概念。①

"存在主义的马克思主义"则认为，在发达的资本主义社会，随着机械化、自动化的发展，阶级结构发生了重大变化，体力劳动与脑力劳动的比例正在迅速下降，在财富的创造过程中，非生产性的工人尤其是科技人员的地位越来越重要，以至于出现一个"新工人阶级"。"结构主义的马克思主义者"普兰查斯从多元决定论出发，从政治、经济和意识形态三个"结构方面"去探讨当代资本主义社会中的阶级结构问题。他们的阶级理论所涉及的主要论题有：当代资本主义社会中的阶级结构和阶级关系问题；阶级划分的标准问题；无产阶级的地位和作用尤其是革命性问题；"新无产阶级"或"小资产阶级"问题；阶级意识及其在革命斗争中的极端重要性问题；马克

---

① 参见［美］马尔库塞《单向度的人》，上海译文出版社1989年版，第4页。

思主义的阶级和阶级斗争学说在当代的适应性问题等。

5. 文化和意识形态批判

"西方马克思主义"对当代资本主义批判的重点在于文化及意识形态方面。卢卡奇在《历史和阶级意识》中讨论了意识形态概念，分析了无产阶级的意识形态和资产阶级的意识形态之间的斗争，并强调说，在危机的时刻，革命的成功取决于无产阶级意识形态的成熟。科尔施也有类似的观点。葛兰西则指出，掌握文化和意识形态领导权，是夺取革命胜利的前提条件。沿着"西方马克思主义"奠基人的这一传统，法兰克福学派的理论家们认为，文化意识形态今天已成为维护统治的主要力量，对文化意识的彻底批判已构成解放的主要途径。因此，他们往往将批判理论看作一种意识形态批判学说。例如，马尔库塞的《单向度的人》便以"发达工业社会意识形态研究"作为副标题；哈贝马斯则宣称批判的社会理论采取意识形态批判的形式。法兰克福学派之后的多数"西方马克思主义者"也因袭了注重文化意识形态批判的这一传统。"西方马克思主义"这方面的理论主要包括如下内容：（1）马克思主义的意识形态概念的发挥；（2）工具理性批判；（3）实证主义批判；（4）大众文化或文化工业批判；（5）传统美学批判。

6. 异化和人道主义

异化和人道主义可以说是贯穿于"西方马克思主义"的当代资本主义社会理论乃至整个社会政治理论的一根红线。一方面，他们将异化和人道主义作为概念工具，用于揭露当代资本主义的矛盾、异化现象；另一方面，试图以异化和人道主义为基础来重建历史唯物主义和社会主义理论。他们对异化及人道主义问题的关注也是从卢卡奇开始的。

后起的许多"西方马克思主义者"通过研读马克思的早期著作尤其是《1844年经济学—哲学手稿》，大大加强了对这一问题的研究。他们主张以卢卡奇和马克思的异化理论为基础，发展一种具体的批判主义。法兰克福学派和"存在主义的马克思主义"将异化和人道主义当作批判当代资本主义的主要概念工具，用以揭露当代资本主义的种种的矛盾异化现象，并将克服异化当作争取"新社会主义"纲领的一个中心论题。他们提出了种种异化理论，如总体异化论、科技异化论、消费异化论、日常生活异化论、人生异化论等。

同时，以卢卡奇、科尔施、法兰克福学派和"存在主义的马克思主义"为代表的所谓的"批判的马克思主义者"，主张以马克思早期著作的异化及人道主义理论为基础来重建历史唯物主义；他们中的一些人还要确立一种

"人道主义的社会主义"理论。

此外,"西方马克思主义"还重视对当代资本主义社会中的社会心理和个人意识的研究,一些"西方马克思主义者"如马尔库塞、弗洛姆和赖希等人走上将马克思主义与弗洛伊德的精神分析学说相结合的道路,从而形成所谓的"弗洛伊德主义的马克思主义"。

三、对"西方马克思主义"当代资本主义理论的评价

"西方马克思主义"的当代资本主义社会理论有其现实基础。当代资本主义较之于马克思所处的自由资本主义时代有很大的发展,它的阶级结构和阶级关系也发生了变化,特别是第二次世界大战后兴起的新科技革命对资本主义社会的政治、经济和文化结构产生了重大的影响,当代资本主义出现了一系列新变化和新特征,如科技革命给当代资本主义注入新的活力,使生产力得到极大的提高,改善了工人阶级的生产条件和提高了生活水平;资本主义的社会生产结构尤其是所有制关系也出现变化,特别是中间阶层或白领工人的力量不断壮大;在资本主义的高生产、高工资和高消费政策引导下,社会朝着消费主义发展,出现非政治化倾向;国家暴力统治缓和,管理职能加强,它日益干预社会生产领域;科学技术的资本主义使用带来了思想文化危机和生态危机等。因此,对当代资本主义进行深入的分析,揭示它们的新情况、新趋势和新特点,暴露其新矛盾,乃是坚持和发展马克思主义的一项重要任务。"西方马克思主义者"进行了这方面的探索,形成了较系统的理论观点,提出了一些合理的见解或值得认真讨论的问题。这无疑有助于我们全面正确地认识当代资本主义。

例如,"西方马克思主义者"较全面、有根据地概括了第二次世界大战后当代资本主义的新发展、新趋势,特别是将科学技术成为第一生产力和国家日益干预经济生活看成是当代资本主义发展的两大历史趋势,较全面地分析当代资本主义的危机及其表现形式,正确地断言当代资本主义是一个陷入全面危机的社会、单面或畸形的社会。

又如,他们注意到科技革命的巨大社会功能及政治效应,特别是指出在当代资本主义中,科学技术执行意识形态职能,它取代传统的以公平交换为核心的意识形态而为资产阶级统治和合理性辩护,并揭示出晚期资本主义统治方式不同于自由资本主义统治方式的某些特点。

再如，他们对当代资本主义国家的某些新特征和新变化，对现代资本主义国家的本质、职能、结构及类型进行了一定程度的分析，有某些可以借鉴之处；他们所提出的一些问题，如作为上层建筑的国家与经济基础的关系，当代资本主义国家对经济的日益干预以及这种干预所引起的意识形态危机，当代资本主义的所谓民主国家为什么会偏袒资产阶级利益以及国家的自主性问题等，是值得我们进一步讨论的。在阶级问题上，他们注意到当代资本主义的阶级结构和阶级关系出现的某些新变化和新特点，如白领阶层迅速扩大，工人阶级生活水平的相对提高，福利政策对工人阶级革命意识带来的消极影响等，他们对阶级理论加以广泛的探索，在个别方面（如阶级意识）推进了马克思主义理论研究，具有一定的启发意义。

但是，"西方马克思主义"的当代资本主义社会理论有致命的弱点或缺陷，从总体上看，与其说这一理论是马克思主义的，倒不如说是非马克思主义的。尽管早期的"西方马克思主义者"尤其是法兰克福学派的早期代表人物声称要用马克思的政治经济学的方法来分析当代资本主义（他们的确也利用了马克思政治经济学批判方法的某些因素来分析当时资本主义的政治经济形势），而且20世纪60年代末以后的一些"西方马克思主义者"也对资本主义的政治经济结构进行了一定程度的分析，但是，政治经济学批判方法并不是他们分析当代资本主义的主要方法。"西方马克思主义"对当代资本主义分析批判的重点并不是这个社会的政治经济制度，而是该社会的科学技术和思想文化及社会心理的方面。从这些方面来批判当代资本主义既是"西方马克思主义"的当代资本主义社会理论的独特性和力量所在，又是这一理论的失足和虚弱之处。

这种虚弱性主要在于，"西方马克思主义"在总体上并未能正确地把握当代资本主义社会，揭示其本质，他们因当代资本主义社会出现的新发展、新变化和新特点，而断言当代资本主义社会的性质改变了，资本主义的基本矛盾不存在了，社会主义和资本主义趋同了；他们不把对当代资本主义的政治经济制度的批判放在首位，反而用对这一社会的思想文化及科学技术的批判来取代政治经济批判；他们对时代发展所提出的某些重大的且往往对马克思主义的发展带有挑战性的政治学和经济学问题并未加以认真的研究；他们借口当代资本主义性质的改变而宣称马克思主义的有关经典理论"过时"或"失效"。

"西方马克思主义"的当代资本主义社会理论中包含了大量与马克思主义经典理论相违背或根本对立的论点。例如，他们往往因当代资本主义出现的新变化而断言经济危机已经转移,不再是主要的危机形式,否定经济危机必然导致资本主义崩溃。又如,他们抛开不同的社会制度背景来谈论科学技术的社会功能及政治效应,往往将科学技术的资本主义使用方式所造成的危害归咎于科学技术本身,从而违背了马克思主义关于科学技术是一种伟大的革命力量的基本观点。他们还混淆了科学技术与意识形态的相对界限,将科学技术等同于意识形态,并从单纯否定的意义上来理解意识形态概念。他们更将科学技术看作一种独立的变数、独立的剩余价值来源,以此否定马克思的剩余价值学说。再如,他们或者否认马克思主义有系统的国家学说,或者宣称马克思主义的国家学说不适应于当代西方国家,否认马克思主义关于国家是阶级统治工具的论点。他们宣称当代资本主义社会阶级结构和阶级关系的新变化已发生根本的质变,阶级对立已让位给阶级调和或阶级融合,无产阶级不再是革命的主体。他们认为伴随这些"新"变化以及剩余价值学说的"告吹",马克思主义的阶级和阶级斗争的学说也就破产了。

总之,"西方马克思主义"的当代资本主义社会理论精华和糟粕并存,新见和谬误杂陈。对于这个具有两重性的理论,我们必须以马克思主义的立场、观点和方法为指导,从当代资本主义发展的现实的考察出发,加以认真、深入的研究,做出较为全面而正确的评价。

2—4

"西方马克思主义"论当代资本主义的发展趋势与特征[*]

"西方马克思主义者"用不同的概念来表示当代资本主义社会,例如,"垄断资本主义"(基希海默)、"国家资本主义"(波洛克)、"后竞争资本主义"或"后市场社会"(阿多尔诺)、"发达工业社会"(马尔库塞)、"晚期资本主义""先进资本主义"或"有组织的资本主义"(哈贝马斯)、"有机资本主义"(列斐伏尔)、"后工业社会"(莱易斯),等等。这些概念有时指从19世纪末20世纪初以来的现代资本主义,有时则指第二次世界大战结束以后的当代资本主义。尽管存在着这种差别,但是,所有这些概念都有一个共同之处,这就是表示一种在自由资本主义之后的资本主义发展的新阶段、新形式,即一种有别于自由资本主义时代的资本主义新时代。

那么,在"西方马克思主义者"眼里,是什么东西使得当代资本主义区别于自由资本主义及早期的垄断资本主义呢?换言之,当代资本主义社会发生的新变化、新趋势及新特征究竟表现在哪里呢?我们以法兰克福学派为主,来评述"西方马克思主义"的有关论点。

法兰克福学派在20世纪30年代中期到40年代的理论研究的中心主题是对法西斯主义的批判,他们将法西斯主义或极权主义国家看作一种与垄断资本主义阶段相应的政治形式,而将资本主义发展的这一新阶段称为"垄断资本主义"(纽伊曼、马尔库塞、古兰德和基希海默等人就采取这种用法),或称为"国家资本主义"(霍克海默、阿多尔诺和波洛克等人主要采取这种用法),这实际上形成了法兰克福学派内部关于资本主义发展新阶段特征的两种不同理论。

波洛克对"国家资本主义"的特征作了相当详尽的分析。他根据经济

---

[*] 原载《中国经济问题》1995年第6期。

的集中和中心化来解释垄断资本主义的产生;他认为,自由资本主义的危机成长模式并未在垄断的制度内遭到破坏,一系列的全国或跨国经济系统的不平衡和不成比例的结果(如日益增长的通货膨胀和失业,不协调的国家政策等)产生了更严峻的经济问题和政治动荡,这使大规模的国家干预成为必要,也只有通过这种手段,才能解决这些问题。但是,国家干预的模式只有使上述局势更严峻和恶化,因为国家对高度相互联系的经济的支持和资助增加了大企业抵抗价格降低的压力和利用价格升高的机会,大企业可以依赖于国家的扶持。随之而来的是国家日益干预经济,保护资本主义的发展。

波洛克的分析以德国资本主义的发展作为蓝本。他认为,经济活动向大企业的集中,政府对信贷和外贸的控制,贸易协会的半垄断地位,大规模的劳工失业以及政府对失业者补助的巨额开支,乃是自由资本主义衰落的几个标志。① 现在,垄断组织不再作为"捣乱的入侵者"而起作用,国家对经济的干预和垄断组织对国家的干预越来越多地为限制竞争和市场控制提供合法根据。波洛克将这种资本主义发展的新秩序称为"国家资本主义",认为这个术语比其他的术语能更好地反映这种新制度的如下几个特征,即:(1)这种新秩序是私人资本主义的后继者;(2)国家担负起私人资本家的重要职能;(3)资本主义的体制如同劳动力的买卖或利润一样仍然起着明显的作用;(4)它不是社会主义。②

波洛克区别了两种理想类型的国家资本主义,即"极权主义型"和"民主型"。他致力于前者(主要是纳粹德国)的分析,但认为得出的结论也适应于后者。他认为,在国家社会主义的影响下,政治和经济组织的性质发生了改变,所有基本的组织原则已改变,基本的资本主义体制已转变,国家对旧的经济秩序结构的干预由其总体性和强烈性而由量转化为质,垄断资本主义转变为"国家资本主义"。③ 波洛克注意到了国家资本主义的如下几个发展趋势:(1)作为一种间接的需求控制手段的市场已被直接的国家计划所取代;(2)作为稀缺性管理中介的价格已失去了其作用,变成了一种"被紧密地控制了的工具";(3)存在着一种个人利益对一般计划利润的服从,利润仍然是有效投资和管理等的诱因,并作为一种社会控制工具而起作用,

---

① 参见 F. 波洛克《国家资本主义》,《哲学和社会科学研究》(第9卷),1941年,第202页。
② [德] F. 波洛克:《国家社会主义是一种秩序吗?》,《哲学和社会科学研究》(第9卷),1941年,第450页。
③ 同上书,第445页。

资本家日益变成食利者；(4)猜测未来市场需求的神秘企业艺术被一种综合的技术合理性所取代；(5)整个系统由一个强有力的官僚机构和最大企业的资源管理者加以协调。波洛克还提出这样一个论点，即资本主义的矛盾可以通过非社会主义的政治形式来加以解决，他拒绝了垄断资本主义因其自身的内在矛盾而必然崩溃的观点，认为随着经济集中和中心化的发展，集中化的行政管理的成长等因素，可以维持资本主义经济的持续发展而避免崩溃。①

霍克海默和阿多尔诺也对国家资本主义的特征问题作了一些分析。例如，霍克海默在《极权主义国家》（或译《独裁国家》）中认为，"国家资本主义就是当代的独裁国家"。这种国家在经济上的特征是抛弃市场经济，实行计划经济；国家变成了总体的资本家，剥削仍然存在着；国家统治者使自身摆脱了对私人资本的依赖，剩余价值的获得和分配也是在国家的控制之下进行的。这种国家在政治上的特征则是：中央集权并不是权力的倒退，而是权力的发展；在完整的中央集权制之下，警察将极端的官僚主义权威几乎强加于社会生活的各个方面。在霍克海默看来，"独裁国家"这一资本主义发展的最后形式并没有显示出"垂死的"样子，相反，却表现出强大的生命力。它通过对市场经济的控制，防止了由于危机而造成的崩溃，因而使统治者获得了喘息的机会，使生产能持续地发展。由此他断言，国家资本主义要比自由资本主义存在得更长久。②

纽伊曼和古兰德等人则不赞成用"国家资本主义"来表示当代资本主义。纽伊曼认为这是一个自相矛盾的概念。他说："'国家资本主义'的概念不能担负起从经济学观点上的分析，一旦国家变成生产工具的所有者，那么它就不能对资本主义的经济起作用，它破坏了那个保持经济活动循环的机制。因此，这样一种国家就不再是资本主义的。"③ 在纽伊曼和古兰德看来，国家所有权的加强，集中化和中心化是现有秩序的重要构成特征，但是，这些发展与私人资本主义是不相容的。"国家资本主义"概念在关于资本主义

---

① ［德］F. 波洛克：《国家社会主义是一种秩序吗?》，《哲学和社会科学研究》（第9卷），1941年，第454页。

② 参见霍克海默《极权主义国家》，拉里·雷编《批判社会学》，英国伊尔格出版公司1990年版，第46—65页。

③ ［德］F. 纽伊曼：《巨兽：国家社会主义的结构和实践》，伦敦出版社英文版1994年版，第183页。

在何种程度上是"有生命力的和好的"以及在何种范围上它是一个国家这两点的说明上是使人误入歧途的。此外,"国家资本主义"的倡导者们在方法论上也是成问题的,他们习惯使用理想类型或模式的神话,这些模式试图抓住一种尚未实现的东西,因此,这种方法论是行不通的。

纽伊曼等人主张用"垄断资本主义"或"极权的垄断资本主义"来表示现有的资本主义秩序。他们认为,经济集中和中心化创造了一个相互依赖、相互联结的经济系统,其结果是每个企业变得越来越依赖于其他企业,每个工业部门的命运日益依赖于其他部门的命运;这种经济秩序没有多少灵活性;并容易受经济波动的损害;经济单位之间依赖的网络充其量只能保证一种脆弱的经济平衡,对经济生活的任何骚动和破坏能够潜在地由这整个系统来加以放大。古兰德指出,为了避免从这种经济体制的高度敏感性中产生的骚乱,国家干预在很早的阶段就是必需的。① 垄断秩序的经济和政治的稳定性要求对潜在的威胁情况做出迅速的反应。因此,干预机器的扩展就是必要的和不可避免的。这个系统中的内在变化的日益尖锐的效果(如高失业率、政治—商业周期的波谷和波峰之间的波动等)和外在因素的影响(如因受国际事件影响的原材料的短缺)必须加以认真的处理。在古兰德看来,"垄断使资本主义的调节机制陷入瘫痪状态"②。纽伊曼等人还分析了垄断资本主义变化着的经济体制与政治体制的关系,他们同意马尔库塞的如下观点,即总体极权主义产生了与资本主义垄断阶段相联系的组织和社会理论。他们认为,国家社会主义和垄断资本主义锻造了一种新的政治妥协结构。③ 纽伊曼将纳粹德国称为"总体垄断资本主义",因为德国经济有两个广泛的、引人注目的特征:它是一种垄断的经济和一种命令经济,是"一种由极权国家管辖的私人资本主义经济"④。与波洛克等人的观点不同。纽伊曼认为,在垄断资本主义条件下,国家没有完全控制经济,也不能控制国家目标,它不能消除各种矛盾和对立,这些矛盾和对立在更高、更危险的层次上存在着;特别是该社会仍然存在着尖锐的阶级对立。但是,垄断资本主义的崩溃不会自动出现,必须通过被压迫群众的自觉行动才能推翻它。由此可

---

① [德] A. 古兰德:《国家社会主义条件下的技术趋势和经济结构》,《哲学和社会科学研究》1941 年第 2 期,第 230 页。

② 同上书,第 227 页。

③ [德] O. 基希海默:《政治妥协结构中的变化》,《哲学和社会科学研究》1941 年第 2 期。

④ [德] 纽伊曼:《巨兽》,第 230 页。

见，纽伊曼等人的观点更接近于经典马克思主义的理论，特别是坚持了马克思主义关于积累过程是内在地不稳定并产生了集中和中心化的观点。正因为此，霍克海默批评纽伊曼的观点过于正统和机械。

20世纪50年代之后，法兰克福学派的代表人物特别是马尔库塞和哈贝马斯以及其他的"西方马克思主义"代表人物着重分析新技术革命给当代资本主义所带来的深刻影响，剖析"发达工业社会"或"后期资本主义"的基本特征。

马尔库塞在《单向度的人》（或译《单面人》）和《当代工业社会的攻击性》等论著中，刻画了当代资本主义社会的基本特征。他把当代资本主义称为"发达工业社会"，进而把"发达工业社会"定义为工艺装置，定义为按技术的观念和结构而运转的政治系统。在他看来，当代发达工业社会最显著的特征是科学技术取得统治地位，成了理解一切问题的关键。他着力分析科技进步尤其是新技术革命给当代资本主义社会带来的影响和变化。在经济方面，技术革命带来了生产力的极大提高，使大多数人特别是非特权阶层的生活得到了改善，分享到了消费社会的舒适；技术造就了现代工业社会的生产方式和消费方式，这些方式一方面满足了人们的物质需要，另一方面则潜移默化地将人们整合到现存的制度中；发达工业社会正是通过制造和满足这种虚假的需要来左右人们的意识，支配人们的生活，并使人们与现存的制度一体化；它有效地窒息了人们要求自由解放的真正需要，而同时又容忍和赦免了富裕社会的破坏性和压抑作用。在政治领域及阶级关系方面，技术的发展已带来了一个封闭的政治领域，它成功地实现了政治对立面的一体化，因而消除了危害社会继续存在的政治派别，它消除了传统的骚乱之点并控制了混乱的因素，创造了军事、政治与经济的联合体；它使蓝领工人和白领工人同化，使公司老板与劳工领导人同化，使不同社会阶层的闲暇生活和志向同化；它促进学术成就与国家需要之间的前定和谐，通过舆论和家庭聚会侵蚀私人事务，使卧室向大众传播媒介开放。他特别指出，在当代发达工业社会中，尽管无产阶级和资产阶级仍然是基本阶级，但是资本主义的发展已改变了这两个阶级的结构和作用，即它们不再以历史转变的动力出现，一种维护和改进现存制度的共同利益，使从前敌对的阶级联合起来，质变的概念让位给进化的概念。在文化及意识形态方面技术的发展使高层文化与现实统一起来，工业社会使高层文化失效，现实超越并否定了高层文化，使它成了物质文化的一部分，文化中心成了商业中心或市政中心的合适场所；在艺术领域，社会的同化力消除了对立的内容而控制了艺术，最矛盾的作品与真理绝对和平共处；艺术的理性让位给技术的理性，艺术失去了它的传统功能；甚至语言本身也变成了一个封闭的系统，该系统排斥了语言中的对立表达；而在意识形态方面，分析哲学的盛行标志着单面思维的胜利。于是，在发达工业社会中，一切文明的成就，本应成为人们解放的前提，而现在却成了统治的工具。① 因此，马尔库塞得出的结论是：当代发达工业社会是一个异化的、畸形的病态社会。

法兰克福学派第二代的主要代表人物哈贝马斯在《合法化危机》、《走向一个合理的社会》、《交往与社会进化》和《文化与批判》等论著中论及了当代资本主义的基本特征及历史趋势问题。他将当代资本主义称为"晚期资本主义""先进资本主义""有组织或国家调节的资本主义"，认为这一社会的组织原则及结构，有别于早期资本主义。在《合法化危机》一书中，哈贝马斯指出："晚期资本主义"或"有组织的资本主义"是指如下两个现象——它们都可以归因于积累过程的高级阶段：一是"经济集中的过程（即本国的和随后的跨国公司的兴起）以及货物、资本和劳动的市场组织的建立"；二是"随市场职能缺陷的扩大而产生的国家对市场的干预"，"这种市场机制由国家干预的补充和部分取代标志着自由资本主义的结束"②。在《作为意识形态的技术和科学》一文中，他则说："自从19世纪的最后25年以来，在最发达的资本主义国家中出现了两个显著的历史趋势：国家干预的增强以保证制度的稳定；科学研究与技术日益相互依赖使科学成为第一位的生产力。这两种趋势已经摧毁了特殊的体制框架的布局和那些作为自由资本主义特征的目的——合理行动的子系统。"③ 因此，依照哈贝马斯的观点，晚期资本主义的最显著的特征或历史趋势是：（1）经济集中的过程；（2）国家日益干预经济生活；（3）科学技术成为第一位的生产力。

哈贝马斯具体分析了晚期资本主义社会的经济制度、政治—行政制度、文化制度和阶级结构等方面所表现出来的新特点。在经济制度方面，哈贝马斯将当代资本主义经济体系分成两个部分来加以分析、对比：一是私人生产部门是市场取向的（其中的一部分仍由竞争来调节，另一部分则由容忍小竞争的垄断寡头的市场战略来决定）；二是公共生产部门（特别是军火工业

---

① 参看［美］马尔库塞《单向度的人》，上海译文出版社1989年版，第3—18页。
② ［德］哈贝马斯：《合法化危机》，波士顿出版社1975年英文版，第33—34页。
③ ［德］哈贝马斯：《作为意识形态的技术和科学》，《走向一个合理的社会》，波士顿出版社1971年英文版，第100页。

和宇航工业）则是垄断的，几乎不受市场影响的。它们各自的特点是：在竞争性部门，劳动密集型企业占主导，工人的组织程度较差，公司不能实行合理化；而在垄断部门，资本密集型企业占主导，公司要面对强大的工会，公司不需要合理化。在政治—行政制度方面，国家机构执行着经济系统的许多职能，特别是通过总体计划调节整个经济周期，并创造和改善利用过剩积累资本的机会。但国家的总体计划受到私人自发处置生产资料的限制，也受到避免不稳定措施的限制。因此，对商业周期的财政和金融调节以及那些旨在调节投资和整个需求的各种措施在目标系统的框架中都具有避免战略的特征；当总体计划控制私人企业做出决策的边界条件以便纠正市场机制功能失调的副作用时，国家实际上取代了市场机制，国家通过一系列的手段来创造和改进资本实现的条件。在文化制度（合法化系统）方面即意识形态领域上，随着市场功能的削弱和调节机制功能失调的副作用的出现，以公平交换为中心的资产阶级意识形态崩溃了，经济制度和政治制度导致了对合法化的要求；国家机构不再像在自由资本主义时期那样仅是保证生产的一般条件，而是积极参与其中，因此，像前资本主义一样，国家也必须加以合法化。在晚期资本主义社会，这种合法化被还原为两个剩余的要求：一是公民的利己主义——不过问政治，只关心职业、闲暇和消费的态度；二是通过精英理论或技术统治论来证明公共领域的结构上的非政治化。在阶级结构方面，尽管在有组织的资本主义中，生产关系确实在某种程度上重新政治化了，但阶级关系的政治形式并没有得到恢复，相反，阶级统治的政治隐蔽性被社会隐蔽性所取代了；在第二次世界大战后的几十年里，最先进的资本主义国家已成功地在决定性的领域将阶级冲突保持在潜在的状态之中。这样，阶级的社会同一性就破裂了，阶级意识也残缺不全了。[①]

哈贝马斯认为，晚期资本主义的这些组织原则和结构特征使得它与自由资本主义或早期资本主义社会明确地区别开来，因为自由资本主义的组织原则是"雇佣劳动与资本的关系"，这一组织原则的基本特征是：（1）阶级关系的非政治化和阶级统治的隐蔽化；（2）国家权力在社会系统中的行使受到限制；（3）建立起以公平交换为核心的资产阶级意识形态；（4）依靠科学技术来实现资本的积累。[②] 由此可见，与自由资本主义比较，晚期资本主义已发生了根本的变化。

---

① 参见［德］哈贝马斯《合法化危机》，第33—39页。
② 同上书，第20—22页。

"西方马克思主义"的其他流派及代表人物也讨论了当代资本主义的基本特征问题。例如:"存在主义的马克思主义者"列斐伏尔在《资本主义的幸存》一书中对当代资本主义特别是它的经济增长进行了分析。他将当代资本主义称为"有机资本主义",因为这种社会是建立在国家干预和借用科学技术的基础之上的。他特别分析了当代资本主义社会中经济增长与19世纪和20世纪初资本主义社会中经济增长的不同之处。在他看来,19世纪和20世纪初资本主义的经济增长实际上是在没有国家干预的情况下发生的,而在当代资本主义社会中,国家不仅要对增长负责,而且是它的决策人;同时,在当代资本主义社会中,经济增长日益与科学技术紧密结合在一起。具体说,当代资本主义社会的经济增长有如下三个特点:一是科学变成了增长的工具,连社会科学也变成了利用这种增长进行政治控制的工具,即科学和意识形态之间又出现了混合;二是各门科学通过作为统治阶级的资本和作为国家财产的技术和机器,直接汇入生产过程之中;三是资本主义积累改变了它的性质,它不再是简单的财富积累或生产资料的问题,而是积累技术信息和知识的问题,国家保护集权化的组织,并使之处于决策的中心。因此,现代资本主义是"有机资本主义"。[1]

综上所述,"西方马克思主义者"特别是法兰克福学派将当代资本主义的基本特征刻画为经济的集中化和中心化,科学技术成为第一位的生产力和国家日益干预经济生活等历史趋势,并具体分析了其在政治、经济、文化和阶级关系等方面出现的新变化和新特点,从而将它看作一个区别于自由资本主义及早期垄断资本主义的资本主义发展的新形式、新阶段或新时代。

对于"西方马克思主义者"的资本主义新发展及特征理论,我们作以下的分析评价。

作为一种社会形态,资本主义有其自身形成、发展及走向衰亡的历史过程。这一过程可以有不同的阶段,每个阶段都有其自身的某些特点或特征而区别于其他的阶段。与马克思所处的自由资本主义时代以及列宁所处的早期垄断资本主义时代相比,当代(第二次世界大战后)资本主义的确发生了较大的变化,用某些学者的话来说,资本主义进入国家垄断资本主义阶段。随着新技术革命的展开,当代资本主义的政治、经济、文化及阶级关系等方面都发生了较大的变化,甚至发生了部分质变。具体说,科技进步尤其是新技术革命给资本主义的发展注入了新的活力,使生产力得到了极大的提高,

---

[1] 参见 [法] 列斐伏尔《资本主义的幸存》,伦敦1976年英文版,第110—112页。

随着生产力的发展特别是科学技术作为第一生产力的历史趋势的出现，资本主义的生产关系特别是所有制关系发生了部分质变，即由私人垄断转向国家垄断，资本主义的生产组织结构及管理方式出现新特点；这个社会的阶级结构、阶级关系及阶级斗争也出现了某些新变化，特别是白领工人或中间阶层的日益壮大，劳资对立呈现新的形式；在资本主义高生产、高工资和高消费政策引导下，社会向消费主义的方向发展，出现了某些非政治化的倾向；国家暴力统治相对减弱或更加隐蔽，管理职能增强（干预社会、经济生活的范围扩大、力度加强）；科学技术的资本主义使用产生了一系列的社会问题及生态问题；资本主义的矛盾异化现象加深、加剧；等等。

首先，对当代资本主义的这些新发展和新变化，必须在理论上加以认真的研究。"西方马克思主义者"特别是法兰克福学派提出了一些有益的见解或值得认真讨论的问题。首先，在关于当代资本主义经济发展问题上，"西方马克思主义者"特别是马尔库塞、哈贝马斯和列斐伏尔等人抓住了科学技术在当代成为第一生产力这一重要事实，这的确可以说是当代资本主义社会的一大特征。资本主义经济的发展在相当大程度上是建立在科技进步的基础上的，但在自由资本主义时期这种依赖并不显著，19 世纪末 20 世纪初，特别是第二次世界大战后，科学研究与技术日益相互渗透，使科学技术成为资本主义经济发展的最重要的因素和推动力。当代资本主义的经济之所以出现空前的繁荣，最根本的原因是科技进步尤其是新技术革命的出现。因此，"西方马克思主义者"将科学技术变成第一位生产力这一点视为当代资本主义的一大历史发展趋势是有道理的。

其次，在关于当代资本主义的生产关系问题上，"西方马克思主义者"的分析并不是一无是处的。他们分析了这种生产关系出现的新变化或"部分质变"。例如，哈贝马斯指出，由于科技进步和生产力的迅速发展，生产的高度社会化和资本主义各种矛盾的进一步激化，当代资本主义生产关系朝着"资本社会化"的方向被迫进行调节，它表现为国家垄断资本主义的高度发展，股份公司普遍化与股权的分散化，私有企业国有化和国有企业私有化等。哈贝马斯对资本主义生产关系自我调整的原因、过程、表现形式等问题作了颇为深入的分析。

再次，在上层建筑问题上，"西方马克思主义者"将国家日益干预经济生活作为当代资本主义的一大趋势或特征也是有根据的。为了纠正市场失灵，避免周期性危机的打击，当代资本主义政府加强了对经济的干预，国家由原来作为市场经济的"守夜人"变成"入侵者"，从原来的创造和保障资本主义市场经济运行的条件的保障职能变成通过宏观经济政策、法律手段和行政手段来调控经济运行的调控职能。同时，这种干预也日益扩展到社会生活的其他方面，包括在以前被认为是私人领域的公共领域。哈贝马斯将自由资本主义时期的国家经济职能与晚期资本主义的国家经济职能加以比较，将国家经济职能及社会管理职能的加强看作当代资本主义上层建筑上出现的新变化，是有一定事实根据的。

最后，在阶级关系问题上，尽管"西方马克思主义者"因当代资本主义国家中阶级关系出现的某些变化而认为该社会的阶级结构和阶级关系发生了根本改变，无产阶级不再是历史的动力，阶级矛盾缓和了，马克思主义的阶级、阶级斗争理论过时了等，是完全错误的，但是，他们在对该社会的阶级关系、阶级结构的分析中，也提出了某些有益的见解，如关于第三阶层（白领）的出现和壮大对当代资本主义阶级关系和阶级结构的影响；关于生产力发展，剩余价值生产方式的变化，准政治的工资结构的出现，社会福利政策等对工人阶级的地位、革命性的影响；关于劳资对立出现的新特点、新内容以及社会变革主体的扩大等问题的分析都有可供借鉴之处。

然而，"西方马克思主义"的当代资本主义社会的新发展及基本特征理论是有重大失误的。最主要的一点是，割裂当代资本主义与自由资本主义及早期垄断资本主义的历史联系，基本上将当代资本主义看作一种全新的社会形态。也就是说："西方马克思主义者"因当代资本主义社会出现的新变化、新趋势、新特点而错误地断言资本主义社会的性质改变了。资本主义之所以是资本主义在于它自身一系列的质的规定性，特别是它的某些本质的规定性。作为同一社会形态，不管在何种发展阶段上，这些本质的规定性将不会改变。当代资本主义只是资本主义发展的一个新阶段，而不是一个全新的社会形态。

"西方马克思主义"论当代西方社会变革

"西方马克思主义"认为,当代资本主义与自由资本主义社会相比已发生了根本变化,并出现了新的危机趋势。既然如此,这种社会能否变革?变革的前景如何?这是"西方马克思主义"的当代资本主义新发展及危机趋势理论必须回答的另一个问题。"西方马克思主义者"特别是法兰克福学派通过对这个问题的考察,形成了完全不同于马克思主义的社会变革理论。

"西方马克思主义"的奠基人卢卡奇、科尔施等人所持的是一种"左"倾激进立场,他们对当时资本主义变革的可能性及前景持乐观的看法。他们认为,资本主义的各种矛盾和危机必然导致无产阶级革命或社会主义革命的出现,但它不会自动到来,必须以无产阶级形成自觉的阶级意识作为前提。在他们看来,第一次世界大战已经激起资本主义世界的各种矛盾和危机,在20世纪20年代初,社会主义革命的客观条件已经具备,资本主义的生产力和生产关系矛盾已经激化,即生产关系日益变成生产力发展的桎梏。那么,为什么20年代前后的欧洲革命没有取得成功呢?原因不在于客观条件不成熟,而是主观条件不具备,即存在无产阶级的意识形态危机。因此,当代资本主义社会变革的关键是要克服无产阶级的意识形态危机,形成无产阶级自觉的阶级意识,也就是说,革命的前景主要取决于无产阶级的主体意识形态是否成熟,以及无产阶级的政党能否用正确的理论来指导革命运动。正是基于这种对革命形势的估计,卢卡奇等人采取了一种"左"倾激进主义的革命策略。

法兰克福学派的代表人物霍克海默和阿多尔诺对当代资本主义社会变革

---

* 原载《岭南学刊》1996年第5期(原标题为《当代资本主义社会向何处去——"西方马克思主义"对当代西方社会变革的可能性及前景的分析》)。

的可能性及前景，持悲观的看法。他们认为，不像正统马克思主义所讲的那样，阶级冲突和危机将导致资本主义的崩溃和革命的转变，在当代资本主义社会中，危机可以被潜在地加以包容，阶级斗争的效果可以加以处理。阿多尔诺在《对阶级理论的反思》（1942年）一文中认为，尽管在资本主义时代，社会阶级有某种真实的、肯定的统一——它们表达了特殊的利益和目标，但在发达资本主义社会，这种统一已不再存在。随着劳动分工的扩展和市场作用的削弱，阶级社会的本质已变得不明显了；当工作任务和知识日益零散化时，阶级的体验也就减少了，变得更加非人化了；作为这种过程条件的特殊的社会关系模式即资本主义的生产关系变得更不好理解，冲突日益集中在边际问题上，因此，一般支配特殊——资本主义生产方式压倒了个人，男男女女都被还原为交换价值的承担者。显然，在这样的社会条件下，社会变革的前景是暗淡的。在《社会》（1966年）这一论著中，阿多尔诺则认为，在当代资本主义社会中，阶级斗争依然存在，阶级意识也依然存在，不管它是如何衰弱；如果给阶级意识加上括号的话，那么阶级之间的客观差别仍在增长；随着资本集中的加强，工人阶级的贫困化也日益加深；群众与社会的一体化是不完全的，变迁的客观基础加大了。然而他又说，在这个社会中，人们对社会关系和过程的适应性已到了这样的地步，以至于它们的最内在的行为方式已与现代社会的命运同一了，超越现有程序的可能性受到了被窒息的威胁。

  霍克海默在《人的概念》一文中则认为，在当代，生产力的进步——一种转向利润和增长的进步——是为它自身而不是为人服务的，与阿多尔诺一样，他说尽管马克思和恩格斯的著作对于了解社会的动力仍然是必不可少的，但不再能解释资本主义的国内发展和对外关系。他认为，大规模的技术的增长、商业的扩散、通信的进步、人口的增加、权力集团之间的斗争等引起了组织的成长和中间控制趋势转向一个合理化的、自动化的、总体化的管理世界。这样的世界使人的希望越来越渺茫，使社会变迁的理由和可能性也越来越小。目前的当务之急是抗议、保持和尽可能扩展有限和边际的自由，因为这正是希望之所在。

  马尔库塞的立场比霍克海默和阿多尔诺要激进得多。他是第二次世界大战后少数寻求一种更新了的理论与实践关系的"西方马克思主义者"之一。正是他对当代资本主义社会的激烈批判和对该社会变革可能性及前景的关注，使他成为60—70年代新左派和学生造反运动的精神领袖。他在《单向度的人》《反革命与造反》《五篇演讲》等著作都论及了当代资本主义变革的可能性及前景问题。《单向度的人》中的第三篇是专门探讨这个问题的。按照他的说法,《单向度的人》摇摆于下列两个相互矛盾的假设之中：(1)对可以预见的未来来说,发达工业社会能够遏制质变；(2)存在着能够打破这种遏制并推翻这一社会的种种力量。他认为第一种趋势是占主要的,并且任何可能存在的推翻这一趋势的先决条件都正被用来阻止它。在这里,他的立场与霍克海默、阿多尔诺无异。但是在《反革命与造反》等后来的著作中,则采取了较乐观的立场,认为第二种趋势是主要的。

马尔库塞分别对这两种趋势加以分析。他认为第一种趋势的主要迹象是：作为日益增长的资本集中和财政控制结果的生产力的极大发展；科技变化和公共官僚机构的扩展；日益增长的对自由竞争的调节,社会结构的变迁(如蓝领、白领工人的同化,商人和劳工领袖的同化等)等。这种趋势是朝向一种技术—工具的制度,趋向于全面的管理,并趋向于对管理的全面依赖。关于第二种趋势,马尔库塞指出,在发达工业社会中存在着种种抵抗第一种趋势即技术理性和全面管理的趋势的力量,革命的可能性没有穷尽。日益增长的生产力,生产工具的不断自动化、巨大的生产能力与发达资本主义的社会财富及其破坏性使用之间的矛盾,不仅保证了作为自由先决条件的物质基础的创造,而且保证了反对统治斗争的条件的创造。马尔库塞确信革命的客观条件已经存在,包括足以消灭贫穷的社会财富；可利用的技术知识；一个浪费、消灭生产力的统治阶级；第三世界反资本主义力量的壮大和一个广大的工人阶级；革命的主观条件相对滞后、未成熟,但超越资本主义的需要已被创造出来了。因此,当代资本主义社会变革的可能性潜在地存在着。

马尔库塞进而探讨了变革的出路问题。他认为必须发展有组织的激进左派,在现存制度之外寻找革命力量,这包括两种人：一种是那些在发达资本主义社会中没有特权的人(如少数民族和黑人)和那些在资本主义国家之外没有特权的人或为生存挣扎的人(即第三世界的革命力量)；一种是那些在发达资本主义制度中"有特权"的部分人(即大学生、知识分子等)。至于革命的方式是采取"大拒绝"的策略,即与一切现存的东西实行彻底的决裂,拒绝一切劳动和充当帮凶,拒绝对暴君或统治者的服从,拒绝一切现存的制度。这种大拒绝也是一种"总体革命",即从总体上反对现存制度的革命,不仅是政治、经济革命而且是文化和人的本能的革命。他还设想了一种斗争策略,即在资本主义的边缘地带进行变革。

哈贝马斯从一种改良主义的立场来看待当代资本主义社会变革的可能性及前景问题。他在《论晚期资本主义社会革命化的几个条件》《合法化危机》等论著中讨论了这一问题。他指出,按照马克思的看法,资本主义社会革命化的条件在于:一是无产阶级和资产阶级之间的阶级斗争明朗化,并且无产阶级已具有革命意识,能在政治上被组织起来;二是行政机构强行以私有形式使用资本,使经济制度不断面临不可解决的问题即出现经济危机。哈贝马斯认为,这两种条件在自由资本主义时期是存在的,因而革命是可能的;而在晚期资本主义时期由于出现新的历史发展趋势,这两个条件不存在了,甚至马克思革命理论的两个最重要范畴——阶级斗争和意识形态——也不能到处搬用了。这两种条件的消失就意味着当代资本主义社会获得相对的稳定。因此,当代资本主义社会不可能爆发真正的或传统意义上的革命运动了。归根到底,乃是革命主体出现意识形态危机,社会的乌托邦力量也衰竭了。

既然在晚期资本主义社会中,马克思所说的革命条件不复存在了,那么,是不是说这个社会没有变革的必要性和可能性呢?哈贝马斯的答案是否定的。他说,马克思所说的条件不存在,并不等于其他的革命条件不存在。实际上,晚期资本主义社会出现了一些新的革命条件,特别是这个社会的统治基础削弱,出现了合法化等方面的危机趋势。他在《论晚期资本主义社会中的革命化的几个条件》中列出的另外几个条件是:发达资本主义所生产的社会财富的规模以及生产这些财富的技术的和组织的条件,使实际的分配越来越同评价个人成就的机制联系在一起;不是物质的贫困,而是物质的过剩成了小资产阶级的需求结构崩溃的基础;对可实现的福利的厌恶心理,敏感地觉察到了官僚化劳动方式和生产方式所具有的压抑。这些新动因尤其是人的本质受压抑的动因,使得社会变革成为必要,这种变革就是马尔库塞所说:"产生于厌恶的革命。"这种革命的基础是扩大了的工人阶级,即以中间阶层、职员、知识分子和大中学生为主的工人阶级,而不是原来以体力劳动为主的无产阶级;革命的目标不是发展生产力,增加物质财富,而是"美好的生活"(生产力的提高只不过是这种"美好生活"的手段);革命主要在公共领域发生,必须通过"交往的合理性化"和群众的非政治化等来实现,即实现舆论结构的变革。

列斐伏尔在《资本主义的幸存》一书中也对当代资本主义社会变革的可能性及前景做出了分析。他认为,随着当代资本主义经济的增长,资本主义内部的否定因素(危机)也在发展。这不仅是一个发展不平衡的问题,而且也是一个社会关系逐步瓦解的过程。当代资本主义社会的变革不仅是可能的,而且是必要的。他不同意马尔库塞关于革命必须集中注意边缘地带的观点，认为革命必须集中在核心或中心地带，因为引发革命的问题并不是资本主义的枝节问题，而是事关资本主义生死存亡的大问题，即"资本主义生产关系的再生产危机"。这种危机的出现，势必导致革命的爆发。爆发革命的地方不是资本主义国家的边缘地带，而是中心城市。在当代，作为决策中心的资本主义国家的大城市的危机正在形成和发展。当这些大城市的危机发展到一定的程度，一场足以使资本主义灭亡的革命就要来临了。列斐伏尔认为，这场革命的主体是"新无产阶级"——中产阶级、白领工人，未被纳入生产过程的农民、青年、知识分子、黑人和外籍工人等，而不是原来的工人阶级。

生态学马克思主义者莱易斯和阿格尔也对当代资本主义社会变革的可能性和必要性作了肯定的回答。在他看来，这个社会变革的动因在于它的过度生产和过度消费以及由此引发的生态危机。他们也提出了一整套生态学社会主义变革模式，主要是通过消除异化劳动和异化消费，消除集中化和官僚化，建立起一个将分散化、非官僚化和工人自行管理相结合的"稳态"经济的社会主义；革命的主体不是原来的工人阶级，而是具有生态意识，热衷于生态运动的"中间阶级"，即中小资产阶级、知识分子和青年学生，当然要取得最终胜利，必须有工人阶级的参与。

上面我们所述的是20世纪80年代以前"西方马克思主义"的观点。那么，80年代以后特别是1989年的苏东剧变之后，"西方马克思主义"又是如何来看待当代西方社会变革这一问题呢？

苏东剧变之后，世界上各种力量和思潮都在预测社会主义在21世纪的前途和命运以及当代西方社会主义变革前景问题。资产阶级及其代言人将苏东剧变看作社会主义失败、资本主义胜利的标志，断言21世纪将是一个由资本主义一统天下的新世界，社会主义将不再与人类社会有任何关系，当代西方社会因而也就不再可能出现社会主义变革了。弗朗西斯·福山的《历史的终结和最后的人类》、布热津斯基的《大失败：20世纪共产主义的兴亡》和《失去控制：21世纪前夕的全球混乱》所宣传的就是这种观点。西方的传统左派和新左派对21世纪社会主义的未来以及当代西方的变革前景则充满期望。例如，美国纽约的《每月评论》1990年出版了《从左派的观点看社会主义的未来》文集，认为不能将苏联模式的失败看作社会主义难以实行的证据，只要存在着剥削者和被剥削者，社会主义和共产主义的乌托邦就不会消失；英国的《新左派评论》1991年出版了《倒塌之后——共产主义的失败和社会主义的未来》文集，认为共产主义和社会主义两者在把国家和集权化的官僚政治当作进步的关键性杠杆方面过于投入，未来的社会主义必须更深地打破地方根源并具有更广阔的国际地平线见解。"西方马克思主义"的一些新流派及代表人物也分析苏东剧变之后的社会主义前途命运以及西方社会变革的前景问题。如法国马克思主义批评学派在《当代马克思》杂志1993年第14期上专门讨论社会主义的新模式问题，参加讨论的学者试图将马克思主义与当代西方经济理论相结合寻找一种既不同于"现实社会主义"（苏联模式），又不同于当代资本主义的新社会主义模式，以此作为西方社会变革的目标和方向。又如，"分析学派的马克思主义"的代表人物罗默1994年出版了一本名为《社会主义的未来》的著作，认为社会主义不是死了，而是需要现代化，而市场社会主义是这种现代化的一个重要内容。一般而言，这一时期的"西方马克思主义"者一般不怀疑当代西方社会主义变革的可能性，并对这种变革的前景持乐观的态度。但是，他们认为，社会主义的理论及模式必须更新，使之更符合当代西方的实际，而与传统的社会主义尤其是苏联模式决裂。

总之，"西方马克思主义"的代表人物通过对当代资本主义社会变革的可能性及前景的分析，力图回答当代西方社会向何处去的问题，他们确立起一种属于"第三条道路"或"第三种选择"的社会变革理论。他们中的大多数人承认当代资本主义仍然充满着异化、矛盾和危机，甚至断言是"一个陷入全面危机的社会"，坚持认为这一社会具有变革的可能性和必要性，承认社会主义在当代西方社会仍然有其前景，是摆脱这一异化、压抑社会的出路所在。他们基于对当代资本主义社会的生活体验，分析当代资本主义社会出现的新变化、新趋势及新特点，并进而探索当代西方社会变革的动因、主体、目标、途径和策略等问题，力图形成一套适合当代西方现实的革命新理论。他们的理论中包含了一些新的见解，提出了某些值得我们认真思考的问题。他们既批判当代资本主义，又批判苏联模式，提出社会主义理论及社会主义模式的更新问题；他们注意当代西方社会的种种反对资本主义的运动及力量，及时地将"生态运动""和平运动""妇女运动"等西方新社会运动纳入其理论视野之中，提出如何看待革命新主体问题，这些都是我们在研究当代西方社会主义变革的可能性及前景问题时可以作为参考资料的。因此，可以说，"西方马克思主义"的当代资本主义变革的可能性及前景的理论并不是一无是处的，而是包含有某些合理和可借鉴之处。

但是，从总体上看，"西方马克思主义"的当代资本主义社会变革的理论是与马克思主义的社会主义革命理论背道而驰的，它包含了许多原则性的错误，因而基本上是不可取的。我们只简要地指出这样几点：一是歪曲马克思主义的无产阶级革命或社会主义革命理论，宣称马克思主义的革命理论因当代资本主义社会的发展变化而失效。二是在革命的动因、主体等问题上，宣称马克思主义所讲的无产阶级革命的条件消失了，无产阶级的革命性丧失了，因而在无产阶级之外寻找革命的主体或动力，把革命的希望寄托在新左派知识分子、大学生、中间阶层、小资产阶级或"新无产阶级"等身上。三是在变革的途径及策略问题上，不是主张先变革资本主义的政治、经济制度，而是主张先变革思想文化及意识形态结构，反对用暴力手段摧毁资产阶级的国家机器，主张渐进改良。四是在变革的前景上，虽然认为可能性存在，但找不到变革的真正出路及近期的希望。显然，这些观点是与马克思主义的无产阶级革命理论及社会主义理论相违背的。

"西方马克思主义"视野中的科学技术与生产力*
——以哈贝马斯为例

许多"西方马克思主义者"都论及了科学技术与生产力的关系,他们一般同意马克思关于科学是生产力的观点。不过,在"西方马克思主义者"中,对科学技术与生产力关系问题论述最多、最明确且具有新意的要首推哈贝马斯。他在《作为意识形态的技术和科学》(这是他祝贺马尔库塞70岁生日而写的长文,后收入《走向一个合理的社会》一书)等论著中,不仅明确提出在晚期资本主义社会中,科学技术成为第一生产力的论点,而且对科学技术成为第一生产力的机制以及它与科学技术成为意识形态两者的关系作了具体的论证。他把科学研究与技术之间的相互依赖,技术的科学化,科学、技术及其在生产上的应用合为一体,科学技术成为一种独立的剩余价值来源等,作为科学技术是第一生产力的主要依据。

首先,哈贝马斯认为,在晚期资本主义社会,科学研究与技术之间日益相互依赖,这是当代科学技术发展的一个新特点,也是科学技术成为第一生产力的一个基本依据。在他看来,资本主义社会区别于以往社会形态的一个基本特征是依靠科学技术来发展生产力。但是在自由资本主义时期,科学技术在资本主义经济(生产力)发展中的地位不太突出,科学研究和技术应用之间往往是相互分离的,科学研究不具有明确的实用或技术目的。而到了晚期资本主义时代,科学研究与技术日益相互渗透、相互依赖,这使得科学技术成为第一生产力。

其次,哈贝马斯将技术的科学化,科学、技术与生产上的应用的一体化

---

* 原载《岭南学刊》1996年第4期(中国人民大学复印报刊资料《外国哲学》1997年第2期转载)。

当作科学技术成为第一生产力的另一个重要论据。哈贝马斯认为,科学由潜在、一般的生产力向现实、直接的生产力的转化,必须具备一定的机制,即通过科学—技术—生产的转化过程,或者说以应用于生产之中为条件,在晚期资本主义社会,已解决了科学技术转化为直接生产力的机制问题,这时技术日益科学化,科学、技术及其在生产(工业)上的应用组成一个体系,即科学技术与社会生产一体化,科学和技术一起成了促进社会经济发展的最强大的动力。也就是说,科学技术成为第一生产力。

最后,哈贝马斯认为,科学技术成为一种独立的系统变数和独立的剩余价值来源,这是在晚期资本主义社会中科学技术成为第一生产力的又一个重要标志或根据。在他看来,在晚期资本主义社会,科学技术取代人(活劳动)而成为经济增长的主要动力,成为提高劳动生产率的根本手段。对于当代资本主义经济来说,最重要的东西不是通过增加工人的劳动强度和延长工人劳动时间来增加剩余价值,而是依靠科学技术进步来提高劳动生产率。因此"科学技术准自动的进步成了一种独立的变数,成为一种最重要的单一的系统即经济系统所依赖的变数。因此,出现了这样一种前景,即社会制度的发展似乎是由科技进步的逻辑所决定的"①。在哈贝马斯看来,这种状况的出现,使马克思关于劳动价值的理论发生作用的条件消灭了。因为在非熟练(简单)劳动力的基础上来计算在研究与开发中资本投资的数量已没有意义。当科学技术进步已经变成一种独立的剩余价值来源时,直接劳动力这种被马克思考虑为剩余价值的唯一来源的因素所起的因素越来越小了。

显然,"西方马克思主义者"关于科学技术与生产力关系的理论特别是哈贝马斯关于在晚期资本主义社会科学技术成为第一生产力的论点有合理之处,包含着一些深刻、新颖且符合马克思主义的见解。

第一,哈贝马斯透过当代科技进步以及科学技术在当代社会经济发展中的地位和作用的变化,抓住了当代资本主义社会发展中的一个重要事实,提出科学技术是第一生产力的重要命题,并对此详加论证,他提出的一些主要论据是颇具说服力的。例如,他提出的在当代科学研究与技术日益相互依赖、技术日益科学化的论据符合当代科学技术发展实际。我们从西方资本主义社会迄今为止出现的三次产业革命或技术革命的历史回顾便可以说明这一点。第一次技术革命开始于18世纪60年代,结束于19世纪60年代(主要标志是蒸汽机和纺织机的广泛应用)。在这次革命中,技术作用优先于科

---

① [德] 哈贝马斯:《建向一个合理的社会》,波士顿1971年英文版,第105页。

学，蒸汽技术主要是为解决生产中的实际问题——开矿和纺织中的动力需要而发展起来，并不以科学研究为先导。在这一阶段里，技术与科学研究的联系是松散的。第二次技术革命从19世纪70年代开始到20世纪20年代结束（主要标志是电力的广泛应用），它是科学的全面发展特别是电磁学理论所带来的成果，即在这次革命中，科学研究明显走在技术前面，技术进步依赖科学研究。第三次技术革命即新技术革命始于第二次世界大战后（主要标志是原子能、电子计算机和生物工程等的应用），它直接依赖于数学、物理学、生物学等学科的革命性进程。这次革命的显著特征是科学研究和技术相互依赖、密切结合，使科学技术迅速转变为生产力。尽管在第二次技术革命中，科学走在技术前面，但科学家往往并没有认识到他的研究的应用前景（法拉第对电磁感应的研究、赫兹的电磁波实验均属这种情况），科学家并没有把他们的理论应用到生产过程，而是一些工程师、技术人员来做这项工作，科学理论转化为技术的周期也较长。到了第三次技术革命时，科学家和技术人员的研究直接为解决工业中提出的技术问题服务，许多科学理论马上被应用科学家和工程师加以分析，探求它们实用的方面；这一时期的技术与科学不再截然分开，探求新原理的科学家和发展新工艺、新产品的技术专家往往是同一个人，他们"一身两任"；科学和技术融合：科学有明确的技术目的，技术自觉地以科学为指导，如声障研究是为实验超音速飞行，核聚变研究是为获得新能源，基因重组是为获得新品种。由此可见，三次技术革命的过程也就是科学研究与技术分离到两者不断相互渗透、相互依赖的过程。

又如，哈贝马斯将科学、技术及其在工业上的应用一体化作为科学技术成为第一生产力的又一主要论据也是可以成立的，他实际上揭示了科学技术转化为生产力的机制或途径。从当代资本主义经济与科技关系来看，的确出现哈贝马斯所说的科学、技术及其在工业上的应用一体化的情况。将科学技术应用于生产过程，促进经济发展是资本主义社会的一个特征。但是在自由资本主义时期与在垄断资本主义时期，有着不同的科学技术转化为生产力的机制或过程。在自由资本主义时期，转化机制或过程是"生产↔技术↔科学"，即生产既是科学、技术的起点，又是它们的归宿。而在垄断资本主义时期特别是第二次世界大战后的当代资本主义，科学技术在社会生产过程中的地位和作用越来越突出，"科学、技术、生产"走向一体化，出现了"科学↔技术↔生产"的新的转化机制或转化过程。一方面，通过科学理论转化为技术，通过技术发展转化为生产，构成科学对技术、技术对生产的作用；另一方面，生产活动过程不断产生新的问题，需要通过技术加以解决，技术问题又有赖于科学理论的解决,从而形成了生产对技术、技术对科学的反作用。在这个双向循环中,科学已经成为推动技术进步和生产力发展的首要动力,生产力的发展往往取决于科学理论的突破。第二次世界大战以后出现的一系列高新技术产业,已经把基础研究、应用研究、开发研究、中间试验、新产品试制和批量生产融为一体,科学技术在生产过程中起到第一位的先导作用。

再如,哈贝马斯等人所说的科学技术在当代成为提高劳动生产率的一个主要手段,并将之作为科学技术成为第一生产力的论据也是有道理的。在第一次产业革命期间,蒸汽机、纺织机等的发明和利用,使资本主义在不到一百年的时间"所造成的生产力比过去世世代代造成的生产力还要大还要多"(马克思语);在第二次产业革命时期,随着电动机的发明和使用,世界工业生产总值在不到一个世纪的时间内增长了20倍;而在第三次技术革命时期,随着电子计算机等的发明和使用,人类进入电子时代或信息时代,使劳动生产率持续高速增长。据统计,在20世纪初,科技进步因素在国民生产总值(GNP)增长中所占的比例为5%,20世纪50年代上升为50%,到80年代则高达60%—80%。发达资本主义国家生产率增长3%,其中3/4是依靠科技进步取得的。80年代以来,劳动生产率及社会财富的增长,主要依靠开辟"知识密集型工业""信息工业"的途径,即主要依靠科技因素,而不是主要靠增加劳动力、资金或资源。同时,科学技术成果转化为商品的周期也越来越短。这种转化周期,在1860年以前平均为78年,在1870—1900年平均为32年,到20世纪则缩短为6—7年。这充分说明,科学技术已成为提高劳动生产率的主要手段。

第二,哈贝马斯关于当代资本主义社会科学技术成为第一生产力的观点,在某些方面深化了马克思主义关于科学技术与生产力之间关系的理论。科学技术是生产力,这是马克思主义科学技术观以及历史唯物主义的一个基本原理。马克思根据他所处的时代即自由资本主义时代科学技术发展及其在资本主义社会经济发展中的地位和作用,提出科学是生产力的论点,指出"生产力中也包括科学"[①],并赋予这一命题以丰富的内涵。19世纪末20世纪初以来特别是第二次世界大战后,科学技术在当代社会中的地位和作用大大加强,科技进步尤其是科技革命极大地推动社会经济的发展,科学技术日益成为一种重要的生产力。面对科学技术社会功能的这种变化,从理论上加

---

① 《马克思恩格斯全集》第46卷下,第211页。

以反思，丰富和发展马克思主义的科学与生产力关系的理论，应当是马克思主义研究者的一个重要任务。但是，在相当长的时间里，这个问题并没得到马克思主义的继承者和研究者的高度重视。倒是法兰克福学派特别是哈贝马斯注意到了科学技术在当代社会中的重大作用，提出了科学技术是第一生产力的命题，并且着力探讨了当代科学技术成为第一生产力的机制，即指出在现代社会中，科学技术日益相互依赖以及它们与生产一体化，科学技术才成为第一生产力。这就表述了一个重要的观点，即只有当原初以知识形态出现的科学转化为可实际利用的技术、劳动者的技能和生产装置时，科学才能由一般的生产力转化为直接生产力。哈贝马斯的这些观点，无疑在某些方面深化了马克思主义关于科学技术与生产力关系的论点。大约20年之后，邓小平同志根据他对马克思主义关于科学是生产力观点的理解和当代科学技术发展及其巨大社会功能特别是它们在社会经济发展中的重大作用的考察，独立地提出"科学技术是第一生产力"的论点，并作了真正科学的、马克思主义的论证，远远超越了哈贝马斯。尽管如此，我们仍可以说哈贝马斯还是有相当的理论洞察力的。

第三，哈贝马斯关于在当代科学技术成为第一生产力的观点，具有一定的理论意义和实践价值。它不仅有助于我们从理论上把握当代科学技术的巨大社会功能特别是生产功能，加深对马克思主义关于科学技术与生产力关系理论特别是邓小平同志关于"科学技术是第一生产力"论点的理解，坚持和发展马克思主义的科学技术社会学理论，而且有助于我们坚定地制定和执行科技兴国的基本国策，确定科技发展战略，加快科技体制改革特别是形成科学技术转化为生产力的有效机制。例如，按照哈贝马斯的观点，科学成为第一生产力的主要标志，乃是科学技术成为当代各国社会经济发展的一个首要的推动力；当代各国的经济、军事及政治之争归根到底是科学技术特别是高科技之争，也就是说，在当代，一个国家强大与否，它的国际地位如何，取决于这个国家的综合国力特别是科技发展水平。因此，各国都把科技立国作为基本国策。我国正在进行社会主义现代化建设，大力发展生产力，这更应重视科学技术作为第一生产力的作用，依靠科学技术来推动社会经济的高速发展，因此，更应增强科技立国意识，坚定不移地以"科学技术是第一生产力"作为长期的基本国策，并确定好科技发展战略。又如，哈贝马斯的理论也告诉我们，科学技术成为第一生产力的关键是形成有效的转化机制，即科技与生产的一体化。这正是我们国家的科技发展为经济发展服务中长期没有解决好的问题，没有形成科技转化为生产力的有效机制。这既制约科技本身的发展，也制约整个国民经济的发展。因此，必须加大力度改革我国的科学技术体制，特别是在科学—技术—生产的转化机制上下功夫，加速科研成果转化为商品的周期，使科学技术更好地变成现实、直接的生产力。

但是，必须看到，"西方马克思主义者"特别是马尔库塞和哈贝马斯关于科学技术与生产力关系的理论是有缺陷的。这主要表现在，他们把生产力看作一种独立的变数，看作一种独立的剩余价值来源，否认马克思劳动价值理论，具有明显的技术至上主义的倾向。哈贝马斯等人把科学技术成为一种独立变数，成为一种独立的剩余价值来源作为当代科学技术是第一生产力的一个论据，实际上将科学技术夸大为唯一的生产力，夸大为社会财富和剩余价值的唯一创造者；他们也将科学技术看作决定社会制度的主要力量，即看作当代社会起支配作用的组织原则。这与马克思主义关于科学技术与生产力关系的理论，特别是科学技术是第一生产力的观点是背道而驰的。首先，我们说科学技术是第一生产力，并不是说它可以独立创造价值，而是必须渗透到生产力的三种因素，并与之紧密结合才能发挥作用。其次，说科学技术是第一生产力，并不是说它是生产力、社会财富的唯一创造者。马克思说过："劳动生产力是由多种情况决定的，其中包括：工人的平均熟练程度，科学的发展水平和它在工艺上应用的程度，生产过程的社会结合，生产资料的规模和效能，以及自然条件。"① 尽管在当代，科学技术成为生产力、社会财富增长的主要因素，生产过程的社会结合，生产资料的规模和效能、自然条件一类的因素作用下降，但它们毕竟也是生产力、社会财富增长的不可或缺的因素。再次，科学作为第一生产力，并不出马尔库塞、哈贝马斯等人所说的社会系统以及政治制度的发展，乃是由科技进步的逻辑所决定的情况。影响生产关系、社会制度的因素是多方面的（如生产力与生产关系之间的矛盾尖锐化的程度、阶级关系及其力量对比、文化传统、意识形态、社会心理等），不能仅归结为科学技术的结果。在这里，哈贝马斯等人具有明显的技术至上论或技术统治论倾向。最后，不能因为科学技术在当代资本主义社会中成为第一生产力而否定马克思的劳动价值论。实际的情况并不是哈贝马斯和马尔库塞所说的那样，科学技术成为第一生产力，使马克思的劳动价值论的应用提前告吹了。因为即使在科学技术发展造成的自动化条件下，剩余价值的产生仍然是由超过必要劳动时间的剩余价值所决定的。自动化的机器是不变资本，它只能把价值转移到新产品中，而不能发生价值增殖；自动化的

---

① 《马克思恩格斯全集》第23卷，第53页。

设备离不开人的操作，被雇佣者（不管他是蓝领还是白领）的无偿劳动才创造价值；况且，科学技术本身也是活劳动的产物。因此，即使在科学技术成为第一生产力的当代资本主义社会，马克思的劳动价值论特别是剩余价值学说并未过时或失败。由这几点看，不能将哈贝马斯的科学技术在当代资本主义社会中成为第一生产力的观点与马克思主义的科学技术是生产力特别是邓小平同志的科学技术是第一生产力的论点相提并论。

2-7

"西方马克思主义"论科学技术与生产关系[*]

科学技术与生产关系的互动是科学技术观中的一个重要而又往往被人们所忽视的问题。它包括两方面的内容：一是生产关系对科学的影响或制约，即科学技术是如何在生产关系中存在和发展的；二是科学技术对生产关系的作用或影响，即科学技术是如何通过转化为生产力而推动生产关系变革的。"西方马克思主义"特别是法兰克福学派的主要代表人物对科学技术与生产关系问题的这两个方面都有所论及，通过对他们观点的评述，可以加深对马克思主义关于科学技术与生产关系相互作用理论的认识。

一、"西方马克思主义"关于科学技术与生产关系相互作用的观点

关于生产关系对科学技术的制约或影响问题，一些"西方马克思主义者"认为，科学技术的产生、发展及其在生产中的应用离不开特定的社会历史环境，特别是离不开资本主义生产关系的制约和影响。青年卢卡奇在《历史和阶级意识》中考察了近现代科学技术发展的社会根源，考察科学技术与资本主义生产关系及生产方式的关系问题。他认为，近现代科学技术是资本主义发展的产物，科学技术与资本主义生产关系或生产方式之间存在一种亲和关系。这种亲和关系意味着资本主义以相同的方式产生了实在领域的现象和认识领域的作为自然科学研究对象的"纯粹"的事实，从而产生出

---

* 原载《学术论坛》1995 年第 5 期，中国人民大学复印报刊资料《科学技术哲学》1996 年第 2 期转载（原标题为《评"西方马克思主义"关于科学技术与生产关系相互作用的理论》，收入本书时各节加了标题）。

自然科学。在卢卡奇看来,自然科学是资本主义生产关系或生产方式的产物,是指资本主义生产关系为自然科学的发展提供了外部条件或实现的可能性,还是指资本主义生产关系为自然科学的有效性提供逻辑上的先决条件?卢卡奇并没有对此做出明确的回答。

法兰克福学派的奠基人霍克海默也肯定科学技术的发展及应用受历史环境特别是生产关系的制约或影响。他坚决反对把科学研究看作一个自我封闭的王国的观点,强调科学研究是社会实践的一个组成部分,是社会发展变化的一个环节。他认为,科学活动是资本主义生产方式和社会劳动分工的结果,是资本主义生产部门的一个组成部分[1];科学这一行当是劳动或人的历史活动过程中的一个非独立的环节[2];理论的创立、修改和发展都是一般社会活动的组成部分[3];而在阶级社会,由于科学家分属不同的阶级或集团,所以,理论与一般社会活动的关联方式也就不同。他说:"由于理论构造物的作者所属的社会阶级不同,它们与一般社会活动的关联方式也就不同。因此,当资产阶级首次出现于封建社会的时候,随之出现的纯粹科学理论主要倾向于摧毁现存状况,攻击旧的活动形式,在自由主义时代,这种理论被人类普遍接受了。今天,决定发展的主要不是在改进物质生产手段和产品方面互相竞争的普通个人,而是在各个层次上控制着经济和政府的、互相冲突的全国性和国际性领导集团。"[4] 因此,霍克海默提出了一种颇具历史主义色彩的科学观,即认为科学理论的发展包括科学发现、事实和理论的联系、理论的检验、接受和修改以及科学的应用受社会历史因素包括生产关系的制约。他说:"实际上,有助于更新现存知识的大量新发现的实际联系,以及这种知识对事实的应用,都不能由纯粹逻辑或方法论的根据中推出,而只能在现实的社会过程中加以理解……新观点取得胜利的原因在于具体的历史环境,即使科学家本人只是由内在的动力推动改变他的观点,情况也不会有什么不同。"[5]

关于科学技术对生产关系的作用或影响方面,"西方马克思主义者"特别是法兰克福学派的马尔库塞和哈贝马斯提出了一个著名论点,即科技进步

---

[1] [德]霍克海默:《批判理论》,重庆出版社1989年版,第188—189页。
[2] 同上书,第191页。
[3] 同上书,第196页。
[4] 同上书,第196页。
[5] 同上书,第187页。

导致了资本主义与社会主义的两种制度趋同。他们认为无论是当代资本主义社会还是苏联的社会主义社会都属于发达工业社会,是同一个由工具理性或技术理性所统治或支配的发达工业社会的两种模式或样板。在这种社会中,建立起工具理性、特化关系和机器的全面统治。在他们看来当代社会制度是由科学技术进步的逻辑所决定的,在当代资本主义社会中,由于科学技术成为第一生产力这一历史趋势的出现,资本主义原有的制度结构以及作为子系统的经济体制和政治体制的布局受到破坏或摧毁;而在苏联,为了与资本主义进行竞赛,不断推进工业化进程,发展科学技术,从而导致了其体制结构与资本主义趋同。

马尔库塞在《苏联马克思主义》中首先提出科学进步导致两种社会制度趋同的理论。他认为,苏联和西方社会都是建立在技术进步基础上的工业社会。在这种社会中,技术和合理性被应用到工业和社会组织之中,现代工业的合理性要求对机器的标准化的一致和准确的服从;它所要求的是调整和反应,而不是自主性。在苏联,工业化系统的合理性要求对机器过程的服从,个人的创造力屈服于效率和绩效。因此,苏联的劳动和社会组织的目的是统治和劳动者对机器的顺从,而不是使劳动者的潜能得到发挥,于是,工业化的进步也就是统治的进步。马尔库塞指出,西方社会与苏联社会之间的基本差别被一种朝向同化的强有力的趋势所拉平,这两种制度显示出其共同的后工业文明的特征:集中和控制取代了个人的事业和自主性,竞争是组织化和合理化了的,存在着种种将经济的和政治官僚主义相结合的规章制度,大众由传播媒介、娱乐工业和教育等来加以调控、协调如此等等。因此,只要生产是中央化和从上而下对人的控制的话,那么,国有化,生产资料的私有财产的废除,并不构成一个本质的差别。没有首创性和由"直接的生产者"来自下面的控制,那么国有化只不过是为加速生产力发展,为它们来自上面的控制(中央计划)服务的一种技术—政治手段,一种统治方式、统治流水线(streamline)的变化,而不是废除统治的先决条件。

《苏联马克思主义》一书1958年出版后,马尔库塞的趋同论受到了人们的激烈批评。因此,他在1961年的新版序言中为自己辩解说:"必须澄清一点由于我的不充分的论述所引起的过多误解。本书反复强调某些使西方和苏联社会同化、趋同的趋势……我宁愿使自己从这种立场中解脱出来,虽然我仍然坚持发达工业社会中那些围绕机器过程所产生的政治特征,也正是这种机器过程的总特征限制着西方与苏联社会走向同化和趋同的趋势,并产生非常不同的发展潜能。"① 然后，他强调说，苏联不同的体制是为不同的发展所设计的。他辩解说，苏联在与西方的竞争中，将刺激技术进步、自动化和劳动的减轻；认为国有化经济并没有对技术进步合理化加以外在的限制，还将加快在必要劳动领域中工作的减少。因此，马尔库塞认为，在苏联可以看到比起西方要大得多的通过自动化和技术的潜在解放潜能。然而，在1964年出版的《单向度的人》一书中，他又明确地主张趋同论，声称苏联与西方都是建立在技术进步基础上的发达工业社会，它们是同一个发达工业社会的两种翻版，都以技术和理性作为社会组织原则；它们在本质上并没有什么不同，都是单面、异化、畸形的社会。

综上所述，我们看到，"西方马克思主义者"特别是法兰克福学派的确已注意到科学技术与生产关系相互作用的问题，在一定程度上抓住了生产关系及社会历史因素对科学技术的产生、发展及其应用的制约以及科学技术对生产关系及社会政治制度的巨大作用的事实，力求揭示科技进步与资本主义发展之间的关系。特别是霍克海默所提出的科学研究及科学理论的发展（包括发现、检验、修改、承认等）受社会历史因素（社会实践、生产关系、阶级关系等）的制约的观点是颇有见地的，这成了后来科学历史主义的先导。但是，"西方马克思主义"关于科学技术与生产关系相互作用的观点基本上是错误的、不可取的。一方面，尽管他们口口声声称科学技术的发展及应用受生产关系及历史条件的制约，但一旦涉及科学技术的社会功能和政治效应问题，他们就离开生产关系及所有制形式来看问题，抹杀两种不同社会制度下科学技术社会功能及政治效应的差别，将科学技术看成一种超时间超历史的万恶之源。另一方面，他们夸大了科学技术对生产关系及社会政治制度的作用，将之变成唯一的决定因素，并鼓吹科技进步使社会主义与资本主义趋同的理论。这是十分错误的。科学技术当然是生产关系及政治制度变革的一个基本动因，但却不是唯一的动因。生产关系及政治制度的变革是多种因素（如生产力与生产关系的矛盾尖锐化程度、阶级关系及其力量对比、意识形态、文化传统等）相互作用的结果；科技进步、生产力的发展尽管是促进社会发展的革命性因素，但社会革命的发生及政治制度的变迁并不是由科技进步的单方面因素决定的。如果把社会制度的发展看作是由科技进步的逻辑所决定的，这就无法解释为什么在科技发展水平及生产力发展水平相同的情况下会出现不同的社会制度这一现象。

---

① ［美］马尔库塞：《苏联马克思主义》，纽约1961年英文版，第51—52页。

显然,在鼓吹"趋同论"这一点上,"西方马克思主义者"特别是法兰克福学派的观点与西方"(后)工业社会"理论家们的观点是一脉相承的。几乎所有的"(后)工业社会"理论家都宣称,当代科学技术创造了一个使社会主义制度和资本主义制度趋同的"(后)工业社会"。因为这种社会是以科学技术为基础建立起来的,所以是一致的,它超越了社会主义和资本主义两种不同制度的分野。丹尼尔·贝尔认为,"苏联和美国都是工业社会,它们之间是彼此一致的"[①]。因此,可以"把这两种制度归入同一种标题"[②]。雷蒙·阿隆宣称,当代欧洲并不存在根本不同的两个世界:苏联世界和西方世界。它们都属于工业文明,"苏联和资本主义社会是同一类型的两个品种,或者是同一社会类型(即发达工业社会)的两种形式"[③]。托夫勒则断言,科技革命的发展以及信息社会的到来,已经取消了生产资料的所有制关系。他说,生产资料所有制"本质上是第一次浪潮和第二次浪潮的问题。左派的一切分析都从这里着手;它在一百年前还有用,现在就越来越不切合实际了"[④]。

二、马克思主义是如何看待科学技术与生产关系的相互作用的?

那么,马克思主义是如何看待科学技术与生产关系的相互作用问题的呢?马克思主义的基本观点是:一方面,科学研究活动、科学向直接生产力的转化是在一定的生产关系中进行或实现的,在不同的生产关系中,科学的社会功能和政治效应是不同的;另一方面,科学通过技术转化为直接的生产力,从而引起生产关系的变革。下面,我们作一些说明,先看第一方面的问题。

诚然,自然科学的理论或定律是对自然界的本质规律的认识,具有客观真理性,不会因为生产关系及社会制度的不同而发生变化。科学是没有国界、不分民族、阶级、国家的,它是全人类的共同成果,自然科学的成果可

---

① [美]丹尼尔·贝尔:《后工业社会的来临》,商务印书馆1984年版,第17页。
② 同上书,第84页。
③ [法]雷蒙·阿隆:《工业社会十八讲》,伦敦1962年英文版,第42页。
④ [美]托夫勒:《预测与前提——托夫勒未来对话录》,国际文化出版公司1984年版,第107页。

以为不同的生产关系及社会制度所利用,所不同的只是看它怎样利用以及用来达到何种目的。但是,肯定自然科学的客观真理性和无阶级性,并不意味着否定生产关系及社会制度与科学技术之间的联系。

所谓的生产关系就是人们在生产中发生的一定的、必然的、不以人的意志为转移的物质关系,它由生产资料所有制、人们在生产中的地位和交换关系、产品分配关系及消费关系等部分所组成。在其中,生产资料所有制是最基本的方面。包括科学在内的人类改造和认识自然的活动是在具体的社会条件下,通过具体的生产关系来进行的。生产关系以一定的方式影响一个社会总体及一切社会现象(包括科学技术)。它使科学技术的社会主体结构和社会主体的利益得以形成;它影响科学技术的发展趋势和科学技术研究的体制;它们在各种社会机构中发生着作用,科学技术作为一种社会活动,借助于这些机构而得以实现。当然,我们首先承认科学技术认识活动具有相对的独立性,科学技术发展有它自身的规律。

人类社会发展史以及科学史表明,科学技术越发展,它们在社会生产及生活过程的作用就越明显,而它们作为一种相对独立的社会现象和社会活动过程,也就越来越受到生产关系或社会制度的制约。当代两种对立的生产关系或社会制度——社会主义和资本主义,在对待科学技术的态度,为科学技术发展创造条件,科学技术应用的范围及应用性质等方面都有着质的区别。

近代实验科学与资本主义生产关系几乎同时诞生,两者之间存在着一定的联系。早期的资产阶级为了发展社会生产力,反对封建阶级和神学,非常注重自然科学的发展。资产阶级文明的"秘密"就在于,它以前所未有的速度发展社会生产力,却同时把进行劳动的人同私有制控制下的一般社会劳动条件分离。当然,"资本不创造科学,但是它为了生产过程的需要,利用科学,占有科学。这样一来,科学作为应用于生产的科学同时和直接劳动相分离,而在以前的生产阶段上,范围有限的知识和经验是同劳动本身直接联系在一起的"[①]。在资本主义所有制条件下,科学从属于资本,而与劳动相对立。马克思指出:"科学及其应用……虽然它们——从它们的源泉来看——又是劳动的产品,然而在它们进入劳动过程中的一切地方,它们都表现为被并入资本的东西。"[②] 因为并入资本所有,所以,在当代科学技术革命的条件下,这一点也不会改变。在资本主义的生产关系下,科学日益加强

---

① 《马克思恩格斯全集》第47卷,第570页。
② 《马克思恩格斯全集》第26卷,第1册,第421页。

资本的权力，仍与劳动脱节，与劳动对立，科学作为生产力与它为人的充分发展提供种种条件，两者并没有有机的联系。

既然科学从属于资本，它就按资本主义所有制的方式运转，被纳入整个资本主义的工业结构，成为一个独立的生产部门；科学理论通过机器和工艺流程得以物化，变成物质产品或商品，通过交换创造剩余价值。在资本主义所有制条件下，以前的出于个人爱好、属于个人事业的学术研究的情况已经改变，科学研究不再是私人的事业，而是一种职业；资本主义的生产关系也逐渐改变科学活动的结构，以适应资本的利益，工业研究或应用研究成为科学研究的中心，而传统的学术部门降低到从属的地位。科学研究的方向和课题重点，是由资本主义生产的需要所决定的。科学内部的所有制关系也发生了改变，科学成果不属于科学家所有，而属于资本主义的企业或公司，科学家及技术人员实际上成为出卖脑力劳动的雇佣劳动者。

在资本主义制度下，科学的发展、科学的社会功能的发挥受到很大的限制。资本主义生产关系不可能创造出实现科学发展的各种合乎理想的条件，即使最发达的资本主义国家的科技进步的规模，也与现有的科技潜力远不相适应。科学技术被当作获取剩余价值的手段，对科学技术的片面的"有用性"的追求，在一定程度上刺激了科学技术的发展，同时也使科学技术的发展畸形，往往迫使科学技术离开了改进人类生存条件、改善社会生活和使人类获得自由解放的目标，使科学技术逐渐丧失了它的解放的功能。当它被应用于自然的时候，自然变成了纯粹的被征服的掠夺的对象；当它被应用于社会的时候，人则变成了被统治和奴役的对象。

当然，我们并不否认资本主义的生产关系对科学的发展所起的促进作用，也不否认在当代资本主义社会中科学的高度发达。马克思说过："只有资本主义生产方式才第一次使自然科学为直接的生产过程服务，同时，生产的发展反过来又为理论上征服自然提供了手段。科学获得的使命是：成为生产财富的手段，成为致富的手段。"[①] 马克思认为，在资本主义社会中，科学技术有着双重职能："一方面，机器成了资本家阶级用来实行专制和进行勒索的最有力的工具；另一方面，机器生产的发展为用真正社会的生产制度化代替雇佣劳动制度创造必要的物质条件。"[②] 在垄断资本主义条件下，垄断组织对科学技术的限制作用，并没有完全阻止科学技术的发展。为了自身

---

① 马克思：《机器、自然力和科学的应用》，人民出版社 1978 年版，第 206 页。
② 《马克思恩格斯全集》第 16 卷，第 357 页。

的利益，垄断组织局限在某些方面上，采取一切手段，超过一切限度来发展科学技术，实现科学技术的某些实践职能，同时在另一些部门或另一些方面，则停滞不前。因此，不能使科学技术得到合理的发展，这就促使科学技术的某些研究和应用变成一种对社会有害的潜在破坏力量。垄断资本主义国家企图加深干预科学技术研究领域，然而由于这种干预实质上只不过是出于资本主义垄断组织的利益，所以不可能为现代科学技术创造完全适合的社会条件。这说明，生产力的发展同资本主义生产关系不相适应。科学技术革命的展开加强了从资本主义向社会主义过渡的客观必然性。

科学技术本质上是一种全社会的事业，它的本性与一切私有制相矛盾，它不能容忍私有，其本质上要求公有。马克思主义经典作家反复指出，社会主义为科学的高度发展，为科学功能的良好发挥创造了条件。只有在社会主义制度下，才能克服科学技术的非人应用，使之真正为人民服务，充分发挥其解放的潜能，使人类摆脱自然的束缚和社会的奴役，使人得到全面的发展，获得正直的自由解放。著名英国科学社会学家贝尔纳在《科学的社会功能》一书中也雄辩地论证，科学本质上是一种社会主义或共产主义的事业，与公有制有着天然的联系。美国著名科学社会学家默顿则将公有主义或共产主义（Communism）和无私利性（Disinterestedness）概括为科学精神气质的两个基本的方面。他认为，科学是社会合作的产物，因而属于全社会，它不应成为少数人谋取私利的工具，科学的共产主义气质与作为垄断组织私有制来应用科学技术成果是不相容的。

社会主义生产关系奠定了人与自然、人与人之间的新型关系，而科学技术则成为改造自然和社会的重要手段。社会主义公有制为科学技术的高度发展和应用开辟了广阔的前景。科学技术通过社会主义生产关系尤其是公有制而找到了它的最恰当的运动形式。现在，科学技术作为"一般社会劳动"与总的社会劳动牢固地联系在一起，它消灭了科学作为一种异己力量而与劳动对立的状况，社会主义能有效地限制科学的消极应用，消除它的资本主义使用方式带来的生态危机和一系列社会问题。

科学技术进步尤其科技革命在社会主义制度下呈现出一幅完全不同于资本主义制度下的图景。当代科学技术能够产生两个主要的、密切联系在一起的结果：一方面，由于科学日益转化为直接的生产力，所以在生产活动以及生产结构中引起种种变革，大大推进工艺技术的发展。现代技术手段逐渐取代人力而完成许多方面的工作。另一方面，作为生产力的人本身发展，为科学技术开辟了广阔的天地。随着技术的进步，劳动者的技能、组织性以及它们的专业知识都在不断提高,他们的主动性、积极性和创造精神能得以充分发挥,从而促使人在生产力结构中的地位逐渐提高。这充分展现出科学技术的真正本质和社会功能。

从上述的考察中,我们可以得出生产关系对科学技术影响的几点结论:第一,生产关系制约着科学技术如何转化为生产力和在多大程度上转化为生产力。科学理论能不能由工艺流程变成直接的生产力,关键不取决于科学理论自身,而主要取决于生产、政治和军事的需要,因而也就受生产关系的制约;第二,生产关系及社会制度决定着科学技术应用的目的和性质,科技成果被用来促进生产发展还是阻碍生产发展,是推动社会进步还是阻碍社会进步,对人类生存是福还是祸,这是不能以科技成果本身来决定的,而主要是由生产关系社会制度来决定的;第三,生产关系及社会制度影响着科学本身发展速度,这主要是通过科技政策和科技管理来制约科学的发展。

关于科学技术对生产关系的作用问题,马克思主义经典作家认为,科学技术通过转化为生产力尤其是生产工具而推动生产关系的变革,因而科学技术是最高意义上的革命力量。在马克思看来,科学技术特别是机器生产关系革命化的因素,是一般生产方式发生革命的起点。他说:"机器的发展则是使生产方式和生产关系革命化的因素之一"①;"机器表现为从资本主义生产方式出发的,使一般生产方式发生革命的起点"②。他认为,由于科学技术发展所引起的生产工具的变革及生产力革命,必须导致生产关系的变革,"随着一旦已经发生的、表现为工艺革命的生产力革命,还实现着生产关系的革命"③。马克思还说:"随着新生产力的获得,人们改变自己的生产方式,随着生产方式即保证自己的生活方式的改变,人们也就会改变自己的一切社会关系。手工磨产生的是封建主为首的社会,蒸汽磨产生的是工业资本家为首的社会。"④ 正因为如此,马克思把蒸汽、电力和自动纺纱机称为"危险万分的革命家"⑤。

恩格斯表述了与马克思完全一致的观点。他指出,蒸汽机和棉花加工机

---

① 《马克思恩格斯全集》第47卷,第411页。
② 同上书,第564页。
③ 同上书,第473页。
④ 《马克思恩格斯全集》第4卷,第144页。
⑤ 《马克思恩格斯全集》第12卷,第3页。

的发明"推动了产业革命,产业革命又引起市民社会中的全面变革"①。他认为,科学技术进步导致社会革命,说"科学和实践结合的结果就是英国的社会革命"②。他盛称马克思关于科学(技术)是一种伟大革命力量的观点,并将其与马克思的两个发展——唯物史观和剩余价值学说——相提并论。

  总之,科学技术与生产关系的相互作用理论是马克思主义的科学技术观的一个重要方面,它同科学技术与生产力关系问题密切相关,只有将科学技术与生产关系联系起来考察,才能正确揭示科学技术的社会功能及政治效应,更好地理解马克思主义关于"科学技术是生产力"及科学技术是第一生产力的原理。

---

① 《马克思恩格斯全集》第2卷,第281页。
② 《马克思恩格斯全集》第1卷,第667页。

"西方马克思主义"的意识形态概念[*]

马克思、恩格斯是现代意识形态理论的奠基人,"意识形态"是马克思主义哲学(历史唯物主义)的一个基本概念。马克思主义经典作家是如何使用"意识形态"概念的。如何理解这一概念的含义、特征和作用?这一直是历史唯物主义理论中的一个有争论的问题。东西方学者对此展开了长期的讨论,使意识形态问题自20世纪20年代以来一直成为马克思主义研究以及一般的哲学社会科学研究的热点问题,或者说成为当代的一个哲学主题。在这方面,"西方马克思主义"的观点特别引人注目,几乎所有的"西方马克思主义者"包括卢卡奇、科尔施、葛兰西、法兰克福学派、"弗洛伊德主义的马克思主义者""存在主义的马克思主义者"和"结构主义的马克思主义者"等都对意识形态问题发表了各自的看法,形成了独特的理论。他们的理论在当代马克思主义和一般西方思想史上占有重要的一席之地。今天,研究他们的这一理论具有重要的现实意义。

一、"西方马克思主义者"的意识形态概念源流

"西方马克思主义者"在不同的时期从不同的角度或方面去发挥马克思主义的意识形态理论或重建马克思主义的意识形态概念。大致可以说,卢卡奇、科尔施和葛兰西这几位"西方马克思主义"的奠基人在20世纪20年代前后在发挥马克思主义的意识形态概念时,不仅重视界定意识形态的范围与地位,而且强调意识形态的反作用以及掌握意识形态领导权的极端重要性;以霍克海默和阿多尔诺为代表的早期法兰克福学派的代表人物在30年

---

[*] 原载《高校理论参考》1995年第10期(收入本书时各节加了标题)。

代则着重批评卡尔·曼海姆等人的意识形态理论（特别是"总体意识形态"概念），在某些方面捍卫马克思主义的意识形态理论；以赖希和弗洛姆为代表的"弗洛伊德主义的马克思主义"在三四十年代及其后则主张用精神分析来补充马克思主义的意识形态理论，用性格结构和社会性格一类的东西来充当经济基础和意识形态之间联系的中介环节；第二次世界大战以后，法兰克福学派的马尔库塞、哈贝马斯和"结构主义的马克思主义者"阿尔都塞等人则着重从科学（技术）与意识形态关系的角度去发挥马克思主义的意识形态理论。

早在 20 世纪 20 年代，"西方马克思主义"的奠基人卢卡奇、科尔施和葛兰西在总结中西欧革命失败的经验教训时，不约而同地将目光投向马克思的意识形态学说，反对将马克思主义庸俗化的机械主义和经济主义观点，强调意识形态和经济基础的相互作用特别是意识形态的反作用；他们认定，欧洲革命失败的主要原因不在于客观条件不成熟和没有一个成熟的党，而在于忽视文化和意识形态的领导权。因此，他们高度重视开展意识形态斗争以及掌握文化领导权在无产阶级革命中的极端重要性。

卢卡奇在其《历史和阶级意识》一书中，将意识形态当作一个基本概念。他按照自己的见解来理解和运用这一概念，形成较系统的意识形态理论，这构成他的阶级意识理论及一般的历史唯物主义理论的一个组成部分。作为《历史和阶级意识》的一个论题，意识形态概念是他在讨论阶级意识及历史唯物主义的基本原理时使用的。在他那里，"阶级意识""意识形态""虚假意识"等概念往往同时出现，交织在一起。卢卡奇并未对"意识形态"下过明确的定义，但是他将意识形态等同于（自觉的）阶级意识，认为它是反映特定阶级的地位和利益的思想理论体系，它被当作与经济基础和上层建筑相并列的概念。卢卡奇基本上将"意识形态"当作一个中性或描述的概念来加以使用，并未赋予它以否定的内涵，或简单地等同于"虚假的意识"，他将意识形态同样运用于无产阶级和资产阶级。他将无产阶级的意识形态等同于无产阶级自觉的阶级意识，他说："当资本主义最终的经济危机爆发时，革命的命运特别依赖于无产阶级意识形态的成熟，也就是依赖于无产阶级的阶级意识。"[1] 他认为无产阶级的意识形态不是随从于斗争的旗帜，也不是对自己目的的掩饰物，它本身就是无产阶级的目的和武器。[2]

---

[1] ［匈］卢卡奇：《历史和阶级意识》，重庆出版社 1989 年版，第 19 页。

[2] 同上书，第 80 页。

马克思主义被他称为"无产阶级的意识形态的表达";历史唯物主义则是"战斗无产阶级的意识形态"①;他还经常说道"科学的马克思主义""历史唯物主义是科学"。因此,在他看来,无产阶级意识形态——马克思主义或历史唯物主义——是真实的意识,而非虚假的意识。卢卡奇同样将意识形态用到资产阶级身上。他指出,资产阶级意识形态是资产阶级意识的理论表达,资产阶级的意识形态适应于经济意识,但它以虚假的形式表现出来。从意识与社会的关系上看,这种矛盾表现为意识形态与经济基础之间不可调和的对立。② 在他看来,资产阶级意识形态之所以是假的,并不是因为它是意识形态,而是由于资产阶级特殊的阶级地位和阶级利益,即资产阶级"将它自身的利益冒充为全社会的共同利益,欺骗其他阶级,维护少数人的统治"③。

由此可见,卢卡奇主要将意识形态理解为资本主义社会中斗争着的不同阶级的地位和利益在理论上和政治上的表述,即赋予这一概念以中性的含义,而不包含否定之意;他所继承的主要是列宁的传统,而不是马克思、恩格斯的传统。因此,国外有学者说,卢卡奇的《历史和阶级意识》中的意识形态理论以列宁《怎么办?》的有关论点作为基础,甚至说前一本书在许多方面可以说是后一本书的杰出的哲学评论和证实。

卢卡奇强调意识形态的重大反作用。在他看来。意识形态并不是经济基础或经济关系的消极的分泌物,它不仅是社会经济结构的一个结果,也是它能健康发挥作用的先决条件。在这里,重要的是要注意意识形态与经济基础的活生生的不断变化着的关系;看不到这种联系,就不能很好地理解历史事件及其进程。而在无产阶级的革命实践中,必须看到无产阶级意识形态成熟的至关重要性,为了取得斗争胜利,必须进行意识形态领域中无产阶级反对资产阶级的斗争,必须彻底批判作为资产阶级意识形态集中表现的物化意识,克服无产阶级的意识形态危机,形成无产阶级自觉的阶级意识即无产阶级的意识形态。

科尔施在《马克思主义和哲学》中显示出与卢卡奇相似的意识形态理论倾向。该书"企图重新提出马克思主义对哲学以及一般意识形态的关系

---

① [匈]卢卡奇:《历史和阶级意识》,重庆出版社1989年版,第279页。

② 同上书,第73页。

③ 同上书,第74—75页。

问题"①。科尔施在书中着力批判第二国际在意识形态问题上对马克思主义理论的歪曲,发挥了马克思主义的意识形态理论。他指出,马克思主义是一种把社会发展作为活的总体来理解和把握的理论,是一种将社会革命作为活的整体来把握和实践的理论;在它那里,不仅经济、政治和意识形态,而且历史过程和有意识的社会行动,都构成了"革命的实践"的活动统一体。②而第二国际的"庸俗的马克思主义"却把这一总体的各个部分经济的、政治的和意识形态的因素以及理论与实践分开,而且他们夸大了经济要素的决定性作用,忽视了意识形态的反作用,因而也就否定了在意识形态领域进行斗争的重要性和必要性;庸俗马克思主义者把社会的(意识形态的)结构当作一种只存在于空想家头脑里的伪现实、幻想或错位的想象,意识形态被当作非客观的和不现实的东西。③科尔施批判了庸俗马克思主义的这些观点,认为尽管马克思早期将意识形态视为虚假的意识,但他总是将意识形态看作具体的实在而不是空洞的幻想,即它们以颠倒的方式反映社会生活。科尔施引证了恩格斯致梅林的信中提出的关于意识形态对经济基础起反作用的论述,强调意识形态对经济基础或经济关系的巨大反作用,强调意识形态批判的极端重要性。

科尔施将当时欧洲革命失败的原因归咎于主观条件,即意识形态不成熟,强调革命主观条件和意识形态批判(特别是资产阶级意识形态批判)对于革命取得胜利的极端重要性,而且他也强调革命取得胜利后进行意识形态斗争,掌握意识形态领导权的重要性,他提出了所谓的"意识形态专政"的概念。他说他这个概念引起了许多误解,但实际上它在三个方面上区别于苏联以无产阶级专政名义的"精神压迫制度":首先,它是一种无产阶级的专政,而不是凌驾于无产阶级之上的专政;其次,它是一种阶级专政,而不是一个党或党的领袖的专政;最后,最重要的是,作为一种革命专政,不过是要为"国家消亡"和结束意识形态束缚创造先决条件的社会变革过程的一个环节。④

葛兰西也十分重视对意识形态问题的研究,强调市民社会、文化和意识形态领域里斗争的重要性,并对马克思主义的意识形态理论提出了一些新

---

① [德]科尔施:《马克思主义和哲学》,重庆出版社1989年版,英译本导言第14页。

② 同上书,英译本导言第22—23页。

③ 同上书,英译本导言第42页。

④ 同上书,英译本导言第91页。

的、不同的见解。他既反对把意识形态看作经济基础的派生物,也反对将意识形态看作一堆错误的观念。葛兰西给意识形态下了这样的定义,即意识形态是"一种在艺术、法律、经济行为和所有的个体的集体的生活中含蓄地显露出来的世界观"①。他将哲学、宗教、常识和民间传说当作意识形态的四个主要组成部分。他认为,马克思仅在论战的意义上把意识形态看作幻想、颠倒的或错误的观念,实际上马克思把意识形态当作一种现实的力量,是一个战斗的领域,"在这个领域里,人们活动着斗争着,并获得关于他们自己地位的意识"②。显然,葛兰西强调意识形态的实践功能。在他看来,一方面,人们在社会实践中,必然会在观念上进入意识形态领域,因为人们正是在意识形态的教育中成长起来并获得一定的世界观的;另一方面,人们又是在他们获得的世界观的指导下从事行动,正是意识形态创造了主体并使之行动。他提出了所谓的"有机意识形态"(organic ideologies)概念,其主体是知识分子,物质载体是教会、学校、传播媒介、工会、党派等组织团体(即市民社会机构),这是一种颇为独特而有新意的观点。

葛兰西和科尔施等人一样,强调无产阶级革命的一个主要任务,就是在意识形态领域展开斗争。这种斗争之所以必要,是因为统治阶级的权力是靠它凌驾于整个资本主义社会各阶级之上的意识形态优势或霸权地位来维护的。他认为,西方革命不同于俄国革命的一个突出的特点,就是要先夺取文化和意识形态的领导权,然后才能获得政治权力。葛兰西的这种观点,与他关于意识形态在西方工业社会结构中的特殊地位和作用的看法有关。马克思关于社会结构的观点可以概括为"社会生产—经济基础—政治法律的上层建筑—意识形态"这样一个公式,而葛兰西的观点则是"社会生产—经济基础—市民社会(意识形态)—政治社会(相当于政治法律的上层建筑)"这样的一个公式。很明显他赋予市民社会或意识形态高于政治、法律上层建筑(政治社会)优先的地位。在他看来,在西方资本主义社会中,资产阶级的统治主要不靠政治社会(军队和暴力)来维持,而主要靠文化意识形态来维持。因此,西方革命必须先在文化意识形态领域进行。

以霍克海默和阿多尔诺为代表的早期法兰克福学派在20世纪30年代则致力于批判曼海姆等人的知识社会学及其意识形态理论,并发挥马克思主义的意识形态理论。例如,霍克海默1930年在《社会主义和工人运动史文

---

① [意]葛兰西:《狱中札记选》,伦敦1971年英文版,第328页。

② 同上书,第337页。

库》(《社会研究杂志》的前身)发表了《一个新的意识形态概念?》一文,集中批判曼海姆的意识形态概念,并阐明马克思主义的相关观点。霍克海默批评曼海姆的"个别意识形态概念"和"总体意识形态概念",认为这两个概念特别是后者是康德唯心主义哲学的产物;批评曼海姆把意识形态变成超越党派的观念体系,即把总体意识形态概念中的心理、经验的残余消除掉,从而把意识形态变成一种超党派的、只具有认识论和形而上学价值的东西;批评曼海姆试图在总体意识形态的历史发展中探索人的本质的形成。霍克海默进而澄清马克思的意识形态概念。在他看来,曼海姆的《意识形态与乌托邦》(1929年)既是对马克思的意识形态理论的最新且有影响的研究,又是对马克思意识形态理论的一种挑战,因此必须分清是非。他指出,曼海姆把马克思主义看作贬义上的意识形态,说总体的意识形态概念在马克思那里是作为阶级意识出现的,这从根本上误解了马克思主义及其意识形态理论。霍克海默认为,尽管曼海姆和马克思都研究存在,但在马克思那里,存在是人的现实生活过程;而在曼海姆那里,存在则是一个空洞无物的字眼。马克思由此出发批判资产阶级意识形态(特别是德国的思辨形而上学)对真实存在状态的掩盖,用意识形态概念去推翻形而上学的权威;曼海姆则相反,把一切知识都看作意识形态。霍克海默又说,马克思主义把对现实社会状况的改变,当作科学的目标,它不但不是曼海姆的贬义或否定的意识形态,相反是它的真正的对立面和批判者;曼海姆把意识形态作为超阶级、超党派的观念体系来谈论,正好表明他自己坚持的是纯粹的资产阶级意识形态立场。霍克海默的这篇论文反映了"西方马克思主义"对知识社会学的意识形态理论的基本立场。

"弗洛伊德主义的马克思主义者"赖希和弗洛姆从20世纪30年代开始,结合对法西斯主义的批判特别是其产生的社会心理根源的分析,论及意识形态问题,主张用精神分析学说来"补充"马克思主义的意识形态理论,尤其是补上意识形态与经济基础之间关系的错失了的中介环节。赖希是第一个从事这方面工作的"西方马克思主义者"。他的《法西斯主义的大众心理学》(1933年)是这方面的代表作。在该书中,赖希运用弗洛伊德的无意识理论,发展出性格结构的理论,作为对马克思的意识形态理论的心理学补充。赖希批判庸俗的马克思主义者机械地、片面地理解意识形态和经济之间关系的观点,认为他们只看到意识形态对经济的依赖,而忽视经济发展对意识形态的依赖。在充分肯定意识形态反作用的基础上,赖希提出了意识形态反作用于经济过程而转化为物质力量的中介环节问题。他认为,尽管马克思对意识形态和经济的关系作了深入的研究，但由于缺乏心理学的环节，这两者之间的真实具体的关系尚未得到充分的说明：只有诉诸心理分析尤其是大众心理学才能弄清这个问题，揭示意识形态与经济（基础）之间的联系及转化途径或中介环节。依照赖希的看法，这种中介环节就是心理结构或性格结构——个人在行动或在对外界的刺激作用做出反应时的行为模式。他认为，一定的意识形态是通过政治国家的媒介，在一定的经济基础上形成起来的，但它并不是经济基础的终极分泌物，它通过性格结构，对经济基础起着巨大的反作用。

在赖希的影响下，弗洛姆也试图用弗洛伊德的心理分析学说来补充马克思主义的意识形态理论。在《超越幻想的锁链》等著作中，他认为马克思、恩格斯虽然肯定社会经济基础决定观念的上层建筑，但并没有说明经济基础是如何转化为意识形态的上层建筑的。因此，必须从心理分析方法入手，补上这两者之间的联系的环节。与赖希有所差别，弗洛姆用社会性格和社会无意识来充当经济基础和意识形态之间联系的媒介物。所谓的社会性格是指同一文化的绝大多数成员所共有的性格结构的核心，它是社会经济结构与一个在社会中流行的观念、理想之间的媒介物；而社会无意识是指那些对于一个社会的绝大多数成员来说都一样的压抑领域，社会的过滤器使得某些经验不能进入意识之中，这些经验就是社会无意识；而那些进入意识层面的经验构成意识形态。与意识形态对理想的掩盖相反，在被压抑的社会无意识中，包含前人的真实本性和生存意义的答案，它们同样是经济基础与意识形态之间的媒介物。

第二次世界大战后，特别是 20 世纪 50 年代以后，随着新技术革命的发展以及科学技术社会功能和政治效应的加强，"西方马克思主义"进一步加强了意识形态理论的研究，特别是意识形态与科学（技术）关系问题的研究，出现了两种引人注目而又相互对立的观点：一是法兰克福学派的马尔库塞和哈贝马斯关于科学技术就是意识形态的观点，二是以阿尔都塞为代表的"结构主义的马克思主义"将科学技术与意识形态对立起来的观点。前一种观点我们已比较熟悉，这里我们介绍阿尔都塞和普兰查斯的意识形态理论。

阿尔都塞被誉为当代最重要的"意识形态理论家"，他在《保卫马克思》和《列宁和哲学》等著作中都论及意识形态特别是意识形态和科学的关系问题。他认为，意识形态"是具有自己的逻辑和严格性的表象（意象、神话观念或概念）体系"①；或者说它是"一种纯粹的假象，一种纯粹的梦想，即虚无"②。而科学则是对现实的认识，它与意识形态决裂；科学建立在另一个基础之上，即以新问题为出发点而建立起来的，它以不同于意识形态的方式提出问题并确立自己的对象。③ 因此，在阿尔都塞看来，意识形态与科学是根本对立的，这种对立主要表现在下列几个方面。第一，科学是真理，它如实地反映客观现实和社会历史的真实过程，它是在抛弃意识形态问题框架中形成，并在与意识形态的不断斗争中发展起来的；而意识形态则属于"虚假意识"，它以神话的方式反映世界，即像神话一样以颠倒、幻想的方式反映现实世界，它歪曲现实，掩盖社会历史过程的真实本性。第二，科学主要是一种认识，它的最基本功能是理论功能；而意识形态主要是一种价值观念，它的最基本功能则是实践功能。第三，科学作为客观知识，与利益无关，没有阶级性；而意识形态则完全受利益支配，为一定的阶级利益服务，具有实际重要性。第四，科学的认识过程是从抽象上升到具体，而意识形态的认识过程是从具体到抽象。阿尔都塞认为，任何科学都有一个发生、发展和成熟的过程，有一个"史前期"，意识形态就是科学的"史前期"。也就是说，任何科学都是由意识形态"脱胎"而来的，但由意识形态到科学的转变是一种根本的质变，即"认识论的断裂"：马克思主义本身也经历了一个由"意识形态"到"科学"的"认识论的断裂"过程，其分界线是《关于费尔巴哈提纲》和《德意志意识形态》。

1970年，阿尔都塞发表了一篇题为《意识形态和意识形态国家机器》的长文，提出了"意识形态的国家机器"的新概念，用以补充马克思的国家理论。他认为，宗教、教育、家庭、法律、政治、工会、交往（传媒）和文化都属于意识形态的国家机器，它是确保政治国家机器（军队、监狱等）存在发展的基本条件。他说："没有一个在意识形态国家机器之中并在它之上发挥作用的领导权，任何阶级都不可能在长时间内掌握政权。"④ 他特别强调说，在当代，教育已取代教会成为最重要的意识形态国家机器。

"结构主义的马克思主义"的后起之秀普兰查斯也论及意识形态问题。他不赞成葛兰西把意识形态隐喻为社会统一的"水泥"的观点，也不赞成

---

① ［法］阿尔都塞：《列宁和哲学》，伦敦1971年英文版，第150页。
② ［法］阿尔都塞：《保卫马克思》，伦敦1977年英文版，第231页。
③ 同上书，第78页。
④ ［法］阿尔都塞：《意识形态论文集》，伦敦1984年英文版，第20页。

卢卡奇有时把意识形态等同于虚假意识和异化，把它变成一种抽象阶级主体"背上挂的号牌码"。在他看来，"意识形态包括一种特殊的客观方面的多种表现准则和信仰相对协调的总体"①，这不仅是一种现实关系，也是种幻想的关系，因此，不能把意识形态贬低为主体和意识问题或异化和虚假意识问题。他认为，意识形态的社会功能是从经济方面的结构控制支持社会总体结构的，所以，它"就社会结构的每个方面而言，是具有协调的特殊功能的"②。作为特定生产方式和社会形态的一个特殊环节的意识形态是在这种生产方式和社会形态所规定的界限内构成的，因而它使支配这种社会形态整体的真实矛盾的统一性具有假想的协调作用。

二、"西方马克思主义"的意识形态理论评价

综上所述，"西方马克思主义"从不同的侧面或角度讨论了意识形态问题，形成了种种的意识形态理论。他们的理论中提出了一些独特而新颖的观点，在某些方面展开或深化了马克思主义的意识形态概念，也提出了一些值得认真讨论的问题。"西方马克思主义"的奠基人卢卡奇、科尔施和葛兰西用意识形态概念来分析现代资本主义社会中不同阶级（主要是无产阶级和资产阶级）的思想、政治观念之间的斗争，用它来表达某些阶级利益和为这些阶级利益服务的政治观念之间的联系；他们将"意识形态"当作有用的概念工具，使之为无产阶级的革命斗争服务，试图阐明意识形态概念的含义、特征，重新界定它的范围和地位；他们猛烈抨击第二国际的修正主义者的机械论和经济主义观点，强调意识形态对经济基础的巨大反作用；既指出资产阶级意识形态的本质，又阐明无产阶级意识形态的危机及其实质，从而把确立无产阶级自觉的阶级意识（无产阶级意识形态）、掌握文化和意识形态领导权提高到前所未有的高度。霍克海默和阿多尔诺则在与知识社会学家特别是曼海姆关于意识形态问题的论战中，在某些方面捍卫了马克思主义的意识形态概念，特别是批判曼海姆的意识形态超阶级性、超党性的观点，强调马克思主义意识形态概念的阶级性和党性特征，指出马克思主义的意识形态决非贬义或否定的意识形态，而是一种革命批判武器。赖希和弗洛姆强调意识形态和经济基础的联系环节或中介问题，在一定程度上揭示这两者之间

---

① ［法］普兰查斯：《政治权力和社会阶级》，中国社会科学出版社1982年版，第225页。
② 同上书，第226页。

联系的心理机制,可以说拓宽了对意识形态问题研究的视野。马尔库塞和哈贝马斯注意到了当代科学技术与意识形态的密切联系,提出了科学技术即是意识形态的口号,在一定程度上揭发批判当代资产阶级利用科学技术特别是技术统治论来充当意识形态,为自己统治的合法性和合理性辩护的事实;阿尔都塞同样注意到了作为当代意识形态理论的核心问题之一的科学意识形态之间的关系问题,强调了科学与意识形态之间质的根本区别;他关于意识形态深处的问题框架,意识形态国家机器以及意识形态实践功能等论点在一定程度上也深化了对意识形态本质属性的理解。"西方马克思主义"的意识形态理论中也提出了一系列值得我们认真讨论的问题。例如,马克思主义的意识形态概念的含义和实质究竟是什么?马克思早晚期的意识形态概念之间存在着何种关系?如何看待意识形态问题在当代社会中的地位和作用特别是它在无产阶级革命斗争中的重要性?应当如何看待意识形态与经济基础之间的关系?如何看待意识形态与科学(技术)之间的关系?如此等等。

但是,"西方马克思主义"的意识形态理论是有明显缺陷的。我们着重指出这样几点:其一,他们并没有正确、全面地揭示意识形态概念的含义与本质,例如卢卡奇、科尔施并没有对意识形态概念的含义、特征做出明确的表述,特别是在关于意识形态与虚假意识的关系问题上往往有模糊之处,容易使人产生误解,以为他将一般的意识形态等同于虚假意识;阿尔都塞、弗洛姆等人则明确地将意识形态等同于虚假意识、幻想、神话,片面地从否定或贬义的方面来规定意识形态概念。其二,以卢卡奇为代表的"西方马克思主义"奠基人将意识形态等同于(自觉的)阶级意识,尤其是将无产阶级的意识形态等同于无产阶级(自觉的)阶级意识,但并没有分析无产阶级的意识形态是如何形成的,是如何从外部灌输到无产阶级队伍中的,也低估了无产阶级自发的阶级意识的地位和作用;而后起的"西方马克思主义者"则脱离无产阶级革命斗争实践来谈论意识形态问题,使意识形态概念失去了无产阶级及其革命实践的历史依托。其三,在意识形态与经济基础关系问题上,夸大了意识形态对经济基础的反作用,否定两者之间是一种决定与被决定的关系,用整体的优先性来取代经济基础的优先性,用意识或心理分析来取代经济分析,从而陷入了主观主义或唯心主义之中,这几乎是所有"西方马克思主义者"在意识形态问题上的一个通病。其四,"西方马克思主义者"尤其是卢卡奇往往将总体性还原为一种简单的统一的本质,通过一种纯粹阶级主体的意识形态本质,将马克思主义关于在任何社会中占统治地位的意识形态是统治阶级意识形态的论题解释为一种社会总体的渗透物,而阶级的主体依次被解释为生活条件的纯粹反映和这个阶级的世界观,这就模糊了统治阶级的意识形态反映各阶级之间政治关系的这一事实。其五,"西方马克思主义者"在意识形态与科学(技术)的关系问题上各执一端,或者在两者之间画等号,或者将两者相割裂,不能正确理解他们之间辩证关系。此外,"西方马克思主义者"往往用资产阶级思想(如精神分析等)来"补充"马克思主义的意识形态理论,从而陷入他们所批判的资产阶级意识形态之中;他们中的一些人如科尔施还将马克思的意识形态理论与列宁的意识形态理论对立起来,批判和否定后者。

让我们回过头看马克思主义经典作家的意识形态概念及其演变过程。作为现代意识形态理论的奠基人,马克思恩格斯在《德意志意识形态》等著作中,将"意识形态"概念引进社会历史领域,使之成为唯物史观的一个基本范畴。他们对"意识形态"的含义、特征做出规定,并分析它产生的社会根源及其与经济基础的关系等方面的问题。马克思认为,意识形态是"与物质前提相联系的物质生活过程的必然升华物,表现为道德、宗教、形而上学等一系列的意识形式"[1]。恩格斯在《费尔巴哈论》中也说,那些更高的即远离经济基础的意识形态采取了哲学和宗教的形式。从社会存在决定社会意识这历史唯物主义的基本原理出发,马克思恩格斯指出,作为社会意识的组成部分,意识形态同样是人们对物质生活过程,对一定的社会政治经济制度的系统、概括的反映。不过,这种反映以"颠倒"的形式表现出来。他们认为,在意识形态中,人们及其关系就像在照相机中一样倒现着,可以在意识形态中找到人们现实生活过程的反射和回声。恩格斯在晚年关于历史唯物主义的通信中说:"意识形态是由所谓的思想家有意识地,但以虚假的意识完成的过程,推动他的真正动力始终是他所不知道的,否则,这就不是意识形态的过程了。"[2]

马克思恩格斯认为,各种意识形态总是以抽象的理论形式体现特定的阶级地位和阶级利益,它们是特定阶级从自身的地位和利益出发对特定社会关系的认识所形成的思想理论和观点的体系,在每一时代,统治阶级的思想都是占统治地位的思想,而"占统治地位的思想不过是占统治地位的物质关系。因而,这就是那些使某一阶级成为统治阶级的各种关系的表现,因而也

---

[1] 《马克思恩格斯全集》第3卷,第30页。
[2] 《马克思恩格斯全集》第4卷,第501页。

就是这个阶级统治的思想"①。依照马克思恩格斯的观点,在阶级对立的社会,统治阶级的意识形态具有虚假性,这种虚假性是阶级利益不可调和的表现;这种虚假意识形态形成的机制是,统治思想作为剥削阶级狭隘的阶级利益的表现,它们被说成是全社会的利益而以普遍性的形式出现。马克思恩格斯总是把虚假的意识形态同阶级统治和阶级对抗联系起来,从历史上对它们进行考察,并预见它们消失的前景,认为随着阶级对立和阶级统治的消失,虚假的意识形态行将消失。②

马克思恩格斯将意识形态看作一种理论化、系统化了的自觉的阶级意识。在谈到资产阶级意识形态的形成时,他们说:"在这个阶级内部,一部分人是作为该阶级的思想家而出现的","他们是这一阶级的积极的、有概括能力的思想家",资产阶级的思想理论是由其思想家创造的。③ 正因为意识形态是由思想家创造出来的系统的理论体系,所以它具有一定的历史继承性和相对的独立性。恩格斯说:"任何意识形态一经产生,就同现有的观念相结合而发展起来,并对这些材料作进一步的加工。不然,它就不是意识形态了。"④

马克思恩格斯在谈到意识形态概念时,总是把它同阶级斗争、革命、国家等政治上层建筑联系在一起。例如,在谈到作为意识形态主要形式之一的宗教时,恩格斯指出,在早期资产阶级革命中,加尔文教曾经成为一些共和党人的旗帜,并为英国第二次资产阶级革命提供了意识形态的外衣。他认为,国家一旦成为社会的独立力量,马上就会产生新的意识形态。在他看来,统治阶级的意识形态作为统治阶级利益的体现,是国家执行其社会职能的手段或形式。

由此可见,马克思恩格斯在《德意志意识形态》等著作中,主要是从一种否定的意义上来使用意识形态概念的,他们把意识形态理解为一种歪曲的意识。但他们并未将它简单地等同于一般虚假的意识,也没有简单地等同于认知错误;他们主要是从意识形态与某些社会矛盾的关联来证明这种歪曲的性质,指出它们通过掩盖社会矛盾及社会的真实基础而为统治阶级服务。显然,马克思恩格斯在《德意志意识形态》等著作中赋予意识形态概念以

---

① 《马克思恩格斯全集》第 3 卷,第 52—53 页。
② 同上书,第 54—55 页。
③ 同上书,第 53 页。
④ 《马克思恩格斯全集》第 4 卷,第 250 页。

否定的特征。这与他们所研究的对象密切相关，他们的着眼点是批判资产阶级意识形态尤其是德国资产阶级意识形态，因而他们强调意识形态概念的否定方面，强调其歪曲的性质是可以理解的。

在马克思恩格斯之后，马克思主义文献中的意识形态概念的含义发生了变化，它逐步被用作一个中性的概念。在梅林、考茨基和普列汉诺夫等人的著作中，我们可以看到这种趋势。意识形态概念日益被用来表示观念、道德和理想，表示精神过程和时代的精神状况。普列汉诺夫区分低级和高级的意识形态，后者包括科学、哲学和艺术；伯恩斯坦则首先将马克思主义称为意识形态。然而，在这种使意识形态由否定的意义向中性意义转变的过程中，列宁的作用是决定性的。列宁在《怎么办？》中对意识形态概念做出较为系统的论述。在描述日益尖锐的阶级斗争时，列宁说，唯一的选择是——或者是资产阶级的意识形态，或者是社会主义的意识形态，没有中间的道路可走，因为人类没有创造出第三种意识形态，并且在一个由阶级对立所分裂的社会中，决没有一种非阶级或超阶级的意识形态。列宁不再谈论意识形态对现实的"颠倒"，也没有阐述其虚假的成分；政治斗争或阶级斗争成为列宁探讨意识形态问题的一个立足点。在他看来，意识形态作为阶级意识的理论表达，总是表达某个阶级的利益、情感和认识；无产阶级担负着解放全人类和最后解放自己的历史使命，它的阶级意识包含了对历史发展规律的认识。所以，无产阶级自觉的阶级意识、社会主义的意识形态和科学三者是同一的。列宁指出了无产阶级自觉的阶级意识与它的自发意识的区别，认为自觉的阶级意识、无产阶级的意识形态或社会主义学说必须从外部灌输到工人运动中；"而社会主义学说则是由有产阶级中学识丰富的人即知识分子创造的哲学、历史和经济的理论中成长起来，现代科学社会主义的创始人，马克思和恩格斯本人，按他们的社会地位来说，也曾是资产阶级的知识分子"。① 由此可见，在列宁那里，意识形态概念失去了它的否定的特征，而成为一个中性的概念，它被用来表达斗争着的各个阶级的思想观念及政治学说。如果一个特殊的意识形态是假的，这并不是因为它是一种意识形态，而是由于它服务的阶级地位和利益的特点。按照列宁的观点，社会主义的意识形态是真的，而资产阶级的意识形态是假的，但就这两种意识形态分别代表着斗争着的阶级利益而言，它们同样是意识形态。

可以说，"西方马克思主义"的意识形态概念是从属于马克思主义的研

---

① 《列宁全集》第5卷，第343页。

究传统的。尽管他们的许多观点是背离马克思主义经典作家的意识形态理论的，但是，他们试图用当代社会现实尤其是意识形态领域的斗争现实，发展、修正马克思主义的意识形态理论，引入一些新的研究方法，拓宽了某些新的研究领域，并提出了一些新的、有益的观点或问题，在某些方面推进了马克思主义的意识形态理论研究。因此，应该将"西方马克思主义"的意识形态理论视为当代马克思主义意识形态理论研究的一个组成部分。

"西方马克思主义"的意识形态理论在整个现代西方意识形态理论研究中也占有极为重要的一席之地。法国学者特拉西（Oestutt de Tracy）最早提出意识形态概念（19世纪初）；现代西方学者对意识形态的讨论最初来自知识社会学的创立者们，如帕累托、韦伯、谢勒和曼海姆等人。曼海姆的《意识形态和乌托邦》（1929年）、卢卡奇的《历史和阶级意识》（1922年）、马克思恩格斯的《德意志意识形态》的正式全文出版（1932年），都是引发西方意识形态大讨论的因素。20世纪50年代，随着后工业社会理论的兴起，出现了意识形态和乌托邦问题的激烈争论。"西方马克思主义者"大都为当代西方著名学者，他们的意识形态理论特别是卢卡奇、葛兰西、马尔库塞、哈贝马斯、阿尔都塞等人的理论在当代西方意识形态理论占有重要地位，产生了很大影响。

总之，意识形态是一个复杂的理论问题，也是一个重要的实践课题，马克思主义者和非马克思主义者都对此感兴趣，它是当代的一个哲学主题。在当代，有形形色色的意识形态理论，有马克思主义的意识形态理论，"西方马克思主义"的意识形态理论，也有资产阶级的意识形态理论。因此，研究"西方马克思主义"的意识形态概念，对于我们更全面、准确地把握和理解历史唯物主义的这一基本范畴，对于批判资产阶级意识形态理论，具有一定的现实意义。

2-9

"西方马克思主义"如何看待科学技术与意识形态关系[*]

科学技术与意识形态的关系问题是当代科学技术观争论的一个焦点,也是当代意识形态理论的一个重要问题。随着科技革命的展开,科学技术渗透到社会生活的各个方面,影响或制约着各种社会问题,并执行着某些意识形态功能。同时,社会意识形态的诸形式构成科学技术发展的社会精神环境,制约着对科学技术及其社会功能的理解。这些情况使科学技术与意识形态的关系问题具有特别的意义。许多"西方马克思主义者"论及了科学技术与意识形态的关系。特别是第二次世界大战后,随着新技术革命的展开以及科学技术社会功能和政治效应的加强,"西方马克思主义"的代表人物进一步加强了对这一问题的研究,出现了两种引人注目的相互对立的观点:一种是以马尔库塞和哈贝马斯为代表的法兰克福学派关于科学技术就是意识形态的观点;另一种是以阿尔都塞为代表的"结构主义的马克思主义"将科学技术与意识形态对立起来的观点。在这里,我们将对这两种观点加以评论。并阐明马克思主义在这个问题上的基本观点。

法兰克福学派关于在晚期资本主义社会,科学技术是意识形态的命题与他们关于科学技术在当代资本主义社会中成为第一生产力和一种新的控制形式的命题是密切联系的,或者说,它们是同一个问题的两个相互联系着的方面。在他们那里,科学技术之所以能够成为一种新的控制形式,主要是依靠科学技术这种新的意识形态来实现的。而科学技术之所以在晚期资本主义社会能成为意识形态,其基本前提或先决条件则是科学技术成为第一生产力。

---

[*] 原载《岭南学刊》1996年第6期,中国人民大学复印报刊资料《马列主义研究》1997年第1期转载(原标题为《正确看待当代科学技术的意识形态功能——评"西方马克思主义"的科学技术与意识形态关系理论》)。

将科学技术看作新的意识形态并探讨它与科学技术是第一生产力的联系,这是法兰克福学派特别是哈贝马斯的科学技术与意识形态关系理论的独特而新颖之处。

青年卢卡奇在《历史和阶级意识》一书中已涉及科学技术与意识形态的关系问题。他划分自然科学与社会科学,并分别看待它们与意识形态的关系。关于自然科学与意识形态的关系,他没有说自然科学是意识形态,但认为自然科学执行着意识形态的功能:它掩盖社会矛盾,并阻止社会变革。说自然科学被应用于社会时,成为资产阶级的思想武器。关于社会科学与意识形态的关系,卢卡奇明确断言,社会科学就是意识形态,资产阶级的社会科学就是资产阶级的意识形态,而无产阶级的社会科学就是无产阶级的意识形态。因此,他主张推翻资产阶级的社会科学,代之以无产阶级的社会科学。青年卢卡奇的这些观点可以说是法兰克福学派关于科学技术是意识形态观点的先导,后者的观点大大地前进了一步。

马尔库塞对科学技术是意识形态,或更确切地说,科学技术是如何执行意识形态职能,作了较详细的分析。马尔库塞认为,作为一种新的控制形式的当代科学技术绝不是价值中立的,它们具有明确的政治意向性,执行意识形态的职能。他坚决反对技术中立性的观点,并通过批评技术中立性观念来论证科学技术执行意识形态职能的观点。马尔库塞认为,在当代发达工业社会,科学技术成为意识形态,并没有使该社会看起来更少意识形态性,相反更加意识形态化。意识形态已随着科学技术的普遍运用而融入生产过程,工艺或技术的合理性成为社会的组织原则和政治的合理性,因而意识形态并未衰弱,相反,以更强大的、无形的力量支配着人们的思想和意识。在这里,马尔库塞否定了以贝尔、利普塞特、达伦多夫、布热津斯基等人为代表的"(后)工业社会理论家"的"意识形态终结论"。

哈贝马斯进一步发展了马尔库塞的观点,明确提出"科学技术即是意识形态"的命题,并对科学技术为什么在当代资本主义社会成为意识形态的机制加以深入探讨。在他看来,在晚期资本主义社会,科学技术不仅是一种直接的生产力,更重要的是它日益成为社会的意识形态。晚期资本主义的意识形态进一步清除了技术与实践之间的差别。因此,必须重新确立技术及科学在社会生活中的地位和范围。

那么,为什么科学技术在晚期资本主义社会中能够成为意识形态呢?哈贝马斯认为,关键是在当代资本主义社会中,出现了国家日益干预经济生活和科学技术成为第一生产力这两大历史趋势。由于科学技术的进步,出现了韦伯系统中所谓的合理化的普遍进程,技术系统在对社会制度的吸收中,破坏了历史上形成的政治制度同文化遗产之间的相互联系,出现合法化危机。现在政治出现了新的趋向,它已经不受某种政治或经济利益的操纵,统治成了一种残余现象。而由于国家的干预,统治者也试图将政治问题转变为"技术问题",把原来需要通过舆论界交给公众讨论的问题,变成了由科学组织中专家使用技术来解决的技术问题,这样就将实际问题"非政治化"了。在这里,我们看到了哈贝马斯关于当代科学技术成为意识形态与当代资本主义两大历史趋势之间的密切联系:由于国家日益干预经济生活,使传统的以公平交换为核心的资产阶级意识形态失效,出现合法化危机即意识形态危机;而科学技术成为第一生产力则产生了一种新意识形态,因为科学技术不仅大大提高了人类对自然的控制能力,创造出巨大的物质财富,形成一种高标准的生活方式,而且造就了一种与这种生活方式相适应的思想行为方式即意识形态,通过这种思想行为方式,证明了对人的统治和压抑的合理性。简言之,科学技术作为第一生产力,实现了人对自然的统治;而科学技术作为意识形态则实现了人对人的统治。

在哈贝马斯看来,科学技术成为意识形态的集中体现就是"技术统治论"意识的流行。他指出,科学技术的进步已由解放的潜在力量变成为统治的合理性提供思想依据的手段。晚期资本主义由于不能辩护自己对传统文化思想资源同社会相互作用领域的破坏性侵蚀,只好从技术统治论中寻找根据,并步其后尘,借口说是科学技术本身的需要,用技术统治论的变种来取代社会存在的思想和目标的传统意识形态纲领。与传统的意识形态相比,这种技术统治论的新意识形态有三个明显的特点:第一,传统的资产阶级意识形态或多或少都包含某种超越现实的"美好生活规划"或理想,也包含了对现实的反思和批判;而科学技术这种意识形态尤其是技术统治论则抛弃了理想和价值,而且阻碍对现实(社会基础)的反思和批判,其目的是现实的永恒化,因而更具辩护功能。第二,科学技术变成偶像的意识形态,较之旧式的意识形态更加不可抗拒和无孔不入,因为它掩盖了实践问题,不仅为一种占统治地位的特殊阶级利益服务,压抑另一个阶级的局部的解放要求,而且又侵蚀了人类要求解放的旨趣本身。第三,同以往的意识形态相比,科学技术这种意识形态具有"较少的意识形态性",因为它不具有老式意识形态的那种"欺骗的不透明性"(即不靠制造幻想、蛊惑和宣传等欺骗手段了)。它是透明的、直接的,即直接把自己的力量诉诸客观的合理性。

我们再来看看以阿尔都塞为代表的"结构主义的马克思主义"关于科

学技术与意识形态相对立或分离的观点。阿尔都塞被誉为当代最重要的"意识形态理论家",他在《保卫马克思》和《列宁和哲学》等著作中都论及意识形态特别是意识形态和科学的关系问题。在阿尔都塞看来,意识形态与科学是根本对立的,这种对立主要表现在下列几个方面。第一,科学是真理,它如实地反映客观现实和社会历史的真实过程,它是在抛弃意识形态问题框架中形成,并在与意识形态的不断斗争中发展起来的;而意识形态则属于"虚假意识",它以神话的方式反映世界,即像神话一样以颠倒、幻想的方式反映现实世界,它歪曲现实,掩盖社会历史过程的真实本性。第二,科学主要是一种认识,它的最基本功能是理论功能;而意识形态主要是一种价值观念,它的最基本功能则是实践功能。第三,科学作为客观知识,与利益无关,没有阶级性;而意识形态则完全受利益支配,为一定的阶级利益服务,具有头等重要性。第四,科学的认识过程是从抽象上升到具体,而意识形态的认识过程是从具体到抽象。阿尔都塞认为任何科学都有一个发生、发展和成熟的过程,有一个"史前期",意识形态就是科学的"史前期"。也就是说,任何科学都是由意识形态"脱胎"而来的,但由意识形态到科学的转变是一种根本的质变,即"认识论的断裂"。马克思主义本身也经历了一个由"意识形态"到"科学"的"认识论的断裂"时期,其分界线是《关于费尔巴哈提纲》和《德意志意识形态》。显然,阿尔都塞看到科学与意识形态之间的差别,但是,他错误地把两者截然对立起来了。

那么,我们应当如何正确看待科学技术与意识形态之间的关系,特别是当代科学技术的意识形态功能呢?

科学技术与意识形态特别是科学与意识形态的关系是一个十分复杂的问题,必须作一些比较深入的分析,指出它们的联系和区别。科学是人类实践的产物,当社会发展到一定的阶段,科学作为一种专门的精神生产形式,作为社会生活中的一个特殊的部分便独立出来了。科学是一种知识的体系,它是对客观世界及其规律性正确反映,表现为系统化的知识,特别是经过理性加工过的理论知识。而对于意识形态概念,人们并没有一致的理解。根据马克思主义经典作家的观点,意识形态是"与物质前提相联系的物质生活的必然升华物",表现为哲学、宗教、道德等一系列形式。换言之,意识形态是由哲学、法律、道德、美学等观点组合而成的,这些观点反映出一定阶级的社会地位和根本利益。社会意识形态也具有系统性和知识性的特征,但是它还具有另一个重要的特征,即反映特定阶级的利益,为一定的经济基础服务。在阶级社会里,这种性质表现为阶级性,它只为一定的阶级服务。

Ⅱ "西方马克思主义"的政治理论

科学虽然是一种社会意识形式,然而却是一种特殊的意识形式,它从属于人与自然斗争的生产力,而不是社会意识形态。科学以它特有的属性和功能(如知识性、系统性、非阶级性等)与其他社会意识形式区别开来,成为一种特殊的社会意识形式。这种特殊性质表现为,它作为一种知识形态总是处在向物质形态的不断转化过程中,它的生命力、它的存在价值和它对社会进步的意义不仅在于它是一种文化、一种意识形式,而且在于它是一种巨大的物质力量,能够转化为生产力而使整个社会产生革命性变化。正是在这个意义上,自然科学既属于社会意识形式范围,又属于生产力范畴,它对社会的作用可以概括为"自然科学→技术→生产力→社会进步"这样一个公式。因此,马克思主义经典作家向来没有把科学归入意识形态的范畴,而是将它归入生产力的范畴。在他们看来,科学不属于意识形态、上层建筑,而属于一般社会生产力,并可以转化为直接生产力。科学在本质上并不是意识形态,它所反映的是客观规律或自然界的本质关系,不受阶级利益的支配,没有阶级性。

然而,这并不等于说,科学与意识形态没有关联。科学与社会意识发展的历史表明,科学与意识形态既是相互交织在一起的,又是不断地处于或明或暗的相互冲突之中,意识形态是为维护、加强或改变某一社会制度服务的。科学的领域,同社会生活的其他领域一样,也是意识形态激烈斗争的舞台。科学的发展受意识形态的制约,意识形态也影响科学。科学史的研究已经证明,科学理论的发现、检验、修改、发展、应用,无不受意识形态(世界观、宗教、道德等)的制约和影响。反过来,伟大的科学发现则往往影响意识形态的内容及形式,特别是改变着人们的世界观、道德观念和宗教信仰。同时,科学成就也常常被统治阶级的意识形态所利用,被用于论证和维护特定的政治制度。

科学与意识形态的关系在不同的社会制度、不同的历史时期,其表现及性质是不同的。在资本主义发展的早期阶段,由于资产阶级的利益在一定程度上符合社会发展的要求,所以,那时的资产阶级意识形态曾对科学起过促进作用,推动科学争取自主权以及争取科学活动自由权的斗争。但是,随着资本主义制度的确立和科学被纳入资产阶级的"普遍福利体系",资产阶级意识形态与科学的关系也变得日趋复杂起来。资产阶级意识形态作为统治阶级利益的表现,它对待科学远非是客观中立的,它与科学经常发生矛盾。在社会主义社会,科学与意识形态则已统一起来。马克思主义是"科学的意识形态"(列宁语)。马克思主义的功绩在于,它把以前的空想社会主义理想变成了科学，它以分析社会发展规律和全面评价各种实际条件为基础做出科学预见；它把理想变成了社会运动的实际目标。它同革命斗争实践结合起来。马克思主义本身也成了推动科学发展的强大因素，它通过科学家的世界观、方法论和他们的活动动机给科学以重要的影响。也可以说，马克思主义理论体系同人类的根本利益和要求直接联系起来，马克思主义反映人类的根本利益而与整个社会的进步相一致，从而为科学的发展创造良好的文化精神环境。

科学与意识形态的关系问题曾经是西方学者（包括"西方马克思主义者"）讨论的热门话题。但西方学者往往不能处理好两者的关系，或者将科学与意识形态看作是毫不相干的，或者将它们等同起来。例如，意大利社会学家帕累托根据培根的偶像说，将意识形态分为四类，指出其本质乃是逻辑形式掩盖下的一种情绪，而科学研究则是"在某种程度上摆脱自己的情绪、偏见和信仰"。显然，他将科学与意识形态隔绝开来了。实证主义则把科学与意识形态完全对立起来，它在"拒绝形而上学"的口号下，要求科学放弃一切与社会迫切相关的见解，要求科学排除一切世界观的因素，对各种冲突采取"不干预"的态度。它将理论与实践、知识与价值相割裂，不承认价值因素、意识形态因素在科学发展中的作用。

作为正统的技术统治论者，当代的"后工业社会"理论家们鼓吹"非意识形态化"，实际上也将科学与意识形态对立起来。"非意识形态化"理论的一般含义是：意识形态作为提出和解决问题的手段只是对不发达的社会有意义，对发达的工业社会来说，它们已失去其功能，不再适应科技革命时代社会所面临的问题，它们已让位给"技术的解决办法"。该理论的出发点是断言资本主义社会的矛盾和革命的变化时期已终结。因此，与它相关的思想意识失去了一切基础，社会所面临的问题应从工艺的方面来加以解决。他们认为，现代发达工业社会的活动不应受意识形态动因的支配，而应以科学信息和准确的知识为基础，而这正是由专家对社会机制的结构和职能进行研究之后提供的。由此可见，意识形态终结的鼓吹者也正是技术统治论的提倡者。"非意识形态化"观念的流行，表明了当代资本主义意识形态的深刻危机，它以特别尖锐的形式表现了资产阶级意识形态的没落。"非意识形态化"的论点是站不住脚的，它本身就是一种披着科学外衣的意识形态。到20世纪70年代，这种论点便宣告破产了。因此，它的鼓吹者们不得不从"非意识形态化"转为"重新意识形态化"。

在这种脉络背景下，"西方马克思主义者"特别是法兰克福学派提出科学技术是意识形态的观点,将科学技术与意识形态等同起来。这从某种意义上可以看作对以往割裂科学技术与意识形态关系的一种解毒剂,有一定的合理性。但是,他们却走到另一个极端,即夸大科学技术与意识形态的联系,以至于在两者之间画上等号。总之,在科学与意识形态关系问题上,我们既要看到它们的差别,又要注意到它们的联系,将它们截然对立起来,或将它们完全等同起来的观点,都是站不住脚的。

2—10

"西方马克思主义"的生态危机理论*

　　对于生态危机趋势的研究是20世纪70年代以后"西方马克思主义"对当代资本主义社会研究的一个热点，它也是"西方马克思主义"的危机理论的重要组成部分。本文将简要评述"西方马克思主义"的这一理论。

　　"西方马克思主义"的奠基人卢卡奇在《历史和阶级意识》一书中论及了人与自然的关系以及在资本主义条件下人与自然关系异化的问题。他考察了资本主义社会的科技发展特别是科学技术的资本主义使用所造成的人与自然关系的异化，即人对自然的奴役的状况，提出了"自然是一个社会范畴"以及在社会主义条件下人与自然关系的协调问题。法兰克福学派的早期代表霍克海默和阿多尔诺在《启蒙的辩证法》和《理性之蚀》等著作中把人与自然的关系及生态问题作为一个理论主题来加以讨论。他们将人与自然的关系和人的异化、受奴役以及人类的解放问题联系起来考察，认为人对人的统治以人对自然的统治为基础，而人的自由解放以自然的解放作为前提条件。在现存压抑的社会（资本主义社会）中，人与自然的关系处于异化的状态中，人类凭借科技进步，使用技术手段，将自然作为征服、掠夺的对象，从而导致严重的生态危机；而在未来的自由社会中，将发展一种新型的人与自然关系，从而避免生态危机。卢卡奇、霍克海默等人的这些观点构成了后来特别是20世纪70年代以后"西方马克思主义"关于生态危机问题讨论的先导。

　　马尔库塞是法兰克福学派中对生态危机及人与自然关系问题论述得最多和最充分的人物之一。他在20世纪60年代中期到70年代初期的一系列著

---

　　*原载《学术月刊》1995年第10期，中国人民大学复印报刊资料《马克思主义列宁主义研究》1995年第12期转载，（这里删去原文的正标题"技术、生态与人的需求"）。

作中继承和发挥了霍克海默等人关于对自然的统治构成人对人统治基础的论点，认为对自然进行愈加有效统治的科学方法，"通过对自然的统治而逐步为愈加有效的人对人的统治提供概念和工具"，"技术也使人的不自由处处得到合理化——技术合理性是保护而不是取消统治的合理性"①；"对人的统治要借助于对自然的统治"②。他对资本主义条件下人与自然关系的异化以及由此造成的生态危机进行了有力的揭露和批判，他说："在现存社会中，越来越有效地控制自然已经成了扩大对人控制的一个因素：成了社会及其政权的一个伸长了的胳臂。商业化的、受污染的、军事化的自由不仅从生态的意义上，而且也从生存的意义上缩小了人的生活世界。它妨碍着人对他的环境的爱欲式的占有（和改变）：它使人不可能在自然中重新发现自己，无论是异化的彼岸，还是此岸；它也使人不可能承认自然是自生的主体——人和这一主体一起生活在一个共同的世界里。"③ 马尔库塞不仅将生态危机看作由科技进步所引起的危机，而且看作一种政治危机、制度危机，即认为生态危机与资本主义的生产关系及政治制度密切相关。他说："大气污染和水污染、噪音、工业和商业强占了迄今公众还能涉足的自然区，这一切较之奴役和监禁好不了多少。这方面的斗争是一种政治斗争，对自然的损害在大多程度上直接与资本主义经济有关，这是十分明显的。同时有人费劲地想使生态的政治作用'中立化'，并利用它来美化现存的东西。尽管如此，今天我们必须反对制度造成的自然污染，如同我们反对精神贫困化一样。"④ 在他看来，在资本主义条件下，"自然资本主义用于加工制造的原料，是物质，是加强对人和物质的剥削性管理的原料"⑤。在这种制度下，自然屈从于一种特殊的合理性，即"一种适应于资本主义要求的、工具主义的合理性"⑥。

马尔库塞探索克服资本主义社会中人与自然异化及生态危机的途径，考察自然的解放与人的解放的关系问题。在他看来，"自然的解放力量及其在建设一个自由社会时的重要作用的发现将成为推动社会变化的一支新力量"⑦。

---

① ［美］马尔库塞：《单向度的人》，上海译文出版社1989年版，第142页。
② ［美］马尔库塞：《反革命和造反》，载《工业社会与新左派》，商务印书馆1982年版，第129页。
③ 同上书，第128页。
④ 同上书，第129页。
⑤ 同上。
⑥ 同上书，第128页。
⑦ 同上书，第129页。

他将自然的解放当作人的解放的手段或前提，自然的解放包括属人的自然（即作为人的理性和经济基础的人的本能和感觉）的解放和外部自然（人的存在环境）的解放两个方面。但这种自然的解放并不意味着倒退到技术前状态，而是把它向前推，以不同的方式利用技术文明的成果，以达到人和自然的解放，并将科学技术从为剥削服务的毁灭性中解放出来。①

马尔库塞甚至主张发展出一种新型的或解放的科学技术。② 他认为，既然人对人的统治依赖于人对自然的统治，那么人的解放同样依赖于自然的解放，自然成了反对剥削社会斗争的同盟者。自然的解放就是恢复自然中产生的向上力量，恢复与生活相异的，表示着自由新特性的感性美的特征。他认为有两种对待自然的方式，它们分属两种社会形式：一种是用那种作为损害手段的科学方式对待自然，而不是把自然作为一种"保留物"加以保护而让其独立发展，这只是为了达到控制自然的目的，把自然当作无价值的原料、物质；这属于一种特殊的社会形式（资本主义社会）。另一种是用科学技术保护自然并重建生活环境，让自然自由发展，这属于一种自由社会形式（社会主义社会）。马尔库塞还认为，这种将自然的解放当作人的解放的手段的思想是马克思《1844年经济学哲学手稿》的中心主题，说马克思把对自然的"属人的占有"和"一切属人的感觉特性的彻底解放"当作社会主义的基本特征。

在这一点上，可以将马尔库塞的观点与法兰克福学派第二代的代表人物A. 施密特的论点相比较。在"人与自然关系和乌托邦"一章中，施密特集中讨论马克思的自然观与他的社会主义学说的关系问题。他认为，人与自然关系是社会理想的关键问题。马克思自认为完成了社会主义从空想到科学的发展。马克思一生不断地批判乌托邦主义者，但是，"马克思关于人自身的自然以及人对外部自然关系的理论"和青年马克思的"人的自然本性的完全解放""自然的人化同时也是人的自然化"的梦想则是乌托邦的，马克思甚至是"哲学史上最大的乌托邦主义者"③。显然，施密特与马尔库塞不同，但对马克思早期著作的人的解放与自然所造成的损害这一点上的看法则与马尔库塞相同。他断言，当今人类控制自然的技术已数倍于以往的乌托邦主义

---

① [美] 马尔库塞：《反革命和造反》，载《工业社会与新左派》，商务印书馆1982年版，第129页。

② 参见陈振明《评法兰克福学派的科学技术社会学理论》，《中国社会科学》1991年第1期。

③ [德] A. 施密特：《马克思的自然概念》，商务印书馆1988年版，第135页。

者的梦想，但反过来转化为一种破坏力，它不是使人与自然、主体与客体和解，而是导致灾难性的结果。①

法兰克福学派第二代的另一个主要代表人物哈贝马斯在《合法化危机》等著作中也讨论了生态危机趋势问题，但是他并不把生态危机看成当代资本主义社会所独有的，而是将它看作当代整个人类世界所遇到的共同难题。他认为，在当代，国际社会体系把它的势力范围远远扩展到周围的自然环境，导致外部自然和内部自然两方面都达到了极限：前者导致了生态平衡的破坏，后者则导致了人类学平衡及人格系统的破坏。关于生态危机，他指出，资本主义社会结构的主要特征是，有效地解决了经济增长问题，它迫使世界范围内的人口和生产都不断增长，这产生了一系列问题，关键在于人口增长对自然的不断开发这两个方面的经济需求，面临着两大物质局限性：一是可居住和可耕种的土地、淡水和食物以及非再生性原料等有限资源的供应；二是一旦遭到破坏便无法弥补的某些生态系统吸收污染物的能力，也就是说，人口和生产的急剧增长，即对外部自然控制的加强，终有一天会达到生物学的环境能力的极限。

哈贝马斯强调说，在资本主义条件下，无法克服生态平衡的破坏，即无法克服生态危机的问题。他说，除非资本主义社会放弃其组织原则，否则，就无法遵循将增长控制在一定界限的规律。要把无计划的、自发的资本主义的增长转变为有质量的增长，就必须根据使用价值有计划地组织生产。但是，生产力的发展是不可能在不违背系统规则的前提下，脱离交换价值的生产的。与外部自然或生态平衡破坏相对应的是人类学平衡的破坏。人在生产过程中占用外部自然，而在社会化过程中则占用内部自然。随着对外部自然控制的加强，内部自然的一体化也加强了，内部自然一体化对人类本身的影响的直接后果是人类学平衡的破坏，而人类学平衡的破坏就意味着人格系统的异化、人性的丧失。由于一体化，人变成了机器上的零件，变成彻底的消费者。②

20世纪70年代产生的"生态学马克思主义"沿着法兰克福学派尤其是马尔库塞的理论传统，直接将生态危机及人与自然关系问题作为中心研究主题，形成了较系统的"生态危机理论"。其代表人物有美国的威·莱斯，加拿大的本·阿格尔（有时人们也将"存在主义的马克思主义者"高斯列

---

① ［德］A. 施密特：《马克思的自然概念》，商务印书馆1988年版，第177页。
② 参见［德］哈贝马斯《合法化危机》，波士顿1975年英文版，第41—44页。

入其中)。按照阿格尔的说法,"生态学马克思主义"的危机理论是与哈贝马斯等人的合法化危机理论并列的 70 年代"西方马克思主义"危机理论的两种不同的、又相互补充的趋势。这种生态危机理论认为,不仅资本主义生产过程中存在根深蒂固的矛盾,而且生产过程据以同整个生态系统相互作用的方式也存在着根深蒂固的矛盾。"生态学的马克思主义包含了两种分析观点:一方面,它认为资本主义商品生产的扩张主义的动力导致资源不断减少和大气污染的环境问题;另一方面,它力图评价现代的统治形式——人类在这种统治形式从感性上依附于商品的异化消费,力图摆脱独裁主义的协调和异化劳动的负担。"因此,"生态学马克思主义的目的也是双重的,它要设计将打破过度生产和过度消费控制的社会主义未来"①。莱易斯发挥了法兰克福学派特别是马尔库塞的观点,并将之与生态学理论相结合,奠定了"生态学马克思主义的理论框架"。

在《自然的控制》和《满足的极限》这两本著作中,莱易斯阐述了他的"生态学马克思主义"观点,特别是生态危机理论。《自然的控制》一书着重发挥了法兰克福学派关于"双重统治"——对人的统治以及对自然的统治为条件的论点,说明"控制自然和控制人之间的不可分割的联系"②。他把对自然的控制或统治的根源追溯到古代基督教传统,以及这一传统从古代到现代的发展。他认为对自然控制的加强不是转移或削弱对人的统治,而是加剧了对人的统治。这种由对自然的控制到对人的控制是靠科学技术的手段来实现的。人们通过技术操作,即通过技术来控制自然和对自然资源进行分配,而日益对人日常生活的世界产生影响。这样,技术便使科学的合理性渗透到社会之中。与霍克海默一样,莱易斯认为,对自然的控制和对人的控制遭到自然的反抗,即来自外部的自然和内部自然的反抗,前者以生态危机的形式表现出来,后者是人的内在欲望的非理性的爆发。

在《满足的极限》一书中,莱易斯则着重论述了生态危机及摆脱危机的途径问题。他认为,资本主义生产的无政府状态必然导致生态危机,在他看来,自然并不是一个任人摆布的客体,它并不服从社会的意志,这就是非人自然的需要。因此必须把作为社会构成部分的自然和不是社会构成部分的自然,把受人控制的和不受人控制的世界区分开来。人类要生活就必须尊重自然的界限,人类正是通过在技术上操纵,适应自然环境而形成自己的历史

---

① [加]本·阿格尔:《西方马克思主义概论》,中国人民大学出版社 1991 年版,第 420 页。
② [美]威·莱易斯:《自然的控制》,重庆出版社 1993 年版,"序言"第 6 页。

的；人类只有适应自然，才能生存和发展。过去人类在意识形态上，在技术上强调控制、征服自然，这种倾向被资本主义的生产推到登峰造极的地步。资本主义生产以追求利润为目的，资本家的唯利是图，急功近利造成社会生产的无政府状态，造成生产力和资源的严重的浪费；同时，在资本主义生产力发展中，随着对自然和对人统治的加剧，科学技术变成统治的工具，变成新的生产力和破坏力的因素，而无产阶级则无力阻止这种情况。垄断资本主义的发展已导致了过度生产和过度消费，导致人的异化和自然生态系统自动平衡的破坏，引起了生态危机。

莱易斯认为，为了使工业文明继续生存下去，必须发展一种新的需要观、新型的人与自然的关系，必须实行稳态经济——这种经济要求缩减资本主义的生产能力和扩大资本主义国家的调节作用，重新评价人的物质要求，并大大削减这种需求。面对能源短缺，地球自然界的不断萎缩和生态支持系统的日益相互依存，或许还需要一种新的禁欲主义。在莱易斯看来，组织社会必要劳动方式上的质的差别和这种劳动与消遣、闲暇活动的关系，是各种生产活动中产生的满足问题的主要因素，生态学马克思主义强调人的满足，最终在于生产活动，而不是消费活动；当代发达工业社会造就了病态的消费方式，并以消费活动来确定是否幸福，这正是人的异化及生态危机的主要表现。总之，即将来临的生态灾难，迫使我们重新考虑工业化的生活方式，使我们转而采取一种分散的、放缓增长速度的社会经济组织形式，改变现有的消费方式，"必须把人的需求问题当作更大的生态相互作用系统的一个不可分割的组成部分"①。

阿格尔在《西方马克思主义概论》中，阐发了"生态学马克思主义"的生态危机理论以及摆脱危机的社会变革的战略。他的中心论点是："历史的变化已使原本马克思关于只属于工业资本主义生产领域的危机理论失去效用。今天，危机的趋势已经转到消费领域，即生态危机取代了经济危机。"因此，当务之急是"从马克思关于资本主义生产本质的见解出发，努力揭示生产、消费、人的需求和环境之间的关系"②。他认为，在垄断资本主义社会中，自由经营资本主义时期大量存在的劳动与资本的矛盾即使不是全部消灭了，也逐渐削弱了。这期间，超过资本家有效利用能力的资本积累的趋势已完全改变，引起了阶级的重新组合，因而改变了资本主义危机的特点，

---

① [美] 威·莱易斯：《满足的极限》，多伦多1976年英文版，第113页。
② [加] 本·阿格尔：《西方马克思主义概论》，中国人民大学出版社1991年版，第486页。

马克思的经济危机理论已经过时,他关于异化劳动理论也不再能单独用来分析当代资本主义的危机趋势了。他说,马克思没有充分分析消费领域,错误地认为只有生产领域中的危机趋势才导致资本主义的崩溃。由于资本主义比马克思所想象的更富有弹性,所以他的不完全的危机理论就更加远离发达资本主义的具体现实了[不过阿格尔承认马克思的异化和矛盾理论(辩证法)仍有适应性,主张把马克思的辩证法同他的危机理论的具体历史运用分开]。阿格尔宣称,要用对导源于消费领域的当代资本主义危机进行研究,用"异化消费"和"期望破灭的辩证法"来"分析同目前存在于像受广告操纵的消费与受到威胁的环境之间关系的这样一些危机的新形式"①,并通过"分散化"和"非官僚化"来克服异化消费和生态危机,他围绕这些概念展开他的危机理论。

阿格尔认为,当代资本主义生态危机主要是由"异化消费"所引起的。所谓"异化消费"是指"人们为补偿自己那种单纯乏味的非创造性的且常常是报酬不足的劳动而致力于获得商品的一种现象"②。他主张通过"期望破灭的辩证法"来克服异化消费及其引起的生态危机。所谓的"期望破灭了的辩证法","指的是这样一种状况,即在工业繁荣和物质相对丰裕的时期,本以为可以指望的源源不断提供商品的情况发生了变化,而这不管愿意与否无疑将引起人们对满足方式从根本上进行重新评价。人们对发达工业社会可以源源不断提供商品的能力的期望破灭,最终走向自己的对立面,即对人们在一个基本上不完全丰裕的世界上的满足前景进行正确的评价"③。这种辩证法可以使人们看到进行社会主义变革的动力,一来可以导致人们对需求的重新表达,二来可以使人们对从劳动中获得满足的前景改变看法。因此,阿格尔主张用这种辩证法取代"植根于无政府状态的危机理论的原本马克思主义的社会主义变革模式"。提出要用"分散化"和"非官僚化"等具体措施来克服异化消费及生态危机,认为"分散化"和"非官僚化"既适应于技术(生产)的过程,又适应于社会、政治过程。通过使现代生活"分散化"和"非官僚化",不仅可以限制工业增长,保护环境,而且可以从性质上改变发达资本主义社会的社会、经济和政治制度。在这里,阿格尔借用并改造了舒马赫在《小的是美好》一书中提出的"小技术"概念,以

---

① [加]本·阿格尔:《西方马克思主义概论》,中国人民大学出版社1991年版,第490页。
② 同上书,第494页。
③ 同上书,第90—91页。

"小技术"取代当代工业社会的"大技术",消除现代社会工业生产的高度集中。他说,小技术的采用不仅意味着改组资本主义工业生产的技术过程,而且意味着改变资本主义制度的权力关系。

"存在主义的马克思主义"的后起之秀高兹把生态学、生态危机和生态运动及时地纳入自己的理论视野,提出了一种"政治生态学"理论(正由于这一点,他被列入"生态学马克思主义者"的名单里)。他在《生态学即政治》这一论著中认为,在当代西方,随着科技发展及科技的资本主义使用,出现了严重的生态危机:资源的滥用导致资源的枯竭,空气、水、土壤的工业污染特别是核污染正摧毁全球的生态体系,世界人口的激增造成巨大的灾难。要改变这种状况,避免世界末日的唯一出路是停止经济增长,改变生活方式和限制消费,改使用不可再生能源为可以再生能源。他把现代技术分为两种:一种是高度集中的技术即核技术,这是一种独裁主义的政治选择,它导致决策权集中在少数人手里,并有利于对人民的控制,具有独裁和加强资本力量的倾向;另一种是分散的技术,它可以用来开发再生性能源,它服从于大家的控制而不能创造利润,具有潜在的反资本主义的倾向。因此,人们必须在两种社会之间做出抉择:一种是建立在独裁主义的技术基础上的社会——它加强了对人和自然的统治;另一种是建立在民主的技术基础上的社会——它促进个人自主及与自然的协调。①

作为当今西方社会一种流行的思潮,对"西方马克思主义"特别是法兰克福学派和"生态学的马克思主义"关于生态危机趋势及一般的人与自然关系的理论,应作如何评价呢?我们必须首先肯定这一理论具有新颖、合理之处。

其一,这一理论有其现实基础或历史根据。"西方马克思主义者"无疑感受到当代社会发展的脉搏,敏锐地抓住了因科技革命而日益摆上突出位置的人与自然的关系及生态危机问题,将它纳入自己的理论研究的范围。随着新技术革命的展开以及科学技术的资本主义使用,西方资本主义社会面临着严峻的人与自然的冲突或生态危机的威胁:空气污染、核威胁、温室效应等困扰着西方社会及整个世界。随之出现的是西方国家的生态运动或绿色和平运动,这一运动由最初的自发组织到组织政党,由最初的院外活动到登上政治舞台,由少数国家发展到遍及整个资本主义世界,声势和影响日益壮大,成了西方新社会运动的一大趋势。从其本质上说,这是一场西方国家的人民

---

① 参见[法]高兹《生态学即政治》,波士顿1980年英文版,第102页。

群众抗议资本主义的群众运动。另一方面，20世纪60年代末之后，西方新左派及学生造反运动处于低潮。而对当代发达资本主义国家的生态、政治、经济和文化危机以及新左派及学生造反运动衰落的现实，70年代以后一部分"西方马克思主义者"特别是马尔库塞、莱易斯和阿格尔等人调整自己的研究策略，把自己的理论探索与大众所关心的问题密切地结合起来，特别是将生态问题及生态运动及时地纳入自己的理论视野，努力开拓一条既能实现自己的目标又能赢得大众支持的道路。因此，可以说："西方马克思主义"的生态危机理论是当代资本主义的生态危机及生态运动的现实在理论上的一种反映，它构成"西方马克思主义"的当代资本主义理论尤其是危机理论的一个重要方面。

其二，"西方马克思主义者"在一定程度上揭露和批判了当代资本主义社会中人与自然关系的异化的现实以及生态危机的种种现象，并探索异化及危机的根源，将之与资本主义制度联系起来考察。他们合理地指出，在当代资本主义社会中，自然并不被当作人与之和解、协调的对象，而是被当作控制或统治的对象；技术手段被当作非人地掠夺自然的工具，这种技术同样被用来对付人，成为对人的控制或统治的新形式，对自然的这种掠夺性态度产生了一系列的生态及社会问题。因此，在当代资本主义社会，出现了一种悖谬的状况：一方面是对自然控制能力的增强，人化自然的扩大；另一方面则是人的异化、不自由和受奴役程度的加深，人的生存环境日益缩小，资本主义社会无法协调人与自然的关系。"西方马克思主义者"进而将异化和危机与资本主义生产关系及政治制度联系起来考察，认为异化和危机的根源是资本主义应有的逻辑所致，因而要克服这种异化和危机就必须粉碎这种逻辑本身。在这里，他们也往往自觉地借助马克思主义的某些立场、观点和方法来分析问题（如借助马克思的异化和矛盾理论）。因此，可以说，"西方马克思主义者"对生态危机的分析比一般生态主义者对生态危机的分析要更加深刻，因为后者往往局限于描述当代资本主义生态危机的种种现象，或将之归因于科技进步或人性的弱点。

其三，"西方马克思主义者"强调人与自然的协调发展的重要性，并探讨了自然的解放与人的解放的关系。目睹了当代资本主义社会通过技术手段非人地掠夺自然所带来的种种消极后果，"西方马克思主义者"强调人与自然的关系不应是统治（控制）与被统治（被控制）的关系，而应是一种平等、和谐共存、共同发展的关系；他们要求保护自然环境，防止生态失衡或生态环境的继续恶化，要求顺应自然，按自然规律办事，承认自然有其界限，主张人与人、人与自然之间实行自主的、创造性的交往或交换；强调让自然得到解放，让它自由发展，反对无限制的过度生产和过度消费。"西方马克思主义者"还把自然的解放与社会主义问题联系起来，将自然解放当作人类解放的前提条件，这是有合理因素的。

其四，西方马克思主义者在探讨人与自然关系及生态危机趋势时提出了其他一系列值得认真讨论的问题。如关于必须加强对消费领域及消费异化的研究，以"补充"或扩展马克思主义对生产领域的研究的问题；关于在当代资本主义社会中，科学技术充当对自然和对人的统治工具，变成新的破坏力量的问题；关于劳动—休闲一元论，在劳动过程中得到满足，注重提高生活品质或生活质量的问题；关于通过分散化、非官僚化和工人自治管理来实现社会主义变革，克服异化和危机问题；关于一种小技术或分散的技术的可能性以及不同于资本主义的新科学技术观的发展问题；关于"红"（马克思主义）和"绿"（生态运动）相结合的可能性问题……如此等等。"西方马克思主义者"对这些问题都作了一定程度的分析，并提出了一系列独特的看法，这对于我们全面认识当代资本主义社会中人与自然关系的异化及生态危机，对于坚持和发展马克思主义人与自然关系理论、科技社会学理论和危机理论有某些启迪作用。

但是，"西方马克思主义"的生态危机趋势及人与自然关系的理论的局限性也是十分明显的：第一，借口当代资本主义的发展变化，否认马克思主义经济危机理论在当代的适应性，用生态危机取代了经济危机而作为当代资本主义危机趋势的主要类型。法兰克福学派和生态学的马克思主义者认为马克思主义的经济危机理论与自由资本主义社会相联系，它在当代已经"过时"，主张将马克思主义辩证法（矛盾和异化理论）与他的具体的危机理论（经济危机理论）分开，用他的方法来分析揭露新的危机形式，以取代经济危机理论。也就是说用生态危机来取代经济危机。很明显，这在理论与实际上都是错误的，这不仅是因为当代资本主义仍然存在着经济危机的事实，而且因为生态危机与资本主义的基本矛盾及由此产生的经济危机相联系，与其说生态危机决定经济危机，倒不如说生态危机是经济危机的派生物。"西方马克思主义者"没有注意到当代资本主义社会中各种危机爆发的可能性。

第二，不恰当地夸大生态问题的重要性，用人与自然的矛盾来取代资本主义的基本矛盾和主要矛盾（即生产力与生产关系所产生的生产社会化与私人占有制之间的矛盾和无产阶级与资产阶级的矛盾）。诚然，人与自然的关系或矛盾是贯穿于人类社会发展始终的一种基本关系或矛盾，随着科技进步及科技应用的副作用,在当代这个矛盾更加突出。"西方马克思主义者"尤其是"生态学马克思主义者"是注意到这个问题的。然而,他们却不恰当地夸大了这一矛盾的地位,以至于用人与自然的关系来取代资本主义的基本矛盾及主要矛盾。同时,尽管他们声称生态危机与资本主义生产的无政府状况有关,却往往离开社会生产方式尤其是生产关系去抽象谈论人与自然的关系。人类在生产活动中的确不断改造、征服自然,并调整与自然的关系,使自然更好地为人类服务。然而人类的生产活动并不是孤立的、单纯的人与自然的关系,而是在一定的社会关系即生产关系中进行的。人与自然的关系受到生产方式以及与这种方式相联系的社会制度的制约或影响。因此,人与自然的关系与人与人的关系(社会关系)是相互交织着的,在不同的社会生产关系中,人与自然的关系有不同的内容及表现形式。因此,在一个社会形态中,生产方式的矛盾运动是更基本的或主要的矛盾。"西方马克思主义者"显然没有处理好人与自然的关系、人与人的关系这两对矛盾之间的关系。

第三,"西方马克思主义者"错误地将科学技术当作当代资本主义社会中人与自然关系异化及生态危机的总根源,并幻想一种废除"大科技"的"小技术"以及一种解放的科学技术观。尽管他们也经常谈到科学技术的资本主义使用,但是实际上却把科学技术当作对自然和对人的控制和奴役,当作人与自然关系异化及生态危机的终极根源来加以批判。在他们眼里,科技进步使自然遭到破坏,尤其是当代的大科学、大技术导致了人类的生态灾难;同时,作为征服自然工具的科学技术反过来变成对人控制的手段。因此,他们主张废除大科学、大技术及大工业,提倡一种小技术、人性的技术,并确立一种乌托邦式的新的科学技术观。其实,就其本质而言,科学技术是一种"伟大的革命力量""历史的杠杆",科学技术加强了人对自然的控制和改造能力,极大地提高生产力,为人类的自由解放创造物质基础,并推动生产关系的变革。科学技术的滥用的确带来人与自然关系的异化及生态危机,但是人与自然关系的调整以及生态问题的解决还得靠科学技术;现代大科技是人类社会发展尤其是生产工具进步的一个突出的表现,那种试图放弃大科技,而回到"小技术"或"分散技术"的做法不过是一种浪漫主义的幻想。

第四,"西方马克思主义"的生态危机理论缺乏全球视野,忽视了发达资本主义国家和广大的欠发达的第三世界国家的矛盾。应该指出,当代生态危机主要是发达资本主义国家造成的,因此这些国家应负主要责任,而且发达资本主义国家日益把有害于环境或人的健康的产业转移到第三世界,甚至建设危险的工艺设备,转移核废料。而第三世界面临发展经济的迫切任务,因而需要大力发展科学技术尤其是高科技、大科技,以改善生活环境。因此,全面、系统的生态危机理论中须采取一种全球视野,特别注意发达资本主义国家与发展中国家的矛盾(或南北对立问题),这样做有利于更深刻地揭露当代资本主义国家的生态危机的实质,提出更合理的解决生态问题的途径或方法。显然,这一点是"西方马克思主义"的危机理论所缺少的。

综上所述,"西方马克思主义"关于生态危机趋势及人与自然关系的理论有其自身的优劣成败。如果将这一理论,特别是"生态学马克思主义"的观点与一般的生态主义理论(如罗马俱乐部的观点)相比较,就可以发现它的特点和优点。罗马俱乐部(成立于1968年)与生态学马克思主义的活动年代、所处的背景大致相同,它是一个研究"人类困境"即生态危机及其他社会问题的未来研究会,它的目标是促进和传播对人类困境有较可靠的和有深度的见解,并为人类克服困境提供新的战略、措施。为实现这一宗旨,罗马俱乐部在20世纪70年代及80年代初组织研究和发表了一系列的报告,如《增长的局限》(1972年)、《人类处在转折点上》(1974年)、《重建国际新秩序》(1976年)、《人类的目标》(1978年)、《学无止境》(1979年)等。在这些研究报告中,罗马俱乐部的成员对人类的困境,特别是生态危机的性质和内容作了广泛而详细的分析;他们将人类困境看作人类缺乏自然和其他物种的生存智慧,自我调节机制和动态平衡的危机以及社会政治组织赶不上物质革命的危机,分析政治发展同技术进步结构发生矛盾的危机和人的内部危机。他们列出人类困境或生态危机的种种表现,如人口爆炸、环境污染、生态破坏、核威胁及军备竞赛、科技发展的无政府状态、东西对抗和南北对峙,等等。

罗马俱乐部的人类困境理论的特点及优点在于,它们以定量分析手段,以具体的材料和数据,向人们展示人类困境特别是生态危机的严重性,提醒人们注意对人类生存造成威胁的全球问题,呼吁各国合作共同解决生态问题,并提出一些可供借鉴的解决方案。但是,罗马俱乐部对人类困境的分析所采取的是一种超历史、超阶级和超社会制度的"全人类"观点,即它所分析的是一种超越社会制度的人与自然的关系,它将人类的困境及生态危机的主要根源归咎于人性的因素,而不是资本主义制度,它要人们抛开社会政治因素方面的考虑来共同克服人类困境。这里的局限性和消极性是显而易见的。

与罗马俱乐部相比,西方马克思主义特别是生态学马克思主义的生态危机理论的特点及优点在于,它宣称要用马克思主义的某些方法和理论来分析生态问题,把生态危机的产生同资本主义的生产关系及社会制度联系起来加以考察,并把生态问题的解决与社会主义的变革及人的自由解放挂钩,即把摆脱危机的出路寄希望于社会变革,这使"西方马克思主义"特别是生态学马克思主义的生态危机理论更具有批判性的味道。

"西方马克思主义"社会主义观的形成与主题[*]

"西方马克思主义"的社会主义观是当代国外社会主义理论的一个重要组成部分。"西方马克思主义"既批判发达资本主义社会,又批判苏联社会主义模式,寻求一条既不同于发达资本主义、又不同于现存社会主义的"第三条道路"或"新社会主义"。他们反思马克思主义的科学社会主义理论,批判苏联社会主义模式的种种弊端,在关于西方社会变革的动因、主体、途径及策略,未来社会的本质、特征与蓝图,未来社会主义模式等问题上提出了各种观点,形成了种种关于社会主义的"新"理论。在这里,我们先简要描述"西方马克思主义"的社会主义观的由来及发展,然后对他们的社会主义观的主要论题及观点加以评介。

一、"西方马克思主义"社会主义观的由来与发展

"西方马克思主义"最初是作为共产国际内部的"左"倾激进思潮而出现的,它的奠基人从理论和实践两方面批评列宁主义的政治理论,批评共产国际的政治路线、战略和策略,批评苏联的内外政策,探讨西方革命的途径、战略和策略以及社会主义的本质、特征和蓝图等问题,形成了一套既不同于列宁主义、又不同于第二国际修正主义的关于无产阶级革命和社会主义的理论(即"左"倾激进主义理论)。因此,从一开始,社会主义观及革命理论就构成"西方马克思主义"理论的一个核心组成部分。

---

[*] 原载《福建学刊》1997年第2期,中国人民大学复印报刊资料《社会主义研究》1997年第6期转载(原标题为《"西方马克思主义"的社会主义观》)。

20世纪二三十年代是"西方马克思主义"的形成时期。在这一时期,卢卡奇、科尔施和葛兰西这几位"西方马克思主义"的奠基人所面临的主要任务是总结欧洲革命失败的经验教训,为复兴革命做准备。因此,对十月革命道路的评价和对西方革命的途径、战略和策略,未来社会的特征和蓝图的探讨,便是他们的社会主义观的中心论题。卢卡奇在《历史和阶级意识》中论及无产阶级的阶级意识及其与无产阶级革命运动的关系、总体革命尤其是主观革命战略、无产阶级的组织方法论以及阶级与政党的关系等问题;科尔施批评列宁主义的革命和国家理论及其哲学基础,探讨无产阶级革命的主观前提及总体革命战略,并提出了一种"实践社会主义"("社会化")的未来社会主义模式;葛兰西批评苏联模式,提出一套较完整的西方社会主义革命理论,包括对十月革命道路的评价,西方革命的战略与策略,主观革命及掌握文化领导权问题,政党、阶级、领袖和群众的关系,"工厂委员会"的社会主义模式等。

20世纪40年代至60年代是"西方马克思主义"的发展及成熟时期。在这一时期,后起的"西方马克思主义"代表人物及流派从卢卡奇、科尔施和葛兰西的上述理论传统出发,根据不同时期的社会现实或历史发展情况,展开了对苏联模式的批判和对第三条道路及"新社会主义"问题的探索。尽管从法兰克福学派开始,"西方马克思主义"的基本流派及代表人物逐步脱离了无产阶级的革命斗争实践,使马克思主义研究失去了历史依托。但是,对当代西方社会变革及其出路的关注,仍然是他们理论的一个重要组成部分。在不同时期,这些后起的"西方马克思主义者"对苏联模式的批判和对第三条道路及"新"社会主义的探索的侧重点、深度和广度有所不同。从30年代末到40年代中期,以法兰克福学派和"弗洛伊德主义的马克思主义"为代表的"西方马克思主义"结合对法西斯主义批判这一理论研究的中心主题,展开了对苏联模式的批判。他们将苏联与法西斯主义国家并列作为极权主义国家,将苏联社会与西方社会视为同一个工业社会的两个变种来加以同等的批判;他们探讨西方社会变革的可能性及其前景,并论及未来社会主义蓝图以及社会主义社会中如何处理好专政与民主、集权与分权、党与政、计划与市场、社会解放与人的解放等方面的关系问题。从40年代末50年代初开始,随着新技术革命的展开以及随之而来的当代资本主义政治、经济和文化等领域发生的重大变化,特别是1953年斯大林逝世以及1956年苏共二十大召开等历史事件的出现,"西方马克思主义"的各种主要流派及代表人物从不同的角度或方面展开了对苏联模式的全面和系统的批判，并致力于探讨适应西方的革命发展道路、战略和策略，提出了各种"新"社会主义模式，如马尔库塞的"自由社会主义"、弗洛姆的"人道主义的社会主义"、列斐伏尔的"工人自治的社会主义"等。

20世纪60年代末到80年代，是"西方马克思主义"由鼎盛到衰落、扩散的时期。60年代末之后，随着新左派及学生造反运动的失败和新技术革命向纵深方面发展，西方社会又出现了一些新变化。这一时期的"西方马克思主义"继续批判苏联模式，并展开对第三条道路及"新"社会主义的探讨。他们力求将社会主义变革的理论与时代的精神和西方社会人民群众普遍关心的问题及新社会运动结合起来，寻找革命的新动因、主体和策略，并提出一些"新"的社会主义模式。一方面，一些原有的"西方马克思主义"的代表人物（如马尔库塞和列斐伏尔）通过总结新左派及学生造反运动的经验教训，修正他们原有的革命理论尤其是革命战略；另一方面，一些"西方马克思主义"的新流派或原有流派的新秀则根据时代的发展提出种种"新"的革命理论和"新"的社会主义模式。例如，法兰克福学派的第二代主要代表人物哈贝马斯剖析苏联模式，并力求确定它的历史地位；同时也探讨当代西方社会变革的新动因、主体及前景问题；"结构主义的马克思主义"的后起之秀普兰查斯批评夺取政权的"列宁主义模式"，提出一种"通过民主道路走向社会主义"的革命新战略；"存在主义的马克思主义"的新秀高兹则提出一种反对资本主义的"结构改革"战略，并设想一种"后工业社会主义"模式；"生态学的马克思主义者"莱易斯和阿格尔抨击苏联的官僚主义，设想一种分散的、工人自治的和非官僚主义的社会主义，即"生态社会主义"模式；"分析学派的马克思主义者"罗默等人则提出一种"市场社会主义"模式。

20世纪80年代末90年代初，发生了20世纪后半期最重大历史的事件之一的苏东剧变，这对"西方马克思主义"的社会主义理论研究产生了深刻的影响。一些在七八十年代形成并在90年代继续发展的"西方马克思主义流派"包括分析学派的马克思主义、解构的马克思主义、马克思主义解放神学、市场马克思主义、生态学马克思主义等围绕苏东剧变以及20世纪社会主义运动的总结，展开了对社会主义理论的更深入系统的探讨。涉及的理论主题有：对苏东剧变原因的分析及对苏东社会主义模式的批判，对十月革命道路的评价及对实现社会主义道路的反思，关于社会主义的本质特征及基本原则，关于社会主义的"新"模式等问题。

二、"西方马克思主义"社会主义观的基本主题

"西方马克思主义"社会主义观的理论内容是比较丰富的,涉及许多方面的问题,我们将其概括为如下几个方面。

1. 对苏联社会主义模式的反思

对苏联社会主义模式的反思是"西方马克思主义"社会主义观的一个基础部分。"西方马克思主义"对苏联模式的反思集中在对苏联的社会主义制度特别是高度集权的政治经济体制的批判以及对作为苏联意识形态的"苏联马克思主义"的批判上。几乎所有的"西方马克思主义者"都对苏联的社会主义制度特别是它的高度集权的政治经济体制群起而攻之,不遗余力,大加鞭笞。他们批判的要点有四:一是将苏联的社会主义现实与马克思的社会主义理想加以比较,断言苏联社会并不是马克思的社会主义理想的实现,不是真正的社会主义社会或解放的社会,而是一个极权社会主义或官僚主义的社会主义社会;二是批评苏联模式过于狭窄,说它片面强调政治夺权,经济上改变所有制,忽视思想文化革命和民主政治建设。片面强调集中和纪律,忽视调动人的积极性和创造性;三是着力抨击苏联的无产阶级专政的国家政权,认为它是与法西斯主义一样的极权国家或独裁国家和官僚制度,其特征是高度集权、党政不分,在经济体制上则片面强调计划,排斥市场机制;四是断言苏联社会和西方社会一样,是同一个发达工业社会的两个变种,都建立在技术进步基础上,以技术合理性作为社会的组织原则,因而是一个压抑、异化的社会。

2. 发达资本主义社会革命理论

"西方马克思主义者"认为,马克思主义的无产阶级革命理论在当代已经失效,列宁主义的革命理论也不适应当代西方的社会主义变革;他们既反对以暴力夺取政权的十月革命道路,也反对民主党人的议会斗争道路,主张走"第三条道路"。因此,他们对当代西方社会变革的动因、主体、途径及策略进行探索,形成了较系统的发达资本主义社会革命理论。

(1) 革命的"新"动因。"西方马克思主义"认为,在当代资本主义社会中,马克思所设想的革命动因及革命的条件已经不存在了,因而不再出现马克思所期待的无产阶级革命,现在出现了新的革命动因和条件,并将导致一种不同类型的社会主义变革。按照法兰克福学派的说法,这些革命的新动因就在于发达工业社会所造成的异化、压抑和奴役,人的尊严的丧失等,

由此产生一种新型的革命,即"产生于厌恶的革命",这种革命的目的是爱欲的解放或人的自由解放,因而将导致一种新型的社会主义。"生态学马克思主义者"莱易斯和阿格尔则将当代西方社会变革的新动因归结为过度生产和过度消费以及由此引起的生态危机,因此变革的目标是通过确立稳态经济、消除生态危机而进入"生态社会主义"。

(2) 革命的"新"主体。"西方马克思主义"认为,当代西方社会阶级、阶级关系及结构已发生根本变化,无产阶级已不再作为历史转变的动力出现。因而他们在无产阶级之外去寻找革命的"新"主体。马尔库塞认为,在当代,随着科技进步对劳动条件的改善和生活水平的提高,无产阶级与资本主义制度同化,失去了以往的革命性,不再是革命的主体了。当代西方社会变革要靠在现存制度之外建筑革命力量,发展有组织的激进左派,这些革命力量包括知识精英、青年大学生、黑人、少数民族等下层阶级以及第三世界的没有特权或为生存挣扎的人,等等。哈贝马斯将当代西方社会变革的主体确定为"扩大了的工人阶级",即以中间阶层、职员、知识分子和大、中学生为主的工人阶级,而不是原来以体力劳动为主的无产阶级。"存在主义的马克思主义者"认为传统的无产阶级已丧失了作为革命主体的资格,因此,他们把"新无产阶级"或"新工人阶级"作为革命的新主体。在列斐伏尔看来,这种作为革命新主体的"新无产阶级"包括中产阶级、白领工人、未被纳入生产过程的农民、青年、知识分子、黑人和外籍工人等,而不是原来的工人阶级;在马勒和高兹看来,作为未来社会主义革命主体的"新工人阶级"是一种以科学家、工程师、技术人员和管理人员以及受过专门训练工人组成的工人阶级。

(3) 革命的"新"战略。"西方马克思主义"提出了种种"新"革命战略。卢卡奇、科尔施和葛兰西提出了一种总体革命尤其是注重主观革命或文化意识革命的理论,强调掌握意识形态及文化领导权对于革命取得胜利的极端重要性。马尔库塞在不同的时期提出不同的革命途径或战略。他既不同意走议会道路,又不主张暴力革命,而是主张一种"非暴力的反抗",这种"非暴力反抗"的途径,通过意识、本能和文化革命来进行(《爱欲与文明》),或者通过"大拒绝"——拒绝一切从事苦斗和充当帮凶,拒绝对统治者服从——的战略(《单向度的人》),或者靠穿越机构或体制的长征——在为现存的体制服务时做反对这种体制的工作(《反革命和造反》);高兹提出一种"争取社会主义的新战略"或反对资本主义的结构改革战略,这种战略拒绝在一个晚上就夺取政权的观念,而包括一系列可以导致夺取政权的改良措施；普兰查斯提出一种"通过民主道路走向社会主义"的战略，即"把政治上的自由和代议制民主的机构同增加直接民主的形式和大量出现的自治团体结合起来"；列斐伏尔主张通过克服日常生活异化或日常生活革命来实现西方社会的变革；赖希主张通过意识革命和性革命来实现变革；阿格尔等人则主张走生态革命道路；如此等等。

3. 现代乌托邦理论

对社会主义本质的探讨、对社会主义概念的重构以及由此形成的现代乌托邦理论是"西方马克思主义"社会主义观的一个基本内容。"西方马克思主义"尤其是以法兰克福学派、存在主义的马克思主义为代表的"批判马克思主义"方向的各流派批评"科学社会主义"概念，并认为"现实的社会主义"背离了马克思社会主义思想轨迹，仅从制度的改变和生产力的发展上去界定社会主义，只注重经济和社会解放，忽视人的解放及思想解放。在他们看来，社会主义的本质及目的并不在于改变所有制或政权的性质，不在于发展生产力和改善物质生活条件，因为这仅是社会主义的必要前提或否定的条件；社会主义的本质及目的是人的自由解放、人的全面发展或人的本质、潜能的充分实现，这正是马克思所设想的社会主义的要义所在。因此，在"西方马克思主义者"眼里，马克思是一个"人道主义的社会主义者"（马尔库塞从马克思早期的著作特别是《1844年经济学—哲学手稿》中去寻找马克思社会主义概念的人道主义基础；弗洛姆则从马克思的早晚期著作包括《资本论》中去寻找这种基础）。

"批判的马克思主义者"主张重建马克思主义的社会主义概念。他们认为，尽管马克思本人将人道主义或对人的关怀当作社会主义的基石，但他过分强调社会主义的科学性，即从客观必然性（社会规律）中论证社会主义。因此，必须去掉马克思主义思想中的科学成分，赋予其乌托邦（理想）的成分。在他们看来，通向社会主义的道路不是"从乌托邦到科学"，而是从"科学到乌托邦"（马尔库塞语）。他们直接为现代社会条件下乌托邦存在的合理性和必要性作广泛论证，提出了种种现代乌托邦理论。

按照有的学者概括，有如下三种主要的理论。一是布洛赫的"乌托邦本体论"，即从自然、社会和文化中所体现出来的追求美好境界的内在趋向中寻求乌托邦的客观基础，将乌托邦规定为世界的本质。二是马尔库塞和弗洛姆等人的"乌托邦终结论"，即认为科学社会主义概念已经终结，社会主义的必然性和可能性不能从社会发展的客观规律上去论证，而必须从人的本性、心理结构和个性等才能加以阐发，这实际上恢复了空想社会主义者从理性、博爱等所谓人性的东西出发去论证社会主义的思路。三是哈贝马斯和高兹等人的"乌托邦替代论",即认为建立在生产力发展基础之上的社会主义概念带有资产阶级的"经济主义""物质主义"的特征,这并不能说明社会主义的本质。因此,哈贝马斯提出要从"生产范式"转移到"交换范式",用"交换社会的乌托邦"去取代"劳动社会的乌托邦"(哈贝马斯),或用"后工业社会的乌托邦"去取代"资本主义工业社会的乌托邦"(高兹)。

4. 社会主义的"新"模式

"西方马克思主义"提出了一套与现存社会主义模式特别是苏联模式不同的"新"社会主义模式,构想未来理想社会的蓝图。他们提出的"新"社会主义模式主要有如下几种类型。

(1) 工人自治取向的未来社会主义模式。这种类型的模式强调以"工人(厂)委员会"作为无产阶级的国家机构,实行工人自治和直接民主,消除旧的官僚机器,并注重日常生活批判。属于这类模式的有:

"实践社会主义"——这是科尔施所提出的,以他的"工人委员会"和"社会化"理论为基础。他为建立在工人委员会基础上的国民经济精心地阐释了一种假设的经济体系;每一个工厂都由工厂委员会来管理,工人委员会是无产阶级民主的机构。

"工厂委员会的社会主义"——这是葛兰西根据1919—1920年意大利都灵等地的工人阶级运动实践而提出的一种未来社会主义或无产阶级国家模式。他认为,社会主义国家不能从资产阶级国家的体制中产生出来,它是一项全新的创造。问题不在于夺取政权,而在于要以日常生活为基础,通过一系列形式使无产阶级革命得到充分的发展。当务之急是要从无产阶级的权力中心去找答案,那就是工厂委员会。葛兰西将工厂委员会称为"无产阶级国家的模型",认为它解决了无产阶级专政和工人国家的社会基础问题,并充分体现了工人阶级的自主性和首创性。

"工人自治的社会主义"——这是列斐伏尔在1966年的《工人自治的理论问题》一文中提出的一种"新"社会主义模式。列斐伏尔认为,苏联模式的特征是国家支配社会、高度的中央集权以及忽视市场机制的作用等;而他所向往的是一种工人自治的社会主义,核心是社会成员通过自治,把他们的生活掌握在自己手里,把它变成自己的产品。

(2) 人道主义取向的未来社会主义模式。这类模式的特点是,强调社会主义的根本目标是消除现存社会中人的异化和人的压抑,实现人的自由解放、人的全面发展以及人与自然和谐共存。未来的社会主义社会应是一种实现这些目标的理想社会。这种类型的模式有：

"自由社会主义"或"解放社会主义"——这是马尔库塞在《乌托邦的终结》等论著中提出的一种"新"社会主义模式。这种未来社会的特点是"技术和艺术"的结合，"劳动和娱乐"的结合，即社会的必要劳动能组织成与人的解放的真正需要相一致，从而消除对人的一切压抑和约束。"自由社会主义"将人的"道德和美学需要"变成人的基本需要，并使之得到满足；它之所以是自由的，乃在于它能使人达到"感官的、伦理的和合理的需要的满足"。因此，它是一个具有美感、道德的社会。

"人道主义的社会主义"——这是弗洛姆等人提出的一种新模式。弗洛姆认为社会主义的目的是建立一个超越资本主义社会的"人道主义社会"，一个以全面发展人的个性为宗旨的社会，它既不同于西方资本主义，又不同于苏联的共产主义。这种未来的社会就是"人道主义的社会主义"。在那里，人摆脱了经济决定论的枷锁，人的精神得到完全的解放，人性得到恢复，人与自然和谐发展、共存，人与人之间"以爱为基础"和睦相处，是人人处于爱的体验中的"健全的社会"。

"有人性的社会主义"或"非独裁型的社会主义"——这是萨特所提出的一种未来社会主义模式。他认为，存在主义是一种人道主义，而人道主义的一个基本问题就是承认人的自由，社会主义是不确定的，它是一种价值，把自由选择作为自身的目标，人在实现社会主义的同时完成他自身，这种以人身的自由为目标的社会主义就是"有人性的社会主义"或"非独裁的社会主义"。

（3）"后工业社会"及生态学理论取向的未来社会主义模式。这类模式的特点是强调消除工业社会所产生的异化劳动、异化消费，克服生态危机，消除集中化和官僚化，建立起一个以小技术或民主的技术为基础，分散化、非官僚化和工人自治管理相结合的"后工业社会主义"或"生态社会主义"社会。两种代表性的模式是：

"生态社会主义"——这是莱易斯、阿格尔等人提出的模式。莱易斯认为，即将来临的生态灾难，迫使我们思考现在的工业化生产方式，迫使我们转向一种分散的、放缓增长速度的社会经济组织形式，改变消费方式。因此，在未来的社会，必须发展一种新型的需要观、新型的人与自然的关系，实行"稳态经济"，即"稳态社会主义"。阿格尔则主张通过消除异化劳动、异化消费，消除集中化和官僚化，建立起一个分散化、非官僚化和工人自治管理相结合的稳态经济的社会主义，即"生态社会主义"或"非官僚主义的社会主义"。

"后工业社会主义"——这是高兹借用"后工业社会"和生态学理论而提出的一种后工业社会革命理论或乌托邦共产主义方案。他认为,为了避免生态灾难及世界末日,唯一的出路是停止经济增长,改变生活方式和限制消费,建立一种以民主技术为基础、能够全面克服资本主义经济方式的综合征、促进个人自主及人与自然协调发展的新社会。

(4) 市场取向的未来社会主义模式。这种模式是针对苏联模式片面强调计划的作用,否认市场作用的经济体制的弊端而提出的;它认为社会主义必须将公有制或国有化与市场机制有机地结合起来,以同时实现公平与效率。

这种模式的典型是"市场社会主义"。这是"分析学派的马克思主义者"罗默等人提出的社会主义新模式。"西方马克思主义者"以及其他西方学者一般把市场社会主义视为一种既有别于以美国为代表的"市场资本主义",又有别于原苏联为代表的"计划社会主义"的独立的社会主义经济体制;它具有生产资料公有或集体所有这一社会主义的本质特征,又利用市场作为资源配置手段。按照"分析的马克思主义者"约翰·罗默的观点,共产主义经济制度失败的原因是未能在计划制定者、企业家和劳动者之间建立起有效的监督和激励机制,必须靠市场社会主义来克服弊端,摆脱困境。这种市场社会主义的特征是:第一,在生产资料公有制前提下保留资本主义商品经济的运行机制;第二,建立证券经济——某种形式的公有制,也就是把全国所有企业的资本以证券形式平等地分配给所有的成年居民;第三,平等地分配企业利润,劳动者凭证券获得自己企业和其他企业的红利;第四,计划体制通过差别利率对投资进行社会管理。

三、对"西方马克思主义"社会主义观的评价

综上所述,"西方马克思主义"既批判当代资本主义社会,又批判苏联模式(即苏联社会主义社会),并在两种批判的基础上探索社会主义的本质、西方社会主义变革和未来社会主义的"新"模式等问题,形成较系统的社会主义观。尽管"西方马克思主义"的社会主义观在总体上是不正确的,但他们看到苏联模式的种种弊端,提出当代西方社会主义变革的某些合理设想以及有益的理论见解。因此,联系当代资本主义发展的现实,总结世界社会主义运动的经验教训,特别是苏联、东欧社会主义国家垮台的沉痛教

训,深入研究"西方马克思主义"的社会主义观,有助于我们更好地探索社会主义发展的规律性,坚定不移地走社会主义道路,建设有中国特色的社会主义。

"西方马克思主义"的社会主义观是有重大失误的。其一,在对苏联模式的批判方面,"西方马克思主义"贬低或否认十月革命所取得的宝贵经验及这些经验在西方革命中的普适性;抹杀社会主义和资本主义两种制度的根本区别,否定列宁、斯大林等人建立和领导的苏联是社会主义制度;彻底否定苏联的无产阶级国家政权,将它与法西斯主义或极权主义相提并论;没有正确看待苏联社会主义模式所取得的成就及经验。

其二,在当代资本主义社会革命理论方面,"西方马克思主义"并未能正确估计当代资本主义社会出现的新发展新变化及其实质,他们的确看到了这一社会的某些新趋势新特点,并对其矛盾异化现象进行了无情的批判。但是,他们却因这种发展变化而断言当代资本主义社会的性质改变了,无产阶级和资产阶级的阶级关系及结构已改变了,进而宣称马克思主义的阶级和革命理论过时了,必须寻找革命的新动因、新主体和新战略,将革命的动因片面地归结为主观的方面(思想文化和心理上的动因),在无产阶级之外寻找革命的历史依托,并指望通过渐进的改良去逐步实现当代西方社会主义变革,排除了通过暴力革命夺取政权的可能性。

其三,在未来社会主义的模式及蓝图方面,"西方马克思主义"设计的局限性也是显而易见的。例如,贬低了社会主义条件下加快生产力发展,奠定社会主义坚实物质基础的地位与作用,低估或否定了进行政治和社会革命尤其是所有制方面变革的重要性,片面地强调思想文化革命的作用,将人的自由解放、人的全面发展与社会主义的物质基础割裂开来;又如,在"西方马克思主义"的社会主义模式中,民主与集中、自由与纪律、党与政等这样一些关系并没有处理好,而基本上是被对立起来的,可以说片面强调民主、自由、间接参与,而忽视集中、纪律和间接管理;而且在这些模式中,共产党的领导和无产阶级专政是不受重视或没有地位的。

其四,在关于社会主义的本质问题上,"西方马克思主义"的社会主义理论具有空想的性质,是一种现代的乌托邦。他们明确宣称:在当代,实现社会主义的道路是"从科学到乌托邦",而不是"从乌托邦到科学"。马克思主义是从人类社会尤其是资本主义社会的矛盾运动及发展规律中来论证社会主义的必然性和可能性的,即从生产力与生产关系、经济基础与上层建筑的矛盾运动说明,资本主义的生产方式已无法解决私有制与高度发展的社会生产力之间的根本矛盾以及其他各种矛盾异化现象,这使一种更高级的社会形态——社会主义社会的出现成为必然。"西方马克思主义"则倒转了社会主义思想发展的轨迹,将马克思的社会主义理论的基础归结为抽象的人道主义,从理性、伦理和文化的角度去论证社会主义的必要性和可能性,并以所谓的全人类价值(自由、平等、公正等)作为社会主义的伦理目标,并靠这些理性、伦理原则去指导现实的社会主义运动,这显然是一种不切实际的幻想。"西方马克思主义"的社会主义理论犯了早期空想社会主义理论同样的错误。正如恩格斯所指出的:"以往的社会主义固然批判了现存的资本主义生产方式及其后果,但是它不能说明这个生产方式,因而也就不能对付这个生产方式;它只能简单地把它当做坏东西抛弃掉。它越是激烈地反对同这种生产方式密不可分的对工人阶级的剥削,就越是不能明白指出,这种剥削是怎么回事,它是怎样产生的。"① 这段话用到"西方马克思主义"的社会主义观上是恰如其分的。

然而,我们必须看到,"西方马克思主义"的社会主义观并不是纯粹谬误、一无是处的。它也包含了一些合理的、值得借鉴的因素。

首先,"西方马克思主义"立足于当代资本主义发展的现实,积极探索当代西方社会变革的途径和策略以及社会主义理论的一系列基本问题。他们根据时代的变化提出一系列新的问题,并试图给予解答。不管其答案是否正确,这种态度都是有可供借鉴之处的,特别是在当代资本主义相对稳定发展、"繁荣",世界社会主义运动相对处于低潮,在许多人对社会主义丧失信心的时候,他们仍然对社会主义抱有热忱,进行积极探索的精神更是难能可贵的。"西方马克思主义者"在理论研究上较少墨守成规,不囿于条条框框,用开放发展的眼光来看待社会主义的理论与实践的态度也是有可取之处的。

其次,"西方马克思主义"的社会主义观中包含了一些合理的理论成分,可以作为我们发展科学社会主义理论的思想资料。例如,在对苏联模式的批判方面,"西方马克思主义"的代表人物揭露批判斯大林时期的苏联及共产国际将十月革命的经验绝对化,强制推行一种革命模式的做法及其危害;指出了列宁之后苏联的政治经济和文化体制的高度集中、集权、党政不分的本质特征以及强调计划,忽视市场和价值规律作用,给社会经济发展带来的严重后果;在一定程度上批判苏联的官僚主义以及片面强调改变所有

---

① 《马克思恩格斯选集》第3卷,人民出版社2012年版,第796—797页。

制、发展生产力而忽视精神文明和民主政治建设,片面强调纪律、集中而忽视自由和民主等方面的弊端。又如,他们提出根据当代资本主义社会发展的特点而制定革命的新战略策略,在关于西方革命的主体及革命斗争的方式变化,关于思想文化革命、意识革命及掌握这方面领导权的重要性,关于社会主义是人的全面解放和全面发展,以及关于社会主义的政治的、经济的和文化的制度等问题上,提出了某些合理的见解。

最后,"西方马克思主义"还提出了一些值得认真讨论的问题,如在社会主义条件下,如何处理好公有制(国有化)与人民当家做主、专政与民主、计划与市场、集权与分权、党与政、领袖与群众、社会解放与个人解放等方面的关系问题,以及如何看待社会主义的本质和探索各国实际的社会主义发展模式问题。所有这些,对于我们更好地把握社会主义的本质,探索具有中国特色的社会主义的发展道路,不断完善社会主义制度,特别是对于我们总结当代社会主义运动的历史经验,吸取苏东剧变的深刻教训,理解改革开放和市场经济建设的必然性和必要性,坚定不移地实行改革开放的方针,深入进行经济体制和政治体制改革,不断完善社会主义制度,从世界视野中看走具有中国特色的社会主义发展道路的必要性和正确性,加快我国市场经济建设步伐,无疑是具有借鉴意义的。

"西方马克思主义"的"新"社会主义理论述评[*]

关于当代资本主义的理论和关于社会主义的理论是"西方马克思主义"社会政治理论的两个密切联系的部分。"西方马克思主义"既批判当代资本主义社会，又批判苏联的社会主义模式，寻求一条既不同于当代资本主义，又不同于现存社会主义的"第三条道路"或"新社会主义"。他们批判反思马克思主义的科学社会主义理论，揭露批判苏联社会主义模式的种种弊端，在关于西方社会变革的动因、主体、途径及策略，未来社会主义的本质、特征与蓝图等方面提出了各种观点，形成了种种关于社会主义的"新"理论。如科尔施的"实践社会主义"，葛兰西的"工厂委员的社会主义"，列斐伏尔的"工人自治的社会主义"，马尔库塞的"自由社会主义"，弗洛姆的"人道主义的社会主义"，阿格尔等人的"生态社会主义"，高兹等人的"后工业社会主义"，罗默等人的"市场社会主义"，等等。

"西方马克思主义"最初是作为共产国际内部的左倾激进思潮而出现的，从一开始，社会主义观及革命理论就构成"西方马克思主义"社会理论的一个核心组成部分。在20世纪二三十年代，作为无产阶级革命实践的直接参加者、革命理论家或领导人，卢卡奇、科尔施和葛兰西这几位"西方马克思主义"的奠基人所面临的主要任务是总结欧洲革命失败的经验教训，为复兴革命作准备。因此，对十月革命道路的评价和对西方革命的途径、战略和策略，未来社会的特征和蓝图的探讨便是他们的社会主义观的中心论题。后起的"西方马克思主义"代表人物及流派从卢卡奇、科尔施和葛兰西的这种理论传统出发，根据不同时期的社会现实或历史发展情况，展

---

[*] 原载《岭南学刊》1996年第3期，中国人民大学复印报刊资料《马列主义研究》1996年第8期转载（原标题为《"西方马克思主义"的未来社会社会主义理论的探索》）。

开了对苏联模式的批判和对第三条道路及"新社会主义"问题的探索。尽管从法兰克福学派开始,"西方马克思主义"的基本流派及代表人物逐步脱离了无产阶级的革命斗争实践,使马克思主义研究失去了历史依托,但是,对当代西方社会变革及其出路的关注,仍然是他们社会政治理论的一个重要组成部分。在不同时期,这些后起的"西方马克思主义"对苏联模式的批判和对第三条道路及"新"社会主义的探索的侧重点、深度和广度有所不同。我们从下面两点来概括"西方马克思主义"关于社会主义"新"理论的内容。

一、理想与现实:对苏联模式的批判

这里的理想是指马克思的社会主义理想,现实是指苏联的社会主义现实。所谓的"苏联模式",也就是苏联的社会主义革命和社会主义制度及社会主义发展的模式。"西方马克思主义"对苏联模式的批判主要围绕下列三个方面来进行,即对十月革命道路或途径的评价;对苏联的社会主义制度特别是高度集权的政治经济体制的批判;以及对作为苏联意识形态的"苏联马克思主义"的批判。

首先,关于十月革命道路的评价方面,"西方马克思主义者"特别是葛兰西、马尔库塞和普兰查斯等人认为,十月革命道路是俄国特定的政治、经济条件和革命形势的产物,它不具有普适性,不适应于西方的社会主义变革,因此,必须探索适应于西方社会的革命新途径。葛兰西称十月革命为"反卡尔·马克思《资本论》的革命"[①]。因为按照《资本论》的逻辑,在像俄国这样的资本主义经济不发达的国家是不可能取得革命胜利的,然而十月革命胜利的事实驳倒了马克思。葛兰西进而认为由于西方的具体的历史条件不同,不能走十月革命或暴力夺取政权道路。普兰查斯则批评十月革命道路或所谓的夺取政权的"列宁主义模式",认为这一模式与当代西方社会的实践情况不适应,如果采取这一模式,必将使发达资本主义国家的工人运动陷入绝境。

其次,关于苏联社会主义制度的批判方面,几乎所有的"西方马克思主义者"都对苏联的社会主义制度特别是它的高度集权的政治体制大加鞭笞。他们批判的要点有四:一是将苏联的社会主义现实与马克思的社会主义

---

① 《葛兰西文选》,人民出版社1992年版,第10页。

理想加以比较，断言苏联社会并不是马克思的社会主义理想的实现，不是真正的社会主义社会或解放的社会，而是一个极权社会主义或官僚主义的社会主义社会；二是批评苏联模式过于狭窄，说它片面强调政治夺权，经济上改变所有制，忽视思想文化革命和民主政治建设；片面强调集中和纪律，忽视调动人的积极性和创造性；三是着力抨击苏联的无产阶级专政的国家政权，认为它是与法西斯主义一样的极权国家或独裁国家和官僚制度，其特征是高度集权、党政不分，在经济体制上则片面强调计划，排斥市场机制；四是断言苏联社会和西方社会一样，是同一个发达工业社会的两个变种，都建立在技术进步基础上，以技术合理性作为社会的组织原则，因而是一个压抑、异化的社会。

最后，关于对苏联意识形态的批判方面，"西方马克思主义"对苏联的意识形态，特别是作为它的核心的"苏联马克思主义"（包括列宁主义、斯大林主义及其后的苏联官方马克思主义）进行批判，认为在苏联，马克思主义已丧失了它原有的生命力（即它的批判否定精神），变成苏联官方为自己的统治、为现实和政策辩护的意识形态工具。因此，要彻底批判苏联模式，就必须揭露这种模式的理论基础或指导思想，指出"苏联马克思主义"是如何背叛马克思主义而成为统治合理性辩护的工具的。

二、解放之路：变革的动因、主体、途径及策略

"西方马克思主义"认为，马克思主义的无产阶级革命理论在当代已经失效，列宁主义的革命理论也不适应于当代西方的社会主义变革；他们既反对以暴力夺取政权的十月革命道路，也反对民主党人的议会斗争道路，主张走"第三条道路"。因此，他们对当代西方社会变革的动因、主体、途径及策略进行探索，形成了较系统的理论。

（一）关于当代西方社会变革的新动因

"西方马克思主义者"法兰克福学派的马尔库塞宣称，在马克思主义的革命理论中，无产阶级之所以要起来革命，主要是为了改变贫困的状态，这是革命的动因。但是在当代的资本主义社会，由于科学进步导致生产力的极大提高，并改变了无产阶级之贫困状态。因此，这种革命的动因已经不存在，更由于在该社会中阶级关系的改变以及无产阶级革命性的丧失，所以不可能出现马克思所讲的无产阶级革命了。另一方面，当代资本主义社会出现

了其他的革命新动因,这就是发达工业社会所造成的异化、压抑和奴役,人的尊严的丧失等,由此产生一种新型的革命,即"产生于厌恶的革命"。这种革命的目的是爱欲的解放或人的自由解放,因而将导致一种新型的社会主义。哈贝马斯则认为,在晚期的资本主义社会,马克思所指出的两个革命化条件——无产阶级和资产阶级之间的斗争尖锐化,且无产阶级具有革命意识,能被组织起来;资本主义经济危机的严重性——已经消失,因此,不可能再出现真正的或传统意义上的革命运动。归根结底,乃是革命主体出现意识形态危机,社会的乌托邦力量也衰竭了。但是,哈贝马斯认为,在晚期资本主义社会,马克思所说的革命条件不存在,不等于其他的革命条件不存在。实际上,在该社会,出现了一些新的革命条件或动因,如这个社会的基础削弱,出现合法化危机,对可实现的福利的厌恶心理,官僚化劳动方式和生产方式带来的压抑,等等。这些新动因特别是人的本质受压抑的动因,使社会变革成为必要和可能。这种变革就是马尔库塞所说的"产生于厌恶的革命",革命的目标不是发展生产力、增加物质财富,而是"美好生活"。"生态学马克思主义者"莱易斯和阿格尔则将当代西方社会变革的新动因归结为过度生产和过度消费以及由此引起的生态危机,因此变革的目标是通过确立稳态经济,消除生态危机而进入"生态社会主义"。

(二) 关于当代西方社会变革的"新"的主体

大部分后起的(卢卡奇、科尔施、葛兰西之后的)"西方马克思主义者"认为,当代西方社会阶级、阶级关系及结构已发生根本变化,无产阶级已不再作为历史转变的动力出现。因而他们在无产阶级之外寻找革命的"新"主体。例如,法兰克福学派的马尔库塞认为,无产阶级曾是最卓越的革命阶级,因为它体现了对资产阶级社会的绝对否定;无产阶级所遭受的全部苦难、异化及受社会的排斥,促使它搞激进的暴力革命,而这种革命正是马克思学说所要求的。但是,在当代,随着科学进步对劳动条件的改善和生活水平的提高,无产阶级与资本主义制度同化,失去了以往的革命性,不再是革命的主体了。那么,当代西方社会变革要靠谁来实现呢?他认为必须在现存制度之外建筑革命力量,发展有组织的激进左派,这些革命力量包括知识精英、青年大学生、黑人、少数民族等下层阶级以及第三世界的没有特权或为生命挣扎的人,等等。哈贝马斯也有类似的观点。他认为,在当代西方,无产阶级的两大特征——繁重的体力劳动和贫困化——已经消失,无产阶级也丧失了革命意识,再也意识不到自己的历史使命;因此,哈贝马斯将当代西方社会变革的主体确定为"扩大了的工人阶级",即以中间阶层、职员、知识分子和大、中学生为主的工人阶级,而不是原来以体力劳动为主的无产阶级。又如,"存在主义的马克思主义者"认为传统的无产阶级已丧失了作为革命主体的资格,因此,他们把"新无产阶级"或"新工人阶级"作为革命的新主体。在列斐伏尔看来,这种作为革命新主体的"新无产阶级"包括中产阶级、白领工人、未被纳入生产过程的农民、青年、知识分子、黑人和外籍工人等,而不是原来的工人阶级;在马勒和高兹看来,作为未来社会主义革命主体的"新工人阶级"是一种以科学家、工程师、技术人员和管理人员以及受过专门训练的工人组成的工人阶级。再如,"生态学马克思主义者"莱易斯和阿格尔把革命的希望寄托在"中间阶级",即中小资产阶级、知识分子和青年学生,不过,他们又认为,革命要取得最终胜利,必须有工人阶级的参与。

(三) 关于当代西方社会变革的途径、战略及策略

"西方马克思主义"提出了种种新的变革途径、战略或策略理论。卢卡奇、科尔施和葛兰西提出了一种总体革命尤其是注重主观革命或文化意识革命的理论,强调掌握意识形态及文化领导权对于革命取得胜利的极端重要性。葛兰西还提出一种所谓"阵地战"战略,即通过无产阶级在文化领域(市民社会)中不断渗透,一个个夺取资产阶级的文化机构,在掌握文化、意识形态领导权的基础上最后夺取政权的战略。马尔库塞在不同的时期提出不同的革命途径或战略。他既不同意走议会道路,又不主张暴力革命,而是主张一种"非暴力的反抗"。这种"非暴力反抗"的途径,通过意识、本能和文化革命来进行,或者通过"大拒绝"——拒绝一切从事苦斗和充当帮凶,拒绝对统治者服从——的战略,或者靠穿越机构或体制的长征——在为现存的体制服务时做反对这种体制的工作。高兹提出一种"争取社会主义的新战略"或反对资本主义的结构改革的战略,这种战略拒绝在一个晚上就夺取政权的观念,而包括一系列可以导致夺取政权的改良措施,首先是争得由工会控制整个劳动场所和工资规模的权利,以工厂企业和劳动场所的变革为主要基地,注重权力的变革,即注重企业的控制权问题。这种战略与总罢工的方式不同。它以合法斗争和逐步变革来进行。普兰查斯提出一种"通过民主道路走向社会主义"的战略,即"把政治上的自由和代议制民主的机构同增加直接民主的形式和大量出现的自治团体结合起来",也就是说,把国家内部进行斗争同与在国家外部进行斗争结合起来。这种战略反对

彻底砸烂或摧毁资产阶级国家的做法，主张把直接民主与代议制民主相结合。此外，列斐伏尔主张通过克服日常生活异化或日常生活革命来实现西方社会的变革；赖希主张通过意识革命和性革命来实现变革；阿格尔等人则主张走生态革命道路，如此等等。

此外，"西方马克思主义者"还对"新"社会主义的模式与蓝图作了探讨。限于篇幅，这里未作评述。

三、简要的评价

"西方马克思主义"对苏联模式的批判是有重大失误的。他们贬低或否认十月革命所取得的宝贵经验及这些经验在西方革命中的普遍性；抹杀社会主义和资本主义两种制度的根本区别，否定列宁、斯大林等人建立和领导的苏联是社会主义制度；彻底否定了苏联的无产阶级国家政权，将它与法西斯主义相提并论；没有正确看待苏联社会主义模式所取得的成就及经验，等等。

但是，"西方马克思主义"对苏联模式的批判也包含了一些合理的、值得借鉴的因素，如揭露批判斯大林时期的苏联及共产国际将十月革命的经验绝对化，强制推行一种革命模式的做法及其危害；提出了列宁之后苏联的政治经济和文化体制高度集中、集权、党政不分的本质特征以及强调计划，忽视市场和价值规律和作用，给社会经济发展带来的严重后果；在一定程度上批判苏联的官僚主义以及片面强调改革所有制、发展生产力而忽视精神文明和民主政治建设，片面强调纪律、集中而忽视自由和民主等方面的弊端。"西方马克思主义者"还提出一些值得认真讨论的问题，如在社会主义条件下，如何处理好公有制（国有化）与人民当家做主、专政与民主、计划与市场、集权与分权、党与政、领袖与群众、社会解放与个人解放等方面的关系问题，以及如何看待社会主义的本质和探索各国实际的社会主义发展模式问题。所有这些，对于我们吸取苏联东欧演变的深刻教训，更好地把握社会主义的本质，坚持改革开放，探索具有中国特色的社会主义发展道路，逐步完善社会主义制度，无疑具有借鉴意义。

在"新社会主义"或第三条道路的方面，"西方马克思主义"对当代西方社会主义变革的途径、道路和策略、西方革命的主体与动力，"新社会主义"的特征与蓝图以及科学社会主义的基本原理在当代的适应性问题等方面进行探索，形成了所谓的"新社会主义"或第三条道路的理论。这是一种不同于资本主义和社会主义的第三种选择,要点是选择适应于当代西方社会的变革途径和革命新策略,依靠革命的新主体,建立一种"新的社会主义"或"人道主义的社会主义"。显然,在"第三条道路"理论方面,"西方马克思主义"错误地估计了当代资本主义社会阶级关系的变化及特点,并在此基础上提出一系列不切实际的、近乎乌托邦的理论,否定了马克思主义关于无产阶级革命和科学社会主义学说。

但是,他们的理论中也有某些合理因素,如提出根据当代资本主义社会发展的特点而制定革命的新策略,关于西方革命的主体及革命斗争的方式变化问题,关于思想文化革命、意识革命及掌握这方面领导权的重要性问题,关于社会主义是人的全面解放和全面发展问题,以及关于社会主义的政治的经济的和文化的制度的某些设想等都有可供参考之处。这有助于我们把握当代世界社会主义运动的发展及其规律性,了解西方社会主义变革的长期性、曲折性,坚定社会主义最终必定战胜资本主义的信念,不断完善社会主义制度,从世界视野中看走具有中国特色的社会主义道路的必要性和正确性。

"西方马克思主义"对十月革命道路的批判[*]

"西方马克思主义者"对苏联社会主义革命模式尤其是以暴力夺取政权的十月革命道路加以批判,认为十月革命道路是俄国特定的政治、经济和文化环境的产物,它不具有普适性,不适应于西方的社会主义革命,因此,必须探索适应于西方社会的革命新途径。下面,我们来看看葛兰西、普兰查斯等人的观点。

葛兰西是"西方马克思主义"奠基者中对这个问题做了较多研究的人。俄国十月革命刚刚结束,葛兰西就在1917年11月2日的《前进报》上发表了一篇题为《反〈资本论〉的革命》的文章,评论十月革命。在这篇文章中,葛兰西称十月革命为"反卡尔·马克思《资本论》的革命"[①],这是因为按照马克思《资本论》中的逻辑,在像俄国这样的资本主义经济不发达的国家是不可能取得无产阶级革命的胜利的。在这样的国家里,似乎必须先创造条件发展资本主义,至少达到类似西方的文明,同时使无产阶级的力量不断扩大,使阶级冲突尖锐化,最后才能谈得上革命。但是已发生的事件战胜了意识形态,"布尔什维克否定了卡尔·马克思,并用毫不含糊的和所取得的胜利证明:历史唯物主义的原则并不像人们可能认为和一直被想象的那样是一成不变的"[②]。葛兰西提出,十月革命前的俄国比较有利于把革命力量组织起来,投入到革命斗争中去,俄国工人阶级和人民在社会主义的宣传下,主动、自觉地行动起来,取得了革命的胜利。

---

[*] 原载《理论学习月刊》1995年第7期(中国人民大学复印报刊资料《马列主义研究》1995年第10期转载)。

[①] 《葛兰西文选》,人民出版社1992年版,第10页。

[②] 同上。

Ⅱ "西方马克思主义"的政治理论

葛兰西在《狱中札记》中讨论了十月革命模式在西方的适应性问题，说十月革命模式主要是俄国具体历史条件的产物，它不适应于西方社会。他认为，在俄国，社会经济落后，市民社会不发达。在那里，国家就是一切，市民社会是初生的和凝结的；而在西方，国家和市民社会有一个适当的关系，当国家不稳定的时候，市民社会的坚固结构立即就会显露出来，国家仅是一条外部的壕沟，在它后面耸立着一个强有力的堡垒和土木工程系统。[①]在葛兰西看来，由于这些差别，使西方社会主义革命和俄国社会主义革命的途径不同：在俄国，掌握政治领导权比掌握文化领导权更重要，因而革命者可以采用运动战——面对面，直接向敌人发动进攻，直接发动革命，夺取国家的领导权；而在西方复杂的市民结构、经济的迅速发展、社会化机构的庞杂、群众思想受到资产阶级的蒙蔽、工人贵族的产生等环境，使得对国家正面攻击的"运动战"已经不适应了。因此，在西方，关键是掌握文化领导权，这是掌握政治领导权的先决条件，即无产阶级革命的直接目标并不是夺取国家的领导权，而是在市民社会的各个领域逐步破坏资产阶级在文化、意识形态上的领导权，由无产阶级取而代之，先进行预演，然后在有可能、适当的时候顺利掌握国家权力，而无产阶级在上升为统治阶级之后，也要重视对市民社会或文化、意识形态领域的领导。在葛兰西看来，西方革命要达到这一目标，不能采用"运动战"，而必须采取"阵地战"——坚守自己的阵地，并逐步扩大，以逐渐夺取敌人的阵地，即在资产阶级政权未陷入危机的稳定时期，无产阶级在文化战线不断渗透，颠覆资产阶级意识形态的庞大机构，攻克一个个市民社会机构（新闻出版机构、学校、工会、教会等），然后才能夺取政权。

总之，葛兰西认为，在西方发达国家中，市民社会成了资产阶级防御系统中最坚固的同盟，在这种情况下，运动战显然不适应了，因为革命者无法用闪电般的出击破坏统治阶级对整个市民社会的领导权；相反，只能通过阵地战的方法，先在市民社会中夺取新阵地，在掌握意识形态和文化领导权的基础上，最后夺取政治领导权。简言之，十月革命模式是俄国特定社会历史条件的产物，不适应于西方的社会主义革命。

"结构主义的马克思主义者"尼科斯·普兰查斯在《国家、权力和社会主义》等论著中也对十月革命模式或夺取政权的"列宁主义模式"加以批评，认为这一模式与当代发达资本主义国家的状况不相符合；如果采取这一

[①] 参见［意］葛兰西《狱中札记选》，伦敦1971年英文版，第238页。

模式必将使发达资本主义国家的工人运动陷入绝境。普兰查斯指出,十月革命的经验是其特殊的历史背景组成的,因为列宁当时必须同沙皇专制的俄国国家进行搏斗,因而不得不采用双重政权和使用暴力从外部正面夺取政权的形式。第三国际留下的、受斯大林主义影响的所谓适应于西方革命的"列宁主义模式"是对十月革命经验的滥用,它无视当代资本主义国家的现实,企图把列宁用于俄国具体历史环境的十月革命经验加以推广;同时,它把当时卢森堡已经指出的列宁仅依靠工人委员会民主和完全取消议会民主的一些问题推向极端,甚至加以歪曲和发挥。这种革命模式的特征是怀疑现代资本主义国家中民主的扩大和群众在国家内部中进行干预的可能性,认为人民群众夺取资产阶级政权的斗争从本质上说是一种正面的进攻或包围,在资产阶级国家这个要害的外围进攻;主要目的是造成一种双重政权形式,夺取资产阶级政权就意味着在双重政权期间占领资产阶级国家的一切组成部分,以便用第二种即苏维埃政权取而代之。这种模式否认了向社会主义过渡是一个漫长的时期,认为群众起来夺取和改造政权只有在双重政权的形式下才能进行,即革命只有在国家(资产阶级)和苏维埃(无产阶级)之间的力量对比非常不平衡,革命形势本身则被归结为一种资产阶级国家危机,而这种危机必然在引起资产阶级国家的崩溃的情况下,才能取得胜利。

普兰查斯认为,"列宁主义模式"的程序是:革命前的危机,国家机器的腐败和瘫痪,群众的普遍和集中的自发组织,双重政权,革命赢得反对资产阶级国家政权的各种工人自发组织的多数,起义性的总罢工,工人委员会的国家政权的建立。在普兰查斯看来,这一模式在当代发达资本主义国家已没有任何实现的可能性。这是由当代西方社会现实所决定的,即当代西方社会现实有着根本的不同。第一,当代西方已排除了列宁所说的革命危机的可能性,即排除了资产阶级政权或快或慢的解体过程和产生群众自发性组织的革命运动的可能性,这是由现代资产阶级国家政权的性质和它同整个社会的关系所决定的;第二,现代西方发达资产阶级国家政权是在经受阶级斗争的烈火中形成的,因而能够从根本上克服以往社会发展阶段所遗留下来的各种弊端,重新分配社会财富,缓和各种社会政治经济危机;第三,由于当代西方国家的重大危机都是可以预见的,所以,不会导致变成使国家政权崩溃的形式;第四,广大群众的政治活动的恢复不是采取工人委员会的形式,而是采取把工人运动的传统机构集中的形式——各种工会、党派和由它们推动和检查的统一的委员会形式。①

  显然,如何评价十月革命模式及其在西方社会的适应性,历来是国际共产主义运动中的一个重要而又激烈争论的理论和实践问题。"西方马克思主义者"对这个问题进行了一定程度的分析,并提出了自己的看法。他们反对把十月革命模式照搬硬套,而不顾各国的实际,如在第三国际和斯大林主义时期所表现出来的倾向那样。他们在一定程度上分析了西方社会与俄国社会的差别,提出各国社会主义革命途径的多样化问题。并试图探索一条适应于当代西方社会的革命途径。他们提出的一些观点,如葛兰西所强调的夺取文化领导权,重视文化革命,关于西方革命不同于俄国革命的特点以及西方革命的长期性和复杂性等观点,是包含有合理成分的。但是"西方马克思主义者"特别是卢卡奇、葛兰西等人之后的"西方马克思主义者"却往往有全盘否定十月革命模式的倾向。他们借口西方社会的具体历史条件不同以及当代资本主义出现的新变化而否认十月革命所得出的某些具有普遍意义的经验,即否认由列宁所提出的,并为十月革命的实践所证明了的某些具有普遍意义的社会主义革命的原则;他们往往鼓吹一种改良主义的、不流血的、基本不触动资产阶级国家政权的"第三条道路",从而根本背离了马克思列宁主义的社会主义革命理论。

  按照马克思列宁主义的社会主义革命学说,实现社会主义革命的途径、手段或形式决不是单一的,而是多样化的,应根据各国具体的情况以及革命的实际情况来确定。马克思说过:"工人总有一天必须夺取政权……但是,我们从来没有断言,为达到这一目的,到处都应该采取同样的手段。"② 列宁也说:"至于变革的形式、方法和手段,马克思没有束缚自己的手脚,也没有束缚未来的社会主义革命活动家的手脚,他非常懂得在变革时会有怎样多的新问题发生,在变革进程中整个情况会怎样变化,在变革进程中整个情况会怎样频繁而剧烈地变化。"③ 列宁认为革命者对待革命的途径、形式或道路应采取的态度是:"第一,马克思主义同一切原始形式的社会主义不同,它不把运动限于某一种斗争形式。它承认多种多样的斗争形式……因此,马克思主义决不拒绝任何一种斗争形式。""第二,马克思主义要求我

---

  ① 参见李青宜《"西方马克思主义"的当代资本主义理论》,重庆出版社1990年版,第202—208页。

  ② 《马克思恩格斯全集》第18卷,人民出版社1964年版,第179页。

  ③ 《列宁全集》第27卷,人民出版社1959年版,第318页。

们一定要历史地来考察斗争形式的问题……在经济演进的各个不同时期，由于政治、民族文化、风俗习惯等等条件各不相同，也就有各种不同的斗争形式提到首位，成为主要的斗争形式，而各种次要的附带的斗争形式，也就随之发生变化。不详细考察某个运动在它的某一发展阶段的具体环境，要想对一定的斗争手段问题作肯定或否定的回答，就等于完全抛弃马克思主义的立脚点。"① 因此，在马克思主义经典作家看来，社会主义革命的途径或夺取政权的形式是多种多样的，采取何种途径或形式，要历史、具体地加以分析。

从国际共产主义运动的历史看，无产阶级夺取政权的基本途径无非是两个，即暴力革命途径与和平途径。前者采取武装夺取政权的形式，包括武装起义、游击战争、国内战争等；后者是工人阶级采用包括议会斗争在内的政治斗争方法，而非暴力革命的方法来夺取政权。当然，在马克思主义经典作家眼里，和平道路夺取政权是最受欢迎的，它符合工人阶级和共产党人的愿望和理想。马克思说："凡是利用和平宣传能更快更可靠地达到这一目的的地方，举行起义就是不明智的。"② 列宁也说："当然，工人阶级但愿和平地夺取政权。"③ 不过，按照经典作家的指示和国际共产主义运动的经验，在资本主义和帝国主义时代，资产阶级武装夺取政权是最有把握和最有可能的，因为资产阶级总是不会自动地交出政权，总是要进行激烈的反抗，除非某个国家的资产阶级知道自己的反抗没有用处，它才可能和平地交出政权。

其实，俄国社会主义革命夺取政权的过程本身也并非单纯地靠暴力革命，而且也尽可能利用和平手段，即使在最后不得不靠武装起义夺取政权之前，列宁也极力利用和平手段来夺取政权。从1917年3月到9月的这一段时间，在俄先后出现两次可能和平夺取政权的形势。第一次是1917年4月至7月。在这段时间里，经过二月革命，获得了广泛的资产阶级自由民主，工农群众掌握了武器，旧国家机器因受到震撼而不敢公开镇压革命，成立了苏维埃政权，资产阶级比较软弱，资产阶级临时政府不得不依靠工农的信任来维持，国际帝国主义分裂成几个相互敌对的集团，并在战争中受到削弱。因此，出现了和平夺取政权的机会，在此时反革命还没有力量纠集起力量对人民诉诸武力，因而共产党人就在"一切权力归苏维埃"的口号下进行和

---

① 《列宁全集》第14卷，人民出版社1988年版，第2页。
② 《马克思恩格斯全集》第17卷，人民出版社1963年版，第683页。
③ 《列宁全集》第4卷，人民出版社1958年版，第242页。

平斗争。第二次是1917年9月,在粉碎了科尔尼洛夫叛乱后,列宁也还认为政权仍然可能和平地转到工人阶级手里,强调尽一切可能保证不放过革命和平发展的最后机会。然而,和平夺取政权并没有成功,最后不得不在10月举行武装起义来夺取政权。

俄国十月革命开创了武装起义、暴力夺取政权的一个成功范例,它向国际共产主义运动提供了许多具有普遍意义的经验。例如,它证实了列宁所指出的无产阶级革命取得成功必须具有一系列的主客观条件的论断。

的确,由于西方各国的具体历史条件以及当代资本主义的新发展,西方革命不能简单地照搬十月革命模式,斯大林时期的苏联及共产国际曾一度有将十月革命的经验绝对化,强制推行一种革命模式的倾向,对国际共产主义运动的集中统一领导,再加上理论上的教条主义,给国际共产主义运动造成了危害,尤其是使西方革命陷入困境。因此,"西方马克思主义"寻求适合西方社会的革命道路而批评十月革命模式的做法是可以理解的。但是,他们却往往从一个极端走向另一个极端,否认十月革命所取得的某些具有普遍意义的经验,否认当代西方走武装夺取政权道路的可能性,而过分强调思想文化革命的重要性,忽视夺取国家政权的首要性,这不仅违背了马克思主义的社会主义革命的基本原则,而且也不符合当代西方社会的实际。

"西方马克思主义"眼中的苏联模式[*]

对苏联模式的批判构成"西方马克思主义"的社会政治理论尤其是社会主义观的一个重要组成部分。"西方马克思主义"的代表人物将苏联社会称为"国家社会主义"(State – Socialism)、"极权社会主义"(Authoritarian Socialism)、"官僚社会主义"(Bureaucratic Socialism)、"国家资本主义"(State – Capitalism)等。他们将苏联的社会现实与马克思的社会主义理想加以比较,将苏联与西方社会以及法西斯主义国家加以比较,批判苏联高度集权的政治、经济和文化体制,揭露这种体制下的官僚主义、政治异化、缺乏民主、没有人权、排斥市场机制等弊端。由此断言,苏联的社会现实并不是马克思所设想的社会主义的实现,不是一个真正解放的社会。本文将评述"西方马克思主义"对苏联模式批判的一个基本观点。

1. 将苏联社会和纳粹德国加以比较,断言苏联与纳粹德国一样是一个极权主义国家或一种国家资本主义的类型

这主要是20世纪三四十年代"西方马克思主义"的一些代表人物特别是法兰克福学派的霍克海默和波洛克的观点。霍克海默的《极权主义国家》和波洛克的《国家资本主义》这两篇论文是法兰克福学派40年代对苏联模式批判的代表作。这两篇论文所采用的途径或角度不同,霍克海默着重于意识形态的批判和对极权主义国家的起源与意义的历史追溯,而波洛克则侧重于经济体制分析尤其是抽象的、理想型的经济职能及局限性的分析。但是,这两篇论文却是相互补充、互相呼应的,它们都将苏联和纳粹德国当作极权主义国家或国家资本主义的两个样板来加以批判,提供了法兰克福学派关于苏联模式的第一个较系统的理论。

---

[*] 原载《马克思主义研究》1996年第6期。

霍克海默将法西斯德国、苏联和美国并称"极权主义国家"。他认为,"极权主义国家的主要特征是抛弃市场经济,实行计划经济","国家变成了总体资本家,而剥削仍在继续,这就是极权主义国家的社会";在这种国家中,国家统治者"使自身摆脱了对私人资本的依赖","剩余价值也是在国家的控制下获得并加以分配";在政治上,"完整的中央集权并不是权力的倒退,而是权力的发展","在完整的中央集权的统治下,警察将极端官僚主义的权威几乎强加到生活的所有领域"。霍克海默指出,所有形式的极权主义国家都是压抑性的,巨大的浪费不是由经济机制引起的,而是由对权力机构的过度需求和对劳动者创造力的压抑造成的。在这种社会中,人民的物质生活虽然提高了,但精神上的自由都丧失了,"人性被彻底肢解了"[①]。他认为,极权主义国家或国家资本主义并不像列宁所说的那样,是"垂死的",相反,它有"巨大的生命力",它通过控制市场经济、防止由于危机而造成的崩溃,通过生产的有效管理,城乡之间的交流等使生产不断发展。因此,他预言,国家资本主义会比自由资本主义更加持久。霍克海默还追溯了极权主义国家的根源以及消灭极权主义国家的途径。他将极权主义国家的根源追溯到法国大革命,说"极权主义也是法国大革命的最终目的";认为东西方社会同时出现极权主义,乃是由于东西方都发生了激烈革命的缘故,是由于苏维埃国家和法西斯主义国家都是激烈的社会动荡的产物。他还设想通过渐进的革命(而不是急风暴雨式的自上而下的革命),特别是一种工人委员会的民主运动来消灭极权主义国家。

尽管霍克海默把批判的主要矛头指向纳粹德国,但也指向苏联的无产阶级专政制度。他将苏联称为"国家社会主义""总体国家主义"或"国家资本主义"(在他那里,"国家资本主义"="总体国家主义"="国家社会主义"),认为苏联与纳粹德国一样,具有极权主义的共同特征,甚至将它描述为比纳粹德国更为彻底的极权主义国家形式。用他自己的话来说,苏维埃国家是"摆脱了对私人资本的任何依赖的极权主义国家的最顺理成章的形式"[②]。

波洛克在《国家资本主义》一文中认为,国家资本主义代表了一种全新的历史时代,"一种由主要是经济的时代向本质上是政治的时代的转变"。

---

① [德]霍克海默:《极权主义国家》,《法兰克福学派基础读本》,纽约1978年英文版,第101—103页。

② 同上书,第102页。

他区分国家资本主义的两种理想类型：极权主义型和民主型，将纳粹德国和苏联一同称为极权主义的国家资本主义社会，并认为苏联的极权主义的国家资本主义表现得更加淋漓尽致。波洛克指出，国家资本主义这种新制度包含了一系列表面上是经济的，但实质上是政治上被决定了的新规则。在国家资本主义条件下，市场作为一种间接的需求控制手段已被直接的国家计划所取代；价格作为稀缺性管理的中介已失去了作用，变成了一种被严密控制的工具；利润仍作为一种诱因，并作为一种社会控制工具而起作用；在这种社会中，存在着一种个人利益服从一般利益的趋势；整个社会经济系统被一个强有力的官僚机构所支配、控制。在波洛克看来，这样一种新制度扩展了科学管理和工业合理性，它是一种现代公司结构向全社会结构的推广；在这种社会里，商品生产被产品生产所取代，生产的每个方面都受到严格的控制，既没有过分的积累，也没有过分的投资，因而它似乎没有内在的经济上的局限性，能够包容各种矛盾和冲突，在经济上是稳定的。但是，极权主义的国家资本主义是一种新的政治的、官僚主义的统治阶级构成的框架，国家是新的统治集团的权力工具，每个不属于该集团的人不过是被统治的对象而已；它给人类带来了巨大的灾难：恐怖、操纵、群体和个人的原子化，人们在自由资本主义时代获得的权利的丧失，日益增加的战争危险，等等。

2. 将苏联社会与西方社会加以比较，断言苏联和西方是发达工业社会的两种形式或样板，是一个压抑、异化的社会

在这个问题上，我们来看看马尔库塞和哈贝马斯的论述。马尔库塞对苏联模式的批判集中地体现在《苏联马克思主义》一书中。该书写于1952—1955年，并于1958年由哥伦比亚大学出版社首次出版发行。马尔库塞试图将马克思主义的意识形态批判与苏联的政治分析结合起来，既对苏联的共产主义政治现象，又对它的意识形态及其对经典马克思主义的背离做出分析批判，以便揭露它对马克思主义的歪曲和它在实践上没有实现社会主义的理想，并根据苏联与西方社会的相互作用来把握苏联的发展趋势，说明国际地理政治和资本主义的世界市场是如何影响苏联发展的。

马尔库塞将苏联的社会主义称为"官僚主义的社会主义"。在他看来，在苏联社会中，统治是由两个方面构成的，即由所谓的"新的合理性"和官僚制度构成的。马尔库塞认为，苏联社会是以技术理性或工具理性作为社会的组织原则的，或者说，新的合理性将技术理性应用到工业社会的组织之中。现代机器工业的合理性要求"对机器标准化的一致和准确的服从，这

要求调整和反应，而不是自主性和自发性"①。新的合理性要求对机器过程的服从，个人的创造力让位给效率和绩效；苏联的劳动和社会组织旨在统治和劳动者的服从，而不在于他们的解放和潜能的发挥。因此，"将苏维埃国家等同于一个自由和理性的社会是不可接受的"②。马尔库塞指出，西方社会与苏联社会之间的差别被一种走向趋同的强有力的趋势平行拉平，两种制度显示出共同的后工业文明的特征——集中和管理取代私人事务和自由，竞争是组织化和合理化的，各种规章制度体现着经济与政治的结合，大众传媒、娱乐工业和教育协调着人们的行动等。他认为，只要生产是中央化和自上而下的控制的，那么，国有化、生产资料的私有制的废除并不造成本质上的差别；没有首创性和由"直接生产者"的来自下面的控制，那么国有化只不过是为了加速生产力的发展，只是有助于自上而下控制的一种技术—政治手段，是统治流水线或统治方式的变化，而不是废除统治的先决条件。马尔库塞认为，在苏联，统治和管理的权力以及对生产资料的控制权仍然掌握在官僚手里；与资本主义社会相似，国家承担了对人民的管理功能，使直接生产者与对生产过程的集体控制永久地分离。他说："苏维埃国家确切地采取了那种被恩格斯描述为阶级社会特征的结构：'共同的社会功能'变成'一种劳动分工的新分支'，并因此形成了一种与大众利益相分离的特殊利益，国家变成了一种物化的、人格化的权力。"③ 他批评苏联没有发展社会主义民主，没有让工人参加决策与管理。

作为法兰克福第二代的主要代表人物，哈贝马斯在《理论与实践》《交往与社会进化》《合法化危机》等著作中论及苏联模式，尤其是苏联的社会性质、历史地位以及它与当代资本主义社会的关系等问题。他在1960年发表的《哲学与科学之间：作为批判的马克思主义》一文（后来收入《理论与实践》一书）中，讨论了当代反对马克思的"四个基本事实"，其中的第四个"事实"就是关于苏联社会或苏联模式问题。他说，俄国革命和苏维埃制度的建立是历史的事实，因而对马克思的系统讨论和马克思主义一起被最大限度地僵化了。十月革命是由力量薄弱的无产阶级所发动的，由小资产阶级和农民所支持的和在列宁主义训练下的职业革命家指导下进行的，它的目的是消除国会和苏维埃双重政权并存的局面，并没有直接的社会主义目

---

① [美] 马尔库塞：《苏联马克思主义》，纽约1961年英文版，第69页。
② 同上书，第70页。
③ 同上书，第89页。

标,但是它建立了官僚和党的干部的统治。10年后,在这一基础上,斯大林依靠农业集体化,自上而下官僚主义地发动了社会主义革命。苏联马克思主义在反法西斯战争中显示出它是一股世界性的力量,并在第二次世界大战后建立起世界霸权,它迫使在资本主义基础上组织起来的西方世界的领导人为巩固它的制度而实行最严密的防卫。既然如此,苏联通向社会主义的道路就只能是一种缩短发展中国家工业化进程的途径,这条道路还远远没有实现真正的社会解放,而且实际上往往将使在资本主义条件下已经取得的公民权利倒退到党的专政的合法的恐怖之中。当然,苏联在赶超资本主义世界的口号下,在提高生产力方面取得了成功,它的发展速度使它能够参加为达到最高生活水平的和平竞赛中去。在长期的竞赛中,社会结构和统治结构也因此受到影响,在福利国家受到控制的群众民主的中间地带,不能排除两种制度的趋同。显然,在这里,哈贝马斯认为苏联不是马克思主义的社会主义理想的实现,不是一个真正的解放的社会。

哈贝马斯多次论及苏联的社会历史地位问题。他在《合法化危机》中区分四种社会形态:原始的、传统的、资本主义的和后资本主义的社会。他说:"除了原始社会之外,其余都是阶级社会(我将国家社会主义社会——根据对生产工具的政治精英的支配——作为后资本主义的阶级社会)。在危机趋势检验之后的对晚期资本主义和后资本主义阶级社会的兴趣在于探讨后现代社会的可能性———一种历史上的新组织原则。"① 在这里,哈贝马斯似乎采取了两种策略:一方面,他将苏联社会刻画为过渡社会、后资本主义社会,但还不是后现代社会;另一方面他似乎将晚期的资本主义社会和后资本主义社会仅看作阶级社会的两种现代形式。在他看来,如果我们要评估它们不仅在同一方面上趋同,而且走向后现代社会即真正的解放社会的话,那么,其内在的动力就必须加以分析。

在《走向历史唯物主义的重建》和《历史唯物主义和规范结构的发展》两篇论文(均收入《交往与社会进化》一书)中,哈贝马斯又讲这个问题。他摆出两种方案:"一种意见认为,官僚社会主义类型的社会,与发达资本主义社会相比较,已经达到一个更高的进化阶段。而在另一种意见看来,问题则在于有两种相同发展阶段的变体,即同一个组织原则有不同的历史表述。第二种意见不仅通过大量的论文以平常的形式提出,而且得到理论家们

---

① [德]哈贝马斯:《合法化危机》,波士顿1975年英文版,第17页。

的论证。"① 在这里,尽管哈贝马斯并未讨论两种社会的趋同问题,但是,他倾向于将官僚社会主义社会与晚期资本主义社会看作同一个社会进化阶段的两种变体或两种形式,因此,在现代性的讨论中,可设想其他可能备选方案。

3. 批评苏联模式的设计太狭隘,认为这一模式片面强调政治上夺权,经济上改变所有制,忽视思想文化革命及人的解放

"存在主义的马克思主义"和"弗洛伊德主义的马克思主义"在这个问题上的言论具有典型性。列斐伏尔认为,苏联社会主义模式只注重宏观革命,即只注重政治经济问题,重视社会解放,忽视微观世界革命(忽视对日常生活的批判),忽视人的解放。这种模式有严重的缺陷,不能唤起人民群众的革命热情。他批评苏联的国家政权,说苏联模式把国家凌驾于社会之上,由国家主宰社会。他把国家看作从事欺骗活动的场所,坚持反对那种在无产阶级取得政权之后"为使国家消亡而首先加强了国家权力"的说法,认为加强国家权力乃是政治异化的极端表现。他认为斯大林逝世后尤其是苏共二十大之后对个人迷信、个人崇拜的批判也不过是一种闹剧,关键是国家本身的问题,即问题不在于是否批判个人崇拜,而在于是否在制度上确保国家机器消亡;社会主义阶段只能是国家机器的逐步消亡,只能是逐步削弱阶段,而不是不断强化阶段。他说马克思、恩格斯和列宁都认为,只能把社会主义社会视为过渡阶段,即国家消亡阶段。

梅洛-庞蒂在《人道主义与恐怖》一书中认为,苏联模式是打破了主观因素和客观因素之间平衡的理论,它忽视工人的主观性,过分地估计经济基础这一因素,降低了无产阶级意识的主观因素的作用,从而危及了主观性与客观性统一的观点。他说:"且不论在理论上,至少在实践上",苏联"目前的阶段打破了主观因素与客观因素之间的平衡",过高地估计经济基础这一客观因素,而降低无产阶级意识形态的主观因素,"迄今为止,革命注重的是中央的英明、计划的有效和劳动者的纪律性,而不是国际和自由无产阶级力量的增长……中央已不再去发掘世界和苏联的无产阶级的革命潜力,不再随着历史的发展阐述历史的方向,不再领导历史的自发过程"。他批评苏联的内外政策,说在对外政策方面"遏制各国无产阶级的力量,接受阶级合作";在对内政策方面"强制推行工业化和农业集体化政策"。这就是斯大林主义只注重革命的客观条件,忽视主观因素的最好例证。他说,

---

① [德]哈贝马斯:《交往与社会进化》,重庆出版社1989年版,第131页。

苏联目前政策的革命意义已被埋葬在"经济基础"之中了；"在注重客观关系的基点上，人们没有强调要获得意识"；"现阶段的理论是一种客观性理论，而历史的主观性和无产阶级的意识则被抛到一边去了"。

"弗洛伊德主义的马克思主义"的代表人物赖希批评苏联模式的设计过于狭隘，认为苏联社会主义模式用生产的合理计划和经济活动的集体化去代替资本主义市场的无政府状态和资本对劳动的剥削，它忽视了人的需要的复杂多样性，也忽视了阶级社会的群众除了遭受经济剥削和政治压迫之外，还是特种形式的心理压迫的牺牲者。结果是，在对经济生活和社会形式进行社会主义改造意义上的革命，却并不在现实的人身上自动产生变化，同样的异化还存在，同样残忍的官僚政治还在继续。他认为，尽管在十月革命中，布尔什维克夺取了政权，但从来没有发生过文化上层建筑的革命，人类心灵的结构没有改变，俄国的非政治化和原子化导致了无产阶级民主被官僚政治所取代的倒退和堕落。

4. 抨击苏联高度集权的政治、经济和文化体制，揭露它所造成的官僚主义、政治异化、缺乏民主、没有人权、过分排斥市场机制等种种弊端

许多"西方马克思主义者"都谈到这个问题。列斐伏尔批评苏联高度集权的政治经济体制，认为苏联的政治体制与社会主义的自治原则根本对立，其经济体制则片面强调计划的作用、否认市场及价值规律的作用；他提出一种"工人自治的社会主义"模式，主张通过实行工人自治、发挥工人委员会的作用，调动工人阶级的积极性来克服苏联模式的弊端。梅洛－庞蒂在《辩证法的历险》一书中抨击苏联的政治体制，说在这种体制中，不允许反对派的存在，缺乏民主。他认为革命是一种创造性的不平衡的统治制度，其中总有种种对立要扬弃，所以革命内部总需要有反对派；没有反对派，没有自由，一切已知革命都将蜕化、堕落。即使无产阶级专政对人民实行民主，对敌人实行专政，也不能避免这种堕落。在他看来，对敌人实行专政的政权，不可能对人民实行完全的民主，首先关于人民的"内部"和"外部"的界限就难以界定。① 他设想通过"非共产主义的左派"来克服无产阶级专政的这种局限性，说只有出现这种"非共产主义的左派"才能结束无产阶级专政的目前局面。萨特认为，苏联在消灭经济剥削之后，又产生了新的经济异化，新的独裁，群众受到新的压抑，他主张通过政治民主化的途径来克服苏联模式的弊端。

---

① ［法］梅洛－庞蒂：《辩证法的历险》，伦敦1974年英文版，第217页。

Ⅱ "西方马克思主义"的政治理论

"生态学马克思主义"批判苏联的"官僚社会主义"。阿格尔认为,苏联是一个官僚主义社会,"苏联的制度崇拜韦伯的官僚化组织概念","在苏联,工人阶级在法律上是工厂的主人,但仍然是异化生产的、被控制而无独立性的受害者(在那里,真正支配工厂的是共产党的先锋队及其任命的官僚)"[①]。在阿格尔看来,苏联制度是一种"官僚社会主义"制度,它植根于国家控制;在苏联,国家拥有生产资料,它是一种国家控制的社会主义所有制,苏维埃国家对生产过程实行政治控制,它是一种高度集权、极权的制度。他还设想一种把分散化的社会主义所有制与分工的非官僚化结合起来的"非极权的社会主义"或"生态社会主义",这种社会主义的特征是依赖工人委员会、自治和分散化。

值得一提的是,与"西方马克思主义"具有相同或相似理论倾向的东欧"新马克思主义者"在这个问题上的观点,他们对苏联高度集权的政治、经济和文化体制及其造成的种种弊端的揭露批判可谓是"全面的""系统的"。

例如,南斯拉夫"实践派"把马克思主义的人道主义理论作为批判苏联模式(斯大林主义)的哲学依据,把斯大林主义看作对人道主义理论的歪曲和修正。彼得洛维奇认为,在苏联模式(国家社会主义)条件下,人的创造性潜力受到压抑,这种社会主义因为否认基本人权和创造自由,而阻挠了人的实现。弗兰尼兹基在《社会主义异化问题》(1965年)中揭露苏联的政治和意识形态异化。他认为苏联政治异化的主要表现是:其一,国家机器不断强化,斯大林主义不是给人以信赖,而是给国家以信赖,给各种社会的和政治的组织以信赖;而政治国家机器的绝对权力不可避免地造成人、个人和个性的全面软弱无能。其二,个人崇拜是政治异化的突出表现,即个人崇拜乃是国家强化的产物。

又如,波兰的人文学派批判苏联模式、斯大林主义或"现实的社会主义"。沙夫在《处在十字路口的共产主义运动》这一论著中批评"现实的社会主义",认为现实社会主义的社会生活的一切形式都受到官僚机构的控制,其官僚化程度远远超出资本主义;党的各级机构渗透到社会的全部官僚机构之中,它在现实社会主义的社会生活中起着特殊的决定作用,现实社会主义非但没有把人的自由提高到更高的水平,相反,在许多情况下,较之资产阶级民主还更加恶化。他把现实社会主义存在的问题,归因于"在还不

---

① [加]本·阿格尔:《西方马克思主义概论》,中国人民大学出版社1991年版,第503页。

具备社会主义建设条件的社会中进行社会主义建设"。沙夫等人还认为,社会主义只有从官僚主义的矛盾、异化世界和斯大林主义的体制中解放出来,才能重新获得其信誉;他们主张实现真正的工人民主,建立合符人性的社会主义。

再如,捷克"存在人类学派"的柯西亚和李希塔等人则"从人的角度批判国家社会主义",对苏联及东欧的社会主义模式提出两点重要批评:一是这种模式否认基本人权,二是没有充分地把人从异化劳动中解放出来。

总之,通过上述四个方面的分析,"西方马克思主义"断言,苏联的现实并不是马克思的社会主义理想的实现(苏联模式也不是马克思主义的理论后果),苏联不是一个真正解放的社会主义社会,而是一个国家社会主义社会、极权社会主义社会或官僚的社会主义社会,是发达工业社会的一个变种,一个异化、压抑的社会。

那么,我们应该如何看待"西方马克思主义"对苏联模式的批判呢?显然,"西方马克思主义者"对苏联模式的批判并不是纯粹恶意的攻击,相反,他们的一些批判是有根据的、击中要害的;他们的批判包含了一些合理之处,必须加以肯定。例如,"西方马克思主义"对苏联高度集权的体制的批判是有相当力度的。尽管他们有全盘否定无产阶级专政的倾向,但他们正确地指出了苏联政治经济体制的高度集权的特征(20世纪80年代以后,我国一些学者对斯大林时期的苏联政治、经济体制进行分析,做出了更为中肯的评价,认为其政治体制的特征是高度集权,党政不分,以党代政,个人迷信和独断专行;经济体制的特征是排斥商品生产和市场机制,实行彻底的行政干预和自觉的不平衡发展战略)。又如,"西方马克思主义"对苏联官僚主义的批判也是持之有据的。在高度集权的体制下,党内外缺乏正常的民主程序、有效的监督机制以及实际实行的干部委派制,滋养了官僚主义,干部向上级而不是向人民负责,搞特殊化,产生特殊利益和以权谋私;这种高度集权体制也造成了机构臃肿、层次过多、部门林立、人浮于事、文山会海、互相扯皮、行政效率低下的官僚主义顽疾。再如,"西方马克思主义"批评苏联模式过于狭隘有一定的道理。片面强调改变所有制、发展生产力而忽视精神文明建设和社会主义民主政治建设,确实是苏联模式的一个特点。斯大林认为建设社会主义就是建立起社会主义的经济基础,而没有把民主政治建设作为其中的内容。比如,1934年斯大林宣布苏联已建立起社会主义的经济基础,认为剩下的任务是建立它的上层建筑,而这后一个任务比前一个任务要容易得多。显然,他把经济基础(物质文明)建设与上层建筑(精神文明）建设这两重任务分开，看不到后者的建设也是一个长期艰巨、必须同步进行的任务。这种指导思想造成精神文明尤其是社会主义民主政治建设的严重滞后，导致苏联社会缺乏民主。

"西方马克思主义"还提出许多值得我们认真讨论的问题，包括在社会主义条件下，如何处理好公有制（国有化）与人民当家做主、专政与民主、计划与市场、集权与分权、党与政、领袖与群众、社会解放与人的解放等方面的关系问题，以及如何看待社会主义的本质和探索各国实际的社会主义发展模式问题。

但是，"西方马克思主义"对苏联模式的批判是有重大错误的。我们着重指出如下几个方面：首先，"西方马克思主义"抹杀社会主义和资本主义两种制度的根本区别，否定列宁、斯大林等人建立和领导的苏联是社会主义制度。"西方马克思主义"的错误在于，一方面以苏联社会与马克思所设想的社会主义理想不符为借口，否定苏联的社会主义性质；另一方面脱离生产关系，单纯从生产力的角度，将苏联和西方社会看作建立在工具理性和技术进步基础上的发达工业社会的两个样板或变种加以同等的批判，鼓吹社会主义和资本主义的趋同论。其次，"西方马克思主义"彻底否定了苏联的无产阶级专政的国家政权，将它与法西斯主义国家一起作为极权主义国家来加以批判。"西方马克思主义"夸大了斯大林时期国家政治的某些消极特征，不顾苏联特定的历史条件，将苏联的无产阶级专政与法西斯专政相提并论，企图彻底否定无产阶级专政。最后，"西方马克思主义"没有正确看待苏联社会主义模式所取得的成就及经验。尽管苏联模式尤其是高度集权的体制有许多弊端，给社会主义运动带来了不可估量的损失，但是，列宁和斯大林的苏联毕竟取得了巨大的成就，它迅速实现了社会主义工业化，建成社会主义的物质基础。同时，苏联模式作为世界社会主义运动的第一个模式，毕竟创造了许多可供其他社会主义国家借鉴的宝贵经验，它对世界社会主义运动的发展的历史功绩是不可磨灭的。"西方马克思主义"没有客观地评价苏联模式所取得的成就和经验，有否定这种成就和经验的倾向。

"西方马克思主义"的现代乌托邦理论

1516年,英国人文主义者莫尔在《关于最完善的国家制度和乌托邦新岛》(以下简称《乌托邦》)一文中首次提出了"乌托邦"(utopia)概念。此后,这一概念广泛地出现于各种对现实社会批判和对未来理想社会设计的文献中,尤其是大量出现于社会主义的文献中。19世纪中期,马克思主义的诞生使社会主义完成了由空想到科学的转变,恩格斯在《社会主义从空想到科学的发展》(1882年)中明确宣告社会主义运动中乌托邦思潮的终结。然而进入20世纪,随着世界社会主义运动的发展与分化,乌托邦的思想以各种形态在社会主义研究中得到了复活和更新。其中,最引人注目的是"西方马克思主义"(尤其是"批判的马克思主义"或"人道主义的马克思主义"一方)的现代乌托邦理论。"西方马克思主义"的代表人物明确反对科学社会主义理论,特别是反对社会主义由空想到科学发展的观点。用马尔库塞的名言来说,通向社会主义的道路,并不像恩格斯所说的那样,是从乌托邦(空想)到科学,相反,是从科学到乌托邦。"批判的马克思主义者"对现代社会中乌托邦存在的合理性、乌托邦的含义和作用、乌托邦与人的自由解放、实现乌托邦的途径等问题进行探索,形成了"西方马克思主义"独树一帜的现代乌托邦理论。

"乌托邦"的原意为"乌有之乡"。莫尔将希腊文"ou"(没有)和"topos"(地方)组合成新词"utopia"(乌托邦),用它来表示一种未来的理想社会,即一种与基督教政治制度相对立的异教徒的共产主义制度。在后来的各种文献中,"乌托邦"的基本含义是:作为"理想"的同义语,表示

---

* 原载《东南学术》1999年第4期(这里略去了原文的正标题《是从乌托邦到科学,还是从科学到乌托邦》)。

一种超越现存社会的未来理想社会尤其是与现存政治制度相对立的理想国家制度；作为"空想"的同义词，即乌托邦既然是一种超越的境界或理想，那么它就包含有可望而不可即的含义，是一种无法到达的彼岸。在空想社会主义者眼里，乌托邦是一种未来社会理想；而恩格斯在论述社会主义由空想到科学的发展历程时，则将"乌托邦"看作一种空想。"西方马克思主义"的代表人物赋予"乌托邦"不同的、新的含义，即主要不把乌托邦看作一种理想或空想，而是理解为一种超越现存的创造性冲动和能力，理解为人的批判精神和超越本性。由此出发，"西方马克思主义"的代表人物从不同的角度或侧面来展开他们的现代乌托邦理论。

一、"乌托邦精神"：乌托邦的本体论论证

"西方马克思主义"的现代乌托邦理论的一个独特之处在于，他们并不一般地论证乌托邦的社会历史作用或对乌托邦作具体设计，而是从本体论的高度，从人的心理、意识和精神的"深处"去探求乌托邦存在的根据，论证乌托邦存在的合理性和必要性，赋予乌托邦以本体论的意义。这突出地表现在"乌托邦主义的马克思主义者"德国哲学家布洛赫的著作中。

布洛赫是"西方马克思主义"思潮中对乌托邦问题研究得最早、最系统的人物之一。他在《乌托邦精神》《希望原理》等著作中致力于乌托邦的本体论论证。在他看来，乌托邦是人超越现存、指向未来的内在冲动或创造性能力；在当代"物化"世界中，这种创造性潜能已被窒息，因此，当务之急是重新唤起人类的这种乌托邦精神，找回已经失去的人生意义。

布洛赫认为，人世间的事物或现象看起来似乎是不相关的，但都包含有一种共同的本质，即一种期待、希望、追求美好境界的乌托邦精神，正是这种精神构成世界的本质，使现实世界充满生机活力。布洛赫说："期待、希望、朝着尚未实现可能性的趋向，不仅是人的意识的表征，而且也是整个客观现实的一个根本的决定性因素。"他认为，期待、希望一类的乌托邦精神既是一种表达情感的状态，又体现了一种特殊的认识，它把一个能够成为存在的世界显示给我们；还未成为存在的未来并不是单纯的无，而是具有作为潜在事物和人的态度中的一种真正可能性的一种特殊的本体论状态。哲学的任务就是要唤醒人类的这种潜在的、沉睡着的乌托邦精神及批判意识，从而促使一个凭借着人的首创精神而存在的世界的诞生。因此，在布洛赫看来，整个世界是一个充满乌托邦精神的世界，客观世界本身具有某种内在的发展

趋势和潜能,而人类文化是对这种趋势的认识和对发展前景的想象,"生活作为一个整体,充满了乌托邦的设想"。这样,乌托邦在布洛赫哲学中获得了本体论的意义。

布洛赫进而说明乌托邦在社会主义的理论与实践中的意义。他认为,马克思主义以前的人类认识都只关注过去而忽视未来,而资产阶级哲学迷恋于"事实"和具体,产生了思想的物化,因而不能把真理理解为尚未实现的乌托邦。马克思主义则相反,它面向未来,既是一种乌托邦的理论,又是一种实现乌托邦的实践,它提供关于未来无阶级的、解放的、非异化的"至善的"现实知识,并且提供实现它的意志。布洛赫宣称,马克思主义是一种乌托邦,但不是傅立叶等人的抽象的乌托邦或空想,而是一种具体、积极的乌托邦。马克思具体、积极的乌托邦的特征在于,它并不对未来的社会做出任何准确的预言和细节上的设计,而是用积极、有意识地参与社会变革的内在历史进程来同一切幻想或空想相对立;马克思主义是一种希望的行动,它体现了对所预期的世界的认识和创造这样一个世界的意志。在布洛赫看来,马克思正确地把人作为社会主义的基本核心,这是对社会主义运动发展的一大贡献;马克思主义与乌托邦并不是对立的,因为不管马克思是如何科学、实证地论证社会主义的客观必然性和可能性,而他最终的目标是人,这正是任何真正的乌托邦所具有的特点。用布洛赫自己的话来说,社会主义越科学,也就越具体地把人当作中心,也就越具体地把确实消灭人的自我异化当作目的。

但是,另一方面,布洛赫又批评马克思主义的社会主义观及对乌托邦的态度,认为马克思主义片面强调历史必然性和经济因素的作用,忽视精神文化因素的作用,以至于乌托邦的烈焰时常被科学的冷雨所扑灭,因此,在马克思主义那里,"社会主义从科学到乌托邦的步伐跨得太大了",最终造成"革命想象的营养不良"。布洛赫对马克思主义提出了两点批评:一是马克思主义过分依赖于历史必然性。他说,马克思并未完全摆脱客观历史规律和自发性,把历史当作一种随经济发展而变化的线性过程,而实际上,所谓的客观历史规律是不存在的,充其量存在的不过是多种历史发展趋势中居主导地位、多种发展可能性中最有希望实现的一种可能性而已。正是马克思主义及社会主义思想的客观主义倾向被后来的庸俗马克思主义的经济决定论和第二国际的机械唯物主义僵化为经济主义和自发性的客观主义。二是当马克思在对资本主义经济作冷静的科学分析时,他驱逐了经济学中的拜物教,然而却以泛逻辑、泛神论和神秘的方式来看待生产力的作用,忽视了社会主义中的许多超越经济的东西（即主观的想象、希望、冲动一类的东西），"马克思主义接近于《纯粹理性批判》，而《实践理性批判》尚未写出"。因此，布洛赫强调要在马克思主义中增加或显现更多的主观想象或乌托邦的精神，在马克思主义的《纯粹理性批判》中增加《实践理性批判》的内容，确立一种新的马克思主义的宇宙学或一种新的历史人类学，这就是他自己的"希望哲学"。

显然，布洛赫关于乌托邦的本体论论证的本意是要弘扬乌托邦精神及社会主义理想，他试图从人的意识、心理和精神的深处去探求乌托邦力量之所在，说明社会主义理想存在的根据以及这种理想在当代社会中的可实现性，从而揭示社会主义的可能性与必要性。但是，布洛赫却过分夸大乌托邦精神的力量和作用，将它看作自然和社会的决定性力量；他对自然作了拟人观的解释，让自然充满了神秘的非物质性的乌托邦精神，使人变成自然界的目的和意义之所在。布洛赫把脱离自然和社会的人，把抽象的人的本质，把希望、想象一类的主观意图当作理解自然和社会的出发点，并当作社会主义观的基础；他否定客观必然性或历史规律的存在，批评马克思主义对社会主义所做出的科学论证，实质上是借助于弗洛伊德的非理性主义心理学，从人的本能、心理和意识去说明社会主义的现实性，只不过是把弗洛伊德的性本能概念代换为希望、想象或乌托邦精神一类的概念而已。

二、乌托邦与自由

乌托邦问题的核心是关于未来社会中人的自由解放问题，"西方马克思主义"的现代乌托邦理论凸显了这一点。因此，对于乌托邦与自由的关系问题以及自由与必然的关系问题的探讨便成了其现代乌托邦理论的一个重要内容。法兰克福学派对这个问题作了较多的论述，让我们看霍克海默和施密特的观点。

法兰克福学派的奠基人霍克海默认为，虽然人们在特定的时期对乌托邦的研究曾有助于达到这样一种认识，即"关于自由的思想即是实现自由的思想"，但是，迄今为止人们仍然认为"'自由'一词不过是一个短语，认真地实现自由乃是一种乌托邦"，因而乌托邦一直"遭到人们的攻击，因为没有人真正想实现这种空想"[1]。在霍克海默看来，不能把乌托邦同"不能

---

[1] ［德］霍克海默：《独裁国家》，《法兰克福学派基础读本》，纽约1978年英文版，第115页。

实现的自由""空想"混为一谈,因为促使人们"建立一个合理社会的倾向"并不是由外在于思想的力量所造成的,而是作为主体和具有批判能力的人的内在趋向;同时,那种关于把未来社会看作"自由人的联合"并不是抽象的乌托邦,"因为即使在现有的生产力水平上,每个人同样具有的自我发展的可能性也可以证明是真实的"①。霍克海默在《独裁国家》一文中也说到了实现乌托邦的条件已到了"成熟的地步"。可见,在霍克海默那里,乌托邦并不是指不能实现的空想,而是指尚未实现而又可以实现的自由社会。

法兰克福学派第二代的代表人物之一的施密特在《马克思的自然概念》第四章以"人与自然关系和乌托邦"为标题,集中讨论了马克思的自然观与他的社会主义学说及乌托邦理论的关系问题,发挥了他自己关于乌托邦与人的自由解放关系的观点。施密特认为,人和自然关系是社会理想的关键问题。马克思本人并不承认自己是乌托邦主义者,因为他自认为完成了社会主义从空想到科学的发展,克服了对人类全部关系的一切幻想和虚构。马克思一生不断地批判乌托邦主义者,他与黑格尔一样,否定一切抽象的社会理想。但是,"马克思关于人自身的自然以及人对外部自然关系的理论"以及青年马克思的"人的自然本性的完全解放""自然的人化同时也是人的自然化"的梦想则是乌托邦的,马克思甚至是"哲学史上最大的乌托邦主义者"②。

施密特将马克思早期和中后期关于自然观与"乌托邦"问题的观点加以比较,认为乌托邦问题最初是恩格斯提出的,因为恩格斯在1844年的《政治经济学批判大纲》中讲了"人类同自然的和解以及人类本身的和解"的社会主义。马克思《巴黎手稿》中关于共产主义的观点,不但受费尔巴哈的影响,而且也受恩格斯的影响。在那里,马克思将共产主义看作私有财产即人的自我异化的积极扬弃,是人的真正本质的占有和复归,是作为完成了的自然主义和人本主义的等同,是人与自然、人与人之间矛盾的真正解决。③ 中后期的马克思在乌托邦问题上则远远超出了《巴黎手稿》中的抽象和浪漫化的人本主义,这种超越是从《共产党宣言》《德意志意识形态》等著作开始的。《共产党宣言》嘲笑了"外化""异化""人的自我复归"一

---

① [德]霍克海默:《批判理论》,重庆出版社1989年版,第209页。
② [德]A. 施密特:《马克思的自然概念》,商务印书馆1988年版,第135页。
③ 同上书,第136页。

Ⅱ "西方马克思主义"的政治理论

类的术语;《德意志意识形态》不仅克服了费尔巴哈的人本主义,而且克服了费尔巴哈对自然的狂热;① 而在发表于《新莱茵报》上的对梅道尔《新时代的宗教》的评论中,马克思则更彻底地与一切浪漫化的对人的崇拜和对自然的崇拜彻底决裂。② 中后期的马克思在对资本主义生产方式进行历史分析中彻底抛弃了费尔巴哈抽象的"真正的人",《资本论》中的实质性研究代替了关于人的自我异化的抽象的唠叨。③ 因此,与马尔库塞不同,施密特坚持认为,必须从成熟的马克思的立场对《巴黎手稿》的哲学思想进行全面的评价。《手稿》中坚持人与自然的同一性、共产主义被等同于"是人和自然界矛盾的真正解决"或"是人同自然完成了的本质的统一,是自然的真正复活,是人实现了的自然主义和自然界的实现了的人本主义"④。成熟时期的马克思开始认真提出非同一性问题,他不再使用人本主义=自然主义这一公式,这一时期的马克思认为人最终不能从自然的必然性中解放出来。⑤

施密特又将马克思和恩格斯的观点加以比较,他分别引用了《资本论》和《反杜林论》中论自由和必然关系的一段话,来说明两人在"乌托邦"问题上的一致和差别。施密特认为这两位著作家的共同看法是:人类的幸福并不只是依赖于技术对自然的支配程度,重要的是凭借支配自然的社会组织来解决技术进步是否是为了人类的幸福。两人的差别在于:恩格斯认为,随着生产资料的社会化,一切都会好起来,于是便从必然王国进入自由王国了;而持怀疑态度的更为辩证的马克思则认为,自由的王国不只是代替必然的王国,而是把必然的王国作为不可抹杀的要素保存在自己之中,这意味着人类最终并不能从自然的必然性中解放出来,只不过学会比以前更加强同自然的联系而已,马克思使自由与必然在必然的基础上相互协调。⑥ 因此,马克思既是"哲学的乐观主义者",又"在欧洲的悲观主义传统中占有一席之地"⑦。

施密特将马克思的学说与弗洛伊德的学说相提并论,认为马克思与弗洛

---

① [德] A. 施密特:《马克思的自然概念》,商务印书馆 1988 年版,第 137 页。
② 同上书,第 139—140 页。
③ 同上书,第 142 页。
④ 同上书,第 147 页。
⑤ 同上书,第 147—148 页。
⑥ 同上书,第 145 页。
⑦ 同上书,第 148 页。

伊德一样,并不把一切献给理性,他们的学说"交相辉映"。他说,由于劳动中人与自然本能的分裂,反映在弗洛伊德的快乐原则与实现原则的不可调和中,使得一切社会的文化都以强调劳动和本能的放弃作为基础,这一点马克思在博士论文中通过黑格尔早就注意到了。因此,马克思感到,即使在真正的人的世界中,也永远达不到人与自然、主体与客体的完全和解;即使在更合乎理性的社会中,也不能完全消灭经济领域和非经济领域之间的区别;即使自然越来越多的部分被人所控制,自然物质也绝不会完全消融到对它进行加工的理论和实践的方式中。人对自然来说,终究是疏远的、外在的。于是,施密特断言,当今人类控制自然的技术虽已数倍于以往的乌托邦主义者的梦想,但反过来转化为一种破坏力,它不是使人与自然、主体与客体和解,而是导致毁灭的灾难性结果。①

施密特还具体分析了马克思的"乌托邦"的理论内容,如自由时间问题,社会主义社会中的劳动分工问题,以及这一社会中新型的人与人、人与自然关系的问题。他断定,贯穿在马克思乌托邦理论中的,始终保持在其思想发展过程中的东西是:人的自然本性的完全解放;在马克思那里,发展社会主义生产力不是人的目的,一切归根结底都是为了人的自我改造和自我实现。

由此可见,法兰克福学派将人的自由解放当作了乌托邦的核心内容来加以考察,强调人的自由解放是社会主义(乌托邦)的根本目标,并探讨了人的解放与自然的解放以及自由与必然等方面的关系问题。霍克海默不只是把乌托邦概念同人对解放的憧憬、对自由社会的向往联系在一起,更重要的是他消除了传统乌托邦概念的那种虚无缥缈、可望不可求的彼岸性,论证了乌托邦或自由社会的现实性。施密特则借助对马克思主义关于自然观与社会主义关系问题的评述,发挥他自己对乌托邦与自由以及自由与必然关系问题的看法。施密特坚持了传统的乌托邦或自由王国的彼岸性(即不可实现性)观点,并将马克思改扮为乌托邦主义者,甚至诬蔑马克思是欧洲哲学史上最大的乌托邦主义者,进而制造了马克思与恩格斯在自由与必然关系问题上根本对立的神话。

法兰克福学派在乌托邦与自由以及自由与人、自然关系问题的失足之处在于,离开生产方式尤其是生产力发展和生产关系的变革去抽象地谈论自由社会或人的自由解放问题;不懂得马克思主义的社会主义学说与其自然观、

---

① [德] A. 施密特:《马克思的自然概念》,商务印书馆1988年版,第177页。

历史观和政治经济学理论的内在联系，排除了社会主义学说的科学基础，否认它与空想社会主义学说的本质差别；不懂得哲学上的自由与必然关系的辩证法，将马克思与恩格斯在这个问题上的观点对立起来。

应当指出，马克思主义从自由和必然关系的角度看待人的自由解放问题，强调自由是对必然的认识和改造。马克思认为，人同自然界之间的物质交换以及个人的自我实现，只有在非对抗的社会中才是可能的；他把个人的真正自由同生产力及与之相适应的生产关系的发展水平联系起来。在这种生产关系下，"作为目的本身的人类能力的发展，真正自由王国，就开始了。但是，这个自由王国只有建立在必然的王国基础上，才能繁荣起来"①。恩格斯与马克思一样强调人类统治自然界必然性的自由应当归结为对自然规律的认识和对它们的正确运用，他说人类高于动物之处在于"能够认识和正确运用自然规律"②。因此，并不像施密特所断言的，恩格斯认为随着生产资料的社会化，就从必然王国转向自由王国了（即自由不依赖于必然，因而与马克思的观点是对立的）。

三、"乌托邦的终结"

以法兰克福学派为主要代表的"西方马克思主义"的现代乌托邦理论的另一个重要论题是"乌托邦的终结"。这里所说的"乌托邦的终结"并不是指所有乌托邦思想或精神的终结，而是指旧式的"乌托邦"（即那些与"空想""不可能实现"同义的乌托邦）以及"科学社会主义"概念的终结，代之而起的是一种具有可实现性（想象与实现可能性相统一的）的新乌托邦。这种新的乌托邦，在马尔库塞和弗洛姆那里叫作"人道主义的社会主义"（"乌托邦的社会主义"）；而在哈贝马斯那里，称为"交往社会的乌托邦"。因此，在法兰克福学派的视野中，"乌托邦的终结"实质上就是传统社会主义概念的终结与重构。

1967年6月，马尔库塞在柏林自由大学作了《乌托邦的终结》的演讲，提出了他的"乌托邦终结论"，着重探讨乌托邦的可实现性及其终结问题。在马尔库塞看来，"乌托邦是一个历史概念"，它的原意是指"不可能实现的社会变革纲领"。说它是不可实现的，原因在于：（1）现存社会的各种主

---

① 《马克思恩格斯全集》第25卷，第927页。

② 同上书，第519页。

客观条件妨碍这一变革纲领的实现；（2）该纲领与真正的自然规律相抵触。不过就（1）而言，"不可实现的标准"并不充分，因为一开始不利于变革的各种主客观条件可以在革命的进程中被克服；就（2）而言，尽管超出历史范围，但这个"非历史性"也有一个"历史界限"。因此，马尔库塞声称"今天，我们的确可以讨论乌托邦终结这一问题了"。

在《爱欲与文明》一书中，马尔库塞则力图用弗洛伊德的精神分析学说来说明乌托邦的终结问题。他认为，人们激进的社会理想及其实现的可能性之所以被降格为虚无缥缈、不能实现的乌托邦世界，原因就在于"行为原则"的压制，但"行为原则"只是"现实原则"的特定历史形态，它本身具有历史局限性；一旦超出这一范围，它就与快乐原则发生联系，从而使生的本能获得前所未有的解放。于是，原先看来是不可能实现的解放的乌托邦便有了实现的可能性，并将趋之于终结。

按照马尔库塞的解释，"乌托邦的终结"包含这样几层含义：第一，指旧式的乌托邦观念的终结，即过去人们所理解的"不可实现的理想"与"空想"同义的乌托邦的终结，因为在当代，人们的一切想象都是可能的，没有什么东西是传统意义的"乌托邦"或"不可能的"；第二，乌托邦的终结实际上意味着"历史的终结"，因为"新的可能性不再被认为是旧的历史和环境的延续，更不能被认为存在于与旧的历史和环境相一致的历史连续统一之中"①。也就是说，新的人类社会环境的可能性不应在历史的发展中出现，而是根据人们对现实的否定，在人们的想象中出现，任何根据历史现实运动去构想未来社会的乌托邦便终结了；第三，乌托邦的终结意味着重新界定社会主义概念的必要性，用他的原话说："今天，乌托邦终结的概念至少表明讨论一种新社会主义定义的必要性。"简言之，乌托邦终结概念的要义在于："我们必须面对这样一种可能性，即通向社会主义的道路是从科学到乌托邦，而不是从乌托邦到科学"②。或用他在《论解放》（1969年）这一论著中的说法，发达工业社会的变革必须经历一个"从马克思到傅立叶……从现实主义到超现实主义的理论和实践的运动。"③

那么，为什么需要对社会主义概念作重新界定，确立一种新的解放的乌托邦，使社会主义由科学回到乌托邦呢？马尔库塞认为，原因在于：一是马

---

① ［美］马尔库塞：《五篇演讲》，波士顿英文版1970年版，第62页。
② 同上书，第63页。
③ ［美］马尔库塞：《论解放》，波士顿1969年英文版，第22页。

II "西方马克思主义"的政治理论

克思主义的科学社会主义理论过分地依赖于科学和实证,仅从历史必然性或客观历史规律,从资本主义生产方式的矛盾运动尤其是生产力的方面来论证社会主义的必然性。当代西方发达工业社会的生产力高度发展,却未出现马克思所期待的社会主义革命,而是在生产力不发达的国家出现了这种革命。因此,科学社会主义理论,连同作为它的科学基础的历史唯物主义的社会基本矛盾学说和剩余价值学说便宣告破产了。二是现实社会主义运动完全背离了早期马克思的人道主义的社会主义思想,仅从经济方面而不是从人本身去理解社会主义,不是把人的解放,而是把生产力的发展和所有制的改变当作社会主义的主要目标,对社会主义作了资本主义的理解,因而现存的社会主义国家并不是马克思的社会主义理想的实现,充其量不过是现代工业文明的另一种样本而已。

因此,马尔库塞主张回到青年马克思的思想尤其是《巴黎手稿》中的人道主义思想来重建社会主义概念。他说:《巴黎手稿》中清楚表达了这样一种思想,即社会主义、共产主义革命"本身与经济上的激变无关,它意味着的人全部历史的革命,人这一存在物的定义的革命"[1];它表述了"最激进的和整体的社会主义思想",在《巴黎手稿》中,"马克思把'一切属人的感觉和特性的彻底解放'作为社会主义的主要特征"[2]。马尔库塞宣称,《巴黎手稿》使历史唯物主义及整个科学社会主义的理论置于新的基础上,对马克思来说,社会主义或共产主义的基础是人的本质的某种实现。

弗洛姆也有类似的观点。他也主张回到马克思的人道主义理论立场重建社会主义概念(与马尔库塞不同的是,他认为人道主义思想是贯穿马克思全部著作的一根红线,而不只是马克思早期的著作才具有的)。在弗洛姆看来,马克思的社会主义概念的真正基础并不是历史唯物主义所揭示的社会发展的客观规律,而是人性的要求和展示,"马克思关于社会主义的概念是从他关于人的概念中推导出来的"[3]。在马克思那里,"社会主义就是消除人的自我异化,就是复归作为真正的人的人";"对于马克思来说,社会主义是

---

[1] [美]马尔库塞:《历史唯物主义的基础》,《西方学者论〈1844年经济学—哲学手稿〉》,复旦大学出版社1983年版,第95页。

[2] [美]马尔库塞:《自然与革命》,《西方学者论〈1844年经济学—哲学手稿〉》,第149页。

[3] [美]弗洛姆:《马克思关于人的概念》,《西方学者论〈1844年经济学—哲学手稿〉》,第69页。

这样一种社会制度,它允许人复归到人自身"①。因此,弗洛姆断言,社会主义的目的是人,"马克思的目的在于建立一个超越资本主义的人道主义社会,一个以全面发展的个性为宗旨的社会"②。

由此可见,马尔库塞等人重新确立的社会主义概念是一种"人道主义的社会主义"概念,是一种"乌托邦的社会主义"或"人道主义的乌托邦"。那么,这种新的乌托邦是否具有现实性或可能性呢?马尔库塞的答案是肯定的。按照他在《乌托邦的终结》中的说法,这种自由社会的现实性或可能性植根于"控制的技术削弱了控制的基础"。一方面,资本主义的发展以及赖以控制社会的技术已得到了高度的发展,这为社会变革提供了物质力量和精神力量;另一方面,由于体力劳动日益被脑力劳动所取代,使社会的必要劳动时间减少,科学家、技术人员及工程师等中间阶层的扩大,显示出消除异化劳动的可能性;甚至发达工业社会异化的增强,反而有助于向自由社会的转变。这些迹象表明,想象的乌托邦或解放的乌托邦的要求充满了历史的现实性,而旧的乌托邦终结了。

法兰克福学派第二代的主要代表人物哈贝马斯虽然没有直接用"乌托邦的终结"的概念,但他也大谈晚期资本主义社会中"乌托邦力量的衰竭",即人们对社会主义及美好生活理想向往的热情的减退或衰落。他所说的衰竭的"乌托邦"是指所谓的"劳动社会的乌托邦",即传统意义上的把未来理想社会的希望寄托在物质生产劳动,把劳动看作解放潜能的,把科学技术和计划想象成合理控制自然与社会的无误的、能给人类造福的工具的那种乌托邦,实际上指的就是马克思主义的社会主义理想。因为在哈贝马斯看来,马克思在对未来社会主义的设计中,把劳动理解为目的合理性的行动,将这种目的合理性理解为历史的动力,并且马克思认为人们所达到的生产力的总和决定着社会状况,从而将人类历史实际上看作"工业"和"交换"的历史,这就是"劳动社会的乌托邦"。哈贝马斯主张用"交往社会的乌托邦"来取代这种"劳动社会的乌托邦",用"交往范式"取代"生产(劳动)的范式"。按照这种"新"的乌托邦理论,人类社会是在交往中产生的知识和能力的推动下发展和进化的,社会主义的必然性实质上是一种在"交往"中知识与道德水准提高的可能性。

---

① [美]弗洛姆:《马克思关于人的概念》,《西方学者论〈1844年经济学—哲学手稿〉》,第77—78页。

② [美]弗洛姆:《在幻想锁链的彼岸》,湖南人民出版社1986年版,第149页。

无论是马尔库塞的"乌托邦的终结",还是哈贝马斯的"乌托邦力量的衰竭",都不是法兰克福学派对乌托邦及其作用的否定,相反,马尔库塞等人是对乌托邦怀有深深的敬意的。他们与霍克海默一样,排除了乌托邦概念的纯粹空想性,赋予乌托邦实现的可能性,将之视为对现存社会状况的否定或对立物的未来理想社会;他们表达了对当代西方发达工业社会的普遍异化和物化的厌恶以及对未来解放社会的向往,对社会主义变革的可能性抱有希望。但是这种希望并不是建立在对社会发展规律认识的基础之上,而是从存在主义和弗洛伊德的精神分析学说中推导出主观信念,因而这种希望是渺茫的;他们批判科学社会主义理论,倒转了马克思主义的社会主义理论发展的轨迹,实际上倒退到空想社会主义者从人的本质、理性出发去批判现实,论证社会主义的必要性和可能性的思路。马尔库塞和弗洛姆等人提出"人道主义的社会主义"这种以资产阶级人道主义理论作为基础的"乌托邦社会主义",也陷入了他们自己所批判的作为"空想""幻想"的旧式乌托邦中去,最终逃脱不了迅速终结的命运。

总之,"西方马克思主义"的现代乌托邦理论与历史上的各种乌托邦学说是大异其趣的。透过"西方马克思主义者"对乌托邦问题的讨论,我们可以看到他们对社会主义概念、社会主义的本质以及未来的看法和态度。应当指出,"西方马克思主义"的现代乌托邦理论是当代西方资本主义发展和当代社会主义运动发展的一种回音。在当代资本主义的经济高度发展、社会主义运动相对处于低潮,不少人对社会主义的前景失去信心的时候,"西方马克思主义"的一些代表人物仍对社会主义的前景抱有希望,他们探索乌托邦及社会主义的理论问题,强调乌托邦及社会主义理想的现实性及重要性,并在社会主义的一系列问题上提出自己的看法,他们的理论包含了某些合理的思想因素,也提出了一些值得进一步探讨的问题,因此,并不是一无是处的。

但是,从总体上看,"西方马克思主义"的现代乌托邦理论是与马克思主义的社会主义观背道而驰的,是错误的、不可取的。他们倒转了社会主义的发展轨迹,要从科学倒退到乌托邦。马克思主义的社会主义理论之所以正确,是因为它建立在科学即唯物史观和剩余价值学说的基础上。换言之,唯物史观和剩余价值学说的创立,使社会主义由空想变为科学。与空想社会主义者按照理性的原则、主观臆想新的完美的未来理想社会不同,马克思恩格斯依据唯物史观和剩余价值学说,在深入研究资本主义社会的发展规律,总结无产阶级革命斗争经验,批判吸收空想社会主义学说的积极成果的基础上，提出了科学社会主义理论。马克思恩格斯从资本主义固有的生产社会化和生产资料私人占有矛盾以及无产阶级和资产阶级两大阶级斗争的分析中，揭示了由资本主义向共产主义或社会主义过渡的历史必然性，并预示了未来共产主义社会的基本特征及发展趋势，指明这种未来社会将是一个人类自觉创造历史并获得真正自由解放的新时代。

"西方马克思主义"正是在这个原则性问题上背叛了马克思主义。他们试图回到理性、人的本能、意识和心理以及文化方面去寻求社会主义的根据，犯了与早期乌托邦社会主义者同样的错误。正如恩格斯所指出的："以往的社会主义固然批判过现存的资本主义生产方式及其结果，但是它不能说明这个方式，因而也就不能对付这个生产方式；它只能简单地把它当作坏东西抛弃掉。它愈是义愤填膺地反对这种生产方式必然产生的对工人阶级的剥削，就愈不能明白指出这种剥削在哪里和怎样发生。"[①] 这种批评用到"西方马克思主义"的现代乌托邦理论上也是中肯的。

---

① 《马克思恩格斯选集》第 3 卷，第 424 页。

"西方马克思主义"对"苏联马克思主义"的批判[*]

对"苏联马克思主义"的批判是"西方马克思主义"的一个重要理论主题。本文在归纳概括卢卡奇、科尔施、葛兰西等西方马克思主义者对"苏联马克思主义"的批判的主要论点,进而加以分析评价。应当指出这种批判的重大错误,主要表现是:制造了马克思与恩格斯以及列宁等人思想根本对立的神话;排除了历史唯物主义的自然本体论基础,从而陷入历史唯心主义或历史相对主义;割裂了马克思主义的批判性与科学性的统一,贬低甚至否定了列宁在坚持和发展马克思主义上所做出的巨大贡献。同时,本文指出西方马克思主义者批评"苏联马克思主义"将马克思主义教条主义化和实用主义化有一定的理论根据,而且他们提出了总体性、实践、异化及人道主义等一系列值得讨论的问题和某些可供借鉴的论点。

一、西方马克思主义者眼中的"苏联马克思主义"

西方马克思主义思潮从一开始就自觉地将其理论立场与"苏联马克思主义"对立起来制造所谓马克思的思想与恩格斯、列宁的思想以及其后的"苏联马克思主义"根本对立的神话,并以批判"苏联马克思主义"尤其是列宁主义及恩格斯的思想,重建马克思主义为使命。尽管卢卡奇在《历史和阶级意识》一书中没有公开点名批评列宁,但是他批评由恩格斯所提出的,并由列宁所继承和发挥的自然辩证法、反映论、实践观以及关于马克思主义理论体系的观点,实际上向列宁主义的哲学基础提出了挑战。卢卡奇认

---

[*] 原载《教学与研究》1997年第6期,中国人民大学复印报刊资料《马列主义研究》1997年第7期转载(标题略有改动)

为：马克思主义是一种社会历史理论，辩证法只是一种历史方法，在马克思那里，人与自然、社会与自然是相互作用和统一的，自然只有与人的活动或社会实践相联系才有意义；这种将辩证法限制在主体与客体关系领域，看作一种历史方法的观点乃是马克思批判改造黑格尔辩证法的积极结果，而恩格斯等人则错误地追随黑格尔，把辩证法推广到自然界，炮制出自然辩证法，使马克思主义变成了一种自然本体论，从而贬低了历史唯物主义的地位，扼杀了马克思主义的革命批判精神。①

科尔施在《马克思主义和哲学》这一长篇论文中显示出了与卢卡奇相似的思想倾向，即揭示马克思主义的黑格尔根源，恢复马克思主义的革命批判性，从而不仅批判了第二国际的修正主义和机械主义，而且批判了共产国际及苏联的理论基础，即"苏联马克思主义"。他也将马克思主义理解为历史唯物主义，力图对马克思主义做出新解释。在这篇论文中，他并未公开点名批评列宁主义。在他的论文受到共产国际及苏联的强烈批评之后，1930年他写了《关于"马克思主义和哲学"问题的现状》一文来回答这种批评，并公开批判列宁主义哲学特别是《唯物主义和经验批判主义》一书中的思想。科尔施认为他的理论与俄国的列宁主义具有强烈的对抗性，声称围绕他的《马克思主义和哲学》一文的争论表明"一场有关现代马克思主义的一般现状的基本争论现在已经开始"，争论的双方是"以考茨基的旧马克思主义正统派和新的俄国'列宁主义'正统派之间的联盟为一方"，"而以当代无产阶级运动中所有批判的、进步的理论趋向为另一方"。他给自己规定的任务是驳倒列宁主义，发展马克思主义中批判的进步的趋向。

科尔施从下列五个方面展开对列宁主义哲学的批判。第一，指责列宁从政治上的实用主义角度出发考虑哲学问题，说列宁只是根据非哲学的考虑和结果来讨论哲学问题，而不是根据这些哲学问题的理论内容和哲学内涵来判断它们，因此，列宁的哲学思想并没有什么重要性。第二，指责列宁错误地估计当代哲学发展趋势，认为实际上并不存在他所说的哲学斗争的焦点由辩证法向唯物主义的转变，即列宁所说的整个思想气候的变化使马克思主义的研究必须强调唯物主义，以反对各种形式的唯心主义的情况并不存在。第三，指责列宁根本不了解从黑格尔的唯心主义辩证法向恩格斯的辩证唯物主义转变的实质，说列宁否定了辩证唯物主义的批判性和革命性，因此"列

---

① 参见［匈］卢卡奇《历史和阶级意识——马克思主义辩证法研究》，重庆出版社1989年版。

宁的唯物主义哲学不能成为今天需要的革命的无产阶级哲学"。第四，指责列宁"片面地把辩证法变成客体、自然和历史，把认识描绘成主观意识对客观存在的被动的镜子式的反映"，从而抛弃了马克思的辩证唯物主义关于理论与实践统一的学说，使马克思主义哲学蜕变成了资产阶级哲学二元论。第五，指责列宁的"唯物主义哲学"成了过去，现在和将来评判各门具体科学发现的至高无上的权威，导致了某种意识形态的专政，使唯物主义哲学无法促进自然科学和社会科学的进一步发展。①

葛兰西与卢卡奇和科尔施有一些共同的思想倾向，但也有不同点，如他并未公开批判列宁主义。葛兰西强调马克思主义主要是一种实践哲学，一种革命批判的哲学，这种哲学的基本特征是理论与实践的统一，而这种统一是在历史唯物主义的基础上实现的。他也认为马克思的辩证法是一种历史的辩证法，但他既反对布哈林等人把辩证法看成是一种与社会历史的内涵相分离的唯物辩证法，也不同意卢卡奇对自然辩证法的否定，而是主张把自然辩证法理解为人类改造自然的辩证法，从而使之归属于历史辩证法。葛兰西不同意列宁等人将马克思主义分成三个组成部分的观点，他说：认为马克思主义主要是一种纯粹的哲学，是辩证法的科学，其他部分是经济学和政治学，这是非常普遍的看法，其结果是认为这个学说由三个部分组成，这三个部分同时都通过向最先进的欧洲的民族——德国的古典哲学、英国的古典政治经济学与法国的政治科学和政治运动——学习而大约在1840年达到了顶点，取得最高水平；这种观点是"对历史来源的一般检验，而不是从这个学说的核心中产生的分类，因而不能把它当作与这个学说的其他或许与现实更密切联系的有机对比的确定性图式"②。

后起的西方马克思主义流派及其主要的代表人物，继承和发挥了卢卡奇、科尔施等人所奠定的理论传统，展开了对"苏联马克思主义"的更为全面和系统的批判。我们先以马尔库塞为例，看看法兰克福学派的观点，然后再看看存在主义的马克思主义者列斐伏尔、梅洛-庞蒂和萨特的观点。

法兰克福学派的批判理论家们不仅要揭露"苏联马克思主义"是如何在理论上背离马克思主义，使马克思主义教条化和僵化的，而且要从实践上揭露它在政治上是如何蜕变为官方的意识形态，成为为统治和现实辩护的工具的。马尔库塞的《苏联马克思主义》一书充分地体现了法兰克福学派的

---

① 参见［德］科尔施《马克思主义和哲学》，重庆出版社1989年版。
② 参见［意］葛兰西《实践哲学》，重庆出版社1990年版。

这种意图，对作为苏联意识形态核心的"苏联马克思主义"作了较为详尽的批判。马尔库塞认为，苏联的意识形态显示出双重的特征：一方面保存了马克思主义理论的承诺，即对自由、解放、幸福的向往；另一方面却抛弃了马克思主义的革命批判精神，使之变成现实的不合理和苦难辩护的工具。他说：马克思主义辩证法本是一种分析社会秩序中的矛盾和对立的批判和革命的工具，而在"苏联马克思主义"那里，通过将辩证法编辑成一种哲学体系——其中包含了一系列用来合法化已经建立起来的范畴、规律和原则，而使之变成为现存王国辩护的工具；在这种对马克思主义辩证法的论述中，自然辩证法占有突出的地位，恩格斯在这方面的观点则成为"苏联马克思主义"的经典。马尔库塞对此加以批判，认为这导致了对历史重要性的贬低。马尔库塞还认为："苏联马克思主义"将马克思主义划分为辩证唯物主义和历史唯物主义，这种划分对于马克思主义来说是毫无意义的，因为对于马克思主义来说，辩证唯物主义和历史唯物主义是一回事；苏联马克思主义者将历史唯物主义仅看作辩证唯物主义的基本规律和原则在社会历史领域的扩展和应用，它不过是一种特殊的科学哲学体系的一个分支，而对于真正的马克思主义者来说，历史唯物主义乃是马克思主义的基础。

马尔库塞认为："苏联马克思主义"对历史唯物主义的解释显示出对辩证法的僵化，"历史被具体化为第二自然"，并由辩证法的规律加以描述，因此，历史唯物主义被还原为一系列的关于社会发展的规律，这种规律、范畴被编辑成一种意识形态，并由党的官僚加以解释，以判断政策和实践苏联的发展据说是社会规律的必然结果，而现有的苏维埃国家乃是由马克思主义的意识形态所认可，理解、解释和应用这些规律的竟乃是真理的唯一的反映者，它的行动据说与历史的客观规律相一致。马尔库塞因此断言，"苏联马克思主义"包含了一种粗糙、机械的历史决定论，它被用来证实国家政治的合理性和保证党的统治。

马尔库塞还批判了苏联意识形态的其他形式，如文学、艺术和伦理，认为由于哲学在苏联马克思主义者手里已失去了其批判和否定的功能，日益对立的中心已从哲学转到艺术，苏维埃国家企图强迫艺术和文化工具为国家利益服务，而将艺术变成社会控制工具的东西则是苏联的现实主义。马尔库塞把现实主义与苏联的现实主义严格分开，说现实主义是一种具有高度批判性和进步性的艺术形式，它反映了人类自由的理想，而苏联的现实主义则是一种与压抑国家相适应的模式，它通过否定和剥夺现实主义的批判认识功能而扼杀了艺术。他认为，苏维埃国家通过行政法令禁止艺术的超越，因而它甚至消除了在一个不自由的社会中对自由的意识形态的反思,苏联的现实艺术遵守这些法令,最终变成了社会控制的工具。关于苏联的伦理学,马尔库塞认为,在苏联,伦理学已丧失了解放的人道主义特征。它被还原为论证苏联实践规范的合法性;它越来越像资产阶级伦理学(尤其是职业伦理方面),因为它已经消除了对个人自由和幸福的承诺,并抹杀了马克思关于异化劳动和非异化劳动的区别。马尔库塞反驳那种认为苏联的国有化消除了异化劳动的论调,认为社会主义必然要求个人的发展和整个生活领域中民主和自由的扩展。他断言,苏联的意识形态与马克思主义的社会主义观不相符合。[①]

存在主义的马克思主义者也尖锐批评"苏联马克思主义"。列斐伏尔在《马克思主义的现实问题》等论著中认为,"苏联马克思主义"使马克思主义陷入危机,因为马克思主义被官方化、经院化了,探讨的精神为迂腐的精神所取代。他批评列宁的哲学尤其是列宁关于唯物主义与唯心主义相对立的观点、自然辩证法、反映论,等等。与卢卡奇一样,列斐伏尔把辩证法归结为主体与客体的相互作用,认为马克思既同认为在人类社会之前自然就包含了辩证运动的晚年恩格斯相对立,又同认为物质独立于意识、认识是现实的复写的列宁相对立。他说,对于马克思这个唯物主义者来说,辩证法的范畴只是作为历史实践中的关节点才存在,人类实践是辩证法的基石;如果辩证法来自自然,它就不可能是革命的和批判的,如果它是革命批判的,就不可能在自然中找到它。列斐伏尔宣称要把马克思主义从"教条主义者"手里解放出来,恢复马克思的真正思想,即以人和实践为基础的历史唯物主义。

萨特在《辩证理性批判》《科学与辩证法》等著作中批判苏联马克思主义对马克思主义的教条化和僵化的理解,认为它把马克思主义变成了一种辩证唯物主义世界观,一种机械的决定论,特别是追随恩格斯把辩证法变成了教条主义的公式,因为自然辩证法导致了"自然的历史化"和"历史的自然化"。在萨特看来,马克思主义并不是那种自以为发现了一种自然辩证法的形而上学妄想的辩证唯物主义,而是历史唯物主义或历史辩证法,即人学辩证法。萨特还指出,苏联马克思主义者割裂了理论与实践的联系,把马克思主义变成一种"僵硬的""永恒的""绝对的"知识,因而只是把所要考察的事件、人物或行动放进一个预制的模子里,就再也说不出什么新东西了,其结果就强迫地使人和物屈从于思想,如果经验没有证实预见,那么就

---

① Herbert Marcuse, *Soviet Marxism: A Critical Analysis*, 1st ed., New York: Columbia University Press, 1958.

被认为是错误的。在他看来,这是一种"把人吞没在观念里"的"拜物教化的迷信",即理论变成了凌驾于人之上的异己力量。①

梅洛-庞蒂在他的许多论著中批判"苏联马克思主义",批评它的实证主义化、僵化和宿命化倾向。他认为"苏联马克思主义"是一种宿命论,其特征是将历史的主观因素与客观因素对立起来,忽视前者而片面强调后者;"斯大林主义者"只看到外部社会经济条件的作用,把社会历史的进步当作由一个物化的引擎所推动,把革命事件看作预先注定的,陷入了宿命论,而事实上,马克思主义并不是一种历史决定论,它既强调个人自由的决定作用,又承认客观条件的"情境"作用,在马克思那里,这两者没有主次之分。在《辩证法的历险》书中,梅洛-庞蒂论述了以卢卡奇为代表的西方马克思主义与列宁主义的根本对立。认为,苏联理论界对卢卡奇的批判绝不是偶然的,因为由卢卡奇所开创的"西方马克思主义"同列宁主义在思想路线上是根本对立的。以卢卡奇为代表的"西方马克思主义"的基本理论内容及特征包括,突出主体能动作用的"主客体辩证法",为意识形态恢复地位的"意识形态理论",把阶级意识等同于实践的"实践哲学"和注重偶然性的"历史相对主义";而列宁主义的哲学则是一种独断论、形而上学、机械唯物主义、自然主义和政治上的极权主义。梅洛-庞蒂着力批判列宁的《唯物主义和经验批判主义》中的哲学思想,认为列宁反复强调辩证唯物主义是一种唯物主义,使用思想即映象的比喻,把思想说成是人脑的产物,并自以为创造了一种可靠的关于事物的辩证法,他实际上重新确立了前黑格尔的知识论。梅洛-庞蒂赞同科尔施对列宁的批判,说正如科尔施所指出的那样,列宁的这本长达370页的书中,竟然没有将知识重新放至其他意识形态中间,寻找内在的标准来区别它们;列宁把认识主体放到历史的网络之外,使之成为绝对的东西,解除了它们自我批判的责任,使马克思主义不能把自己的原则应用到自身之上,而以庞大的实证性来确定辩证法的思想。梅洛-庞蒂指出,通过把唯物主义的形而上学渗入辩证法,列宁的认识论使辩证法存在于我们自身之外,即存在于外部的现实之中,但同时又渲染它,这就意味着用一种"第二自然"的理论来取代人与人之间的关系的历史;这在理论上就意味着堵塞了任何"理解"的企图,在实践上就意味着用某种机械的行动代替整体的实践,用职业革命代替无产阶级的革命,意味着把历史、精神的运动归结为机械的运动。梅洛-庞蒂认为,尽管列宁在晚年放

---

① Jean-Paul Sartre, *Critique of Dialectical Reason*, 1st ed., London: Verso Press, 1982.

弃了《唯物主义和经验批判主义》中的一些基本观点，提出了一种与卢卡奇的《历史和阶级意识》相通的辩证法理论，但《唯物主义和经验批判主义》中的基本理论则被列宁的信徒所继承和发挥，从而对共产主义运动产生重大的危害。①

在西方马克思主义者看来，"苏联马克思主义"的理论错误主要表现在以下几个方面。

第一，"苏联马克思主义"沿着恩格斯的理论传统。将马克思主义实证主义化、教条主义化。使马克思主义变成了一种形而上学本体论或世界观，将只存在于主客体关系和人类社会中的辩证法推广到自然界，凸显了自然辩证法，并主张一种机械的镜子式反映的认识论。这种对马克思主义的机械主义、实证主义和自然主义的理解，在列宁的《唯物主义和经验批判主义》一书中得到了集中的反映，而列宁之后的苏联马克思主义者更把这些观点推向极端。

第二，"苏联马克思主义"对马克思主义的理论体系作了机械、片面的理解，马克思主义被分割成哲学、政治经济学和科学社会主义（政治）三个部分，而马克思主义哲学则被划分成辩证唯物主义与历史唯物主义两大块，历史唯物主义被看成不过是辩证唯物主义的规律和范畴在历史领域的应用，从而将历史降低为"第二自然"，降低了历史唯物主义在马克思主义理论体系中的基础或本质的地位。而在马克思那里，马克思主义和历史唯物主义是一回事。

第三，"苏联马克思主义"进而歪曲了历史唯物主义，将历史唯物主义变成了一种粗糙的宿命论的历史决定论。西方马克思主义者认为，历史唯物主义充其量不过是关于自由资本主义社会的理论，尽管马克思在描述资本主义生产方式时强调理论批判的科学性，并期望工人运动作为资本主义的内在动力去扬弃资本主义的生产方式，但是，这种期望从来不是作为一种准确的预言提出的，而仅指出了某种客观存在的可能性，而"苏联马克思主义"则将历史唯物主义描述成关于人类社会发展规律的科学，用这种规律及范畴推论社会发展，陷入了宿命论。

第四，"苏联马克思主义"通过将马克思主义编辑成一系列的范畴、规律的体系，窒息了马克思主义的批判性，使之成为一种为现实统治的合理性

---

① Maurice Merleau‑Ponty, *Adventures of the Dialectics*, lst ed., Evanston: Northwestern University Press, 1973.

辩护的工具。"苏联马克思主义"只有两个目的,即实用和宣传,在苏联,马克思主义成了判断现实和政策,判断科学发现和科学理论的标准,一切与之不符合的都是错误的。在西方马克思主义者看来,这种由政治和实用主义的角度歪曲马克思主义的做法是从列宁开始的,而后起的苏联马克思主义者将之推向了极端。

第五,"苏联马克思主义"绝不是马克思主义的必然发展,而是对马克思主义的背叛和歪曲,其根源在恩格斯身上。因此,马克思的马克思主义与恩格斯、列宁及斯大林等人的"正统马克思主义"是根本对立的,必须揭露"正统马克思主义"("苏联马克思主义")的弊端和危害,恢复真正的马克思主义或"重建"历史唯物主义。

二、"西方马克思主义"对"苏联马克思主义"批判的评价

首先应该指出,西方马克思主义者对"苏联马克思主义"的批判是有重大的错误的。这主要表现在如下几个方面。

第一,西方马克思主义者制造了马克思与恩格斯的思想、列宁等人的"苏联马克思主义"("正统马克思主义")根本对立的神话,认为马克思是历史主义者和人道主义者,而恩格斯是自然主义者和实证主义者,列宁则在《唯物主义和经验批判主义》等著作中把恩格斯思想中的自然主义和实证主义倾向推向极端。因此,在他们看来,列宁主义及其后的苏联"正统马克思主义"不是马克思主义的必然发展,而是对马克思主义的彻底背叛。很明显,西方马克思主义者的这种观点是错误的。我们认为,列宁在20世纪初进一步发展了由马克思和恩格斯确立起来的马克思主义。并奠定了向更高阶段的马克思主义哲学发展的基础,而作为这种马克思主义哲学已发展到了列宁主义阶段的标志,是列宁的《唯物主义和经验批判主义》一书。在该书中,列宁分析了帝国主义时代哲学斗争的发展趋势及其特点,集中批判了作为当代资产阶级哲学普遍倾向体现的马赫主义,阐述了马克思主义哲学的基本原理,包括:自然在人类之前就已存在;人的意识是物质发展的最高产物;感觉是知识的唯一源泉,但感觉是对客观世界的主观映象,它以客观存在为前提;生活的观点、实践的观点是认识论第一和基本的观点,等等。《唯物主义和经验批判主义》一书中所阐述的马克思主义哲学的基本原理在今天看来仍然是正确的。

第二，西方马克思主义者排除了历史唯物主义的自然本体论基础，进而否认历史规律的客观必然性，陷入历史相对主义或历史唯心主义。在批判"苏联马克思主义"的过程中，西方马克思主义者采用了一个错误的立场，即在解决自然与历史、自然观与历史观的关系时，用后者吞没或否定前者，将承认世界的客观物质性、承认自然辩证法评定为旧的形而上学本体论残余，将承认历史规律的客观必然性评定为机械论的宿命论的历史观。他们进而宣称要用马克思早期的人道主义思想，其实是用资产阶级的人道主义来改造或重建历史唯物主义，将历史唯物主义变成资产阶级的"人学辩证法"，陷入唯心史观的泥潭之中。此外，西方马克思主义者反对把马克思主义划分为哲学、政治经济学和科学社会主义（政治）三个组成部分以及把马克思主义哲学分为辩证唯物主义和历史唯物主义两个部分，而将全部的马克思主义归结为历史唯物主义，这实际上是不承认马克思主义在政治经济学和政治学领域以及在哲学世界观领域所做出的杰出贡献。卢卡奇在后来的自我批评中认为，他的《历史和阶级意识》的一个主要错误是否定客观的自然辩证法，动摇了"马克思主义的本体论基础"，"忽视和否定了它关于自然的理论"。他在晚年的《社会存在本体论》中提出一种以自然本体论为基础的社会存在本体论。但是后来的西方马克思主义流派及代表人物，无视卢卡奇的自我批评，继续利用卢卡奇早年的观点来批判恩格斯、列宁等人的思想及"苏联马克思主义"。

第三，西方马克思主义者割裂了马克思主义的批判性和科学性的统一，片面强调它的批判性而否定其科学性。他们认为，马克思主义的本质和生命力在于它的批判性，而恩格斯、列宁等人则把马克思主义变成一种科学体系，扼杀了马克思主义的革命性和批判性，整个"苏联马克思主义"则更把马克思主义变成了官方意识形态的工具。因此，在西方马克思主义者看来，承认马克思主义的批判性与承认其科学性是不相容的，将马克思主义变成一种科学体系必将窒息其革命批判精神。很显然，西方马克思主义者忘记了马克思主义之所以能成为革命批判工具首先在于它是一种科学的体系。忘记了马克思主义是科学性与批判性的高度统一。同时，西方马克思主义者在批判"苏联马克思主义"时也无视马克思主义的党性（阶级性）与科学性相统一的原则，反对将马克思主义用于指导社会主义革命和社会主义建设。他们指责列宁只考虑哲学理论在政治和实践中的利害关系，而不关心哲学思想本身是否正确的理论问题，将列宁改扮成彻底的实用主义者，并指责列宁之后的苏联马克思主义者把列宁的这种做法推进一步，使马克思主义变成了意识形态专政的工具,从而使它成为判断一切是非的标准。应该说,列宁之后的苏联马克思主义者的确存在将马克思主义实用主义化、庸俗化和简单化的倾向,但是列宁所强调的马克思主义的党性与科学性统一以及理论与实践的统一,乃是马克思主义的最基本的原理,只有将马克思主义变成革命实践的指南,并在实践中加以检验和发展,它才具有威力和生命力。

第四,西方马克思主义者大都没有看到列宁的思想与斯大林的思想以及其后的苏联官方哲学的差别,否定或贬低列宁在坚持和发展马克思主义上所做出的巨大贡献。诚然,斯大林在一些理论与实践问题上并没有坚持甚至背离了马列主义。例如,在《论辩证唯物主义和历史唯物主义》一文中,斯大林片面强调矛盾的斗争性,以此取代对立面的统一;用对社会发展规律(真理)的绝对认识论取代马克思主义的辩证认识论;宣扬在社会主义条件下,生产关系与生产力的完全适合论,等等。这些观点显然是违背马克思主义哲学基本原理的。斯大林之后的苏联马克思主义者的确也存在将马克思主义教条主义化、僵化和实用主义化的倾向,损害了马克思主义,但是,不能因此而将错误归咎于列宁以及恩格斯,必须将列宁主义与其后的苏联官方哲学作相对的区别,不能将后者在理论与实践上的错误归咎于前者。

当然,西方马克思主义者对"苏联马克思主义"的批判也有合理之处。我们着重指出如下两点:

一是西方马克思主义者对"苏联马克思主义"的批判并非全是没有根据的捏造,他们的批判往往是击中要害的。例如,西方马克思主义者批判"苏联马克思主义"机械地理解马克思主义哲学体系,把它分成缺乏内在联系的两大块(辩证唯物主义和历史唯物主义),这是有一定道理的。马克思主义作为一个完整的科学理论体系,它的各个部分的原理处于有机的内在联系之中。20世纪30年代以后的"苏联马克思主义"将马克思主义哲学分成两大块,把辩证唯物主义和历史唯物主义看作马克思主义哲学的两大铁板,而历史唯物主义不过是辩证唯物主义在历史领域的应用,这就降低了历史唯物主义的地位和重要性,违背了马克思主义经典作家所强调的自然与历史、自然观与历史观相统一的观点。又如,西方马克思主义者批判"苏联马克思主义"将马克思主义教条主义化和僵化,也有一定的根据。30年代以后的苏联马克思主义者实际上并没有将马克思主义当作一个开放、发展着的理论体系,马克思主义被理解成一个由一些规律和范畴组成的固定的体系,不随历史的发展而发展,而且它不与当代各种文化思潮"对话",这样,马克思主义在苏联就成为一个封闭的体系,阻碍了马克思主义在当代的发展。此外,"苏联马克思主义"大搞"唯我独马",凡是与之不符的,往往就被斥为修正主义、异端,实际上不允许各国马克思主义者根据各国的实际灵活理解、运用和发展马克思主义。再如,西方马克思主义者对"苏联马克思主义"将马克思主义实用主义化的批评也不无根据。30年代以后苏联官方往往将它们所理解的那一套马克思主义当作判断是非、真理的标准,甚至当作判断科学争论和文学艺术作品的准绳(如著名的李森科事件),更往往将之作为为错误的政策辩护的工具,这在某种程度上导致了意识形态的专制。

二是提出了一系列值得讨论的问题和某些可供借鉴的论点。西方马克思主义者在对"苏联马克思主义"的批判中涉及的不是马克思主义发展中个别的枝节上的问题,而是一些重大的、本质的问题。他们对"苏联马克思主义"的各个主要方面,如辩证法、实践论、认识论、历史观等加以批判,提出了一系列值得我们认真讨论的问题,如:应该如何看待马克思主义的本质?它主要是世界观、本体论抑或仅是历史观?如何看待马克思主义的理论体系?它的各个部分、各种理论内容处于何种联系之中?辩证法仅存在于主体和客体的关系中,抑或它首先为自然界所具有?在当代如何使人与自然协调发展?如何理解马克思关于自然与历史、自然观与历史观相统一的观点?马克思主义实践观的本质是什么?如何看待认识的形成发展及其本质?如何理解马克思主义是科学性和批判性的统一?如何看待马克思的思想与恩格斯、列宁等人的思想的关系以及马克思早期思想与晚期思想的关系?应如何理解马克思主义是一种开放、发展着的体系?马克思主义是单一的,还是多样化的?等等。显然,西方马克思主义者没有也不可能正确回答这些问题,但是,他们向我们提出了这些问题,而且在某些方面提出了有益的见解,并在个别问题上深化了对马克思主义的研究,如关于总体性、实践、异化及人道主义等问题的探讨中就包含有合理的因素,具有一定的参考价值。

"西方马克思主义"对历史唯物主义的"重建"*

对历史唯物主义的"重建"是"西方马克思主义"理论的核心主题。"西方马克思主义者"往往自称"马克思主义者",他们给自己规定"重新发现"、"重新解释"和批判"重建"马克思主义(历史唯物主义),使马克思主义现代化的时代使命。这里我们评述"西方马克思主义"对历史唯物主义的"重建"及由此形成的"新"历史观。

一、"西方马克思主义"的历史观的基本前提

"西方马克思主义"的历史观的基本前提是这样一种共同的见解,即将马克思主义辩证法解释为一种社会历史方法,将马克思主义仅归结为一种社会历史观(历史唯物主义),否认作为一般世界观的唯物辩证法特别是自然辩证法的存在;进而又将历史唯物主义限定为一种关于(自由)资本主义的社会历史学说,否定了它作为人类社会一般发展规律学说的资格。

"西方马克思主义"的早期代表人物一开始就将马克思主义归结为一种社会历史观,认为马克思主义作为一种革命学说,其焦点始终集中在社会历史观上。卢卡奇在《历史和阶级意识》中提出了"自然是一个社会范畴"以及辩证法只是一种历史方法的著名论点。[①] 他把马克思主义的正统性解释为它的方法,即辩证法,然而把辩证法理解为主体、客体的相互作用,将其限制在社会历史领域。因此,他认为马克思主义是一种关于社会的理论或社

---

* 原载《岭南学刊》1993年第3期(中国人民大学复印报刊资料《马克思主义列宁主义研究》1993年第8期转载),收入本书时略有改动。

① [匈] 卢卡奇:《历史和阶级意识》,重庆出版社1989年版,第252页。

会哲学，否认它同时又是一种世界观。

科尔施在《马克思主义和哲学》中认为，应将马克思主义当作并理解为一个活生生的总体社会发展理论，理解并实践为一个活生生的社会革命理论；在《马克思主义的三篇论文》中又说，尽管马克思无条件地承认，对所有的历史和人的事件来说，外部自然具有发生上的优先性，但他的主要兴趣只是在历史和社会生活的现象及相关关系上。①

葛兰西在《狱中札记》中也强调马克思的辩证法是一种历史辩证法，反对将辩证法变成一种与社会历史相分离的唯物辩证法，但与卢卡奇否定自然辩证法有所不同，他主张把自然辩证法理解为改造自然的辩证法，使之从属于历史辩证法。卢卡奇、科尔施和葛兰西的这些观点为后起的"西方马克思主义"的大多数流派及代表人物所继承和发挥，成为他们的历史观的一个共同出发点或基本前提。

法兰克福学派明确地将马克思主义看作一种历史观或社会理论，即社会批判理论。他们否认自然辩证法以及作为一般世界观的马克思主义哲学的存在。霍克海默把承认自然辩证法，把一般哲学唯物主义评定为形而上学世界观的一个特点；阿多尔诺则指责恩格斯毫无根据地把辩证法变成"解释的普遍原则"，结果"使得物质、自然界非辩证地成为第一存在"②。霍克海默和阿多尔诺从黑格尔的社会学说入手来解释马克思的唯物史观，认为马克思是从黑格尔的法哲学和社会学说中得出他的唯物史观的，他由此建立了一种社会批判理论——为实现理性社会所必需的社会学和经济学批判；马克思理论中批判的因素，即是马克思用他的范畴发现了资本主义社会中的非理性的东西。因此，马克思的学说被简化为一种社会历史观。马尔库塞同样认为辩证法是一种历史方法，马克思主义是一种"历史性理论"。在他看来，辩证法是一种主观的实践，而历史则是人的产物，人处在历史之中，因而也只能认识自己的产物即历史；自然界是外在的东西，人们只能通过实践从自然界获得某些东西。因此，马克思主义只是一种历史理论，"辩证法在其本质上就变成一种历史方法"③。

"存在主义的马克思主义"也持相同观点。列斐伏尔从存在主义的"人

---

① ［德］科尔施：《关于马克思主义的三篇论文》，纽约1972年英文版，第68页。

② 转引自［苏］B. H. 别索诺夫《在"新马克思主义"的旗帜下的反马克思主义》，中国人民大学出版社1983年版，第176页。

③ ［美］马尔库塞：《理性与革命》，纽约1960年英文版，第314页。

类存在本体论化"出发,认为自然界本身是无动于衷的,只有人类的活动才使自然界的存在具有意义,而马克思主义则主要是一种社会历史学说,而绝不是辩证唯物主义。不过,他承认"人化自然的客观性",承认自然界对人的存在和活动具有制约性。梅洛-庞蒂批评自然辩证法,说恩格斯从黑格尔那里接受了关于自然辩证法的危险主张,如果自然辩证法仅是客观自然界,是我们本身以外的存在,那么人们在自然界中就找不到辩证法所必需的关系和品质;如果自然界是辩证的,那是因为它被人所感知,同人的活动有不可分割的联系。[①] 换言之,不能把存在于社会历史领域的辩证法推广到自然界。萨特则认为,辩证法只适应于历史领域,是历史辩证法、人学辩证法,马克思主义就是历史唯物主义,应把辩证唯物主义、自然辩证法从马克思主义中清除出去。在他看来,我们在自然界只发现由人们导入其中的辩证法,而把只存在于历史和社会中的辩证法搬到自然界,那就是生拉硬套。

"科学的马克思主义"("新实证主义的马克思主义""结构主义的马克思主义""分析的马克思主义"等)实际上也批评辩证唯物主义及自然辩证法,将马克思主义归结为历史唯物主义。"新实证主义的马克思主义者"科莱蒂和"结构主义的马克思主义者"阿尔都塞将社会生产关系理论和社会生产关系再生产理论当作其他哲学问题的基本出发点,力求借助科学的方法使历史唯物主义科学化;"分析的马克思主义"则明确以历史唯物主义作为研究对象。

"西方马克思主义"不仅将马克思主义归结为历史唯物主义,而且进而将历史唯物主义仅看作一种关于(自由)资本主义的社会历史学说。卢卡奇认为,历史唯物主义只适应于资本主义时代,因为它是在该时代的阶级意识中产生的;在资本主义以前的各种社会的经济生活中没有与资本主义有关的那种特征。因此,历史唯物主义就变成了研究资本主义社会的历史范畴,即随着资本主义的崩溃和社会主义的建立,历史唯物主义成为过时的东西;只有"庸俗的马克思主义者"才认为历史唯物主义永远有效。

法兰克福学派认为,历史唯物主义是自由资本主义时代的产物,是马克思在早期资本主义时代的经济分析基础上建立起来的,因而它只适应于资本主义的早期阶段,如果把马克思的历史理论普遍用于一切社会形态或阶段,那它就被庸俗化了。例如 A. 施密特宣称,尽管《〈政治经济学批判〉序言》

---

① 参见[法]梅洛-庞蒂《意义和无意义》,美国西北大学出版社 1968 年英文版,第 126 页。

中的著名分析暗示着相反的结论,但是,不应把它看作完全发达的资产阶级社会的辩证图式,它只是资产阶级以前的社会早已有交换关系的这一层意义上才涉及这种社会。因此,"西方马克思主义"便否定了历史唯物主义是关于人类社会一般发展规律的学说,排除了历史唯物主义的世界观及方法论的性质。

二、对历史唯物主义的基础和方法的重新考察

"西方马克思主义"重建历史唯物主义的一个重要方面的内容,是它对历史唯物主义的基础和方法的重新考察。总的来说,"西方马克思主义"的两个方向——"批判的马克思主义"或"人道主义的马克思主义"和"科学的马克思主义"采取了两种不同的途径;前者把历史唯物主义的基础归结为异化和人道主义,特别主张从马克思早期的著作中寻求历史唯物主义的"新"基础;而后者则反对把历史唯物主义人道主义化,主张通过现代科学的方法来消除历史唯物主义中的意识形态非科学成分,使马克思主义现代化、科学化、精确化。但"西方马克思主义"的各个流派及代表人物对历史唯物主义的基础和方法考察的侧重点有所不同。我们列举一些有影响的观点或做法。

霍克海默将社会批判理论看作一种将社会哲学与经验的社会学研究相结合的学说,并将这个学说称为历史唯物主义。他认为社会哲学应将理论假设与个别经验协调起来,使哲学与个别科学相互渗透,他批评所谓的"正统的马克思主义",说它从恩格斯的观点出发,使历史唯物主义变成一种空洞的教条。因此,重建历史唯物主义的当务之急是哲学和其他专门学科的富有成果的紧密合作。

萨特将历史唯物主义的基础归结为人道主义,主张用存在主义去"补充"或"革新"历史唯物主义。他把马克思主义即历史唯物主义理解为人学,即一种关于社会活动或实践的理论,借助于这种活动,人作为一定的个体在生产和再生产社会关系中生产它自己本身。萨特认为历史唯物主义原理只是"提供了对历史的唯一合理的解释",它之所以会停滞不前,是因为在它那里,理论和实践被分割开来,把理论扔在一边,使之不受经验的影响,变成纯粹的和僵化的知识;又把实践扔在一边,使之变成无原则的经验主义。他强调说,历史唯物主义要得到发展,要"接近现实",就必须将人本身作为它的基础重新纳入,将它与存在主义结合起来,因为存在主义是

"接近现实的唯一具体的道路",它可以弥补马克思主义中所缺乏的"主观性"或"人学空场",防止历史唯物主义变成一种非人的人学。

马尔库塞和弗洛姆则力图把历史唯物主义的基础还原为马克思早期的著作中的人道主义及异化思想,并用当代资产阶级的人道主义来"补充"或"修正"历史唯物主义。马尔库塞认为,人的存在本质是马克思理论的核心,对人的本质的研究构成马克思的经济学和政治学批判的基础;并且"对马克思来说,共产主义的基础就是人的本质的某种实现"①。弗洛姆同样认为,马克思主义哲学(历史唯物主义)的核心是人的问题,这种将人的本质作为唯物史观的基础在早年马克思的《1844 年经济学—哲学手稿》中得到了最清楚的描述;② 而这种观点在马克思的一生思想中具有连续性。③ 在这里,弗洛姆与马尔库塞的观点有所差别:前者认为马克思的思想自始至终是以人道主义为基础的,而后者则认为,马克思晚年思想的核心已从人道主义蜕变成经济主义。

在将历史唯物主义的基础归结为《手稿》中的人道主义思想之后,马尔库塞和弗洛姆致力于用当代西方的人本主义哲学思想尤其是弗洛伊德的人本主义观点和存在主义的"人学"来补充历史唯物主义。弗洛姆较早从事这方面的工作。他认为,马克思的学说与弗洛伊德的学说有许多共同点,它们成为新人道主义的主要源泉;但这两种学说各有所长,各有所短。他给自己规定的任务是用弗洛伊德的个人主义来补充唯物史观,要在这两种学说的基础上建立一种人道主义的社会主义学说。马尔库塞步弗洛姆的后尘,同样要用弗洛伊德的理论及存在主义的"人学"来补充历史唯物主义。例如在《爱欲与文明》一书中,他对包含在弗洛伊德理论中的批判的政治和哲学理论作一些引申和阐发,并将它与马克思的唯物史观加以结合;他把弗洛伊德的爱欲本质论、现代文明中爱欲受压抑及其社会根源的分析与马克思的人类解放论、劳动异化论以及人类苦难条件的分析结合起来,建立一种个人主义的或弗洛伊德主义的马克思主义历史观。

哈贝马斯对历史唯物主义的基础和方法作了更全面的考察。他认为,尽管早期的批判理论家们声称将批判理论(哈贝马斯称之为"历史唯物主义

---

① 复旦大学哲学系现代西方哲学研究室编译:《西方学者论〈1844 年经济学—哲学手稿〉》,复旦大学出版社 1983 年版,第 105 页。

② 同上书,第 15 页。

③ 同上书,第 40 页。

的重建")与具体科学相结合,但是他们主要是利用历史哲学的方法来批判传统理论,过分排斥实证科学,陷入他们所批判的抽象、思辨、空洞的形而上学之中,批判理论同经验、语言领域没有理性的沟通。在哈贝马斯看来,重要的是使批判理论与对社会情况作经验分析这两者结合起来,使批判理论奠定在可靠的基础之上,使之置身"哲学和科学之间"①。一方面,他否认实证主义的方法,认为直接的经验分析不能洞察人类行为的本质;另一方面,他拒绝先验的形而上学的玄想,强调经验成分对社会哲学研究的重要性。哈贝马斯致力于为历史唯物主义奠定一个新的普遍基础,这种新基础就是语言学和以语言为中介的一般交往理论以及社会进化理论。他在《社会科学的逻辑》《交往和社会进化》《交往理论》等著作中对历史唯物主义的这一更加广泛的基础展开研究。他还将历史唯物主义理解为一种社会进化论,主张吸取与历史唯物主义相竞争的学派(特别是人类学的新进化主义和结构主义的合理观点)来充实历史唯物主义。

"科学的马克思主义"走的是另一种道路。"结构主义的马克思主义者"阿尔都塞反对"批判的马克思主义者"特别是"存在主义的马克思主义"和法兰克福学派用人道主义和异化理论充当历史唯物主义的基础,主张用结构主义的方法来使历史唯物主义科学化。他认为马克思的历史唯物主义是一种反人道主义的社会历史理论,它本身经历了由意识形态向科学的转变;马克思早期的人道主义及异化理论是马克思不成熟的意识形态理论,成熟时期的马克思历史理论是一种反人道主义的科学理论,这时的马克思根本否认社会历史发展中的主观能动作用,与把历史和政治建立在人的本质基础上的各种理论彻底决裂。因此,不能倒退到马克思早期的思想中,用人道主义和异化理论充当历史唯物主义基础,而必须从马克思晚年的思想尤其是他的多元结构决定的方法论,从结构主义的观点来重构历史唯物主义。

"新实证主义的马克思主义者"德拉—沃尔佩和科莱蒂也反对"批判的马克思主义"将历史唯物主义人道主义化,反对用含糊不清的人道主义和黑格尔哲学去取代马克思的辩证法;他们主张以实证主义及一般科学的方法为基础,去建立一种科学的辩证法。

"分析的马克思主义"则主张通过分析哲学的方法作为重建历史唯物主义的方法论基础,主张运用现代数学、数理逻辑和模式建构等工具去分析马克思主义(历史唯物主义)的理论命题,确立历史唯物主义的微观基础,

---

① [德]哈贝马斯:《理论与实践》,波士顿1973年英文版,第195—252页。

也就是使马克思主义的各种理论命题精确化、明晰化、科学化。

三、对历史唯物主义基本原理的批判重建

在重新确立了历史唯物主义的基础和方法之后,"西方马克思主义"进而对历史唯物主义的基本原理进行批判的"重建"。按照哈贝马斯的说法,"重建就是把一个理论分解,然后在某种新形式中,再将其整合在一起,以便充分地实现它为自己确立的目标"①。具体说就是批判地考察历史唯物主义的若干基础概念和假设,指出应用这些假设将出现的困难,进而提出论证并解决这些困难而设想的建议。在"西方马克思主义者"看来,历史唯物主义的大部分原理在当代已经过时了,必须加以批判重建。在这里,我们只提及其要点。

第一,反对历史决定论,主张代之以主体性原则、主客体关系辩证法及历史相对主义。所谓的历史决定论也就是那种坚持社会存在决定社会意识,承认客观的历史规律的存在,并承认人的活动受社会环境、受自然和社会的规律制约的学说。显然,这是历史唯物主义的最基本原则或出发点。在"西方马克思主义"那里,"(历史)决定论"是一个贬义词,它与机械主义、宿命论、经济主义含有相似的意义。他们反对历史决定论,将承认历史规律、承认人的活动或创造受社会条件制约的观点视为"正统马克思主义"中令人窒息和官僚主义的东西,或视为形而上学本体论的残余;将承认生产力与生产关系、经济基础与上层建筑的矛盾运动规律的学说评定为经济决定论或经济唯物主义。他们认为,在"真正的马克思"那里,重要的乃是人的自由与创造,决定的因素是人的主观意识,如果承认不以人的意志为转移的、必然起作用的历史规律的存在,就会否定作为"创造者"的人的作用,否定人的自主性、创造性和自由。在他们的眼里,马克思是非决定论者。因此,他们强调主体性原则,强调辩证法只存在于社会历史领域,是主体客体的相互作用,突出人的自由创造能力;并提倡一种注重偶然性的"历史相对主义"。在他们看来,这才是历史唯物主义的真正出发点或本质所在。大部分"西方马克思主义者"特别是"批判的马克思主义者"如卢卡奇、科尔施、法兰克福学派、"存在主义的马克思主义者"都持这种观点。也正是因为这一点,梅洛-庞蒂在《辩证法的历险》中将突出主体能动性作用的

---

① [德]哈贝马斯:《交往和社会进化》,重庆出版社1989年版,第98—99页。

"主客体辩证法"及注重偶然性的"历史相对主义"当作以卢卡奇为代表的"西方马克思主义"理论最突出的特征或内容。

第二，认为历史唯物主义关于生产力与生产关系、经济基础与上层建筑关系的基本原理已经过时，主张加以改造或用别的范畴来取代。例如，哈贝马斯认为，生产力与生产关系这对范畴是同自由资本主义联系在一起的，如生产关系这范畴仅是对自由资本主义发展阶段的行政框架的描绘，在晚期的资本主义社会，这对范畴及其相互作用的原理就不再适用了。他认为在该社会，人在生产过程中的作用越来越不重要了，生产过程中形成的人与人的关系（即生产关系）对生产力的作用也不大了；由于科学技术的发展使生产资料的所有者没有能力管理企业，他们被掌握科学技术或具有管理经验的经理集团所取代；生产关系中的所有制关系也不起作用，生产关系变成了生产过程以外的人与人之间的一般交往关系，科学技术的发展排除了生产关系对生产力的制约；而且由于国家调节作用等因素的出现，生产关系原先所具有的职能变成了历史上过时的东西。同时，生产力也不再如马克思所设想的那样，在任何情况下都具有解放的能力，也引不起解放运动，特别是在生产力的持续增长取决于科技进步的情况下，更是如此；科学技术已由解放的潜力变成统治的手段和意识形态。所以马克思关于生产力是一种伟大的解放力量的信条也被历史的发展所淘汰。因此，哈贝马斯主张用"劳动"和"相互作用"这对更抽象的范畴来取代马克思的"生产力"和"生产关系"范畴。

关于经济基础和上层建筑及其关系，不少"西方马克思主义者"对马克思的这一学说进行改造、补充或更新。例如，葛兰西主张扩大"上层建筑"的范畴，把它划分为市民社会（民间的社会组织集合体）和政治社会或国家两个层面（而马克思明确地把市民社会归属于经济基础）；并强调经济基础和上层建筑的相互作用，特别是后者的反作用，认为不能把两者理解为决定与被决定的关系。又如，弗洛姆和赖希认为，虽然马克思提出了"上层建筑"与"经济基础"的概念，并指出了两者的相互依存性，但"并没有说明经济基础怎样转变为意识形态这种上层建筑的"。因此，他们主张用精神分析学说去弥补马克思理论中的这一不足，以阐明连接经济基础和上层建筑的各种纽带。弗洛姆用所谓的"社会性格"和"社会意识"来充当这两者的联系纽带。再如，哈贝马斯认为，马克思的经济基础和上层建筑的理论也只适应于自由资本主义时期，而不适应于晚期资本主义时代。他说，在自由资本主义时期，国家与社会是分离的，市民社会是国家的基础，社会只受自由市场规律的支配，它是独立于国家的，是非国家、非政治的。而那时国家的政治活动则属于上层建筑领域；那时的体制框架的合法化直接同社会制度联系在一起，财产制度才能从一种政治关系变为一种生产关系；因为它是在市场及交换社会的意识形态上实现合理化的。因此，马克思根据当时的情况所提出的经济基础和上层建筑这两个范畴是正确的。而在晚期的资本主义社会，情况发生了根本变化。现在国家日益干预生产和交换领域，国家对生产和交换实行越来越严格的控制，市民社会结构不再独立地作为国家的前提和基础，而同国家融为一体了；科学技术也不再以经济基础为转移并对经济基础起决定作用。现在，调节社会生活的因素是上层建筑和政治，而不是经济基础；政治不再成为上层建筑的一部分，而在经济基础的功能中也包含着政府的活动和政治斗争了。因此，马克思的经济基础和上层建筑的理论失效了。

在对生产力与生产关系、上层建筑与经济基础等一系列关系问题的理解上，"西方马克思主义"强调"总体性"的观点，强调历史发展是一个复杂的系统过程，主张把社会存在及社会现象的各个单独的环节或方面放到整个社会关系和总的历史过程中去考察，反对单向地理解生产力与生产关系，经济基础与上层建筑的关系，认为既要看到前者对后者的作用，又要充分估计后者对前者的反作用。这种"总体性"观点是"西方马克思主义"历史观的又一突出特征。

第三，认为马克思主义的阶级和阶级斗争学说已经过时，鼓吹阶级调和论以及阶级斗争缓和论。"西方马克思主义"认为，由于科技进步，马克思的剩余价值学说被取消了，因而阶级和阶级斗争的基础也消失了。当代资本主义社会的阶级结构已发生根本改变，无产阶级的地位也已发生改变，它日益被资本主义制度所同化，已不再是历史转变的动力，无产阶级和资产阶级之间的斗争大大减弱，代之而起的是阶级融合。因此，不能原样照搬马克思的阶级和阶级斗争学说了。

第四，宣称马克思的无产阶级革命和社会主义学说过时，主张代之以第三条道路及"新"社会主义理论。无产阶级革命和社会主义必然战胜资本主义的学说，是马克思主义的唯物史观所得出的一个基本结论，也是科学社会主义理论的基本内容。"西方马克思主义"断言马克思主义的无产阶级革命学说已经过时了，主张通过种种的第三条道路来取代暴力革命，并鼓吹种种"新"社会主义理论（这在前面已有论述）。

由此可见，"西方马克思主义"所批判和要抛弃的正是历史唯物主义的最基本的原理、最本质的内容。那么，我们应该如何看待"西方马克思主义"对历史唯物主义的重建呢？

"西方马克思主义者"的一个共同口号是"'重建'马克思主义"，使马克思主义现代化，因此，他们常常自我标榜"马克思主义者"，宣称要创造性地发展马克思主义，为马克思主义的"现代化"做出贡献；他们的理论也往往被贴上"发达资本主义社会的马克思主义"的标签。"西方马克思主义"与马克思主义的关系如何，它的各种流派及代表人物的理论中的马克思主义成分的比重有多大，这是一个复杂的、难以用三言两语说清楚的问题。但是，可以说，"西方马克思主义"的理论与经典马克思主义是存在着很大距离的，与其说是马克思主义的，倒不如说是非马克思主义的。"西方马克思主义"制造马克思与恩格斯、列宁的对立以及青年马克思与老年马克思的对立，反对把马克思主义划分为哲学、政治经济学和科学社会主义三个组成部分，将马克思主义仅归结为一种历史观即历史唯物主义，排除了历史唯物主义的本体论基础，进而将历史唯物主义归结为（自由）资本主义的社会学说，而不是人类社会一般发展规律的学说。他们鼓吹马克思主义"过时论"，认为马克思主义尤其是历史唯物主义的一系列基本原理如劳动价值论、经济危机理论、历史决定论、生产力与生产关系及经济基础与上层建筑关系理论、阶级及阶级斗争理论、国家学说、科学技术社会功能学说、无产阶级革命和社会主义理论等都"过时"或"失效"了，必须加以"重建"，用他们的"新"理论来取而代之。

很显然，"西方马克思主义"对马克思主义尤其是历史唯物主义的"重建"总体上是错误的、不可取的。但是，尽管如此，研究"西方马克思主义"对历史唯物主义的"重建"仍然具有重要的借鉴意义，有助于我们更全面、深入地理解和掌握马克思主义，辨别真假马克思主义，坚持和发展马克思主义。可以从三个方面来加以说明：

其一，"西方马克思主义"在重建历史唯物主义中所提出和研究的许多问题，并不是马克思主义或历史唯物主义的枝节问题，而是涉及马克思主义的本质或基础的问题。例如，马克思主义究竟是一种世界观、本体论，抑或仅仅是一种历史观？在马克思主义那里，人与自然、自然观与历史观究竟是什么样的关系？马克思本人思想发展的过程是连续的，还是断裂的？他的早期思想与后期的思想关系如何？马克思与恩格斯、列宁及其后的所谓"正统马克思主义"存在着什么样的区别与联系？马克思主义是一种科学理论，还是一种批判方法？应当如何结合当代资本主义来发展和丰富马克思主义？如此等等。"西方马克思主义"提出并在一定程度上探索了这些问题。尽管他们给出的未必是正确的答案，但毕竟是在当代资本主义条件下，"发展"马克思主义的一种尝试；他们所提出的这些问题也是我们今天坚持和发展马克思主义所不能回避的重大问题，他们的解答也具有参考价值。

其二，"西方马克思主义"对待马克思主义的态度及其理论中也不乏合理的因素。尽管许多"西方马克思主义者"往往是从共产党内的"左"倾激进派的政治立场或资产阶级"左"倾激进知识分子的政治立场出发来看待马克思主义的，但是他们对待马克思主义的态度以及所提出的理论中有合理之处。"西方马克思主义"将马克思主义（历史唯物主义）当作社会发展研究的基本理论，当作一种分析现实社会生活的理论框架，将历史唯物主义视为一个开放、发展的体系，要求用当代社会科学、人文科学的成果和当代西方各种社会政治学说的理论因素来丰富和充实历史唯物主义，并展开了对历史唯物主义的多视角的研究，提出了历史唯物主义研究的某些新课题（如对社会文化、社会心理、个人意识、交往行为与理解行为等的研究）；同时，"西方马克思主义"在探索马克思主义理论的过程中，往往能够采取比较严肃认真的科学研究态度来对待马克思主义，认真研究马克思主义经典作家的著作，探讨马克思主义的实质。这些态度使他们往往能得出一些符合马克思主义本身的合理或可取的见解。例如，卢卡奇关于物化和阶级意识的分析、关于马克思主义自然观和历史观相统一的观点；科尔施、葛兰西及卢卡奇等人对第二国际修正主义及其机械论的批判，强调意识能动性的观点；法兰克福学派对当代资本主义的文化及意识形态的批判尤其是对工具理性和实证主义的批判；萨特等人对当代资本主义社会中人的异化的批判；阿尔都塞的科学与意识形态关系理论、普兰查斯的国家和阶级学说等，都包含有某些正确的理论成分。对这些合理因素的提炼，是我们坚持和发展马克思主义所应做的一件工作。

其三，"西方马克思主义""重建"马克思主义（历史唯物主义）的尝试为我们提供了深刻的教训。为什么"西方马克思主义"往往从"发展"马克思主义的主观愿望出发，最终得出非马克思主义的、甚至是反马克思主义的结论？他们失足在哪里以及是如何失足的？通过对这些问题的分析，可以使我们吸取"西方马克思主义"的教训，在马克思主义研究中少走弯路，避免在理论上重蹈覆辙。在这一点上，可以将卢卡奇作为一个典型来加以解剖。作为一个共产党人，青年卢卡奇的《历史和阶级意识》的写作愿望是为了将当时的革命实践经验提升为理论，探讨马克思主义的本质。他的确在某些方面是从马克思主义的立场出发的，他用了许多马克思主义的命题，然而却赋予这些马克思主义命题以非马克思主义尤其是黑格尔主义的内容，对马克思主义做出了非马克思主义的解释，最终在客观上开创了"西方马克思主义"的理论传统。卢卡奇后来对《历史和阶级意识》错误的认识和自我批评以及某些方面的克服，向马克思主义的靠拢，也同样具有启发意义。

总之，在当前，重视和加强对"西方马克思主义"的研究具有重要的现实意义。马克思主义需要新的发展，这是当代的一大趋势。而要发展马克思主义，有两条主要的途径：一是结合国内和国际社会发展变化着的实际，研究解决实践中提出的新问题；二是总结吸收当代科学技术发展成果，分析批判当代各种社会思潮，吸取合理成分及经验教训。在这一过程中，研究以"发展"马克思主义为宗旨的"西方马克思主义理论"，就具有特殊的意义。"西方马克思主义"进行了一次"重建"马克思主义（历史唯物主义）的不成功的尝试。认真分析其理论，吸取其经验教训，有助于我们分清是非，正本清源，把握马克思主义的实质，进而在研究新情况和新问题中坚持和发展马克思主义以及历史唯物主义。

"西方马克思主义"的马克思主义归属问题[*]

究竟应当如何看待"西方马克思主义"与马克思主义的关系？或者说，能否将"西方马克思主义"理论看作是马克思主义的？这是评价"西方马克思主义"理论的一个重要而又复杂的问题。在这里，我们结合国内外学者的有关争论来加以简要探讨。

国内外学术界对"西方马克思主义"的马克思主义归属问题有很不相同的看法或评价，有下列三种主要的观点。第一种观点将"西方马克思主义"定性为"在新马克思主义的旗帜下的反马克思主义"，这主要是一些原苏联学者的看法；第二种观点正好相反，将"西方马克思主义"推崇为"发达资本主义社会的马克思主义"或"马克思主义的当代形式"，这主要是一些西方学者的看法；第三种观点介于前两种观点之间，认为对于"西方马克思主义"的各流派，不要简单地斥之为反马克思主义，应该看到它们与马克思主义的联系，不妨称之为"当代国外的马克思主义"，这是我国一些学者的看法。这里的关键问题是：什么是马克思主义以及评判一种思潮、学派或理论学说是否属于真正马克思主义的标准问题。

南斯拉夫学者彼得洛维奇在其著作《现代哲学》中论及"现代马克思主义哲学的状况和发展前景"时指出，鉴于马克思主义存在着极其多种多样化、有时截然相反的解释，这就提出了两个极其重要的问题：第一，是否把现有的解释都看成是马克思主义的？第二，评判的标准是什么？他认为，不能把现有的对马克思主义的解释都看成是马克思主义的，因为一些理论家打着马克思主义的幌子提出与马克思主义截然相反的立场；而另一些人则在

---

[*] 原载《南京社会科学》1997年第12期（中国人民大学复印报刊资料《马克思主义列宁主义研究》1998年第3期转载）。

"创造性地发展马克思主义"的口号下,以折衷主义的手法把马克思主义与资产阶级的哲学概念结合起来,或者干脆伪造马克思主义。①

汉斯·海因茨·霍尔茨在《欧洲马克思主义的若干倾向》(1975年)一书也提出划分马克思主义和非马克思主义界限的方法论问题。他说:"非马克思主义的思想渗入马克思主义体系……这种混合什么时候会导致马克思主义理论前提被抛弃,又什么时候会使马克思主义理论的基本结构吸收新的因素。"② 也就是说,非马克思主义的思想因素"渗入"马克思主义之中或马克思主义体系与非马克思主义的"对话"可以导致两种结果:一是使马克思主义的理论前提被抛弃,二是马克思主义体系吸收外来的新因素,使马克思主义得到丰富和发展。导致哪一种结果,取决于用什么样的方法来对待这种"混合"和"渗入"。

美国学者海尔布隆纳在《马克思主义:赞成与反对》(1980年)一书的导言中,较详细地论及什么是马克思主义及其标准问题。他指出,当代有各种各样的马克思主义,其中有的把马克思的著作原封不动地加以捍卫,有的要把马克思的著作几乎全部加以改变;有的认为资本主义的情况基本上如马克思所云,有的认为《资本论》的分析已不再适应;有的想突破禁区,涉足宗教和精神分析领域,有的认为这些只不过是资产阶级的歪门邪道;有的骄傲地自诩为正统派,另有人则认为马克思主义已蜕变为意识形态,已成为到达人道社会主义的主要障碍。

海尔布隆纳认为,判断一种思想学说是不是马克思主义的,有其标准,即存在着一整套能规定马克思主义思想的前提(或一些可以得到公认的共同点),所以凡是包含有这类前提的分析都可以正当地将其分类为"马克思主义"的分析,即使作者本人并不如此认定。在他看来,这一套前提包括四个因素。

第一个因素是对认识本身的辩证态度——辩证法,其核心是认为事物最内在的本性是能动和斗争的,而不是呆滞和静止的,因此,要在事物内部寻找其"矛盾的"属性。

第二个因素是唯物主义历史观——强调人类生产活动在历史上所起的中心作用,并因而认定社会各阶级在生产成果分配方面的斗争是历史变化的主

---

① 资料来源:《哲学译丛》1987年第3期。
② [德]汉斯·海因茨·霍尔茨:《欧洲马克思主义的若干倾向》,人民出版社1983年版,第3页。

要动力。

第三个因素是依据马克思主义的社会分析而得出的关于资本主义的总看法——凡是接受马克思传统的作家，都接受以马克思原来看法为根据的"资本主义是什么"的观念，并以这种观念作为出发点（即使也作了某些改变）。

第四个因素是以某种形式规定的对社会主义的信奉——确定"理论与实践相统一"的信念，相信运用马克思的分析方法不仅可以说明过去，而且可以作为行动的指南，指引人们去创造一个社会主义的未来，一个由人类为求得自身的完全实现而自觉建造的未来。①

海尔布隆纳也强调马克思主义的研究或分析方法的重要性，认为马克思之所以留下不可磨灭的痕迹，马克思主义之所以有生命力，正是马克思创立了一种研究方法，即"一种能理解那被埋藏的现实的研究方式，也就是我们称之为社会分析的一种方式"②。显然，海尔布隆纳注意到了构成马克思主义的一些基本理论前提，说要成为"马克思主义"，就必须承认或遵守这些前提，但他所列出的前提因素却未必是全面的。

其实，青年卢卡奇早在《历史和阶级意识》一书中就提出"正统马克思主义"的标准问题。按照他的看法，"正统的马克思主义"并不意味着不加批判地接受马克思的一些成果，它不是对这个或那个命题的"信奉"，也不是对"圣书"的解释；与此相反，"正统的马克思主义"指的只是方法。他认为，即使马克思主义的每个个别命题被证伪了，每个严肃的"正统马克思主义者"可以毫无保留地接受所有现代的结论，但这并不迫使我们放弃马克思主义的正统性。③ 显然，卢卡奇在这里强调马克思主义方法论即辩证法的重要性，以此作为"正统马克思主义"的检验标准，这有其合理性。但正如一些学者所指出的，卢卡奇的这种看法是有片面性的，即他把研究方法和研究成果割裂开来，把"正统马克思主义"仅理解为研究方法，而与马克思主义的研究成果无关。

我们认为，判断一种理论学说尤其是那些自称为"马克思主义"的、标榜"发展"马克思主义的理论学说是不是真正的马克思主义，主要的标

---

① ［美］海尔布隆纳：《马克思主义：赞成与反对》，台湾桂冠图书有限公司1990年版，第5—7页。
② 同上书，第2—3页。
③ ［匈］卢卡奇：《历史和阶级意识》，重庆出版社1989年版，第2页。

准就是看它是否遵循马克思主义的基本立场、观点和方法，并运用这些立场、观点和方法去分析、解决出现的新情况、新问题。

那么，什么是马克思主义的基本立场、观点和方法？或者说，什么是马克思主义的基本原理或基本因素呢？列宁在《马克思主义的三个来源和三个组成部分》中将马克思主义划分为哲学、政治经济学和科学社会主义三个组成部分，在《卡尔·马克思》一文中则将马克思主义的学说归结为如下几个方面：哲学唯物主义、辩证法、唯物史观、阶级斗争、价值与剩余价值、社会主义和无产阶级斗争策略等。

根据马克思主义经典作家的论述，马克思主义的基本原理或基本因素主要有：(1) 哲学唯物主义——承认物质第一性、精神第二性或自然界的优先地位这一唯物主义基本原则；(2) 辩证唯物主义认识论——关于世界的可知性，认识是对客观事物及过程的反映，认识是一个辩证发展的过程，科学的实践观尤其是实践是认识的基础、动力和真理的唯一标准的观点等；(3) 唯物辩证法——承认客观世界的矛盾运动和不断发展，主观辩证法是客观辩证法的反映，用矛盾、运动和发展的观点看问题等；(4) 唯物史观——如历史决定论，生产力与生产关系、经济基础与上层建筑的矛盾运动理论、阶级理论、国家学说、科学技术观等；(5) 资本主义理论——如剩余价值学说、经济危机理论、资本主义的产生、发展和必然灭亡的观点等；(6) 无产阶级革命理论——包括无产阶级革命的主体、动因、途径和策略等方面的观点；(7) 社会主义理论——如关于社会主义的特征、蓝图，社会主义发展的道路、过程与阶段，社会主义社会的政治、经济和文化制度，社会主义或共产主义的最高目标等；(8) 马克思主义的一系列基本原则及分析方法——如理论与实践相结合，实事求是，具体问题具体分析原则以及从抽象上升到具体、逻辑与历史一致等的思维或分析方法；如此等等。

当然，马克思主义的各个基本原理或基本因素之间，它的理论成果与研究方法之间并不是彼此分离、互不联系的，相反，它们是密切联系、不可分割的，它们构成一个有机的理论系统。同时，必须指出，马克思主义的基本原理及方法是经受了实践检验、被证明是正确的东西，尽管马克思主义的一些次要的、具体的或细节性的观点可能被时代的发展所证伪和被修正，但马克思主义的最基本的原理和方法不会因历史的发展而被推翻，它们构成马克思主义的基本内核，或用科学哲学的术语来说，它们构成马克思主义的"范式"或"研究纲领"。你要成为马克思主义者，或一种学说、理论要成为"马克思主义的"，就必须从马克思主义的基本立场、观点和方法出发，承认并遵循马克思主义的"范式"或"研究纲领"。如果做不到这一点，就不算马克思主义者。

根据上述标准，我们可以对"西方马克思主义"做出一个总的评价。我们认为，"西方马克思主义"从总体上看是非马克思主义的。我们看到，"西方马克思主义"是违背了马克思主义的理论特别是历史唯物主义和科学社会主义的基本理论及方法的。上面所列出的马克思主义的各个基本要素尤其是唯物史观、资本主义社会理论及无产阶级革命理论，并没有被"西方马克思主义者"所遵循。相反，"西方马克思主义者"几乎都将这些基本理论宣布为"过时"、"失效"、"错误"或"不充分"，断言需要用非马克思主义的思想因素（主要是现代资产阶级的社会政治学说）来加以"补充"、"修正"或"重建"，代之以"全新"的学说。"西方马克思主义"对马克思主义的社会政治学说的"重建"特别是用非马克思主义的思想因素对马克思主义理论体系的"补充"，所导致的基本结果是马克思主义理论前提的被抛弃。在"西方马克思主义"那里，马克思主义的理论命题、概念往往被做出非马克思主义的解释，赋予其非马克思主义的"新"内涵，这导致了马克思主义的许多基本原理面目全非。因此，我们有理由断言，"西方马克思主义"在总体上看是非马克思主义的。

但是，另一方面，我们必须看到，"西方马克思主义"毕竟与马克思主义保持着千丝万缕的联系，其中包含着马克思主义的思想因素。首先，"西方马克思主义者"大都自我标榜"马克思主义者"，并以马克思主义的"现代化"为己任。他们在辩证法、历史分析、异化和人道主义理论、理论与实践的关系、自然与历史相统一等方面的观点，包含着马克思主义的思想成分。其次，尽管"西方马克思主义"重建马克思主义的尝试是失败的，但他们将马克思主义看作一个开放的体系，强调马克思主义必须根据当代社会现实的变化而发展，强调马克思主义必须吸取当代各种非马克思主义的思想文化成果包括对立的思想流派的因素来丰富自己，这种对待马克思主义的研究态度是有可取之处的，与那种将马克思主义看作一个封闭和僵化体系的教条主义态度相比，"西方马克思主义"的这种立场无疑要正确得多。最后，"西方马克思主义"中包含着一些合理的见解或提出了一些值得认真讨论的问题。例如，"西方马克思主义"对当代资本主义社会作了一定程度的批判，指出了该社会的新发展及危机趋势，它的社会结构和阶级关系出现的新变化和新特点，揭露了这个社会的种种矛盾、异化现象，并探索这个社会变革的途径、动因和策略；又如"西方马克思主义"从某些新的角度或新的方面展开对马克思主义的研究，可以说在某些方面充实拓宽了马克思主义的研究（如加强对当代资本主义的政治、文化危机和生态危机以及对社会心理和个人意识的研究）；在一些重大的理论问题上（包括如何看待马克思主义的理论体系，西方社会主义变革的途径、策略，社会主义的本质特征，科学技术的政治效应等）展开了较为深入的探讨，尽管得出的结论未必正确，却也不乏可供借鉴之处。

由此可见，"西方马克思主义"与马克思主义的关系是一个复杂的问题。我们既要看到它的总体上的非马克思主义性质，又要看到它与马克思主义的联系，注意它提出的某些有益的论点及对马克思主义的某些方面的发展所做出的局部贡献。因此，不应把"西方马克思主义"抬高到"马克思主义在当代的发展"的不应有的高度，也不要简单地斥之为"反马克思主义"，正确的态度应该是从不同的角度或方面深入研究它所涉及的问题，合理地评价其成败得失，尤其要分析它是如何违背马克思主义，从哪里失足的。

Ⅲ "新政治经济学"

政治经济学的复兴*
——西方"新政治经济学"的兴起与意义

跨学科研究尤其是政治学与经济学的整合研究成为当代西方社会科学发展的一个基本趋势。这一趋势导致在 20 世纪初中期衰落了的政治经济学传统的复兴。美国著名政治学家戴维·伊斯顿（David Easton, 1917—2014）在《美国的政治学：过去和现在》的学术报告中将政治与经济的整合研究当作当代美国政治学发展的四大趋势之一；美国经济学家福格森（Thomas Ferguson）和罗杰斯（Joel Rogers）在其主编的《政治经济学》（1984 年）一书的前言中写道："在专业性政治科学的最新发展中，再没有什么事件比政治经济学的出现并迅速成长为一个独立的研究领域更引人注目了。……这个领域目前正在成为政治学系或研究所的重要课程内容之一，……它所产生的论著已经跨越且侵入传统上被认为是政治理论、比较政治、国际关系、行政学以及美国政治等研究领域。"① 公共选择理论、新制度学派、国际政治经济学可以说主要是这种政治经济的整合研究所形成的最有代表性的理论或分支。本文评述西方"新政治经济学"的兴起与意义。

一、新政治经济学的兴起

在西方，"政治经济学"一词出现于 17 世纪初，它已经被人们使用了近 400 年。作为一个学科，政治经济学形成于 18 世纪 70 年代，其标志是亚

---

* 原载《厦门大学学报》2004 年第 1 期，《高校文科学报文摘》2004 年第 1 期摘要（黄新华为本文的合作者）。

① Thomas Ferguson and Joel Rogers eds., *The Political Economy: Reading in the Politics and Economics of American Public Policy*, New York: M. E. Sharpe, 1984, p. 7.

当·斯密（A. Smith，1723—1790）《国民财富的性质和原因的研究》一书的发表。但是从 19 世纪末开始到 20 世纪中期，随着政治学与经济学相继成为独立学科，政治经济学这一母体学科便逐渐衰落，"政治经济学"一词也逐渐为"经济学"一词所取代。而将"政治经济学"改称为"经济学"的主要推动者是马歇尔（A. Marshall，1842—1924）。20 世纪 60、70 年代，政治经济学在西方学术界复兴，诞生了一门政治学与经济学交叉学科——"新政治经济学"（New Political Economy）或"政治的经济学"（Economics of Politics）。

（一）政治经济学的遗产

政治经济学是社会科学中最古老的学科之一。美国学者罗纳德·H. 奇尔科特（R. H. Chilcote）指出："政治经济学起源于 18 世纪末重要古典政治经济学家们的著作，不但包括马克思，而且包括大卫·李嘉图和亚当·斯密。"[①] 从法国重商主义者安东尼德·蒙克莱田（A. Montchretien，1575—1621）提出"政治经济学"这个名词到英法古典学派创立政治经济学体系和马克思、恩格斯创立马克思主义政治经济学，从约翰·穆勒（J. Mill，1806—1878）的《政治经济学原理》到阿弗里德·马歇尔的《经济学原理》，从第二次世界大战结束以来的保罗·萨缪尔森（B. A. Samuelson，1915—2009）的《经济学》到约瑟夫·斯蒂格利茨（J. EStiglitz，1943—）的《经济学》和格雷戈里·曼昆（G. Mankiw）的《经济学原理》，政治经济学的体系和内容一次又一次被修订。

政治经济学萌芽于重商主义。马克思断言："对现代生产方式的最早的理论探讨即是重商主义。"[②] 虽然重商主义的代表人物之一蒙克莱田在《献给国王和王太后的政治经济学》（1615 年）一书中，最早提出了"政治经济学"一词，但是真正创立政治经济学这门科学的是威廉·配第（W. Petty，1623—1687），他的《赋税论》（1662 年）一书是资产阶级古典政治经济学的开山之作。随后亚当·斯密的《国富论》（1776 年）建立了古典政治经济学宏大的理论体系；而大卫·李嘉图（D. Ricardo，1772—1823）的《政治经济学及赋税原理》（1817 年）则标志着古典政治经济学的最后

---

① [美] 罗纳德·H. 奇尔科特：《比较政治经济学理论》，社会科学文献出版社 2001 年版，第 2 页。

② [德] 马克思：《资本论》（第 3 卷），人民出版社 1975 年版，第 376 页。

完成。亚当·斯密创立的古典政治经济学经大卫·李嘉图、西斯蒙第（J. C. Sismondi，1773—1842）、萨伊（J. B. Say，1766—1831）和约翰·穆勒等经济学家的精细阐述而得到了进一步的发展。

萌芽于重商主义、起源于18世纪末的政治经济学，作为"原初的社会科学，……以广阔的视野研究了社会体系"①，从而为后来的社会科学留下了丰富的思想遗产。这些思想遗产不仅表现在它对资源配置的市场机制和国家（政府）的经济职能等主题的研究以及形成了未来学科分化的基础知识；而且突出地表现在它对政治经济学的研究方法的探索尤其是政治和经济的整合研究上。虽然"现代经济学的出现，使政治经济学这种政治与经济的整合研究逐步消失。因为经济学家强调经济行为反映的是个体行为，而不是各种制度，进而又假定了自由放任或自由主义原则"②。但是在古典和新古典政治经济学中，经济学家们却注重对政治和经济的整合研究，他们强调政治对经济的影响，也关注经济对政治的影响。在这些学者眼中，政治经济学是"政治与经济"之学，由此推而广之，可以分析政治主体国家（政府）、政治制度等因素对经济的影响，也可以分析经济对其他社会诸方面的影响。这种政治与经济整合研究的遗产，在新政治经济学中得到充分的体现。

（二）政治经济学的衰落

新古典政治经济学的出现是政治经济学衰落和经济学兴起的一个转折点。1871年，标志着政治经济学演进中的边际革命发端了。通过边际主义革命，直到马歇尔，最后形成了政治经济学中的"新古典学派"。"到20世纪来临时，新古典经济学在相互竞争的政治经济学流派中已占据了主导地位。"③ 新古典政治经济学"改变了政治经济学的研究重点，由古典的分配和增长研究转向了'新古典'，只考虑单个消费者行为和企业在竞争性市场中的运作"；"为实现这一目标，他们以数学作为分析方法，去解释单个消费者和生产者的选择"④。

古典政治经济学关心的是整个经济的长期发展，关心的是剩余产品在各个集团之间的分配；而边际主义者关心的是微观经济问题。边际主义者从瓦

---

① ［美］巴里·克拉克：《政治经济学》（导言），经济科学出版社2001年版，第1页。
② 陈振明：《政治学前沿》，福建人民出版社2000年版，第5页。
③ ［美］巴里·克拉克：《政治经济学》，经济科学出版社2001年版，第39页。
④ 同上书，第39页。

尔拉斯、杰文斯、门格尔三人开端到马歇尔，则建立起了微观经济学体系。在他们建立的微观经济学体系中，"边际概念成为关键性工具，效用与消费者需求成为出发点与推动力或基本决定因素"①。他们关心的是微观经济问题，关心的是稀缺资源的合理配置，认为生产要素的价格是由各生产要素的边际生产力决定的。至少到19世纪末20世纪初，新古典政治经济学支配着西方经济学，支配着西方国家的经济政策制定。

导致政治经济学中政治学与经济学分离的另一个重要原因是马克思主义政治经济学的产生。因此"意识形态也对政治经济学的裂变有一定的作用"②。作为马克思主义的重要组成部分，马克思主义政治经济学发现了剩余价值规律，提出生产关系一定要适合生产力的发展水平，揭示了社会主义将取代资本主义的必然性。政治经济学在马克思主义理论体系中占有重要位置。列宁说："马克思主义的主要内容即马克思的经济学说"，"使马克思的理论得到最深刻、最全面、最详尽的证明和运用的是他的经济学说"③。作为马克思主义政治经济学完成标志的《资本论》被恩格斯称作"无产阶级的'圣经'"，其强烈的政治色彩，使之后的西方学者纷纷远离"政治经济学"。随着世界逐渐形成社会主义与资本主义两大意识形态的对立，以及无产阶级与资产阶级的阶级斗争日益激烈，经济学在近现代演化成了马克思主义政治经济学和西方经济学两大流派。"政治经济学"几乎成了马克思主义经济学的代名词。

新古典政治经济学在马歇尔之后，经威克塞尔（K. Wicksell, 1851—1926）、庇古（A. C. Pigou, 1877—1959）、缪尔达尔（G. Myrdal, 1989—1987）、哈耶克（F. A. V. Hayek, 1899—2001）、凯恩斯（J. M. Keynes, 1983—1946）、萨缪尔森、斯蒂格利茨、曼昆等一大批经济学家的努力，构建起了一套体系完备的西方经济学（微观和宏观）理论框架。

随着边际革命以及新古典政治经济学的兴起，经济学家们更重视对经济现象的实证分析，不再侧重对国家政策的分析；政治经济学的数理化、计量化、均衡化、边际化的倾向越来越明显，新古典经济学家认为有必要将政治经济学改称为经济学。杰文斯在1879年再版其《政治经济学理论》一书

---

① [美]特伦斯·W.哈奇森：《经济学的革命与发展》，北京大学出版社1992年版，第107页。

② [美]巴里·克拉克：《政治经济学》（导言），经济科学出版社2001年版，第1页。

③ 《列宁选集》（第2卷），人民出版社1995年版，第418、28页。

时，就明确宣称要使用经济学概念以取代政治经济学概念。因此，经济学家拉尔夫·佩特曼（R. Pettman）认为，政治经济学中政治学与经济学的"分离是在19世纪取得的，部分是由于英国理论家威廉·杰文斯的著作"；"与斯密和马克思不同，他很少关注资本和劳动，而更关注个人的满足和交换。他认为价值'完全依赖于适用'，即依赖于个人的利益或满足。……这直接导致供需问题"。在他那里，"经济学成了计算'快乐与痛苦'的工具"。"英美自由主义者将政治学与经济学分离开来，并将后者放到自由市场的或多或少的量的研究中。大多数欧洲学者迷惑了，以为能将经济学和政治学分开研究"①。1890年，新古典学派的代表人物、微观经济学的奠基人和剑桥学派创始人阿弗里德·马歇尔将其著作定名为《经济学原理》。从此，在西方经济学中，很少有人用政治经济学来指称自己的学说了。因此"直到19世纪下半叶，政治经济学才开始裂变为经济学、政治学、社会学、社会史、社会心理学以及社会哲学等学科"。导致这种后果的原因之一是"社会科学家们希望像自然科学那样，通过将不同人类行为和对社会的研究划为较窄的学科，增进社会科学的分析力和精确性"②。

经济学和政治学分离的历程可以简要地描述如下：边际革命后，确切地说是19世纪70年代以后，经济学日益成为一门独立的学科，不再与伦理学和政治学交织在一起，不断增多的大学开始设立经济学专业，专门的经济学刊物开始大量发行，经济学家开始在一国之内，尔后很快在国际范围内组成各种专业集团，这些集团越来越由受过高等教育、研习过高等数学的人员所组成；经济分析所采用的数学工具越来越高深复杂，经济学的数理性质越来越强烈。

与此同时，政治学作为现代社会科学的一个正式学科开始兴起，它产生的标志是1880年哥伦比亚大学政治学院的成立。当然，在此之前，政治学的研究已经具备了坚实的基础。近代民族国家的生成是政治研究发展的一个强大的推动力。美国政治学家D.沃尔多在《政治学的发展》一文中曾这样来描述近代政治研究的进展：近代政治研究可以划分为三个范畴，即建立国家体系，改变和改善国家体系，寻求毁灭或超越国家体系。"第一个范畴以马基雅维里、布丹、霍布斯为代表；第二个范畴以洛克、边沁、密尔为代

---

① R. Pettman, *Understanding International Political Economy: With Readings for the Fatigued*, Boulder, Colorado: Lynner Publishers, 1996, p. 16.

② ［美］巴里·克拉克：《政治经济学》（导言），经济科学出版社2001年版，第1页。

表;第三个范畴以马克思、巴枯宁及克鲁泡特金为代表。此外,孟德斯鸠、托克维尔等人也有重要影响。"① 这一时期政治研究的中心主题是国家、主权、权力、法律及历史。在第二次世界大战后美国行为主义政治学兴起以前,政治学的研究重心是政治哲学尤其是国家理论,它直接继承了古希腊至近、现代欧洲的政治研究遗产。"政治学作为独立学科的出现,一方面促进了经济学的成长,另一方面却加速了政治经济学的衰落。因为在人们看来,国家(政治)和市场(经济)是按照不同的逻辑运转的,必须对两者加以分别的研究。"②

这样,在西方政治经济学的发展史上,经济学与政治学分离了:经济学只研究经济现象,成为"纯经济学";国家政策则由政治学去研究(而再提及政治经济学就是指马克思主义经济学)。而另一方面,在社会主义国家,由于排斥市场经济,将政治经济学的作用主要用来论证资本主义生产方式的命运。结果,"经济"只是依附于"政治",甚至等同于"政治"。政治学和经济学的分离,使"经济学集中研究个人在市场上对物质利益的追求。利用个人理性假设及用货币作为衡量原因与结果的尺度,使经济学家能够在很大程度上仿造19世纪的物理学建立其理论大厦"③。

(三) 新政治经济学的兴起

新古典政治经济学之后,政治经济学开始裂变为经济学、政治学和社会学等学科。政治学和经济学的分离导致了政治经济学的衰落。为了达到科学的准确性,经济学(政治经济学遗产最直接的继承者)付出了高昂的代价。20世纪60、70年代,政治经济学在西方复兴,一些学者开始运用经济学的方法研究政治问题以及政治过程,并强调政治和经济的内在关联性,从而导致了新政治经济学的产生。

由于过分注重数学和理论上的严谨,使得经济学"日益偏离了现实和实用目的"。经济学常常引起其他社会科学家的怀疑,批评直指其简单化的人类行为假设,过分关注物质和金钱利益,对社会关系的忽视,以及玄奥的术语、图形和数学公式。这些整理和分析经验资料的精致方法,精心设计的宏观经济模型,以及微观经济理论在决策中的应用,都给人留下了深刻的影

---

① 陈振明:《政治学前沿》,福建人民出版社2000年版,第6页。
② 同上。
③ [美] 巴里·克拉克:《政治经济学》(导言),经济科学出版社2001年版,第2页。

响。然而,"经济学的科学地位已有所下降,经济学的公共形象却暗淡了"①。换言之,政治学和经济学的分离,导致了作为政治经济学遗产最直系的继承者——经济学——在理论建构和实践运用上都取得巨大成就的同时,开始趋向衰落。因为"脱离政治学的经济学是无用的"(加尔布雷斯语);"在世界上的任何一种政治制度下,政治学的大部分是经济学,经济学的大部分是政治学","不存在纯粹经济学这种东西"(林德布洛姆语)。

由于"经济学和政治学不同,它并不在分辨人类需求和权利(不论是自然天赋的还是其他的)等问题上下功夫。相反地,它关心的是在偏好中表达出来的需求,以及人们在资本、劳动、消费品和服务市场中做出的可辨别、可测量的选择。正是这些构成了这门学科的实质内涵"②。为了成为数学化和简化的科学,经济学抛弃了政治经济学的大多数基本内容及特征。出于对均衡状态的兴趣,经济学对被传统历史取向忽略的部分进行了大量的断代研究。经济学家认为,对制度变化和结构转型的研究不可能像数学那么精确,应该把对社会变迁的兴趣限制在对整体均衡模式中微小的、累积的调整的研究上。这导致"经济分析的方法适用于历史发展的各个阶段,但却无法解释一个时期向另一时期的转型,尤其是当这些转型中包含着分裂和动荡时,经济分析更加无能为力了"③。此外,简化的要求使经济学不得不放弃了解宏观社会整体性的系统化兴趣,"在经济学这门全新的科学中没有政治的立锥之地,因为没有一种工具可以使经济学家用数字式的精确来考察政治体系。这样的工具也许永远不可能有"④。经济学家不得不将社会制度、心理力量、文化价值这些研究对象一一放弃,而这些从政治经济学的角度看来却是全面分析的核心部分。

为了达到数学准确性或科学准确性,经济学付出了高昂的代价,"不但要抛弃政治经济学,也要抛弃将历史、社会整体性、道德哲学与实践融入研究和知识生活内涵的努力"⑤。这导致了经济学的根本缺陷——它对社会的理解并不充分,它对复杂的权力、社会结构、组织行为及文化实践并不理解,却还希望理解经济行为。具体来说:

---

① [美]巴里·克拉克:《政治经济学》(导言),经济科学出版社2001年版,第3页。
② [加]文森特·莫斯克:《传播政治经济学》,华夏出版社2000年版,第47页。
③ 同上书,第48页。
④ 同上。
⑤ 同上书,第49页。

（1）经济学倾向于对静态模型进行描述，在平衡状态中解决问题。它假设变化被限制在一系列既定的制度关系下逐渐发生。然而，就像广阔的社会和物理世界不会轻易地受到限制一样，真正的经济实践也不会。均衡仅是结果的一种，渐变只是形式的一种，既定的制度关系也只是许多可能关系中的一种而已。

（2）经济学并没有将许多决定生产力的重要社会经济因素置于自己的考虑范围之内，其中包括企业结构与企业产权、教育和培训、家庭背景，等等。它也忽略了权力对于财富的关系，认为市场竞争的结果将使权力得到驯服，并因此认为结构的力量对于市场控制是无足轻重的，但实际上经济权力的日益集中会竞争濒临崩溃边缘。

（3）经济学排除了对生产、营销和欲望之间复杂关系进行的研究，低估了营销构建需求的能力和人类欲望的复杂性，它并未解释欲望，或者当它处理时只把欲望简化为理性的选择。"这个享乐主义的算计本身是以最狭隘的文化内涵来解释人类行为，它一方面忽略了传统主义的巨大影响，另一方面也忽略了道德的反省能力（贝尔语）。"①

（4）经济学倾向于将市场看作个体互动的自然产物，而不是社会活动的许多方面之一，因此，它扩大了在明确界定的市场环境中进行的交易量。实际上，市场的交易量并没有经济学想象的那么高，市场可能是满足人类需求的机制，也可能不是；对于许多需求来说，市场算不上是最重要的舞台。

（5）经济学在探索非市场行为的时候，认为非市场行为身处的市场王国并不完美，至少也认为这些行为与有组织的等级制度联系紧密，这种制度总是导致结果差强人意。因此，经济学主张扩大市场范围，减少非市场的或组织的活动。这加强了经济学的信念，认定社会福利不过是个人福利的产物，个人是决定自己福利的最佳人选。"这样一来，经济学便忽视了一个事实，即市场制造外部负面效应有余，生产公共物品不足，其影响就像污染了的江河一样。"②

经济学的内在缺陷导致经济学理论本身出现了危机。"许多经济学家开始认识到脱离政治学的经济学是无用的"，"经济学与政治学之间存在着内在的联系"（吉尔平语）。因此，20世纪六七十年代，西方经济学界兴起了

---

① 参见［加］文森特·莫斯克《传播政治经济学》，华夏出版社2000年版，第64页。
② ［加］文森特·莫斯克：《传播政治经济学》，华夏出版社2000年版，第65页。

Ⅲ "新政治经济学"

重新使用"政治经济学"的思潮。但真正使用这一概念并取得重大理论进展和产生重要影响的是一门新兴交叉学科——新政治经济学的产生。新政治经济学既不同于经济学,又不同于政治学,而是这两门学科的有机融合。新政治经济学的特色是把经济结构的历史与制度分析和经济主体的理性选择分析结合在一起,从而超越现有的多学科之间的方法论分歧和僵化的思维定式。多年从事新政治经济学研究的凯波拉瑟(J. Caporaso)和莱温(D. Levine)在《政治经济学理论》一书中认为,新政治经济学与传统的政治经济学的主要区别是前者承认以下两个核心假设:(1)政治和经济过程与制度是联系在一起的,它们应该作为一个复合体来研究,它们是一个内在联系的整体而不是彼此分离的领域。(2)正确地理解政治需要对经济结构和经济过程的解释给以特别的重视。但是,新政治经济学又不同于主流经济学:主流经济学的核心理论是理性选择理论;新政治经济学则通过历史和制度分析的角度来批判主流经济学的假设和概念,重构大多数经济学模型。"新政治经济学的最大任务是找到把制度主义解释和理性选择解释重新结合起来的各种方法。"[①]

新政治经济学中的"政治"和"经济(学)"是有特定含义的。政治是指一个社会运用国家权力做出"谁得到什么"、"何时得到"和"如何得到"的决策。政治是一个集体选择的过程。由于一个社会中各个个人、集团、群体和党派的价值观是相互竞争、相互冲突的,这就需要社会在这些不同的价值观和竞争的利益中做出选择。政治过程是复杂的、多层次的,它既包括人与人之间的关系、人与社会之间的关系,也包括一个社会内部地区与地区、部门与部门、中央与地方之间的关系,还包括集团关系、群体关系和党派关系。推而广之,政治还包括国家之间的关系或多边关系、地区联盟、国际组织和全球性协议等,这便是国际政治。

新政治经济学中的"经济学"或"经济"的含义就是西方主流经济学中对经济学所下的定义,也就是它研究稀缺的资源如何在不同的用途中进行配置、收入或社会产品如何通过分散化的过程在社会成员中进行分配。经济也是一个决策的选择过程,它要选择"生产什么"、"如何生产"和"为谁生产"。不过,在市场经济条件下,经济是一个分散的选择过程,而不是集体选择过程,经济决策通常是由理性的经济主体(个人或企业)根据利益最大化的原则在市场上分散做出的。

[①] Andrew Gamble, *The New Political Economy*, Political Studies (1995), XLIII.

因此，政治主要研究权力、决策程序和社会利益；经济主要研究资源配置、收入和财富分配，以及个人利益。个人利益和社会利益之间的关系是对立统一的关系，二者既有一致性，又有矛盾性。新政治经济学主要是研究社会利益和个人利益之间的矛盾性，新政治经济学家们一般把这种矛盾性叫作社会和个人之间的紧张关系或冲突。由于在现代世界中，人们在国家范围内进行集体选择和集体行动，这些行动追求的目标是国家利益、民族利益或者更广泛地叫作社会利益或公共利益，而且在这样一些同样的个人从事自利活动的地方，国家和市场并存。因而，从另一方面来看，社会和个人之间的关系又是国家和市场之间的关系。吉尔平（R. Gilpin）在《国际关系的政治经济学》一书中认为，新政治经济学应当是"分析在现代世界中由于国家和市场的并存和动态上的相互作用而产生的各种问题的一个研究领域"。

新政治经济学家认为，在现代社会，由于科学技术的发展和经济联系的日益密切，无论是个人之间，还是地区与地区之间、部门与部门之间或者国家与国家之间，相互依存的程度都在增加，这就使经济问题就其性质来说日益成为政治问题，而政治问题则日益成为经济问题。国民收入增长问题对于任何一个国家来说都是头等重要的经济问题，但是无论是从提高个人的生活水平来看，还是从提高一个国家的国际地位来看，它又都是一个政治问题。党派之间的权力之争是一个典型的政治问题，但它又是一个经济问题。因为权力之争的背后都是经济利益之争，争权是为了夺利。新政治经济学家试图把观察社会的政治学方法和经济学方法结合起来，以便更好地认识这个社会的特征，更充分地把握这个社会的基本性质。因此，新政治经济学是一门以政治和经济、社会和个人，或国家和市场之间相联系、相交叉或相重叠的问题，现象和关系作为研究内容的社会科学。

二、新政治经济学的流派、主题与方法

西方新政治经济学是在国际经济日益一体化和自由化，而民族国家的政治和主权高度民主独立的大背景下产生的。它是现代市场经济中政治与经济、国家与市场、社会与个人这些矛盾激化的产物。新政治经济学的出现，说明西方主流经济学和政治学不能适应资本主义市场经济发展的需要，单纯的经济学和单纯的政治学都无法说明和解释市场经济社会普遍存在的政治与经济、国家与市场、社会与个人的矛盾。研究经济问题需要考虑政治因素，

分析政治问题需要使用经济学的方法。

(一) 新政治经济学的流派及主题

新政治经济学正处于成长过程中，其体系结构尚未成型和统一，西方学者对于它的对象、范围、研究主题的界定也不一致。例如莱尔（D. Lal）和明特（H. Myint）认为，新政治经济学的要旨是把经济学原理应用于以前被看作政治科学所研究的领域，它包括三个方面的内容。（1）社会选择，这是规范经济学的一部分；（2）公共选择，这是实证经济学的一部分；（3）制度和组织经济学，包括产权理论、交易费用理论和委托—代理理论。布坎南认为，新政治经济学可以称之为"政治学的经济学"或"政治学的经济理论"，它的内容包括以下六个方面。（1）公共选择；（2）产权经济学；（3）法和经济学或法律的经济分析；（4）规制的政治经济学；（5）新制度经济学；（6）新经济史学。新政治经济学的代表人物安德鲁·盖保尔则在题为《新政治经济学》的论文中，对新政治经济学产生的原因及其内容作了系统的阐述，认为新政治经济学的主要内容包括四个方面。（1）国际政治经济学；（2）国家理论；（3）比较政府—产业关系；（4）公共选择。而《新政治经济学》杂志在其1996年创刊号上的社论中，则把新政治经济学的内容界定为四个方面。（1）比较政治经济学；（2）环境的政治经济学；（3）发展的政治经济学；（4）国际政治经济学。虽然西方学者对新政治经济学的主要内容的界定不尽相同，但是，大多数从事新政治经济学研究的学者都认为，新政治经济学主要研究社会与个人、政治学和经济学、国家与市场这三方面的关系，并在此基础上研究政策选择、发展、环境、经济转轨、国际组织、经济一体化和国际关系等问题。① 因此，根据新政治经济学家们的论述，可以大致归纳出如下新政治经济学的不同流派及主题。

（1）公共选择理论。公共选择理论（Public Choice Theory）是新政治经济学中以经济学分析方法研究政治问题的最重要的流派之一。该流派涉及政治过程的各个方面，如立宪、立法、行政与司法等。它于20世纪50年代发源，60年代逐渐成形，70年代扩大影响并国际化。80年代以后，公共选择理论迅猛发展，许多教科书在分析财政政策、市场失灵和政府失灵时，都应用了公共选择理论。公共选择理论的主要代表人物有詹姆斯·布坎南（J.

---

① 这里参考了方福前的《公共选择理论：政治的经济学》（中国人民大学出版社，2000年）一书中的有关论述。

M. Buchanan)、戈登·塔洛克（G. Tullock）、邓肯·布莱克（D. Black）、安东尼·唐斯（A. Downs）、威廉·尼斯卡宁（W. Niskanen）、约翰·罗尔斯（J. Rawls）、丹尼斯·缪勒（D. Mueller）等人。

公共选择理论是一个政治学和经济学交叉研究而产生的流派或学科，更准确地说，是一个用经济学方法来研究政治学主题的跨学科学派。按照奠基者布坎南的观点："公共选择是政治上的观点，它从经济学家的工具和方法大量应用于集体或非市场决策而产生"；"它是观察政治制度的不同方法"；它"把四分之一世纪以来人们用来调查市场缺陷和市场失灵的方法同样应用于国家和公共经济的一切部门"（布坎南：《自由、市场和国家》《公共选择理论：经济学的政治应用》）。或用另一个公共选择学者缪勒的话来说，公共选择理论可以定义为非市场决策的研究，或简单地定义为将经济学应用到政治科学；公共选择的主题与政治学的主题是相同的，涉及国家理论、投票规则、投票者行为、政党政治、官僚机构等（Dennis C. Mueller, *Public Choice* II）。

由此可见，公共选择理论就是应用经济学的理论和方法来研究政府—政治行为与过程的一个跨经济学、政治学的新领域（人们称为"政治的经济学"或"新政治经济学"）。它所涉及的主题，按照法国学者勒帕日的概括，主要有四个方面。(1) 研究政治制度和最佳经济状态之间的关系（这种或那种政治制度或表决方式在多大程度上有利或不利于提高社会效益）；(2) 发展出有关官僚体制（科层制）的经济理论；(3) 深入研究代议制政治制度运转的逻辑及缺陷；(4) 力求找出能够说明某些政治制度历史发展的经济因素尤其是对国家、合法性、正义等概念的逻辑探讨（勒帕日：《美国新自由主义经济学》）。公共选择学者通过对其涉及的各个主题的研究，形成了种种理论，如非市场决策（公共决策）论、代议民主制经济论、国家理论、利益集团理论、寻租理论、官僚机构经济论、政府扩张论、政府失灵论、俱乐部理论、财政联邦制理论、立宪经济论等。

(2) 国际政治经济学。国际政治经济学（International Political Economy）是20世纪70年代在国际关系学科领域产生的理论学科。1977年，哥伦比亚大学国际政治经济教授琼·施佩罗（J. Spero）出版了《国际经济关系的政治学》一书，宣告"国际政治经济学"的诞生。作为"同类书籍中的第一本权威性著作"，该书要求"重新审视将经济和政治科学分离了一个多世纪的设置"①。1987年,普林斯顿大学国际政治教授罗伯特·吉尔平(R. Gilpin)的著作《国际关系的政治经济学》问世,标志着国际政治经济学体系的完成。这本书建立了一个完整的国际政治经济学的学科框架,并影响了以后几乎所有的国际政治经济学的研究者。

国际政治经济学既不完全属于政治学,也不完全属于经济学,它是国际的或全球的政治经济学,是当代新政治经济学的一个重要组成部分。"绝大多数有关国际政治经济学的研究都可以归结为三种理论之一:自由主义、(新)马克思主义和(新)重商主义";"国际政治经济学的这几种理论之间是有很大差别的,有时在分析国家经济行为上持截然不同的观点"②。但是,作为一个统一的学科流派,国际政治经济学的理论主题可以归结为以下几个方面。国际政治与国际经济的关系;国际政治经济中的科学技术与科技革命;国际政治经济中的国际贸易和国际金融;国际政治经济中的权力;国际政治经济中的跨国公司;国际政治经济中的国际组织;国际政治经济结构变化与新秩序;等等。

(3)新制度学派(新制度经济学)。新制度学派或新制度主义(New Institutionalism),也称为新制度经济学(New Institutional Economics),发端于罗纳德·科斯(R. H. Coase)的重要贡献,经过20世纪60年代以来30余年的演变和发展,现已成为新政治经济学中最有影响的分支之一。新制度经济学的主要代表人物有:罗纳德·科斯、阿尔钦(A. A. Alchian)、张五常(S. N. S. Cheung)、道格拉斯·诺斯(D. North)、威廉姆森(O. E. Willimson)等。

新制度经济学之所以被称为"新",主要是因为它完全沿用和承袭了新古典经济学的核心假设、方法和工具,在新古典的范式里讨论资源配置所依赖的制度条件,并将传统理论设定为不变的参数:产权制度、交易费用、经济组织视为亟待解释的关键变量。新制度经济学的基本主题有:交易费用理论、制度理论、国家理论、产权理论、意识形态理论等。

由于新制度经济学为人们分析社会经济问题提供了一个全新的视角,"制度的经济学已经成为最有活力的领域之一,并且开始触及社会科学的其

---

① J. Spero and H. Jeffrey, *The politics of International Economic Relations* (fifth ed. tion), New York: St. Martin's Press, 1997.

② [俄] P. A. 德罗波特:《国际政治经济学的几种主要的思想观念》,《国外社会科学》2002年第3期。

他领域"①。随着一大批以制度分析为方法的实证研究的展开,一批相关学者获得了诺贝尔经济学奖,制度分析方法迅速向各个学科渗透,成为 20 世纪 80 年代以来社会科学领域的一门显学。政治学中的新制度主义就是这种渗透后的一个产物,并形成了几个影响较大的新制度主义流派:一是规范制度主义。二是理性选择主义。理性选择主义以个人作为基本的分析单元,把制度安排作为主要的解释变量来解释和预测个人行为及其导致的集合结果;认为个体追求效用最大化的偏好是外生于制度的,个体的行为以计算"回报"为基础;制度的功能在于增进个体的效用,因此人们通过对制度的重新设计实现制度的变化。三是历史制度主义。

(4) 规制的政治经济学。20 世纪 70 年代以来,在西方经济学中逐渐发展起一门新学科——规制政治经济学(Political Economy of Regulation),它主要是研究在市场经济体制下政府如何依据一定的规则对市场微观经济行为进行制约、干预和管理。规制政治经济学的主要代表人物有:卡恩(A. E. Kahn)、施蒂格勒(G. J. Stigler)、匹兹曼(S. Peltzman)、鲍莫尔(W. J. Baumol)、奥兹(Oates)、植草益、托里森(A. Tpllison)等。

规制政治经济学的学科体系通常包括三大部分,即经济性规制、社会性规制和反垄断规制。其中,经济性规制主要研究的是自然垄断和信息不对称领域,社会性规制研究的则是卫生健康、安全和环境保护等领域,反垄断规制讨论的是反垄断行为,旨在维护市场公平竞争。围绕这三个领域,规制政治经济学的基本主题可以概述为以下几个方面。(1) 规制的内涵;(2) 政府规制的需求与供给;(3) 政府规制的成本与收益;(4) 政府规制的内容与方法;(5) 政府规制的公共利益理论;(6) 政府规制的部门利益理论;(7) 政府规制的失灵理论;(8) 政府规制的改革理论。

(二) 新政治经济学的研究方法

新政治经济学反对经济学关于经济当事人与结构、国家与市场的旧的两分法,认为正是这种两分法使新古典政治经济学分裂为相互独立的几个学科。新政治经济学试图以社会科学的各种研究方法为基础,发展出一种综合的分析方法,把按照理性概念来分析经济当事人过度简化的理论和从制度和历史方面来分析结构的因果推断理论结合起来,用结构知识来改进对经济当事人的分析,用经济当事人的知识来改进对结构的分析,避免结构主义和理

---

① 秦海:《制度范式与制度主义》,《社会学研究》1999 年第 5 期。

性选择理论相互独立所造成的许多研究缺乏独创性。新政治经济学家认为，下列一些研究方法为新政治经济学提供了一个工具箱，在这些方法中，坚持一种方法并不排除使用其他的方法。

（1）跨学科研究。由于当代社会的问题越来越复杂多变，牵涉到政治、经济、文化等各种因素，很难简单地划分政治的、经济的、文化的问题，也难以在单一的社会科学学科的框架中得到解决，必须靠跨学科的知识来解决。正是因为认识到这一点，新政治经济学采取了跨学科的研究方法，尤其是注重政治和经济的整合研究。它运用经济学理论和方法来考察、分析政治问题，也通过政治学的理论、模式来探讨经济过程；在互相借用各自学科研究成果的基础上，力图在分析问题时把政治研究与经济研究结果联系起来，导致了新政治经济学的各个理论流派，不论是国家政治经济学、公共选择理论，还是新制度经济学、规制政治经济学等，都是跨学科研究的产物。

（2）历史分析与比较分析。历史分析方法就是按照发展的过程，把政治、经济现象置于特定的历史背景中进行研究的方法，目的是解释政治、经济制度的现状及其变迁的方向。新政治经济学注重历史分析，这主要表现在：它把政治、经济问题放到相应的历史环境中加以考察和分析，找出其产生和存在的客观必然性和历史原因，并试图从历史的因果联系中来把握政治、经济的本质及其发展规律（这在国际政治经济学的研究中得到典型的反映）。不仅如此，新政治经济学在强调历史分析的同时，也注重比较分析方法的使用，通过对两种或两种以上的政治、经济现象的比较获得对所比较的事物的异同的认识，并深入探讨出现异同的原因，探求各种可变因素的内在联系，以求得一般的结论（这在规制政治经济学的研究中得到体现）。更为重要的是，新政治经济学强调了比较方法与历史方法的并用，试图在了解各种政治、经济现象的历史作用与客观价值的基础上进行比较研究，避免主观臆断，保证比较研究的客观性。

（3）假设—演绎方法。任何社会科学的分析都是以一定的行为假设为前提的，新政治经济学在对下述一系列人的行为假设的肯定的基础上，通过建立假设模型，把各种事实联系起来，经过演绎推理，逐步推导出研究结果。这些关于人的行为假设有："经济人"假设、需求偏好多样性假设、有限理性假设、机会主义倾向等。通过这些假设，新政治经济学把政治领域和经济过程联系起来。例如，公共选择理论的一个基本出发点，就是把"经济人"假设引进对人们政治行为的分析中，认为人们在进行政治活动时，也是以个人的成本收益计算为基础的，因此政治家、选民都是"经济人"，所以在现代社会中政治制度就像市场制度,政府就是企业,政治家就是企业家,选民就是消费者,选举制度就是交换制度,选票就是货币,政府提供的公共物品就是消费品,因此完全可以用市场原则来分析政治家与选民的政治活动。可以说,新政治经济学所得出的一系列观点,都是在这些行为假设的基础上,通过演绎推导的结果。

(4)组织—制度分析。社会科学中组织—制度研究方法由来已久。古典政治经济学、马克思主义政治经济学都采用过这种方法,新政治经济学继承了这一传统。例如,新政治经济学中的新制度经济学,就特别强调制度对于理解经济行为的重要性。它的一个基本观点就是,在组织现代市场和现代政府的方式中所内含的信息问题和交易费用使得在经济当事人之间的协调和合作结果变得不确定。因此,在现实经济社会中,摩擦和失灵是常态而不是特例。不仅如此,新制度经济学认为,无论是市场还是国家,都非纯粹的制度,它们都是由特殊的路径依赖方式和在特殊的时间和地点由某种占统治地位的制度所形成的。在新政治经济学中,这种组织—制度方法还被广泛用来考察国家、市场、中介组织和文明社会的文化之间的关系。从而导致新政治经济学在讨论制度变迁、经济绩效和经济发展之间的关系时,特别关注由特殊的制度给发展和变迁所创造的障碍、刚性和机会,并在宏观层次上研究特殊的制度和组织形式,试图对决定部门和地区不同经济实绩的因素,以及决定社会经济制度存在、解体和转换的因素做出比较分析。

三、新政治经济学的意义

新政治经济学崛起于20世纪六七十年代,它们的共同特点是,关注政治与经济的相互作用,拓展了政治学和经济学的分析范围。新政治经济学既不同于主流经济学,又不同于传统政治学,而是这两门学科的有机融合。新政治经济学不仅是对主流经济学和传统政治学理论的批评和对某些正统观点的否定,更是对主流经济学和政治学理论的有益补充。作为经济学和政治学的交叉研究领域,新政治经济学对于现代经济学和政治学都具有一定的创新和方法论意义,这主要表现在如下几个方面。

一是研究途经及方法创新。"新政治经济学"或"政治的经济学"兴起的一个关键因素是方法论的移植和创新,特别是采用跨学科研究方法、历史与比较分析、假设—演绎方法、组织—制度分析方法。例如,新政治经济学家尤其是公共选择学者将"经济人"假说由经济领域推广到政治领域,力

Ⅲ "新政治经济学"

图确立起人类行为动机的统一模式,"这有助于加强'经济人'范例的科学效用"(亨利·勒帕日语),有利于人类行为分析的一致性。长期以来,西方经济学与政治学在关于人的作为动机的假设上是对立的:西方主流经济学都建立在"个人追求利益最大化"这一"经济人"的利己主义假设基础上;而西方传统政治学的主流则往往假定个人尤其是政治家和官僚是追求公共利益,利他主义的。公共选择学者力图打破这一分野,将人的行为纳入统一的"经济人"分析框架。"经济人"在公共选择理论中是一个人类行为动机的简化的假说,是人类行为特征的一般性刻画,或者说是社会中的所有个体行为特征的统计描述,因而它既可以用于分析经济主体的行为,也可以用于分析政治主体的行为。又如,新政治经济学家采用假设—演绎方法以及数学模型来研究政治问题,力求使政治理论"科学化","演绎分析法及数学模型的大量使用是这一新领域的特征"①。一个学科的科学化水平高低主要取决于该学科知识或理论的系统化、定量化、形式化以及公理化程度。演绎法和数学公式或模式的使用具有许多优点:"演绎推理和数学公式的结合具有许多优越之处:特定假设中的含义不易被忽略;假设中的逻辑矛盾可被澄清;欲推导一种理论则必须确切地列出其理论要素中所应用的现象;复杂的结构有时可被容易地描述出来;还有,对政治学理论的一些观点进行定量检验变得更为便利。"② 使用数学公式、定量分析方法和演绎推理来研究政治决策或集体行动,的确增强了政治学的"科学性"成分。再如,新政治经济学家特别是新制度经济学家重视制度分析,将制度因素看作经济过程的内生变量,强调政治和经济的相互作用。这在某种程度上恢复了在古典政治经济学的传统,有助于深入认识制度的重要性以及更好地分析政治与经济的相互关系。

二是拓展了政治学和经济学的研究视野,并丰富了它们的主题内容。从政治学的角度看,新政治经济学从经济学的方法入手分析政治问题,为政治学研究提供了一个新的视野,是对现代政治学研究的一个有益的补充。因为政治是经济的集中表现,政治领域无时无刻不包含着经济的因素,政府行为及政府的公共政策不可避免地包含有经济的方面;政府的运作也必须遵循理性原则,政府机构及其官员在许多情况下必须考虑损益问题,力求以最小的

---

① [荷]汉斯·范登·德尔、本·范·韦尔瑟芬:《民主与福利经济学》,中国社会科学出版社1999年版,第6页。

② 同上。

代价获取最大的利益。同时，在研究主题上，传统政治理论关注的是理想、道德和公平，新政治经济学却完全掀开了这些熠熠生辉的外表，冷酷地切入了具有决定意义的经济利益，它打破了传统政治理论的规范分析，避开了价值评论，避开了公正原则，完全用效率去衡量、分析和比较政治过程，随时关注配置效率与分配公平；也打破了标准政治理论把集体看成是个人组成的有机整体的基本出发点，撕开了传统政治理论覆盖在经济当事人身上的理想化面纱，触及了个人或组织（国家等）关注经济利益的本质动机。所有这些研究内容，都是对政治学理论的有益补充，有助于政治学走出长期以来运用历史的、伦理的、宗教的、法律的眼光来分析政治问题、建构理论的窠臼。

从经济学的角度看，新政治经济学把政治、制度的因素看作经济过程的内生变量，把政府行为和制度因素纳入经济学分析的框架之中，这就克服了传统经济学把国家、政府或政治因素当作经济过程的一个外生变量而排斥在经济学体系之外的缺陷，较好地反映了当代社会中政治经济的关系，特别是政治对经济的巨大影响，政治过程与经济过程相互交织的现实。在主流经济学中，经济主要研究资源配置、收入和财富分配以及个人利益；而在新政治经济学中，由于重视政治过程对经济领域的影响，经济学的研究范围得到了扩展。首先，新政治经济学打通了政治与经济的隔离，它的研究表明，包括政治在内的一切领域都内含着经济因素，一切非经济问题都不过是经济问题的间接表现，政治过程的动因与目的可归结为经济利益，是经济活动在政治领域的自然延伸，而且国家与政府等政治组织在运转中也无不遵循理性原则，参与主体都基于成本收益的比较分析而决定自己的行动，力求以一定的付出得到最大的收获。其次，它为主流经济学开辟了一个全新的研究领域——交换和生产的制度结构。换句话说，把制度作为经济学的研究对象是新政治经济学对正统经济理论的一场革命。经济理论的三大传统柱石是——天赋要素、技术和偏好，新政治经济学家（尤其是新制度经济学家）以强有力的证据向人们表明，制度是经济理论的第四大柱石。制度至关重要，土地、劳动和资本这些要素，有了制度才得以发挥功能。制度通过提供一系列规则界定了人们的选择空间，约束了人们之间的相互关系，从而减少了环境中的不确定性，减少了交易费用，保护了产权，促进了生产性活动。最后，它把国际社会中国家与市场关系的研究纳入了经济学分析的范畴，从而在国际政治学和国际经济学两个独立存在的研究领域之间形成了一个交叉学科——国际政治经济学，它既研究满足需要的市场手段的生产和交换，也研究权力的运行过程，从而对世界上的各种政治经济制度本身和相互关系进行比较分析，从中探究政治—经济之间的互动关系。

三是整合了政治经济学的研究领域。政治和经济本来就是相互联系、相互影响的，但是，自19世纪70年代的"边际革命"开始，西方主流经济学就回避对政治（制度）因素的分析，力图把政治经济学蜕变为"经济学"。自罗宾斯给出了那个著名的经济学定义后，西方主流经济学就把经济学限定为研究稀缺资源如何配置的学说，一般不讨论制度对资源配置和经济运行的影响。但是，研究经济问题是无法脱离政治或制度因素的。有如唐斯在《民主的经济理论》一书中所指出的："为了在规范或实证层面上解释政府在经济中的地位和作用，经济学家必须考虑社会的政治制度；因此，经济学和政治学必须综合为统一的社会行为的理论。"[1] 新政治经济学试图恢复古典政治经济学的传统，重建政治经济学，把经济制度、政治制度和法律制度看作影响人的行为、从而影响效率的重要因素，它认为资本主义社会的各种经济问题，不能仅从市场失灵上找原因，而主要应当从现行的政治或制度上找原因。它反对把政治或制度当作外生因素的新古典经济学的研究思路。

不仅如此，现代经济的一个显著特征就是国家和市场共存并相互影响、相互作用。国家通过它的政策和政治作用影响财富的生产和分配，政党和利益集团的行动影响着资源的配置，影响着经济活动的成本和利润分配。而市场和经济力量又决定着政党和利益集团的力量对比，决定着权力和福利在他们之间如何分配。在国际舞台上，经济力量决定着国与国之间的军事实力和政治实力的对比。如果没有国家，资源配置将完全由价格机制和市场力量来决定，西方主流经济学研究的就是这种纯粹的经济。如果没有市场，资源将由国家或类似的权力机构来进行配置，这是西方传统的政治学所研究的情况。显然，现代经济社会的典型特征是国家和市场并存，既不存在没有国家的市场，也不存在没有市场的国家。新政治经济学关注政治和经济的相互影响，强调对国家与市场相互关系的研究，重视研究社会利益与个人利益的矛盾以及如何协调这些矛盾，这在一定程度上整合了政治经济学的研究领域。

四是增强了社会科学解决现实社会问题的能力。以经济学和政治学为代表的传统的社会科学，所采用的基本上是一种"以学科为中心"的知识产生途径，它们彼此划界，严格限定研究的范围，在本身的学术框架内活动，并产生关于界定为本学科问题研究的知识。尽管传统的社会科学各学科也宣

---

[1] A. Downs, *An Economic Theory of Democracy*, New York: Harper and Row, 1957, p. 280.

称要解决社会问题,但是它们所追求的是可以证实的经验理论,基本上属于学术研究,而不以帮助政府提出解决实际社会问题的政策方案为己任。当代社会科学尤其是新政治经济学,创造了"以问题为中心"的知识产生途径,它从各学科不同的侧面或视角展开对同一问题的研究,从而促进了经济学和政治学,更进一步说社会科学不同领域学者的交流与合作,大大拓展或加深了对相关问题的了解。更为重要的是,与这种"以问题为中心"的知识产生途径密切联系,新政治经济学的实践性、应用性或解决社会问题的能力大大增强。例如,国际政治经济学讨论的中心问题之一就是国家(政府)在形成国家经济政策时的作用问题,公共选择理论探讨的主题之一就是政治过程的主体政府失灵问题,新制度经济学讨论的核心之一就是国家与产权制度形成的关系。所有这些研究无不与现实问题紧密关联,并直接运用于现实问题的解决。

五是提出了一系列值得重视的理论观点。例如,在国际政治经济学中,在强调世界经济与政治之间相互依赖、相互作用的前提下,对国际政治经济中的科学技术及科技革命,国际贸易与国际金融,国际政治经济中的权力、跨国公司、国际组织,国际政治经济结构变化与新秩序的研究所得出的结论,是我们正确分析面向新世纪的世界政治经济格局和认识国际问题的重要出发点,也是我们制定国家竞争战略的依据之一,因此应重视对国际政治经济学的研究。又如,在公共选择理论中,借助于经济学方法对政治过程研究得出的系列观点,尤其是寻租理论和政府失灵及其矫正的系统理论提示我们,市场是不完善的,需要政府的干预,但是政府在履行职能时并不总能起到弥补市场失灵的作用,市场解决不好的问题,政府也不一定解决得好,政府也会失灵,而且它会给社会带来更大的资源浪费,因此在建立和完善社会主义市场经济体制过程中,必须重视政府干预的局限性。再如,在新制度经济学中,通过运用正统经济理论对作为影响经济绩效内生变量的制度的分析,新制度经济学揭示了制度因素在社会经济中的重要性及其作用,对于发展中国家而言,新制度经济学的理论具有使用价值,因为发展中国家与发达国家的差异在很大程度上是制度的差异,一国经济发展并不是生产要素的简单叠加,土地、劳动力、资本、技术这些要素,有了制度才能发挥功能。因此要进一步提高我国的经济发展水平,最根本的途径是要通过制度创新深化改革,矫正曾经被扭曲的产权制度、市场制度、分配制度、教育制度、法律制度等。

然而,必须指出的是,尽管新政治经济学取得了相当的成就,但是作为一门新兴学科,新政治经济学仍然是不成熟的,其方法论和理论中存在诸多缺陷和不足之处,必须引起人们的重视。这些缺陷主要表现在:

一是方法论上的缺陷。例如,"经济人"范式及假设—演绎模式是一个相当有用的分析工具,但是,新政治经济学用"追求个人利益最大化"来概括一切人的行为动机,用个人利益的单一动机来解释人的一切行为,这不仅把追求自身利益当作人的基本动机和不变动机,抹掉了人的动机中的社会属性,抹杀了政治活动和经济活动的差异性、人的行为动机的差异性,而且过分强调个人利益在支配个人行为中的地位和作用,忽视了人的利他主义和自我牺牲精神,因为自利不是理性人的全部属性,人的需求从其结构上看是多元的,不是单一的。个人在某些场合会以增进集体利益为满足,并不是在任何时候都以追求个人利益最大化为目的。因此,有美国学者认为,"经济人"假设只能解释80%的人的行为,余下的20%的人的行为无法用"经济人"假设来解释,需要用道德、习俗等文化因素来解释。[①] 批评者认为,这种假设—演绎模式是用高度概括和抽象的模型来解释和预测人的行为尤其是政治行为,是难以证明的;从"经济人"假设要推导出人们对任何实际情形下的可预期的反应尤其是政治行为(如政府的需要,对特定宪法和投票规则,对他人的行为等)是做不到的。政治学家们认为,公共选择理论家依靠假设—演绎模式所提供的是"一幅政治行为的天真漫画"。

二是理论上的谬误。新政治经济学在很多具体理论上也有不少谬误和值得再商榷的地方。例如,公共选择理论及其政府与市场关系论具有明显的局限性。它过分地依赖于"经济人"假说,并把经济过程与政治过程加以机械类比,把商品经济的交换原则无限制地运用于政治领域;它掩盖了当代资本主义国家(政府)的阶级实质,没有把西方政府干预行为的局限性以及政府失败与资本主义的生产关系以及资本主义社会的基本矛盾联系起来考察,进而把资本主义政府谋取私利的特性推广到所有的政府(包括社会主义政府);公共选择理论家也往往因政府干预行为的局限性而得出反对国家干预,要求放任自流的保守主义结论。又如国际政治经济学中的霸权稳定理论,就是对大国在世界政治、经济发展过程中的作用的简单化说明,它为一些事实所证明,但却无法解释另外一些事实,影响国际政治、经济稳定有诸多的因素,"实力强大的国家同任何其他国家一样,既是由国内形势的影响

---

① [美]福山:《信任:社会道德与繁荣的创造》,远方出版社1998年版,第20页。

做决定的,也是由国际舞台上同其他国家相互作用的传统所决定的"[1]。再如,新制度经济学中的制度决定论,规制的政治经济学中的部门利益理论等,都是需要进一步讨论的。

三是"经济学帝国主义"式的侵入所导致的不良后果。重新注重政治和经济的整合研究无疑是新政治经济学值得肯定之处,但是用经济学方法研究各种政治问题和政治过程,这一取向大大地加强了"经济学的帝国主义"传统,政治经济学便成了一个大的"交叉学科",乃至更宽泛化而成为"社会科学"的同义词。实际上,经济学"无论武器多么先进,是否能够建立起一个大一统的帝国都是值得怀疑的"[2]。

---

[1] [俄] P. A. 德罗波特:《国际政治经济学的几种主要的思想观念》,《国外社会科学》2002年第3期。

[2] [美] 巴里·克拉克:《政治经济学》,经济科学出版社2001年版,第3页。

3-2

公共选择理论的起源与流派*

公共选择理论（Public Choice Theory）是西方"新政治经济学"中最有影响的思潮。第二次世界大战后，西方的公共部门尤其是政府持续增长，这给经济学家和政治学家提出重大的研究课题。20世纪40年代末50年代初，三个年轻的美国经济学家、后来的诺贝尔经济学奖获得者——詹姆斯·布坎南、肯尼思·阿罗和保罗·萨缪尔森，将经济学的分析方法应用于政治领域，力求解释民主社会中政治和社会选择过程，他们的思想后来发展成为人所共知的公共选择理论、社会选择理论和公共物品理论。而在这三种理论中，当今影响最广泛而且争论最大的要算公共选择理论了。该理论不仅成为当代西方社会科学特别是经济学、政治学中的一个重要理论学派，而且成为当代西方公共部门管理实践特别是政府改革实践的一个重要理论基础。本文简要论述公共选择理论的兴起。

一、公共选择学派简史

"布莱克斯堡在弗吉尼亚州，……位于华盛顿西南500公里。这是一座小小的美国式大学城，坐落在阿巴拉契亚山脉草木葱茏的山坡上。离现代大学建筑物不远，有一幢古老的房子，人们简直会以为是小说《飘》里的那所房子。十多年前这里还是大学校长的府邸；但是在学生斗争最激烈的时候，校长离开这所房子，搬到更保险的地方去了。今天，这幢建筑已划归弗吉尼亚理工学院和州立大学的一个自治部门——'公共选择研究中心'使用。詹姆斯·布坎南（James Buchanan）和戈登·图洛克（Gordon Tullock）就在此讲学。"法国学者亨利·勒帕日在《美国新自由主义经济学》一书里

---

* 本是作者所承担的国家教委"九五"社会科学研究项目——"公共选择理论研究"的一个文献综述。

是从这一段话开始来介绍公共选择理论的。

公共选择理论产生于20世纪40年代末,迄今已有半个世纪的历史。"大体上从1948年以来,公共选择作为一个独立的研究领域而发展起来了";① 而它作为一个学派或思潮的兴起则是20世纪60年代末70年代初的事。布坎南说:"公共选择是作为政治经济学的一个独立或半独立的分支学科出现的,它的开端在60年代早期托马斯·杰斐逊中心。公共选择学会的前身是1963年10月戈登·塔洛克和我在夏洛茨维尔老常春藤旅馆组织的。6年之后,当塔洛克和我再次在弗吉尼亚——这次在弗吉尼亚理工学院——安顿下来时,我们创办公共选择研究中心。"②

公共选择理论真正形成于20世纪60年代末70年代初。1957年,布坎南与另一个美国学者法伦·纳特在弗吉尼亚大学创立了杰斐逊中心,该中心的宗旨是研究政治经济学和社会哲学,特别是注重以个人自由为基础的社会秩序的研究,目标是"建立一个愿保持以个人自由为基础的社会秩序的社会科学的学者团体"③。布坎南等人主张恢复古典政治经济学的传统,分析制度或规则对经济的影响,把政治因素纳入经济分析中。"我们首先关注的是,在我们看来越来越受忽视的经济学基础理论",回到斯密等人所主张的政治经济学研究"规律和制度"这一传统。④

1963年,布坎南与塔洛克在弗吉尼亚的夏洛茨维尔创立了"非市场决策委员会",以促进人们对非市场决策经济理论的研究;随后出版了《非市场决策论文集》,刚开始并没有产生多大的影响(1966—1967年所出版的前三本论文集的发行量没有超过300册)。1968年,"非市场决策委员会"更名为"公共选择学会",随后出版该协会的机关刊物《公共选择》杂志。值得一提的是1962年,他与塔洛克出版了《同意的计算》一书,成为公共选择理论的经典之一。

在20世纪60年代,在美国经济学界占主导地位的是凯恩斯主义的经济学。公共选择理论因其对制度环境和制度强制力对经济运转重要性的研究以及它的新颖、独特性,而逐步在学术界获得声誉,得到校园内人们的广泛赞

---

① [美]丹尼斯·C. 缪勒:《公共选择理论》(Public Choice II),中国社会科学出版社1999年版,第4页。
② [美]布坎南:《自由、市场和国家》,北京经济学院出版社1988年版,第11—12页。
③ 同上书,第7页。
④ 同上书,第8页。

誉。"我个人能回忆起,我最值得骄傲的时刻之一,是在1963年或1964年某个时候,当时《美国经济学评论》主编杰克·格利在美国经济学会的一次大会上声称:弗吉尼亚研究生提出的论文比这个国家任何别的机构提出的论文更令人感兴趣。"①

然而,有如美国《对话》杂志1987年第3期所刊登的《布坎南与公共选择经济学》一文中所说:"尽管新近声名大振,公共选择学说仍受到许多学术界人士的抵制;因为它攻击了势力强大的两大学术集团所珍视的观念:一批经济学家认为政府采用'福利经济学'的处方可实现公众利益;而一批政治家们则认为各种利益集团之间的多元化竞争将为公众谋得利益。"②由于离当时的主流经济学的观念尤其是凯恩斯主义相距甚远,布坎南和塔洛克的学术研究受到校方的干预。校方组织了一个委员会对他们的计划加以审查,得出的结论是:布坎南、塔洛克所任教的经济系以及杰斐逊中心带有"19世纪极端保守主义的僵硬的单一观点"③。

到1968年,布坎南、塔洛克、科斯和温斯顿等人相继转往其他大学任教。布坎南将1957—1967年夏洛茨维尔十年称为"收获颇大"的时期。他说这十年间,在学术机关内外,在经济学中出现了大量的成果。财产—权利(产权)经济学、法律—经济学、公共选择这三个广义政治经济学的不同学科的诞生,都可以在弗吉尼亚学派的著作中找到其起源。

1969年,布坎南和塔洛克重聚于弗吉尼亚工学院,在原来公共选择学会的基础上,创立了公共选择研究中心。这个新中心的目标比杰斐逊中心稍为狭窄一些。布坎南等人认为,理解市场过程是确保对自由社会的智力—分析基础的必要条件,但还不是充分条件。而这一理解在实践中由于对政治过程的补充性的理解而大大加强,研究公共选择为社会科学家打开了令人激动的新远景。这一时期的公共选择中心吸引了大批的研究生,使理论扩散。"最激动人心也许反映在70年代10年中公共选择的国际化,公共选择作为新政治经济学出现在欧洲、日本和别处。弗吉尼亚的布莱斯堡成为来自地球上各处的经济学家、政治科学家、哲学家、社会科学家和其他学者的麦加。"④

---

① [美]布坎南:《自由、市场和国家》,北京经济学院出版社1988年版,第10页。
② 同上书,第280页。
③ 同上书,第11页。
④ 同上书,第12页。

按照布坎南的说法,由于公共选择的研究不相同、太不正统,或许太成功,使它再一次遭受厄运。1982年,像它的前身杰斐逊中心一样,公共选择研究中心成了自己的牺牲品——弗吉尼亚工学院当局做出决定,把中心的活动作为一个单位(教员、职工和设施)移交给乔治·梅森大学,布坎南等人转到该校任教。这样,公共选择的中心转移到梅森大学,成为至今为止公共选择理论的大本营。

20世纪八九十年代,公共选择理论仍在不断发展,影响在不断扩大。特别是布坎南因在公共选择理论上的贡献获得诺贝尔经济学奖之后,该理论更是声名远扬。瑞典皇家科学院的颁奖公告称:"布坎南的贡献在于他将人们从相互交换中各自获益的概念应用于政治决策领域",他的理论"弥补了传统经济理论缺乏独立的政治决策分析的缺陷,有助于解释政府预算赤字为何难以消除的原因"。公共选择理论受到了广泛的重视,吸引了众多人文社会科学尤其是经济学、政治学、社会学和哲学等学科的学者参与研究。现在经济学、政治学、公共行政学、政策分析等领域,公共选择理论家的观点一再被引用,公共财政学、公共经济学、宏(微)观经济学以及西方经济学等学科领域更有整篇整章讨论公共选择理论的。而在实践上,公共选择理论成为70年代末80年代初以来西方政府改革尤其是"新公共管理"运动的一个理论基础,公共选择学者的许多主张被应用于现实的政府改革实践之中,这或许是布坎南等人始料不及的。

二、公共选择学派的理论来源

尽管公共选择理论的正式历史不过50年,但它的理论却源远流长,它可以"置于最起码可以追溯到托马斯·霍布斯和本尼迪克特·斯宾诺莎的政治哲学传统之中,置于詹姆斯·麦迪逊和亚历克西·德·托克维尔的政治科学源流之中"①。在《公共选择》(1979年)一书中,丹尼斯·缪勒(Denni C. Mueller)从理论演变的角度考察公共选择的理论来源。在他看来,公共选择作为一个独立的学术领域大约只有30年时间(截至1979年),它是由于经济领域中的一些争论和需要而形成和发展起来的。根据缪勒等人的分析讨论,公共选择理论的主要来源有如下几个方面。

---

① [美]丹尼斯·C. 缪勒:《公共选择》(*Public Choice* II),中国社会科学出版社1999年版,第4页。

一是社会选择论以及社会福利函数性质的论著,特别是伯格森(A. Bergson)的《福利经济学的某些方面的重新论述》[1]、肯尼思·阿罗(Kenneth J. Arrow)的《社会选择和个人价值》[2]和布莱克的《委员会与选举的理论》。而这些著作的理论先导则是18—19世纪的投票数学研究的论著尤其是J.C.德·博尔达(1781年)、M.德·孔多塞(1785年)、C.L.道奇森(1876年)的著作。这些文献研究的焦点是如何将个人偏好加总,以实现社会福利函数的最大化或满足某种规范的标准体系。换言之,即集中研究在单个投票者的偏好给定的情况下应该选择什么样的社会形态的问题。这种对于最优加总偏好的实际程序特点的研究,很自然地刺激了人们对在不同的投票规则条件下相对于给定一组偏好将会选择出怎样的结果这一问题的兴趣,找出一个满足某种规范标准的社会选择函数问题就变得与在不同规则下建立均衡的问题非常相似。

在社会选择理论中,最著名的也是最受推崇的结论是阿罗的"不可能性定理"。他在《社会选择和个人价值》(1951年)以及《社会福利概念中的一个难题》(1950年)一文中提出了这一定理——在不存在内部矛盾的可能性情况下,在任何可能的民主政治条件下,都没有一个逻辑的方法可以从各不相同的个人偏好中得出一个最好的集体选择。该定理表明,不存在同时满足四个"合理"条件的社会福利函数,该函数将个人对N种备选政策偏好次序转变为社会偏好次序。这四个条件分别是:(I)不相关备选方案的独立性,即任何一对备选方案的社会排序只取决于这种备选方案的个人排序,不受其备选方案的个人排序的影响;(P)帕累托原则,依据该原则,如果每个人对一备选方案表露出完全的偏好,那么,也许就是社会偏好;(U)权利的非限制性,即在逻辑上所有可能的N维个人偏好次序上都可以界定社会福利函数;(N)非强制性,即社会偏好次序不受某些个人偏好所左右。阿罗的《社会选择和个人价值》出版后,围绕着关于社会福利或社会选择函数的性质的探讨,出现了大量的文献。

顺便说,关于社会选择和公共选择的关系,是一个仁者见仁、智者见智的问题。有些学者将两者看作一回事,另一些学者则将两者加以区别。就区

---

[1] A. Bergson, "A Reformulation of Certain Aspect of Welfare Economics", Quart. J. Econ., Feb. 1938, 52, pp. 314–344.

[2] Kenneth J. Arrow, *Social Choice and Individual Value*, New York: John Wiley & Sons Inc., 1951, 1963.

别来说，有学者认为，社会选择理论倾向于把得出公共政策的逻辑和选举的程序理论化，使之接近于从个人偏好，包括对于一般的社会质量和个人获利的偏好中得出公共政策；公共选择理论家倾向于集中考虑利己的动机和个人与组织源自政府活动的得失。但这些区别并不明显，在两派学说之间并不存在一条清楚的界线。所以有学者认为，公共选择是一门实证科学，它所讨论的是"是什么"或"条件具备会怎么样"的问题；而社会选择讨论的是"应该是什么"的问题，它是伦理学的一个重要主题。简言之，区别在于前者是实证研究，后者是规范研究。

二是来自20世纪30—50年代关于市场缺陷的著作。经济学家主张关注市场的效率问题。三四十年代的创造性研究引出了关于存在公共物品、外部性和规范经济性情况下资源有效配置条件问题的大量文献。当这些条件得不到满足时，市场就无法实现物品与资源的帕累托最优配置。这些市场失灵形式的存在，给为什么存在政府提供了一种自然的解释，因而也就提供了一种国家起源的理论，市场失灵的存在构成公共选择理论特别是它的非市场缺陷（政府失灵论）的分析起点。换言之，这些分析市场失灵的著作因探讨了如何建立公共物品、外部性和规模经济出现的场合进行有效配置所需的条件，并直接研究了这些场合下显示个人偏好的非市场过程，而成为公共选择的一个直接的理论来源。布坎南认为，假若国家作为一种类似于市场制度而存在是为了提供公共物品和减少外部性的话，它就必须完成显示公民对公共物品之偏好的工作，就如同市场显示出消费者对私人物品之偏好一样。

三是公共选择理论与欧洲公共财政学理论同宗共源。布坎南在《经济学家应该做什么》一书中说过："现代公共选择理论的主要创始人都是一些受过欧洲财政理论传统训练的经济学家。"它的形成和发展受到林达尔（E. Lidal）、维克塞尔（K. Wicksell）以及意大利公共财政学派思想的深刻影响（特别是林达尔的《公正的税收：一种实证的解决办法》[1] 和维克塞尔的《一种新的公共税收的原则》[2] 的影响殊深）。林达尔的理论对公共物品理论具有更大的影响；而维克塞尔关于政府是公民相互交易的补偿过程的观点则奠定了布坎南和塔洛克的《同意的计算》（1962年）以及众多实证的公共

---

[1] K. Wicksell, "Just Taxation: A Positive Solution", first Published in German, Lund, 1919, English Translation in Musgrave and Peacok, 1958.

[2] K. Wicksell, "Anew Principle of Just Texation", Finaztheoretishe Untersuchuagen, Jena, 1896, Reprinted in Musgrave and Peacock, 1958.

选择文献的基础。理查德·A. 马斯格雷夫（R. A. Musgrave）在《公共财政理论》（1959 年）① 一书中所提出的关于政府活动划分为配置决策和再分配政策的著名论点，就源自维克塞尔的思想。

维克塞尔被布坎南尊为"现代公共选择理论的最早先驱者"②，他提出了"作为复杂交换的政治"的观念。维克塞尔对公共选择的影响，主要体现在他用公共选择方法和立宪观点来解释公共财政问题。他的《财政理论认究》（*Finanztheoretishe Untersuchuagen*）一书奠定了现代公共选择的三个方法论要素——方法论的个人主义（或个人主义方法论）、个人理性行为和政治是一个复杂的交易过程。该书以立宪观点分析公共财政问题，对那种认为仁慈的君主和国家谋求公共利益的观点提出警告，并指出要注意政治代理人的政策选择受到规则的制约，应认识到改革的努力必须是变动决策规则而非通过影响参与者的行为来修正预期结果，即必须注意立宪；为改革规则，维克塞尔提出判断其功能的标准，即全体一致同意规则，它构成立宪经济学的基础。此外，维克塞尔也注意到政策的配置效率与分配公平的问题，这也贯穿整个公共选择理论之中，由此公共选择理论被分为实证的和规范的两种。

20 世纪初的意大利公共财政学派对公共选择理论的影响仅次于维克塞尔。意大利经济学家庞塔雷奥尼（Pantaleoni）、德·维蒂（De viti）、德·马尔科（De Marco）和萨克斯（Sax）等人的国家学说和公债理论，成为公共选择理论的一个重要来源。布莱克曾阅读过大量的意大利学派关于所得税征收范围的著作，布坎南曾两度（1955—1956 年，1959—1960 年）赴意大利进修，对意大利学派的财政理论推崇备至。意大利学派所提出的如下两种国家模型对公共选择理论产生了重大影响：一种是垄断的专制国家模型，其中各集团都是自私的，被统治集团对于统治集团的决策只能被动接受或抵制；另一种是民主或合作的国家类型，其中公共决策的基本单位是个人，每个成员都是决策的参与者，又是决策后果的承受者。这两种模型尤其是民主模型被现代公共选择理论所接受。

四是公共选择理论还受到了以亚当·斯密为代表的古典政治经济学、欧洲的政治哲学特别是社会契约论和美国开国元勋们的联邦主义观点的影响。古典政治经济学注重分析政治对经济的影响，分析不同制度环境下的经济行为，这正是公共选择所要继承和发挥的传统。斯密强调自由放任，主张让市

---

① R. A. Musgrave. *The Theory of Public Finance*, New York: McGraw-Hill, 1959.

② ［美］布坎南：《自由、市场和国家》，北京经济学院出版社 1988 年版，第 23 页。

场机制充分发挥作用,这是他对制度环境的比较而得出的结论。在假定个人是自利的前提下,斯密将有政治干预的市场和无政治干预的市场加以比较,认为后者优于前者;他也强调市场规则或制度的重要性,指出国家应有的作用。这些观点都为包括公共选择学派在内的"新政治经济学"所继承和发挥。布坎南曾明确指出,斯密的古典学说是公共选择理论尤其是立宪经济学的理论渊源。

近代欧洲大陆的政治理论尤其是英国哲学家霍布斯和洛克等人的社会契约论也对公共选择理论产生了影响。该理论认为国家或政府是由人们之间相互订立契约,将部分的自然权力让渡给社会而产生的;国家的作用在于保护私有财产和公民的自然权利,国家或政府的权力受宪法的制约,政府权力是有限的;统治者也必须遵守社会契约,否则人民有权推翻其统治。社会契约论中的自然法和有限政府论构成公共选择理论的国家观的潜在基础。因此,布坎南称公共选择理论与社会契约论密切相关。

公共选择理论与美国的开国元勋尤其是汉密尔顿和麦迪逊等人的联邦主义观点也存在着一定的师承关系。例如,立宪经济学的联邦主义观点与市场机制的观点很相似,政治过程中的联邦制与经济过程中的市场机制如出一辙:都以分权为实质,以产权(宪法)的实施为基础,以自愿交换(协议)为特征的个人或组织相互合作与竞争的体制。

公共选择理论在其形成和发展过程中,出现了一大批代表人物,并形成几个分支流派。主要代表人物除了布坎南之外,还有邓肯·布莱克(Duncan Black)、戈登·塔洛克(Gordon Tullock)、安东尼·唐斯(Anthony Downs)、威廉·尼斯卡宁(William Niskanen)、曼卡尔·奥尔森(Mallcur Olson)、丹尼斯·缪勒(Dannis C. Mueller)以及约翰·罗尔斯(John Rawls)等。

英国经济学家邓肯·布莱克被人们誉为"公共选择之父"。他的论文《论集体决策原理》(1948年)和《委员会与选举的理论》(1958年)一书开创了用经济工具来研究传统的政治学主题的先例(当然用数学工具研究投票过程的传统来自18、19世纪的投票数学家们)。《论集体决策原理》一文提出了后来被称为"中间投票人定理"或"单峰偏好理论"的观点;《委员会与选举的理论》研究民主决策过程问题,它成为公共选择的一本奠基性著作。

布坎南和塔洛克是公共选择理论的两个领袖人物。布坎南的公共选择理论的最早表述可能是他发表在《政治经济学杂志》1949年第57期上的那篇题为《纯粹的政府财政理论：一种建议的途径》的论文。文中比较了关于政府的两种观点：一是包括所有个体在内的政府被理解为一种单一的有机整体；二是政府被描述为以集体方式行动的个体成员的总和。而公共财政理论倾向于将两者混淆起来：在考虑政府做什么时采用第一种方式；在考虑怎样分担公共成本对策则采用第二种方式。布坎南认为，一种有生命力的公共财政理论应把两者即公共成本的分担和公共利益的分配结合起来。政治活动主要是个人或集团所做出的从政府获得最大收益并支付最小税款的努力——这也许会导致时间和资源偏离生产性用途，所以"管得最少的政府是最好的政府"。在这篇文章中，公共选择的视角、领域和观点已初步形成。塔洛克对投票行为的分析始于20世纪50年代末，他发表在《政治经济学杂志》1959年第67期的《多数投票问题》一文已经对多数表决规则作了较细致的分析。1962年，布坎南和塔洛克出版《同意的计算：立宪民主的逻辑基础》一书。该书把"经济人"假说、交换范式和个人主义方法论用于分析投票规则和决策行为，尤其是说明不同决策规则对参与集体决策的行为主体所可能产生的影响。用布坎南和塔洛克的话来说，该书的主要目的不是在详细地运用许许多多可能被提出的立宪问题中探讨立宪选择过程，而是仅参照有关各种决策规则的问题广泛地考察该过程。①

除上述早期著作外，布坎南的主要论著还有：《财政理论和政治经济学》（论文集，1960年）、《民主过程中的公共财政：财政体制与个人选择》（1967年）、《公共物品的需求与供给》（196）、《自由的限度：在无政府主义与利维坦之间》（1975年）、《宪政契约中的自由》（1977年）、《经济学家应该做什么?》（1979年）、《公共选择理论》（1984年）、《立宪经济学探索》（1989年）、《走向一种寻租社会的理论》（合编，1980年）、《赤字中的民主：凯恩斯勋爵的政治遗产》（合著，1977年）等。塔洛克的主要著作还有：《官僚体制的政治学》（1965年）等。

应该指出，布坎南和塔洛克的研究侧重点是不同的：前者注重交易政治或立宪政治的经济分析，即侧重于决策规则或立宪选择的研究（因而立宪经济学在布坎南那里处于核心地位）；而后者注重官僚政治或立宪的公共选择的分析，即着重研究投票者、官僚、政治家等在公共选择或集体决策过程中的行为。关于这种研究方向上的差别，布坎南《自由、市场和国家》一

---

① ［美］詹姆斯·M.布坎南、戈登·塔洛克：《同意的计算——立宪民主的逻辑基础》，中国社会科学出版社2000年版，第2页。

书在谈到《同意的计算》时有这样一个说法:"我自己强调的是塑造作为交换的政治,这是在克劳特·维克塞尔的关于财政问题巨著公认的重大影响下完成的。比较起来(有意思的是他最早不是学经济学的),戈登·塔洛克的重点(源自他自己在官僚政治中的经验和对官僚政治的反映)在于以严格的自己利益的措辞来塑造所有的公共选择者(投票人、政治家、官僚)。"①

唐斯和尼斯卡宁是著名的官僚体制理论家,最早最有影响的采用经济方法来分析官僚体制的政治学者以及公共选择论者可能要算唐斯。他的《民主的经济理论》(1957年)一书是美国乃至整个西方政治学界的一本论官僚体制的经典(是第二次世界大战后美国政治学中被最经常引用的论著之一)。在该书中,"唐斯力图通过把注意力集中于政党行为而建构起一种类似于市场理论的政府理论"②。该书把政府活动当作经济过程的内生变量,把经济学模式应用到政府体制(官僚体制)、利益集团、政党以及官员行为的分析。这个分析模式有两个最基本的假定:(1)每个政党是一群人的组合,他们寻求职位只是为了享有伴随操纵政府机器而来的收入。声望和权力;(2)每个代理人(个人、政党或私人联盟等)的作为在任何时候都是理性的,即以对资源的最少使用来达到目标,而且只进行那些边际收益大于边际成本的活动。依照这一模式及其假定,在一个民主政体中,政府的活动总是为了将获得选票的最大化。唐斯的代表作还有《官僚体制内幕》(1967年)等。

与唐斯侧重于官僚体制的内部分析不同,尼斯卡宁在《官僚体制与代议制政府》(1971年)一书中侧重分析官僚体制的内在组织与外在环境关系,尤其是从供给方面分析官僚机构对公共物品提供的垄断。该书将官僚机构定义为"依靠定期的拨款或捐赠,至少部分地靠财政支出来运行的非营利机构",并依据一定的假设建立起官僚机构行为的模型。他认为显示对公共物品及服务的最初需求可能全部或部分来自公众,但是对公共物品及服务的有效需求却是一个垄断者(政府),供给它们的通常是另一个垄断者(官僚机构)。公共物品的供给就以这种方式被垄断,而官僚使机构及官僚所追求的是预算的最大化。尼斯卡宁还建构起一个数学模型来预测官僚机构及整个政府预算的规模,并建议引入竞争机制来改善政府效率,减少浪费。他得

---

① [美]布坎南:《自由、市场和国家》,北京经济学院出版社1988年版,第26页。
② [美]詹姆斯·M.布坎南、戈登·塔洛克:《同意的计算——立宪民主的逻辑基础》,中国社会科学出版社2000年版,第9页。

出的最后结论是:"一个比较好的政府应该是比较小的政府。"

奥尔森是公共选择理论的另一个著名人物,他的代表作有《集体行动的逻辑》(1965年)和《国家兴衰》(1982年)。在前一本书中,奥尔森进一步分析了公共物品中的免费搭车现象,他得出的结论是:基于自愿基础上为大众目的的集体行动绝不是理性的,因而这种行动永远不会发生。原因是每个人都将让别人去行动,以便免费享受利益。而在后一本书中,奥尔森提出,强迫性的、限制性的、自我保护的组织基础越牢固,则经济效率和经济增长就相应地越小,一个国家则越长久地享有稳定和不被干扰的政府。

缪勒作为公共选择的一个代表人物的名声主要来自他对公共选择理论的创造性综合。他的代表作就是《公共选择》(1979年)和《公共选择Ⅱ》(1989年)这两本公共选择理论的综述,特别是后者是一本被广为使用的公共选择理论教学参考书,其中不乏缪勒本人的独立见解。

罗尔斯之所以被列入公共选择理论代表人物的名单中,是因为他的名著《正义论》(1971、1998年)提出了一种新契约论的自由主义哲学。他将社会契约作为社会存在的基础,其含义同时兼有个人主义和平等主义,公共选择理论家广泛接受了他关于政府的契约观点以及个人主义观点,但往往怀疑他的平等主义思想。

根据方法和主要理论观点上的差别,可以把公共选择理论划分为三个分支或流派,分别是罗切斯特学派、芝加哥学派和弗吉尼亚学派:①

罗切斯特学派。该学派因其成员大都在美国罗切斯特大学任教而得名。领袖人物是赖克(W. H. Riker),主要成员有:奥德斯霍克(P. C. Ordeshook)、布拉蒙斯(S. J. Bramus)、希里奇(M. J. Hinich)、艾拉逊(P. H. Aranson)、麦克尔维(R. Mckelvey)、菲奥瑞勒(M. Fiorina)、费雷约翰(J. A. Fere john)、谢泼尔斯(K. Shepsle)和温盖斯特(B. R. Weingast)等人。该学派有两个特点:一是坚持用数理方法来研究政治学,这使它与弗吉尼亚学派相区别;二是坚持把实证的政治理论与伦理学分开,这使它与西方传统的政治学相区别。在作为该学派的代表作的《实证政治理论导论》(1973年)一书中,赖克和奥德斯霍克把政治学定义为"社会选择如何由个人偏好发展演化而来的奥秘",并认为这个奥秘可以通过使用精确的统计方法建立起来的数理政治学来加以解析(这一研究方法遭到布坎南的反对,因为布坎南认为这会使经济学变成应用数学或工程学)。罗切斯特学派一直

---

① 参见方福前《当代西方公共选择理论及其三个学派》,《教学与研究》1997年第10期。

用实证的方法来研究选举、政党策略、投票程序控制、政党联盟的形成、立法机构和政府官员，他们一般不讨论规范问题。

芝加哥学派。又称芝加哥经济学，主要成员有贝克尔（G. S. Becker）、佩茨曼（S. Peltzman）、波斯纳（R. A. Posner）、兰德斯（W. E. Landes）和斯蒂格勒（G. Stigler）。该学派的思想源自西方经济学中的芝加哥学派尤其是奈特（F. H. Knight）、瓦伊纳（J. Viner）、西蒙斯（H. C. Simons）和弗里德曼（M. Friedman）等人的思想。在公共选择的三大学派中，芝加哥学派是一个年轻的学派，其自由主义色彩最浓厚。该学派从价格理论和实证经济学的角度分析政府，把政府主要看作是追求自身利益的理性的个人所利用的、在社会范围内对财富进行再分配的一种机制。芝加哥学派将"经济人"当作预期财富的最大化者，并把在私人市场分析中所使用的方法扩展到政治市场分析之中。但该学派所提出的新见解往往与弗吉尼亚学派的观点相左。

弗吉尼亚学派。我们在前面所讨论的学派简史主要涉及的就是以布坎南和塔洛克为代表的弗吉尼亚学派的发展史。这是公共选择理论中的主导学派，对它的批评也最多。该学派强调方法论个人主义和立宪经济学。这个特色使它既有别于罗切斯特学派，又有别于芝加哥学派。弗吉尼亚学派既反对新古典政治学，又反对传统的政治学，它还对凯恩斯主义的宏观经济学、庇古的福利经济学、马斯格雷夫的公共财政学提出挑战，从而把自己置于西方经济学和政治学的异端地位。

3—3

公共选择理论与当代政治学研究^{*}

在当代西方社会科学的发展中，公共选择理论（学派）占有独特而又重要的一席。它是一个用经济学的方法来研究政治学主题的跨学科（经济学、政治学等学科交叉）学派，兴起于 20 世纪 50 年代末，成长于 60—70 年代，鼎盛于 80 年代，特别是 1986 年其创始人布坎南获得诺贝尔经济学奖，更使这一理论声名大振。其影响先从美国扩展到西欧，再扩展到全世界。目前，公共选择理论仍在不断发展，它不仅是当代西方经济学的一个重要流派，也是当代西方政治学的一个有相当影响力的学派。或者更准确地说，它代表了当代西方政治学发展的一种趋势，即政治和经济整合研究的趋势。这种趋势与强调政策研究（政策分析）的后行为主义政治学具有异曲同工、殊途同归之妙（实际上，公共选择学派的一些代表人物如布坎南、塔洛克和罗尔斯往往被人们列入后行为主义政治学家的名单）。

20 世纪 70 年代末 80 年代初，西方公共选择理论传入我国，一些从事西方经济学研究及教学的学者开始译介这一理论。经过十余年的努力，我国经济学界对公共选择理论的研究已开始起步，出版了一批译著和一些评介性论著，当代西方经济学教科书也往往有一章专门介绍"公共选择理论"。然而，这一研究政治学主题并且在西方政治学界有重要影响的流派，却被人们仅视为经济学的理论，而长期为我国政治学界所忽视。目前，在国内政治学界，对这一理论的研究不够，除少数评介性论文外，似乎未见较系统深入的研究论著。这不能不说是我们对当代西方政治学理论研究的一个薄弱环节。可以说，不了解公共选择理论，就不能很好理解、把握当代西方政治学研究的发展趋势。

公共选择理论的出现被标榜为西方"学术和思想领域里出现的一场革命"。作为一个经济学和政治学等学科交叉的流派或学科，公共选择理论就

---

* 原载《高校社科研究与理论教学》1997 年第 4 期。

是应用经济学的理论和方法来研究政府—政治行为及过程（尤其是公共决策问题）的一个跨学科领域（人们称之为"政治的经济学"或"新政治经济学"）。公共选择理论的出现被标榜为西方"学术和思想领域里出现的一场革命"。那么，作为一个经济学和政治学等学科交叉的流派或学科，公共选择的对象及理论主题是什么呢？按照奠基者布坎南的观点：公共选择是政治上的观点，它从经济学家的工具和方法大量应用于集体或非市场决策而产生；它是观察政治制度的不同方法；把四分之一世纪以来人们用来调查市场缺陷和市场失灵的方法同样应用于国家和公共经济的一切部门；公共选择的特点是，根据个人是在经济市场还是在政治市场活动，采取不同方式处理人类决策过程（布坎南：《自由，市场和国家》《公共选择理论：经济学的政治应用》）。用另一位公共选择学者缪勒的话来说，公共选择理论可以定义为非市场决策的研究，或简单地定义为将经济学运用到政治学；公共选择的主题与政治学的主题是相同的，涉及国家理论、投票规则、投票者行为、政党政治、官僚机构等（Dennis C. Mueller, *Public Choice* II）。日本学者小林良彰则认为，公共选择研究不是抛开市场因素，只限于政治领域，而恰恰着眼于市场与政治的不足之处，试图使经济和政治的理论相互弥补，以就现实的问题进行探讨（小林良彰：《公共选择》）。

由此可见，公共选择理论就是应用经济学的理论和方法来研究政府—政治行为及过程（尤其是公共决策问题）的一个跨学科领域（人们称之为"政治的经济学"或"新政治经济学"）。它所涉及的主题，按照法国学者勒帕日的概括，主要有四个方面。（1）研究政治制度和最佳经济状态之间的关系（这种或那种政治制度或表决方式在多大程度上有利或不利于提高社会效益）；（2）发展出有关官僚体制（科层制）的经济理论；（3）深入研究代议制政治制度运转的逻辑及缺陷；（4）力求找出能够说明某些政治制度历史发展的经济因素尤其是对国家、合法性、正义等概念的逻辑探讨（勒帕日：《美国新自由主义经济学》）。由这些主题的研究形成了种种理论，如非市场决策（公共决策或公共选择）论、代议民主制经济论、国家理论、政党理论、利益集团理论、寻租理论、官僚体制经济论、政府扩张论、政府失灵论、俱乐部理论、以足投票论、财政联邦制理论、立宪经济理论等。

必须对公共选择学派的各个基本理论专题进行深入系统的评析，并将之与后行为主义政治学加以简要的比较研究，进而提炼出某些对我国市场经济发展和行政、政治体制改革以及我国政治学理论研究有借鉴意义的因素。研究应主要涉及如下问题：（1）公共选择理论的兴起、背景和渊源；（2）公共选择理论的方法论基础(方法论个人主义、经济学的交换范式和"经济人"假设);(3)市场决策和非市场决策问题(公共决策的对象、过程、体制和方式以及决策主体行为问题);(4)直接民主制和代议民主制经济理论(尤其是西方代议民主制及各种表决方式的缺陷的分析);(5)国家、政党和利益集团理论;(6)政府扩张及政府失灵论(官僚机构的政治经济学理论);(7)中央地方关系理论(财政联邦制理论等);(8)立宪经济学(特别是市场经济条件下政府如何充当法律规则的维护者问题);(9)公共选择理论与后行为主义政治学理论的比较研究(例如,两者都强调公共决策或政策研究,但方法、途径、着眼点各异,形成理论的方法有区别,但又互相补充);(10)公共选择理论在当代西方(尤其是美国)政治学发展中的地位和作用;(11)公共选择理论与我国当前市场经济发展和政治、行政体制改革的若干实践问题;(12)公共选择理论对我国政治学理论研究的借鉴与启示。

研究的重点应放在公共选择学派的几个与我国当前社会经济发展、政治体制改革以及我国政治学理论研究密切相关的论题上,如市场决策和非市场决策问题(着眼点是市场经济条件下我国公共决策的科学化、民主化问题),当代资本主义政治体制(代议民主制)的局限性问题(由此可以证明我国的民主集中制是一种更合理优越的制度),市场失灵与政府失灵问题(市场经济条件下政府干预的范围、力度和方式问题),寻租理论与我国当前的廉政建设问题,政治学研究如何有机地将政治和经济结合起来的问题等。所有这些问题都是当代市场经济国家以及我国所遇到的重大的理论与实践问题,而且基本上都是有很大争论的理论难题。

对公共选择理论的研究应采取如下三个基本原则和方法:第一,坚持以马列主义、毛泽东思想,尤其是邓小平建设有中国特色社会主义理论为指导的原则及方法,从经典作家的立场、观点和方法出发,去分析作为当代西方经济学和政治学思潮的一个重要流派(新自由主义或新保守主义流派)的公共选择理论,实事求是地评述其成败得失,尤其是洞察其作为当代资产阶级意识形态表现形式之一的实质及危害。第二,坚持理论和实践相结合的原则和方法,把公共选择学派的有关理论放在当代资本主义社会及其市场经济发展的脉络中去考察,并联系我国目前市场经济发展和政治体制改革的实际,探讨一些重大的现实课题,为我国现实的社会主义市场经济发展和现代化建设服务。第三,文献研究和实际调研相结合的研究方法。一方面,要大量搜集公共选择以及后行为主义政治学的基本文献,较全面地占有第一手资料,并加以深入系统的研究、梳理和评述;另一方面要对我国改革开放和市场经济发展中相关的实际问题以及当代资本主义发展的趋势进行现实的调查研究,增加课题研究的针对性和现实感,回答现时代提出的某些迫切需要回答的问题。

在目前我国市场经济体制的建立与完善以及政治、行政体制改革深化的时期,对公共选择理论的研究更显得必要和迫切。应该说,作为当代新自由主义或新保守主义思潮的一支中坚力量,公共选择理论具有明显甚至是致命的局限性,如过分地依赖于"经济人"假说,把政治过程与经济过程加以机械类比,把市场经济中的交换原则无限制地运用于政治领域;掩盖了当代资本主义国家、政府和政党的阶级实质,抹杀资产阶级政客是垄断资本家利益代言人的事实;没有把西方民主制的缺陷、政府失灵及决策失误与资本主义的生产关系以及资本主义的基本矛盾联系起来考察,它因资本主义国家干预的局限性而得出反对国家干预,要求放任自流的保守主义结论;它对西方代议民主制缺陷和政府失灵等问题的分析并不是要推翻资本主义制度,而是要改善和维护这一制度,特别是企图通过改革政治过程及完善民主技术来达到这一目的,因而这一理论充其量不过是一种改良主义理论。公共选择学者提出的各种理论还有诸多缺陷,提出的一些政策建议也是不切实际的。但是,另一方面,作为当代西方经济学和政治学的交叉学科,公共选择理论取得了显著的理论及方法论成果,具有创新、合理和可供借鉴之处,这也正是我们要研究这一理论的原因。

首先,从理论意义及学术价值的方面看,研究公共选择理论对于当代政治学的研究具有方法论的启发,可以从某些方面或侧面拓展政治学研究视野,丰富政治学的理论内容。公共选择理论从经济学的途径及方法入手分析政治问题,为政治学研究提供了一个新的视野、新的研究途径,是对现代政治学研究的一个有益的补充,反映了当代政治学研究中的政治和经济整合的趋势。因为政治是经济的集中表现,政治领域无时无刻不包含着经济的因素,政府行为或政治过程不可避免地包含着经济的方面,脱离经济因素研究"纯"政治问题是不可取的。同时,公共选择理论在某些方面丰富了当代政治学理论的研究,如它的非市场决策理论、政府失灵论、国家与政党理论、寻租理论、投票规则的损益分析、官僚体制与代议民主制的分析等,补充或拓展了当代政治学理论的研究。因此,研究公共选择理论,可以更好地把握当代西方政治学发展的总体图画及其发展趋势,拓宽政治学研究的视野,促进我国政治学研究的进一步发展。

其次，从实践的方面看，研究公共选择理论的意义也是显而易见的。一是可以加深对当代资本主义社会尤其是它的政治制度的认识。公共选择理论对当代资本主义社会的政治制度及政府干预行为的局限性或缺陷作了颇为深刻的分析解剖，它在客观上粉碎了资本主义国家、政府及其官员一心为公的神话，揭示了西方代议民主制的内在矛盾以及政府失灵的必然性；它指出了这样的事实：当代西方国家所遇到的"滞胀"问题的症结并不在于经济的方面，而在于政治的方面，即在于政治过程中人们的利己行为，而现有的政治决策规则却不能有效驾驭；它分析了政府扩张的原因及政府失灵的根源等。这些观点及分析对于我们解剖当代资本主义的政治制度有一定的启发作用。二是可以为我们建立和发展社会主义市场经济特别是处理好市场经济条件下政府和市场的关系，确定好政府干预行为的范围和力度，履行好政府经济职能提供有益的借鉴。公共选择理论可以说是对现代西方市场经济实践尤其是西方各国处理政府和市场关系实践的反思，它所提出的某些见解为我们提供了前车之鉴。三是为我们推进政治体制改革，完善民主集中制，加强社会主义民主政治建设，提供一些思想资料及见解，特别在加快我国公共决策科学化民主化步伐、反腐倡廉、机构改革等方面，公共选择理论中的非市场决策论、寻租理论和政府扩张论所提出的某些见解是值得我们认真思考的。

3-4

政治与经济的整合研究[*]
——公共选择的方法论及其启示

公共选择理论（Public Choice Theory）之所以能够整合政治与经济的研究，成为20世纪末期最有影响的"新政治经济学"或"政治的经济学"理论，关键的因素是方法论的移植和创新，即它将经济学的研究途径或方法应用于政治学领域。用布坎南的话来说："公共选择是政治上的观点，它从经济学家的工具和方法大量应用于集体或非市场决策而产生。"[①] 缪勒则认为，公共选择是"对非市场决策的经济学研究"或"是把经济学运用于政治科学的分析"。他说："公共选择对非市场决策的分析思路一直是：（1）做出与一般经济学相同的行为假设（理性的、功利主义的个人）；（2）通常把偏好显示过程描述为类似于市场（选民从事交换活动，个人通过投票行为来显示他们的需求表，公民自由进入或退出俱乐部）；以及（3）提出与传统价格理论相关的问题（均衡存在吗？它们是否稳定，是否具有帕累托效率？它们是如何造成的？）。"[②] 澳大利亚学者休·史卓顿和莱昂内尔·奥查德在《公共物品、公共企业和公共选择》一书中说："大多数公共选择理论都依赖于如下四个假设：（1）个人的物质自利足以激发经济行为；（2）使用古典经济理论足以理解这些经济行为；（3）同样，个人物质自利足以激发多数政治行为；（4）使用同样的新古典经济理论也足以理解这些政治行为。"[③]

公共选择的方法论由"经济人"（理性人）假说、经济学的交换范式以及方法论的个人主义所构成。

---

[*] 原载《厦门大学学报》2003年第2期（《中国社会科学文摘》2003年第4期摘要）。
[①] ［美］布坎南：《自由、市场和国家》，上海三联书店1989年版，第18页。
[②] ［美］丹尼尔·C. 缪勒：《公共选择理论》，中国社会科学出版社1999年版，第6页。
[③] ［澳］休·史卓顿、莱昂内尔·奥查德：《公共物品、公共企业和公共选择》，经济科学出版社2000年版，第151页。

一、方法论的个人主义

公共选择理论的奠基人把那种以"经济人"假说和经济学交换范式作为重要内容的经济学研究途径叫作"方法论的个人主义"或"方法论的个体主义"（Methodological individualism）。布坎南和塔洛克在《同意的计算》的"前言"中指出，公共选择方法论、概念工具以及逻辑分析方法，本质上源于经济学这一将社会的经济组织作为其主题的学科；这种分析方法可以用"方法论的个人主义"这个术语来形容，依照这种方法论，个人被认为是决定私人行动与集体行动的唯一的终极抉择者。[①] 在该书第一部分"概念框架"的讨论中，他们又指出："按我们的假定，集体行动（collective action）必定是由个体行动（individual action）组成的。因此，我们的建构工作的第一步是，就个人在与私人的或个性化的活动相对照的社会活动中的动机与行为提出某种假设。于是我们的理论就从那些在组织群体选择（group choice）的过程中行动或决策的个人开始。既然我们的模型把个体行为（individual behavior）当作其核心特征来加以体现，所以把我们的理论归类方法论的个人主义理论或许有可能是最好的。"[②] 公共选择理论从下述的设想开始："只有个人在进行选择，并且如果要引入理性的行为，那么这种行为也只能根据个体行动来予以有意义的讨论。"他们特别强调方法论个人主义与作为伦理规范的个人主义的区别，认为前者超越了个人行为的任何狭隘的享乐主义动机或自私自利动机，在框架或模型中，典型的个人可能是私己主义者，也可能是利他主义者，或者利己或利他的任意组合，作为方法论的个人主义仅假定，独立的个人就是独立的个人，并且他本身很可能对集体行动的结果怀有不同的目的和旨趣。

方法论个人主义（该词据说是熊彼特首次使用的），是西方经济学分析经济组织和经济行为以及市场过程的主导性方法。古典政治经济学家已经具有了这种方法论个人主义的明显倾向，例如，亚当·斯密在《国家论》中已把经济现象看作具有利己本性的个人（"经济人"）活动的结果；缪勒在《政治经济学原理》中也认为人不会由结社就变成另外一种人。现代经济学

[①] ［美］詹姆斯·M. 布坎南、戈登·塔洛克：《同意的计算——立宪民主的逻辑基础》，中国社会科学出版社 2000 年版，"前言"，第 2 页。

[②] 同上书，第 2—3、36 页。

家把方法个人主义当作经济学乃至全社会研究的基本方法，冯·米塞斯对方法论个人主义作了系统的阐述，他给方法论个人主义下了如下的定义：一切行为都是人的行为；在个体成员的行为被排除在外之后，就不会有社会团体的存在和现实性。在他看来，方法论个人主义包括了三个方面的基本原理。一是任何行为都是由个人所做出的，一个集体之所以有所作为，总是各个个人的共同努力的结果；二是人天生是社会动物，但社会过程发生在人与人之间的互动上，没有个人也没有社会过程，个人行动构成社会的基础；三是集体是无法被具体化的，对集体的认识总是由行为着的个人赋予其意义的。哈耶克则强调说，理解社会现象时没有任何其他的方法，只有通过对那些作用于其他并且由其预期行为所引起的个人活动的理解来理解社会现象。

沃特金斯对"方法论个人主义原理"作了如下的说明："按照这一原理，社会生活的最终构成要素乃是个人，这些个人或多或少总是根据自己的意向和他们对自身处境的认识而采取行动。每一种复杂的社会状况、制度或事件，都是个人及其意向、境遇、信念以及自然资源和环境的具体组合的结果。根据一些大规模的社会现象（比如充分就业）来解释另一些大规模的社会现象（比如通货膨胀），可能是不成功的或是肤浅的；我们只有以个人的意向、信念、才智和人际关系为依据进行解释，否则，就不可能对这种大规模现象做出最低限度的解释（可以认为个人没有个性特征而只具有典型意向，等等）。正像机械论同自然科学领域中的有机论思想相对立一样，方法论个人主义也同社会学的整体论或有机论相对立。在这后一种观点看来，社会系统至少在这种意义上构成一个'整体'，即它们的一些大规模行为是由宏观规律所支配的，这些宏观规律本质上是社会学的，这意味着它们自成一类，不能解释成是由相互作用的个人行为所产生的规则或倾向。相反，个人的行为倒是（按照社会学的整体论）至少应该部分地根据这种宏观规律来解释（或许再加上这样的说明：首先是个人在制度中的角色，其次是制度在整个社会系统中的功能）。如果方法论个人主义指的是人被假定为历史的唯一动力，而社会学的整体论指的是某些超人的力量或因素被假定在历史中起作用，那么，这两种理论都做得详尽无遗。"①

方法论个人主义的要点是：个体是构成团体或组织的基本细胞、人体行为的集合或累加构成集体行为。因此，人类的行为包括政治行为和经济行为

---

① Watkins, "Historical Explanation in the Social Science" in P. Gardiner (ed.), *Theories of History*, 1959, p. 505.

都应从个体的角度去寻找原因。公共选择理论将这种方法论用于分析政治领域及政治过程，将个人看作是评价、选择和行动的最基本的单位，认为社会存在着各种个人而非团体，或阶级之间的相互作用，主张用个人的动机和目的来解释政治、经济以及其他社会现象。它要探讨个人的偏好、决策、选择与行动在一个特定的组织或制度的结构中是如何产生某种复杂的总体后果的，即探讨个人选择如何加总为集体的选择而产生某种总体后果的，这一过程在私人活动中表现为市场过程，而在集体活动中表现为非市场（政治）过程。布坎南和塔洛克说："当我们考虑集体行动时，就产生了一个问题：我们要把集体看作一个决策单位吗？因此，我们还要比照某种设定的目标或目标集来衡量或安排各种集体选择吗？或者相反，我们要把集体选择中的个体参与者看作是唯一真实的决策者，并因此而仅根据个体自己的目标达成来讨论理性的行为吗？显而易见，我们将采纳其中的第二种分析方法。"① 简言之，在公共选择学者看来，无论是在私人活动或市场过程，还是在集体活动或政治过程中，个人都是最终决策者、选择者和行为者。因此，分析国家及政治过程与分析市场及经济过程一样，都必须从个体开始。正因为这个原因，布坎南有时称公共选择理论为"政治过程的个人主义理论"。

布坎南等人认为，无论是政治学家还是经济学家，都没有将个人主义的方法论用于分析国家及政治（集体行为）问题。传统的政治市场采取的是集体主义的方法论，即把集体当作基本分析单位，它在分析集体行为时，往往将团体当作一个不可分割的整体，而从整体的角度分析个人的政治的或社会的行为；在分析国家时，往往将之看作代表社会的唯一决策单位，而且国家利益（公共利益）凌驾于个人利益之上。也就是方法论个人主义被政治学家们所忽略了。以往的经济学家同样没有将以"经济人"假设和经济学的交换范式为基础的方法论个人主义用于分析集体行为或政治过程："从来没有类似的假设，用以分析个人在政治或公共选择任务和位置上的行为。不管这个人是投票过程中的参加者还是政治团体中的代理人。不论是古典经济学家或他们的后继人，均未提出过像这样的假设，也从未有过从个人选择行为演绎出'政治的经济理论'。"②

公共选择理论正是将经济学研究途径（"经济人"假设、交换模式）或

---

① ［美］詹姆斯·M. 布坎南、戈登·塔洛克：《同意的计算——立宪民主的逻辑基础》，中国社会科学出版社2000年版，第34页。

② ［美］布坎南：《自由、市场和国家》，上海三联书店1989年版，第24页。

方法论个人主义"自然地扩大运用于在其中集体地相互作用的制度环境",并创立了一种新型的"政治的经济理论"。因此,公共选择"提供观察政治和政府制度的方法,用尼采的隐喻说,提供一个'不同的窗口'。从广义上说,这就是公共选择观点对政治具有的作用,它是观察政治制度的不同方法,它与作为权力的政治观点所产生的看法性质不同"①。依据公共选择的方法论,集体行动被看成是个人在选择通过集体而不是经由个人来实现目的时的个人活动;而政府被视为不过是一系列过程或一种允许上述活动所产生的机构。

二、"经济人"假说

方法论个人主义的一个基本出发点是关于个人行为动机以及行为模式的假设,即"经济人"或理性人假设。布坎南说:"公共选择观点中体现的第二个要素或方面就是行为假设,人们熟练地称为'经济人'假设。个人的行为天生地要使效用最大化,一直到受他们遇到的抑制为止。"② 所谓"经济人"或理性人假设,也就是认为,个人无论是处于什么地位,其本性都是一样的,都以追求个人利益的最大化或极大化个人的效用作为最基本的动机;或者说,个人在经济活动中遵循理性原则,即在做出个人决策时经过仔细的计算和分析,力求实现利益的最大化。

公共选择学者认为,"经济人"假说是经济学理论知识的一个重要遗产,是古典经济学家的"一个伟大贡献"(正是亚当·斯密将具有利己心、追求自身利益最大化的个人称为"经济人"或交易者)。他们的伟大发现是,只要有适当的法律或制度框架,个人追逐他们自己利益的行动可以无意识地产生有利于整个社会利益的结果。后来的经济学家用这个假设去分析市场中进行不同活动的人们的行为,并进而分析市场制度本身的作用。经济学家通过运用关于人类动机的这种特别的假设建立起一门作为实证性社会科学学科的经济学。然而,鲜有学者(包括经济学家和政治学家)将这种假设运用于政治领域。公共选择学派的工作正是要将这种关于人类动机的特别假设引入政治领域,从而导出一种集体选择或公共选择理论,这种理论在某些方面类似于正统的市场经济理论。这种做法恰恰是最容易引起争论的方面:

---

① [美]布坎南:《自由、市场和国家》,上海三联书店1989年版,第20页。
② 同上书,第23页。

"我们分析集体选择过程的方法的最富有争议的方面,是我们将个体行为的动机做出的假设。"①

公共选择理论把"经济人"假设应用于对政治领域或集体选择过程的分析。依照这种假设,个人在政治活动或集体选择过程中,同样追求利益或效用的最大化(这种效用或价值既可以是财富、商品、收入,也可以是地位、权力、荣誉,甚至是友谊、慈善、和平、安宁等精神因素)。布坎南和塔洛克说:"经济学的探究方法假定,无论在市场活动中还是在政治活动中,人都是追求效用最大化的人。但是这种方法并不要求一个个体的人牺牲其他人以增强自己的效用。这种方法把政治活动表现为一个特殊形式的交换;而且就像市场关系中那样,理想上还期望这种政治关系使所有各方面都互有收获。"② 公共选择学者的理论从一开始就假定"有代表性的或者普通的个人在参与市场活动和政治活动时,都是以同样的普遍价值尺度为基础而行动的"③。它认为人就是人,人并不会因他占有一个总经理位置或当上政府部长而使其本性改变;不可能出现这样一种情况,个人在私人或经济领域中是利己主义者,而在公共或政治领域中则要变成利他主义者。有如布坎南所说:"如果把参与市场关系的个人当作效用最大化者,那么,当个人在非市场内行事时,似乎没有理由假定个人的动机发生了变化。至少存在一个有用的假定,即当人由市场中的买者或者卖者转变为政治过程中的投票人、纳税人、受益人、政治家或官员时,他的品行不会发生变化。"④ 这正是可以将"经济人"假说应用于政治领域或集体选择过程的基本理由。

公共选择理论家认为"经济人"假设为分析集体选择或政治过程奠定了一个真实的基础。长期以来,政治学家的很少使用这种本质上是经济学的集体活动探究法。他们对集体选择过程的分析更经常的是建立在下述的含蓄的假设上:有代表性的个体并不追求使他自己的效用最大化,而是要找到"公共利益"或"共同物品"。而且人们往往相信:一种活动从私人选择领域转移到社会选择领域,这涉及社会物品动机对私人收益动机的替代。多少年来,逐利的人、追求效用最大化的人,很少在道德哲学家和政治哲学家中

---

① [美]詹姆斯·M. 布坎南、戈登·塔洛克:《同意的计算——立宪民生的逻辑基础》,中国社会科学出版社2000年版,第17页。

② 同上书,第20页。

③ 同上书,第25—26页。

④ [美]布坎南:《宪政经济学》,《经济学动态》1992年第4期。

找到朋友。在最近的两个世纪，对私人收益的追逐已在私人部门勉强地被默认了，而在政治领域（公共部门），个体参与者对私人收益的追求，几乎总是被各式各样的道德哲学家谴责为"恶"。这样，个人在这两个领域中的动机被当作不同的东西——当他在私人领域或经济活动中，追求个人利益及其最大化，而在公共领域或政治活动中则追求公共利益及社会福利的最大化。似乎还没有人对这种假设加以探究和挑战。公共选择理论家将"经济人"假设推广到政治领域，从而使关于人在社会活动（不管是经济的、还是政治的或其他的）中的动机假设得到了统一。他们认为，这有助于更好地了解政治领域公共选择或集体决策的本性以及政治家或官员的行为模式（布坎南等人把政治家和政府官员看作是利用手中权力而最大限度地追求自己利益的人）；而且凭借"经济人"假设能更好地解释市场失灵并直接论证政府失败。

三、经济学的交换模式

布坎南把经济学的交换范式看作公共选择理论的第一方法论因素。他说："广泛范围的公共选择观点的第一个要素或方面就是经济学的交换科学方法，即作为交换科学的经济学范例。"① 他认为经济学主要关注的不是稀缺性、资源配置及效率（有如传统经济学理论所主张的那样），而在于交换的起源、性质和制度这一来自亚当·斯密的政治经济学理论传统的命题。因此，经济学是"交换的科学"。用这种观点看待经济学，就会把我们的注意力引向交换的过程、交易协议和契约；做这样的探讨，从一开始就必然导致自发秩序原理或自动调节原理，这也许是经济学理论本身唯一真实的"原理"。

公共选择学者将这种观点用于对政治过程的观察，将政治学也看作一门交换的科学。在布坎南和塔洛克看来，经济关系和政治关系两者都代表着由两个以上的个人进行的合作。市场和国家两者都是手段，合作就通过这些手段而被组织起来并成为可能。人们通过在有组织的市场上交换货物和服务而进行合作，且这样的合作还意味着相互获益。个人进入一种交换关系。在这种交换关系中，他通过某种直接有益于交易的另一方的产品或服务而促进自己的利益。基本上，按照个体主义的国家观，政治的或集体的行动与此非常

---

① ［美］布坎南：《自由、市场和国家》，上海三联书店1989年版，第23页。

相同。两个以上的个人发现,合力完成某些共同的目标,对彼此都有好处。在某种意义上,他们为获得共享的产出而"交换"投入。布坎南和塔洛克还用鲁滨逊—星期五的例子来加以说明:鲁滨逊是一位比较出色的渔夫,而星期五则是一位比较出色的椰子树攀爬者。他们会发现,各有专长并相互交换对他们彼此有利。同样,他们俩还会认识到需要有一座堡垒来保护自己,然而,只需一座堡垒就是够了。因此,他们都会发现,他们进入了一种政治"交换",并把资源投入建设这一共同物品,这对彼此都有利。①

公共选择理论用交换范式塑造政治过程,将政治制度视为政治市场,将过程视为交换过程。按照这种个体主义的政治观(国家观),在政治领域中,重要的命题并不是国家、团体和党派,而是这些团体之间与组成这些团体的个人之间,出自自利的动机曾进行的一系列交易过程;有效率的政策结果并不产生于某个政治领袖或神秘人物的头脑,而是产生于团体之间或组成团体的个体之间相互讨价还价、妥协与调整的政治过程。布坎南指出:"在'经济'和'政治制度'之间,'市场'和'政府'之间,'私营部门'和'公营部门'之间难以划出一条界线。经济学家不必把他们的调查限于人们在市场中的行为(买卖活动本身)。使用或多或少地扩大交换经济学的方法,经济学家便能按照交换的法则来观察政治和政治过程。只要集体行动以个人决策者作为基本单位的模式进行,只要这样的集体行动基本上被想象为反映了一个适当的社团全体成员之间的复杂交换或协议,这样的行动或行为或选择可以容易地列入交换经济学的范畴。在这个内涵中不存在'经济学家的帝国主义',留下的只有'作为交换科学'的'经济学'和'政治科学'或'政治学'的分类的区别。"②

公共选择理论家认为,作为观察制度的一个"不同窗口",经济学的交换有助于更好地认识政治制度和政治过程的本性,并推动政治制度的改革。布坎南认为,"公共选择用交换范例最后制造模式政治,但它不一定提供一组凭经验可驳倒的假设,政治和政治制度唯一或主要地可归因于复杂交换、契约和协议"③。按照他的说法,"公共选择对政治的作用产生重要的规范意

---

① [美]詹姆斯·M. 布坎南、戈登·塔洛克:《同意的计算——立宪民主的逻辑基础》,中国社会科学出版社2000年版,第20页。

② [美]布坎南:《自由、市场和国家》,北京经济学院出版社1988年版,第19—20页。

③ 同上书,第20页。

义,这些意义反过来产生制度改革的方法"①;"即使有这些规范的意义,政治上的公共选择观点会直接引导人们的注意力趋向改革的方法,而权力的观点做不到这一点"②;"宪法观点自然地产生于作为交换的政治范例或研究纲领。要改进政治,有必要改进或改革规则,改进或改革作为政治游戏的构架。……一场游戏由它的规则限定,而一场较佳的游戏只产生于改变规则"③。在这里,所谓的对政治作用产生规范意义,特别是强调将政治作为一种过程来看待,将之理解为在解决利益冲突时进行交易并达成协议的过程,这就对政治活动或过程的本质和目的提出了不同于传统政治学(尤其是权力论)的看法;这些规范主义反过来产生制度或规则改革的方法,引导并促进人们注意宪政改革。换句话说,在公共选择理论家看来,关注制度、规则的改革尤其是宪政改革,这是将经济学的交换范例运用于政治过程的直接的理论后果。

方法论的独特性是公共选择理论形成与发展的关键因素,可以说离开个体主义方法论,就没有公共选择理论。英国学者G. 洛克斯利在《个人、契约和宪法:布坎南的政治经济学》一文中说:"布坎南的研究方法对于理解他的理论至关重要,因为这既涉及他所提出的问题,又影响到这些问题给出的答案。他自己声称坚持个人主义的方法,这不仅是一个使用什么样的研究工具的问题,而且还意味着一种信念。"④ 正是将经济学的方法("经济人"假说交换范式以及个人主义方法论)应用于政治领域以及政治实践,布坎南等人才建立起一种既不同于传统的经济学,又不同于传统的政治学的"政治的经济理论",在一定程度上实现政治学与经济学的整合研究。

公共选择的个人主义方法的创新性价值及启示主要表现在如下几个方面:首先,公共选择学者将"经济人"假说由经济领域推广到政治领域,力图确立起人类行为动机的统一模式,"这有助于加强'经济人'范例的科学效用"(亨利·勒帕日语),有利于人类行为分析的一致性。长期以来,西方经济学与政治学在关于人的作为动机的假设上是对立的:西方主流经济学都建立在"个人追求利益最大化"这一"经济人"的利己主义假设基础

---

① [美] 布坎南:《自由、市场和国家》,北京经济学院出版社1988年版,第21页。
② 同上书,第20页。
③ 同上。
④ [美] J. R. 沙克尔顿、G. 洛克斯利:《当代十二位经济学家》,商务印书馆1999年版,第38页。

上；而西方传统政治学的主流则往往假定个人尤其是政治家和官僚是追求公共利益，利他主义的。公共选择学者力图打破这一分野，将人的行为纳入统一的"经济人"分析框架，假定个人无论是在经济领域还是在政治领域都是"经济人"，即追求自身利益的最大化。在他们看来，人就是人，人并不因为占有一个总经理位置，或拥有一个部长头衔就会使人性有一点点的改变，不管人在什么地方，不管他在私营企业里领薪水，还是在政府机关拿工资，他就是他，总是宁可选择能为自己带来更大个人满足的决定。"经济人"在公共选择理论中是一个人类行为动机的简化的假说，是人类行为特征的一般性刻画，或者说是社会中的所有个体行为特征的统计描述，因而它既可以被用于分析经济主体的行为，也可以用于分析政治主体的行为。"经济人"范例被当作和许多科学地建立起来的物理学的"法则"一样有效。有如米尔顿·弗里德曼在接受诺贝尔经济学奖的演讲时所指出的："'经济人'可能是一个虚构的人物，是由经济学家杜撰出来的，但是它并不比许多涉及原子或电子行为的物理定律更神奇。与'经济人'模式一样，这些物理法则往往只是以'一般'行为为对象的统计法则，而并不企图说明每个粒子的实际行为。"①

其次，从"经济人"假说出发，公共选择理论采用演绎法以及数学模型来研究政治问题，力求使政治理论"科学化"，这是公共选择理论文献的一个富有创新和令人感兴趣的方面。公共选择理论往往被称为数理政治学理论（Mathematical Political theory）。"演绎分析法及数学模型的大量使用是这一新领域的特征。"② 或用亨利·勒帕日的话说："公共选择运动的第一个特点，即全新一代经济模式的产生，它们试图通过对影响公共决策者的态度和决定性选择的动机和限制的推理分析，来解释人们观察到的公共决策人（当选者、政党、政府、国家官员）的行为。"③ 公共选择理论的基本主题（如投票规则分析、官僚体制理论、政党理论、寻租理论、利益集团理论等）无不使用数学模型及演绎法，而其中戈登·塔洛克和威廉·尼斯卡宁对官僚体制的分析、安东尼·唐斯和威廉·里克对政党行为的分析、奥尔森对集体行动的分析最为典型。一个学科的科学化水平高低主要取决于该学科

---

① ［德］亨利·勒帕日：《美国新自由主义经济学》，北京大学出版社1985年版，第137页。
② ［荷］汉斯·范登·德尔、本·范·韦尔瑟芬：《民主与福利经济学》，中国社会科学出版社1999年版，第6页。
③ ［德］亨利·勒帕日：《美国新自由主义经济学》，北京大学出版社1985年版，第138页。

知识或理论的系统化、定量化、形式化以及公理化程度。演绎法和数学公式或模式的使用具有许多优点："演绎推理和数学公式的结合具有许多优越之处：特定假设中的含义不易被忽略；假设中的逻辑矛盾可被澄清；欲推导一种理论则必须确切地列出其理论要素中所应用的现象；复杂的结构有时可被容易地描述出来；还有，对政治学理论的一些观点进行定量检验变得更为便利。"① 以自然科学尤其是物理学为榜样，采用演绎推理和数学公式来提高自身的科学化水平，这是近现代社会科学发展的一个最基本的趋势。在这方面，经济学尤其是计量经济学走在社会科学各学科的前列，因而其"科学性"程度似乎最高，对其他社会科学学科起到了示范作用（这也往往被人们抨击为"经济学帝国主义"）。公共选择理论大量使用数学公式、定量分析方法和演绎推理来研究政治决策或集体行动，的确增强了政治学的"科学性"成分，它理所当然地成为20世纪后半期西方政治学中的演绎理论的典型代表（即政治学中的"理性选择学派"）。

再次，公共选择理论的个人主义方法论将政府决策或公共决策的分析建立在个人决策的基础上，"力图重新架通个人行为与集体行为之间的联系桥梁"（勒帕日语），"为政府内的决策提供了全面得多的观点"（J. van Den Doel 语）。长期以来，西方主流政治学特别是多元主义/利益团体理论以"集体"或"团体"作为基本的分析单位，忽视了对作为公共决策或集体行动基础的个人决策及个人行为的分析研究，无法回答公共决策或集体行动是如何形成的，不能指示其内在的逻辑或机制。公共选择理论的方法论个人主义沿着肯尼思·阿罗的社会选择论的思路，力图提示公共决策（公共选择）的内在逻辑，分析这种决策是如何在个人决策的基础上产生的。在这种方法论中，政府被视为一群人（即供给者），为另一群人（即需求者）提供公共物品，而后者（需求者）按照其自身的偏好对公共物品进行评估。现在，政府并非被看作一个在民众之前高高在上的神话般的机构，而是被看作一个由政治家和公仆组成的团体，其中的每个人都在追求自身利益的最大化，而公共决策正是在这些追求自身目标的个人决策基础上形成的。基于这种方法论，政治决策的经济学的理论最重要的几个主题是：一个团体中公共物品的供给与需求，不同权力集团的交易过程中的价值分配，政党争取选票的竞争和官僚机构行为对政府政策的影响等；这种方法论视角使得如下这些长期被

---

① ［荷］汉斯·范登·德尔、本·范·韦尔瑟芬：《民主与福利经济学》，中国社会科学出版社1999年版，第6页。

Ⅲ "新政治经济学"

忽视的问题成为公共决策或集体决策关注的焦点：谁的动机决定集体决策？制定的是什么决策？这些决策如何在公民中分配收益与成本。① 同时，公共选择学者也试图克服阿罗在分析个人行为与社会选择（即个人决策与集体决策）关系时所提出的阿罗定理或阿罗悖论（"民主悖论"）——在不存在内部矛盾的可能性情况下，在任何可能的民主条件下，都没有一个逻辑的方法可以从各个不相同的个人偏好中得出一个最好的集体选择，换言之，简单加法不足以在个人偏好中间排出一个一致的共同秩序，因而，从逻辑上看不可能建立起完全协调一致的集体选择偏好。戈登·塔洛克等人提出了一种被称为"需求显示"的偏好显示方法，力图避开阿罗悖论。

复次，公共选择理论的方法论显示出政治决策或公共政策制定的经济方面，注重对政策作成本—收益分析，这有助于更好地了解政策的实质，提高政策效益。公共政策往往被认为是以公共利益以及社会效益作为追求目标，为实现这种目标则可以不计经济成本，因而，政策的经济方面——成本—收益方面往往是不受重视的。而事实上公共政策一般都具有经济的方面，如成本与收益及其在社会成员或团体中的分配，对公共政策作经济分析是政策分析的一个重要的方面（经济学为政策分析提供了有效的分析工具和概念框架，其应用是必不可少和富有成效的）。公共选择理论的方法论的贡献之一，正是在于它指出任何政治决策或公共政策制定都是一种经济行为——它有成本和收益，并改变财富在社会上的分配，给一些社会成员带来利益，而对另一些社会成员带来损害（或至少不带来收益）；一项"好的"政策至少是收益大于成本的政策。因此，公共选择强调对政策作经济分析尤其是损益分析，包括对决策者的行为和决策的方式（投票规则）作经济分析。例如，布坎南和塔洛克在《同意的计算》中就对投票规则或选择规则特别是全体一致的规则作成本—收益分析。他们定义了两种成本，即"外在成本"和"决策成本"。前者是指由于他人的行为而加于某个人的预期成本，或者说是指某种决策给予之偏好不一致的人带来的损害，后者是指某个人参加一项有组织的活动（决策）所花费的成本，也可以看作两个或两个以上的个人达成协议的成本。他们称这两种成本为"相互依赖成本"，并将之用来比较分析各种选择规则的优劣。公共选择方法在公共政策的政治（权力）方面之外，补充上经济的方面，并提供了某些有效的分析工具，这就有助于更全

---

① 参见［荷］汉斯·范登·德尔、本·范·韦尔瑟芬《民主与福利经济学》，中国社会科学出版社1999年版，第6—8页。

面认识公共政策的实质,提高政策效益。

最后,公共选择学者"将调查市场经济之缺陷和过失的方法同样应用于国家和公共经济的一切部门",将制度因素看作经济过程的内生变量,强调政治和经济的相互作用。这在某种程度上恢复了古典政治经济学的传统,有助于深入认识制度的重要性以及更好地分析政治与经济的相互关系。公共选择理论反对古典经济学和新古典经济学将经济学局限于研究稀缺资源的配置以及纯粹的经济行为,从而把政治因素排除在外,把制度当作经济过程的外生变量的做法,把制度因素看作影响人类行为以及效率的重要因素或变量而重新纳入经济学的研究视野,注重政治与经济相互作用的分析。布坎南在《公共选择理论》一书的序言中说:公共选择理论只是明确提出公共经济一般理论的一种尝试,即因一种政治市场运转理论来补充商品的生产服务交换的理论。传统经济学模式把经济决策视为系统的内在变化,只把政治决策视为外部因素排除在外,不予探讨,公共选择理论的宗旨是把人类行为的这两个方面(即经济和政治)重新纳入单一的模式,该模式注意到,承担政治决策结果的人就是选择决策人的人。制定政策的程序和宪法而不是政策本身成为改革的重点;作为一种观察政治和政府制度的不同方法,直接引出对宪政以及宪政改革的关注。在布坎南本人看来,要改善政治,首先必须改革规则;政府失灵的原因应主要从宪法规则上去寻找。

然而,公共选择的分法论如同它的理论一样,并非完美的,相反,存在着严重的缺陷。因此,它受到了来自各个方面的批评,这些批评涉及公共选择方法论的逻辑基础、经验检验和方法论的具体内容等各个方面。

一是对公共选择方法理论的逻辑基础(假设—演绎模式)的批评。大多数公共选择理论家坚持关于人的动机的单一假定("经济人"的假设),并致力于由这一假定推导出人们的一般行为(例如,由这一假定政治家、政党、官员、利益集团等的政治行为或表现)。批评者认为,这种假设—演绎模式是用高度概括和抽象的模型来解释和预测人的行为尤其是政治行为,是难以证明的;从"经济人"假设要推导出人们对任何实际情形下的可预期的反应尤其是政治行为(如政府的需要、对特定宪法和投票规则、对他人的行为等)是做不到的。政治学家们认为,公共选择理论家依靠假设—演绎模式所提供的是"一幅政治行为的天真漫画"。缪勒在《公共选择》(第1版,1979年)一书的序言中也承认,公共选择的模式受到传统政治学家的挑战,这种"民主政治的经济模式的解释力仍然是令人怀疑的"。

二是对公共选择方法的经验证据的怀疑。公共选择理论家用现实的事例

(主要是来自美国的联邦、州和地方政府的事例)来印证其方法论和理论。然而,批评者认为,公共选择的方法论及理论缺少经验研究的有力支持。自从这种理论诞生以来,它的方法论及假设—演绎模式未能通过令人信服的经验检验,公共选择理论家提供的证据往往是记录下来的个别事例,而不是靠深入的调查研究得来的,缺乏说服力。缪勒在《公共选择》(第1版,1979年)的"引言"中列举了一些经验材料的参考文献,而到了《公共选择Ⅱ》(第2版,1989年)时则从"引言"中删去了这些参考文献,并在书中承认狭隘的自利的投票模式不能解释多数人的投票行为,也不能解释所有的再分配、社会保险计划等活动。相反,存在大量的证据可以反证公共选择的方法论。例如关于投票人信念和行为的大量经验研究表明,多数投票人去投票的原因不是出于自利动机的驱使,而是为了意识形态、自我实现、家庭和党派归属感以及为了种族、宗教、爱国主义情操,等等。①

三是对公共选择方法论的构成因素或内容的批评,即对"经济人"假设、经济学交换范式以及方法论个人主义的批评。人们对"经济人"假设有大量批评,认为这是"经济学帝国主义"的一种集中表现,"经济人"假设是错误的,因为它只是对一种动机进行了建模,而实际动机是复杂的;它认为动机是一成不变的,而实际动机是可变的。人们还批评公共选择方法论的经济学交换范式,认为它将经济过程中的交换关系无条件应用到政治过程,将政治过程与经济过程混为一谈。

针对各种对于公共选择方法论尤其是"经济人"假设的批评,公共选择理论家千方百计为之辩护。例如,布坎南等人在《规则的原因》一书中提出了三个辩护理由。第一,"如果一个人坚持将经济人的行为与在抽象和一般化水平上大致相同的其他的行为模式相比较,那就失去了辩论的基础。心理学上更丰富的行为模式可能被拒绝接受,因为它们不能通过隐含的严格的检验"。第二,"经济人没有很好的定义,并且自封的批评家可能发现他所追求的目标不见了,却以另一种面目重新出现。例如,在把经济人规定为净财富的最大化者时,可能不能解释所观察到的许多现象,但是观察可能是不确定的,因为模式的辩护者可能求助于观察者效用函数的形式上的变化。换句话说,经济人的辩护者曲解了对偏好内容的批评,声称偏好结构而不是偏好内容是模式的主要因素"。第三,"在根本的方法论原则基础上,似乎

---

① 参见[澳]休·史卓顿、莱昂内尔·奥查德《公共物品、公共企业和公共选择》,经济科学出版社2000年版,第153—155页。

同样的人类行为模式应该用于不同的制度或规则。例如，如果不同的人类行为模式在经济（市场）和政治的不同场合使用，就没有办法把制度变化的影响从行为假定的影响中区别开来。因此，在集中讨论上述问题时，坚持基本行为模式不随制度而变化，同应用假使其他情况均不变的方式没有什么不同"。① 对于布坎南等人的这种辩护，批评者认为是于事无补的。

对于方法论个人主义也有很多批评（尤其是来自方法论集体主义者的批评）。批评者认为方法论个人主义片面强调个体的作用，将集体看作一个个体的累加，试图从个体行为推导出集体行为，这种做法实际上是一种机械论，与整体论相对立。这反映了几乎贯穿于近现代社会科学发展始终的方法论个人主义和方法论集体主义这两种方法论的对立。根据史蒂文·卢克斯在《个人主义》一书中的论述，我们可以看到在近现代方法论个人主义与方法论集体主义争论的概况。②

19世纪初期以来，方法论个人主义遭到了各个领域的思想家们的反对，他们站在一个新的视角去理解社会生活，据此，集体现象优于个人。在法国，这种传统从圣西门和孔德，经埃斯皮纳斯而传至涂尔干，而涂尔干的整个社会学就是建立在对方法论个人主义的否定基础上的；在德国，否定方法论个人主义更成为一种普遍趋势，波及历史学、经济学、法学、心理学等几乎所有的社会研究领域。像现代社会学的主流一样，黑格尔主义者和马克思主义者也同样对方法论个人主义持否定态度。

另一方面，马克斯·韦伯则倾向于支持这种方法论个人主义，他认为，社会学本身只能产生于一个或更多的独立个人的行动，因此，必须严格采用个人主义的方法。约翰·斯图尔特·穆勒等功利主义者，强调"社会现象的规律是、也只能是人的行动和激情"，即"个人的人性规律"。许多社会科学家都试图采用方法论个人主义，最为明显的是那些把固定不变的心理要素当作基本的解释因素的人，如帕累托（"残余物"）、麦克杜格尔（"本能"）、萨姆纳（"冲动"）、马林诺夫斯基（"需要"），最为著名的则是社会学家乔治·霍曼斯。

关于方法论个人主义的讨论，还在德国的经济"史学"派与古典和新

---

① 转引自［澳］休·史卓顿、莱昂内尔·奥查德《公共物品、公共企业和公共选择》，经济科学出版社2000年版，第156—158页。

② 参见［英］史蒂文·卢克斯《个人主义》，阎克文译，江苏人民出版社2001年版，第103—112页。

古典经济学"抽象"理论（特别为卡尔·门格尔和奥地利学派所阐述的）之间的争论；历史哲学家之间以及社会学家和心理学家之间没完没了的争论；还有涂尔干和加布里埃尔·塔得之间进行的著名辩论（在他们两人的争论中最明确地提出了大多数基本问题）。另外，格奥尔格·齐美尔和查尔斯·霍顿·库利则试图平息这场争论，乔·格尔维奇和莫里斯·金斯伯格也想这么做。

这种争论仍然继续不断地出现，例如哈耶克、波普尔和沃特金斯教授捍卫方法论个人主义的论战性著作所引起的讨论。例如，哈耶克写道："理解社会现象不可能有别的方式，只能通过理解个人的行为，这种个人的行为是指向别人的，同时又可能受到别人预期行为的诱导。"同样，在波普尔看来，所有社会现象，特别是所有社会制度的功能，应该理解为人类个体的决定、行动、态度等的结果，而且……我们决不应该满足于从所谓"集体"的角度所做出的解释……。

总之，公共选择理论的方法论将经济学的假说、理论和模式应用于政治过程，力求对政治过程做出不同于传统政治学理论的解释，这既是它的力量的源泉，又是它的弱点之所在；公共选择的方法论既有创新，又陷入困境。它又一次将方法论上的个人主义与集体主义之争摆上社会科学的前台。公共选择的方法论值得我们认真研究，这有助于促进社会科学研究中的方法论个人主义与方法论集体主义的融合，推动政治与经济的整合研究。

非市场缺陷的政治经济学分析*
——评公共选择和政策分析学者的政府失败论

非市场缺陷尤其是政府失败是现代市场经济国家所面临的一个共同难题，也是当代西方经济学、政治学和政策科学等领域的学者共同关注的一个主题。西方学者尤其是公共选择学者和政策分析学者已经对非市场决策或政府失败的表现、类型和成因以及防范措施进行了较为深入的探讨，形成了较系统的非市场缺陷论或政府失败论，这可以说是对西方发达市场经济国家的政府干预实践，特别是政府失败实践在理论上的反思。我国正处于由计划经济体制向市场经济体制转轨的时期，如何处理好政府与市场、企业和社会的关系，确定好政府干预的范围、内容、方式及力度，是我国社会主义市场经济发展中的一个至关重要的问题，因而必须高度重视并研究非市场缺陷或政府失败问题。本文将评述公共选择和政策分析学者的"非市场缺陷论"或"政府失败论"，并提出对这个问题的一些看法。

一、政府失败问题的提出

市场经济是一种由市场机制来配置社会资源的经济体制或经济运行方式。但是，纯粹的市场经济或完全竞争的市场是不存在的，在市场经济发展的任何阶段，政府都必须发挥其作用，履行其社会经济职能，只不过是在不同的国家、在市场经济发展的不同阶段，政府干预的程度有所不同而已。

从西方市场经济的理论与实践来看，市场的缺陷及市场的失灵被认为是政府干预的基本理由。用公共选择学派的奠基者布坎南（J. Buchanan）的话

---

* 原载《中国社会科学》1998年第4期（中国人民大学复印报刊资料《理论经济学》1999年第1期全文转载）。

来说:"市场可能失败的论调广泛地被认为是为政治和政府干预作辩护的证据。"① 在市场经济体制条件下,社会资源的配置通过价格机制的作用来实现,但市场调节及价格机制发生作用有一定的前提条件,而且市场本身不是万能的,"市场不是理想的,存在着市场失灵"(P. A. Samuelson 语)。市场缺陷主要表现在公共物品(public goods)、外部性(externality)、垄断、市场的不完全、分配的不公平和宏观经济失衡等方面。

因此,为了弥补市场的缺陷和纠正市场失灵,现代市场经济国家的政府在社会经济生活中扮演着公共物品的提供者、负的外在效应的消除者、收入和财富的再分配者、市场秩序的维护者和宏观经济的调控者等角色。政府采取一系列的干预行为来调节市场机制,既要保证市场运行的外部条件,又要作为市场机制的补充。战后西方各国所采取的干预措施,对其经济持续二三十年的"繁荣"起到了一定的作用。然而,人们逐步发现,如同市场本身是有缺陷的、市场会失灵一样,政府本身的行为也有其内在局限性,政府同样会失败;市场解决不好的问题,政府也不一定能解决得好,而且政府失败将给社会带来更大的灾难,造成更大的资源浪费。特别是从20世纪70年代开始,西方国家以低经济增长、高通货膨胀、高失业率和高财政赤字为特征的"滞胀"现象的出现,正是政府过度干预、政府失败的集中表现。在实践上,从70年代末80年代初开始,西方各主要市场经济国家的政府为克服"滞胀"现象以及政府过度干预所产生的其他问题,纷纷放松了管制,减少干预,并实行私有化、向自由放任回归。美国里根政府1980—1984年的政策,英国撒切尔政府1979—1983年的政策以及联邦德国科尔政府1983—1987年的政策,都可以说是对政府过度干预的消极性的反应。这就在客观上促使人们在分析政府与市场关系问题时,从原来对市场缺陷和市场失灵的关注转向对政府行为局限性及政府失败的关注。当代西方社会科学尤其是公共选择学派和政策分析学派的政府失败论或非市场缺陷论,正是在这种背景下形成和发展起来的。

当代西方新自由主义经济学思潮特别是公共选择学派首先对政府失败问题进行了较系统的研究。公共选择理论实际上是经济学和政治学交叉融合而产生的一种理论。用布坎南的话来说:"公共选择是政治上的观点,它从经济学家的工具和方法大量应用于集体或市场决策而产生"②;"它是观察政治

---

① [美]詹姆斯·布坎南:《自由、市场和国家》,北京经济学院出版社1988年版,第13页。
② 同上书,第18页。

制度的不同方法"①。按照缪勒的说法，公共选择理论可以定义为非市场决策的研究，或简单地定义为将经济学运用到政治科学。公共选择的主题与政治科学的主题是相同的，涉及国家理论、投票规划、投票者行为、政党政治、官僚机构，等等。然而公共选择所使用的是经济学的方法，它的基本假定就是"经济人"假设，即人是自利的、理性的效用最大化者。② 由此可见，应用经济学的假定和方法来研究非市场决策或公共决策问题，是公共选择理论的研究领域，其核心主题是用经济学的方法来说明市场经济条件下政府干预行为的局限性以及政府失败问题。布坎南在《公共选择理论》（1972年）一书中说过，公共选择学派想要做的事情是，把40年来人们用来检查市场经济缺陷和不足的方法，完全不变地用来研究国家（政府和公共经济的一切部门）。依照该学派之见，揭示市场制度的缺陷是一件好事，深入研究政府干预的逻辑及局限性，进而完善政府干预也是一件好事。它无非是要设计一种模式来说明西方民主社会中左右公共物品生产和供应的决策过程，指出政府干预行为的限度尤其是分析政府失败的原因，并提供改进措施。布坎南声称：公共选择学说的主要贡献在于证明市场的缺陷并不是把问题转交给政府去处理的充分条件。

尽管公共选择学派提供了一个关于非市场缺陷或政府失败的综合理论，"然而，仅靠公共选择所提供的理论还远不能满足一个完整的非市场缺陷理论的要求。例如，现有的公共选择理论对这样几个方面都不够重视或没有给予充分的解释：非市场活动排他性（垄断）的类型；关于非市场产出技术的高度不确定性；以及由这些产出所引起的多次'副的'或没有预见到的其他结果。此外，从公共选择理论对非市场缺陷的贡献来讲，它还忽视了组织僵化、传统和'标准操作路线'的作用。这些因素可能对独立于市场规则之外的组织的影响比对遵从这些规则的组织（即公司）的影响还要大"③。此外，公共选择学派的非市场缺陷的研究只限于政府，而未扩展到其他的公共部门（如基金会、大学、非私有的医院等）。

针对这种情况，一些政策分析者力求扩展和深化公共选择学派对于市场或政府缺陷的研究。例如，兰德公司研究生院院长、政策分析家查尔斯·沃

---

① [美]詹姆斯·布坎南：《自由、市场和国家》，北京经济学院出版社1988年版，第20页。
② Dennis C. Mueller, *Public Choice* II, Cambridge: Cambridge University Press, 1989, pp. 1–2.
③ [美]查尔斯·沃尔夫：《市场或政府：权衡两种不完善的选择》，中国发展出版社1994年版，第4—5页。

尔夫《市场或政府》一书的目的"是阐发一种非市场缺陷的理论,从而使政府的不完善运行能够得到清晰的分析,并且期望这种分析达到一种确定程度,接近于人们对市场的不完善运行分析所达到的水平"①。又如,政策分析家戴维·韦默(David L. Weimer)和艾登·维宁(Aidan R. Vininig)在《政策分析》(1989年第1版,1992年第2版)一书中把市场失灵和政府失败问题作为政策分析的理论基础,较系统地探索政府失败的类型与原因,从直接民主制、代议民主制、官僚主义供应和分权等固有的问题中寻找政府失败的根源,并总结了防止政府失败的一系列有效措施。

经济学、政治学和政策分析等学科领域的学者对非市场缺陷或政府失败问题的研究及其理论成就,改变了现代西方社会科学尤其是经济学和政治学在研究政府与市场关系上把分析的重点放在市场缺陷的研究而忽视非市场缺陷的局面,使非市场缺陷或政府失败问题成为西方学者关注的焦点之一。然而,与市场失灵研究相比,非市场或政府失败的研究尚不成熟,"关于市场的缺陷已经在经济学文献中得到了符合逻辑的、规范的阐述,而那些'非市场'缺陷却还没有被同等地分析到"②。这不仅表现在非市场缺陷的表现、成因、机制及其与市场缺陷的联系中的许多问题尚未弄清楚,而且在于非市场缺陷理论缺少例证和国家经验的支持(而市场缺陷理论得到了例证和国家经验的充分支持)。由此可见,市场缺陷研究与非市场缺陷研究不对称,非市场缺陷及政府失败问题亟待深入探讨。

二、政府失败的现象、类型与成因

如同市场缺陷及市场失灵有不同的类型及成因一样,非市场缺陷及政府失败也有不同的表现、类型及其根源,这是非市场缺陷及政府失败论所要探讨的最基本的问题。非市场缺陷及政府失败有种种表现,可以归纳为公共决策失误、官僚机构提供公共物品的低效和浪费、内部性与政府扩张、寻租及腐败等基本类型;而导致这些缺陷的主要原因在于公共物品供求关系的特点、公共决策的内在困难以及缺少一种有效的非市场机制——它能够把私人的或组织的成本与效益同整个社会的成本与效益进行调节和

---

① [美]查尔斯·沃尔夫:《市场或政府:权衡两种不完善的选择》,中国发展出版社1994年版,第10页。

② 同上书,第11页。

计算。下面,我们具体讨论非市场缺陷及政府失败的这几种类型及其成因。

(一) 公共政策失效

政府对经济生活干预的基本手段是制定和实施公共政策,以政策、法规及行政手段来弥补市场的缺陷,纠正市场的失灵。在市场经济条件下,存在着两种基本的决策类型:市场决策和非市场决策(公共决策)。所谓市场决策也就是市场主体(主要是企业和个人)根据市场供求关系来决定私人物品(private goods)的生产和供应,即企业决定生产什么、如何生产和为谁生产;作为消费者的个人决定购买和消费什么产品或服务等。所谓非市场决策或公共决策则是国家或政府部门为公共物品的生产与供应,为干预社会经济的运行而做出的决策。与市场决策相比,公共决策是一个更复杂的过程,存在着种种困难、障碍和制约因素,使得政府难以制定并执行好的或合理的公共政策,导致公共政策失效。这非但不能起到补充市场机制的作用,反而加剧了市场失灵,带来更大的资源浪费,甚至引发社会灾难,这是非市场缺陷及政府失败的一个基本表现。

按照公共选择和政策分析学者的看法,公共决策失误或政策失效的主要原因来自公共决策过程本身的复杂性和困难以及现有公共决策体制和方式的缺陷。具体来说:

1. 社会实际并不存在作为政府公共政策追求目标的所谓公共利益。肯尼思·阿罗(K. Arrow)在《社会选择与个人价值》(1951 年)一书中所提出的"阿罗不可能性定理",已表明了将个人偏好或利益加总为集体偏好或利益的内在困难。这一定理说的是:试图找出一套规则或程序,来从一定的社会状况下的个人选择顺序中推导出符合某些理性条件的社会选择顺序,一般是办不到的。阿罗证明,简单加法不足以在个人偏好中排出一个一致的共同次序,这些个人偏好本身也是根据不同的标准而分类的。布坎南也指出:在公共决策或集体决策中,实际上并不存在根据公共利益进行选择的过程,而只存在各种特殊利益之间的"缔约"过程。[1]

2. 现有的各种公共决策体制及方式(投票规则)的缺陷。以多数原则为基础的民主制是现代国家所采用的一种通用的决策体制,它较之于独裁制

---

[1] See J. Buchanan, "A Contract Paradigm for Appling Economics", *American Economics Review*, No. 5, 1975, pp. 225 – 230.

或专制体制,是一种巨大的进步和更合理的决策体制。但是,按照布坎南和戈登·图洛克在《同意的计算》(1962年)中的分析,这种民主体制是很不完善的,甚至可以说是相当不民主的。韦默和维宁在《政策分析》一书中指出,无论是直接民主制还是间接(代议)民主制都有其内在缺陷:前者中固有的问题有周期循环或投票悖论和偏好显示是否真实等问题;后者中固有的问题主要是被选出的代表由于其"经济人"特性而追求自身利益的最大化,而不是选民或公共利益的最大化;而选民却难以对其实施有效的监督。[1] 现有的投票规则或表决方式(如一致通过、过半数、相对多数、绝对多数、三分之二多数等)也远非是完美的。例如,多数原则不可能是完全民主的,它将出现多数人对少数人的强制;一致同意原则的决策成本太高,且容易贻误决策时机;即使按照多数原则做出的决策也未必反映大多数人的偏好。邓肯·布莱克(Ducan Black)在《委员会与选择论》中提出的"中间投票人"定理说明了这一点,该定理解释了为什么多数选择制最终使人们选择的政策成为符合"中间"选民之偏好的政策。因此,迄今为止,"没有一种投票制度能以令人满意的方式沟通个人与集体,因而十全十美的民主政治是不存在的"(阿罗语)。

3. 信息的不完全、公共决策议程的偏差、投票人的"近视效应"、沉积成本、先例等对合理决策的制约。例如,决策信息的获取总是困难而且需要成本的,选民和政治家所拥有的信息都是有限的,因而许多公共政策实际是在信息不完全的情况下做出的,这就很容易导致决策失误。又如,政治家和选民的"近视效应"也是导致公共决策失误的一个原因。由于政策效果的复杂性,大多数选民难以预测其对未来的影响,因而着眼于近期的影响,考虑目前利益,而政治家或官员由于受选举周期或任期的影响,因而他们的时间贴现率要高于社会时间贴现率,其结果通常是在政治家或官员的短期行为和长远利益之间产生明显的脱节。为了显示政绩,谋求连任或晋升,他们就会迎合选民的短见,制定一些从长远看弊大于利的政策。这种现象被费尔斯顿称为"政治过程中固有的近视"。

4. 政策执行上的障碍。政策的有效执行依赖于各种因素或条件。美国政策科学家史密斯在《政策执行过程》一文中认为,理想化的政策、执行机构、目标团体和环境是政策执行过程中所牵涉的重大因素。具体地说,政

---

[1] David L. Weimer & Aidam R. Vining, *Policy Analysis: Concepts and Practice*, Englewood Cilffs: New Jersey, 1992, pp. 113 – 130.

策的形成、类型、渊源、范围及受支持的程度，社会对政策的印象；执行机构和人员、主管领导的方式和技巧，执行的能力与信心；目标团体的组织或制度化程度，接受领导的情形以及先前的政策经验；社会的政治、经济和文化环境的不同；凡此等等，都是影响政策执行成败所需考虑和认定的因素。[1] 这些因素中的某一方面或它们之间的配合出问题，都可能招致政策的失效。例如，政策执行依赖于强有力的执行组织及各部门或单位的密切配合，执行机构不健全，各部门不协调合作，执行人员不力，必将引起政策失效。普雷斯曼和韦达夫斯基等人通过对美国加州"奥克兰项目"失败案例的分析已经证明了这一点。[2] 又如，在政策执行博弈中，由于中央与地方分权，中央与地方利益的差别，地方政府有可能与中央政府讨价还价，力求从中央获得更多的利益，并导致"上有政策，下有对策"现象的发生。

（二）公共物品供给的低效率

非市场缺陷或政府失败的这一表现也可说成是官僚机构的低效和浪费。公共组织尤其是政府机构为了弥补市场缺陷、纠正市场失灵，将履行公共物品提供者的职能，即直接提供市场可能供给不足的公共物品，并履行市场秩序维护者、外在效应消除者等角色，管制自然垄断、外在效应、信息不对称等。然而，由于公共机构尤其是政府机构的本性以及公共物品供求关系的特点，使得它们提供公共物品也难以做到高效，尤其是产生提供过剩公共物品和成本增加现象。

根据公共选择和政策分析学者的观点，导致公共机构提供公共物品低效率尤其是官僚机构低效率的主要因素有：

一是公共物品的估价或评价上的困难。官僚机构提供公共物品所追求的是社会效益，而非经济效益，社会效益的衡量缺乏准确的标准和可靠的估算方法及技术；同时，要合理确定社会对某一类公共物品需求的数量、提供公共物品的政府机构的规模以及对这些机构绩效的评估是困难的，甚至是不可能的。按照沃尔夫的说法，并没有一个公式能够说明政府活动的产出的必要和最小的限度，也没有简单而一致的标准可以用来准确衡量"非市场"规

---

[1] T. B. Smith, "The Policy Implementation Process", *Policy Sciences*, Vol. 4, No. 2, 1973, P. 203.

[2] Jeffey L. Pressman & Aron Wildavsky, *Implementation* (3ed.), Berkley, California: University of California Press, 1984.

模的大小。①

二是公共机构尤其是政府部门垄断了公共物品的供给，缺乏竞争机制。市场竞争迫使私人企业设法降低成本和提高效益，那些不以最高效率的方式来有效使用资源的企业最终将被淘汰出局。然而，在公共机构中却没有这种优胜劣汰的竞争机制。公共机构提供公共物品并未面临直接的竞争，即使它们低效率运作，仍能持续生存下去，造成了"X低效率"——也就是说，由于没有竞争的对手，官僚机构有可能过分投资，生产出多于社会需要的公共物品，如不适当地扩大机构、增加雇员、提高薪金和办公费用，从而造成大量的浪费。

三是政府机构及官员缺乏追求利润的动机。私人企业经理具有降低成本追求利润的动机，其企业有创新激励机制，而政府机构没有这方面的机制，其官员也无利润动机。由于官僚不能把利润占为己有，加上公共物品的成本与收益难以测定，所以，与企业经理不同，官僚的目标并不是利润的最大化，而是机构及人员规模的最大化，以此增加自己的升迁机会和扩大自己的势力范围。也许某些公共部门的效率与私人企业一样高，但却存在另一种浪费，即提供公共物品的公共部门具有超额生产公共产品的内在倾向，这种"过剩"的产品或服务最终是以社会所付出的巨额成本为代价的，是一种社会浪费。

四是监督机制的缺陷。政府官员的行为必须受到立法者、公民或选民的政治监督。但是现有的监督机制是不健全的，许多监督形式是软弱无力的。特别是监督信息的不对称、不完全使得对官员的监督徒有虚名。政府官员一般都是在信息不对称的环境中工作的，立法者和选民都缺少足够的必要信息来有效地监督公共机构及其官员的活动，官员（被监督者）比监督者（立法者和选民）拥有更多的关于公共物品及服务方面的信息尤其是成本、价格方面的信息。这样，监督者完全可能被监督者所操纵，后者有可能制定并实施某些有利于自身利益而损害公共利益的公共政策。

（三）内部性与政府扩张

公共机构尤其是政府部门及其官员追求自身的组织目标或自身利益而非公共利益或社会福利，这种现象被人们称为内在效应或内部（在）性

---

① [美]查尔斯·沃尔夫：《市场或政府：权衡两种不完善的选择》，中国发展出版社1994年版，第134页。

（Internalities）。有如外部性被看成是市场缺陷及市场失灵的一个重要原因一样，内部性或内在效应被认为是非市场缺陷以及政府失败的一个基本原因。"市场缺陷理论的核心是外在性，而非市场缺陷理论的核心是内在性（沃尔夫语）。"

根据沃尔夫的界定，所谓的内部性（内在效应）也就是公共组织或非市场组织自身的目标，是公共组织用以评价全体成员、决定工资、提升和津贴、比较次一级组织以协助分配预算、办公室、停车管理的标准；或者说，是指导、规制和评估机构运行和机构人员行为的准则。沃尔夫认为，内在性或组织目标是使机构中的全体成员发挥最大机构职能的重要因素。因此可以预见，像外在性影响市场活动的结果一样，内在性同样会影响非市场活动的结果。在非市场条件下，"内在性"扩大机构供给曲线即提高机构成本，使其高于技术上的成本，导致多余的全部成本，较高的单位成本和比社会有效水平更低的非市场产出水平，这样就产生了非市场缺陷。①

既然内部性决定了公共组织尤其是官僚机构的行为及运行，那么它应是各种非市场缺陷及政府失败类型的一个最基本的或深层次的根源。它可以用来解释各种非市场缺陷及政府失败。然而将它运用来解释政府扩张及低效最为合适。在这一点上，公共选择学者已提出了一个较为完整的政府扩张论，对政府扩张的内在根源作了颇为深入的分析。

政府或国家的扩张是一个人所共知的事实。在19世纪初期，欧洲国家的赋税收入占国民收入的8%—10%，而现在国家却吞噬了国民收入的30%—50%。② 经合组织（OECD）的23个成员国，按1985年的不变价格计算政府支出与收入占当年国内生产总值（GDP）的比例，结果是这种比例在各国都有所增长：土耳其在1962—1968年的7年中增长了3.9%，而瑞典在1960—1985年的26年中政府支出占GDP的比例从31%上升到64.5%，美国整个政府支出占国民生产总值（GNP）的比例，在1929年仅为10%，1949年为23%，1987年高达34.8%。③ 那么究竟是什么原因导致了现代政府的扩张？公共选择学者缪勒从下列五个方面来加以解释。（1）政府作为公共物品的提供者和外在效应的消除者导致扩张；（2）政府作为收入和财

---

① 参见［美］查尔斯·沃尔夫《市场或政府：权衡两种不完善的选择》，中国发展出版社1994年版，第58—60页。
② ［法］亨利·勒帕日：《美国新自由主义经济学》，北京大学出版社1985年版，第140页。
③ *Public Choice* II, p. 322.

富的再分配者导致扩张;(3)利益集团的存在导致扩张;(4)官僚机构的存在导致扩张;(5)财政幻觉导致扩张。①

一些公共选择和政策分析学者着重从官僚机构、利益集团和立法机构的"铁三角"的存在及其相互勾结来解释政府为什么扩张。他们认为,作为公共选择或公共决策执行机构的官僚机构及其官僚也是按"经济人"模式行事的,他们的目标是自身利益的最大化,追求的是升官、高薪和轻松的工作以及各种附加的福利。这可以通过扩大机构的规模及增加人员来实现,这就出现了帕金森定律(Parkinson's Law)所指出的情况,即无论政府的工作量是增加还是减少(甚至无事可做),政府机构及其人员的数量总是按同一速度增长。所有这些目标的实现都取决于官僚机构预算收入的增加,官僚们的自利效用最大化行为最终表现为"最大化预算收入"。于是在整个预算过程中,就必然发生以立法机构为一方和以官僚机构为另一方的关于预算的讨价还价——官僚们总是要从立法机构获得更多的预算收入;而在官僚背后的是各种特殊的利益集团,它们是各种官僚机构的服务对象,希望官僚机构争取更多的预算收入,以获得各种好处。另一方面,立法官员也不是中立的,他们是在各种利益集团的支持或赞助下当选的,当选后也必须为充当赞助者的特殊利益集团服务。因此,在整个预算过程,特殊利益集团、官僚和立法者便形成所谓的"铁三角"(Iron triangle)。这三种人虽然各自追求自身利益的最大化,但有一点是共同的,即力争增加某一方面的预算收入。正是这种"铁三角"的作用,使得政府预算总是呈现不断增长的趋势,而不管公众是否需要更多的公共产品和服务。这就应了著名经济学家弗里德曼的一句名言:"公共预算额可能是'最适当的'公共开支额的两倍";公共选择学者尼斯卡宁(William Niskanen, Jr.)在《官僚机构和代议制政府》(1971年)一书中说,"公共机构的规模往往比作用相当的私营机构大一倍"。

另一些公共选择学者则分析公共活动开支的分散性和利益分配的集中性是如何导致政府扩张的。艾伦·梅尔泽在《自由经济的衰败》中作了详细的说明。他认为,在现代国家中,公共行动费用的分散性和利益分配的集中性,是国家机构及其职能膨胀的主要原因之一。这种费用分散与利益集中促进了国家开支的增加,而不是减少这种开支。政治家们知道,通过提出新的开支计划,而不是充当削减公共开支的辩护人,他们就能以较低的代价获得更多的额外选票;由于赋税负担是分散的,每个公民最终只能从国家努力节

---

① *Public Choice* II, pp. 322 – 343.

约的做法中得到点滴好处，而某些人却能从维持或增加国家的开支中得到许多好处。新开支的利益可能被用来优先照顾对候选人投赞成票的选民，或决定这位候选人是否再次当选的选民。在这种情况下，赞成乱花钱计划的利益集团，可能会比寻求减少国家开支的联盟更加有效。曼克尔·奥尔森（Mancur Olson）在他的名著《国家的兴衰》一书中认为，当政治联盟和院外活动集团由于长期的任期和经济利益而使其得到增强时，市场失灵最为显著。他们能够迫使政府采取行动，通过津贴、关税、税收优惠、限额、直接开支计划等，以社会其他人的代价来换取他们的集体成员的利益。沃尔夫在《市场或政府：权衡两种不完善的选择》中将公共机构的低效或膨胀的这一原因称为"负担与义务的分离"尤其是"微观的分离"——从现有的或将来的政府项目中获得的利益，集中在某一个特定的集团，而支出的负担却是普遍地加在公众（纳税者或消费者）身上。

（四）寻租及腐败

寻租（rent-seeking）及腐败是非市场缺陷或政府失败的又一个基本类型。寻租是政府干预的副产品。当政府干预市场时，就会经常形成集中的经济利益和扩散的经济费用，政府干预带来了可以"租金"形式出现的经济利益——按照布坎南的定义，租金是支付给资源所有者款项中超过那些资源在任何可替代的用途中所得款项的那一部分，是超过机会成本的收入。寻租则是为这样的干预而进行的游说活动，是"用较低的贿赂成本获得较高的收益或超额利润"（缪勒语）。在现代寻租理论中，一切利用行政权力大发横财的活动都可以称为寻租活动，租金则泛指政府干预或行政管制市场而形成的级差收入（即超过机会成本的差价），一切市场经济中行政管制都会创造出这种差价收入即租金。寻租活动的特点是利用各种合法或非法的手段（如游说、疏通、拉关系、走后门等），以获得拥有租金的特权。寻租活动导致政府失败，因它使资源配置扭曲，或说它是资源无效配置的一个根源；寻租作为一种非生产性活动，并不增加任何新产品或新财富，只不过改变生产要素的产权关系，把更大一部分的社会财富装入私人腰包；寻租导致不同政府部门及官员争权夺利，影响政府声誉和增加廉政成本；它妨碍公共政策的制定与执行过程，降低行政运转速度甚至危及政权稳定。寻租及腐败是经济发展、政治稳定和文化进步的陷阱。一旦落入这个陷阱，就会使社会处于低效、停滞、甚至紊乱的状态。

公共选择学者一般都将租金归因于政府对自由市场经济的干预。在市场体制下，只有政府才能借助于行政和法律手段，创造不平等的竞争环境并维持归一部分人所有的租金。布坎南在《寻求租金和寻求利润》一文中对此作了分析。他说，只要政府的行动主要限于保护个人权利、人身和财产并实施自愿议价的私人合同，那么市场过程就支配经济行为，并且保证出现的任何经济租金将因竞争性的进入而消失。但是，如果政府行为大大超出了由最低限度的或保护性状态所规定的限度，如果政府像它已经大规模地做过的那样，逐渐干预市场的细节过程，那么租金下降或消失的趋势就会被抵消，并且可能完全停止。因此，"寻求租金的活动同政府在经济中的活动范围和领域有关，同国有部门的相对规模有关"①。

按照公共选择学者的看法，既然寻租是政府干预的必然产物，那么在有政府干预的地方就可能产生寻租现象。缪勒在《公共选择（Ⅱ）》中将寻租分为三种类型：（1）通过政府管制的寻租；（2）通过关税和进出口配额的寻租；（3）在政府合同中的寻租。② 例如，在现代社会，不少行业经常试图通过政府许可证来限制他人的加入，以保持其利润或高工资；国内制造商经常为国外进口的关税和限额而进行游说，以使其能高价出售产品；政府也可以通过直接确定价格来为生产者创造租金。寻租行为可以在不同的层次上发生，布坎南曾用市政当局决定出租车规模的例子说明寻租活动发生的三个层次。

公共选择学者认为，寻租得到的利润并非生产的结果，这一特点称为寻租行为的非生产性。用布坎南的话来说，浪费在寻租活动中的资源本来可以在其他的经济活动中用来生产受重视的货物和服务，而在寻租过程中，这些资源却"没有生产出纯粹价值"，"没有任何社会报酬"，是社会资源的浪费。奥尔森则分析了寻租对经济增长所产生的负面影响。他证明，在稳定社会里，寻租的"分配联合"把资源转变为卡特尔活动的游说活动，并脱离生产；除对经济效率的这种直接影响之外，靠联合来保护其租金的企图降低了社会采用新技术并使资源重新配置以满足变动中情况的能力。其结果是，分配上联合的积累越大，经济增长的速度就越慢。

总之，通过对非市场缺陷及政府失败的表现、类型及根源的分析，公共选择和政策分析学者得出的基本结论是：市场的缺陷或市场的失灵并不是把

---

① ［美］詹姆斯·布坎南：《寻求租金与寻求利润》，载《腐败：权力与金钱的交换》，中国经济出版社1993年版，第120页。

② *Public Choice* Ⅱ, pp. 235–243.

问题转交给政府处理的充分条件,市场解决不好的问题,政府未必解决得好,甚至会把事情弄得更糟。所以,沃尔夫说:"祈求一个合适的非市场机制去避免非市场缺陷并不比创造一个完整的、合适的市场以克服市场缺陷的前景好多少。换句话说,在市场'看不见的手'无法使私人的不良行为变为符合公共利益行为的地方,可能也很难构造看得见的手去实现这一任务。"①

三、政府失败的纠正及防范

公共选择和政策分析学者进而提出克服政府干预行为的局限性,纠正和防范政府失败,改善政府机构及公共部门工作效率的对策措施。在他们看来,说明西方民主社会中左右公共物品生产及供应的决策过程,揭示非市场缺陷及政府失败的根源,目的是要对症下药,采取有效的措施来克服这种现象。在公共选择学者看来,分析政府行为的效率并寻找政府最有效率工作的规则制约体系是公共选择理论的最高目标。

那么,应当如何纠正和防范政府失败以及克服非市场缺陷现象呢?公共选择学者以及政策分析学者主要围绕改革公共决策体制及政治制度、引进竞争机制(用市场力量改进政府效率)两个方面来加以说明。

首先,政府失败及非市场缺陷是西方公共选择或公共决策体制的缺陷所造成的,实质上是西方政治制度的失败。因此,要避免政府失败,必须改善现有的西方民主政体,发明一种新的政治技术和表达民主的方式。在公共选择学者眼里,现代西方政府的失败与其过时的民主政体有关。他们认为,与其说政府失败反映了市场经济的破产,不如说反映了政治制度的失败。这种制度是 19 世纪产业革命初期的产物,自那时以来,它们并没有多大的改进;现在,它们受到一系列不平衡作用的打击,政府的全面干预损害了市场和市民社会。因此,布坎南在《自由的限度》一书中提出了避免政府失败的一项根本措施,即改造现有的西方民主政体。公共选择学者所提出的改造现存西方民主政体的具体措施有:

1. 进行立宪改革。要克服政府干预行为的局限性,一个关键是在立宪上做文章。布坎南等人从立宪的角度分析政府政策制定的规则和约束经济、

---

① [美]查尔斯·沃尔夫:《市场或政府:权衡两种不完善的选择》,中国发展出版社 1994 年版,第 34 页。

政治活动者的规则或限制条件，即他们并不直接提出具体的建议供政策制定者选择，而是要为立宪改革提供一种指导或规范建议，为政策制定提出一系列所需的规则和程序，从而使政策方案更合理，减少或避免公共决策的失误。

2. 对政府的财政过程尤其是公共支出加以约束。政府扩张及浪费的集中表现是政府行政经费或公共开支的扩大趋势，增加机构和人员最终也体现为经费的增长。因此，要有效地抑制政府的扩张和浪费，必须在政府的财政过程上做文章，通过财政立宪、税制选择、平衡预算和税收支出的限制等措施来约束政府的财政过程尤其是公共开支，从根本上限制政府的行为框架，抑制政府的扩张。

3. 完善表达民主的方式以及发明新的政治技术。首先，针对现有西方民主政体尤其是投票规则或公共决策方式的各种缺陷（投票悖论或循环、相互捧场或互投赞成票、多数人专制、中间选民定理等），公共选择理论家主张改革现有的西方民主体制，完善表达民主的方式，发明新的政治技术，以便做出"更好的决策"或"更好的选择"。但是公共选择学者并没有提出太多的新招，他们中的大多数人求助于在公共选择过程或公共决策过程中采用更高的多数制（如三分之二多数），以使人们在众多相互对立的个人或集体的目的之间做出更符合多数人偏好、利益的决策。倒是戈登·图洛克（G. Tullock）等人提出了一种新的表决方式，即所谓的"需求显示法"（或称"收费投票制"）①。据说该方法的优点在于鼓励选民表明自己的偏好，并绕开"阿罗悖论"；图洛克自己则认为，需求显示法可以使两种人（受益者和纳税人）的活动平衡，并强化政治决策权力的分散化活动，最终防止国家或政府扩张的趋势。

其次，公共选择和政策分析学者主张用市场力量改善政府的功能，提高政府效率，以克服非市场缺陷及政府失败。他们认为，以往人们只注意用政府来改善市场的作用，却忽视了相反的做法——用市场的力量改善政府的作用。实际上，市场力量是改善政府功能的基本手段，通过在政府管理中注入一些市场因素，可以缩小非市场缺陷的影响范围。这种做法的好处在于：第一，可以减少对于政府干预整个社会的官僚化的需要；第二，可以减少政府

---

① 关于"需求显示法"的详细讨论，可以参阅［美］丹尼斯·缪勒《公共选择》，商务印书馆1992年版，第70—80页；［法］亨利·勒帕日《美国新自由主义经济学》，北京大学出版社1985年版，第193页。

对信息以及详细的、经常出错误的成本—效益分析的需要,因为这些错误的分析会误导政府的干预活动;第三,促使政府改革的市场方法可以在诸如环境控制、减少交通拥挤以及增进环境质量等方面,在私有领域中提供一种促进技术变化的动力,以使其向社会所期望的方向努力。①

公共选择和政策分析学者提出了如何用市场力量来改善政府功能、提高政府工作效率的各种具体措施。加州大学伯克利分校公共政策学院的威廉·尼斯卡宁在《官僚机构与代议制政府》中提出了三个措施:一是在政府内部重新确定竞争机制。他认为传统行政体制改革的主要做法——机构改革——是没有用处的,因为这种做法只会进一步加强"办事机构"对抗政治监督的权力,行政管理不会因机构改革而变得更加有效,最终只会加强各行政部门的"独家收购"权,使其领导人有更大的自由。真正有效的措施是要在政府机构之间恢复竞争:假如允许若干办事机构完成某项工作任务而提出相互竞争的预算,那么预算主管部门就可以选择"报价最低"的机构,从而降低费用,缩小政府机构的平均规模。二是在高层行政管理者中恢复发挥个人积极性的制度,其作用将与利润在私营部门中的作用相同。竞争可以在降低"生产费用"方面起作用,但它不能解决由于政府部门具有超额生产公共物品及服务倾向而产生的问题。因此,必须采取一些进一步的措施,促使行政领导人以"最小费用"的策略去取代"最大化本部门预算规模"的策略。这些措施有:在能够做出明细账目的公共部门(如税务、社会救济、航运管理等)中,采用最高负责人可以占有部分节约下来的费用的做法,而中层管理者的晋升与节约挂钩;在那些难以做准确分析账目的公共部门,可以根据高层官员的成绩发给特殊"奖金",以资鼓励;允许办事机构的负责人把其"节余资金"用于预算外活动的投资,这将进一步加强各部门的竞争。三是更经常地采用由私营企业承担公用事业的政策,即更多地依赖市场机制来生产某些公共物品或公共服务。

政策分析学者韦默和维宁在《政策分析》一书中提出了利用市场机制来纠正政府失败的三种方法:(1)解放市场,即在不存在固有的市场失灵的场合,让市场充分发挥其作用。(2)促进市场,即通过确立现有物品的产权或者创造新的有销路的物品而促使市场运行的出现这样一种过程。前者是要确定限制新产权政治竞争的分配机制;后者是形成可交易的许可证制

---

① 参见[美]查尔斯·沃尔夫《市场或政府:权衡两种不完善的选择》,中国发展出版社1994年版,第4—5页。

度。(3) 模拟市场，即在市场不能有效起作用的场合，政府模拟市场过程来提供某些公共物品及服务，尤其是通过拍卖，出售提供公共物品的权利。拍卖被广泛地用于对公有自然资源的权利分配，在政府必须分配稀缺资源的场合，拍卖也许是最有用的分配工具。①

四、评价与启示

综上所述，西方公共选择和政策分析学者通过对非市场缺陷或政府失败的政治经济学分析，寻找当代西方国家所面临的财政赤字、通货膨胀、高失业率、政府扩张、工作效率低、寻租腐败和资源浪费等经济政治困境的原因与对策。显而易见，作为当代西方经济学和政治学中的"新自由主义"或"新保守主义"思想的一个理论基础，非市场缺陷论或政府失败论具有明显的局限性。这主要表现在：该理论的倡导者们往往因政府干预行为的局限性而得出反对国家或政府干预、贬低乃至否定国家的作用，要求放任自流的保守主义结论；他们掩盖了当代资本主义国家（政府）的阶级实质，没有把政府失败与资本主义的生产关系以及资本主义社会的基本矛盾联系起来考察；他们揭露了当代资本主义国家的政治制度即代议民主制的某些内在缺陷，主张对它进行改良，目的并非推翻这一制度，而是要维护、完善这种制度（特别是想要通过完善政治过程，发明新的政治技术来达成这一目的）；他们过分依赖于"经济人假说"和经济学"交换范式"，把政治过程与经济过程加以机械类比，把商品交换原则无限制地运用于政治领域等。

然而，公共选择学者和政策分析学者的非市场缺陷或政府失败论又具有创新、合理和可供借鉴之处。这些学者对西方市场经济条件下政府干预行为的局限性以及由此带来的种种弊端进行了相当深刻的分析，在客观上粉碎了资本主义国家或政府及其官员一心为公的神话，揭示了西方政治制度的某些内在缺陷，尤其是指出了现有的各种投票制度或表决方式的弊端、利益集团的影响力、政治家和官僚的利己主义等因素是如何造成公共决策的失误、公共物品提供的低效以及政府扩张和寻租等政府失败现象的。公共选择和政策分析学者在一定程度上指出了这样一个事实，即当代西方国家所面临的"滞胀"及其他社会经济问题，原因主要并不在于经济方面，而在于政治方面，即在于政治制度的缺陷尤其是在于政治过程中人们的利己行为，而现行

---

① *Policy Analysis: Concepts and Practice*, pp. 145–195.

的政治决策规则却不能加以有效的驾驭。他们分析了政府成长或扩张的原因，指出了非市场缺陷及政府失败的表现、类型和成因，并提出克服非市场缺陷、纠正政府失败、提高政府效率的不少有益、可行的对策措施。公共选择和政策分析学者对非市场缺陷和政府失败的政治经济学的分析，克服了以往在研究或处理市场与政府关系问题上所存在的偏差，即注重市场缺陷研究，而忽视非市场缺陷或政府失败研究的倾向，在市场失灵论之外，补上对称的非市场失灵论，这无疑是当代西方社会科学研究上的一种突破，在许多方面填补了政府行为缺陷研究的空白。

值得一提的是公共选择及政策分析学者在研究这一问题上的方法论创新及启示，尤其是经济与政治整合研究途径对于当代经济学与政治学研究的意义。从经济学的角度看，这些学者把政治制度的因素看作经济过程的内生变量，把政府行为和制度因素纳入经济学分析的框架之中，这就克服了传统经济学把国家、政府或政治因素当作经济过程的一个外生变量而排斥在经济学体系之外的缺陷，较好地反映了当代社会中政治与经济的密切关系，特别是政治对经济的巨大影响，政治过程与经济过程相互交织的现实。从政治学的角度看，这些学者从经济学的方法入手分析政治问题，为政治学的研究提供了一个新的视野、一种新的研究途径，是对当代政治学研究方法或途径的一种有益的补充。

公共选择和政策分析学者的非市场缺陷论或政府失败论，是现代西方市场经济发展的产物，是对西方市场经济发展中政府与市场关系实践尤其是20世纪三四十年代之后政府全面干预经济生活实践的一种理论反思。反过来，它成为当代西方市场经济国家处理政府与市场关系的一种新理论或新模式，特别是成为80年代以后西方各市场经济国家政府行政改革的理论指导。当代西方政府改革的市场化、社会化和私有化的取向体现了非市场缺陷论或政府失败论的基本精神。90年代初，两个美国人D.奥斯本和T.盖勒布写了一本在西方颇有影响的书，书名叫《改革政府：企业精神如何改革公营部门》，作者根据对近二三十年来美国政府改革的经验研究以及他们自己的思考，提出了政府改革或重塑政府的十大原则。（1）起催化作用的政府——掌舵而不是划桨；（2）社区拥有的政府——授权而不是服务；（3）竞争性政府——把竞争机制注入提供服务中；（4）有使命感的政府——改革照章办事规则；（5）讲究效果的政府——按效果而不是按投入拨款；（6）受顾客驱使——满足顾客的需要，而不是官僚政治的需要；（7）有事业心的政府——有收益而不浪费；（8）有预见的政府——预防而不是治疗；（9）分权的政府——从等级制到参与和协作；（10）以市场为导向的政府——通过市场力量进行变革。这些原则既反映了当代美国政府改革的新趋势，也体现出公共选择和政策分析学者的非市场缺陷或政府失败论所提出的改革思路。

应该说，公共选择和政策分析学者对于非市场缺陷及政府失败的政治经济学分析是建立在西方发达市场经济和西方政府—政治体制及过程的基础之上的，因而不可避免地带有西方政治及意识形态的色彩。但是，他们的确也指出了市场经济条件下政府与市场关系的一般特征或共性，指出政府干预行为的局限性，并提出了某些防止或纠正政府失败的有效措施。我国目前正处于由计划经济向市场经济转轨的时期，公共选择和政策分析学者所指出的政府失败现象，如公共政策失效、政府机构膨胀、效率低下、寻租及腐败行为在当前我国也是存在的，有的还相当严重。因此，公共选择和政策分析学者对于非市场缺陷以及政府失败问题的讨论，对于我们在社会主义市场经济的发展过程中，处理好政府与市场的关系，合理确定、发挥或转变好政府职能，完善宏观调控的机制及手段，避免政府失败，具有一定的启发意义。它提醒我们：

——必须高度重视市场经济条件下政府干预行为的局限性及限度问题。既然政府在履行其职能、干预市场运行时并不总是起到弥补市场缺陷或纠正市场失灵的作用，市场解决不好的问题，政府也不一定能解决好，那么在建立和完善社会主义市场经济体制的过程中，必须确定好政府干预的范围、内容、方式及干预的力度，在市场机制能较好起作用的地方，应尽快让市场去发挥作用；政府应当引导、补充而非取代市场机制。

——必须随市场经济发展及经济体制变革，及时进行政治—行政体制改革（尤其是转变政府职能）。按照公共选择和政策分析学者的观点，经济过程与政治过程是相互联系的，政治制度是经济过程的内生变量。因此，为了使市场经济能更快地发展与运行，必须在转变政府职能的过程中，由直接微观的干预过渡到间接宏观的调控；在当前两种体制转轨时期，要特别防止用计划经济的手段来管理市场经济。

——必须在政府机构中引入竞争机制，用市场的力量来改进政府的工作效率。公共选择和政策分析学者所提出的这方面的建议特别值得我们思考和借鉴。例如，政府的某些活动如许可证、牌照的发放可以采用拍卖的方式；可将某些公共物品及服务的生产和供应委托给私人企业，或同一种物品及服务可由几个公共部门来提供（形成竞争）；可以在政府机关内部确立节约成本、提高效益的激励机制。这些办法有助于克服或防止政府失败，提高政府工作效率，减少浪费。

——必须加强公共决策和政府管理的法制化建设，尽快实现依法行政、依法治国。公共选择学者强调立宪改革，注重宪法、法律和制度建设尤其是公共决策规则的改革，这有合理性。市场经济是法制经济，现代社会是法治社会；市场经济秩序的确立、运行必须靠制度来保证，政府的决策和管理活动也必须靠法律来规范。因此，在转轨时期，必须加强法制建设，重视制度规则的选择和创新，尤其是将政府的公共决策和行政管理纳入法制化轨道，改善公共决策系统，提高公共政策质量；加强行政立法和行政执法，依法约束政府行为，将政府机构规模、人员及经费开支的数量以法律的形式固定下来，实现政府管理过程的程序化，提高依法行政水平。

——反腐败必须釜底抽薪，从体制及制度的创新上下功夫，从根本上消除寻租及腐败滋生的土壤与条件。依照公共选择学者的"寻租理论"，行政权力对市场的干预和管制是寻租的根源。因此，抑制寻租及反腐败必须从制度或体制创新方面入手，消除腐败和寻租产生的土壤和条件。这就要求我们在加快市场体制形成、推进经济体制改革和政治—行政体制改革的同时，形成一整套制约行政权力的行政法规和办事制度，建立起一个灵活、高效、廉洁的政府管理体制。

总之，西方公共选择和政策分析学者的非市场缺陷论或政府失败论为我们正确处理好政府与市场的关系、完善政府的干预行为、防止政府失败提供了某些有益的理论和方法以及某些值得进一步研究的问题，这正是我们研究这一理论的意义所在。最后必须强调的是，我们分析探讨非市场缺陷或政府失败问题，并不是要否定政府在市场经济中的必要作用，而仅是要指出政府行为的局限性，提醒人们确定好政府的干预行为的范围、内容、方式及力度，避免干预不当或过度干预所产生的政府失败现象，使政府更好地履行其社会经济职能。

3-6

现代政府扩张的内在
根源与治理对策

——评公共选择学派的政府增长论[*]

政府扩张或政府增长（Government growth）是近两个世纪尤其是第二次世界大战以来各国出现的一种普遍性现象，而如何有效地抑制政府扩张则是各国行政体制改革所遇到的一个难题。当代西方社会科学尤其是政治学、行政学和经济学围绕政府扩张的内在根源以及治理对策进行了不少探索，在这方面，作为当代西方经济学最新流派之一的公共选择理论可以说是独树一帜，提出较为系统的政府增长论，对现代政府扩张的成因做出独特而有说服力的解释，并提出限制或抑制政府扩张的某些对策措施。研究这一理论，对于我们当前的行政体制改革及政治体制改革有一定的借鉴意义。

公共选择理论是一个应用经济学的理论和方法来研究政府—政治过程特别是公共决策或非市场决策的新研究领域，而分析国家或政府的体制、行为及其本性，揭示政府扩张以及政府工作低效的内在根源，寻找抑制这种扩张、提高政府工作效率的有效措施则构成公共选择理论的一个主题。

政府或国家的扩张是一个人所共知的事实。在19世纪初期，欧洲国家的赋税收入平均占国民收入的8%—10%，而现在国家却吞噬了国民收入的30%—50%。[①] 经济与合作发展组织（OECD）的23个成员国，按1985年的不变价格计算政府支出与收入占当年国内生产总值（GDP）的比例，结果是这种比例在各国都有所增长，土耳其在1962—1968年的7年中增长了3.9%，而瑞典在1960—1985年的26年中政府支出占GDP的比例从31%上

---

[*] 原载《特区理论与实践》1997年第7期。

[①] 参见［法］亨利·勒帕日《美国的新自由主义经济学》，北京大学出版社1985年版，第140页。

升到 64.5%，翻了一番。美国整个政府支出占国民生产总值（GNP）的比例，在 1929 年仅为 10%，1949 年为 23%，1987 年则高达 34.8%。[①] 那么，究竟是什么原因导致过去两个多世纪政府规模的扩大，又是什么原因导致第二次世界大战后政府的加速扩张？为什么不同的国家增长速度各不相同？这是公共选择学者的政府增长论要首先回答的问题。他们认为主要的原因有如下几个方面。

第一，政府作为公共物品的提供者、外在效应的消除者和收入及财富的再分配者导致政府扩张。在公共选择学者看来，政府存在的理由同样也应是政府扩张的原因，现代政府日益承担起了弥补市场缺陷、克服市场失灵的职责，政府对经济生活的日益干预导致政府的不断扩张，有的公共选择学者认为，政府的基本或唯一的职责是提供公共物品和消除外在效应，这种基本或唯一的功能导致政府扩张；另一些公共选择学者则认为，政府的基本职责或功能是收入或财富的再分配，政府的所有开支都具有再分配的内容，因此，要了解政府扩张的真实本性就必须分析政府活动的再分配性质。

第二，官僚机构和利益团体的存在导致政府扩张。公共选择理论家认为，作为公共选择或公共决策执行机构的官僚机构（Bureaucracy）及其工作人员（官僚）也是按"经济人"模式行事的，他们的目标是自身利益的最大化，追求的是升官、高薪和轻松的工作，同时追求各种特权和附加的福利（如健康保险、养老金、豪华舒适的办公室、观光式的出差，等等）。前者可以通过扩大机构的规模及增加人员来实现，这就出现了帕金森定律（Parkinson's Law）所指出的情况，即无论政府工作量增加还是减少（甚至无事可做），政府机构人员的数量总是按同一速度增长。而所有这些目标的实现都取决于官僚机构预算收入的增加，官僚们自利效用最大化行为最终表现为"最大化预算收入"。于是在整个预算过程中，就必然发生以立法机构为一方和以官僚机构为另一方的关于预算的讨价还价——官僚们总是要从立法机构获得更多的预算收入，而在官僚背后的是各种特殊的利益集团，它们是各种官僚机构的服务对象，希望官僚机构争取更多的预算收入，以获得各种好处。另一方面，立法官员也不是中立的，他们是在各种利益集团的赞助下当选的，当选后也必须为作为资助者的特殊利益集团服务。因此，在整个预算过程中，特殊利益集团、官僚和立法者形成所谓的"铁三角"（Iron triangle），这三种人虽然各自追求自身利益的最大化，但有一点是共同的，

---

① Dennis C. Mueller, *Public Choice* II, Cambridge University Press, 1989, p. 322.

即力争增加某一方面的预算收入。正是这种"铁三角"的作用,使得政府预算总是呈现不断扩大的趋势,而不管公众是否需要更多的公共产品。用著名经济学家弗里德曼的话来说:"公共预算额可能是'最适当的'公共开支额的两倍。"

第三,公共活动开支的分散性和其利益分配的集中性导致政府扩张。关于这一点,艾伦·梅尔泽在《自由经济的衰败》中作了详细的说明。他认为,在现代国家中,公共行动费用的分散性和其利益分配的集中性,是国家机构及其职能膨胀的主要原因之一。这种费用分散与利益集中促进了国家开支的增加,而不是减少这种开支。政治家知道,通过提出新的开支计划,而不是充当削减公共开支的辩护人,他们就能以较低的代价获得更多的额外选票;由于赋税负担是分散的,我们的每个人最终只能从国家的节约努力中得到点滴好处,而某些人却能从维持或增加国家开支的做法中得到许多好处。新开支的利益可能被用来优先照顾对候选人投赞成票的选民,或决定这位候选人是否再次当选的选民。在这种情况下,赞成乱花钱计划的利益集团联盟,可能会比寻求减少国家开支的联盟更有效。

第四,财政幻觉导致政府扩张。这里的财政幻觉是指:假设选民用他们所支持的税款测量政府规模,这样政府可以采用让选民意识不到税收负担加重的办法,来扩大政府支出。也就是说,当投票人(纳税人)出现财政幻觉而低估税收负担时,他们就会支持更多的公共支出;如果税收结构越复杂越隐蔽,税源与支出项目越多,就越容易产生财政幻觉。

在公共选择理论家看来,政府工作的低效率与政府的扩张是同一个问题的密切联系的两个方面,造成政府工作低效率的主要因素是:

(1)缺乏竞争。政府体制与政府活动不以获利为目的,提供公共物品和服务的各政府部门之间不存在竞争,这使官僚拥有的最大限度满足个人目的的自由,比企业经理所拥有的自由要大得多。结果这些官僚没有受到把成本降低到最低限度的压力,导致社会所支付的服务费用超出了社会应支付的成本。

(2)政府部门并不都关心费用问题。也许某些公共服务事业的效率与私人企业一样高,但却存在另一种浪费,即提供公共服务的"公共部门"具有超额生产公共服务的内在趋向。有如"垄断机构"一样,它们生产出"过剩"的公共服务,这种"过剩"是一种社会浪费,是人们付给某些特权阶层的一种变相的集体补贴,而付出代价的是消费者(纳税人)。

(3)监督机制的缺陷。官僚的行为必须受到立法者(政治家)和公民代表的政治监督,但现有的监督机制是不健全的,许多监督形式是软弱无力的。同时,监督的信息不完备,监督者所知的情况往往比被监督者少,监督者可能被监督者所操纵,后者有可能制定并实施某些有利于其自身利益而不利于公共利益的政策。

公共选择理论家们进而提出了某些限制政府扩张、提高政府工作效率的对策措施。

其一,他们认为必须改善现有的西方民主政体,发明一种新的政治技术和新的表达民主的方式。在公共选择学者眼里,现代西方政府扩张与政府工作的低效与其过时的民主政体有关。上述关于政府扩张的种种原因只解释了为什么政府会提供过多的公共服务,而没有解释为什么整个社会通过其代表机构接受这种办法,这正是现有的西方民主政体尤其是选举制度所造成的。他们认为,与其说政府扩张、政府工作低效以及政府失灵反映了市场经济的破产,不如说反映了政治结构的彻底失败,这些机构是19世纪根据适合产业革命初期条件的政治技术设计的,自那时以来,对它们并没有多大改进;现在,它们受到一系列由主要不平衡作用的打击,政府的扩张只能损害市场和市民社会。因此,布坎南在《自由的限度》一书中提出了限制政府扩张的一项根本措施,即改造现有的西方民主政体。他说,我们时代所面临的不是经济方面的挑战,而是制度和政治方面的挑战,我们应发明一种新的政治技术和新的表现民主的方式,它们将能控制官僚主义特权阶层的蔓延滋长。

其二,公共选择学者主张对政府的财政过程尤其是公共支出加以约束,以此抑制政府的扩张。在他们看来,政府扩张的最突出的表现是政府活动费用或公共开支的扩大趋势,增加机构和人员最终也体现为经费的增长。因此,要有效地抑制政府的扩张,必须在政府的财政过程上做文章,通过财政立宪、税制选择、平衡预算和税收支出的限制等措施来约束政府的财政过程尤其是公共开支,以此达到抑制政府扩张的目的。对此,布坎南作了详细的讨论,他认为通过财政立宪,使税制在立宪阶段的决定相对稳定,可以防止一些人联合起来利用税收政策剥削他人,扩大预算的可能性(因为公共支出是在财政日常运转过程中随时决定的,所以存在某一些人操纵利用决策程序剥削他人的特殊利益问题);通过平衡预算,并且以宪法的形式确保其实现,控制赤字,可以有效抑制政府(公共)部门的扩张;通过税制的选择,使税收结构的决策过程全面反映被赋予相同权力的各个人的偏好和价值,使他们采取一种公正立场,支持公平合理的税收结构方案,抵制不合理的税收负担;通过税收支出的限制(程序限制和数量限制)来防止政府的过度支出，抑制政府的扩张。

其三，公共选择学者提出通过在政府或公共部门中恢复竞争的办法来限制政府扩张，提高政府活动效率。威廉·尼斯卡宁在《官僚机构与代议制政府》(1971年)一书中提出了三个措施：一是在政府机关内部重新确立竞争机制。他认为传统的行政体制改革的主要做法——机构改革——是没有用处的，真正有效的措施是要在政府机构之间恢复竞争。假如允许若干办事机构就完成某项工作任务而提出相互竞争的预算，那么，预算主管部门就可以选择"报价最低"的机构，从而降低费用，缩小政府机构的平均规模。二是在高层行政管理者中恢复发挥个人积极性的制度，其作用将与利润在私营部门中的作用相同。竞争可以在降低"生产费用"方面起作用，但它不能解决由于行政部门具有超额生产公共服务倾向而产生的问题。因此，必须采取一些进一步的措施，促使行政主管以"最小化费用"的策略去取代"最大化本部门预算规模"的策略。这些措施有：在能够做出明细账目的公共部门（如税务、社会救济、航运管理等）中，采用最高负责人可以占有部分节约下来的费用的做法，而中层管理者的晋升与节约挂钩；在那些难以做准确分析账目的公共部门，可以根据高层官员的成绩发给特殊"奖金"，以资鼓励；允许办事机构的负责人把其"节余资金"用于预算外活动的投资，这将进一步加强各部门的竞争。三是更经常地采用由私营企业承担公用事业的政策，即更多地依赖于市场机制来生产某些公共物品或公共服务。例如，可以让私营企业经营邮政、消防、公共交通、治安、图书馆、公共医疗、道路管理、垃圾处理、体育设施一类的公共事业。

我们已经概述了公共选择学派的政府增长论的要点。显而易见，这一理论具有某些独特、新颖和值得借鉴之处。

首先，公共选择理论家们对现代西方政府扩张以及政府工作的低效率的内在根源做出了颇有说服力的解释。他们不仅看到现代西方政府为弥补市场缺陷、克服市场失灵，履行公共物品提供者、外在效应消除者、收入和财富再分配者等职能时所导致的政府扩张，而且深入到西方政治体制及政治过程的内部探索政府扩张及政府工作低效的深层次原因，把西方民主制的缺陷、官僚机构和利益群体的存在看作政府扩张及政府低效的主要根源。按照法国学者勒帕日的说法，公共选择学派著作的最富有创造性的贡献之一，是对国家现象的发展提出一系列合理的解释，这些解释可以概括成这样一个简单的结论，即西方民主政体是一种"过时的"政治技术的俘虏，该政治技术的逻辑使现代国家的增长和发展只有利于特权公民阶层，即官僚阶层。[①] 这不仅有助于我们分析现代政府扩张的成因，而且有助于我们认识西方所谓的民主政治的本质及其内在的局限性。

公共选择学派的政府增长论可以用来说明我国行政体制改革过程中出现的某些现象或问题。例如，为什么我国的机构改革的效果不尽人意，陷入"精简—膨胀—再精简—再膨胀"的怪圈，除了没有抓住职能转变这一关键之外，恐怕与我们没有从预算过程入手，对行政经费开支加以强有力的约束，与我们没有充分注意整个政治过程的改革与完善等因素有关。

其次，公共选择学者提出的限制政府扩张、提高政府工作效率的建议有可供借鉴之处。他们设想通过改善政治过程及政治技术，通过对政府财政过程的约束，通过引入竞争和市场机制来限制政府扩张和提高政府工作效率并非凭空设想，而是有针对性的，有的是切实可行的，这对我们目前深入进行行政体制及政治体制改革，加快社会主义市场经济发展有一定的参考价值。例如，公共选择学者认为，要有效抑制政府扩张、提高政府工作效率，必须注意整个政治体制及政治过程的改善。这就提醒我们，在行政体制改革过程中，要及时进行整个政治体制及政治过程的改革，而不能将两者孤立、割裂开来；只有通过政治体制及政治过程的完善，才能真正地克服政府扩张，提高政府工作效率。又如，公共选择学者提出的通过财政过程尤其是预算开支的约束来防止政府扩张的建议也是值得我们重视的，因为通过预算过程的强力约束，的确可以有效地防止或杜绝政府公共开支的过度增长或浪费。再如，公共选择学者主张通过引入竞争及市场机制来提高效率，限制政府扩张的某些想法是可行的。政府的某些活动如许可证、牌照的发放可以采用拍卖的方式；可以将某些公共服务的生产和供应委托给私人企业；可以在政府机关内部确立节约成本，提高效益的激励制度。这些都有助于防止政府扩张、提高政府工作效率，减少浪费。

最后，从方法论上看，公共选择学者提醒人们对政府体制及政府行为进行经济学或损益分析具有一定的启发意义。以往我们片面强调政府活动的社会效益，忽视对政府活动的成本分析，过分强调政府官员的"公仆"属性，忽视其"经济人"方面的属性。这不能不说是政府工作低效率的一个思想根源。所有政府的活动、政府的政策都有经济的效果，加强对政治体制和政

---

① ［法］亨利·勒帕日：《美国的新自由主义经济学》，北京大学出版社1985年版，第141页。

府活动的经济学分析，可以有效地提高政府工作效率。

当然，公共选择学派的政府增长论并不是完美无缺的，相反，它有明显的局限性，如忽视政府的阶级实质，主张在不触动资本主义制度的前提下来改良西方民主政治过程及政治技术；因政府职能扩大导致政府成长而主张放任自流，带有明显的保守主义特征；过分强调"经济人"假说的作用等。这是我们在分析借鉴这一理论时必须加以注意的。

Ⅳ 权力制约与廉政建设

4-1

国外腐败理论研究的进展*

自从国家和商品产生以后,腐败就一直成为纠缠人类社会的一大问题。纵观整个人类文明史,腐败现象层出不穷;环顾当今世界,没有一国能够免于腐败问题的困扰。腐败已经逐渐成为一个全世界关注的焦点课题,关于它的理论也是仁者见仁,智者见智。要想穷尽20世纪西方学者关于腐败理论观点几乎是不可能的,本文试图对一些有代表性的西方学者关于腐败的理论观点做出加以评述。

一、关于腐败的定义

1961年版《韦伯斯特新国际词典》给腐败的定义是"受不正当考虑的引诱而渎职"。行贿被定义为通过惠赠或许诺的金钱、报酬、礼品和好处而达到改变处于委托职位上的人的裁决或腐化其行为。在这个定义中,虽然行贿受贿与腐败紧密联系在一起,但它们并不是不能分开的,一个受贿的人是一个腐败的人,但一个腐败的人未必一定接受了贿赂,腐败还包括任人唯亲和滥用财产,因为这两种情况都是受不正当考虑的诱惑。大卫·H.贝莱(David H. Bayley)认为,关于腐败的定义,存在着西方标准对非西方标准的问题,在发展中的非西方社会里,关于公共人员的何种行为应当被定义为腐败,本国既存的道德规则经常不同于西方的规范。按照西方标准看来是腐败的人,在许多非西方国家中,并不受到其社会的完全责难;实际上,他们的某些行为还是受到其同辈、家族和朋友强有力支持和称赞的行为。例如,在非洲和印度,一个人利用自己的职权为其亲友谋取职位不仅不被看作是不合乎道德的,而且还是一个大家庭中每一位忠诚成员所希望他去做的事。尽

---

* 本文是作者所承担的"高等学校优秀青年教师教学科研奖励计划"项目——"政治学前沿研究"课题(2001)的一个文献综述(合作者喻振辉)。

管如此,贝莱仍坚持应该保持西方腐败的含义,因为他认为西方的定义观点剔除了细枝末节,而抓住了核心内容。

西方学者普遍倾向于使用一种相对广义的腐败定义方式。例如,美国学者约瑟夫·奈(Joseph S. Nye)对腐败的定义在西方政治学文献中经常被引用:"腐败是一种因私利(个人的、家庭的、私人小集团的)而谋取金钱或地位,并在权力运用中出于私利而违反规则的偏离公共角色正式责任的行为。这种行为包括贿赂、裙带关系和挪用公共资源。"[①] 在杰拉尔德·E.蔡登(Gerald E. Caiden)看来,当将这一操作性的定义所包括的不道德的做法和过度的压榨扩大到影响官员决策并使其不能有所作为时,其在大多数场合就足以成为一种行之有效的定义,它强调行为因素——为私利而有意偏离公共角色的正式责任,并涵盖了大多数注重最大限度获取金钱的、以市场为中心的概念,它还可以发展到包括那些指出腐败行为将私利位置置于公利之上的公共利益概念。

阿诺德·罗格(Arnold A. Rogow)和哈罗德·拉斯韦尔(Harold D. Lasswell)在这个基础上更进了一步,他们认为"腐败行为违背了对公共或市民秩序体系的责任感,事实上,它与该体系是无法相容(而且还有破坏作用)的。一种公共或市民的秩序应使公共利益高于特殊利益,为了特殊利益而违背公共利益就是腐败行为"[②]。

彼得·德烈昂(Peter Deleon):"腐败是一种综合的形式,即为了获取某种有意义的个人所得,而产生的不加约束的、通常是值得谴责的政策影响力,这种个人所得,可以是经济的、社会的、政治的,以及心理上的报酬。"[③]

朱丽叶·孔(Julia Kwong)认为,"特定的腐败行为可能千差万别,但其本质却是始终不变的——通过出卖公共职位上的权力以换取私人所得。在职者通过滥用权力和各种公共资源违背了法律和工作职责,他们钻营公私财

---

① Joseph S. Nye, "Corruption and Political Development: A Cost – Benefit Analysis", *American Political Science Review* 61 (1967), p. 419.

② Arnold A. Rogow and Harold D. Lasswell, Corruption, Power, and Rectitude. Englewood Cliffs, N. J. Prentice – Hall, 1963; Directly from Peter Deleon, *Thinking about Political Corruption*, Armonk, New York: M. E. Sharp, Inc., 1993, p. 24.

③ Peter Deleon, *Thinking about Political Corruption*, Armonk, New York: M. E. Sharp, Inc., 1993, p. 25.

产以及利用各种被请求的机会来索取私人所得"[1]。这里的"私人所得"与彼得·德烈昂所说的"有意义的个人所得"是大同小异的,都是指一种广义的私人报酬。

阿米泰·埃泽奥尼(Amitai Etzioni)认为:"腐败是从一种正确的状态向不正确状态的转变。……不正确状态是为了私人利益而对公共职务的使用。"[2] 这里,他所用的限定词是"不正确的",而非"违法"的。这个定义隐含着,并不是所有的腐败行为都是违法的,在现实中也可能存在着不违法但却是腐败的行为。

与此相类似的还有塞缪尔·P. 亨廷顿关于腐败的定义:"腐化(腐败)是指国家官员为了谋取个人私利而违反公认准则的行为。"[3]

上述这些文献在界定腐败行为时基本认同两个方面的内涵:(1) 腐败行为一定要产生某些形式的私人收益,这种收益可以是经济的、政治的、社会的和心理方面的;(2) 虽然大多数的腐败行为是违反法律的,但并不能说任何一项腐败行为都是如此,因为收到好处的官员总是会想方设法地寻找法律的空子以保护自己,因此可能存在着不违法但却是腐败的行为。

产生于20世纪70年代的"寻租理论"是西方学者定义腐败的一种重要理论观点,它的倡导者之一 J. 布坎南还因此贡献获得了1986年度的诺贝尔经济学奖。在关于寻租理论的文献中,寻租有多种定义。布坎南把寻租描述为人们凭借政府保护进行的寻求财富转移而造成的浪费资源的活动。他还把寻租描述为人们在某种制度环境下的行为,在这种制度环境下,这些人所做的使价值最大化的努力所产生的不是社会剩余而是社会浪费。一个人正在寻租,说明这个人在某事上进行了投资,被投资的这种事情实际上没有提高、甚至降低了生产率,但却确实因为给投资者带来了一种特殊的地位或垄断权力而提高了投资者的收入,租金就是因此而获得的收入。埃克兰德和托理逊等人把寻租描述为"垄断性活动"或争取政府庇护以逃避竞争,并取得垄断租金,他还把寻租描述为凭借政府批准的垄断权来取得收益。塔洛克

---

[1] Julia Kwong, *The Political Economy of Corruption in China*, Armonk, New York: M. E. Sharpe, Inc., 1997, p. 25.

[2] Amitai Etzioni, *Capital Corruption: The New Attack on American Democracy*. New York: Harcourt Brace Jovanovich Publishers, 1984, p. 4.

[3] [美] 塞缪尔·P. 亨廷顿:《变化社会中的政治秩序》,王冠华等译,生活·读书·新知三联书店1996年版,第54页。

等人把寻租定义为为了获得垄断或取得政府其他庇护而从事的活动，或者是为使用资源，以取得政府允许的垄断，或者是为了保护自己，以免他人对这类活动侵犯而改变政府的管制。总之，"寻租理论"重点研究的是为了竞相通过政府来影响收入和财富的分配，竭力改变法律规定的权利（或其他类似的东西）所造成的资源极大浪费。

一些经济学家倾向于把腐败看作市场经济的一种"理性选择"。例如，苏珊·罗斯—阿克曼（Susan Rose – Ackerman）认为："不管处理什么问题，社会显然无法用一种单一、连贯的方式做出分配性的决定。"[①] 另一位经济学家那米·蔡登（Naomi Caiden）认为："同其他受市场价格支配的经济选择一样，腐败也是一种经济选择的变体。"[②]

综合20世纪西方学者对腐败的定义，可以归结为三种焦点：（1）以公职为焦点的定义，即从人们与公共职务的关系以及公职人员所承担的职责来确定腐败的定义，这种定义方法较为流行；（2）以市场为焦点的定义，这类定义确定腐败的官员把公共职位视为一种经营，尽量扩大它的收益，公职成为一个"最大化的单位"，取决于市场状况，取决于公共需求曲线上最大收益的点；（3）以公益为焦点的定义，即只要掌握公职的人为得到金钱或其他报酬而采取有利于提供报酬的人和损害公众及各种利益的行为时，腐败就存在了。

二、关于腐败的成因

美国学者乔治·本森（George C. S. Benson）在关于腐败起源的原因分析中，列举了十几种不同的观点。这里只介绍其八种代表性的观点：

（1）现代化和经济发展的腐败理论。关于这一理论主要的论述之一可见塞缪尔·P. 亨廷顿的《变化社会中的政治秩序》一书。亨廷顿认为腐败是随着"迅速的社会和经济的组织过程"而产生的。新的财富和权力资源向政府提出新的要求，如果这些要求不能合法地得到满足的话，就必然会出

[①] Susan Rose – Ackerman, *Corruption: A Study in Political Economy*, New York: Academic Press, 1978. Direct source from Peter Deleon, *Thinking about Political Corruption*, Armonk, New York: M. E. Sharp, Inc., 1993, p. 12.

[②] Direct source from Peter Deleon, *Thinking about Political Corruption*, Armonk, New York: M. E. Sharp, Inc., 1993, p. 13.

现贿赂或其他形式的腐败行为。在谈到现代化滋生腐败的原因时,亨廷顿指出,首先,现代化涉及社会基本价值观的转变;其次,现代化开辟了新的财富和权力来源,从而进一步助长了腐化行为;最后,现代化通过它在政治体制输出方面所造成的变革来加剧腐化。

(2)没有得到满足的需求的社会学理论。奈尔·J.斯梅尔塞认为,腐败是在结构性的社会报酬不公正与不平等情况下,特别容易滋生的一种人们蓄意的行为;腐败需要有最低限度的政治结构的分化和某些规范的框架;腐败总是趋向于更多的有价值的报酬,而这种报酬因各个社会的发展状况而有所不同。

(3)商业价值观崇拜。林肯·斯特芬斯认为绝大部分的贿赂来自商业,这个观点经常被引证为美国生活中出现连续不断腐败的一个原因。

(4)政党控制理论。这种理论在19世纪后25年和20世纪头25年里相当流行。怀特引用查理斯·弗兰西斯·亚当斯的话认为,腐败应归咎于"在纽约政治的阴沟中喂大的"政党组织;奥斯特罗戈斯基在他的初版于1902年的经典之作《民主与政党组织》一书中也赞成这种对政党的批判。在他们看来,直接的预选,对立法机关的公民表决权以及对公共官员的罢免都是意在减少政党领导人控制的机制。

(5)政府形式的缺陷。众所周知,英国著名历史学家阿克顿勋爵在19世纪曾经归纳过一个权力与腐败的论点:"权力趋于腐败,绝对的权力趋于绝对的腐败。"当时阿克顿面对的是英国的专制体制,然而在面对美国的民主体制时,哈罗德·拉斯韦尔和阿诺德·罗格在1963年出版的一本书中辩驳了阿克顿的论述,并得出结论:在美国越是有权的政府官员,与其他官员相比,越是不会腐败。乔治·本森也倾向于接受他们的这种结论,认为权力的分立、政府的非集权化和其他形式的制衡并不总是可以帮助美国避免腐败,相反,他还举了一个例子说明由于过多的牵制造成了政府责任的减少,从而造成更多的腐败现象。

(6)薪金太低的公共雇员。这种观点认为公共雇员所得到的薪金比私人企业的员工要低得多,从而使他们更容易被腐化。

(7)分权过度。该观点认为分权化使腐败可以在地方政府中继续存在,而一个更为集权的政府会迅速地消灭这种现象。

(8)伦理标准的缺陷。这种观点认为伦理道德水平的缺陷可能造成严重的腐败问题。C.J.弗里德里希指出,腐败可能从一个国家的"观念的核心"上将这个国度摧毁;塞缪尔·P.亨廷顿在他的对发展中国家腐败问题的论述也清楚地表明了道德教育的重要性。

在谈到体制性腐败的成因时,J. 帕特里克·多贝尔认为,体制腐败植根于某些形式的不平等。虽然大部分腐败行为产生的原因是个体的道德选择,并且取决于人类对贪婪邪恶的追求能力,但是,一个国家的腐败产生于个人的本性与长期的财富、权力、地位体制不平等的互相作用。在这种不平等状况下,某些个体构成的群体就有事实上的或为法律所承认的获得财富、权力与地位的优先权。多贝尔指出,并非所有的腐败都必然是不平等的结果,也不是说所有的体制不平等的消除就能导致所有腐败现象的消失。但是,腐败可以看作一个系列,它从无序的杂乱的个体行为延伸至不断扩大的腐败,一直到所有的公民,无论是否担任公职,都介入一个腐败横行肆虐的政治之中。这种不断扩大的腐败,不同于杂乱的单个行为,主要是由某些形式的不平等造成的。这一理论从来不假定所有的不平等都是非正义的或腐败的。社会的实际需求必然导致某些经济与政治领域的不平等。这一理论区分了公正的合情合理的不平等与导致腐败的不平等。非腐败国家保证了某些基本形式的实质性经济、司法与政治平等,但它并不要求在生活的各个方面的绝对平等。只要它对实质性的公共利益有好处或至少不危及公民的实质性自由,任何合情合理的不平等都是可理解的。

三、关于腐败的分类

关于腐败的分类,阿诺德·J. 海登海默(Arnold J. Heidenheimer)的观点颇具代表性,海登海默从对腐败行为的容忍和评价的角度,把腐败分为黑色腐败、灰色腐败和白色腐败。"黑色腐败"指,在这种结构下,共同体的大部分上层人物和大众都一致谴责的一项行为,希望在原则的基础上对之予以惩罚。"灰色腐败"指,有些人,尤其是上层阶级希望惩罚某项行为,其他人不希望,大众则可能是模棱两可的。"白色腐败"意味着上层和大众的多数人可能都不积极支持惩罚一项腐败行为,他们认为这是可以容忍的。在海登海默看来,被一个政治体制内部的规范实施者和外部的批评者视为腐败的大部分活动基本上是各类交易活动。根据所用技巧的不同,交易使各方交易者承担起不同程度的特殊义务。贿赂是最常提及的腐败技巧,因为它使职位承担者一方负有非常特殊的义务;其他类型的腐败的政治交易的确定以更模糊的义务观念为基础,没有专门的数量规定。实际上,政治交易越像社会交易,对腐败的分类就越困难、越宽泛。社会交易的网络越发达,各种可见的利益的交易途径就越复杂多样,特殊的活动也就越难被确定为是腐败活动。

迈克尔·约翰逊从政治参与性与自主性之间的平衡关系以及政治机会和经济机会之间的平衡关系中,归纳了如下四种类型的腐败。

(1) 利益集团竞争型腐败。利益集团型社会的特征是强烈的私利、政治参与性以及政治和经济的竞争等,财富被用来扩大利益集团的政治影响,结果导致精英腐败,但这类腐败是非系统性的,并主要是基于个人利益基础上的,例如美国、英国、德国等。

(2) 精英统治型腐败。精英统治型的特征是享受良好保护的政治精英们仅面临有限的竞争,他们会出卖政治的参与机会而使自己及其政治和事业伙伴致富,例如回归前的香港、军人统治时期的韩国、自民党执政时期的日本等。

(3) 半施舍型腐败。半施舍型社会的特征是由虚伪的政治上不可靠的政治家统治,他们只擅长用物质诱惑来培养自己的亲信,其追随者纪律约束性差,并易受社会中的利益和派系的影响,有些腐败现象直接与威胁有关,例如俄罗斯、非洲早期的文官统治等。

(4) 施舍机器型腐败。施舍型社会的特征是由铁腕政治精英统治,他们控制大众的参与,通过施舍来主张限制竞争,并将自己的财富建立在广大追随者的贫困基础上,政党纪律严明,等级森严,并将其精英统治延伸至社会,其结果常常产生系统性腐败,有时还伴随威逼,例如印度尼西亚、菲律宾等。

四、关于腐败的效应

关于腐败的效应,人们传统上总是从负面和有害的角度去思考,但一些西方学者却对腐败的负面和正面效应都做了论述。杰拉尔德·E. 蔡登在其著作中全面分析了腐败的反面影响和正面作用。他列举的腐败的反面影响有:(1) 腐败破坏公共决策,导致无效地使用资源,并不惜牺牲法律约束力而有利于不讲道德的人。(2) 腐败使道德权威沦丧;削弱政府的工作效率;增加集团犯罪的机会;鼓励警察的野蛮行为;增加纳税人负担,从而直接影响穷人。(3) 腐败是一种每个人都直接或间接为之耗费巨资的事物,这是一种人们不想要的公共开发工程;一种迅速过时,因而需要不断换新的质量低劣的建筑物;一种用来取悦膨胀的合同或取代失去实质内容的税收的公共钱财；一幢威胁公共健康和安全的大楼。（4）腐败使犯罪行为逃之夭夭，把法律出卖给了标价最高的人。

同时，他还列举了一些学者所极力主张的腐败的正面作用：（1）腐败有助于国家统一和稳定，促进全国性的对公共事务的参与；有助于形成可行的政党制度，提高官员对政治机构的责任感。（2）腐败融合了本来会异化的集团，将它们一体化并向它们提供一种暴力的替代物。（3）腐败强化了政治机构，巩固了权贵的地位和保守的联盟。（4）出于投资的目的，腐败通过提供额外的分配机制刺激了经济发展，并动员官僚机构采取更有力的、代表私人企业利益的行动。（5）腐败使官场人性化，提高了官僚的责任感，减少了文牍主义，加速了公务处理，提高了公务的质量。

不过最后，蔡登分析说，对腐败行为具体案例的研究否认了上述大部分假设的腐败的好处，因为还没有大量的证据来证实腐败的官员能对经济发展和社会进步做出明显的贡献。如果社会需要没有满足，那么通过合法的和诚实的手段，而不是腐败，可以较好地满足这些目标。腐败对那些它声称有助益的事情所造成的代价远远多于那些事情可以从腐败中得到的好处。蔡登认为，从长远来说，腐败推迟了人们所要求的变革，增加了社会障碍，抵消了工作的积极性。它使人怀疑所有的权力和所有的政治机构。大量的证据表明，如果社会能减少官员的腐败，那么这个社会将变得好得多。

大卫·H.贝莱也用相当多的笔墨阐述了腐败的效应，他所列举的腐败行为的有害效应包括：（1）腐败行为意味着政府已不能达到政府在为不同决策建立标准时所寻求的目标。在某种程度上，腐败行为使本来很有价值的目标变成不了了之；（2）腐败意味着行政成本的增加；（3）如果腐败采取回扣的形式，就会减少为公共目的的投资额；（4）政治家与文官构成社会的精英阶层，如果这些精英被认为是完全彻底腐化的，那么普通人也就毫无理由不去为自己和他所喜爱的人尽力聚敛他能得到的一切；（5）在一个容忍腐败的环境中，不同凡响的政治勇气是难以维持的，因为无法指望一个腐败的官员或政治家把公众利益置于私人利益之上，会出于国家的未来繁荣而损害自己的私利；（6）在一个腐败的环境中，大量的时间和人力将被投入到发展特殊的关系和"门路"中去，这对生产力的破坏是无法估量的；（7）既然腐败对普通人意味着是制度化的不公平，它就不可避免地导致诉讼、诬告和辛酸的冤案，即使正直的官员也可能受到威胁而被公开控告有腐败行为；（8）腐败导致了政策决定只认金钱而不管人们的需要。

贝莱在列举腐败行为的有益效应时说，他并非完全赞同腐败一定具有某些有益的效应，只是要提供充分的证据来表明，腐败的效应在性质上可能有有益的方面包括：（1）腐败，无论是表现为回扣还是行贿者直接付出的方式，都可以使现有的资源分配从消费转向投资，出乎意料之处，可能成为符合经济发展目标的一种辅助性分配机制。（2）腐败是提高公职人员素质的一种机会，因为腐败时常成为提供满足公职人员自己和家庭基本生活所需的必要方式，同时是保证供给有能力愿意做公职人员的一种必要的手段。（3）政府任人上的裙带关系，可以为失业者提供就业机会，同时使他们隶属于政府从而确保对政府的支持。（4）腐败使那些由于无权而有意能对政府不满的人在现行制度中找到一个"绳桩"。（5）从传统社会向现代社会转变时，腐败可以使新的制度更能为传统所接受，腐化行为中表现出的人际关系是保证受传统束缚的人们忠诚新制度的必要的过渡手段。（6）腐败可以减少精英阶层制定的社会经济发展计划的严厉性，它在行政上引入了政治考虑，弥补了政治体制之不足，这是确保政治稳定的必要途径。（7）在官员中，腐败可以在不可妥协的意识形态和利益之间起到融解作用。

贝莱在结论中分析说，由于腐败行为的效应牵涉到许多不可比较的因素，所以不可能肯定而准确地确定有益效应与有害效应如何一起产生普遍的冲击。然而，很清楚，腐败是一种调和的手段，它的利益首先存在于政治领域之中。但分析也表明，腐败对经济发展的净效应还不总是或必定带来有害的性质。无疑，腐败有严重的有害效应，在整个发展中会带来经济损失，造成机能失调，但是，对腐败这种社会实践的研究还缺少精确的理论分析，经验研究甚至更少。在贝莱看来，分析腐败行为的间接效应要比分析其直接效应要容易得多。

五、关于反腐败的策略

在谈到反腐败问题时，杰拉尔德·E. 蔡登指出，即便运用世界上所有的力量，也很难控制官员的腐败，因为腐败有多种形式，没有一个公共机构，也没有一个公共官员能不受其影响。但是，在一些国家里，腐败也得到了有效的控制，他所列举的反腐败的策略包括以下方面。

（1）政治意志。政治领袖必须保证通过自身树立一个好榜样来铲除腐败。在对腐败的起诉中，不应当有偏袒，不能有双重标准。甚至是最有权势的人也应当生活简朴，以避免引起人们注意他们可能享有的特权。

（2）公众压力。政治意志需要由不容忍官员腐败的警觉的公众力量经常不断地促使和推动，需要在捍卫公共正直和礼仪中保持警惕。为了做到这一点，公众应当知道什么构成了不能接受的公共行为，在反对这种行为时到哪里去寻找支持的力量。

（3）主要目标。腐败并不平衡，政府的一些部门比起另一些部门来可能更容易腐败。在这种情况下，首要的目标是法律强制，这意味着必须坚持法制，法律面前人人平等，必须有统一的、无畏的、不带偏见的强制，公众最终必须信任强制机关并与它保持一致。

（4）公务道德。应当编写官员道德条例，将它作为一种职业骄傲和人员的自我纪律加以实行。但是，只有当德才兼备的人被吸收到公共岗位，只有当他们的工资使他们感到无须借助腐败也能维持一种与其社会地位相称的舒适生活时，正直才能得到保证。

（5）强化抵消因素。每个社会都有一些纵容和促进官员腐败的特征，除非消除这些特征，盛行的腐败很可能继续，不过这往往需要几代人的时间。没有意识形态的变革或道德革命，没有经济再分配或政治改革，没有社会—文化变革、法律修正或行政现代化，腐败将不会消除。

蔡登最后指出，必须在一些地方进行突破，采取并巩固一些最初的步骤，产生一种势头，并激发一种乐观主义。反腐败任务是严峻的，但也是可行的。不过，即便有最坚强的意志，也很难彻底消除腐败，因为腐败太具繁殖力、太具传染性、太普遍、代价太高。对腐败充其量只能加以抑制，并把它减少到最低程度，使它从一种生活方式变成一种生活事实，使它从令人不能容忍的形式变成可以容忍的形式，使它由大变小，由重要变次要。

苏珊·罗斯·阿克曼认为，体制改革应当成为反腐运动的首要内容。如果某个公共项目不能服务于一个合法的公共目标，那么它所造成的"瓶颈"效应和约束就会制造大量的腐败机会。要解决这类项目中的腐败问题，就必须取消整个项目而不是进行改革。对于那些能够服务于重要目的的项目，应当重新进行设计，以约束官员的自主决定权；对于另外一些项目，则应对国家的行政管理体制进行重新调整，以减少官员能够获取的私人收益。阿克曼强调指出，改革者必须对一系列可供选择的方案进行适当的调整，以适应本国的具体情况。但是，改革不应局限于建立一种十全十美的制度，而是要以从根本上改变政府的运作方式为核心内容。改革的首要目标是减少腐败交易发生以前潜在的行贿和受贿动机，而不是一味强化事后惩治。在反腐败方面，加强执法和监督力度是必要的，但是如果那些引发贿赂的基本条件不加以清除，执法和监督就不会产生长远的影响。倘若腐败动机依然存在，那么一批"害群之马"被惩处后,紧接着便会有一帮新的腐败官僚和行贿者粉墨登场。阿克曼还指出,腐败现象永远不可能被彻底消灭,在现实的条件下,将腐败水平降低为零需要付出太大的代价,另外,单纯的反腐败行为会使政府变得僵化和脱离群众。因此,我们要达到的目标并不是要建立一个纯而又纯的政府,而是建立一个在本质上比较诚实、公正、有效率而合法的政府。

金伯利·A.艾略特认为,对腐败尚没有迅速的简单的解决方法,各地腐败的来源和结果都有所不同,每一个国家必须按其具体情况和要求,制定其反腐败的优先领域和形式。然而,总的来看,提倡政治家的财产公开和经济竞争力的改革是减少腐败机会的关键。竞争性的选举、更加透明的政策过程、新闻媒体的自由都会提高腐败的潜在成本,而一个更加开放的经济环境则减少了腐败的潜在收益。艾略特强调要推进建立在改革和开放基础上并对其起巩固作用的机构改革,主张采取以下的微观改革措施。

——司法改革,以保证其诚实性、独立性和能力的提高;

——公务员制度和其他机构改革,以改善信息的交流,提高对诚实行为和表现的奖励,同时反对不诚实行为;

——税收和规章制度的简单化;

——使用拍卖、竞标计划和以市场为基础的法规机制来尽可能地减少官员的处置权;

——加强竞选财务法规和利益冲突调解法规的实施力度;

——加强新闻媒体、非政府间组织和其他基础团体等市民社会的力量。

关于反腐败的策略,西方学者的观点是大同小异的,R.斯塔彭赫斯特和S.塞迪指出,没有哪种单一的方法可以奏效。成功的方法往往是范围广泛的多种策略,以尽可能做到相互配合发挥作用。一般地说,这些策略必须包括:降低腐败机会和腐败利益、增大犯罪人被查获及被惩罚的可能性。首先,适当的行政、财务与经济改革可以使腐败机会最小化。其次,能力培养可以增强各种机构(媒体、议会监督机构、法律部门以及其他机构)的能力,以提高公众对腐败行为及其成本的认识,调查研究腐败的影响。这两位作者指出,成功的方案往往始于对问题的范围大小的认识及其发生原因的清晰了解,这意味着要判断出腐败最易发生的公共管理领域,对助长腐败发生的条件进行分解和加以诊治;从日常工作角度来说,改革应该改进对公务员的监督,以确保他们不滥用其职权为私人谋利益;另一种战术是限定公务员的决定权,从而使其行为(尤其是涉及特许权的授予或者政府采购时)要更多地受制于已确定的规则和条例；从广泛的层面上来说，要减少腐败往往需要进行更根本性的公共部门改革；最后一个要素是法律的强制实施，法律制裁可以产生威慑效果，而且也是对其他预防性方法的必要补充。

腐败与反腐败已经逐渐成为一门世界性的系统科学，各国对这个问题的研究正在不断深入。无论在西方还是东方，相对于其他的政治学或法学课题而言，腐败问题无疑是最敏感和最棘手的课题之一，关于它的研究虽然已经取得了一定的成果，但显然还是远远不够的。虽然在不同的社会中，腐败现象的表现形式有一定的共通性和相似性，但由于腐败活动总是根植于一定的政治、经济、文化以及传统的土壤，表面上相似的腐败现象也总是代表着各自不同的社会背景和历史传统。因此，虽然西方学者对腐败问题的研究比东方学者（包括中国学者）的研究更完整、更深入，却不代表着我们可以简单地把他们的研究成果套用于本国的情况。辩证地汲取国外腐败研究中有益的成分，结合本国的国情，系统地研究腐败的定义、起因、分类、效应和对策等问题，有助于推进反腐败斗争。

4-2

转轨时期腐败与反腐败问题的再认识*

一、腐败既是一种历史现象，又是当代的一个世界性难题

腐败并不是近现代的发明，而是一种历史现象。我们在各文明古国的历史典籍中可以找到大量关于腐败与反腐败的记载。公元前19世纪的《汉谟拉比法典》就有了比较完整的惩治腐败的法律。腐败是一种政治现象，它的产生和存在以国家（政府）权力和商品交换的产生和发展作为前提。恩格斯在考察家庭、私有制和国家的起源时指出，在原始公社解体和国家形成的过程中，随着商品交换的产生发展，掌握公共权利（从而也掌握交换权力）的氏族首领，逐渐地把这些交换来的物品当作自己的财产来支配，这就是最早的腐败。随着商品交换的进一步发展，出现了货币，因而出现了腐败的更高的形式，即权钱交易。

当今世界，存在着两种腐败形式，即传统的和现代的两种形式。传统的腐败形式以高度集中的政治体制和封闭式的自然经济或产品经济的存在为前提，其突出的表现是高层官员大肆侵吞国库，下属官员公开敲诈勒索，特点是赤裸裸的、公开的、直截了当和简单性。现代腐败形式指在国家干预与市场调节并存条件下出现的权钱交易的腐败现象，表现为寻租行为，如为获得政府订货、工程投标、许可证、产业补助金、价格优惠或其他方面的优惠政

---

* 原载《特区理论与实践》1996年第11期，并编入福建省社科"九五"规划课题精神文明成果专辑（《福建学刊》1997年增刊）。

策和自主权而给予政府官员的佣金、回扣、顾问费、信息费或其他的政治捐款等。与传统腐败形式相比,现代形式的腐败或寻租行为的手段隐蔽、过程复杂,难以判定。英国学者保罗·哈里森在《第三世界——苦难、曲折和希望》一书中指出,第三世界或发展中国家在引进西方市场经济时,也舶来了现代的腐败现象,即带来了理性面具伪装下的无耻贪婪和特有的虚伪。在我国,目前可以说传统的和现代的两种腐败形式并存,但更突出的是现代的寻租形式。

腐败是一种灰色的瘟疫,被人们称为一种附着于权力的咒语。当代世界各国可以说无一能幸免于腐败之害,腐败和反腐败成为一个世界性难题,而不只是发展中国家过渡时期所特有的现象。美国政坛时不时地冒出腐败丑闻,里根执政8年间,因腐败而辞职的高官就达200余人;在意大利从"米兰丑闻"曝光到1993年7月,就有3256人涉及行贿受贿,其中地方官员1073人,议员247人,5个执政党书记,曾七任总理的安德烈奥蒂也遭审讯;日本政坛更是腐败丑闻不断:20世纪70年代的洛克希德事件、80年代的里库路特事件、90年代的金丸信事件,1993年7月28日,自民党一党执政之所以画上句号,沦为在野党,直接的原因就是腐败问题;我国香港在70年代以前,贪污受贿之风甚盛,只是1974年廉政公署成立后,情况才有所好转;韩国高层政治人物的贪污腐败更是触目惊心,仅1989年就有七位重要人物因贪污受贿被判刑罚款,两位前总统全斗焕和卢泰愚则于最近被推上审判台。因此,即使在发达国家或地区,腐败仍然是一个严峻的政治问题。据《国际展望》1993年第23期的一篇题为《1993年廉政风暴席卷全球》的文章报道,当年全球至少有96个国家相继掀起程度不同的反腐败运动。当然,在不同时期,处于不同发展阶段的不同国家,其腐败现象的表现、范围及严重程度是不同的。

二、正确把握腐败的实质及危害,进一步提高反腐倡廉的自觉性

何谓腐败?这是一个迄今为止仍没有准确定义的问题,人们对它作了许多界定,从法律所禁止的行为到与违背公共利益的行为去探求腐败的全部范围,并从不同的侧面或角度去揭示它的内涵或本质特征。

一种观点是以公共职位为核心,即从人们与公共职位的关系以及公职人员所承担的职责来给腐败下定义,将腐败界定为利用权力谋取不正当利益。

另一种观点是以公共利益为中心，即以是否损害公共利益作为腐败的标准来定义腐败，认为无论在何时，只要公务人员为得到金钱或其他报酬而采取有利提供报酬者和损害公共利益的行为时，腐败就产生了。

第三种观点是以市场为核心，即从经济学的供求和交换关系的角度来给腐败下定义，这类定义将官员视为"经济人"，以本身利益的最大化为目标，当他们把公共权力或公共职位视为一种资源，通过市场交换以获得最大的收益时，就往往发生腐败现象。

尽管这些定义所采取的角度不同，但是人们一般同意，腐败的实质是公共权力的滥用或公共权力的非公共运用，其最突出的表现就是以权谋私、权钱交易。通俗点讲，腐败的实质就是将人民赋予的权力当作谋取私利的资源。

腐败是有益的还是有害的？这似乎是一个不言而喻的问题，然而正是这个问题构成了当代腐败与反腐败研究的一个最大的争议点。长期以来，人们一直确信，腐败本质上是一种罪恶，一种社会灾难，理应受到声讨和谴责，这是关于腐败效果的道德论观点。然而20世纪60年代以后，这一传统的观点受到了挑战，有人提出腐败有益论，可以满足某些不为人所注意的社会需求。这种理论被称为修正论或机能论。持这种论点的，大有人在，无论在国外还是在国内，无论是学界、政界还是企业界，都有这种理论的鼓吹者和支持者。我国目前现实生活中出现的"反腐倡廉，大家赔钱""不吃不喝，经济滑坡""经济要上，纪律要让""反腐败不利于改革开放""搞市场经济腐败不可避免""反腐败影响工作积极性"一类的论调，以及实际工作中反腐不力、一手硬一手软的问题，实质上就是腐败有益论在理论与实践上的具体体现。腐败有益论使腐败合理化，为腐败张目，造成有利于腐败蔓延的虚无主义或犬儒主义的文化氛围，弱化党和政府廉政建设的决心和力度。

腐败是一种十分有害的行为，是一种罪恶，它导致社会资源的极大浪费。严重的腐败将阻碍一个国家的现代化进程，阻碍向市场经济的转轨以及公平竞争环境的形成。它是经济发展、政治稳定和文化进步的陷阱，一旦落入这个陷阱，社会就会长期处于紊乱、停滞和低效的境地。用瑞典著名经济学家、诺贝尔经济学奖获得者缪尔达尔的话来说，腐败对发展极为有害，它使实际发展过程偏离，妨碍公共政策的制定和执行，降低行政运转速度，危及政权的稳定，涣散民心，并为独裁和政变铺平道路。党和国家领导人反复强调腐败的极大危害性，将党风和廉政建设提高到党和国家的生死存亡、经济发展和现代建设事业能否取得胜利的高度来认识。这是一种高瞻远瞩的洞见，必须加以深刻的领会，进一步提高反腐倡廉的自觉性。

三、充分认识反腐败斗争的长期性和复杂性，进一步增强反腐倡廉的信心和决心

发展中国家腐败高发的时期往往是在现代化的激烈过渡以及体制转轨时期。美国著名政治学家亨廷顿在《变化社会中的政治秩序》一书中认为，腐败程度与社会和经济的迅速现代化有关，处于现代化进程的国家是腐败蔓延的时期。原因在于：第一，现代化涉及社会价值观的转换，新旧规范的冲突，为个人创造了以两种规范所不承认的方式进行活动的机会，以致出现私欲横流的局面；第二，现代化开辟了新的财力和权力来源，从而进一步助长了腐化行为，掌握新资源的新集团的崛起，一方面促使用金钱去换取政治权力的发展，另一方面又促使用政治权力去换取金钱的发展；第三，现代化在政治体制方面的转换加剧了腐化，现代化特别是后起的现代化，往往在某一阶段扩大政府的权威，增强政府对经济生活的干预。

同时，在两种经济体制（计划体制和市场体制）转换的时期，旧的计划体制及管理手段不可能马上被废除，新的市场体制不可能迅速发展和成熟起来，这就产生了大量制度、政策和措施上的漏洞，党和国家在处理政府与市场、政府与企业、政府与社会等方面的关系上遇到一系列新问题。特别是政府对经济社会生活的过多干预引发了寻租及腐败行为。当代西方经济学的公共选择理论对这种现象作了分析。依照这种理论，一切利用行政权力大发横财的活动都可以称为寻租。寻租是为了获得政府特许而垄断性地使用某种市场紧缺物资，或其他方面的政府保护所寻求的政府对现有干预政策的改变，用以保证寻租者能按自己的意愿进行生产，或阻止他人对这类活动的侵犯。著名经济学家吴敬琏在《寻租理论与我国经济中的某些消极现象》一文中认为，现阶段我国经济领域出现的一些消极现象如不平等竞争、官倒、以权经商、利用双轨制靠差价发横财、拉关系、走后门、立项目、开试点、争取特殊政策、跑"部"钱进等都可以从寻租理论中得到解释。此外，市场经济体制虽然有利于增强人们的独立自主意识、竞争效率意识、民主法制意识和开拓创新精神，但市场自身的弱点和消极方面也会为腐败横行提供方便条件，特别是见利忘义、唯利是图、斤斤计较、等价交换侵蚀党员干部队伍。

我国目前正好处在由传统社会向现代社会过渡和由计划体制向市场体制

过渡的"两重过渡"时期,是腐败最容易滋生蔓延的时期。这个时期的腐败具有多发性、多样性和反复性的特点,反腐败斗争的任务十分艰巨,必须靠坚定有力、持之以恒的措施,才能有效抑制腐败的蔓延。如果看不到这一点,期望通过几次严打惩治来根治腐败,那是不现实的,这容易产生急躁和悲观情绪。因此,必须看到反腐败斗争的长期性和复杂性,做好打持久战的思想准备。同时,必须认识到,目前腐败的滋长蔓延是特定历史条件的产物,腐败并不是不可逐步消除的。我们所要建立的是社会主义市场经济,社会主义制度的本质与贪污腐败水火不容,它所要求的是廉洁政府和人民公仆式的官员;而且随着改革开放深入和市场经济体制的完善,许多产生腐败的土壤和条件就会逐步消除,腐败就会得到有效抑制乃至最终消失。只要党和国家坚定不移反腐败,广泛动员各方面的社会力量参与廉政建设,并采取正确的战略措施,廉政建设是大有希望的。邓小平同志说得好:"随着经济的发展,随着科学文化和教育水平的提高,随着民主和法制建设的加强,目前社会上那些消极的现象也必然会逐步减少并最终消除。"我们必须看到反腐败斗争的乐观前景,进一步增强反腐倡廉的信心和决心。

四、认真分析腐败产生的深层次根源,采取积极有效的反腐败战略

诚然,腐败作为一种复杂的社会现象,它的产生、存在和蔓延的原因是多方面的。既有思想观念上的原因(如封建主义的思想残余、小农意识和资产阶级拜金主义、享乐主义和个人主义等腐朽思想的影响,理想信念的淡薄、道德失范等),又有社会条件方面的原因(如商品交换、市场经济的消极方面,社会经济条件的不足等)。但是,现阶段我国腐败现象蔓延滋长的一个主要原因是体制上的缺陷,在于两种体制转换过程中的制度缺陷。吴敬琏认为,问题的关键是,我国目前仍处于市场体制成长的阶段,双重体制并存:一方面市场制度发育程度低,市场平等竞争秩序亟待建立;另一方面,旧的体制仍有相当的影响,行政权力对微观经济活动有广泛的干预。这样,在长期计划经济的影响下,行政力量仍在管制和干预市场,某些方面已经货币化了,却没有按照平等竞争的市场原则处理当事人之间的关系,仍然广泛地实行行政审批、官员拍板的办法。于是,相当广泛地出现寻租及腐败行为。例如,20世纪80年代的双轨制为腐败(官倒)的流行创造了基础或条件。一些官员利用手中的权力,利用计划价和市场价的差额投机经营,一时

间倒卖"批文"、额度成风、"官倒"成了最严重的腐败现象。据南方某省1987—1989年的统计,党政干部经济违纪案件的70%以上与价格双轨制条件下的不规范市场交易有关,而随着消费品市场和生产资料市场的放开以及社会主义市场经济体制的逐步建立,商品价格双轨制范围逐步缩小,于是利用商品差价大发横财的"官倒"现象便逐步失去了存在的条件,而大大减少或削弱了。

  整治腐败当然应该采取多种战略(社会的、政治的、法律的和市场的战略),多管齐下,齐抓共管,但最关键还是要靠体制创新,既治标又治本,逐步消除腐败滋生和蔓延的土壤与条件。反腐倡廉有两种基本的思路,一是靠政治运动,或靠时不时地来一场"严打""惩办";另一是靠体制创新,构筑起以防范为主体的反腐倡廉机制。历史经验告诉我们,在腐败横行的高发期,采取"严打"的措施是十分必要的,并能取得一定的效果。但单靠第一种思路不可能根治腐败现象,只能一时奏效、暂时抑制腐败现象,而运动一过,腐败又照样横行,甚至变本加厉。龚育之在《要对贪污腐败作科学的研究》一文提出了这样的问题,即改革开放以前的几十年,我国每过一段时间就要来一次反贪污腐败政治运动,从"三反"、"五反"、"四清"以及"社教"到"文革",这其中有什么历史经验或规律性的东西应该记取呢?荣敬本在《腐败:权力与金钱的交换》一书的序言中对这个问题作了回答,认为在我国历次反腐败运动中都几乎把贪污同资产阶级联系在一起,而反资产阶级又同市场联系在一起;在每次反贪污的同时,就要限制商品经济,限制所谓的资产阶级法权。结果,愈是使人们"盯住政治这块肥肉",开展政治斗争,这实际上也是一种寻租行为,造成政治的不稳定、经济停滞、贪污腐败照旧。简言之,靠政治运动来反腐败,效果有限。改革开放以后的这些年来我们更多的是靠运动式的手段,展开了几次"严打"和各种专项斗争,对抑制腐败起到了一定的威慑作用,但制度建设方面力度不够,以至于腐败现象屡禁不止,在有些地方和部门甚至有愈演愈烈的趋势。

  因此,我们认真分析腐败产生的深层次根源,转变思路,在采取必要的"严打"措施的同时,加大体制创新力度,逐步消除腐败滋生的土壤和条件。原西德经济学家维利·克劳斯在回答我国《经济社会体制比较杂志》记者的采访时说:"整治腐败原则上有两种办法:一种是对腐败现象绳之以法,比如用严厉的惩治,设立层层严密的行政监督体系和举报站,搞群众运动,等等。从国外经验来看,这种威慑作用是有限的,而且代价也相当大。另一种方法是消除腐败的诱因,比如通过放弃种种逆市场的做法,解除种种管制,取消价格双轨制,建立竞争秩序,建立公开市场等,腐败就会基本上消失。"这段话值得我们思考。

五、正确处理好反腐败与改革发展的关系,摆正廉政建设在改革发展中的地位

如何看待反腐倡廉与改革发展尤其是体制改革或制度创新的关系,这是一个事关对反腐倡廉的态度、决心以及能否采取恰当战略的问题。一种观点将反腐倡廉与改革发展决然对立起来,认为反腐倡廉会妨碍改革发展,因而在实际的反腐倡廉工作中采取消极应付或抵制的态度,这显然是一种十分错误的认识。另一种对这两者关系所持有的片面或模糊的认识,则把反腐倡廉仅仅看作一件软任务,仅仅理解成为改革开放和经济建设创造良好的外部社会环境的事情。也就是说,把反腐倡廉仅仅当作改革发展的一个外生变量,而不是一种内生变量。这种观点或认识导致在实际工作中将反腐倡廉游离于改革发展之外,不是将它当作改革发展尤其是体制改革的一个有机组成部分,当作社会主义民主政治建设的一项基本内容;不是当作党政部门的一项日常工作,而仅仅看作是纪检、监察和司法部门的事。

其实,反腐倡廉和经济改革发展是一种相互依赖、相互促进的关系,反腐倡廉是改革发展的一个内在变量,是体制改革有机组成部分和社会主义精神文明以及民主政治建设的一个基本目标。首先,政府管理体制改革的目标正是要确立一个灵活、高效和廉洁的政府运行机制,这种机制的建立将有效消除腐败产生的土壤和条件,专门的监察机构和制度的建设更是体制改革的一项内容。其次,反腐倡廉也是社会主义精神文明建设的一项基本内容,党的十四届六中全会通过的《中共中央关于加强社会主义精神文明建设若干重要问题的决议》将反腐倡廉工作列为今后五年精神文明建设任务的首位,号召坚决制止党政机关和干部队伍中存在的消极腐败现象,进一步树立密切联系群众、勤政务实、廉洁奉公的优良党风政风。最后,反腐倡廉将创造经济发展的良好条件和环境,促进经济的持续、稳定、高速增长。

邓小平同志反复强调的一个观点是,要把反腐败和端正党风贯穿于整个改革的过程之中,他认为惩治腐败与改革开放和经济建设是相辅相成的,惩治腐败是改革开放和经济建设得以顺利进行的一项重要保证;他强调通过制度建设,通过经济体制和政治体制的改革来消除腐败现象,以保证经济建设和现代化事业的顺利发展。他说:"风气如果坏下去,经济搞成功又有什么

意义？会在另一方面变质，反过来影响经济变质，发展下去会形成贪污、盗窃、贿赂横行的世界。"江泽民同志也指出："经济搞得不好会垮台，经济搞上去了，如果腐败现象泛滥，贪污贿赂横行，严重脱离群众，也会垮台。"这充分说明了反腐败与改革开放、经济建设的密切联系。因此，必须将反腐败寓于改革与发展之中，依靠改革发展来遏制腐败。这绝不是以反腐败来冲击以经济建设为中心，妨碍经济发展，而是摆正反腐倡廉工作在改革发展中的地位，让两者相互促进、相得益彰。

4-3

政府干预与寻租行为[*]

寻租理论是20世纪70年代以后西方经济理论尤其是公共选择理论中发展出来的一种新学说，它的出现被誉为当代西方经济学取得的一项重要进展。作为一种概念框架，寻租理论可以较好地说明市场经济条件下政府干预行为的局限性问题，较好地解释腐败行为产生的根源。我国目前正处在两种经济体制转换的时期，了解西方经济学中的寻租理论，对于我们确定好政府干预行为的范围和力度，履行好国家的经济职能，对于我们弄清当前腐败蔓延的原因及治理对策具有一定的借鉴意义。

一、当代西方经济学中的寻租理论

西方寻租理论的产生并不是偶然的，而是有着深刻的背景的。寻租（rent - seeking）是由于政府干预产生的一类经济现象。第二次世界大战后，西方市场经济发达国家日益加强了对经济生活的干预，政府不仅运用宏观经济政策以及指导性经济计划对国民经济加以宏观调控，而且通过各种法律和行政手段对企业的生产活动加以微观的管制。"市场失灵"被认为是政府干预的基本理由，这种干预的确能在某种程度上弥补市场缺陷，克服市场失灵，但是却带来了另一些意想不到的、更为严重的恶果，如"滞胀"现象的出现和寻租或腐败行为的蔓延。西方经济学家尤其是公共选择学者正是在对这些后果的分析基础上形成寻租理论的。

要掌握寻租理论，必须先弄清"租"和"寻租"的概念或含义。在经济学中，租或租金最初是指土地的租金即地租；李嘉图学派将租金理解为永远没有供给弹性的生产要素的报酬；马歇尔进一步扩展了这一概念，认为租金还包括了准租金——即暂时没有供给弹性的生产要素的报酬；现在，人们

---

[*] 原载《厦门特区调研》1996年第12期。

一般将"租"或"租金"定义为由于不同体制、权利和组织设置而获得的额外收益。按照布坎南的观点，租金是支付给资源所有者的款项中超过那些资源在任何可替代的用途中所得到的款项的那一部分，是超过机会成本的收入。

寻租则是为了获得政府特许而垄断性地使用某种市场紧缺物资或其他方面的政府保护，所寻求的政府对现有干预政策的改变，用以保证寻租者能按自己的意愿进行生产，或阻止他人对这类活动的侵犯。布坎南等人把寻租描述为人们凭借政府保护进行的寻求财富转移而造成的浪费资源的活动，描述为人们在某种制度环境下的行为，在这种环境之下，他们所做的价值最大化所产生的不是社会利益，而是社会浪费。

总之，在现代寻租理论中，一切利用行政权力大发横财的行为都被称为寻租活动，租金则泛指政府干预或行政管制市场而形成的级差收入（即超过机会成本的差价），一切市场经济中的行政管制都会创造出这种差价收入即租金。寻租活动的特点是利用各种合法的或非法的手段（如游说、疏通、拉关系、走后门等），以得到拥有租金的特权。

当代西方经济学的国际贸易学派使用了一个更广泛的概念即"寻求直接的非生产性利润"（DUP），既包括寻租收益，也包括了将资源用于鼓励创造额外收益的政策干预以及为赚钱而逃避政策限制的活动。《1988年世界银行发展报告》将寻租称为寻求额外收益，这种额外收益被定义为政府干预所产生的非生产性活动。

寻租理论的基本内容是：

第一，寻租是政府干预的必然产物。公共选择学者一般都把租金的形成归因于政府对自由市场经济的干预。在市场体制下，只有政府才能借助法律和行政手段，创造不平等的竞争环境并维持归一部分人所有的租金。布坎南在《寻求租金和寻求利润》一文中对此作了分析。他说，只要政府行动主要限于保护个人权利、人身和财产并实施自愿议订的私人合同，那么，市场过程就支配经济行为，并且保证出现的任何经济租金将因竞争性的进入而消失。但是，如果政府行为大大超出了由最低限度的或保护性状态所规定的限度，如果政府像它已经大规模地做过的那样，逐渐干预市场的调节过程，那么，租金下降或消失的趋势就会被抵消，并且可能是全停止；租金必然继续存在，并引发各种寻租的尝试。因此，"寻求租金的活动同政府在经济中的活动范围和领域有关，同国有部门的相对规模有关"。

第二，寻租是一种浪费社会资源的非生产性活动。公共选择学者认为，寻租得到的利润并非生产的结果，这一特点称为寻租行为的非生产性。寻租如果离开政府的干预，没有政府干预所提供的特殊垄断地位，便无从谈起。寻租与一般的寻求利润不同。后者是指作为经济人的生产者通过自身的市场竞争能力而获得高于生产成本的那一部分收入，并不需要政府的干预。用布坎南的话来说，浪费在寻租活动中的资源本来可以在其他的经济活动中用来生产受重视的货物和服务，而在寻租过程中，这些资源却"没有生产出纯粹价值"，"没有任何社会报酬"，是社会资源的浪费。寻租活动所导致的社会资源的浪费是惊人的。据美国经济学家 A. 克鲁格在《寻租社会的政治经济学》这篇经典性论文中的推测，1964 年印度由于政府对市场干预所形成的租金数量大约占国民收入的 7.3%，而 1968 年土耳其单进口特许一项而产生的租金就占当年的国民收入的 15%。据有关学者的测算，1981—1988 年，在我国因双轨制造成的各种差价（租金）高达 2000 亿—3000 亿元，占国民生产总值的 20%—30%，其中 1988 年的差价总额大约是 3569 亿元，占当年国民生产总值的 30%。

第三，寻租行为发生的三个层次。布坎南用市政府决定限制出租汽车数量的例子来说明寻租活动发生的三个层次。首先，如果宝贵的执照是由官僚当局分配给潜在的进入者，那么将会发生第一层次的寻租活动，即预期中的进入者将通过说服当局给予有差别的优待而寻求租金（游说是典型的例子）；其次，寻租可以转到第二层次，潜在的政治企业家可能进入的不是出租车行业，而是各种政治—官僚的职位或能获得拍卖东西的职业，这种职位成为获利颇丰的美差（投入大量政治竞选经费是典型的例子）；最后，由于创造出来的稀缺而产生的租金转归政府，那么就可能出现第三个层次的寻租，现在寻租活动将以获得在总价值中有差别份额为目的，而这不是靠特殊机会而是靠政府的财政过程来确定。因此，为获得租金，个人或集团可能：（1）进行疏通活动；（2）直接进入政治，以便取得决策权；（3）制定关于进入或退出受影响之间活动的计划。不管在各个层次上进行这种活动的动机如何合理，结果都是资源的浪费。

第四，利益集团对建立租金的要求。因为租金可以给某些人带来高额的所得，那么，这些人就会形成利益集团，采取种种手段，促使政府用行政命令的方式确立各种可以占据的租金，这样便产生了利益集团对建立租金的需求；政府通过设立各种限制的条例，官员也可以从中捞取好处。同时，一旦利益集团获得了对某种租金的垄断，他们就会千方百计阻挠改变租金分配的各种新的组织设置或政策措施，既得利益集团阻挠改革的深化便是明显的一例。著名经济学家、诺贝尔经济学奖得主 G. 斯蒂格勒所创立的"管制经济学"理论便是依照寻租活动来分析当今美国各行各业利益集团的行为。在他看来,现存美国经济中的管制现象并不能用"市场失灵"论来加以解释,倒是可以用利益集团对政府管制的需求来解释。虽然提高生产率是获取利润的一个途径,但是通过影响政府而设立限制他人与自己竞争的管制条例恐怕是一条有效的捷径。

第五,对付寻租者的办法。寻租理论的倡导者们还提出了种种治理寻租行为的办法。K. J. 科福特和 D. C. 科兰德认为,解决寻租、寻租行为的问题,实际上是要建立起这样一种制度——它能够把人们的寻租行为引导和转变为追求利润的行为。他们提出了如下的政策建议:(1) 对寻租行为予以揭露;(2) 形成一种反对寻租的道德或思想环境;(3) 改进调整财产权的秩序;(4) 制定结束性条款;(5) 出钱使垄断者放弃垄断地位;(6) 革新制度结构,使所有寻租活动都更加困难(如建立公开的咨询制度);(7) 对特殊的寻租行为征税,并对破坏寻租和反寻租行为给予津贴。

二、寻租理论的意义及启示

寻租理论具有相当强的理论解释力,它能较好地解释由于政府干预所引起的一系列社会、政治和经济问题,尤其是腐败现象。

首先,它可以解释历史上出现的重商主义、帝国主义和官僚主义现象。例如,巴里·贝尔辛格等人在《重商主义是一种寻租社会》一文中用这一理论来解释重商主义时期经济活动腐败成风这一现象。他们认为,重商主义时期的主要经济行为构成了一个庞大的寻租社会,而其基础则是君主政体,正是君主至高无上的垄断特许权导致腐败横行。这些学者对英国和法国的这段历史作了实证、比较的分析:在英国,在经历了垄断与反垄断的长期斗争之后,1641 年彻底剥夺了自古以来国王对关税的全部特权,并将国王查理一世送上断头台,从而在民主政体之下逐步形成竞争性的市场机制;相反,在法国,从 13 世纪到 18 世纪长达 500 年的时间内,从国王、贵族、传教士到各级官吏共享租金特权,专制而集中的王权为法国的寻租社会奠定了基础,结果是法国寻租社会的转轨比英国晚了 200 多年。

其次,寻租理论可以较好地解释某些发展中国家官员腐败成风、工商界不法行为猖獗的原因,说明"印度病""拉美现象""马科斯陷阱"一类的现象。瑞典学者 G. 缪尔达尔在《亚洲的戏剧:各国贫困考察》(第 11 章)

很好地分析了这一问题。他认为在亚洲尤其是南亚,许多国家的政权往往因政治家和行政官员的贪污盛行以及由此产生的工商界的不法行为的猖獗而垮台。他说,政府对私有企业进行管制,大大地增加了官员的决策权的范围,由此而来的贪污的蔓延反过来又使官员对保持这种权力有了直接的利益,特别是那些中下级官员薪俸低,贪污对他们极有吸引力。于是贪污腐化进入了一个因果关系的循环圈。

最后,寻租理论可以说明我国在走向市场经济过程中经济领域出现的某些消极现象尤其是腐败蔓延的原因。著名经济学家吴敬琏在《寻租理论与我国经济中的某些消极现象》等论文中对此作了分析。他认为,现阶段我国经济领域出现的一些消极现象如不平等竞争、官倒、以权经商、利用双轨制靠差价发横财、拉关系走后门、立项目、开试点、争取特殊政策、跑"部"钱进等都可以从寻租理论中得到解释。他说,问题的关键是,我国目前仍处于市场体制成长的初期阶段,双重体制并存:一方面市场制度发育程度很低,市场平等竞争秩序还有待建立;另一方面,旧的体制仍有相当的影响,行政权力对微观经济活动有广泛的干预。这样,在长期计划经济的影响下,行政力量仍然在管制和干预市场,某些方面的经济活动已经货币化了,却没有按照平等竞争的市场原则处理当事人之间的关系,仍然广泛地实行行政审批、官员拍板的办法,于是,相当广泛地出现了寻租行为。

寻租理论具有重要的启示意义:首先,它提醒我们必须高度重视市场经济条件下政府干预的局限性问题,把这种干预限制在绝对必要的限度之内。依照公共选择学者的观点,寻租是政府对经济活动干预和管制的必然产物,政府的干预和管制往往并不是为了弥补市场缺陷、纠正市场失灵,而是出于官员寻租和设租的需要。当政府只是充当"守夜人"角色,即仅创造和维护市场运行的外部环境,保护公民的生命、财产和契约自由时,不会存在租金,因而也就没有寻租活动;当政府无所不包、无所不能,承担资源分配和直接管理控制一切,企业和作为消费者的个人没有自主权时,也不会出现租金及寻租行为;而只有当政府下放了部分权力,个人和企业开始有了部分自主权时,寻租现象就会大量出现,这在两种经济体制转换时期表现得特别明显。这就要求我们必须加快市场经济体制步伐,缩短两种体制并存时间,尽快实现政企分开,迅速确立市场经济平等竞争的新秩序,并把政府的干预限制在绝对必要的领域和限度内,甚至在一些非干预和管制不可的领域,也可以引入市场机制(如执照拍卖)。按照东亚模式的经验,政府要做市场永远做不到和当时做不好的事情，把一切市场能做得好的事情交给市场或不断地转交给市场。

其次，寻租理论告诫人们必须在现代化进程以及市场经济发展中把抑制寻租和反腐倡廉放在突出重要的位置。寻租理论的实证研究表明，严重的寻租及腐败将阻碍一个国家的现代化进程，世界上的不少发展中国家由于没有解决好市场秩序和反腐倡廉这两个问题而使现代化走入歧途。寻租及腐败是经济发展、政治稳定和文化进步的陷阱，一旦落入这个陷阱，就会使社会长期处于紊乱、停滞和低效的状态。用缪尔达尔的话来说，腐败对发展极为有害，它使实际发展进程偏离，妨碍公共政策的制定与执行过程，降低行政运转速度，更危及政权的稳定，涣散民心，并为独裁和政变铺平道路。我们可以用东南亚的新加坡和菲律宾作为正反两个方面的例子来加以比较。新加坡从工业化发展的初期就十分重视确立平等竞争的市场规则，同时辅以打击贪污腐化的司法和行政措施，行政机构做到廉洁高效，经济也迅速发展。相反，菲律宾在第二次世界大战后初期曾是东南亚最先进、繁荣的国家，但是由于没有进行彻底的反封建革命和未能尽快形成竞争性市场体制，经济滑坡，社会动乱不已，成了东南亚最落后的国家之一。人们把这种变化归因于落入"马科斯陷阱"，即由于以前以总统马科斯为首的权贵集团贪污腐化所致。

最后，寻租理论提醒我们反腐败必须釜底抽薪，从体制及制度的创新上下功夫，从根本上消除寻租及腐败滋生的土壤与条件。寻租理论认为，行政权力对市场的干预和管制是寻租的根源，因此，抑制寻租及反腐败必须从体制及制度创新方面入手，消除腐败和寻租产生的土壤与条件。这就要求我们在加快市场体制形成、实现经济体制变革的同时，大力推进行政及政治体制改革，形成一整套制约行政权力的行政法规和办事制度，建立起一个灵活、高效、廉洁的行政体制。必须克服以往那种指望靠几场运动来达到反腐倡廉的不切实际的想法。原西德学者克劳斯教授说："整治腐败原则上有两种办法：一种是对腐败现象绳之以法，比如用严厉的惩治，设立层层严密的监督体系和举报站，搞群众运动等，从国际的经验看，这种威慑作用是有限的，而且代价也相当大。另一种做法是消除腐败的诱因，比如通过放弃种种逆市场的做法，解除种种行政管制，取消价格双轨制，建立竞争秩序，建立公开市场等，腐败就会基本消失。"吴敬琏也说，过去的一段时间，曾经企图用加强行政管理的办法治理经济秩序的混乱，肃贪反污，如撤销一批公司，加强对企业设立、投资、贷款等的审批，对紧俏物资实行专卖等。然而，经验表明，这种在短期内表面上似乎有效的办法，不但未能从根本上解决问题，相反，由于强化了的行政管制本身是一种"设租"行为，它创造了新的寻租环境，并为新一轮的寻租打下基础。因此，必须转变反腐败的思路，依靠体制创新来消除腐败产生的诱因。

… 4-4

防止权力的滥用*
——国外廉政立法的特点与我国廉政立法的框架构想

一、国外廉政立法的发展趋势

第二次世界大战结束以后,国外尤其是资本主义国家十分注重反腐败方面的立法。国外廉政立法的发展趋势主要表现在三个方面。

一是在立法形式上,由单纯注重刑法规范到形成以宪法为指导、刑法为后盾、专门法律法规与其他法律法规互相配合的严密而完整的法律体系。

二是在所规范的行为上,从对惩治贪污、贿赂等违法行为,扩大到制裁和约束公职人员一切可能因公职身份取得合法报酬以外的经济利益,一切因个人利益影响公正执行公务而损害政府形象的行为,对国家公职人员日常行为提出一套完整的道德准则和行为规范。

三是在立法功能上,由偏重于惩罚威慑到以惩治与预防、教育与监督相结合,对公职人员的行为约束和权利保障并重。

二、国外廉政立法的内容和特点

(一) 注重对反贪污贿赂的立法

贪污贿赂,是公职人员或代理人员违反公认的社会准则,利用职务而谋取私利的一种行为。由于贪污贿赂是腐败的典型表现,所以各国都立有专门

---

* 本文是作者向关部门提供的咨询报告,曾作为"阅读材料"附于拙作《公共管理(MPA)15讲》(中国人民大学出版社 2004 年版)第六讲文后。

法律法规惩治贪污贿赂，而且对贪污贿赂的法律含义作了非常严厉的规范。

1. 反贪污贿赂的法律形式

（1）宪法中的规定。宪法是国家的根本大法，许多国家在宪法中专门规定了国家公职人员的职责、任职要求以及制裁职务犯罪等内容，作为反腐败的指导思想和法律依据，菲律宾、泰国、斯里兰卡等国的宪法中设立了专门反贪污、贿赂的条款。

（2）刑法典中的规定。刑法是制裁犯罪、惩治腐败的基础性法律，各国和地区都在刑法中设立制裁国家公职人员职务犯罪的专章。如日本刑法第二十五章"渎职之罪"，韩国刑法分则篇第七章"关于公务员职务之罪"。

（3）专门法律法规。如一些国家制定的《防止腐败法》《防止贪污法》《防止贿赂法》《舞弊行为调查法》《没收贪污所得利益法》《禁止秘密佣金法》等。

（4）各国在《选举法》《组织法》《公务员法》《商法》《防止不正当竞争法》《破产法》《保险业法》《商品交易法》《经纪法》《证券交易法》《公司法》等法规中，也都对各类公务人员犯罪及惩治做出明确规定。

2. 对贪污、贿赂作严格限定

（1）国外对贪污行为的法律作宽泛的解释，禁止公职人员利用职务非法占有公共或私人财产的任何行为。对贪污罪的解释有以下三点：

第一，国家公职人员将法定职权管辖内和支配下的金钱、财物，用于个人开支或支配之下，即为贪污行为。其特点是：一是明确规定把公职人员利用职务关系，侵占第三人的财产也视为贪污；二是明确贪污的目的，不仅限于自己占有，还包括为第三占有。

第二，贪污不仅限于以个人名义占有公共或他人财物；而且包括挪用公共或他人财物，国外在法律上不承认挪用。

第三，公务员或曾做过公务员的人，拥有的财产或享受生活明显高于薪金所得，而又无法合理解释其来源者，作贪污论处。

（2）各国对贿赂作严格的规定，不管公职人员实际上是否已经为行贿者提供方便，是否得到实际利益，也不管提供或接受的是何种方式的利益，都将受到惩罚。对贿赂罪的解释有三点：第一，任何公职人员利用职权接受合法酬劳以外任何形式的酬谢利益者，均属受贿；第二，贿赂罪的构成一般排除客观目的和后果，只承认主观意图；第三，贿赂的物品具有多样性，包括金钱、财物、承诺和其他利益。

(二) 注重预防立法

预防腐败犯罪的立法强调事前防范、综合治理两个方面的价值取向。在内容上较多地规定了加强事前防范的各种预防性措施,更加侧重于从源头上预防和解决腐败犯罪问题,与过去的廉政立法相比,更加系统、严密;在形式上,主要有专门规定预防腐败犯罪的立法,以及在廉政立法或其他立法中规定关于预防腐败犯罪的专门条款。

1. 预防腐败犯罪法律的种类

当前预防立法的法律文件,按具体内容可分为:

(1) 关于公职人员或特定人员行为准则的法律文件。如巴基斯坦《政府公职人员行为条例》、南非《非洲人国民大会当选成员行为守则》、美国《政府行为道德法》、《众议院议员和雇员道德准则》、《政府工作人员道德准则》、加拿大《已经和将要离任公职人员守则》、联合国《公职人员国际行为准则》、《执法人员行为守则》等。

(2) 关于规范政府行为和政治活动的法律文件。一是信息公开(政府公开)的法律文件,如英国《行政公开的最佳实务标准》、澳大利亚《公共利益公开法》、美国《情报自由法》等。二是规范政府权力行使的法律文件。如德国《关于联邦行政机关预防腐败的联邦政府指令》、欧洲理事会《关于行政机关行使自由裁量权第(80)2号建议》、世界贸易组织《政府采购协定》等。三是规范政治活动的法律。如特立尼达和多巴哥《公共生活廉政法》、伯利兹《预防公共生活腐败法》等。

(3) 关于财政金融经济主体在市场活动中加强监管、防范腐败犯罪的法律文件。如韩国《实名制法》、巴塞尔委员会《有效银行监督核心原则》、国际货币基金组织《货币和金融政策透明度良好做法守则:原则宣言》等。

(4) 关于惩治腐败犯罪的法律文件。如澳大利亚《秘密佣金法》、欧洲理事会《腐败刑法公约》等。其中反跨国贿赂(涉外贿赂)正日益成为国际反腐败的切入点,如国际商会《打击敲诈勒索和贿赂行为守则》,对跨国贿赂犯罪的惩治和预防有明确的规定。

2. 制定国家公职人员一般行为准则规范

国家公职人员的一般行为准则,是告诫公职人员如何正确对待摆在他面前的利益和好处,以维护政府声誉的规范。对国家公职人员一般行为准则进行立法,其意义已不限于对那些公然占有公共财产和公然索要接受他人钱财的贪污贿赂行为的处罚,而是对公职人员在日常生活中应该怎么做,不应该怎么做，提供明确的规范。因而对公职人员的不廉行为起着预防、教育作用。

对公职人员日常行为立法通常有下列内容：①禁止受礼；②兼职限制；③严禁假公济私；④禁止利用职务影响谋私利；⑤不得从事与公职不相称的活动；⑥回避；⑦离职后的限制；⑧使用公有财产的权利限制。

3. 关于国家公职人员的财产申报

规定国家某些公职人员必须申报自己的财产，是现代许多国家和地区廉政立法的重要内容。申报制度在一些国家和地区是由专门法律规定的，如法国《政治生活财务透明度法》，在另一些国家和地区则是通过选举法、公务员法和官员行为准则等法律规定的。

法律规定财产申报制度包括以下内容：①财产申报的对象；②申报时间；③申报内容；④申报书的接受，公布和审查；⑤对申报违法的处罚。

（三）强调反腐败机构的独立性和权威性

1. 保障反腐败机构的独立性

由于反腐败的对象一般都是手握实权的在职官员，为防止他们利用手中权力阻挠反腐败机关的调查和查处工作，一般都在体制上保证反腐败机关的独立性。这种独立性表现在：①人事权的相对独立。新加坡贪污调查局局长虽直属总理，但由总统任命，向总统负责。②权力独立。如日本检察机关具有独立的检察权，拥有搜捕、查证、调查和逮捕的广泛权力。在美国，如发现政府官员有违法犯罪行为，司法部可任命享有独立权力的检察官员进行调查，在整个调查、起诉过程中，均不受司法部的影响。③活动经费开支的独立性。

2. 反腐败机构具有特殊的权力

（1）强大的调查权。在查办贪污贿赂案件中，反贪污调查人有权对任何银行存款、股票存款、购买账户、报销单据和任何其他财产以及在任何银行的任何保险箱进行调查。

（2）武力搜查权。若确信某个地方藏有罪证，反贪污调查员有权武力进入该地方搜查、夺取和扣押视为罪证的文件、物品或财产。

（3）逮捕权。在无逮捕证的情况下，反贪污人员有权逮捕犯罪嫌疑人，及相关牵涉人在执行逮捕中，可以搜查并没收有理由相信为犯罪赃物或其他证据的罪犯身上的一切物品。

（4）跟踪监视权。对任何公职人员，反贪污调查人员有权派人暗中跟踪，观察监视其日常行为，如私生活是否正常，有无以权谋私或贪污受贿行为，有无不良嗜好，是否依法申报财产或收入等。

（5）扣押、冻结和没收权。对贪污贿赂分子的赃物，有权扣押、冻结和没收。

廉政建设立法要立足于治本，现有的廉政立法多限于事后的追惩性规定，这方面的立法固然不可缺少，但从廉政建设的长远战略考虑，应加强事前的积极预防和树立清正廉明的政风的立法。必须制定国家公职人员财产申报法，把公职人员的经常性收入法定化、公开化和统一化。另外，应把领导干部的各种待遇折换成货币发给公职人员，使公私财产分开，把何种级别的公职人员享受何种待遇公之于众，以便广大群众监督。讲廉政必须同时抓勤政，勤政是廉政的基础，一个拖拖沓沓、不负责任、无所用心的人不可能成为为政清廉政的公职人员。惩贪是涉及罪与罪的问题，勤政则涉及办事效率高低、有无官僚主义作风的问题。

三、我国廉政立法的框架构想

借鉴西方国家廉政立法经验，我国廉政立法的基本框架是：
1. 以制定预防性法律、法规为根本

廉政建设立法要立足于治本，现有的廉政立法多限于事后的追惩性规定，这方面的立法固然不可缺少，但从廉政建设的长远战略考虑，应加强事前的积极预防和树立清正廉明的政风的立法。当代社会的发展也迫使我们将现行的追惩性的廉政法律转变为预防性的廉政法律。这种预防性的廉政法律体系以公务员法为主体，包括其他法规在内的体系结构。

（1）尽快出台《国家公务员法》。作为保障公务人员为政清正廉明的最基本的权威性法律至今仍未由立法机关颁布，目前仅有的是一些行政法规和部门规章。如1993年8月国务院颁发的《国家公务员暂行条例》，1996年人事部印发的《国家公务员任聘回避和公务回避暂行办法》。这些行政法规和规章虽然对公务员的廉政有一定规范作用，但由于不是立法机关颁布的法律，其效力及权威性都受到一定影响，而且内容尚不完善。因此，我国应抓紧制定"公务员法"；对公务员的资格条件、报考方式和程序、权利和义务、考核与奖惩等做出明确具体的规定。

（2）制定国家公职人员财产申报法。《财产申报法》以其公开、透明的特点在国外的反腐败中发挥巨大的作用，它通过对不平等结果的检查和监督扼制经济上可能的腐败。《财产申报法》的主要内容应包括：申报对象、申报时间、申报内容、申报程序、对申报违法的制裁、法律责任。

（3）制定国家公职人员日常行为规范法（或称防止腐化法）。作为社会主义国家的公职人员，使自己的日常行为规范化，做到为政清廉，克己奉公，这才是有效防止腐化的根本出路。廉政立法更重要的是应着眼于激发干部励精图治、勤奋向上的精神，不断提高思想品德素质和办事能力。制定公职人员日常行为规范法，其内容可包括公职人员从政道德规范、公职人员从政纪律规范以及公职人员个人重大问题报告制度，禁止以公职人员为对象的请客送礼的规定，等等。

（4）完善行政执法程序。目前我国在行政程序立法方面虽已有《行政处罚法》《行政复议条例》《行政诉讼法》等，但还是远远不能适应廉政建设需要。要使国家行政机关及其工作人员依法行使职权，就有必要进一步健全和完善行政执法程序。健全和完善行政执法程序包括制定行政执法守则，特别要加紧制定工商、税务、物价、公安等部门的行政执法守则。另外对一些掌握指令性计划，物资调配权、资金分配权的行政部门也应抓紧制定有关法规，明确规定享有这些权利的主体及其职权范围，规定这些权力的运行程序以及滥用这些权力应承担的法律责任。

2. 完善有关追惩性的法律法规

（1）加紧制定反贪污特别法。我国现行法律对惩治贪污行为的规定，虽在不断补充，但还不够完善，为了适应现实斗争的需要，有必要制定一部专门的反贪污特别法，作为惩治国家公职人员利用职务之便贪污犯罪的权威性法典。首先，制定反贪污特别法应在我国刑法、惩治贪污条例的基础上，进一步完善肃贪惩贪的内容。其中，制定反贪污特别法，应根据我国现实情况，对贪污行为的方式做出具体、准确的规定，不使任何变换了手段的贪污者遗漏。其次，制定反贪污特别法，还应特别注意在经济上给贪污分子以惩罚，适当扩大罚金刑的适用，使贪污分子在经济上占不到任何便宜。

（2）制定惩治挥霍浪费单行法。挥霍浪费和腐化是紧连在一起的。目前，我们应彻底否定"贪污有罪，浪费无过"的观念。从保护社会主义公共财产来说，对于国家公职人员利用职务之便浪费公共财产的行为，应当依法追究法律责任。因此，在完善廉政立法方面，有必要制定一个惩治挥霍浪费的单行法规。惩治浪费法规的内容可包括：惩治国家公职人员利用职权，中饱私囊，挥霍浪费国家或集体的钱财，如用公款旅游、出差住豪华房间、坐豪华车船，举办超标准宴会，以及公职人员因疏忽大意、放任自流给国家或集体财产造成大量浪费，等等。

3. 制定廉政监督法规，健全廉政监督机制

惩治腐败，促进廉政建设，关键在于匡正国家机关及其工作人员对权力运行的轨道。其根本措施，不仅应通过廉政立法，规范国家公职人员的行为，而且要建立一种严密而有效的权力监督机构，用法律来保障对国家公职人员的各种监督。在建立与健全廉政监督法规方面，目前应着重抓：

（1）制定举报法。为促进廉政建设，有必要在认真总结经验基础上，制定一个举报法，使举报工作规范化、法律化。举报法的主要内容应包括：举报机构设置、职责，对举报的受理、查核、处理、答复等的规定，并规定保护举报人的合法权益，奖励立功的举报人，以及严禁利用举报陷害他人等。

（2）制定新闻监督法。为了充分发挥新闻舆论的监督作用，有必要制定一个新闻监督法。用法律形式保障新闻舆论对国家公职人员行使民主监督权利，保障新闻媒体依法揭露贪污腐败现象的言论自由权以及对政府廉政建设的批评建议权等。

（3）制定与健全有关监督规则。作为一种法律型的廉政监督机构，各监督主体作用的有效发挥和职权的准确行使，必须依赖于一定的原则和法律规定。因此，有必要制定一个统一的廉政监督法，协调各种关系，对各类廉政监督主体的地位、职权、组织机构、监督机构、监督原则、监督程序等做出具体规定，以便发挥我国廉政监督机制的整体功能，促进廉政建设。

（4）完善监察机关的廉政执法监督。为了真正发挥监察机关在廉政建设中的作用，当前迫切需要解决两个问题：一是尽快确立监察机关的宪法地位，使其同检察、审判、审计等机关的地位相一致，具有依法独立行使监察权；二是变监察机关的"双重领导体制"为"垂直领导体制"，使监察机关直接向国家权力机关负责，改变目前廉政监察中难以监督同级领导的状况。还应进一步完善国家权力机关、纪检部门、审计机关、检察机关、审判机关对廉政制度的监督。

4. 以法律形式保障反腐机构独立性和权威性

我国负有反腐职能的机构相当多，其中尤以检察院的反贪局为反腐核心。但是我国目前反腐机构的独立性不足、权威性不够是反腐工作难以往前推进的重要原因。根据近几年揭露的腐败大案来看，有两大特点：一是腐败分子多属一级政府高官，有的甚至涉及地方党政一把手；二是腐败案件的查处，不是由上级纪检下来调查，就是得到本级最高领导人的大力支持才能顺

利开展。权位高者对权位低者的查处色彩十分浓厚，报道中没有看到本级纪检或检察院能在没有领导支持的情况下，独立完成调查和查处工作。因此，反腐机关的相对独立性和权威性，不仅是反腐工作的关键，也是反腐法律能否被更好执行的关键。

发达资本主义国家的政府监督制度[*]

资本主义国家在200多年的发展过程中,在政府监督制度建设方面逐步形成了一整套较为完善的理论和制度体系,各种法律规定相当完备,反腐败机构也比较权威。研究资本主义国家政府监督制度的理论与实践,借鉴其成功的经验,无疑将对我国的廉政建设具有积极的促进作用。

一、发达资本主义国家的政府监督制度概貌

(一) 以三权分立为基础的政府监督体制

英国、美国和法国资产阶级在取得资产阶级革命胜利后,将洛克、孟德斯鸠、杰斐逊等人的分权理论应用到国家政治活动的实践之中,随着资本主义国家权力制约机制的发展与演变,当代资本主义国家已形成一套比较完整的国家权力监督与制约机制。

西方资本主义国家都在宪法上规定三权分立制度。三权分立制衡包含两个层面的意蕴,分权是指政府中的立法、行政、司法三种权力应由三种机关分别掌管,而这三者又应彼此分立的制度;制衡是指政府中掌握立法、行政和司法权力的部门行使其权力时,要以权力的相互牵制,达到势力的相互平衡。从监督学的角度说,三权分立制度的一大特色就是从宏观上为绝对权力的产生设置了有力的防范,保证在这种制度的运作过程中不可能产生绝对的权力。它不仅在理论上否定了绝对权力的合理性,更重要的是,在实际的政治操作过程中有效地防止绝对权力的出现,在政治制度的设计上,这是迄今为止较为完整的权力制约与监督机制。

---

[*] 本文是作者2002年为福建省委组织部政策研究室提供的文献调研报告(合作者庄垂生)。

按照分权学说建立起来的资本主义国家的政治体制集中地表现在代议制即议会制上。资本主义国家的代议制并不是按照一个统一的模式建立起来的。不同国家因为民族特点和历史条件的差异，在基本原则一致的基础上，代议制的具体表现形式又都互有差别。根据建立议会和组织政府的不同方法，以及政府同议会的不同关系，可以大致分为两类即内阁制和总统制。由议会中多数党的首领组织内阁，内阁（政府）对议会（主要是对下院）负责的叫内阁制；由选民选举总统组织政府，总统不直接向议会负责的叫总统制。

现代资本主义国家除瑞士之外，大都采用三权分立作为其国家机关的组织与活动的基本原则，不过它们具体的分权与制衡形式是各不相同的。资本主义国家的议会（立法机关），有两种不同的组织形式：一种是两院制，美国、英国、法国、意大利、日本、德国等大多数国家都采用这种形式；另一种是一院制，瑞典、荷兰、希腊、西班牙、土耳其、缅甸等国家所采取的形式。以下就资本主义国家三权分立的制度构建与权力监督体制的关联作简要的介绍。

1. 立法监督

监督政府行为是西方议会一项传统和基本的职能，各国议会的监督权在表现形式上存在着差别。在实行内阁制的国家，议会的监督范围要广一些；在实行总统制的国家，议会的监督范围要小一些。但概括起来讲议会监督职能主要通过审批权、调查权和质询权等体现出来。

（1）审批权。审批权所涉及的内容都是由政府作为提起主体，议会只是按照一定法定的程序进行审查批准，审批权是西方议会的一种监督形式。它主要包括财政预算审批、人事任免审批及其他重大政府行为审批。

财政预算审批权。财政权是美国议会最重要的权力，也是国会制约和监督政府行为最重要的手段，这也是国会监督政府的传统权力。在各国的财政年度里，政府必须向国会提出下一财政年度的预算建议，请求国会审批。国会对政府的预算进行审批后，送最高国家元首签署，之后成为法律。如果政府不同意国会的修改意见，则可将预算授权法案交回国会重新审批。只有国会审批通过，财政局才能向政府拨款，而在一个财政年度结束之后，国会会计总局有权对预算的使用情况进行审计。

人事任免审批权。对政府官员进行任免，在西方国家一般是由政府元首提起，由元首或议会采取同意任命的形式，由议会同意任命的国家，同意任命的方式也存在差别。日本的政府官员一般说来必须经过国会两院的批准，美国则一般是由参议院通过即可。同时,国会不仅对政府首脑提名的政府官员有任免权,事实上,在西方国家,议会对政府首脑的任期也有相当之制约。比如,1947年美国共和党占绝对优势的第80届国会提出了一项宪法修正案,把总统的任期定为两届,这一修正案在1951年获得通过,成为第22条修正案,以防止一个强有力的总统可能通过连续当选使自己成为终身总统而达到与独裁者相似的地步。

重大政府行为的审批。这集中表现在国会对国家元首的外交权和军事权的限制上,比如,总统制中总统任命大使、公使和领事须经参议院同意;缔结对外条约也须经参议院出席议员的2/3的同意。总统是武装部队的总司令,但发动战争必须经议会通过方能宣战;这种限制只是部分限制,如从事防御性战争、镇压叛乱,无须经国会同意。

(2)调查权。调查权是当代西方各国国会监督权中不可缺少的组成部分,有独特功效,尼克松、里根和克林顿时代的"水门事件"、"伊朗门事件"和"拉链门事件"中国会的调查权对政府起到相当大的监督制约作用,西方国家的调查范围包括立法权的补充、选举调查和政治调查,国会中设有常任委员会为中心行使调查权,日本、德国、意大利和澳大利亚等国就是这样。日本众议院规则第94条和参议院规则第74条规定,常任委员会在会议期间,经议长承认,对所属管辖的事项行使国政调查权。当然,西方国家对调查权的提起均有一套严格的程序规范,都要经过提请、审核、批准的环节。比如按日本两院规则,常设委员会向议长请求调查国政时,须将记载调查案件的名称、目的、立法以及时间等文书提交议长审议。按照惯例,报告应刊载在两院的公告上。调查主体可以传唤他们认为应当进行陈述的任何人,查看记录,听取证言。

(3)质询权。质询属于议政范围,是质询主体对于政府及其部门应该要做好却又感到没有做好的工作进行责难诘问,要求被质询者答复的一种监督方式。质询的内容有程序上的区别,有比较一般的问题与比较严重的问题、相当严重的问题之分。质询权的最早运用是英国的议会制度,是一种用来发泄对政府部门工作不满的审查政府政策的监督形式。当代英国议会议事规程清楚写道,质询的基本目的"在于获悉情况和对政府行为施加压力"。质询的形式包括口头和书面。英法的质询均以书面提出。为了保证质询符合议会议事规程,西方各国议会对质询的提起有种种限制,如时间幅度、内容范围和频度的限制。

(4)弹劾权。弹劾案是由众议院提出的,参议院审判被弹劾的人,包括总统、副总统及其他官员，被弹劾的罪名包括叛国罪、贿赂罪或其他罪行。参议院任弹劾法院时通常仍由副总统（亦即参议院议长）为主席。如遇总统受审判，则应以最高法院首席大法官为主席。弹劾案的判决须有参议院的2/3多数通过。判决只限于免职及将来无资格在联邦政府居任何荣誉、负责或有俸之职，但不得判决刑事处分。

2. 司法监督

司法监督是由国家司法机关对政府行政管理活动而实施的监督，它是指具有司法功能的权力主体运用一定的司法手段和司法程序对政府行为进行的监督。世界上多数国家都十分注重建立健全司法监督制度，注重扩大发挥司法监督的重要作用，并取得了实效。各国司法监督主要包括违宪审查和行政诉讼两方面的内容。

（1）违宪审查。违宪审查也称"宪法监督"或"宪法保障"，它是特定的护宪主体以符合宪法精神为指导原则，对立法机关制定的法律法令和行政机关制定的行政规章进行合宪性审查，宣布违背宪法的法律法令和行政规章无效。

西方各国根据违宪审查监督主体不同，形成了各具特色的监督形式。美国、日本、加拿大、澳大利亚等国家以普通法院作为违宪审查的监督主体。以普通法院为监督主体的违宪审查形式是一种最规范的司法行政监督形式，比较严格地体现了三权制衡的本来意义。另外一些国家在普通法院之外设立专门的宪法法院作为违宪法审查的监督主体。德国、奥地利、意大利、西班牙等国采用这种监督形式。相比而言，宪法法院是违宪审查诸种司法监督形式中对行政的监督分量较大的一种形式。还有一些国家奉行议会主权，实行议会直接审查违宪法律的制度，如英国。

各国违宪审查的方式主要分为三种：附带性违宪审查，是指普通法院在审理普通诉讼案件时，附带对所适用的法律法令进行是否合宪的审查；预防性违宪审查，是指在新制定的法律法令生效以前，先送至有关的宪法保障机构进行是否合宪法的审查，审批后的法律方可生效；控诉性违宪审查，是指普通公民以宪法规定的有关权利受到侵犯为理由，就某项法律法令或行政规章向专门的法院提起诉讼，要求审查其是否符合宪法的做法。

（2）行政诉讼。行政诉讼是具有某种特定司法功能的机构通过受理裁判等司法手段来承担对行政进行的监督，是司法监督的基本内容。行政诉讼是司法监督和社会监督的结合点。在西方国家，主要有两种行政诉讼制度：一是大陆法系的行政诉讼制度。大陆法系的行政诉讼制度以法国为代表，这种体制是在执行普通的法律、审理民事刑事案件的普通法院之外，设立专门审理行政诉讼案的行政法院，两种法院互不统属。二是英美法系的行政诉讼制度。英美法系的行政诉讼制度要比大陆法系的复杂，它与大陆法系的行政诉讼制度不同，经过长期的发展变化，它的监督主体已由一元体制变成二元体制。与大陆法系不同，英美法系除在普通法院之外，还设置了一些带有准司法功能的行政诉讼审理主体，包括带有准司法功能的政府部门机构和专门性的行政司法裁判机构。

3. 行政监督

行政机关是国家机关的重要部分，在资本主义国家中，根据行政首脑的产生方法、行政机关的职权、行政机关与立法机关关系的差异，在资本主义各国，行政机关的体制主要有以下几种。

（1）总统制。按照总统在政府中权力和地位的大小程度，可以将总统制分为美国式的总统制和法国式的总统制。总统制的国家实行较为完整的三权分立制度，从权力分立与监督制约的角度，美国式总统制具有如下特点：

——总统与国会相互独立，总统既是国家元首又是政府首脑，政府各部门及其首长由总统领导，对总统负责而不是向国会负责。政府成员不得同时兼任国会议员。

——总统及其领导的政府不对国会负责，议会无权对总统及政府提出"不信任案"。与此相适应，总统亦无权下令解散议会。

——总统与国会是相互制约的。在人事任免权、外交权、军事权与立法权问题上，两者形成有效的彼此制约。

而法国式总统制的最大区别是：总统有权解散议会。亦即由议会中多数党领袖担任，须对议会负责，从而有利于行政机关与立法机关通力合作。

（2）内阁制。大多数资本主义国家如日本、英国、瑞典、比利时、德国、荷兰、挪威等的行政机关都实行这种体制。在这种体制下，内阁大都由议会产生，内阁首相（总统）由议会的多数党领袖担任，内阁提出议案，由议会讨论表决通过，成为法律，然后交由政府执行，同时也有利于议会和选民对政府进行监督。一般情况下，内阁直接对议会负责，在推行政策时必须与议会的多数保持一致。如果政府执行了错误的政策，议会便可对它投不信任票，迫使内阁辞职，由议会选出新政府；如果内阁认为它本身实行的政策是正确的，能够反映选民的意见，内阁可以解散议会，举行大选。但内阁制亦有缺点：一是内阁制违背分权和制衡原则。在实行内阁制的国家，行政机关受议会的约束和监督，常常不能独立行事；二是内阁中每一个阁员都要负连带责任，导致政局的不稳定。

3. 委员会制。委员会制是指它的最高行政权力不是由某个国家元首个人来行使，而是由一个委员会来行使。瑞士是实行委员会制的典型，从立法、司法、行政机关的组成方式和相互关系看，委员会制是一种与总统制、内阁制不同的广义的政府体制。瑞士是一个由23个州组成的联邦，最高权力机关是由国民院和联邦院组成的联邦议会。两院的立法权力和地位完全平等，一切法案都须经两院通过才能生效。联邦议会从两院议员中选出7人（每州不超过1人），组成联邦委员会，这是瑞士联邦的最高行政机关，也就是瑞士政府或瑞士的行政首脑。在七个委员中选出主席1人、副主席1人，任期一年；一年届满时，由副主席升任主席，另选1名副主席。但作为委员，7个人任期均为4年，可以无限期连任。联邦委员会的主席、副主席只是对外作为礼仪上的国家代表，对内主持该委员会会议，而不得行使联邦委员会的职权。委员会所拥有的全部特政职权都必须经过委员会的讨论，以多数通过的决议，用该委员会的名义行使。瑞士联邦共设有7个部，部长分别由委员会的7个委员兼任。委员会制的特点有二：一是议会至上，议会不仅有立法权，还有行政决策、方针决定权，是最高的行政领导机关。议会是委员会的上级机关，对委员会有监督权，可以撤销委员会的决定。议会所决定的政策委员会必须服从，委员会不能解散议会，议会也没有推翻委员会的权力。二是权限均等。联邦委员会从7名委员会中选举主席和副主席，联邦主席虽然是国家元首和政府首脑，但他除了享受一些荣誉性的和形式性的权限外，其他权限与委员会的其他委员是平等的，在决策时，须有4名以上的委员同意，才能生效，联邦主席没有裁决权。

历史证明，腐败源于权力的滥用，而权力之所以能够滥用，是因为缺乏约束。因此，三权分立、互相制衡的理论及机制的核心是制约权力，防止腐败。作为资本主义国家廉政建设的政治基础，它是符合其国情和历史传统的。

（二）政党监督制度

如同竞争是经济繁荣的根本，政治市场的活力与廉洁来自竞争，当代西方国家民主选举下的政党制度是三权分立制度的必要的补充。政治竞争为执政党的廉政提供了外在的压力，因为在西方政党制度下，反对党具有十分重要的监督制约作用。一方面，反对党可以与执政党互相合作，共同维护国家的繁荣与稳定；另一方面，反对党通过各种途径对执政党进行监督制约，既可以改进执政党的工作又可以对执政党形成压力，并在执政党无法取得民众支持的情况之下取而代之。这不仅为保证国家政治长期有益地运作提供了合法的替代途径，而且也使各政党为赢得民众支持而加强自身建设。

在政治实践中，反对党的一项重要使命就是反对执政党。尽管西方资本主义国家政党从根本上讲是资产阶级利益的代言人，但是无可否认的是，反对党不论是出于对权力的渴望，还是出于维护资本主义的整体利益，西方国家政治竞争与政党制度的存在对于消极地防止执政党的错误与积极地改进执政党和政府的工作起了相当大的作用。这种作用可能在不同国家与不同的时期有着不同的作用，但对于政治权力的监督与制约却是一副有效的药剂。

反对党批评与监督政府的途径一般有：以议会为据点攻讦执政党和政府；当执政党未能实现它的竞争承诺，反对党可以集中各种反对力量，对执政党进行斗争；当执政党无力治理好国家，反对党通过竞争使执政党下台并取而代之。

（三）社会监督制度

社会监督是指社会舆论、公民、公民团体和社会组织等社会行为主体，依据法定的权力，必要时经过法定的程序，对政府及其官员实施监督。在实际过程中，社会监督可能具有某些非规定性、非程序化的内容和形式，形成特定的诉求力和舆论压力。这种非正式的社会监督，常常对国家行政机关和行政官员构成潜在的无形的间接的监督，并可能诱发现实的直接的公开的批评。社会监督是外部监督之一，其实质是公民从国家权力主体的地位出发行使法定的权力，对国家行政机关及其官员所实施的监督。在现代国家中，社会监督具有广泛性、经常性、普遍性和有效性的特征，它对于维护宪法和法律的贯彻执行、强化政府监督具有举足轻重的作用。社会监督的形式主要有新闻舆论、利益集团、公民投票等。

（1）新闻舆论监督。新闻舆论是对政府权力的有效牵制，新闻自由的核心是保障公民有权了解政府的活动并有权对政府提出批评。在西方，新闻舆论是一种广泛的权力，是一种并列于立法、司法和行政权力的第四权力。这种权力虽不是正式的权力，却对国家和政府权力构成直接的制约即所谓的"舆论监督"。在西方，新闻媒介作为一种企业，必须保持"公正"与"客观"的形象，以便赢得观众、听众和读者，为吸引商业广告制造基础。它们对新闻从业人员均有关于职业道德和行业规范的严格要求。同时，新闻机构具有独立性与纯洁性，才能够以尽可能客观和公正的态度，对政府机关中的种种不良现象和错误决策进行批评，敦促改进。显然，新闻自由是新闻舆论能够对政府权力进行监督与制约的先决条件。

（2）利益集团监督。利益集团指的是为实现某种特定利益或主张为目的而组成的集团，利益集团与政党不同，它的主要目的并不是取得政权，而是实现特定利益或主张。利益的高度分化意味着利益集团的多元化。利益集团为了充分实现其利益，就必须经常地向政府或政府官员施加影响和压力，以得到主管部门或主管官员的理解、认可、批准或给予方便。利益集团施加影响和压力的方式主要有：组织公开的宣传、请愿、示威、游行、抗议、联络、申诉等；拉拢选票和提供资助，操纵政党和议员，培植代言人；与官员交易或行贿，互相利用。当利益集团的需要得不到满足时，就有可能采取一定的方式发泄不满，施加压力，揭露政府及其官员的有关政策和违法失职行为。这在客观上形成了对政府及其官员的外部监督。

（3）公民投票监督。在西方国家，各种政治势力都标榜自己的合法性和权威来自民意，公民投票是民意转化为行为的主要形式。公民投票是由公民通过直接投票的办法来决定国家大事的一种方式。通常是在资本主义国家政局发生变化或决定重大事件时，采用以征询民意的名义来通过或批准某项法律，决定对内对外政策等重大事件。公民投票是由公民直接表态来决定国家大事的一种直接的民主形式，它对于议会和政府能起一定的牵制作用，使其在立法与行政的过程中充分考虑民意。

二、发达资本主义国家政府监督的措施

尽管资本主义国家的总体制度框架为权力的宏观制约与监督准备了制度前提，但是资本主义国家建立200多年来都受到腐败现象的困扰。政府为促进国家廉政建设，整顿政风，严厉惩处贪污受贿等腐败现象，建立了一整套的权力监督与制约措施，促进了政府的廉政建设。特别是新加坡、英国等国家以及我国香港地区的政府权力监督建设卓有成效，积累了丰富的经验。概括起来，资本主义国家的政府权力监督主要采取的措施有以下方面。

（一）加强廉政立法，建立反腐法律体系

西方资本主义国家普遍重视以法律为主要手段构建政府监督体系，以促进政府廉政建设，严厉打击贪污腐败。如，1960年6月17日，新加坡政府为了促进经济起飞及时制定了《防止贪污法》，并善于根据执行经验的发展

而适时加以补充和修改。1988年3月16日为使立法适应新形势的需要,政府又颁布了《反贪污法案》。美国制定有《政府道德法》《涉外贿赂法》《监察长法案》;德国有《联邦公务员法》《纪律惩戒法》《联邦工资条例》《联邦差旅费用法》;英国制定有《文官守则》《公务保密法》《荣誉法典》《防止贪污法》《文官部行政官员条例》;我国香港地区制定有《防止贪污条例》《防止贿赂条例》《舞弊及非法行为条例》《港督特派廉政专员公署条例》《接受利益公告》;① 韩国制定有《公务员道德法》;印度制定有《防止腐败法》《中央文官行为准则》;等等。反腐败法律法规对贪污、贿赂等各种腐败犯罪都作了明确、具体的规定,从而构成了政府权力监督与制约的严密的法网。

1. 设立贪污受贿举报制度

新加坡在全国各区设立贪污受贿举报网络,首都设立举报中心。各举报机构设有专线电话,鼓励各部门和市民积极举报。举报人员可以通过不同方式和途径向举报中心提供线索与信息。举报人员的举报行为受保密,反贪污机构也相当重视举报人员提供的线索。

2. 对贪污受贿的规定与处罚

首先,当代资本主义国家政府管理的公共财产与支配的各种资源相对比较少,加上各国的会计、审计等监督制度十分健全。因此其"贪污"案件相对比较少。资本主义国家一般化规定贪污受贿的特殊方式。如新加坡政府《反贪污法案》第4条规定:"任何人所拥有的财产(包括在本法公布实施之前已占有的财产),或其在财产里的利益有与其实际的收入来源不相符合而该人又不能向法院做出合理满意解释时,其财产应被视为贪污所得。"西方国家一般也不用"贪污"一词,而是用非法侵占、侵用、挪用、诈取、盗用等词。对于"贪污"行为的处罚,资本主义国家的刑法始终贯彻以下两条原则。一是从严治贪的原则。贪污是指公职人员以非法途径对公共财产的占有。鉴于贪污案件发生可能带来严重的社会危害,资本主义国家对贪污案的处理一般相当严厉。二是经济处罚原则。贪污是对公共财产非法占有的犯罪,不管行为的表现方式如何,也无论动机如何,其直接目的都是为了非法取得并非属于自己的财物或者利用这些财物谋利。

其次,在资本主义国家,贿赂是最普遍的腐败现象。与贪污犯罪易受会

---

① 本文把中华人民共和国香港特别行政区归入实行资本主义的地区来探讨资本主义国家的政府监督制度,以下不再作说明。

计、审计等手段严格审查而难得逞或易受法律制裁相比，贿赂行为一般只发生在行贿人与受贿人之间，而且双方各有所求，行贿方希望通过贿赂取得受贿方手中掌握的各种资源，而受贿方也可以通过设租和出卖手中掌握的资源捞取利益。由于贿赂行为的秘密性和互利性，因而很容易得逞而且不易被发现。因此，资本主义国家的刑法对贿赂犯罪作了详细的规定并给予严厉的惩处。在罪名上对贿赂罪作了具体的分类，包括受贿罪、行贿罪、索贿罪、调解受贿罪、事前受贿罪、事后受贿罪、间接贿赂罪等。[①] 同时，资本主义国家扩大贪污受贿罪的法律适用范围的解释，包括扩大主体与扩大该罪行的法律解释。

3. 职务犯罪的规定与处罚

各国刑法对公职人员职务泄密行为均予以惩处。例如格陵兰刑法典第29条规定，公职人员泄露任何公职机密的，定违反公职保密罪；辞职后的人员泄露任职期间机密的，同样定违反公职保密罪。西班牙刑法典第395条规定："公务员由于其本身失职，或不可原谅之疏忽，致使他人挪用公款或公共财产的，应科以挪用公款或公共财产价值一半之罚金，但最少不得低于西币5000元。"意大利刑法典第323条规定："公务员意图损害他人或获得利益而滥用职权违反法律而无特别规定其罪行者，构成无特别规定之滥用职权违法罪，处2年以下徒刑或2万里拉以上40万里拉以下罚金。"瑞士刑法典第312条规定："官署职员或公务员，为自己或他人图谋不法利益或为造成他人之不利，而滥用其职权者，处5年以下重惩役或轻惩役。"

（二）加强公开性，实行行政公开和财产申报制度

加强公开性，实行行政公开与财产申报制度，促进政府与社会之间的沟通与了解，是政府对自己行为加以约束的重要表现。以下简要介绍西方资本主义国家行政公开的情况，并重点说明行政公开中最重要的财产公开即财产申报制度。

1. 行政行为公开

在美国，任何人想知道美国总统当天公务活动的情况，都可以通过白宫新闻办公室设立的电话专线听到播放的录音。白宫门前旗杆上悬挂的国旗是美国总统在白宫上班的标志，否则，就意味着这位行政首脑到外地出巡了。在美国，那些由总统任命的部长等领导在任职前必须参加参议院有关委员会

---

① 参见谭世贵《廉政学》，法律出版社1995年版。

举行的听证会，汇报自己的从政经历、财产状况，叙述个人的施政设想等。

2. 行政程序公开

办事程序的公开使民众能了解行政过程，以便按行政程序规定的过程要求行政机构按要求完成民众的服务需求。美国洛杉矶政府有一处专门的议事厅，大厅分为前后两部分，前部分为一个扇形的台子，高出地面约一米，台上中央摆一个长条状会议桌，左右两边是记录员、打字员、秘书等工作人员席位。后半部分为听众席，允许有兴趣的公众入席旁听，新闻记者也可以在听众席上拍照录像。

3. 行政信息与行政资料公开

在瑞典，本国公民有权在中央与地方国家机关查阅自1776年以来任何官方文件，通常情况下，政府还可以帮助提供复印件。任何人只要持有能证明自己身份的证件，就可以在美国国家档案馆查阅自1774年首届大陆会议以来有关美国政府的历史档案。美国公民还可以在档案馆查阅个人的档案材料，甚至包括联邦调查局对本人的调查材料。

4. 财产申报制度

公开行政人员的私人财产，并对其公共财产进行严密的监控，是资本主义国家进行权力监督与廉政建设的一条重要经验。资本主义国家对财产申报制度都有严格的规定，如1978年美国国会颁布《道德法案》，对此问题进一步作了全面而系统的规定，堪称财产申报立法的典范。此外，泰国制定有《关于申报资产和负债的王室法令》，澳大利亚制定有《公职人员财产申报条例》，印度制定有《防止腐败法》等。概括起来，资本主义国家法律规定的财产申报制度主要有以下一些内容。

——财产申报主体。在西方国家，政府公职人员进行财产申报的主体主要是政府高级官员。

——财产申报内容：一是财产的现有状况，二是财产变动情况。美国《道德法案》规定，政府公职人员必须公布的财产包括可估价的财产和不可估价财产。

——财产申报程序。通常有几个阶段：申报书的提出、申报书的接受、申报书的公开、申报书的保存与查阅、申报书的查核等。

——财产申报期限。财产申报的期限一般分为以下三种：一是候选人或任职之前申报期限，二是任职中申报期限，三是卸任后申报期限。

——申报违法的处理。申报中的违法乱纪行为在资本主义国家中均受严厉处理。申报违法包括两种情况：一是拒绝申报，二是作虚假申报。

(三) 建立独立统一、权力特殊和廉洁高效的反贪机构

资本主义国家对于政府官员的监督与制约中还有一条相当重要的举措，即成立独立统一、权力特殊和廉洁高效的反贪机构，以便对各种滥用权力的行为形成强力威慑并进行有效的调查。西方国家反贪机构的特点有以下四点。

1. 独立性

要发挥反贪机构的作用，就必须使反贪机构具有较高的独立性，反贪机构的独立性已成为当代西方国家的通行法则。

例如，新加坡早在1952年就设立反贪污调查局，受内阁总理直接领导，是全国反贪污受贿的最高机关，反贪污调查局的正局长和副局长只能由总理直接任命，反贪污调查局的局长助理和特别侦查员也由总理直接任命。未经总理批准和严格的法律程序，任何机构和个人不得免除上述人员的职务。副局长、局长助理和特别侦查员必须执行局长的命令和指示，局长只对总理负责。反贪污调查局依法独立行使职权，不受其他任何人士的指挥和管辖。这大大增强了反贪机构的独立性。

又如，美国的独立检察官也具有很大的独立性，克林顿性丑闻案的曝光及随后的弹劾向世人显示了其独立性对于行政权力制约的有效性。美国的独立检察官，是美国就国家高级行政官员违法失职情况而任命负责调查和起诉的官员。独立检察官由司法部长提请联邦最高法院的法官小组任命。独立检察官有权任命自己的工作人员、诉讼人员和兼职咨询人员，并对他们进行授权，使他们具有他所拥有的一切权力，保证他们不受干扰地进行工作；独立检察官有权给予下属工作人员必要的补贴。同时，为了更好地开展调查工作，独立检察官还有权要求司法部给予必要的财力和人力支持。

2. 权力特殊

香港廉政公署作为行政监督机构，以反贪污贿赂为己任，直接对行政长官负责。依据《防止贿赂条例》《总督特派廉政专员公署条例》《舞弊及非法行为条例》，廉政公署拥有广泛的职权。这三个条例都规定一个原则——涉嫌即可起诉。就是说，如果公务员拥有的个人财产与其收入不相称，而又不能做出合理解释时，便涉嫌贪污，廉政公署有权进行调查并起诉。廉政公署拥有广泛的权力，对于有效防止政府官员权力滥用与贪污受贿起到了巨大的威慑作用，对于建立一个廉洁政府具有举足轻重的作用。依据新加坡《防止贪污法》，新加坡反贪污调查局享有广泛的权力，主要是调查权和逮

捕权。在美国，为了保证独立检察官独立有效地开展调查和起诉活动，美国法律赋予他一系列特殊的权力。主要包括：调查权、传讯权和向国会汇报和提供弹劾案案情。

3. 运作高效

在实际工作中，香港廉政公署有一套完整的工作程序和组织体系，这是廉政公署工作高效的可靠保证。廉政公署的机构设置上，以廉政专员为首，下设三个职能不同的部门，即执行处、防贪处和社区处，分别负责不同的三个层面的工作，同时，廉政公署设有行政总部、专员办事处和11个分处。就廉政公署的工作程序而言，廉政公署设有一个举报中心，一天24小时均有调查员值班，负责投诉。廉政公署还对工作人员进行系统培训，使工作人员具有工作所需的技术与初步经验。廉政公署设有训练学校，训练学校经常开办种类繁多的课程，为各部门职员提供所需的知识与技能。训练的方式包括讲解、模拟与实习等。培训的内容包括品格纪律教育和各种调查与审查技能。

4. 廉洁奉公

资本主义国家的反贪机构通过一系列有效的举措加强对反贪工作人员的甄选与监督。从香港廉政公署人员的甄选与任用看，廉政公署的廉政专员由总督直接任用，廉政公署的各级职员大多自行聘任，以合约的方式加以雇用，雇用的条件由总督规定。成员大部分来自香港政府和私人机构，来自海外国家的比例很小，约占1%。合约期满，经双方同意，续约继续供职，否则就解雇。廉政公署工作人员的甄选有严格的要求，一般是具有良好口碑的人才有资格进入廉政公署，这就从来源上保证了廉政公署工作人员具有廉洁奉公的良好品格，加强了廉政公署同各种腐败行为做斗争的可能。同时，廉政公署还设立一整套制度来监督和制约工作人员，以保证工作人员不滥用权力。

（四）高薪养廉

当代资本主义国家实行高薪养廉政策并取得廉政建设极大成功的国家当属新加坡。新加坡政府认为，公职收入偏低、入不敷出，必然导致公务员利用手中掌握的权力来进行权钱交换。所以，新加坡政府实行了高薪养廉政策。新加坡政府中的高级政府官员多数比西方发达国家相同的工资高。李光耀坚持依责任大小和能力给待遇，他认为，薪金太低或差距太小都不足以激发人发挥潜力，也不足以保证公务员对国家持续坚定的高度责任感。新加坡政府还实行中央公积金制度，通过这项制度，政府官员腐败的成本大大提高了，从而抑制公务员的腐败行为。

（五）注重加强行政职业道德建设

从20世纪初开始，行政管理的职业化倾向日益加深，政府官员的行政职业道德建设受到相当重视，资本主义国家普遍重视以法的形式规范行政职业道德，如英国有《英国文官守则总纲》《荣誉法典》，美国有《政府道德法》，韩国有《公务员道德法》。通过加强行政职业道德建设，形成一种以廉政为荣、以腐败为耻的社会氛围与行政文化。概括地讲，资本主义国家的行政职业道德建设主要包括如下要点。（1）廉政奉公。公共权力不得用于私人目的。权权交易、权钱交易、权物交易、权色交易等，都是有悖于行政权力作为公共权力的性质的，所以，廉政奉公成为各国行政职业道德建设的首要目标。（2）守法。公共利益的原则是通过宪法和法律表现出来并加以维护的，因而，遵守法律也是公共利益原则所决定的。（3）负责。这包括行政主观责任和客观责任两种，行政职业道德中的主观责任，指的是公务员从内心主观上认为应该担负的责任，主要包括忠诚、良心与认同等。行政职业道德中的客观责任指由制度和职业关系所客观决定的责任，主要包括公共义务和行政责任。

各国具体的做法还包括对政府官员进行广泛的廉政教育：新加坡极其重视对公职人员进行廉政教育，大力宣传和推崇儒学与中华民族文化传统，经常向公职人员提出遵纪守法、公私分明、秉公办事的要求。新加坡前总理李光耀自1959年执政以来，从自身的廉洁奉公做起，带动政府官员的廉洁。在执政之初就召开家庭会议，要求亲属不要利用其权势谋取私利。他的父亲始终做钟表生意，无官无职；三个弟弟或做律师或经商；他的汽车和住房都是自己花钱买的，因此，他虽然有许多政敌，但没有一个说他有贪污行为。李光耀不仅自身清正廉洁，而且始终要求各级官员把廉洁同经济发展和政权兴衰联结起来，要求各级官员特别是高级官员必须两袖清风。在日本，尽管贪污受贿丑闻屡见不鲜，但在政府机关中工作的业务类公务员却很少卷入。重要原因是日本政府经常举办旨在提高公务员行政职业道德水准的进修班和探讨反腐败对策的研讨会，并利用机关报等公关手段进行廉政教育，大力强化公务员的廉政意识。

(六) 执法如山，严惩贪污受贿行为

法治最重要的不仅在于严惩各种犯罪行为，更重要的是执法如山，对任何犯罪行为均加以惩罚。施政严明，政府必须大公无私、执法如山，任何失职行为都要追究责任。新加坡有几位与李光耀一起立国建国的部长级人物，因涉嫌贪污被判入狱。黄循文因收受外商 2000 美元旅游费，被判监禁 4 年；社会发展部部长郑章远，被检举受贿数百万元，当时李光耀命令反贪污调查局立案查处，郑章远自知罪责难逃，在上法庭前畏罪自杀。韩国总统金泳三发起声势浩大的肃贪运动，向权贵宣战，上至总理、内阁部长、将军、国会议员，下至一般官员，1800 多人或被解职，或被判刑。他上台不久便相继免去了为官不廉的新内阁长官、国会议长、法务部部长、汉城市市长、建设部部长等 40 多名政府大员的职务。因涉嫌贪污受贿，意大利前总理克拉克西被审判，丹麦前首相施吕特被迫下台，加拿大前总理被指控，都表明一些国家在惩治贪官方面是并不心慈手软的。

三、发达资本主义国家政府监督制度的特点与启示

无论是在对上至国家元首的监督与制约，如美国的尼克松的"水门事件"、克林顿的"拉链门事件"、科尔事件、日本诸多前首相因腐败问题下台，还是下至对一般公务员的监督，都显现资本主义国家的政府监督制度的制约效应，有值得参考借鉴之处。

(一) 资本主义国家政府监督制度的特点

资本主义国家从人性恶的假设与政治观出发来设计政府的权力监督与制约体系，不论是宏观与微观的制度设计都体现了对人性的不信任以及对人与政治权力的监督与制约。从宏观上看，资本主义实行的是三权分立的政治架构以及中央与地方的分权；从微观上看，相当注重以周密健全的法律规范约束公务员，防止权力的滥用。概括地讲，资本主义国家的政府监督制度有如下特点。

1. 三权分立的宏观制度建构

资本主义国家采用三权分立的政治体制，从根本上说，三权分立制度是一种宏观监督制度。其主要精神就是通过权力的相互分离，使之相互制约、相互监督，防止权力的过分集中带来的极权独裁与专制。这种制度的建立有

助于消除独裁与专制制度产生的土壤。

三权分立学说的首要因素是主张将政府机构区分为三个部分：立法机关、行政机关与司法机关。这种划分确实反映自由与民主理论中的一些重要的因素。在英国，政府体系中的三个分立部门的成长部分地反映了劳动分工和专业化的需要，也部分地反映了这样的一种要求，即不同的价值应体现在不同机构的程序中，体现在代表了不同利益的分立部门之中。三权分立制度将权力分散在不同的决策中心，这是与集权主义相对立的。因此，机构分立是三权分立理论与实践的精髓。

三权分立制度的第二个因素是政府存在三种具体的职能。分权学说认为在所有政府管理的情况下都需要履行立法、司法和行政三种必不可少的职能，而无论这些职能是由一个人或一个群体来完成，也不论这些职能是否分割给政府的两个或三个机构。

三权分立的第三个因素是人员分离。分权理论家认为政府的三个部门应当由相当分离和不同的人群组成，而且成员身份没有重叠。设想一些行使分立职能但人员相同的不同政府机构是完全可能的。在分权理论的主张者看来，机构与职能分离还不够，如果要保证自由，这些职能还必须分别握于不同的人手中，这是纯粹的分权理论最鲜明的特点。

分权理论的最后一个因素是制衡。这也是三权分立学说的又一精髓，即在三权分立之中注入制衡的因素。也就是说，给予每个部门一种权力，可以对其他部门行使一定的直接控制；在实践上这就是授权一个部门在其他部门行使职能的过程中发挥作用。概言之，使政府机构的职能部分而非完全分离。

资本主义国家的三权分立制度的监督与制约作用表现在：首先，在按照三权分立制度原则建立的资本主义国家权力制约与监督机制之下，国家的三种权力分别由三个不同的机构行使，并对行使国家三种权力的机构进行监督制约，从而有助于防止政治独裁与专制的出现，保证国家整体的民主与自由。其次，资本主义国家三权分立的监督与制约机制还体现在它对政坛要人的腐败行为与政治丑闻的揭露。如美国尼克松的"水门事件"与克林顿的"拉链门事件"，日本的"洛克希德受贿案"和"利库路特受贿案"。而这在权力高度集中的国家是不容易被揭露出来的。

从权力的监督与制约角度来肯定三权分立制度的合理性，争论不大。分歧较大的是三权分立制度是否有效率？换言之，是三权分立还是集权体制更具效率？事实上，人们常常看到三权分立的相分对立与制约，却没有看到三权在更多的时候是统一行动的,也没有任何历史与现实的证据说明集权比分权来得更有效率。分权可能在某个决策中因不同机构之间的意见分歧而拖延,但正是这种意见分歧产生的拖延而被人们说成低效的原因,恰恰可能是分权有效率的缘由。决策中的意见分歧与争论正是决策民主的表现,而在决策民主化与科学化之间存在正相关的关系。相反,高度集权的体制表面看起来很有效率,但是它带来的决策失误的无效,人们却常常视而不见。

2. 立体式的监督

资本主义国家的监督体系体现出多层次与多途径的特征。一些资本主义国家的监督最少可以划分为五个层次:第一个层次是立法、行政与司法三个权力在同一层次上的互相监督;第二个层次是反对党监督;第三层次是新闻媒介的监督;第四个层次是各种利益集团的监督;第五个层次是公民的监督。各种监督又互相交叉形成一个复杂的监督网络。在实际的政治生活中,各种监督途径相互贯通,形成更多的监督途径。仅举反对党的监督行政的途径为例,来说明这一特征。反对党的监督行政有六个途径:(1)直接监督;(2)通过影响立法机构监督;(3)通过影响司法机构监督;(4)通过新闻媒介监督;(5)通过利益集团监督;(6)通过影响公民监督。

3. 严密的监督体系

资本主义国家监督体制有一个重要的特点,即事前重防御、威慑,事后重揭露、惩罚。宪法和各种法律严格规定各种情况下何为合法、何为非法,违法如何进行处罚,保证监督者在实施监督时有法可依;更重要的是它划定一个界限,使任何欲越雷池一步的人不得不顾虑此举所能产生的各种严重后果。它的根本目的不在于抓住多少违法之人,而在于使有可能违法的人害怕违法给他带来的灾难,因而不敢违法。

(二) 资本主义国家政府监督制度的启示

当前,我国正从传统的计划经济向市场经济转变,从集权体制向分权化的方向转变,传统体制与制度迅速解构而新的与市场经济相适应的权力监督与制约制度建构远未完成,权力的滥用导致的腐败已连续多年成为中国百姓最为不满的问题。探究资本主义国家的权力监督与制约制度有助于建构适应我国国情的反腐倡廉制度体系。资本主义国家的政府监督制度对我国有如下几点启示。

1. 建立中国特色的权力监督与制约机制

政府监督的最终目的是权力制衡并使人民真正当家做主。历史与现实中存在两种类型的国家：专制国家和民主制国家。在专制国家中，最高统治者拥有不受法律约束的政治权力，他的言行就是法律，他的权力无所不在、无所不包，不受任何法律的限制。专制权力通过对社会生活和政治生活无处不在的控制而给人民带来灾难，专制权力不仅控制人们的经济、政治和社会生活，还控制着人类的精神与思想。在这种体制中，政治权力是社会命运的唯一裁决者，拥有政治权力的个人也就成了真正的裁决者。在民主制国家，政府和政府官员通过选举产生，对不称职或失职的政府官员可以通过各种程序和形式进行罢免。只要不触犯法律，人们可以行使各种民主权利，即使法律无明文规定，但只要不损害国家和他人的利益，也可以去说、去做。民主制国家成功的根本原因之一，在于形成了国家机器运转过程中的国家监督的权力制衡机制。当然，由于国家性质和社会制度的不同，我们应该划清社会主义民主制国家和资本主义民主制国家的界限，对于资本主义民主制国家的某些成功经验，我们只能借鉴，绝不能照搬。

　　政府监督制度的核心和重点是权力的分立制衡，实现国家权力制衡的首要的前提条件，就是必须在国家的政治结构和政治体制中，实现党领导下的分权制衡的原则。政府的一切权力属于人民，关键的问题是如何通过政治权力制度的设计对政治权力进行合理的划分，通过权力的分散与制约来达到权力的相互平衡，通过三个机构的不同人员来行使三种不同的职能，同时政府职能的行使只能是部分的分离，以便在不同机构之间实现相互制约，这就是现代国家权力制衡的基本内容所在。在这个问题上，把资本主义和社会主义这两种根本不同的社会制度中国家权力制衡的性质混淆而等同起来，是错误的和有害的；同时，不承认建设社会主义国家权力制衡机制可以借鉴资本主义和其他一些类型国家的权力制衡机制的某些形式上的合理因素，同样也是错误的。

　　建立和完善具有中国特色的国家监督和权力制衡机制，必须把握如下问题。

　　（1）确立有中国特色的权力制约机制关键在于党政关系、党内部关系的双重理顺。我国政治权力结构的特点是党的领导下立法、行政和司法权力的分工和制约，因此，政治权力具有高度整合性。权力的高度整合利弊都是非常明显的。政治发展的历史和实践一再表明权力必须受到制约，不受制约的权力滥用与腐败。如何寻求权力合理分工的同时坚持党的领导，这是权力制约机制的中国特色之所在，也是难点之所在。笔者认为，有中国特色的权力制约机制要着眼于党内和党外双重权力制约。

——确立党与国家机关的权力制约机制。现代民主政治理论表明政党与政府性质是不同的，其权力匹配也应有所不同。因此，必须在选择党的领导的前提下合理划分人大、行政和司法机关的权力。

——探索建立党内权力制约机制。党与国家机关的权力制约机制必须以党内的权力制约机制的建立为前提和基础。建立党内权力制约机制可考虑着手的做法有：一是党代会实行常任制；二是完善民主集中制；三是强化党的纪委权力。

（2）必须完善我国人民代表大会制度。建立和完善国家监督的权力制衡机制，必须进一步完善人民代表大会制，使各级人民代表大会成为真正民选的、有最高权威和富有效率的权力机关，并在最高国家权力统一于全国人民代表大会的前提下，在完善国家监督的运行机制中，通过国家监督职能的有效发挥，使各级政权机关把职权与职责、民主与效率、配合与制约等有机地结合起来，在建立民主、文明的社会主义现代化国家中充分发挥各自的职能。

2. 促进监督运行过程的公开化

政治民主化与政治公开化，已经构成当今民主政治建设的一项重要内容。由于政府监督是民主政治建设的重要组成部分，因而在政治公开化的过程中，就必然包含着国家监督运行过程的公开化。

（1）国家监督运行过程的公开化通过新闻媒介向社会的公开化。公民通过新闻传播媒介和他们的代表的参政议政，可以充分了解政治权力是否按照一定的制度、法律和程序行使，是否完全置于国家监督的调控和制约之下；政治活动是否能够最大限度地符合人民的利益和要求，国家监督机制是否能够阻止和防止不利于国家利益、人民利益和不符合社会发展要求的决策和其他行为。通俗地讲，也就是国家政治权力的运行和与之相联系的国家监督的运行，都是一个完全公开化的政治过程。

（2）监督的公开化必须做到政治权力的行使者行为和活动的公开化。政治权力是由人操控的，因此，政治权力的公开化实质上就是政治权力行使者的行为和活动的公开化。政治权力的行使者是一个广义的概念，它包括政治决策和政治活动的制定者、参与者、决定者、执行者等，其中主要是决定者和执行者。政治权力行使者的行为和活动的公开化包括许多方面，如领导机关及其人员活动的公开化、政治决策的来源、选择和过程的公开化、政治程序和政治程序过程中不同意见的公开化、领导人员的政绩和个人财产申报情况的公开化等。

（3）国家监督运行过程的公开化，也就是行使国家监督权力的监督者的行为和活动公开化。监督运行过程的公开化，主要是指监督机构活动公开化、监督者的行为的公开化、监督程序的公开化。比如立法、行政与司法监督的内容、手段、结果可以通过新闻传播加以公开化，而不是仅在少数的领导干部中公开。

3. 加强权力的异体监督，建立政府监督系统的垂直领导体制

监督部门是应该实行同级党委的一元化的块块领导，还是应该实行监督部门的垂直条条领导，这是一个理论与实践中争议比较大的问题。这涉及对本体监督与异体监督的认识。比较而言，异体监督的优势在于监督机构内部的监督机制能够通过宪法和法律实行较为有效的监督。当前我国的监督制度的一大弊端是监督部门缺乏独立性，监督部门的人、财、物均受制于同级的党委与政府。不论是纪委、监察局、法院还是检察院，都受到同级党委与政府的严格控制。加强异体监督，必须有制度上的保障，这就是实行监督系统领导体制的垂直领导，从而使监督权独立于被监督者之外。监督权独立的根本目的在于保证监督者行使监督权力中不受被监督者的干扰。因此，必须努力实现监督权力的独立，以建立监督系统领导体制的垂直领导。

一是建立监督系统的领导体制的垂直领导必须实现人事权的垂直领导。监督部门在人事权上的垂直领导的含义是，监督部门自上而下设立；监督系统的干部由本系统的上级任免；各级监督干部只对本系统的上级负责；这个系统的工作人员只服从法律和上级领导，而不服从其他部门的领导。人事权的独立是保证监督部门独立性的根本，因为监督的主体是人，如果在监督者与被监督者之间发生冲突，而被监督者又是监督者的领导者，那么，监督已经不复存在。

二是保证监督部门在经济上的独立性。监督部门在经济上的独立性是指监督系统应该根据宪法法律有自己的独立的较为充足的经济预算，经过人大批准后由中央财政部门拨款，各级监督部门再从中央监督部门中领取经费，而不是从同级的政府中领取经费。监督部门监督的是同级政府本身，那么，当监督部门在监督问题上与同级政府领导存在冲突时，同级政府会以不给经费为要挟，给监督部门断血。

4. 实现政治权力运行的法治化，并以实现党执政方式的法治化为重点与突破口

法治（Rule of Law）的本义是指法的统治，强调法在国家和社会中的统治地位，而非仅指用法来统治（Rule by law）。这意味着依法治国的核心内

涵是法律在政治和社会生活中至高无上的地位。作为权力行使主体的广大党员必须在宪法法律范围内活动，实现党执政方式的法治化，这不仅是依法治国的内在要求，也是依法治国的组成部分。

从国家监督的长远目标出发，必须实现政治权力运行的法治化。这是国家监督机关对政治权力运行进行监督的前提。在政治权力运行的法治化面前，如果政治权力的操纵者不遵守国家宪法法律法规，国家监督机关就可以依法行使监督权。实现政治权力运行的法治化，使政府监督在法制的轨道上运行，必须注意如下措施：

（1）在我国实现政治权力运行的法治化的关键与核心在于党的执政方式的法治化。江泽民同志在十五大报告中指出：依法治国要保证党始终发挥总揽全局，协调各方的领导核心作用。如果党不能实现执政方式的法治化，有法不依、有章不循、以权压法，那么任何法律都将成为一纸空文，一切法治努力亦将葬送。因此，"治国必先治党，治党必从严"。在依法治国进程中，建设社会主义法治国家的伟大战略构想能否实现，关键在于党，在于党能否实现执政方式的法治化。党执政方式的法治化不仅需要在宪法法律中原则地规定党必须在宪法法律的范围内活动，更需要具体的制度安排来保证该原则的落实：

——党的执政方式的法治化关键在于确立有中国特色的权力制约机制，进而使党的权力运行法治化。

——党的领导的程序的法治化。仅有权力制约是不够的，党的领导程序还必须法治化，以使党的权力运作规范化，保证权力运行的合法化，防止权力行使的随意性。

——依法治党，严惩腐败，扫除各种反法治障碍。依法治国是依法治民与依法治官的统一。当代中国日益突出的违法腐败意味着依法治国必须以铲除腐败、厉行法治为突破口。

（2）建立和健全法治化的民主决策、民主监督的程序和制度，使各项公共决策特别是政治决策科学化、民主化、法治化。政治决策是最重要和核心的部分，它是就国家政治、经济、教育、国防和外交等方面的重大问题做出决策，政治决策的效果，往往会产生重大而深远的影响。由于种种复杂的原因，我国在政治决策方面，曾经有过失误和教训。因此，为了做到少失误、不失误，保证这种决策能取得最佳预期效果，有必要将过去那种人治化的民主决策和民主监督向法治化的公共决策方式转轨，即民主决策、民主监督应该是一种有明确法律界定规范的程序和制度。

（3）建立和完善公务员制度。现代公务员制度的建立使公务员的管理规范化、法律化，法律化地约束使公务员尽职尽责、廉洁奉公。公务员制度以其严密的制度规范，从考试录用、培训、考核、晋升、奖惩、调动、工资、福利和退休等方面对公务员进行管理，进而对公务员可能的权力滥用与腐败行为进行防范。而公务员制度中的廉政行为规范直接对公务员的行为产生了实质性的监督与制约作用。

4-6

行政权力、市场体制与腐败治理*
——理论与实践的反思

随着现代化进程及社会转型的日益加快,我国发展面临的问题也逐渐显现与激化,腐败现象就是其中之一。在当前的转轨和发展过程中,我国的经济体制改革、政治体制改革都进入了攻坚阶段,这也正是腐败最容易蔓延、滋长和泛滥的时期。目前反腐形势依然严峻,腐败现象既危及和破坏法律的权威性和有效实施,又破坏我国社会主义的经济基础,动摇着我国社会的政治基础。能否有效治理腐败,关系到党和国家的安危存亡。

反腐败是世界的潮流,也是中国上下一致的共识。党的十六大以来,党和国家加大了治理腐败工作的力度。在加强教育的同时,加大了惩治力度,突出并强调制度反腐败;反腐倡廉工作逐步走上"教育是基础、制度是保障、监督是关键"的惩防并举、标本兼治、注重预防的轨道上来。党的十七大报告明确提出:要以完善惩治和预防腐败体系为重点加强反腐倡廉建设;把反腐倡廉建设放在更加突出的位置,旗帜鲜明地反对腐败。构建惩治和预防腐败体系,目的在于提高党的领导水平和执政水平,提高拒腐防变和抵御风险的能力,建立健全符合我国实际的惩治和预防腐败体系,为加快发展、富民强国,全面建设小康社会提供坚强有力的政治保障。

近年来,福建省在中央的统一部署下,开展了卓有成效的改革探索,将反腐倡廉纳入经济社会发展的总体规划中,特别是把治理腐败与规范行政权力和完善市场经济体制有机结合起来,反腐倡廉工作成效显著并形成创新经验,值得研究、总结和推广。正是基于这样的理由,我们承担了 2008 年度

---

* 本报告的全文曾发表于《东南学术》2009 年第 4 期(近 4 万字),《高等学校文科学术文摘》2009 年第 5 期头条详摘(署名课题组:陈振明、李德国等)。这是该报告第二、三、四部分的摘要。

福建省社科规划重大招标项目——"规范行政权力运行，完善市场经济体制与预防腐败问题研究"的研究任务。课题研究历时近一年。从2008年8月开始，我们分别到福州、漳州、泉州及晋江等地进行实地考察调研，并与中共福建省纪委、福州市纪委、泉州市纪委、厦门市纪委、漳州市纪委等相关领导部门开座谈会及访谈，获得大量关于近年福建省的腐败治理工作特别是在约束自由裁量权、公共资源市场化配置、规范中介组织、推行政务公开和行政服务中心建设等方面的翔实资料；在此基础上进行专题研究，形成专题报告及总报告的征求意见稿；然后根据实际部门的领导与专家学者的反馈意见，对项目报告以及各专题报告作了修改和完善。2009年5月，最终完成本项目的全部研究工作，形成了本研究总报告以及5份专题研究报告。

项目总报告共分为理论篇、实践篇和对策篇三篇，较为深入地探讨行政权力、市场体制和预防腐败之间的内在关系，福建省近年通过规范行政权力运行与完善市场体制来加强预防腐败制度建设的改革实践及其成功经验和不足，福建省预防和治理腐败的创新策略等三个方面的主题。

一、理论思考篇

本篇对规范行政权力运行、完善市场经济体制与预防腐败之间的关系做出理论上的思考。主要观点是：

——腐败与权力之间具有的天然联系：腐败就是为了谋取私利而滥用公共职权的行为。从这个角度看，腐败主要是一个施政问题，它本质上反映的是公共治理体制的缺陷，而不是个体的私欲膨胀。

——由于权力具有的利益指向性、强制性和运行的封闭型，所以权力很容易在制度漏洞存在的情况下，变异为不受控制的为了私利的特权，出现公共权力配置失范、授予失范和运行失范等方面的问题。

——腐败是基于理性的个人的理性计算和理性的个人在一个竞争性的"市场"上寻求实现其利益最大化的理性选择的结果。市场体制中的腐败之所以会发生，主要受到官僚政治的垄断状态、存在一个类"黑市"机制使官僚的投机行为可以获得利益等两个因素的影响。

——行政垄断、权力寻租既损害了经济发展的整体效率，加大了整个经济运行的成本；又以巨大的社会成本为代价，放大了社会领域的不公平。行政审批是政府管制系统里的重要制度安排，是滋生腐败行为的重要领域。而减少管制既要依靠于行政审批制度改革，也有赖于市场在公共资源配置方面发挥更有力的作用。

二、实践探索篇

本篇对近年来福建省在规范行政权力运行、完善市场经济体制与预防腐败制度建设方面所做的实践探索进行实证研究,作者选择规范行政自由裁量权、政务公开、行政服务中心建设、公共资源市场化配置、规范市场中介组织等五个方面的领域进行个案研究,并对福建省预防腐败的进程、举措、成效以及经验和不足加以描述、分析和总结。要点是:

——福建省规范行政权力运行的主要内容是围绕清权确权、职权分解、流程再造、权力公开等关键环节,进行制度建设和机制规范,不断创新形式和方法,逐步建立健全决策权、执行权、监督权既相互制约又相互协调的权力结构,以求形成结构合理、配置科学、程序严密、制约有效的权力运行机制。福建省在规范行政自由裁量权、政务公开和行政服务中心建设方面取得了显著进展并形成创新经验。

——福建省通过完善市场经济体制预防腐败的基本措施,是培育平等完善的市场主体、规范市场中介组织、推进资源市场化配置、运用司法维护公正。特别是厦门市在规范市场中介组织、推进公共资源市场化配置的改革方面效果显著,形成了富有特色的经验。

——福建省通过实践创新,实现了反腐倡廉工作的战略升级,特别是在重点领域和关键环节卓有成效地遏制了腐败的高发势头,在保证海峡西岸经济区高速发展的同时,努力营造着一个干净廉洁的从政环境。其成功的重要经验之一,就是把预防腐败纳入经济社会发展和行政管理体制改革的总体框架中,使之相互协调,使行政管理体制改革成为预防腐败的重要途径。

——福建省的预防腐败工作还存在一些不容忽视的问题和薄弱环节,这些问题都在不同程度上影响了预防腐败工作的整体效果。这主要表现为形成决策权、执行权和监督权相互制约又相互协调的行政管理体系、合理划分政府和市场的作用边界、形成政府与企业之间的合作关系、发挥社会力量、反腐工具与技术创新等方面的缺陷与问题。

三、对策研究篇

本篇就如何根据新的形势要求与改革中存在的不足和问题,推进规范行政权力运行、完善市场经济体制建设和加强预防腐败制度建设提出对策建议。报告强调,必须寻求治理腐败的创新性战略策略,把腐败治理和更大层面的公共治理改善、市场体制建设和社会建设紧密地结合起来,采取更加积极有效的措施,推进预防腐败的制度化建设,为我国的改革开放和现代化建设事业提供保障。

报告指出,必须用发展的眼光来看待反腐败斗争,创新反腐败的总体思路和对策措施。必须充分地认识到,反腐败的使命不仅仅是惩治腐败分子,减少经济损失,更重要的是改革和改变滋生腐败的体制温床,促成更有效、公平、高效的政府治理;腐败并不是市场化的必然产物,但设计良好的市场体制改革有助于抑制腐败行为的产生;反腐败不仅仅是直接地打击犯罪,更重要的是通过"制度性的努力"(如简化程序)改变腐败活动的成本收益状况,使所有人通过理性的经济选择,自动地放弃腐败活动。

报告建议,反腐败是一个系统策略,必须建立完整的反腐倡廉体系。从地方层面看,当务之急是要从政府部门、私营部门和市民社会入手,建立起以透明、参与、分权、问责为特征的行政管理体系;建立起鼓励公平竞争的市场交易体系;提高公众参与度,加强民间社会实施监督的能力;创新反腐的技术和工具,建立腐败预警机制。

本报告提出的具体对策措施是:

1. 公共部门治理:建立以分权、透明、廉正和问责为特征的行政管理体系

(1) 分权(check and balance):决策体制、行政程序和独立监督

《工作规划》指出,必须建立健全决策权、执行权、监督权既相互制约又相互协调的权力结构和运行机制,切实把防治腐败的要求落实到权力结构和运行机制的各个环节,最大限度地减少权力"寻租"的机会。为此,可以考虑从决策体制、行政程序和独立监督的角度入手,进行如下改革:

——决策体制:明确决策主体的决策权限,强调专家参与决策。建立科学民主的公共决策制度,是我国未来行政制度改革的基本走向。构建政府科学决策机制,最重要的是在决策主体、决策思维和决策程序三个方面实现根本的转变,以通过明确决策主体进一步解决好谁来决策的问题、通过端正决策思维进一步解决好为什么决策的问题、通过优化决策程序进一步解决好怎样决策的问题。对于关系民生的重大行政决策,政府可以采取调研、座谈、民意投票的方式实现决策的公正化和合法化。针对不同情况将公共决策程序细化、条例化,是在为决策过程提供一个可以参考的程序模式。

——行政程序：减少政府办事程序，将程序标准化、简单化，减少腐败产生的机会。程序作为一种预定的行为约束机制，既有利于防止权力行使者主观武断地行使权力，又赋予了其他机关、组织和公民个人监督和控制权力滥用的权利和机会。权力的滥用在很大程度上是由于缺乏权力运行的程序规范所致。新加坡反贪局（Corruption Practices Investigation Bureau）之所以成就卓然，不仅在于它能够接受贪腐举报投诉，独立调查公务员的贪渎枉职和玩忽职守行为，更关键的是它能够审议公营部门各种规章制度和程序，从而有效促进政府部门的程序规范化。

——独立监督：在现行的反腐体制安排下，必须增强和保证司法体系的独立性和问责能力，建立有效的投诉机制和投诉程序和对检举人的保护机。建立独立的调查人员和检举人员，可以探索建立行政监察专员（Ombudsman）制度，使监察专员能够独立行使职权，不受行政机关、社会团体或其他组织的影响与干涉，监督行政机关和公务员的违法与不良行政行为。

（2）透明（Transparency）：财政预算、自由裁量权和信息公布

——财政和预算：制定相关措施和制度促进财务透明度的提高。公开预算是反腐败的治本之策，也是现代民主政府的应有之义。根据公共选择的文献，可疑的预算会使官僚和寻租的政客采取不利于纳税人的行为最大化，财政透明度则可以暴露政府的浪费，迫使政府节约。"在现代世界各国，预算公开是常例。公民都可以免费或者支付工本费后向政府索取预算信息，现在有的可以在网上查询。现代预算之所以叫公共预算，就是预算必须是公众参与、提供公共服务，并向公众公开，公众可以监督的。"

——自由裁量权：从行政管制型政府走向服务型政府是中国行政建设的一项重大进步，建设服务型政府不仅需要行政官员从思想理念上改变认识，同时也需要在行政规范和立法上明确相关权力实施，要求政府必须依照法律权限和法定程序行使权力，从服务群众的角度开展工作。其中，从制度上规范政府的行政自由裁量权是重点。规范行政自由裁量权，应与行政权力公开透明运行有机结合起来，重点解决自由裁量权行使过程隐蔽、难以监督这一关键问题。行政裁量权的裁量范围和制定行使等相关的政务信息可以通过政务公开的方式让公众参与其中，了解行政裁量的权限范围实施监督。

——信息公布：凡涉及民生的公共政策或者重要的政务信息，公民都应该有权利了解政策制定和实施的详情，对政务实施监督。对于重大的公共政策决策，政府还应当吸纳公民意见，建立适当渠道引导公民参与公共政策的制定。政府可以事先通过调查统计的方式了解公民对于政务公开化的要求，

然后制定相关法规明确哪些信息一定要对公民公开，其余政务信息可由政府视情况决定是否公开。

(3) 廉正（integrity）：公务员聘用和晋升制度、道德和行为规范体系

——公务员聘用和晋升制度：建立公开、平等和有效的政府聘用公务员制度，避免滥用职权、任人唯亲和使用裙带关系。建立完善的人事制度，包括定期和及时的人事更替，减少滋生腐败的条件。将政府置于更激烈的竞争环境之下，如通过聘用制度的改革、建立基于个人才干的内部晋升制度等，以便在公务员中促进竞争。根据特定区域的经济发展水平，建立合适的可保持体面生活水平的工资制度。

——道德和行为规范体系：促进建立适当的行为规范，充分考虑现有的国际标准和传统文化标准，定期地对公务员进行培训、教育和监督，保证他们恰当地了解自己的职责。必须加强公务员的道德考核，如新加坡反贪局要求公务员在平时工作中把自己的活动随时记下来，以进行道德标准检查，并有权对公务员，尤其是刚进入公务员队伍的人员行为进行跟踪，调查他们的日常生活。

(4) 问责（accountability）：党风廉政建设问责制

腐败交易往往存在需求与供给两个方面，而且两者之间经常互相激发，最终使腐败行为愈演愈烈。根据我国的实际情况，对党风廉政建设责任制规定的落实情况严格实行问责制，是反腐败的重要手段之一。为此，必须建立党风廉政建设责任制的指标体系和评价标准，并把责任监督考核结果作为对干部政绩评定、表彰奖惩和提拔任用的重要依据，以实绩分优劣，凭公论定报酬。

2. 市场体制建设：放松管制，反垄断和促进竞争

在社会主义市场经济体制下，不断完善政府经济职能，处理好政府与市场的关系，建立一个完善的、规范化的市场体系，有着重大的理论和现实意义。其核心内容是调整和理顺政府与企业的关系，放松管制，促进市场的基础性作用。根据《工作规划》，未来福建省应该重点推进的领域有：

(1) 完善招投标制度

——强化招标代理机构的独立性与公正性，维护正常市场秩序。进一步规范招标投标各个环节与过程，规范招标人行为，规范招标代理行为，维护招标代理机构的合法权益，增强招标代理机构在业务操作中的独立性、公正性，促进招投标市场健康有序发展。

——建立招投标相关机构的信用评价体制。通过建立公开的社会信用网

络以及制定有关的信用征集、信用评价、失信惩戒的一系列信用制度,来进一步加强招标代理机构市场的信誉监督,惩戒失信行为,推动招标代理机构行业诚信为本的行为准则。

(2) 推进产权交易市场建设

——建立信息监测系统。建设信息监测系统,有利于健全产权交易市场的风险防范机制。福建省在建设信息监测系统中应该及时披露国有产权转让的信息和政策文件,明确各市场主体的责任义务,加大对信息披露制度的监管,接纳社会多方面的监督,建立起一套有效的信息披露制度。

——推进行业协会主导制度。以往产权交易大都由政府主导,导致市场化不完善,竞价率因而不高的结果。在产权交易市场化过程中,应该坚持政府指导,培育行业协会的主导作用的原则。通过建立行业协会,制定行业操作规则,加强行业自律和业内监督,转变产权交易市场政府主导的行为规范,对积极推进产权交易市场的市场化进程意义重大。

(3) 深化行政审批制度改革

——加强审批权的法定性。审批权的赋予、审批事项的范围和审批主体的资格以及相关责任都应该由法律规定。不能模糊不清、责任不明。新增加的审批项目必须有明确的法律依据,并报相关部门进行审批。对于不适当或者过期的审批项目,必须进行改变或撤销,清理审批背后的规范性文件。

——建立相对独立的行政审批民间咨询机构。民间的咨询机构可以吸纳多层次、多领域、多行业的人员参与,以不同于政府的角度提供决策,而且独立的民间咨询机构往往更能反映社会大众的意见,让政府的决策更加全面。

——建立行政审批评估机制。长期以来,我国缺乏对行政审批进行规范性的评估。行政审批评估包括事前评估、过程评估和事后评估。可以考虑构建一个科学合理的评估指标体系,对部门拟出台的制度、已经设立的制度的科学性、有效性、必要性进行经常性的评估,使那些不必要、不合理的管理制度及时废止。

(4) 促进公共服务领域的竞争

——推进公共服务提供单位决策与执行分离。在医疗、教育和文化体育等公共服务领域通过"管办分离"等方式减少决策部门的微观事务,通过执行机构的管理自主化实现更高的公共服务供给质量、效能和效率。只有决策与执行适度分离,才能使公共服务项目能够以更为灵活和弹性的机制进行管理,从而适应人民群众不断提高的公共服务需求。

——促进公共服务的管理方式更新。对于公共服务领域而言，可以应用的政府管理方式有：通过出售的方式将原来由政府承担的公共服务项目直接交由私人来承担；基于购买和生产、掌舵与划桨的区分，地方政府将所要提供的公共产品和服务通过公开竞争或委托的方式承包出去；将一部分地方政府公共服务职能交由准自治的、非政府组织去承担；设立最基层的、自治性的邻里或社区机构，将地方政府的部分服务职能下放给它们去行使。

3. 市民社会建设：培养和规范中介组织，促进公众参与和媒体监督

（1）培育和规范中介组织

——积极培养各类社会中介组织，并给予其自主发展空间。政府应该在民众与社会中介性组织之间成为一个支持者和约束者，而不是控制者和限制者，政府应当把握好约束社会自治性组织的"度"。

——政府协助社会中介组织明确其社会角色定位。政府应当协助社会中介组织明确其自身的角色定位，减少其对于行政系统的依赖，使其更多关注相对弱势的公民方，帮助公民进行政治表达，并且对政府实施监督。

（2）促进公众参与

——促进公众讨论。确定公众对腐败和腐败滋生场所的看法，以提供一个测量反腐败改革进程的基准。例如，香港廉政公署的社区关系处就是负责引导市民认识贪污的祸害，争取市民积极支持反贪工作。为达此目标，该部门经常深入社区，推动各界人士采取积极预防贪污的措施和各种活动，提倡诚实、公平等正面价值观。

——公众教育。实施各种反腐倡廉的教育项目，尤其是培养年轻一代良好的价值观和道德观，使反腐败植根于健康的公共文化中。必须通过教育避免使腐败成为一种可以接受或者默认的文化，这是因为，"一旦腐败成了一种文化，就会渗透到社会生活的方方面面，成为多数人的行为准则甚至生存准则，就会对社会有机体造成难以恢复的创伤"。

——促进相关非政府组织的参与。在公共预算、企业道德和环境保护等方面鼓励相关非政府组织的参与，如实行参与式预算、建立企业社会责任联盟等。例如，巴西的道德机构（Instituto Ethos）就是一个重要的企业社会责任组织，该组织致力于动员和帮助公司以对社会负责的方式进行经营。目前该组织共有来自巴西不同行业的 907 个公司成员，这些公司的年收益占巴西 GDP 的近 30%。

（3）建立媒体监督的规范化机制

媒体作为对政府权力进行监督的重要力量，拥有社会中介组织和公民难

以比拟的优势：传递信息迅速、覆盖面广；相对中立和清白；有着批评政府的传统。一方面，政府对媒体必须实现从管理者到引路者的角色转变，给予新闻媒体一定的自主空间，鼓励媒体对政府进行监督。另一方面，政府可以利用媒体的信息传播优势实现政务公开和政策解释，使媒体成为民众了解和监督政府的中间渠道。从媒体本身和媒体渠道两方面实现对政府权力的有效监督。

4. 创新反腐的技术和工具：风险预警、信息技术与公共服务

（1）建立腐败风险预警机制

——建立反映廉政状况的指标体系。《工作规划》提出要建立预防腐败信息共享机制和腐败风险预警机制。因此，可以考虑建立反映廉政状况的指标体系；要及时汇总相关信息，定期分析评估各地区、各部门预防腐败工作情况和效果，提出工作规划和建议。一个可以借鉴的例子就是韩国的反贪腐指数（Anti－CorruptionIndex，ACI），不同于其他国家以民意调查为主要观察指标，该指标也通过客观的指标数据来建构出属于城市的反贪腐指标系统。

——形成诊断性分析工具。可以采取对腐败与治理状况的诊断性分析工具，包括民意调查、企业经营者问卷调查、民间组织和新闻媒体问卷调查、居民入户问卷调查、公职人员问卷调查、公民报告卡或明白卡、文献分析、专家评估等多种方法，开展对腐败与治理状况的诊断性调查和分析。

（2）充分利用信息技术

——推行电子政府和电子采购。通过电子政府提高政府工作效率和效能，增强政府行政的透明性和责任性，降低行政成本，同时还可以即时获取民众的反馈信息。使电子政府网站成为"透明门户"，民众可以通过该网站获取有关预算、开支、透明举措等方面的信息。

——推行公共服务的在线整合式提供。目前的行政服务中心已经初步提供了实地的整合式服务提供，下一步可以考虑虚拟的、基于网络和电话的在线服务提供系统。在加拿大等国家，个人通过统一的网络化平台（Service Canada）就可以获得公共服务，而不需要逐个部门解决，具体的协调则由网络机制完成。巴西则建立了"政府服务和信息门户"，向公众在线提供相关的公共服务。这既可以提高公共服务的效率和回应性，还可以减少从公共服务中获取贿赂的机会。

总之，本研究报告认为，腐败往往产生于权力的实施过程中，"程序正义"能否实现与腐败治理的效果休戚相关。健全的权力运行机制，包括科

学民主的决策机制、透明的运行程序、明确的运行规则，是保证公共权力在公共范围内运行，消除权力寻租等腐败现象的重要因素。同时，腐败作为一种特殊和扭曲的资源配置方式，它的活动空间会随着市场经济的发展和行政权力的规范而逐步减小。因此，预防腐败必须跳出传统的框架，把良好的政府治理和竞争的市场秩序置于预防腐败方案中的中心位置。这种预防腐败的基本思路和策略，正是福建省近年来在反腐倡廉建设上取得优异成绩的源泉，也应该是建设惩治与预防腐败体系的必由之路。

4-7

完善我国公务员制度廉政机制的思考*

转轨时期腐败滋生的深层次原因是制度上的缺陷，那么，要有效地抑制腐败，完善我国公务员制度的廉政机制，就必须采取正确的战略，即要深化改革，标本兼治，依靠制度创新逐步消除腐败滋生的土壤和条件。基本思路是加快经济市场化步伐、深化政府管理体制改革和加强对权力的制衡及监督三个方面。

一、加快经济市场化步伐，建立完善的市场经济体制

目前腐败滋生的一个基本原因是市场发育不成熟，市场机制不完善，市场交易行为不规范以及尚未形成平等竞争的环境。针对这种情况，必须加快经济市场化步伐，尽早建立起比较完善的社会主义市场经济体制。国际的经验表明，发展中国家在走向现代化及市场化的过程中，如果步伐太慢，拉的时间太长，那么就容易出现贪污腐化横行、经济停滞、社会动荡的局面；相反，如果抓住有利时机，尽可能加快市场化的步伐，让市场充分发挥作用，那么，经济就会较快发展，现代化就会加速，政府及其官员就会相对廉洁。

（一）培育市场主体，尽快实现政企分开

要建成比较完善的市场经济体制，首先必须在培育市场主体上下大功夫，必须通过现代企业制度建设，让企业成为自主经营、自负盈亏、自我发展、自我约束的独立法人主体，让企业独立于政府机构而生存和发展；切断

---

* 本文曾收入作者主编的《公务员制度》（福建人民出版社 2007 年修订版）第十一章之中。

政府与企业之间的脐带，实现政企分开，构造起社会主义市场经济运行的微观基础，使企业能够有效地抵制不必要的行政权力的干扰，抵制形形色色的摊派卡要，消除由于政企不分所产生的一系列腐败现象。同时，在规范垄断行业行为的同时，要对有条件的垄断行业引入新的竞争主体，逐步打破计划体制沿袭下来的行业垄断，解决带有行业垄断特点的腐败问题。

（二）深化国有企业改革，建立健全现代企业制度

要按照产权清晰、权责明确、政企分开、管理科学的现代企业制度的要求，推进国有企业改革，完善国有企业的自我约束机制。针对目前对企业法人监督不到位，国有企业法人犯罪突出的这一状况，加强对企业管理者的有效约束，加强企业财务管理和资金运行的审计、监控，加强企业的民主监督和内部监督，在搞好国有企业招待费向职代会报告制度落实的基础上，制定企业党委会、职代会对企业法人进行有效监督的制度。与此同时，搞好配套改革，对国有企业进行清产核资、界定产权，加强政府对国有资产的管理和监督，建立起权责明确的国有资产管理、监督和运营体系；按照优化国有资产结构的要求，积极推动国有资产的合理流动和重组，保证国有资产的保值增值；防止国有企业资产的流失和浪费，解决好目前企业经营管理过程中国有资产流入个人腰包的问题，消除腐败滋生的土壤。

（三）进一步发展各类市场，形成开放竞争的市场体系

经过十多年的努力，我国的市场体系已开始发育，但发育程度不高且有些畸形，各类市场发育不平衡，商品市场发展较快，生产要素市场发展较慢，统一、开放的大市场尚未形成，价格体系也未理顺。因此，在两种体制转轨的时期，要在继续发展和完善商品市场的同时，下大力气，推进各类市场的发展，如劳动力市场、资金市场、外汇市场、股票市场、债券市场、技术市场、信息市场、房地产市场、生产资料市场和消费品市场等发展，形成完整的市场体系。只有克服土地批租、房地产开发、工程承包、银行信贷、证券交易的无序、混乱状态，有效抑制这些部门的腐败蔓延之势。例如，征地拆迁是近几年腐败严重发生的一个领域，其根本原因就是由于土地市场没有形成，一级市场由政府全面垄断，官员暗箱操作，采取的主要办法是行政划拨，二级市场虽然有了市场的某些形式，但在很大程度上是地方政府、房地产开发商和国有商业银行为共同主导，这就极大诱发了腐败的机会主义。

(四) 加强市场经济法制建设,创立平等竞争的市场秩序与环境

现代市场经济是一种法制经济,它要求用各种法律或规则来规范和调整各种经济关系和经济行为。尽管近些年来,国家已制定和颁布了一系列的经济法规,市场经济法制建设进展较快,但我国市场经济法制建设不健全,无法可依、有法不依、执法不严的情况仍较普遍,平等竞争的市场秩序和环境尚未真正形成。因此,必须大力加强市场经济的法制建设,确立起市场经济的秩序和法制。在土地、房地产、外贸、税收等经济领域加强立法工作;在招标投标、证券行业管理、物价管理、企业登记等领域完善相关的制度法规。与此同时,针对目前存在的有法不依、执法不严的弊端,加大经济执法力度,使有关的法律法规不折不扣地得以贯彻执行。由此确立起公平竞争的市场秩序与环境,消除市场秩序混乱以及由不公平竞争环境所引发的腐败行为。

二、深化行政体制改革,避免政府对经济生活的过多干预

旧的政府管理体制(行政体制)的弊端以及政府对经济生活的过多干预,乃是目前我国腐败现象滋生的一个基本原因。要消除腐败的土壤与条件,就必须深化政府管理体制的改革,精简机构,转变职能,建立起一个适应市场经济需要的灵活、高效、廉洁的现代化政府管理体制,避免政府对经济及社会生活的不必要的干预。1993年10月,美国著名经济学家、诺贝尔经济学奖获得者米尔顿·弗里德曼来中国考察时指出:中国建立市场经济,应尽可能地降低政府干预和管理经济活动的程度,废除那些不必要而又滋生各种腐败现象的经济管理制度。

(一) 改善公共决策系统,提高决策的科学化民主化水平

决策体制总是构成一个国家或地区的政府管理体制的基本部分,因此,政府管理体制的改革必须首先改革决策制度,优化公共决策系统及其运行,提高决策的科学化、民主化水平,防止政策制定与执行中的营私舞弊行为。可以从下列几个方面着手来解决决策的科学化、民主化问题。

——理顺各种决策主体及其权力关系,建立健全政策制定系统。要按照现代公共决策系统的要求,建立起以决断子系统为核心,以咨询、参谋和信

息等子系统为辅助的现代化政策制定系统；要理顺党、政府和人大三种决策主体的权力关系，目前要特别强化人大作为决策主体的功能。

——充分发扬民主，增加决策过程的透明度。要坚持和完善从群众中来到群众中去的群众路线和民主集中制原则，提高决策的民主化水平；重大决策出台之前要广泛征求各民主党派、各社会团体和各阶层人民的意见，进行沟通、联系和交流，进行充分的讨论；在决断子系统内要营造百花齐放、百家争鸣、畅所欲言、各抒己见的民主氛围，防止个人独断专行和营私舞弊。

——加强专门的政策研究组织建设，既要优化体制内（官方）的政策的研究组织，从法律上提高、保障其应有的地位，充分发挥政研室、体改委、经济发展研究中心一类的政研组织的参谋、咨询作用；又要大力发展体制外（民间）的政策研究组织（思想库或智囊团），让它们与官方的政研组织一道，形成强大的决策咨询后盾，使专家咨询制度化。

——大胆引进和借鉴国外先进的政策研究（政策科学或政策分析）的理论和方法及技术，改变目前我国政策研究手段落后、单一的局面；要按照现代化决策过程的要求，使政策研究过程程序化，即从问题的分析、目标的确定、方案的搜寻、比较和抉择到结果的评估和监控等环节都要认真对待。由此，尽快实现我国的公共决策由传统的经验决策向现代科学决策的转变。

（二）精简机构，转变职能，合理确定政府干预的内容、范围和力度

进一步调整、改革政府机构，切实转变政府职能是行政管理体制改革的中心内容。应该从市场经济发展的需要出发，精简机构，转变职能，确定好政府干预的内容、范围和力度，避免政府的过度干预，消除腐败产生的诱因。

——调整改革政府机构，加强宏观调控和监督部门，强化社会管理职能部门。与市场经济体制相适应，政府机构的设置可以说有两个系统：一是保障系统，包括政务处理、公共安全、社会保障、公共服务等机构；二是调节系统，包括工商管理、税务管理、金融管理、经济导控等机构。要加强这些部门的建设，以保障市场经济运行的外部条件和对市场经济运行的调节。

——切实转变职能，确定好政府干预的内容、范围和力度，实现由微观直接的干预向宏观间接的调控的转变。市场的缺陷和失灵是政府干预的基本理由，但政府的不恰当或过度干预非但不能弥补市场缺陷和克服市场失灵，反而导致更大的灾难，出现政府失败（包括寻租腐败泛滥）。尽管在两种体制转轨时期，政府干预的力度还是比较大的，但是，必须很好地研究，政府

哪些该管、哪些不该管，应该管到什么样的程度，即确定好干预的内容、范围和力度。当务之急是要尽量减少乃至杜绝行政权力过分干预市场运行尤其是介入市场交易过程，特别是减少行政权力在土地批租、房地产开发、工程承包、贷款发放、证券发行以及煤、电、车皮、计划项目的审批上的过分干预，尽量让市场机制去发挥作用，这将有效地抑制权钱交易一类的寻租行为发生。在这方面，东亚市场经济国家或地区（日本和"四小龙"）的经验是值得我国政府借鉴的，即在市场经济的起步阶段采取所谓的"亲市场"的战略，即尽可能地市场化，必要时的政府，政府做市场永远做不到或当时做不好的事情，把一切市场能够做得好的事情交给市场或不断地交给市场。

——进一步培育和发展社会中介组织，提高社会的自治能力，把社会自身能管理得好的事务交给社会去管理，从而缩小政府机构的规模。这类社会中介组织包括联系资金、劳动力、技术、信息等要素的供需中介组织，如股票交易所、委托投资的基金组织、职业培训介绍所、技术与信息咨询服务所等；保持中立地位的公证机构，如会计师事务所、咨询评估机构、物业评估所、律师事务所、资信评价机构、审计事务所、统计事务所等；利益团体，如学会、商会、行政学会等（不过，在发展过程中，应该注意中介组织自身的违法乱纪行为）。

（三）消除旧的行政管理过程的弊端，实现政府管理过程的程序化、公开化和法制化

机构重叠，手续繁杂，缺乏科学的办事程序和程度以及办事不公开，一直是影响政府工作效率和滋生腐败的一个重要原因。这些年来，我国在政府管理过程的程序化、公开化，提高办事透明度方面已进行了积极改革，但还不够，必须下大力气，消除旧的管理过程的上述弊端，实现管理过程的程序化、公开化和法制化。

——转变机关工作作风，推行程序化管理。应加大勤政建设力度，以勤政促廉政，制定一些规范化、标准化的工作程序，并形成制度，严格执行；实现办公自动化，借助现代化手段，尤其是计算机、信息系统来加强程序化管理，加快工作节奏，提高行政效率。

——规范行政行为，明确限制行政自由裁量范围。制约行政干部的自由裁量权，要做到无条件即无审批，凡是设定审批权的事项，必须规定审批的条件、范围和程序；行政权力必须加以制约，不得超出授权的自由裁量范围，杜绝任何个人擅自批条子；对重大裁量行为，应该增加行政程序来加以制约，防止以权谋私；重大裁量应该经过咨询、听证、决定、审议、复核、监察等环节，以防流弊。

——实行办事公开，增加行政行为的透明度。要坚持和完善"两公开一监督"制度，建立健全办事公开程度，公开办事机构和人员，公开办事的程序和规则，公开办事的结果及依据。对于行使权力的关键环节、关键岗位建立廉政监控点，对平价物资的分配、投资项目的审批、进出口许可证的发放、外汇额度的审定以及群众普遍关心的住房分配、出境入户、营业执照发放等都必须公告周知，立章建制。要使听证会法律化、制度化，并尽快影响公民权利和义务的行政决定纳入听证的轨道。

——建立健全行政法规，加快行政法制化步伐。要建立起科学的行政程序、公务员条例实施细则一类的行政法规，制定或完善公务员的财产申报、接受礼品、经商限制、回避、轮换等方面的法规和准则，加大执法力度，真正做到有法必依、违法必究，使行政管理纳入法制化轨道。

（四）推进人事制度改革，造就一支高素质、现代化的公务员队伍

人事制度的缺陷以及某些党政机关工作人员的低素质是导致腐败滋生的一个方面的原因。市场经济发展以及现代化建设需要现代化的政府管理；首要的是必须有一支高素质、现代化的公务员队伍。因此，廉政建设的一个重要工作是要通过实施国家公务员制度，建立一支高素质的公务员队伍。

——广开才路。要全面实施公务员的录用制度，公开考试、择优录取，从全社会吸收高素质、德才兼备的公务人员。当前尤其要注意完善公务员考录方面的法规，加大执法力度，排除权力和人情因素的干扰，让具有真才实学者能顺利进入公务员队伍；要注意从经过实践锻炼、具有丰富实战经验和较高文化层次的各界人士中录用公务员，注意从海外留学生中招收行政管理人才，优化现有的公务员队伍。

——优俸养廉。高薪养廉的确是反腐败的一个有效的措施。由于财力所限，目前公务人员高薪难以做到，但是适当提高公务人员的工资福利待遇还是必要的，应积极探索和逐步建立与经济增长和物价指数挂钩的动态工资福利机制。要逐步改变目前普遍存在的分配不公、脑体倒挂的不正常现象，将公务员工资提高到一个合理的水平上，解除公务员的后顾之忧，为廉政建设奠定良好的物质基础。

——功绩晋升。要健全严格的考核制度，使现有的关于考核方面的规定真正落到实处，形成优胜劣汰的竞争机制，把公务员的留任、晋升、工资福

利待遇与功绩挂钩,使德才兼备、业绩突出者得以提升,将不合格者及时清出公务员队伍;彻底解决以往人事制度中的干部能进不能出、能上不能下的弊端。

——加强培训。必须进一步加强对公务员的教育培训,一是要加强政治思想、理想道德和公仆意识教育,提高公务员的政治思想、道德素养,树立正确的人生观、世界观和价值观;二是加强法制教育,使公务员树立依法行政、依法办事观念,严格执法,照章办事(领导干部更应该加强法律方面的学习);三是要加强业务训练,提高公务员的现代管理的理论、方法素养,提高业务水平,实现由传统的"干部"向现代的公务员的转变。

三、加强对权力的制衡和监督,构筑以防范为主体的反腐保廉机制

腐败的实质是公共权力的滥用或以权谋私,而权力本身总是趋向于腐败,绝对的权力导致绝对的腐败。因此,反腐败的一种基本思路是加强对权力的制衡和监督,构筑以防范为主体的反腐保廉机制,从制度上防止公共权力的非公共运用以及以权谋私的各种可能,保证公共权力只用于为公共利益服务。

(一)理顺各种权力关系,强化权力机关间的相互制约和监督

要深化政治体制改革,调整、理顺各种国家权力关系,特别是党、人大、政府和政协之间的关系,强化人大、政协以及各国家机关内部的监督职能,做到以权制权。

——进一步落实宪法中所规定的人大作为权力机关的功能,加强人大对政府工作的监督。目前要进一步完善人大对"一府两院"领导干部的评议制度,通过制订法规、定期咨议、听取工作汇报、口头与书面咨询等方式对政府部门及其工作人员的工作加以监督,增强领导干部的监督自律意识,促进党政机关的廉政建设。可以采取听证会方式对政府人员的贪污腐化、失职渎职加以调查,并决定是否弹劾等。要创造条件,疏通渠道,使人大代表对党政机关及其工作人员的工作及廉政情况进行经常的、制度化的监督和检查。

——要发挥政协的参政议政作用,加强政协对党政工作的监督。要按照"长期共存,互相监督"的方针,让政协成为专门机构之外的一个重要监督

主体,对党政工作进行有效的监督。要从法律上保证政协对党和政府的重大决策、人事任免以及公职人员的操守等方面的监督作用。

——健全党政机关内部的监督约束机制。廉政建设既要靠法律也要靠自律,应该加强党政部门的自身自律机制,党政机关要按照各自的特点,有针对性地制定或完善各种内部监督的规章制度,如领导干部重大问题报告制度、民主生活会制度、离任审计制度、年终考核制度、财产申报制度等,运用有效的内部监督制度及自我约束机制来防范腐败及各种不正之风。在基层党政机关、企事业单位,可以考虑建立负责人报告制度和上级主管部门监督相结合的内部监督机制,凡是本单位的重大决策以及与职务行为有关的购支、住房、出国考察、重大的采购、销售、承包招标等,应及时向上级报告或备案;同时上级主管应定期对下级单位负责人进行考核、检查,防范营私舞弊行为的发生。

(二) 加强反腐败专门机构建设,进一步提高其权威地位和办事效率

我国的廉政专门机构虽几经调整、改革,目前仍不能完全适应新形势下的反腐败斗争的需要,现存的主要问题是机构重叠、职能分散、效率不高和权威不够。因此,必须下大力气加强反腐败专门机构的建设,形成统一、高效、权威的反腐败专门系统。首先,必须把反腐败专门机构建设与政治体制改革以及制度创新紧密地结合起来,将前者视为后者的一个重要组成部分,将反腐败机构建设纳入政治体制改革的轨道。其次,应根据各地的实际,理顺纪委、监察局、检察院反贪局三者之间的关系,使之既相对独立、各司其职,又密切配合、优势互补,形成统一的反腐败工作机构,提高办事效率。最后,要赋予反腐败专门机构自主权或独立性,提高其权威性。从世界的经验看,那些廉政搞得比较好的国家或地区,其专门的反腐败机构都拥有较大的独立性和权威地位。新加坡的贪污调查局直属总理公署,局长由总理任命,调查官员的地位、身份、权力均有严格的法律保障,拥有绝对权威;瑞典的司法监察专员拥有绝对的独立性,有权对中央和地方的国家机构及官员进行调查,而不需提出任何调查理由,这种经验值得借鉴。

(三) 完善社会监督立体网络,营造反腐败的社会文化氛围

以民制权是对权力制衡和监督的一个有效途径。必须通过推进社会主义民主政治建设,调动人民群众参政议政以及对权力的运行实施监督的积极性,并充分发挥社会舆论、新闻传媒的作用,广开监督渠道,形成完善的立体监督网络，营造良好的社会风气，以此预防各种腐败现象的发生。

——发扬社会主义民主，加强人民群众对权力的监督。毛泽东同志在延安时期回答黄炎培先生关于如何避免由兴至衰的历史周期律时说，我们已经找到了一条新路，可以跳出这种周期率，这条路就是民主。只有让人民来监督政府，政府才不敢独裁；只有人民来负责，才不会人亡政息。这实际上指出了对权力的制衡和监督、防止权力滥用及腐败的一条最根本的途径。要有效抑制腐败，必须加强社会主义民主政治建设，充分发挥社会主义民主，广开公众政治参与及监督的渠道，让人民群众广泛参与对权力运行的全方位的监督。特别是要激发广大人民群众反腐败的热情，保护他们举报投诉的积极性，及时处理他们反映的各种腐败问题，给有功者予以重奖，使公众勇于参与反腐败斗争。

——切实进行社会主义精神文明建设，营造良好的反腐倡廉的社会文化氛围。反腐倡廉不仅需要加强制度建设，形成硬环境，而且需要加强精神文明建设，形成良好的软环境。要以马列主义、毛泽东思想和邓小平理论为指导，坚持党的基本路线及方针，加强思想道德建设，以科学的理论武装人，以正确的舆论引导人，以高尚的精神塑造人，以优秀的作品鼓舞人，提高党员和群众的道德素质和文化素质。尤其是要加强思想道德建设，形成良好的党风和社会风气，营造反腐倡廉的社会文化氛围，使腐败犹如过街老鼠，人人喊打。

——探索新的新闻监督形式，加大舆论监督力度。这被马克思称为社会的"第三种权力"。腐败作为一种丑恶现象、社会的阴暗面，最怕曝光。腐败者"不怕会上检讨，就怕报纸曝光"，强化新闻传媒及社会舆论对政党、政府的监督，是当代世界各国反腐败的一种普遍做法。大众传媒应处理好正面宣传和阴暗面揭露的关系，加强对反腐败问题的宣传，既要大力宣传反腐倡廉中的好人好事尤其是廉政英模事迹，树立正面典型、榜样；又要加大对腐败丑恶现象的打击力度，对典型的大案要案加以解剖，指出其中的教训，以教育广大干部和群众；要探索新的监督形式，拓宽新闻监督渠道，充分利用报刊、广播、电视等传播媒介，结合具体案例，开展各种形式的廉政建设宣传。

（四）加快廉政法制建设步伐，把反腐保廉纳入法制化的轨道

法制不健全、打击不力是当前腐败蔓延的一个方面的原因，反腐保廉不能单纯靠批评说服和自律，还必须靠法制和惩戒，软硬措施双管齐下。目前我国要从两个方面来加强廉政法制建设：一是建立健全反腐败的法律体系，既要及时地将改革开放以来的反腐保廉的成功做法及经验、行之有效的措施加以总结、提炼，通过立法程序变为法规；又要根据改革与发展以及市场经济发展的需要，制定出一些相配套的反腐保廉的法律措施，形成廉政建设法律体系的基本框架，并对相关的法规加以不断修正、补充和完善，使之更加具体化和可操作性，易于把握和执行。世界各国或地区廉政建设的一条成功经验就是，反腐败的法律法规越具体严密，就越易执行、越有效。二是认真解决对腐败打击不力的问题，加大执行力度。当前要纠正执法中存在的以权代法、以情代法和以罚代法问题，要坚持依法办事，做到有法必依、执法必严、违法必究，用法律手段来惩治腐败。特别是纪检监察机构要进一步加大对贪污贿赂犯罪的打击力度，继续深入查处党政干部贪污贿赂大案要案，加强对腐败高发行业贪污受贿案件的查处。要切实做到司法独立，使廉政立法和司法免受外来因素的干扰和侵蚀。

4-8

以体制创新抑制腐败[*]

——转轨时期特区廉政建设的新思路

我国正处在两种经济体制转换以及向现代化过渡的时期,这正是腐败最容易蔓延、滋长和泛滥的时期,党和国家面临着反腐败斗争的艰巨任务。特区能否在廉政建设上有所作为,为全国探索一条反腐倡廉新路子,有效地抑制乃至消除腐败现象,这是特区的改革开放和现代化建设事业的一件大事。因此,如何正确认识转轨时期特区的腐败现象及其实质,弄清它的存在、蔓延的深层根源,采取正确的反腐败战略及有效对策措施,逐步消除腐败滋生的土壤和条件,就成为当前特区廉政建设的一项重要而又紧迫的任务。

一、体制转轨时期特区腐败现象的新情况、类型与特点

(一) 特区腐败问题的新情况

现阶段特区腐败现象中出现了一些新情况,概括来说,有如下四个方面。

1. 金融、证券交易领域违法乱纪案件急剧上涨,并出现新的违法乱纪形式

近年来,特区金融机制改革起步,金融业务扩大,证券交易也日趋活跃。但另一方面新的金融秩序并未形成,管理跟不上,因而,这个领域的寻租及腐败问题十分突出。例如,1994 年,厦门市纪检监察在这一行业中共查处 25 个案件,涉案人员 34 人,占立案总件数、人数的 14.4% 和 16.1%;

---

[*] 原载《厦门特区调研》1997 年第 8 期,福建省《调研文稿》1997 年第 77 期转载(收入本书时增加了副标题)。

涉案金额达3963万元，平均案值158万元，万元以上大案17件，占68%。检察机关立案侦查14件、14人，占立案总件数、人数的7.9%和7.4%。同时，出现了一些新的违法乱纪的形式：有的股份公司在股份制改革中，为争取股票顺利上市，采取送"官股""干股""空股"的方式贿赂工作人员，有的证券金融部门的工作人员利用职务之便，帮他人拆股，优先买卖股票，从中收取高额报酬，有的挪用公款或擅自向股票大户透支炒股，少则几十万，多则上百万甚至上千万，进行不正当竞争，牟取暴利。此外，证券市场上还出现散布虚假消息，人为地提高或压低股票指数从中牟取非法暴利的现象。

2. 土地征用、开发过程中农村基层干部贪污受贿案件增多

近年来，有关经济的发展，土地征用开发规模扩大，土地价格也大幅度上涨。在这种新形势下，由于少数基层组织制度不健全，监督不力，村两委干部以及管理部门的工作人员在土地转让、基建报批、项目设计等活动中以权谋私、贪污受贿。有的在出让、转让、合资办厂过程中，索取好处费，高达几十万、上百万元；有的瞒报地价，直接贪污征地补偿费；有的巧立名目，私分土地补偿费；有的虚报、多报青苗地上物，骗取高额补偿款。厦门特区自1993年以来，共查处此类案件29件48人，挽回经济损失474万元；仅1994年一年就查处了14件21人。

3. 国有企业主管、业务人员违法乱纪案件呈上升趋势

近几年来，由于简政放权，企业有了充分的自主权，但由于对企业法人代表的监督出现的"三不到位"（国有资产管理机构监督不到位、党组织的监督不到位、企业员工监督不到位），使得企业的主管、业务人员违法乱纪案件逐年增多。有的厂长、经理或业务人员利用管理国有资产及工作之便，侵吞、侵占、盗窃、挪用国有资产，或利用管理权限收贿受贿；有的厂长、经理在企业严重亏损的情况下仍自定高工资标准，甚至挥霍浪费；有的擅自为亲朋好友经商办企业搞非法营利活动提供银行贷款担保，导致企业承担不应有的经济连带责任；有的官僚主义严重，盲目决策，导致企业重大亏损。据统计，厦门市纪检监察机关查处的国有企业严重违法乱纪案件1993年52件55人，1994年53件56人，1995年59件62人，呈逐年上升趋势。这种形式的腐败是国有资产流失的一个重要原因。

4. 涉外经济活动中的经济犯罪案件突出。特区涉外经济中的腐败问题比较突出

有的公务人员不惜牺牲国家或集体的利益，收受外商贿赂；有的违反贸

易常规,独断专行,导致大量国有资产流失;有的在对外交流活动中丧失国格人格,腐化堕落。

(二) 现阶段特区腐败现象的基本类型

1. 贪污受贿,寻租设租

简单地说,所谓的寻租就是利用手中的权力去谋取私利,权钱交易;所谓的设租则是指在管理活动中故意设置各种关卡,从中作梗,敲诈勒索。特区的极少数党政机关工作人员以及领导干部利用手中掌握的管理权、审批权等营私舞弊,将权力当作谋取私利的筹码,有什么权谋什么私,不给钱不办事,给了钱乱办事;有的甚至利用职权从中作梗,敲诈勒索。这是转轨时期最基本的一种腐败类型。

2. 乱收费、乱摊派

这突出地表现在行业和部门的不正之风上。一些行业主管部门或政府职能部门及其工作人员不是把权力用到为人民服务之上,而是把权力当作谋私的筹码,不择手段聚敛钱财,搞管、卡、压,乱收费、乱摊派、乱罚款。在行政性收费上表现为:巧立名目乱收费,或者把国家机关职责内的业务变成收费项目,擅自扩大收费的范围和标准;将政府一部分职能转移到下属从事"三产"的实体,搞有偿服务;利用职权和行业垄断强行服务,收取高额费用;只收费不服务,明目张胆敲诈勒索等。例如,行政执法和司法部门工作人员利用企业登记、牌照审批之机索贿受贿,土地建设主管部门工作人员利用工程发放、工程质量验收、工程监督等职便,收受回扣、贿赂等。

3. 损公肥私,挥霍浪费

一些党政干部利欲熏心,私欲膨胀,不惜钻改革和政策空子,滥发钱物,损公肥私,致使国有资产严重流失,甚至一些亏损企业或吃补贴的单位,此种现象也相当普遍。一些党政部门及工作人员动用公款,挥霍浪费,或者以考察为名,搞公费出境出国观光旅游;或以工作需要为借口,违反规定住豪华超标准住宅,坐进口高级轿车;或以"开放搞活"为由,用公款大吃大喝、请客送礼,甚至将大把公款花在嫖赌上。这种现象被社会形象地称为"吃喝嫖赌都报销"。

4. 翻牌公司,以权经商

1991年以后,因精简机构和转变职能的需要,允许一部分富余人员投入二、三产业,办公司经商,这本是一件好事。但有不少这一类的公司却没有与政府部门脱钩,是一些翻牌公司,这部分公司成为"官倒"。它们利用职权和关系搞行业垄断，搞有偿服务，实际是"权力商品化、腐败合法化、不正之风制度化"，是一种典型的权力揽买卖。此外，挪用公款，炒买炒卖（炒地皮、炒股票等），商业活动以及工程承包中的行贿受贿，也是腐败现象的一些基本表现。

（三）现阶段腐败现象的新特点

1. 腐败的范围呈普遍化、规模呈扩大化趋势

现阶段特区的各种腐败现象包括部门和行业的不正之风相当普遍严重，有些还有蔓延之势，它已经不是极个别的现象，个别人员的行为，几乎渗透到各行业和部门，遍及社会生活的各个方面，可以说是无孔不入，无所不在。过去特区的腐败更多地集中在掌握人、财、物审批、调拨和分配大权的部门，现在已扩展到几乎所有的党政机关和事业单位；执法机关也不是一片净土，知法犯法，执法违法的情况时有出现。可以说，特区的腐败现象的范围普遍化了，同时，腐败的规模扩大化了。以前纪检部门掌握大案要案的标准是：一万元以上就叫大案，涉及处级以上的叫要案，现在大案的违法金额越来越大，呈发展上升趋势。从近几年查处的大案要案来看，贪污受贿金额动不动就是几万、几十万，甚至几千万。

2. 腐败主体向高层化和群体化发展

在特区近几年的腐败案件中党政机关人员涉案者增加，经济犯罪案件比例大，而且犯罪的主体呈现高层化趋势。所谓高层化是指违法乱纪的主体由一般工作人员向领导干部发展，由职位较低的干部向职位较高的干部发展，特别是身居要职的干部增多。目前特区所查处的腐败案件，副县（处）级以上的干部占了相当的比例，个别厅（市）级干部也涉案。同时，腐败主体越来越向群体化（组织化）方面发展。这几年，特区腐败案件中，共同作案多，窝案串案占了不小比例，往往是办一案揪一批、抓一串。个别单位整个陷入瘫痪状态，上自主要领导，下到一般工作人员甚至临时工都卷入其中。1993 年至 1995 年上半年，厦门市检察机关通过办案共挖出 39 个窝点，立案 108 件，130 人，占同期立案总数的 37.8%。

3. 腐败的行为呈半公开化甚至公开化状态

近几年特区的腐败现象具有某种程度的公开化，一些单位打着改革、服务的旗号，靠山吃山，靠海吃海，利用手中权力，公开要钱要物，一些机关工作人员或职能部门管理人员公开吃拿索要，不给钱不办事或办坏事；一些重要行业部门（如银行信贷、建筑业中的工程招标、运输业的集装箱运输

等）的少数工作人员公开索贿受贿（如按比例提成服务费、信息费、茶水费等等），不给或少给即公开索取，否则别想办事。另一方面，也必须看到腐败分子作案的手段趋于智能化。如编制隐晦的数字、密码或暗号，给侦查工作设置了障碍；制造假象，利用假合同假凭证骗取退税或侵吞国有资产；利用所掌握的电脑技术密码，贪污挪用银行库款；利用先进的复印技术伪造信用卡、银行存单、营业执照、发票等。

4. 腐败主体的年龄结构呈"两头重中间轻"的分布状况

所谓的"两头重，中间轻"，是55岁以上者和35岁以下者作案的比例相当大，而35—55岁的作案者比例小。近几年所谓"59现象"即临近退休离休的少数党员干部趁机捞一把的案件增多；一些行业部门尤其是金融证券业青年作案者较多。例如1992—1994年3年中，厦门金融系统30名贪污贿赂案犯中，22—35岁者有28人，占93.4%，比例大得惊人。这是当前特区乃至全国腐败问题中的一个突出而值得注意的趋势。

二、腐败现象滋生的根源、土壤及条件剖析

腐败是一种十分复杂的社会现象。在现阶段，造成腐败现象滋生和蔓延的原因也是多方面的，然而主要的原因或深层次的根源在于两种体制转轨时期制度上的缺陷，尤其是与权力过分集中的政府管理体制（行政体制和经济体制）密切相关。这些制度上的缺陷构成腐败滋生的土壤和条件。因此，要采取正确的反腐败战略及行之有效的措施，从根本上抑制住腐败，这就必须先弄清腐败滋长蔓延的原因、土壤或条件。特区现阶段腐败现象滋长蔓延的主要原因可以归纳如下：

（一）体制转换时期所产生的制度上的空档、漏洞

应该说，特区的市场经济和政府管理体制的改革起步早，并取得了成效，但是总的来说，特区的政府管理体制尤其是行政体制改革的力度不够大，仍然是在旧的体制内徘徊，政府职能未完成由微观直接干预向宏观间接调控转变，政府与企业的关系尚未理顺，特区的政府机构仍然在某些领域起着资源配置的作用，给企业或下属单位批钱物、批项目、批配额；政府管理部门仍掌握着一些应由企业所拥有的经营管理权（如进出口权、人事管理权、自定产品价格权等），企业仍然是政府的附属物，是政府机构的延伸。这给贪污受贿、寻租设租、乱收费、乱摊派创造了条件。

同时，由于某些关键经济部门如金融、财税改革的相对滞后，生产要素发育程度低，近几年价格双轨制又有所抬头（尤其是要素市场的价格方面），有些商品的差价相当大，如原油，国家控制价每吨300多元，市场价格则高达2000多元；1992—1993年，银行贷款年利率只是10%，而拆借资金利润率高达20%—30%。这就使得一些人不惜以重金行贿，千方百计搞到计划价格产品、物资、优惠、贷款和进口额度等等，一转手便可大发横财。这些旧的政府管理体制的弊端以及由此产生的政府过多的干预，正是近几年来特区乃至全国腐败的滋长、蔓延的一个主要原因。

市场经济的发展为权钱交易提供了更方便的条件，如果没有一套强有力的制度约束机制，腐败就容易泛滥。在两种体制转换的时期，许多旧的制度及规则被废除或已失效，而新的制度及规则却未能及时地建立或制定出来，这就产生了体制空档和漏洞，为不法者提供了大量的可乘之机。从宏观层面，在政府方面，缺乏一整套制约行政权力的行政法规和办事制度；在市场方面，缺乏一整套制约经济权力和规定、交易行为的制度式规划；在企业方面，尚未建立起在以公有制为主导的各种所有制基础上的独立经营、自我约束的现代企业制度。从微观的层面上说，许多部门或单位缺乏强有力的规章制度，或者有规章制度，但并未真正落实，成为一纸空文。有的部门或单位财务制度不健全，现金管理紊乱，小金库泛滥成灾；有的部门或单位财物、货物以及交通通信工具保管、使用不当，造成冒领、盗窃、多报、重报，使公家财产蒙受损失。这些制度上的缺陷，给掌握人、财、物的官员以很大的自由裁量范围，再加上办事往往既无规则又不公开，审批往往既无条件又无程序，这就为握有实权的人滥用权力，肆意受贿留下许多漏洞。在特区股票发行的初期，房地产开发过程以及住房改革上，由于缺少健全的制度规则，就出现了以权谋股、以权谋地、以权谋房的歪风。

此外，在体制转轨时期，新出台的某些制度或措施因缺乏经验或考虑不周也助长了腐败的滋生。如党政机关经商创收，刺激了以权经商和与民争利；执法机关的收费、罚款与这些部门的职工收入及福利挂钩，助长了执法人员乱收费、乱罚款；金融部门中的政策性和经营性职能的重叠，造成了金融秩序的混乱并引发疯狂的寻租行为。另有一些改革措施（如双轨制）是转轨过程必需的，但的确也为腐败创造了条件。

（二）各种经济成分并存条件下所造成的不平等竞争环境

特区现阶段已形成了以公有制为主体，全民、集体、私营、个体、外商独资和中外合资等多种经济成分并存和共同发展的结构形式。个体、私营和三资企业是在传统的计划体制之外成长起来的，它们为我国的经济发展做出了重大的贡献。但是，在市场机制不完善的条件下，这些企业为获得紧缺或计划内的资源，为推销产品，为获得某种保护或优惠条件，往往会采取某些不正当的手段，如送礼、行贿、送回扣或请出国旅游等手段；外商投资既带来了资金和管理经验，也带来了现代的腐败形式或寻租行为。

与此同时，国有企业在扩大企业自主权，转换企业经营机制的过程中，也学习、仿效个体、私营和三资企业的这些做法，使得不同经济成分之间的竞争不时变成不正当经营手段的竞争。这种不平等的竞争环境，成为腐败尤其是商业性行贿受贿滋生的温床。

另外，在旧的粗放型的经济增长方式之下，许多公司企业不是把主要精力放在技术革新、提高产品质量和规模档次以及改善经营管理等方面上，而是放在获得计划内紧缺物资或资源，争取额度和进出口权以及其他的优惠政策上，这也引发或加强了寻租及腐败行为。

（三）权力制衡和监督机制不完善

我国现有的政治体制是在计划经济体制的基础上并参照苏联模式而建立起来的，它的一个弊端就是权力过分集中，对权力的制衡和监督机制不健全。历史证明，如果权力的制衡和监督机制有缺陷，不能进行有效地制衡和监督，那么就很难有效地抑制或防止腐败。

一是特区的政治体制及其改革与全国的政治体制及改革是基本上一致的、同步的，政治体制的改革相对滞后，并未形成完善的、强有力的权力制衡和监督，关系并未完全理顺，科学化、民主化的公共决策系统及其运行机制尚未形成，人大、政协的监督制衡作用未能充分发挥。

二是党政机关及企业内部的监督制约机制不健全。尽管中央、省、市出台了不少关于领导干部廉洁自律的制度和规定（尤其是去年中央颁布了关于领导干部收入申报事项制度），但在实施过程中并没有过硬措施，使有的规定流于形式；党组织内部的批评和自我批评风气不浓；党政机关内部对正确运用手中权力的监督和对执行民主集中制情况的监督，缺少针对性强、富有成效的办法；内部缺乏对企业法人的有效监督机制及措施。

三是专门的监督机构不完善，特区的廉政监督系统虽几经调整改革，目前仍不能适应新时期反腐败斗争的需要，存在的主要问题是纪检、监察机关职能部门机构设置交叉重复,统一协调不够,分散办案,效率不高;这些机构的地位和权威性不够。

四是未能充分利用社会的监督机制,特别是人民群众参政议政、参与权力运行的监督的积极性未能充分调动起来。由于这些权力制衡和监督机制的缺陷,使得权力的运行得不到有效的制约和监督,这就难免造成权力的滥用及产生腐败行为。

(四) 人事制度的缺陷及少数官员的低素质

我国传统的人事制度有诸多弊端,特别是缺乏一种优胜劣汰的机制,国家机关工作人员能进不能出,能上不能下,出类拔萃者难以脱颖而出,造成人员素质低,冗员充斥,行政效率低。尽管目前特区有不少公务员制度方面的法律法规,如《公务员暂行条例》以及关于考录、考核、辞退、轮换方面的规定,但有法不依,执法不严方面的问题比较突出;有的法规执行起来阻力较大(如考录方面),仍然存在"一张卷敌不过一张条子"的情况。由于少数官员及党政机关工作人员的素质较低,再加上国家机关人员工资收入低,与社会上那部分"先富起来"的人相比,反差极大,因而这部分人往往会在五光十色的社会生活中眼花缭乱,自惭形秽,走上腐败之路。

(五) 惩治腐败的法律法规不健全,执法过程中打击力度不够

近几年来虽经几次"严打",特区并未能从根本上抑制腐败的滋生蔓延,除上述原因,还有一个重要原因,那就是法律法规不健全,打击力度不够。主要表现在于:一是现有的关于防止贪污受贿的法律法规,一般性、弹性大的规定较多,缺少可操作性,导致司法实践中容易引起争议,惩处一般采取就低不就高的原则,结果放纵了一批应受到惩处的犯法者。二是相对于侵财案件(如盗窃)来说,有关贪污贿赂的刑罚幅度低,例如,盗窃4万元以上者可处死刑,而贪污4万元者却可以赦免,这显得不公正,明显偏袒公务人员。三是司法实践中执法不严,免诉、缓刑过多过滥。四是办案过程中权力干扰、人情干扰严重,难以做到司法独立,再加上司法检察机关因人员、经费、地位等方面的不足,使得这些机构疲于应付,大大地减弱了办案的速度和质量。

三、深化改革,标本兼治,依靠体制创新逐步消除腐败滋生的土壤和条件

1. 加快经济市场化步伐,尽早建立起比较完善的社会主义市场经济体制

国际上的经验表明,发展中国家在走向现代化及市场化的过渡中,如果步伐太慢,拉的时间太长,就容易出现贪污腐化横行、经济停滞、社会动荡的局面;相反,如果抓住有利时机,尽可能加快市场化的步伐让市场充分发挥作用,那么,经济就会较快发展,现代化就会加速,政府及其官员就会相对廉洁。因此,当前尽快做好如下几项工作:

(1) 培育市场主体,尽快实现政企分开。特区要建成比较完善的市场经济体制,首先必须在培育市场主体上下大功夫,必须通过现代企业制度建设,让企业成为自主经营、自负盈亏、自我发展、自我约束的独立法人主体,让企业独立于政府机构而生存和发展;切断政府与企业之间的脐带,实现政企分开,构造起社会主义市场经济运行的微观基础,使企业能够有效地抵制不必要的行政权力的干扰,抑制形形色色的摊派卡要,消除由于政企不分所产生的一系列腐败现象。

(2) 深化国有企业改革,加强对国有资产的监督。要按照产权清晰、权责明确、政企分开、管理科学的现代企业制度的要求,推进国有企业改革,完善国有企业的自我约束机制。针对目前企业法人犯罪突出这一状况,加强对企业管理者的有效约束,加强企业财务管理和资金运行的审计、监控,加强企业的民主监督和内部监督,在落实国有企业招待费向职代会报告制度的基础上,制定企业党委会、职代会对企业法人进行有效监督的制度。与此同时,搞好配套改革,对国有企业进行清产核资、界定产权,加强政府对国有资产的管理和监督,建立起权责明确的资产管理、监督和运营体系;按照优化国有资产结构的要求,积极推动国有资产的合理流动重组,保证国有资产的保值;防止国有企业资产的流失和浪费,解决好目前企业经营管理过程中国有资产流入个人腰包的问题,消除腐败滋生的土壤。

(3) 进一步发展各类市场,形成开放竞争的市场体系。经过十多年的努力,特区的市场体系已开始发育,但发育程度不高且有些畸形,各类市场发育不平衡,商品市场发展较快,生产要素市场发展较慢,统一、开放的大市场尚未形成,价格体系也未理顺。因此,在两种体制转轨的时期,特区要

在继续发展和完善商品市场的同时,下大力气,培育和规范包括金融、土地、技术等在内的要素市场,逐步形成特区竞争有序的市场秩序,克服土地批租、房地产开发、工程承包、银行信贷、证券交易的无序、混乱状态,有效抑制这些部门腐败蔓延之势。同时,深化价格改革,大幅度缩小国家定价的品种和范围,形成市场决定价格的有效机制,消除双轨制,消除由市场发育不健全和双轨制所产生的腐败诱因。

(4)加强市场经济法制建设,创立平等、竞争的市场秩序与环境。现代市场经济是一种法制经济,它要求用各种法律或规划来规范和调整各种经济关系和经济行为。尽管近些年来,国家以及特区政府已制定和颁布了一系列的经济法规,市场经济法制建设进展较快,但特区市场经济法制建设不健全,无法可依、有法不依、执法不严的情况仍较普遍,平等竞争的市场秩序和环境尚未真正形成。因此,必须大力加强市场经济的法制建设,确立起市场经济的秩序和法制。要充分利用特区人大所具有的立法权,使规范市场经济中的各种基本经济的法规(如企业法、公司法、破产法等),规范市场活动和市场行为方面的法规(合同法、证券交易法、外贸法、反不正当竞争法等)和规范特定经济行为方面的法规(如会计法、审计法)更加具体明确。例如,可以在土地、房地产、外贸、税收等经济领域加强立法工作,突出立法特色;在招标投标、证券行业管理、物价管理、企业登记等领域完善相关的制度法规。与此同时,针对目前存在的有法不依、执法不严的弊端,加大执法力度,使有关的法律法规不折不扣地得以贯彻执行。由此确立起特区公平竞争的市场秩序与环境,消除市场秩序混乱以及由不公平竞争环境所引发的腐败行为。

2. 深化政府管理体制改革,避免政府对经济生活过多干预

如前所述,旧的政府管理体制的弊端以及政府对经济生活的过多干预,仍是目前特区腐败现象滋生的一个基本原因。要消除腐败的土壤与条件,就必须深化政府管理体制的改革,精简机构,转变职能,建立起一个适应市场经济需要的灵活、高效、廉洁的现代化政府管理体制,避免政府对经济及社会生活的不必要的干预。1993年10月,美国著名经济学家、诺贝尔经济学奖获得者米尔顿·弗里德曼来中国考察时指出,中国建立市场经济,应尽可能降低政府干预和管理经济的程度,废除那些不必要的而滋生各种腐败现象的经济管理制度。

(1)改善公共决策系统,提高决策的科学化民主化水平。决策体制总是构成一个国家或地区的政府管理体制的基本部分,因此,政府管理体制的

改革必须首先改革决策制度，优化公共决策系统及其运行，提高决策的科学化民主化水平，防止政策制定与执行中的营私舞弊行为。可以从下列几个方面着手解决决策的民主化问题。

——理顺各种决策主体及其权力关系，建立健全特区政策制定系统。要按照现代公共决策系统的要求，建立起以决断子系统为核心，以咨询、参谋和信息等子系统为辅助的现代化特区政策制定系统；要理顺市委、市政府和市人大三种决策的主体的权力关系，目前要特别强化人大作为决策主体的功能，充分发挥特区人大具有立法权的优势。

——充分发扬民主，增加决策过程的透明度。要坚持和完善从群众中来到群众中去的群众路线和民主集中制原则，提高决策的民主化水平；特区重大决策出台之前要广泛征求政协及各民主党派、各社会团体和各阶层人士的意见，进行沟通、联系和交流，进行充分的讨论；在决断子系统内要营造百花齐放、百家争鸣、畅所欲言、各抒己见的民主氛围，防止个人独断专行和营私舞弊。

——加强专门的政策研究组织的建设，既要优化特区体制内（官方）政策的研究组织，从法律上提高、保障其应有的地位，充分发挥政研室、体改委、经济发展研究中心一类的政研组织的参谋、咨询作用；又要大力发展体制外（民间）的决策研究组织（思想库或智囊团），使其与官方的政研组织一道，形成强大的决策咨询后盾，使专家咨询制度化。

——大胆引进和借鉴国外先进的政策研究（政策科学或政策分析）理论和方法及技术，改变目前特区政策研究手段落后、单一的局面；要按照现代化决策过程的要求，使政策研究过程程序化，即从问题的分析、目标的确定、方案的搜寻、比较和抉择到结果的评估和监控等环节都要认真对待。由此，尽快实现特区的公共决策由传统的经验决策向现代科学决策的转变。

（2）精简机构，转变职能，合理确定政府干预的内容、范围和力度。进一步调整、改革政府机构，切实转变政府职能是当前特区行政管理体制改革的中心内容，应该从特区高度开放型的市场经济发展的需要出发，参照八届人大所通过的国务院机构改革方案的精神，按照转变职能、理顺关系、精简机构、转变职能，确定好政府干预的内容、范围和力度，避免政府的过度干预，消除腐败产生的诱因。

——调整改革政府机构，加强监督部门和宏观调控，强化社会管理职能部门。与特区高度开放型的市场经济体制相适应，特区政府机构的设置可以划分为两个系统：一是保障系统，包括政务处理、公共安全、社会保障、公共服务等机构；二是调节系统，包括工商管理、税务管理、金融管理、经济导控等机构。要加强这些部门的调节。

——切实转变职能，确定好政府干预的内容、范围和力度，实现由微观直接向宏观间接调控的转变。市场的缺陷和失灵是政府干预的基本理由，但政府的不恰当或过度干预非但不能弥补市场缺陷和克服市场失灵，反而导致更大的灾难，出现政府失败（包括寻租腐败泛滥）。尽管在两种体制转轨时期，政府干预的力度还是比较大的，但是，必须很好地研究，政府哪些该管、哪些不该管，应该管到什么样的程度，即确定好干预的内容、范围和力度。当务之急是要尽量减少乃至杜绝行政权力过分干预市场运行尤其是介入市场交易过程，特别是减少行政权力在土地批租、房地产开发、工程承包、贷款发放、证券发行以及煤、电、车皮、计划项目的审批上的过分干预，尽量让市场机制去发挥作用，这将有效地抑制权钱交易一类的寻租行为发生。在这方面，东亚市场经济国家或地区（日本和"四小龙"）的经验是值得特区政府借鉴的，即在市场经济的起步阶段采取所谓的"亲市场"的战略，即尽可能的市场，必要时的政府，政府做市场永远做不到或当时做不好的事情，把一切市场能够做得好的事情交给市场或不断地交给市场。

——进一步培育和发展社会中介组织，提高社会的自治能力，把社会自身能管理得好的事务交给社会去管理，从而缩小政府机构的设置规模。这类社会中介组织包括联系资金、劳动力、技术、信息等要素的供需中介组织，如股票交易所、委托投资的基金组织、职业培训介绍所、技术与信息咨询服务等；保持中立地位的公证机构，如会计师事务、资信评价机构、审计事务所、统计事务所等；利益团体，如学会、商会、行业学会等。不过，在发展过程中，应该注意防止中介组织自身的违法乱纪行为。

（3）消除旧的行政管理过程的弊端，实现政府管理过程的程序化、公开化和法制化。机构重叠，手续繁杂，缺乏科学的办事程序和程度以及办事不公开，一直是影响政府工作效率和滋生腐败的一个重要原因。特区十几年来在简化办事程序和提高办事透明度方面已进行了积极改革，但还不够，必须下大力气，消除旧的管理过程的上述弊端，实现管理过程的程序化、公开化和法制化。

——转变机关工作作风，推行程序化管理，坚决地执行市政府关于勤政建设的"13号令"，加大勤政建设力度，以勤政促廉政，制定一些规范标准化的工作程序，并形成制度，严格执行；率先在全国实现办公自动化，借助现代化手段，尤其是计算机、信息系统来加强程序化管理，加快工作节奏，提高行政效率。

——规范行政行为，明确限制行政自由裁量范围。制约行政干部的自由裁量权，凡是设定审批权的事项，必须规定审批的条件、范围和程序；做到无条件即无审批；行政权力必须加以制约，不得超出授权的自由裁量范围，杜绝任何个人擅自批条子；对重大裁量行为，应该增加行政程序来加以制约，防止以权谋私；重大裁量应该经过咨询、听证、决定、审议、复核、监督等环节，以防流弊。

——实行办事公开，增加行政行为的透明度。要坚持和完善"两公开一监督"制度，建立健全办事公开制度，公开办事机构和人员，公开办事的程序和规则，公开办事的结果及依据，对于行使权力的关键环节、关键岗位建立廉政监控点，对平价物资的分配、投资项目的审批、进出口许可证的发放、外汇额度的审定以及群众普遍关心的住房分配、出境入户、营业执照发放等，都必须公告周知，立章建制。要使听证会法律化、制度化，并尽快将影响公民权利义务的行政决策纳入听证的轨道。

——建立健全行政法规，加快行政法制化步伐。特区要在行政法制化方面走在全国前面，建立起科学的行政程序、公务员条例实施细则一类的行政法规，制定或完善公务员财产申报、接受礼品、经商限制、回避、轮换等方面的法规或准则，加大执法力度，真正做到有法必依、违法必究，使行政管理纳入法制轨道。

（4）推进人事制度改革，造就一支高素质、现代化的公务员队伍。人事制度的缺陷以及某些政府机关工作人员的低素质是导致腐败滋生的一个方面的原因。市场经济发展以及现代化建设需要现代化的政府管理，但首要的是必须有一支高素质、现代化的公务员队伍。特区的公务员制度应加强如下几个方面的改革：

——广开才路。要全面实施公务员的录用制度，公开考试、择优录取，从全社会吸收高素质、德才兼备的公务人员。当前尤其要注意完善特区公务员考录方面的法规，加大执法力度，排除权力和人情因素的干扰，让具有真才实学者能顺利进入特区公务员队伍；要注意从经过实践锻炼、具有丰富实践经验和较高文化层次的各界人士中录用公务员，注意从海外留学生中招收行政管理人才，优化现有的公务员队伍。

——优俸养廉。高薪养廉的确是反腐败的一个有效的措施。由于财力所限，目前特区公务人员高薪难以做到，但是适当提高公务员的工资福利待遇还是必要的，应积极探索和逐步建立与特区经济增长和物价指数挂钩的动态工资福利机制。要逐步改变目前普遍存在的分配不公、脑体倒挂的不正常现象，将公务员工资提高到一个合理的水平上，解除公务员的后顾之忧，为廉政建设奠定良好的物质基础。

——功绩晋升。要健全严格的考核制度，使现有的关于考核方面的规定真正落到实处，形成优胜劣汰的竞争机制，把公务员的留任、晋升、工资福利待遇与功绩挂钩，彻底解决以往的人事制度中的干部能进不能出，能上不能下的弊端。

——加强培训。必须进一步加强对公务员的教育培训，一是要加强政治思想、理想道德和公仆意识教育，提高公务员的政治思想、道德素养，树立正确的人生观、世界观和价值观；二是加强法制教育，使公务员树立依法行政、依法办事观念，严格执法，照章办理（领导干部更应该加强法律方面的学习）；三是加强业务训练，提高公务员的现代管理的理论、方法素养，提高业务水平，实现由传统的"干部"向现代化的公务员的转变。

3. 加强对权力的制衡和监督，构筑以防范为主体的反腐保廉机制

腐败的实质是公共权力的滥用或以权谋私，而权力本身总是趋向于腐败，绝对的权力导致绝对的腐败。因此，反腐败的一种基本思路是加强对权力的制衡和监督，构筑以防范为主体的反腐保廉机制，从制度上防止公共权力的非公共运用以及以权谋私的各种可能，保证公共权力只用于为公共利益服务。可以从如下三方面来加强对特区权力的制衡和监督。

（1）理顺各种权力关系，强化权力机关间的相互制约和监督。要深化特区的政治体制改革，调整、理顺各种国家权力关系，特别是党、人大、政府和政协之间的关系，强化人大、政协以及各国家机关内部的监督职能，做到以权制权。

——进一步落实宪法中所规定的人大作为权力机关的功能，加强人大对政府工作的监督。目前要进一步完善人大对"一府两院"领导干部的评议制度，通过制订法规、定期咨议、听取工作汇报、口头与书面咨询等方式对政府部门及其工作人员加以监督，增加领导干部的监督自律意识，促进党政机关的廉政建设。可以采取听众会方式对政府人员的贪污腐化、失职渎职加以调查，并决定是否弹劾等。要创造条件，疏通渠道，使人大代表对党政机关及其工作人员的工作及廉政情况进行经常的、制度化的监督和检查。

——要发挥政协的参政议政作用，加强政协对党政工作的监督。要按照"长期共存、互相监督"的方针，让政协成为专门机构之外的一个重要监督主体，对党政工作进行有效的监督。要从法律上保证政协对党和政府的重大

决策、人事任免以及公职人员的操守等方面的监督作用。例如，可以在特区政协中建立健全提案审议制，由专门的委员会对重要的提案的答复加以审议；邀请政协委员、民主党派人士参加纪检监察机关的执法监察，有重点地对党政机关及领导干部执行廉政自律规定和各项监督制度情况进行专项检查。

——健全党政机关内部的监督约束机制。廉政建设既要靠法律也要靠自律，应该加强党政部门的自身自律机制，党政机关要按照各自的特点，有针对性地制定或完善各种内部监督的规章制度，如领导干部重大问题报告制度、民主生活会制度、离任审计制度、年终考核制度、财产申报制度等，运用有效的内部监督制度及自我约束机制来防范腐败及各种不正之风。在基层党政机关、企事业单位，可以考虑建立负责人报告制度和上级主管部门监督相结合的内部监督机制，凡是本单位的重大决策以及与职务行为有关的购支、住房、出国考察、重大的采购、销售、承包招标等应及时向上级报告或备案；同时上级主管应定期对下级单位负责人进行考核、检查，防范营私舞弊行为的发生。

（2）加强反腐败专门机构建设，进一步提高其权威地位和办事效率。首先，必须把反腐败专门机构建设与政治体制改革以及制度创新紧密地结合起来，将前者视为后者的一个重要组成部分，将反腐败机构建设纳入政治体制改革的轨道。其次，按照中央的指示："经济特区的监察体制如何设立，由当地党委和政府确定"，这赋予了特区反腐机构建设的自主权，应根据特区的实际，理顺纪委、监察局、检察院反贪局三者之间的关系，使之既相对独立、各司其职，又密切配合，优势互补，形成统一的反腐败工作机构，提高办事效率。再次，要赋予反腐败专门机构的自主权或独立性，提高其权威性。从世界的经验看，那些廉政搞得比较好的国家或地区，其专门的反腐败机构都拥有较大的独立性和权威地位。香港廉政公署专员直属总督领导，只向总督负责，这确保了反贪权力的行使不受政府干预，并有效监督所有官员。新加坡的贪污调查局直属于总理公署，局长由总理任命，调查官员的地位、身份、权力均有严格的法律保障，拥有绝对权威；瑞典的司法监察专员拥有绝对的独立性，有权对中央和地方的国家机构及官员进行调查，而不需提出任何调查理由，这种经验值得借鉴。我们应该考虑，特区反腐败专门机构与党委、政府的关系是否可以由过去的隶属关系转变为平行关系。最后，要赋予反腐败专门机构一定的人事权、财务权，尤其是经费要专拨。

（3）完善社会监督立体网络，营造反腐败的社会文化氛围。以民制权是对权力的制衡和监督的一个有效途径。必须通过推进社会主义民主政治建设，调动人民群众参政议政以及对权力的运行实施监督的积极性，并充分发挥社会舆论、新闻传媒的作用，广开监督渠道，形成完善的立体监督网络，营造良好的社会风气，以此预防各种腐败现象的发生。

——发扬社会主义民主，加强人民群众对权力的监督。只有让人民来监督政府，政府才不敢独裁；只有人民来负责，才不会人亡政息，这实际上是对权力的制衡和监督、防止权力滥用及腐败的一条最根本的途径。特区要有效抑制腐败，必须加强社会主义民主政治建设，充分发挥社会主义民主，广开公众政治参与及监督的渠道，让人民群众广泛参与对权力运行的全方位的监督。特别是要激发广大人民群众反腐败的热情，保护他们举报投诉的积极性，及时处理他们反映的各种腐败问题，给有功者予以重奖，使公众参与反腐败斗争。可以考虑在特区的各区县设立举报中心，24小时值班，广泛接受市民的举报。

——切实进行社会主义精神文明建设，营造良好的反腐倡廉的社会文化氛围。反腐倡廉不仅需要加强制度建设，形成硬环境，而且需要加强精神文明建设，形成良好软环境。当前特区要通过坚决贯彻党的十四届六中全会关于精神文明建设的决定，下大力气进行特区精神文明建设。要以马列主义、毛泽东思想和建设有中国特色的社会主义理论为指导，坚持党的基本路线及方针，加强思想道德建设，以科学的理论武装人，以正确的舆论引导人，以高尚的精神塑造人，以优秀作品鼓舞人，提高党员和群众的道德素质和文化素质，尤其是要加强思想道德建设，形成良好的党风和社会风气，营造反腐倡廉的社会文化氛围，使腐败犹如过街老鼠，人人喊打。

——探索新的新闻监督形式，加大舆论监督力度。腐败者"不怕会上检讨，就怕报纸曝光"，因此，强化新闻传媒及社会舆论对政党、政府的监督，是当代世界各国反腐败的一种普遍做法。大众传媒应处理好正面宣传和阴暗面揭露的关系，加强对反腐败问题的宣传，既要大力宣传反腐倡廉中好人好事尤其是廉政英模事迹，树立正面典型、榜样；又要加大对腐败丑恶现象的打击力度，对典型的大案要案加以解剖，提出其中的教训，以教育广大干部和群众；要探索新的监督形式，拓宽新闻监督渠道，充分利用报刊、广播、电视等传播媒介，结合具体案例，开展各种形式的廉政建设宣传。

（4）加快廉政法制建设步伐，把反腐倡廉纳入法制化的轨道。法制不健全、打击不力是当前腐败蔓延的一个方面的原因，反腐倡廉不能单纯靠批评说服和自律，还必须靠法制和靠惩戒，软硬措施双管齐下。目前要从两个方面来加强廉政法制建设：一是建立健全反腐败的法律体系，制定出一些相配套的反腐倡廉的法律措施；形成特区廉政建设法律体系的基本框架，并对相关的法规加以不断的修正、补充和完善，使之更加具体化和可操作性，易于把握和执行。二是认真解决对腐败打击不力的问题，加大执法力度。当前要纠正执法中存在的以权代法、以情代法和以罚代法等问题，要坚持依法办事，做到有法必依、执法必严、违法必究，用法律手段来惩治腐败。特别是纪检监察机构要进一步加大对贪污贿赂犯罪的打击力度，继续深入查处党政干部贪污贿赂大案要案，加强对腐败高发行业以及国有企业厂长经济贪污受贿案件的查处。此外，要切实做到司法独立，使廉政立法和司法免受外来因素的干扰和侵蚀。

总之，在两种体制转轨时期，必须正确认识特区腐败现象的实质及起因，把反腐败斗争与特区的改革和发展紧紧地结合起来，采取正确的反腐败战略，通过深化改革，标本兼治，靠体制创新把腐败抑制在最小的范围内，对少数敢于以身试法者加以严厉的打击。这样就可以有效地防止和抑制腐败现象。我们相信，随着特区的改革开放和经济建设以及市场经济的发展，只要采取正确的反腐败战略，加大反腐败的力度，那么特区的腐败现象是能够抑制并最后消除的。